KB002410

7·9급 공무원 시험대비 **개정판**

박문각
공무원

기 본 서

브랜드만족
1위
박문각

2025

합격까지 함께
형사정책 만점 기본서 ✦

보호직 100% 적중률로 입증된 형사정책

교정직 7·9급 공채 및 5급 승진 충분조건

이언담·이준 공편저

동영상 강의 www.pmg.co.kr / www.modoogong.com

아담
형사정책

박문각

이 책의 머리말

2025년 대비 형사정책 발간에 부쳐

이 책은 25년을 함께 해온 국내 최장수 형사정책 수험 기본서입니다.
그동안 수험가뿐만 아니라 대학에서 주교재로 활용되어 오면서
알찬 내용과 효율성 높은 수험서로 형사정책의 모델이 되어왔습니다.
기본서는 적어도 시험범위를 완벽하게 담고 있어야 한다는 점, 그러면서도 누구나 쉽게 읽히고
단기간에 이해 가능한 가독성을 갖춰야한다는 신념으로 교재 개발을 위해 힘써왔습니다.
앞으로도 실무와 이론을 겸비한 범죄ㆍ교정ㆍ형사정책의 최고 전문가로서 수험생 여러분을
최단기 합격의 길로 인도하는데 가능한 모든 노력을 다할 것을 다짐합니다.

2025년 대비 본 교재는 다음과 같이 구성하였습니다.

첫째. 보호직 7ㆍ9급 대비 형사정책(개론) 기본서 기능을 최적화했습니다.

그동안 교정학의 한 분야로 머물렀던 형사정책학이 2024년 보호직 9급에 필수 수험과
목이 되었습니다. 이를 기회로 형사정책 독립과목으로서의 기능을 다 할 수 있도록 내
용과 형식을 대폭 보강하여 보호직 7ㆍ9급 준비생을 위한 수험교재로 최적화했습니다.
그 결과 2023년 보호 7급, 2024년 보호 9급 시험 100% 적중률을 보였습니다.

둘째. 핵심정리 및 구조화ㆍ도식화로 기본서 내 요약서 기능을 담았습니다.

방대한 기본서의 단점을 극복하기 위해 단기간에 전체 요약학습이 가능하도록 핵심정
리란을 만들고, 복잡한 내용을 한 눈에 확인할 수 있도록 구조화ㆍ도식화하여 학습의
효율성을 배가시켰습니다.

셋째. 상세한 기출표기, 최신법령, 판례 및 기출문제를 빠짐없이 반영했습니다.

기출영역을 상세히 표기하여 내용의 중요도를 한눈에 파악하면서 혼자서도 공부가 가
능할 만큼 핵심키워드에 대한 상세한 설명을 보강하고, 최신개정법령, 새로운 판례 및
2024년 기출문제까지 빠짐없이 반영하여 안심하고 학습할 수 있도록 했습니다.

넷째, 네이버카페와 유튜브를 활용한 보다 적극적인 학습환경을 제공합니다.

학원에서의 체계적이고 밀도 높은 저자 직강은 물론, 새로운 기출문제, 개정법령과 판례 등을 빠르고 정확하게 전달하기 위해 카페와 유튜브(아담아카데미)를 개설하여 능동적인 쌍방향 정보제공 서비스체제를 갖추었습니다.

마지막으로, 최신기출문제 분석과 해설, 새로운 자료의 발굴과 반영을 위해 정성을 다해주신 형우 님, 좋은 책 만들기에 남다른 열정을 가지신 박문각출판의 박용 대표님, 저자의 잦은 요구사항을 빈틈없이 반영해주신 김현실 이사님, 주민현 대리님, 이수연 주임님께 머리 숙여 감사의 마음을 전합니다.

수험생 여러분 승리하십시오.
응원합니다.

2024. 5.
편저자 씀

아담아카데미 (교정학·형사정책·범죄학 수험정보)	🔍
이준 마법교정학 (네이버 밴드)	ⓑ

보호·교정직 관련 **수험정보** 및 **통계**

국가공무원 교정학·형사정책 관련 직렬

1. 선발 직렬 및 시험과목〈2024년 적용〉

구 분	직 렬	선발인원	시험과목		주요근무처
			1차 시험	2차 시험	
5급	교정직	격년 0명	언어논리영역, 자료해석영역, 상황판단영역, 헌법, 영어, 한국사	**필수(4)** 교정학, 형사소송법, 형법, 행정법 **선택(1)** 교육학, 사회학, 심리학	법무부(교정시설)
	보호직	격년 0명	–	**필수(4)** 형법, 형사소송법, 심리학, 형사정책 **선택(1)** 교육학, 사회학, 사회복지학	법무부(보호시설)
	검찰직	0명	–	**필수(4)** 형법, 형사소송법, 행정법, 교정학 **선택(1)** 행정학, 경제학, 노동법, 사회법, 민법(친족상속법 제외), 회계학, 법의학	검찰청
7급	교정직	00명	언어논리영역, 자료해석영역, 상황판단영역, 영어, 한국사	헌법, 교정학, 형사소송법, 행정법	법무부(교정시설)
	보호직	0명	–	헌법, 형사소송법, 심리학, 형사정책	법무부(보호시설)
9급	교정직	000명	국어, 영어, 한국사	교정학개론, 형사소송법개론	법무부(교정시설)
	보호직	000명	국어, 영어, 한국사	**형사정책학개론, 사회복지학개론**	법무부(보호시설)

※ 시험범위: 교정학(개론)은 형사정책 및 행형학 포함

2. 시험방법

제1·2차 시험(병합실시): 선택형 필기, 제3차 시험: 면접

※ 교정직(교정)의 6급 이하 채용시험의 경우, 필기시험 합격자를 대상으로 실기시험(체력검사)을 실시하고, 실기 시험 합격자에 한하여 면접시험 실시

3. 응시자격

가. 응시결격사유 등: 해당 시험의 최종시험 시행예정일(면접시험 최종예정일) 현재를 기준으로 「국가공무원법」 제 33조의 결격사유에 해당하거나, 동법 제74조(정년)에 해당하는 자 또는 「공무원임용시험령」 등 관계법령에 의 하여 응시자격이 정지된 자는 응시불가

나. 응시연령

시험명	응시연령(해당 생년월일)
7급 공채시험	20세 이상
9급 공채시험	18세 이상
9급 공채시험 중 교정·보호직	20세 이상(군 미필자도 응시가능)

다. 학력 및 경력: 제한 없음

라. 저소득층 구분모집 및 지역별 구분모집: 공고문 참조

4. 가산점

가. 가산점 적용대상자 및 가산점 비율표

구 분	가산비율	비 고
취업지원대상자	과목별 만점의 10% 또는 5%	• 취업지원대상자 가점과 의사상자 등 가점은 1개만 적용 • 취업지원대상자 / 의사상자 등 가점과 자격증 가산점은 각각 적용 • 구체적인 내용은 채용 공고문 참조
의사상자 등(의사자 유족, 의상자 본인 및 가족)	과목별 만점의 5% 또는 3%	
직렬별 가산대상 자격증 소지자	과목별 만점의 3~5% (1개의 자격증만 인정)	

나. 교정직, 보호직 가산대상 자격증

변호사, 법무사: 해당자격증을 소지하고 있을 경우 과목별 만점의 40% 이상 득점한 자에 한하여 과목별 득점에 과목별 만점의 5%에 해당하는 점수 가산

> • 위 안내문은 사이버국가고시 센터의 공고문을 요약한 것으로 자세한 공고문은 사이버국가고시센터 (www.gosi.kr)에서 확인가능
> • 전화문의: 공통(정부민원안내콜센터 110)
> – 7급 및 9급 공채시험: 공개채용 1과 (044-201-8242~8256)
> – 5급 공채: 공개채용 2과(044-201-8258, 8363~8367)
> – 교정직 경력공개채용(특채) 문의: 02-2110-3373, 3375
> – 보호직 경력공개채용(특채) 문의: 02-2110-3311

보호직 시험 통계

보호직 9급

연 도	성 별	선발예정	출 원	응 시	합격선	필기합격	최종합격
2024	남	50	1058	804			
	여	21	1391	1042			
2023	남	142	1200	942	67	194	144
	여	61	1563	1238	73	83	64
2022	남	137	1419	1074	76	191	143
	여	59	1816	1347	80	73	63
2021	남	131	2470	1935	364.62	175	132
	여	56	3399	2817	381.85	75	56
2020	남	135	2706	1920	367.16	188	129
	여	59	3341	2117	373.01	81	49
2019	남	177	3296	2668	376.79	246	178
	여	77	3286	2671	382.29	107	77
2018	남	97	2181	1666	326.74	135	97
	여	21	2705	2129	352.74	29	21
2017	남	78	1657	1158	375.26	109	78
	여	20	836	497	371.21	28	20

보호직 7급

연 도	선발예정	출 원	응 시	합격선	필기합격	최종합격
2023	5	172	30	81	8	5
2022	5	206	36	90	6	5
2021	5	162	38	85	6	5
2020	5	127	74	85.83	6	6(여3)
2018	5	95	62	76.66	6	5

CONTENTS

이 책의 **차례**

CONTENTS

이 책의 차례 ✧

CONTENTS

이 책의 **차례**

아담 형사정책

PART

01

형사정책
일반론

단원MAP

형사정책 기초개념			범죄의 원인과 현상론								
1. 학문발전	2. 국제성	3. 연구방법	4. 고전주의	5. 초기실증	6. 생물학	7. 심리학	8. 거시사회	9. 미시사회	10. 갈등론적	11. 발달범죄	12. 범죄현상
피해자론		비범죄	예방과 예측		형벌론		보안처분론				판 례
13. 피해자학	14. 피해보호	15. 비범죄화	16. 범죄예방	17. 범죄예측	18. 형벌론	19. 형벌종류	20. 보안처분	21. 주요5법	22. 소년사법	23. 소년2법	24. 판례

제1절 **형사정책학과 범죄학**

01 **형사정책 개념의 연혁**

(Ⅰ) **형사정책학** [2014. 7급]

① **포이에르바하** : 형사정책이라는 용어는 독일의 형법학자이자 근대형법학의 아버지라고 불리는 포이에르바하(Feuerbach, 1775－1833)에 의해 처음 사용되었다.

② **의미의 확장** : 초기에는 '형사입법을 위한 국가의 예지', 즉 형사입법정책이라는 좁은 의미로 사용되었으나, 점차 범죄의 원인 및 실태를 규명하여 이를 방지하는 일반대책의 개념으로 확대되었다. [2022. 7급]

(2) **범죄학**

① **토피나르** : 프랑스 인류학자 토피나르(Topinard)가 처음 사용하였고(1879), 이탈리아 법학자 가로팔로는 저술한 책명을 「범죄학(Criminolgia)」(1885)이라 명명하였다. 이외 범죄학을 포함하는 것으로 범죄심리학(1792년 이후), 범죄사회학(1882년 이후), 범죄생물학(1883년 이후)이라는 용어가 사용되고 있다.

② **범죄학**(Criminology) : 범죄의 현상과 원인을 규명해서 효과적인 범죄방지대책을 수립하는 학문으로, 범죄와 범죄자, 사회적 일탈행위 및 이에 대한 통제방법을 연구하는 경험과학 혹은 규범학이 아닌 사실학의 총체를 의미한다(경험과학 : 관찰과 실험에 기초한 탐구방법). [2014. 7급] 총 2회 기출

③ **리스트** : 범죄와 범죄자, 사회적 범죄통제조직 및 범죄피해자와 범죄예방을 포함한다. 리스트(von Liszt)가 '범죄퇴치는 범죄에 대한 인식을 전제로 한다.'고 한 것은 범죄학적 연구가 없이는 형사정책의 수립이 불가능함을 말한 것이다.

④ **의미의 확장** : 초기 범죄의 현상과 원인에 치중하였던 유럽의 범죄학은 20세기 영미법이 도입되면서 점차 범죄에 대한 방지대책을 포함한 넓은 의미로 사용되었다. 범죄학의 관심분야는 사회적 상호작용의 문제로까지 확대된 것이다.

(3) 유사학문의 개념

① **행형학 또는 형벌학** : 19C 중반 미국의 리버(Lieber)가 처음 사용한 것으로 당시 수형자의 교도소 내 구금에 관한 학문으로 인식해 협의의 형사정책학의 일부로 이해되었다.

② **신형벌학** : 벨기에의 뒤쁘렐(Dupreel)이 형벌 이외에 널리 형사제재 내지 범죄자처우에 관한 분야라는 의미로 사용되었다.

③ **교정학과 범죄자처우론** : 2차 세계대전 이후 미국을 중심으로 목적형 내지 교육형을 기초로 한 행형학 또는 형벌학이 교정학 내지 범죄자처우론으로 발전하면서 형사정책의 한 부분이 아니라 독립과학으로 인정되고 있다.

02 　형사정책학과 범죄학

(1) 협의의 범죄학과 형사정책학

① **범죄학**(사실학) : 범죄의 현상과 원인을 규명하는 것을 주된 내용으로 하는 사실학 내지 경험과학을 '범죄학' 또는 '사실학으로서의 형사정책학'이라고 한다.

② **형사정책학**(범죄방지대책) : '협의의 형사정책학' 또는 '규범학으로서의 형사정책학'이라고 한다. 즉 범죄자에 대한 형사법상의 강제시책으로 형벌과 이와 유사한 수단을 통하여 범죄자 및 범죄의 위험성이 있는 자에 대하여 직접 범죄를 방지하기 위한 국가의 입법·사법·행정상의 활동을 말한다. [2014. 7급] 총 2회 기출

③ **의의** : 형사정책학 연구의 한계를 명확히 할 수 있다는 장점이 있으나, 학문으로서 형사정책을 형법적 수단에 의한 정책만으로 한정하는 것은 스스로 논의의 한계를 축소시킨다는 비판이 있다.

(2) 광의의 범죄학과 형사정책학

① **넓은 의미의 범죄학과 형사정책학** : 범죄현상과 원인을 과학적으로 규명하고, 현재 발생하였거나 발생할 염려가 있는 범죄에 대하여 현존하는 형벌제도가 범죄의 대책으로서 가치가 있는지를 살피면서 형벌제도 자체의 개혁방안 및 보완대책을 수립하는 국가적 활동이다.

② **형사정책 개념의 확장**

　㉠ 범죄방지에 관한 국가시책으로 강제적 시책뿐 아니라 비강제적 시책(노동정책, 주택사업, 사회복지시책 등)을 포함하는 것으로(통설), 범죄방지를 간접적·종속적 목적으로 하는 활동을 의미한다. [2012. 7급]

　㉡ 이는 범죄예방과 관계되는 각종 사회정책을 포괄한다. Liszt의 "가장 좋은 사회정책이 가장 좋은 형사정책"이라는 표현이 이를 대변한다(사회정책과 형사정책의 연관성을 중시하는 표현). [2012. 7급]

③ **결론** : 범죄학과 형사정책학은 각각 넓은 의미로 쓰일 경우 연구영역이 동일하고, 프랑스의 가로(Garraud)가 처음 사용한 '형사학'(Sciences Penals, 1914) 또한 범죄학, 행형학, 형사정책까지 포괄한 개념으로 유사한 의미로 이해할 수 있다.

④ **비판** : 형사정책의 학문적 한계가 애매하고 개념규정 자체를 무의미하게 만들 우려가 있으므로 일정한 한계를 긋는 것이 타당하다는 지적이 있다.

(3) 교정학(행형학)과의 관계

우리나라 교정학의 연구 범위는 교정처우를 중심으로 하되, 범죄학과 형사정책학을 포함하고 있어 사실상 광의의 범죄학과 광의의 형사정책영역과 동일하다고 할 수 있다.

제2절   형사정책학의 변천

01   고전학파와 근대학파(20세기 이전의 근대)

(1) 고전학파

① 시민계급의 성장, 자연주의 사고의 등장으로 인간의 합리적 판단 능력, 자유의지, 쾌락주의를 강조하였다.

② 프랑스 혁명 이후 형사정책은 형 집행기관과 형 집행 방법을 중심으로 잔인하고 비인간적인 측면을 제거하고 인간화된 형사정책의 방향으로 진행되었다.

(2) 근대학파

① 19세기 말 형법학상 리스트(von Liszt)를 중심으로 하는 형사입법상 새로운 경향으로 인하여 형이상학적 형법학이 아닌 현실을 보는 형사정책이 중시되었다.

② 형벌제도의 목적사상의 도입, 형벌의 대상은 범죄행위가 아닌 행위자라고 하여 특별예방주의의 전면 등장은 형사정책적 사고가 형법학에 미친 영향이다.

02   다양한 범죄이론의 등장과 사회방위운동(20세기 이후)

(1) 다양한 범죄이론의 등장

① 소질을 중시하는 생물학적 원인론, 심리적 원인론, 환경종속적 범죄원인론인 사회심리학적 원인론, 사회학적 원인론이 등장하였다.

② 1960년대 말부터 비판적 범죄학 혹은 급진적 범죄학이 등장하였다.

(2) 범죄학의 새로운 조류

① 범죄학의 새로운 조류는 그라마티카, 앙셀에 의해 '사회방위'운동으로 연결되었다.

② **형법철폐주의** : 기존의 형벌체계를 대신한 보안처분제도의 전면적 실시주장은 일종의 형법철폐주의로서, 기존의 형사법체계는 전체주의적인 사회통제를 위한 것이기 때문에 이를 철폐하는 대신 인도주의적 형사정책 실현을 주장하였다.

제3절 형사정책학의 연구대상 및 특성

01 형식적 의미의 범죄와 실질적 의미의 범죄

(1) 형식적(형법적) 의미의 범죄

① **규범종속적** : 순수한 법적 개념으로 범죄란 형법상 범죄구성요건으로 규정된 행위(절도, 사기, 살인, 명예훼손, 통화위조 등)를 의미하며, 범죄는 형법규범의 파괴행위라는 규범종속적 개념이 되는 것이다. [2015. 9급] 총 2회 기출

② **보장적 기능** : 형법해석과 죄형법정주의에 의한 형법의 보장적 기능의 기준이 된다. [2016. 7급]

③ **논의** : 법의 명확성을 기할 수 있는 장점이 있는 반면, 입법적 지체현상에 따라 언제나 법적 허점이 야기되는 문제점이 있다.

(2) 실질적 의미의 범죄

① **일탈행위** : 범죄란 법 규정과는 관계없이 범죄의 실질을 가지는 '반사회적인 법익침해행위'를 말하며, 이를 미국의 범죄사회학에서는 '일탈행위'라고 보고 있다. [2015. 9급]

② **상대성과 가변성** : 형사정책의 대상으로 실질적 의미의 범죄개념을 포함하는 이유는 범죄개념에는 시간적·공간적 상대성과 가변성이 있기 때문이다. 이는 범죄개념에 탄력성을 부여하는 이점이 있으나 입법자에게 그 기준을 제시할 뿐 법해석에 관하여는 간접적인 역할을 할 뿐이라는 한계가 있다.

③ **신범죄화와 비범죄화** : 형사정책의 중요한 목표의 하나는 현행법상 가벌화되지 않은 반사회적 행위를 신범죄화하는 것과 사회의 변화에 따라 이제는 가벌화할 필요가 없는 행위에 대하여 비범죄화하는 것을 포함한다. 이의 척도가 되는 범죄개념이 실질적 범죄개념이다. [2016. 7급]

02 일탈행위의 이해

(1) 의 의

① 형사정책의 대상을 규범의존성에서 벗어나 몰가치적인 것으로 바라보는 시도로, 일탈행위란 일반적으로 기대되는 행위와 모범적 행위에서 벗어나는 행위를 말한다.

② 일탈행위는 형식적 범죄에 한정되지 않고 알코올남용, 자살기도, 가출, 학교자퇴 등과 같은 비정상적인 행위를 포함한다. [2016. 7급] 총 2회 기출

(2) 범죄와 일탈

① 일탈행위를 범죄와 동일한 것으로 본다면, 일탈행위는 법규범에 의존되지 않는 점에서 실질적 범죄개념과 동일한 것이 되고, 그 기초를 사회규범에서 찾는 점에서 사회학적 범죄개념이라고 할 수 있다.

② **문화, 사회윤리, 도덕 등 규범외적 요소에 따른 정의** : 대표적으로 낙인이론에서 범죄란 일탈
행위와 마찬가지로 사회 내의 통제 조직에 의해 범죄의 내용과 범죄자가 결정되는 의미에서만
존재한다. 즉 사회통제 조직을 장악한 자와 통제를 받는 자의 역학관계에 따라 범죄개념이 정
해지고 이에 따라 범죄자도 결정된다고 본다.

③ **가로팔로의 자연범 개념** : 범죄가운데 시간과 문화를 초월하여 인정되는 범죄로 살인, 강도,
강간, 절도행위 등은 형법상 금지여부와 상관없이 그 자체의 반윤리성 · 반사회성으로 인해 비
난받는 범죄행위이다. [2016. 7급]

03 개별적 범죄행위와 집단현상으로서의 범죄성

(1) 개별현상으로서의 범죄

① **개인의 병리현상** : 특정한 개인에 의한 비정상적인 병리현상을 의미하며 생물학적, 심리학적
접근이 가능하다(특정 개인에 의한 범행 — 개인적 병리현상).

② **특별예방적** : 특별예방적 관점과 교정정책 및 보안처분의 주요대상이 된다.

(2) 집단현상으로서의 범죄

① **사회적 병리현상** : 일정한 시기에 있어서 일정한 사회의 자연적 산물인 범죄의 총체를 의미하
는 것으로 사회적 병리현상을 말한다.

② **유형성과 경향성** : 이는 특정사회의 유형성과 경향성을 나타내므로 사회학적 연구방법으로 접
근해야 하며, 일반예방적 관점 및 입법정책과 사법정책의 주요대상이 된다.

③ 사회에 미치는 영향이 대량적이고 지속적이기 때문에 형사정책이 상대적으로 더 중점적으로
연구대상으로 삼아야 하는 것이다.

04 형사정책학의 특성

(1) 종합과학성

① **경험과학성과 규범학** : 형사정책학은 범죄의 현상과 원인에 대해서 실증적 · 인과적 연구를 지
향한다는 점에서 경험과학이면서, 범죄현상에 기초하여 바람직한 범죄대책까지 연구대상으로
포함하므로 규범학적 측면도 지니고 있다.

② **종합과학성과 독립과학** : 형사정책학은 법학, 심리학, 정신의학, 인류학, 교육학, 사회학, 통
계학 등 다양한 주변학문영역에서의 성과를 기초로 하는 종합과학성을 지니며, 이를 기초로
범죄방지를 위한 체계적인 대책을 확립하는 것을 목표로 하므로 독립과학성도 아울러 지니고
있다. [2014. 7급]

(2) 종합과학성의 강조

① **레크리스**(Reckless) : '범죄학자는 학문계의 영원한 손님이다.'

② **셀린**(Sellin) : '범죄학은 영토를 가지지 않은 제왕의 학문이다.'

05 형법과 형사정책의 관계

(1) 상호의존성

① **연구영역** : 형법학은 실정형법의 해석 및 체계화, 형법학설적인 논의를 연구대상으로 하는 반면, 형사정책학은 실정법과 정책의 영역을 모두 포괄하므로 연구대상이 형법학보다 광범위하다.

② **상호의존성**(불가분성) : 형법학은 기존 형벌체계의 운용과 해석에 있어서 결정적인 지침이 되므로 형사정책학의 연구에 대한 일정한 규준이 되고, 형사정책학은 기존 형벌체계가 과연 범죄대책 수단으로 유효한가에 대한 검증결과를 제시함으로 형사법규정의 개정방향을 선도하는 상호불가분적 관계에 있다.

(2) 상호제한성

① **상호제한성** : 형법의 해석과 개정에 형사정책적 고려가 반드시 필요하지만, 지나치게 형사정책적 측면만 강조하여 형벌제도를 완전히 폐지하고 보안처분 내지 사회방위처분으로의 일원화나 형법체계상 책임주의를 예방으로 완전히 대체하는 것은 형법의 보장적 기능, 즉 책임주의에 반하므로 경계되어야 한다.

② **형법의 형사정책 제한** : 리스트(Liszt)는 형법의 보장적 기능(책임주의 원칙)이 형사정책을 제한하는 점에 대하여 '형법은 형사정책의 뛰어넘을 수 없는 한계(책임주의)'라고 말한 바 있다. [2022. 7급] 총 4회 기출

③ **형사정책의 형법 제한성** : 범죄가 있으면 반드시 형벌이 있다는 응보적 형벌관은 오늘날 '범죄예방에 필요 없으면 형벌도 없다.'는 형사정책적 고려에 의하여 제한을 받는다.

06 사법정책과 범죄수사학의 관계

(1) 사법정책

① 사법정책이 사법기관이나 형 집행기관, 법조교육 등 사법관련 분야에 국한된다면, 형사정책은 사법영역을 뛰어넘어 사회정책, 고용정책, 교육정책, 안보정책까지도 포함한다.

② 형사정책은 다양한 경제, 사회환경 등 요인에 대한 형사법적 판단을 넘어서야 함을 보여준다.

(2) 범죄수사학

① 범죄수사학은 범죄원인을 밝히는 것이 목적이 아니라, 범죄 자체의 수사와 관련된 분야의 연구이다.

② 지문, 음성분석, DNA검사 등 기술적 방법, 심리적 방법을 연구하거나 가장 효율적인 수사방법의 강구, 수사 장구나 보조기구 등에 관한 연구분야이다.

07 형사정책의 한계

(1) 페리의 범죄포화의 법칙

페리(Ferri)는 일정한 사회에 일정한 범죄는 항상 존재하기 마련이고 그것은 병리가 아니라고 보는 범죄포화의 법칙을 주장하였다.

(2) 뒤르껨의 범죄정상설

뒤르껨(Durkheim)은 '어떠한 범죄대책도 완벽할 수 없다.'라는 형사정책의 한계를 잘 표현하고 있다.

PLUS⁺ 기출지문으로 본 형사사법정책론 [2010. 9급] 총 2회 기출

1. 판결 전 조사제도는 형사정책적으로 양형의 합리화뿐만 아니라 개별적인 교정의 합리화에도 유용하게 이용될 수 있다.
2. 범죄예방의 효과를 높이는 데에는 중한 처벌뿐만 아니라 범죄자는 반드시 검거되어 처벌된다는 인식을 심어주는 것이 중요하다.
3. 법관은 형의 종류를 선택하고 형량을 정함에 있어서 양형기준을 존중하여야 한다. 다만, 양형기준은 법적 구속력을 갖지 아니한다.
4. 갱생보호는 형사사법정책관계 중 가장 마지막 단계에 해당된다.
5. 형사사법절차에 이르는 과정에서 방향전환하여 소기의 목적을 달성하려는 정책은 전환정책이다.
6. 경찰·검찰·법원·교정 및 민간의 참여와 상호협조는 형사정책의 효과성을 증대시킨다.
7. 오늘날 형사사법정책의 새로운 방향으로 소년비행 및 소년범죄에 대한 다이버전, 벌금형의 확대 및 단기 자유형의 폐지, 원상회복적 사법, 범죄예방에 대한 공중참가제도 등이 있다.

---

1. 형사정책에 대한 설명으로 옳지 않은 것은?   2020. 보호 7급

① 형사정책을 시행함에 있어서도 죄형법정주의는 중요한 의미를 가진다.
② 형사정책을 시행함에 있어서는 공식적인 통계에 나타나지 않는 범죄도 고려의 대상이 된다.
③ 형사정책의 기본원칙으로 법치주의가 요구되는 점에서 형식적 의미의 범죄가 아닌 것은 형사정책의 대상
에서 제외된다.
④ 형사정책은 사회학, 통계학 등 다양한 주변 학문의 성과를 기초로 범죄 현상을 분석함으로써 일반적인 범
죄방지책을 제시한다.

2. 형법학과 형사정책에 대한 설명으로 옳지 않은 것은?   2022. 보호 7급

① 19세기 말 리스트(Liszt)는 '형법에서의 목적사상'을 주장하여 형이상학적 형법학이 아니라 현실과 연계된
새로운 형사정책 사상을 강조하였다.
② 형법학과 형사정책학은 상호의존적이며 동시에 상호제약적인 성격을 가지며, 리스트(Liszt)는 '형법은 형
사정책의 극복할 수 없는 한계'라고 주장하였다.
③ 포이에르바흐(Feuerbach)는 형사정책을 '입법을 지도하는 국가적 예지'로 이해하고, 형사정책은 정책적
목적을 유지하기 위한 형법의 보조수단으로서 의미가 있다고 주장하였다.
④ 공리주의적 형벌목적을 강조한 벤담(Bentham)에 의하면, 형벌은 특별예방목적에 의해 정당화될 수 있고,
사회방위는 형벌의 부수적 목적에 지나지 않는다.

🔍 정답 1. ③   2. ④

단원MAP

형사정책 기초개념			범죄의 원인과 현상론								
1. 학문발전	2. 국제성	3. 연구방법	4. 고전주의	5. 초기실증	6. 생물학	7. 심리학	8. 거시사회	9. 미시사회	10. 갈등론적	11. 발달범죄	12. 범죄현상
피해자론		비범죄	예방과 예측		형벌론		보안처분론				판 례
13. 피해자학	14. 피해보호	15. 비범죄화	16. 범죄예방	17. 범죄예측	18. 형벌론	19. 형벌종류	20. 보안처분	21. 주요5법	22. 소년사법	23. 소년2법	24. 판례

제1절 개 요

01   국제적 연대

(1) 국제적 연대 필요성

① **국제범죄 동향** : 테러범죄나 마약, 밀수, 국제적인 무기밀매와 같은 국제범죄행위는 물론 WTO체제 아래에서는 공무원에 대한 뇌물범죄 역시 무역장벽으로 보는 등 국제적 협력이 필요한 범죄가 속출하고 있다.

② **인권의 보편성** : 인권의 보편성에 따라 범죄자의 처우 및 특히 소년범죄자의 인권문제가 국가 간의 주요 관심사로 대두되었으며 이 역시 형사정책의 국제화를 가져오게 한 원인이다.

(2) 구체적 협력상황

① **유엔헌장** : "국제사회의 경제적, 사회적, 문화적, 인도주의적 성격의 문제해결과 인종, 성별, 언어, 종교에 따른 차별 없이 인권과 기본적 자유를 보장하기 위한 국제적 협력의 달성"을 규정하고 있다.

② **유엔범죄방지 형사사법위원회** : 범죄방지 및 형사사법 분야의 전문기구로서 위원회 과업의 수행은 유엔 사무국의 유엔 마약 및 범죄국(UNDOC)이 담당하고 있다.

02   국제형사단체의 조직과 활동

(1) 국제형사학협회(IKV)

① **신파이론의 확립** : 1889년 독일의 리스트(Liszt)를 중심으로 네덜란드의 하멜(Hamel), 벨기에의 프린스(Prins) 등에 의해 창설되었으며, 1937년까지 제11회의 국제회의를 개최하고, 25권에 달하는 보고서를 발간하였다. [2019. 5급 승진]

② 리스트의 마부르그강령, 이탈리아의 실증주의, 프랑스와 독일의 사회학적 범죄이론을 근간으로 한 신파이론의 확립을 목적으로 설립되었다.

③ 1895년 오스트리아의 린츠에서 개최된 이래 국제형사법학회를 통해 이어지다가 1937년 공식적으로 해산했다.

⑵ 국제형법 및 형무회의(CIDP 또는 IPPC)

① **국제형무회의**: 1872년 런던에서 '국제형무회의'라는 명칭으로 정부 간의 공적인 대표들로 구성·개최되었으며, 5년마다 소집되어 초기에는 행형문제를 중심으로 토의를 하다가 점차 형법을 포괄한 광범위한 형사정책상의 문제를 다루게 되었다. [2019. 5급 승진]

② **UN 범죄예방 및 범죄인처우회의**: 1929년 '국제형법 및 형무회의'로 개칭하고 1935년 베를린 회의까지 개최되었으나, 세계대전으로 일시 중단되었다가 1950년 네덜란드 헤이그(제12회)회의는 그 활동을 종료하고 그 사업을 'UN 범죄예방 및 범죄인처우회의'에 인계하게 되었다.

⑶ 국제형법학회(A.I.D.P)

① **국제형사법학회 계승**: 제1차 세계대전에 의해 활동이 일시 중단되었던 국제형사법학회(IKV)를 계승하여 1924년 파리에서 결성되었으며, 5년마다 형법총론, 형법각론, 형사소송법·법원조직법, 국제형법 등 4개 분과로 나누어 학술대회를 개최하고 있다. [2019. 5급 승진]

② **주요 주제**: 보안처분, 교도작업, 법인의 형사책임, 단독 및 합의재판소의 가치, 형사재판관의 전문화, 배심·참심의 가치, 범죄인의 전과통지, 죄형법정주의, 범죄인 인도제도, 형사절차의 분화 등이 있다.

⑷ 국제범죄학회(I.S.C)

① 1934년 파리에서 '범죄과학회의'라는 이름으로 결성, 1938년 로마에서 학회명칭을 '국제범죄학회'로 변경하였다.

② 5년마다 열리고 있으며, 범죄의 과학적 연구와 사회방위를 연구하려는 목적으로 '국제범죄학 연보'를 발간하고 있고, 범죄학분야의 우수한 논문에 대해 캐롤상(Denis Carrol Award)을 수여하고 있다. [2019. 5급 승진]

⑸ 국제범죄인류학회(I.K.K)

① 롬브로조의 범죄인류학적 연구를 기초로 한 범죄방지대책을 토의하기 위하여 개최된 국제회의로서 각국의 학자들이 개인 자격으로 참석하였다.

② 초기에는 롬브로조의 영향으로 범죄인류학적 테마를 연구하였으나, 후에 페리의 영향으로 사회적 요인을 중시하는 입장으로 연구의 범위가 넓어졌다.

③ 이 회의는 특히 범죄생물학적 연구의 선구적 역할을 한 것으로 그 의의가 크다고 할 수 있다.

유엔범죄방지회의

(1) 연 혁

① **국제형법 및 형무회의 계승** : 'UN 범죄예방 및 범죄인처우회의'라고도 하는 것으로, '국제형법 및 형무회의'를 계승한 정부단위의 현존하는 최대규모의 형사정책에 관한 국제협력체로서, 1948년 유네스코 산하에 창설된 'UN 사회방위국'과 개최국 정부의 공동협력으로 주최하고 있다.
[2019. 5급 승진]

② 1955년 스위스 제네바에서 제1차 회의를 개최한 이래 2015년 제13차 회의를 카타르 도하에서 개최하여 오늘에 이르고 있다. [2019. 5급 승진]

(2) **수용자 처우에 관한 UN최저기준규칙**

① 1955년 제1회 유엔범죄방지회의에서 '피구금자처우에 관한 유엔최저기준규칙'을 채택하였고, 1985년 '소년사법운영에 관한 유엔최저운영규칙', 1990년 '비구금조치에 관한 유엔최저기준규칙'이 있다.

② 2016년 개정된 '수용자 처우에 관한 UN최저기준규칙'은 형사·교정시설 구금조치에 수용자 처우의 최저한도를 정하여 수용자의 인권을 보호하기 위한 것으로 오늘날 범죄자 처우에 대한 국제적 지침으로 기능하고 있다.

국제범죄에 대한 대응

국제범죄와 국제형사법원의 창설

(1) **국제범죄에 대한 논의**

① **유엔국제법위원회** : 1954년 유엔국제법위원회에서 국제형사법원 설치 초안을 마련한 바 있고, 최근 초국가적 범죄현상이 심화되자 각국이 국제적 협력 강화의 필요성에 공감하게 되었다.

② **국제범죄** : 침략행위, 침략위협, 내정간섭, 식민지배 및 다른 형태의 타국 지배, 집단학살, 인종분리정책, 인권의 조직적 혹은 대량적 위반행위, 매우 중대한 전쟁범죄, 용병모집·사용·재정지원 및 훈련, 국제적 테러리즘, 마약의 불법밀수, 환경에 대한 고의적이고 심각한 파괴행위 등 12가지이다.

(2) **국제형사법원의 창설**

① **특별국제형사법원** : 1945년 나치 전범처벌을 위한 국제군사법정, 1946년 태평양전범 처벌을 위한 도쿄극동국제군사법정, 1993년 구 유고슬라비아 밀로세비치 전범 재판을 위한 유엔의 국제형사법원 등이 있다.

② **일반국제형사법원** : 1998년 유엔회의에서 채택한 로마규정에 의해 2002년 7월 1일 국제형사법원이 창설되었다. 이 법원에서는 집단학살, 반인도적 범죄, 전쟁범죄에 대한 재판관할권을 갖는다.

02 국제범죄문제와 형사사법 공조

(1) 국제범죄문제

① 범죄자를 검거한 국가와 다른 이해관계국 사이에 재판관할권 경합의 문제, 범죄인 인도의 문제, 형사사법 공조의 문제 등이 있다.

② **우리나라** : 국제조약에 정해진 국내입법에 관한 조치의무를 하고 있다. 예를 들어 항공기 내의 범죄관련 협약, 외교관 등 국제보호인물에 관한 협약, 인질억류방지에 관한 국제협약 등에 가입하고, 국내입법조치로 '항공기운항 안전법', '범죄인 인도법', '국제형사사법 공조법'을 제정한 바 있다.

(2) 형사사법 공조

① **범죄인 인도절차** : 수사 또는 재판을 받고 있거나 유죄판결을 선고받은 범죄인이 외국에 소재하는 경우에 외국에 대하여 범죄인의 인도를 청구하는 절차를 말한다.

② **국제관계** : 우리나라는 범죄인 인도를 위해 19개국, 형사사법공조를 위해 28개국과 조약을 체결하고, 국제형사경찰기구를 통한 공조를 위해 190여 개국이 가입되어 있는 인터폴에 참여하고 있다.

최신 기출로 확인하기

1. 교정 및 형사정책 분야의 발전과 국제협력에 기여한 학회(협회) 및 회의(총회)에 대한 설명으로 옳지 않은 것은?   2019. 5급 승진

① 국제형사학협회 : 1889년 독일의 리스트(Liszt)를 중심으로 네덜란드의 하멜(Hamel), 벨기에의 프린스(Prins)에 의해 설립되어 1937년까지 11회의 국제회의를 개최하였다.

② 국제형법 및 형무회의 : 처음에는 '국제형무회의'라는 명칭으로 각국 정부의 공식적인 대표들이 참여하였으며, 5년마다 소집되어 초기에는 행형문제를 주로 토의하였다.

③ 국제형법학회 : 1924년 파리에서 프랑스, 벨기에, 이탈리아, 스위스, 폴란드 및 미국의 학자들이 모여 창설하였으며, 벨기에의 브뤼셀에서 1회 회의를 개최하였다.

④ 국제범죄학회 : '국제범죄인류학회의'를 계승한 것으로 1934년 12월 프랑스와 이탈리아 학자들의 주도로 파리에서 '범죄과학회의'라는 이름으로 창립하였다.

⑤ 유엔범죄예방 및 형사사법총회 : '국제형법 및 형무회의'를 계승한 것으로 1955년에 스위스 제네바에서 제1회 회의를 개최하였다.

🔍 정답 1. ④

단원MAP

형사정책 기초개념			범죄의 원인과 현상론								
1. 학문발전	2. 국제성	3. 연구방법	4. 고전주의	5. 초기실증	6. 생물학	7. 심리학	8. 거시사회	9. 미시사회	10. 갈등론적	11. 발달범죄	12. 범죄현상
피해자론		비범죄	예방과 예측		형벌론		보안처분론				판 례
13. 피해자학	14. 피해보호	15. 비범죄화	16. 범죄예방	17. 범죄예측	18. 형벌론	19. 형벌종류	20. 보안처분	21. 주요5법	22. 소년사법	23. 소년2법	24. 판례

제1절 경험과학과 실증적 연구

01 개 요

(1) 의 의

① **성격** : 형사정책학은 경험과학에 속하는 범죄학을 포함한다.

② **연구방법** : 의견을 제시하는 것보다 관찰과 실험에 기초한 탐구방법을 사용한다. 다만 범죄학은 단순한 사실의 기술과 수집을 떠나 그 문제영역의 배경, 관련성 및 구조의 파악에 힘써야 한다.

(2) 사회과학적 연구

① **검증을 통한 이론형성** : 범죄원인을 설명하고 범죄자가 되는 원인을 설명하는 등 현실을 합리적으로 설명하기 위하여 체계를 세우고 설정된 주제의 핵심적 내용을 설명한다. 실증적 연구 없는 이론만을 주장하면 탁상공론이 될 가능성이 있고, 이론적 설명 없는 실증적 연구는 단순한 사실들만의 집합에 불과하다.

② **연구방법론** : 범죄의 발생량이나 범죄자의 유형별 분석 등 정확한 데이터와 객관적 사실들을 수집하고 분석하는 것을 내용으로 한다. 독자적인 방법론적 체계는 없지만, 경험과학으로서 관련 사회과학분야 연구방법론의 집합체적 성격을 띠고 있다.

③ **사회과학 연구방법론의 연구단계**

ㄱ 1단계(조사) : 설문조사와 응답, 인터뷰, 참여관찰, 실험 등의 기초조사단계

ㄴ 2단계(분석) : 1단계 조사를 토대로 하는 분석단계

ㄷ 3단계(평가) : 평가단계

(3) **범죄학 이론의 평가기준**(에이커스와 셀러스, Akers & Sellers) [2023. 경간부]

① **논리적 일관성** : 어떤 이론의 설명은 논리적으로 일관적이어야 한다.

② **검증 가능성** : 범죄학이 사회과학의 한 하위분야이기 때문에 반복가능한 연구에 의해 검증이 가능해야 한다.

③ **경험적 타당성** : 어떤 이론이 주장하는 명제나 가설이 경험적 증거(설문조사, 실험, 관찰 등)에 의해 지지된다면 경험적 타당성이 높다고 할 수 있으며, 좋은 이론이라고 할 수 있다.

④ **정책적 함의** : 정책적 함의가 풍부하여 유용성이 있어야 한다. 좋은 범죄학 이론은 바로 정책에 적용할 수 있는 다양한 정책적 함의를 가진다.

02 연구방법의 객관성과 윤리성

(1) **객관성**

① 사회과학적 연구에서 가장 중요한 자세는 객관성의 유지이다. 즉 연구자의 주관이 배제된 가치중립적 연구방법이 전제되어야 한다. 그러므로 연구대상자들의 부도덕한 태도나 생활습관, 이상성격과 같은 모습들에 의해 영향을 받지 않으려는 노력이 필요하다.

② 연구자들은 객관적 사실을 평가하는 것이 아니라, 이를 기록하고 수집한 사실들이 범죄학적 관점에서 갖는 의미가 무엇인지를 판단하여야 한다.

(2) **윤리성**

① 연구자의 자의적인 판단과 선택을 통하여 자신이 원하는 결론을 이끌어내려고 하여서는 안되며, 조사대상자에게 피해가 되는 조사방법을 피하여야 한다.

② 조사자와 조사대상자 사이에 존재하는 신뢰와 의무를 내용으로 하는 호혜성을 존중하여야 한다. 동시에 상대방의 사생활과 신뢰를 저버리는 행동을 해서는 안 되고 익명을 사용하여 개인과 단체 등을 보호하여야 한다.

PLUS⁺ 이론의 형성

가 설	명 제	이 론
있음직한 일에 대한 진술 ◉ 평균기온이 높을수록 성범죄는 높을 것이다.	가설의 원인(측정가능한 변수) - 결과 = 확실한 수준	• 명제들의 유기적 연결 • 중복과 모순 • 독창적 핵심명제 도출

제2절 | **형사정책학**(범죄학, 교정학)**의 연구방법**

01 **범죄통계표의 분석**

(1) 의 의

① **대량관찰** : 사회 내에서 "얼마나 많은 범죄가 발생하는가."를 중심내용으로 하는 연구방법으로, 수사기관 등 정부기관이 범죄와 범죄자에 대한 다각적인 분석결과를 집계한 것으로, 범죄현상에 대한 대량적 관찰을 가능하게 하는 기초자료이다.

② **범죄상황 파악** : 오늘날 형사정책에서 범죄상황을 파악하는데 가장 일반적이고 기본적인 수단으로 활용된다. [2018. 7급] 총 4회 기출

③ **통계자료의 한계** : 사회에서 발생하는 전체 범죄 수 ⇨ 수사기관에 의해 인지된 범죄 수(암수범죄의 누락) ⇨ 검찰이 기소한 범죄 수(기소편의주의에 의한 불기소처분 건수 탈락) ⇨ 법원의 유죄판결을 선고한 범죄 수 ⇨ 집행유예 등 석방된 건수 ⇨ 형 집행 건수로 점점 감소하게 되어 있다.

   ◎ 통계의 불완전성을 보완하기 위해 암수범죄연구의 필요성이 제기된다.

(2) 범죄율

① **범죄율** : 범죄통계와 관련하여 인구 100,000명당 범죄발생건수(범죄수/인구수×100,000)를 계산한 것을 범죄율이라고 한다. [2020. 7급]

② **유용성과 한계** : 인구대비 범죄발생건수 및 특정 기간별 범죄발생을 비교할 수 있다는 장점이 있으나, 중요범죄와 상대적으로 가벼운 범죄가 동등한 범죄로 취급되어 통계화된다는 문제점이 있어 범죄의 중요도를 구분한 범죄율 조사를 주장하기도 한다(Sellin, Thorsten, Wolfgang). [2023. 보호 7급]

(3) 범죄시계

① **범죄시계** : 범죄시계란 미국범죄통계에서 나온 것으로 매 시간마다 범죄의 종류별 발생빈도를 수치로 표시하는 것을 말한다.

② **유용성과 한계** : 일반인들에게 범죄경보기능을 하고 있다는데 그 의의가 있으나, 인구성장률을 반영하지 않고 있고 시간을 고정적인 비교단위로 사용하는 문제점이 있기 때문에 통계적 가치는 크지 않다는 한계가 있다. [2018. 7급]

(4) 공식통계의 유용성과 한계 [2019. 7급] 총 8회 기출

유용성	1. 자료획득이 용이하고, 범죄현상의 양적·외형적·일반적 경향 파악에 유용하다. 2. 통계표는 통상 1년 단위로 작성되므로 계절적·시간적 상황 등 일정 기간의 범죄발생 동향 및 특성을 파악하는데 유용하다(특정 시점의 범죄발생 동향 파악 ×).
한 계	1. 통계에는 암수범죄가 나타나 있지 않기 때문에 객관적인 범죄상황을 정확히 나타내 주지는 못한다. 2. 범죄통계는 일선경찰서의 사건처리방침과 경찰관들의 재량행위로 인하여 범죄율이 왜곡되고 축소될 가능성이 있다.

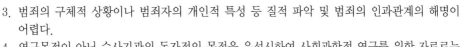

3. 범죄의 구체적 상황이나 범죄자의 개인적 특성 등 질적 파악 및 범죄의 인과관계의 해명이 어렵다.
4. 연구목적이 아닌 수사기관의 독자적인 목적을 우선시하여 사회과학적 연구를 위한 자료로는 한계가 있다.
5. 두 변수 사이의 2차원 관계 수준의 연구를 넘어서기 어렵다.

02 실험적 방법

(1) 의 의

① **의의** : 설정된 가정을 검증하기 위하여 제한된 조건하에서 반복적으로 이루어지는 관찰을 의미한다. 경험과학적 연구에서 실험은 가장 효과적인 방법 중의 하나로 인정되고 있다. [2019. 7급]
총 5회 기출

② **전제조건** : 집단의 등가성(비슷한 가치 : 청소년계층) 확보, 사전과 사후조사, 대상(실험)집단과 통제집단이라는 세 가지 전제조건을 특징으로 하고, 연구의 내적 타당성에 영향을 미치는 요인들을 통제하는데 유리한 연구방법이다. [2020. 7급]총 2회 기출

⊙ 집단의 유사성을 확보하기 위해 무작위 할당방법(동전 던지기, 주사위 굴리기)이 주로 활용된다. [2020. 7급]

⊙ 실험집단과 통제집단에 대한 사전검사와 사후검사를 통해 종속변수(결과)에 미치는 처치의 효과를 검증한다. [2020. 7급]
　　◐ 원인은 독립변수

③ **새로운 제도 점검** : 보통 새로운 제도의 효율성을 미리 점검할 때 이용되는데, 가택구금제도 시행 시 그 안에서의 피구금자의 행동상 반응을 교도소 내에서의 경우와 비교하여 살펴보는 것 등이다.

④ 인과관계 검증과정을 통제하여 가설을 검증하는 데 유용한 방법이다. [2020. 7급]

⑤ 실험적(인위적) 관찰방법은 암수범죄의 조사에도 이용될 수 있다(위장된 절도범).

(2) 유용성과 한계

유용성	1. 적은 비용으로 원하는 내용을 신속하고 쉽게 자료화할 수 있다. 2. 내적타당성에 영향을 미치는 요인들을 통제하는데 가장 유리하다.
한 계	1. 실험여건이나 대상의 확보가 쉽지 않고 자연사실이 아닌 인간을 대상으로 한다는 점에서 실행의 곤란함이 있다. [2019. 7급] 2. 조사대상자의 수가 소수에 그칠 수밖에 없어 그 결과를 일반화하기 어렵다. 3. 외적타당화에는 어려움이 있다. [2023. 7급]

03 참여적 관찰방법

(1) 의 의

① **의의** : 현장조사라고도 하는 것으로 관찰자(연구자)가 직접 범죄자 집단에 들어가 함께 생활하면서 그들의 생활을 관찰하는 조사방법을 말하며, 서덜랜드(Sutherland)는 이를 '자유로운 상태에 있는 범죄자의 연구'라고 불렀다. [2023. 7급] 총 2회 기출

② **관찰** : 체포되지 않은 자와 체포된 자 등 모두 참여관찰의 연구대상이 되며, 참여관찰의 초점은 그 대상이 아니라 직접적으로 관찰하는지의 여부이다.

③ 인류학자들이 즐겨 사용하는 연구방법이다. [2012. 7급]

④ 참여적 관찰방법은 암수범죄의 조사에도 이용될 수 있다.

⑤ **구체적 사례** : 오스본이 1주일간 자원수형자로 오번 감옥에 들어가 당시 감옥제도의 문제점을 지적하고 수형자자치제를 주장하였다.

(2) 유용성과 한계

유용성	1. 체포되지 않은 범죄자들의 일상을 관찰할 수 있으므로 범죄인에 대한 생생한 실증자료를 얻을 수 있다. [2019. 7급] 총 2회 기출 2. 다른 연구방법에 비하여 직접적인 자료의 획득이 용이하다. 3. 일반적인 범죄통계나 시설수용자의 설문조사 등의 방법보다 타당성이 높다.
한 계	1. 조사방법이 소규모로 진행되기 때문에 연구결과를 일반화할 수 없다(→ 관찰의 대상이 한정되어 다양한 범죄인의 전체적인 파악에 한계가 있으므로 그 결과를 일반화할 수 없다). [2023. 보호 7급] 총 3회 기출 2. 대상이 범죄자 개인이기 때문에 집단현상으로서의 범죄원인 및 대책에 대하여 원용하는 데에는 한계가 있다. 3. 피관찰자들의 인격상태에 관한 객관적 관찰이 불가능하기 때문에 연구 관찰자의 주관적인 편견이 개입될 우려가 있다. [2023. 보호 7급] 총 2회 기출 4. 조사대상자들과 인간적인 교감을 형성하면서 연구를 진행해야 하기 때문에 조사방법의 성격상 많은 시간과 비용이 소요된다. [2023. 보호 7급] 총 2회 기출 5. 객관성을 유지하지 못한 채 조사대상자들에게 동화되거나 반대로 이들을 혐오하는 감정을 가질 수 있다.

PLUS⁺ 참여적 관찰방법의 주의점(폴스키. Polsky)

1. 장치나 도구사용(녹음기 · 질문지 등)을 피하고 조사 후 당시 상황을 기록할 것
2. 눈과 귀는 열되 입은 다물 것
3. 그들만의 은어를 습득하되 과도한 사용은 피할 것
4. 그들의 일원인 체 하지 말고 실행할 수 있으면 곧 자신의 목적을 밝힐 것
5. 연구자와 범죄자 사이에는 분명한 경계선이 있어야 한다(Polsky는 그들의 범행현장을 목격하지 않으려고 하였음).
6. 정보원의 신원을 보호하기 위하여 가명을 사용할 것
7. 원칙보다는 융통성이 있어야 한다.
◎ 폴스키(Polsky)는 범죄자와 일반인의 차이가 생각하는 것보다 그렇게 큰 것이 아니며 이들 세계에 접근하는 어려움 역시 과장된 것이라고 주장하였다.

04 개별적 사례조사

(1) 의 의

① **의의** : 범죄자 개개인에 대해 인격과 환경 등 여러 요소를 종합적으로 분석하여 상호연결관계를 규명하는 방법이다. [2020. 7급] 총 2회 기출

② 조사대상자에 대한 개별적 사례조사나 그의 과거사를 조사하는 것으로 일기나 편지 등 개인의 극히 내밀한 정보의 획득이 요구된다. [2019. 7급]

③ 미시범죄학적인 연구방법이며 하나 또는 몇 개의 대상에 대한 깊이 있는 정밀조사를 목표로 한다. [2023. 교정 7급] 총 2회 기출

④ **구체적 사례** : 1937년 서덜랜드(Sutherland)가 실시한 직업(전문)절도범 연구가 있다. [2023. 교정 7급] 총 3회 기출

(2) 유용성과 한계

유용성	1. 참여적 관찰법과 마찬가지로 조사대상자에 대해 가장 깊이 있는 이해를 할 수 있다. 2. 조사대상자의 장래에 관한 대책수립이 용이하다.
한 계	1. 연구자의 인적 범위가 지나치게 협소하므로 연구자의 편견, 선택된 사례의 부정형성의 소지, 집단현상으로서의 활용이 곤란하다. 2. 전형적인 대상이 아니면 다른 상황에 일반화할 수 없다. [2012. 7급]

05 표본집단조사(계열조사)

(1) 의 의

① **의의** : 전체 범죄자를 관찰하는 것이 현실적으로 불가능한 데에서 나온 방법으로, 일반적으로 범죄인군에 해당하는 실험집단과 정상인군에 해당하는 대조집단을 선정하여 양 집단을 비교하는 방법을 취한다.

② 범죄자의 일부를 표본으로 선정(실험집단)하여 이들을 정밀 관찰한 결과를 전체 범죄자에게 유추 적용하여 그 전체상황을 파악하는 조사방법을 말한다. [2014. 7급] 총 4회 기출

③ **구체적 사례** : 글룩(Glueck)부부의 비행소년(실험집단, 500명)과 일반소년(대조집단, 500명)의 비교분석 연구가 있다.

(2) 유용성과 한계

유용성	1. 비교적 쉽게 자료를 계량화하여 실험집단과 대조집단 간의 차이를 찾아낼 수 있다. 2. 정보수집의 방법이 체계적이고 객관성이 높다. 3. 비교적 많은 사람들을 대상으로 다량의 자료를 한꺼번에 수집할 수 있다.
한 계	1. 편중성 없는 표본선정이 쉽지 않다. 2. 표본조사의 결과와 사실 사이의 상호연결 관계를 명확히 규명하기 어렵다. 3. 통계조사가 갖는 일반적 허상을 그대로 안고 있으며(일반적 경향만 파악할 수 있음) 표본집단이 얼마나 대표성을 갖고 전체 집단을 대표할 수 있는지 의문시된다. 4. 시간적 차원에서 변화를 분석할 수 없다.

06　추행조사(Follow-up Study)

⑴ 의 의

① **의의** : 일정 수의 범죄자 또는 비범죄자를 일정 기간 계속적으로 추적·조사하여 그들의 특성과 사회적 조건의 변화상태를 분석하고, 그 변화상태와 범죄자 또는 범죄와의 연결관계를 살펴보는 방법이다. [2014. 7급]

② **시간적 간격** : 표본조사시 실험집단과 비교되는 대조집단을 동일한 시간적 범위 내에서 상호 비교하는 것이 아니라 일정 시점과 일정한 시간이 경과한 다음 시점 간의 추적적인 비교방법을 말한다.

③ **수직적 비교** : 표본조사가 수평적 비교(실험집단과 비교하는 대조집단을 동일한 시간적 범위 내에서 상호 비교)라면, 추행조사는 수직적 비교방법이라고 할 수 있다.

⑵ 유용성과 한계

유용성	1. 일정한 시간적 연속성 속에서 조사대상자들의 변화를 관찰하기에 용이하다. 2. 추행을 당하는 사람들의 사실관계를 정확히 밝힐 수 있어 오랜 시간의 경과 후에도 그 사실을 파악할 수 있다. [2010. 7급]
한 계	1. 개인에 대한 추행이 인권적 측면에서 사생활 침해라는 결과를 가져올 수 있다. 2. 대상자의 심리상태를 정확히 파악하는데 한계가 있다. 3. 대상자가 추행되는 사실을 알게 되면 의식적인 행동을 하게 되어 자연적 상태에서의 동정을 파악할 수 없게 된다.

PLUS⁺　연구방법론에 대한 보충 이해

조사연구	1. 기술적연구와 추론적 연구를 위한 양적 자료를 수집하고, 인과성 문제를 다루기 위한 연구방법이다. 2. 설문지, 면접, 전화접촉 등을 활용한다.
설문조사	1. 설문조사를 통한 연구방법은 청소년 비행과 같이 공식통계로 파악하기 어려운 주제에 적합하며, 두 변수 사이의 관계를 넘어서는 다변량 관계를 연구할 수 있다(범죄통계연구는 두 변수 사이의 2차원 관계 수준의 연구를 넘어서기 어렵다). [2022. 7급] 2. 설문조사를 통한 연구는 부정확한 응답의 가능성에 대한 고려가 필요하다.
양적연구와 질적연구	1. 양적연구 : 측정가능한 객관적인 자료를 바탕으로 결론을 도출한다. 2. 질적연구 : 직접 관찰한 자료의 질을 바탕으로 결론을 도출한다. 3. 비교 : 양적연구는 질적연구에 비해 연구결과의 외적 타당성(일반화 정도)을 확보하기 쉽다.

아담 형사정책

최신 기출로 확인하기

1. 교정학 연구방법 중 실험연구에 대한 설명으로 옳지 않은 것은? 2020. 7급

① 인과관계 검증과정을 통제하여 가설을 검증하는 데 유용한 방법이다.
② 실험집단과 통제집단에 대한 사전검사와 사후검사를 통해 종속변수에 미치는 처치의 효과를 검증한다.
③ 집단의 유사성을 확보하기 위해 무작위 할당방법이 주로 활용된다.
④ 외적 타당도에 영향을 미치는 요인들을 통제하는 데 가장 유리한 연구방법이다.

2. 교정학 및 형사정책의 연구방법에 대한 설명으로 옳은 것은? 2019. 7급

① 범죄(공식)통계표 분석방법은 범죄와 범죄자의 상호 연계관계를 해명하는 데 유용하며, 숨은 범죄를 발견할 수 있다.
② 참여관찰방법은 조사대상에 대한 생생한 실증자료를 얻을 수 있고, 연구결과를 객관화할 수 있다.
③ 실험적 연구방법은 어떤 가설의 타당성을 검증하거나 새로운 사실을 관찰하는 데 유용하며, 인간을 대상으로 하는 연구를 쉽게 할 수 있다.
④ 사례조사방법은 범죄자의 일기, 편지 등 개인의 정보 획득을 바탕으로 대상자의 인격 및 환경의 여러 측면을 분석하고, 그 각각의 상호 연계관계를 밝힐 수 있다.

🔍 정답 1. ④ 2. ④

제3절 형사정책학의 연구방향

01 형사정책의 법치국가적 한계에 대한 인식

(1) 민주법치국가의 이념

① **형사정책의 규범적 한계** : 형사정책은 민주 법치국가에서 요구되는 규범적 한계 내에서 이루어져야 한다. '형법은 형사정책이 넘을 수 없는 한계'라고 지적한 것은 이를 의미한다.

② **죄형법정주의** : 권력으로 국민의 자유와 권리를 제한하거나 의무를 부과하려고 할 때에는 반드시 의회가 제정한 법률로 하여야 한다는 이념은 형사법에서 '법률 없으면 범죄 없고 형벌도 없다.'는 죄형법정주의가 법치주의 내용으로 정착되었다.

(2) 비례성의 원칙

① **의의** : 민주국가에서 법은 국민의 자유와 권리를 최대한 보장하는 것이므로 국가의 공권력을 발동하는 형사정책은 비례성의 원칙에 의해 엄격히 제한받아야 한다.

② **내용**

㉠ 적합성의 원칙 : 공권력행사는 정당한 목적을 달성하는데 가장 적합한 방법을 선택하여야 한다.

㉡ 최소침해의 원칙 : 필요한 최소한에 그쳐야 한다.

㉢ 균형의 원칙 : 국민의 자유와 권리를 제한하는 것과 그 제한을 통해 얻어지는 공익을 엄격하게 비교해서 후자가 크게 나타날 때에만 작동하여야 한다.

㉣ 과잉금지의 원칙 : 내용이나 형식이 지나쳐서는 안 된다.

③ **보충성의 원칙** : 비례성의 원칙은 형사법의 영역에서 평화로운 사회질서를 유지할 수 없는 경우에만 최후의 수단으로 개입되어야 한다는 보충성의 원칙 내지 범죄와 형벌은 균형을 이루어야 한다는 사상으로 나타난다.

02 사회변동과 형사정책

(1) 서론

① **사회변화와 범죄현상** : 범죄현상은 사회변화에 상응하여 나타난다. 외국인 근로자, 정보보호의 확산에 따른 신종 컴퓨터 관련범죄, 환경문제, 지적재산권 등의 분쟁 등이 그 예이다.

② **양가적 법감정** : 개인적 정의와 자유의 실현, 인간으로서의 존엄성과 적법절차에 따른 권리보장 측면과 사회정의의 확보 및 사회방위와 범죄공포로부터 자유를 갈망하는 시민들의 요구사이에서 그 균형점을 찾아내야 한다.

③ **최후수단으로서의 형사정책** : 형사정책은 사회현상에 대응하는 마지막 정책에 해당한다. 즉 '좋은 사회정책이야말로 최상의 형사정책'인 것이다.

(2) 형사정책연구의 다양성

① **형사법 중심의 연구** : 범죄예방과 퇴치를 위한 효과적인 형사법 연구 혹은 형사법 영역에서의 법 정책에만 주력하는 것은 좁은 의미의 형사정책 연구라 할 수 있다.

② **형법 외적 수단 강구** : 오늘날 형사정책은 형법적 수단은 물론 형법 외적 수단까지 활용하는 넓은 의미의 형사정책을 지향하고 있다. 즉 심리적 장애나 질환의 예방, 직장알선이나 부부에 대한 상담, 여가활동지도 등 간접적인 범죄예방활동을 포함하는 개념이다.

③ **형사정책의 구조적 변화추구** : 전통적 형사정책이 취하는 범죄에 대응하는 방법론이나 사회방위라는 일방적 목표설정에 반대하면서 '형법의 폐지'까지를 포함하는 '신형사정책'을 주장하기도 한다.

03 수단의 선택

(1) 원인론과 대책론

① **논의** : 윌슨(James Wilson)은 '원인이 제거되지 않는 한 문제해결은 불가능하다.'는 전제를 원인론적 망상이라고 비판하고, 정책분석적 방법을 중심으로 한 형사정책을 강조한다.

구 분	보수적	자유주의적	급진적
원 인	자유의지의 결과	계층간 분배, 실업문제	분배구조의 불평등
대 책	범죄통제모델	사회정책 강조	사회구조와 제도의 변혁

② **결론** : 현대의 형사정책은 자유주의적 이념에 따라 적법절차를 준수하면서 원인과 대책을 동시에 수립하는 것이 타당하다 할 수 있다.

(2) 형사정책의 기본방향 설정

① **법과 질서의 강조** : 법과 질서의 확립의 강조는 국가형벌권 행사가 가장 쉽고 효과적인 수단의 인식에서 출발한다. 이는 사회변화에 부응하는 탄력적인 형사정책의 개발을 더디게 하고 자신이 가지고 있는 권력의 유지에 기여하는 방법이 된다.

② **기본방향 설정의 필요성** : 여론에 떠밀린 특정범죄에 대한 과도한 수사와 처벌, 정치적 이유나 목적달성을 위한 가석방과 사면의 실시 등 무원칙과 자의성을 극복할 수 있는 형사정책의 진중한 기본방향 설정이 필요하다.

(3) 형사정책의 방향

① **비례적 형사정책** : 모든 범죄에 대하여 평균적 · 일률적인 대응보다는 조직범죄나 정치적 부패범죄 등 범죄의 중요도에 따른 선별적 · 차별적 대응이 필요하다.

② **예방 중심의 형사정책** : 형사처벌과 교정을 통한 사회복귀 지원 등 범죄자 개인 중심의 사후적 대응보다는 사회통제시스템의 개선이라는 사전적 예방에 초점을 맞출 필요가 있다.

③ **입법적 방법에 의한 형사정책** : 행정법규 영역에서의 사전적 부패시스템 방지를 위해 입법과 정에서 사전적 통제시스템을 마련할 필요성이 있고, 한편으로 형사특별법에 의한 중벌정책은 결과적으로 일반형법의 형해화(형식만 있고 가치나 의미가 없게 됨), 위하형 사고에 입각한 과잉형벌 화, 형법체계의 혼란 등의 이유가 되므로 적절한 형사정책적 수단이 되지 못한다.
④ **새로운 범죄현상에 대한 이론의 재구성 필요** : 신종 컴퓨터범죄, 환경범죄, 기업범죄, 금융범 죄 등 전통적인 형사정책방안으로는 접근하기 어려운 새로운 범죄현상을 해결하기 위해서는 이에 합당한 이론적 재구성이 필요하다.
⑤ **형사제재의 대안모색과 재사회화 이념문제** : 교정시설의 과밀수용, 이로 인한 관리상의 문제 등에 따른 개선책으로 형집행 방법상의 대안인 전환 등의 모색뿐 아니라 형사사건의 자연적 축 소방안, 즉 고소 · 고발 사건의 축소, 신용카드 관련 범죄의 재검토 등의 방안 모색이 필요하다.

제4절　공식통계자료와 암수범죄

01　공식통계자료

(1) 의 의

① 범죄문제에 대해 정당하고 실효성 있는 형사정책을 강구하기 위해서는 범죄실태를 정확히 파 악하는 것이 선결적으로 요구된다.
② 공식통계는 경찰, 검찰, 법원 등과 같이 국가의 공식적인 형사사법기관을 통하여 인지되고 처 리되는 가해자 중심의 수집된 범죄통계자료이다.

(2) 종 류

① **범죄통계**(대검찰청) : 범죄통계는 경찰과 검찰 그리고 특별사법경찰인 산림청, 항만청, 관세청 등에서 작성한 범죄발생원표, 검거통계원표, 피의자 통계원표를 토대로 집계 분석한 것으로, 우리나라에서 가장 상세하고 포괄적이며 대표적인 공식통계이다.
② **기타** : 범죄분석(경찰청), 범죄백서(법무연수원), 검찰연감, 사법연감, 교정통계, 범죄예방정책 통 계분석, 청소년 백서 등이 있다.

(3) 문제점

① 가해자 중심으로 수집된 자료이기 때문에 발견되지 않은 범죄, 즉 암수범죄(숨은 범죄)에 대한 관심이 도외시되었다.
② 공식통계자료는 사회에서 실제 발생하는 범죄양상과 심각한 편차가 있는 것으로 지적되었다.

02 암수범죄의 이해

(1) 의 의

실제로 범죄가 발생하였으나 수사기관에 인지되지 않았거나, 인지되기는 하였으나 해명(해결)되지 않아 공식적인 범죄통계에 나타나지 않는 범죄를 말한다. [2018. 7급] 총 4회 기출

> • 현실적으로 발생한 범죄 - 공식통계범죄 = 암수범죄
> • 공식통계범죄 + 암수범죄 = 현실적으로 발생한 범죄

(2) 연구 필요성 논의

① **정비례의 법칙** : 범죄통계학이 발달한 초기부터 케틀레(Quetelet)·외팅겐(Oettingen)·페리(Ferri) 등에 의해 암수범죄가 지적되었지만, 보고된 범죄와 암수범죄의 관계가 일정한 비율을 지닌다고 보아 20C 초반까지는 특별히 문제 삼지 않았다. [2024. 교정 9급]

> **PLUS⁺ 케틀레의 통계인식**
>
> 케틀레(Quetelet)는 암수범죄와 관련하여 정비례의 법칙을 주장하면서 명역범죄(공식적으로 인지된 범죄)와 암역범죄 사이에는 변함없는 고정관계가 존재한다고 보고, 명역범죄가 크면 그만큼 암역범죄도 크며, 명역범죄가 작으면 그만큼 암역범죄도 작다고 하였다. 이 공식에 따라 공식적 통계상의 범죄현상은 실제의 범죄현상을 징표하거나 대표하는 의미가 있다고 보았다. [2021. 보호 7급] 총 2회 기출

② **비항상성** : 서덜랜드(Sutherland)·셀린(Sellin)·엑스너(Exner) 등에 의해 암수율은 항상적인 것이 아니라 불규칙적으로 변화한다는 사실이 밝혀지고, 범죄나 비행이 사회의 정상적이고 필요한 현상이라는 인식과 함께 진정으로 개선·교화해야 할 대상을 찾기 위한 노력이 진행되면서 그 필수적인 전제로 등장하였다.

③ **암수범죄 규명의 필요** : 숨은 범죄의 존재로 인해 범죄에 대한 대책을 수립하는데 범죄통계가 충분한 출발점이 될 수 없다는데서 연구의 필요성이 강조되고 있다. '축소적으로 실현된 정의에 대한 기본적 비판'(Kaisar)은 암수범죄의 해명의 필요성을 대변한다. [2016. 7급]

03 암수범죄 발생의 원인

(1) 절대적 암수범죄의 발생(수사기관에서 인지 ×)

① **의의** : 실제로 범하여졌지만 어느 누구도 인지하지 않았거나 기억조차 하지 못하는 범죄로 성매매, 도박, 마약매매와 같은 피해자가 없거나 피해자와 가해자의 구별이 어려운 범죄에 많이 발생하게 된다. 이러한 범죄에 대한 국민의 고소·고발은 거의 기대할 수 없기 때문이다. [2024. 교정 9급] 총 4회 기출

② 강간, 강제추행 등과 같은 성범죄의 경우 피해자가 수치심 때문에 범죄신고를 하지 않는 경우가 많고, 범죄신고에 따른 불편과 범죄자에 의한 보복의 두려움 등이 절대적 암수범죄의 발생 원인이 된다. [2018. 7급] 총 2회 기출

(2) 상대적 암수범죄의 발생(수사기관에서 인지 ○ → 해결 ×)

① **의의** : 수사기관에 인지는 되었으나 해결되지 않은 범죄로 수사기관과 법원과 같은 법집행기관의 자의 내지 재량 때문에 발생하는 암수범죄이다. 즉 경찰, 검찰, 법관 등이 범죄의 혐의가 명백히 존재함에도 개인적인 편견이나 가치관에 따라 범죄자에 대하여 차별적인 취급을 함으로써 암수범죄가 발생한다. [2024. 교정 9급] 총 5회 기출

② **차별적 취급** : 미국의 경우 소수민족이나 유색인종에 대한 엄격한 태도, 백색인종에게의 관대한 처우가 이에 해당하고, 우리나라의 경우 여성이나 화이트칼라범죄율이 비교적 낮은 것도 이 때문이라는 지적이 있다.

③ **기사도 가설** : 여성범죄 연구가 폴락(O. Pollak, 1950)은 여성범죄율이 적은 이유는 여성이 남성에 못지않은 범죄를 하지만, 단지 여성의 범죄는 은폐되거나 편견적인 선처를 받기 때문에 통계상 적은 것으로 보일 뿐이라는 기사도정신가설(chivalry hypothesis)을 주장하였다. 경찰은 여성을 체포하기를 꺼려하고, 검찰은 기소하기를 꺼려하며, 재판관이나 배심원은 유죄로 하기를 꺼려한다.

④ **체계적 낙인과정** : 셀린(Sellin)은 범죄통계의 가치는 절차의 개입에 의하여 범죄로부터 멀어지면 멀어질수록 (범죄통계의 가치는) 적어지게 된다고 한다. 왜냐면 범죄통계는 범죄 자체로부터 멀어질수록 유실되어 줄어들기 때문에 범죄발생에 가까울수록 실제 범죄발생량과 근접한 통계라고 볼 수 있다. 따라서 암수를 줄이는 가장 좋은 방법은 형사사법의 첫번째 단계인 경찰의 통계를 활용하는 것이다.

> **PLUS⁺ 암수범죄에 대한 이해**
>
> • 화이트칼라범죄는 피해의 규모가 큰 반면 법률의 허점을 교묘히 이용하거나 권력과 결탁하여 조직적으로 은밀히 이루어지기 때문에 암수범죄가 많이 발생한다.
> • 수사기관이 범죄피해자가 아닌 제3자의 신고를 받고 범죄를 인지하여 해결한 경우 암수범죄로 볼 수 없다.

제5절 암수범죄의 측정(조사)방법

01 직접적 관찰 [2020. 7급] 총 2회 기출

(1) 개 요

① 직접적 관찰이란 조사자가 암수범죄를 직접 실증적으로 파악하는 방법이다.

② 실제로 일어나는 암수범죄를 직접 관찰하는 자연적 관찰과 인위적인 실험을 통하여 암수범죄를 직접 실증하려는 인위적 관찰인 실험이 있다.

(2) 자연적 관찰과 실험적 관찰

① **자연적 관찰** : 범죄행위에 직접 참가함으로써 관찰하는 참여적 관찰과 유리벽을 통해 백화점 절도를 관찰하거나 숨겨진 카메라로 촬영하는 방법인 비참여적 관찰이 있다.

② **실험적 관찰**(인위적 관찰) : 의도적으로 범죄상황을 실현하여 관찰하는 방법으로, 위장된 절도범 과 관찰자를 보내 상점절도의 발각 위험성을 알기 위한 블랑켄부르그(Blankenburg)의 연구가 대 표적이다.

📖 **참여적 관찰의 구체적 사례**

험프리(Humphrey)	공중화장실에서 동성애자를 찾는 시늉을 함
하퍼캄프(Haferkamp)	상점절도범 및 마약중독자와 같이 행동하면서 암수비행을 탐구
퀴르찐거(Kürzinger)	경찰 유니폼을 입고 고소가 어떻게 이루어지는지를 탐구

02 간접적 관찰(설문조사) [2024. 보호 9급] 총 2회 기출

(1) 자기보고조사(Self-Report Survey)

① **의의** : 행위자조사, 가해자조사라고도 하는 것으로, 일정한 집단을 대상으로 개개인의 범죄나 비행을 면접이나 설문지를 통하여 스스로 보고하게 하여 암수범죄를 측정하는 방법이다.

② **조사방법** : 응답자가 익명으로 자신들이 저지른 범죄를 진술하게 하는 방법(익명성 보장), 표본 조사나 집단조사의 방법이 사용된다.

③ 자기보고에는 범죄피해를 당한 사실과 범죄행위를 한 경험까지를 포함한다.

📖 **자기보고조사의 장점과 단점**

장 점	1. 공식통계상 기록되지 않은 범죄의 암수를 파악하는데 유용하다. 2. 공식적 통계에 나타난 범죄인과 자기보고에 기초한 범죄인의 특성을 비교·연구할 수 있다. 3. 보다 객관적인 범죄 실태와 실제로 발생한 범죄량 및 빈도 파악에 도움이 된다. 4. 우리사회의 범죄분포에 관한 포괄적인 이해가 가능하며 범죄성과 범죄통계상 존재할 수 있는 계급적인 편견을 파악할 수 있다. 5. 피조사자의 인격, 특성, 가치관, 태도 등을 조사할 수 있어 범죄이론을 검증하고 범죄원인을 파악할 수 있다.
단 점	1. 보고자가 자신의 추가범죄사실에 대한 발각이 두려워 사실을 은폐하는 등 진실성에 문제가 있을 수 있으므로, 조사대상자의 정직성과 진실성에 따라 조사결과의 타당성 여부가 달라질 수 있다(→ 스스로 보고하기 때문에 강력범죄의 실태파악이 어렵다). [2024. 9급] 총 2회 기출 2. 조사방법이 한정적이고 조사결과가 추상적이라 조사결과를 일반화하기 곤란하고, 다양한 종류의 실태파악이 어렵다. 3. 경범죄(경미범죄)의 실태파악은 가능하지만, 처벌에 대한 두려움 등으로 중범죄(강력범죄)에 대한 실태파악은 곤란하다. [2024. 보호 9급] 총 2회 기출 4. 범죄자가 자기가 범한 범죄를 인식하지 못한 경우나 범죄를 범하지 않았다고 오신하는 경우에는 실태파악이 곤란하다. [2010. 7급]

(2) 피해자조사(victim survey)

① **의의** : 실제 범죄의 피해자로 하여금 범죄의 피해경험을 보고하게 하는 방법으로, 암수범죄의 조사방법으로 가장 많이 활용된다. [2023. 교정 7급] 총 5회 기출
② 경미범죄보다 강력범죄를 더 오래 기억하므로 강력범죄의 실태파악에 용이하다.
③ **피해자조사의 목표**
  ㉠ 범죄의 범위·분포 및 발전 정도를 확인할 수 있고 범죄피해의 빈도, 범행장소 및 시간, 범죄자와 피해자 사이의 관계 및 사회통계학적 특징을 탐구한다.
  ㉡ 개인 또는 어떠한 사회단체(가정)가 범죄로 인해 침해될 수 있는 여지를 조사한다.
  ㉢ 신체적·정신적 피해와 물적 피해의 범위를 확인한다.
  ㉣ 범죄피해를 당한 자와 당하지 않은 자의 범죄공포감을 비교한다.
  ㉤ 범죄신고 여부와 그 원인, 형사사법기관에 대한 만족도 및 그 원인조사가 가능하다.

📔 피해자조사의 장점과 단점

장 점	1. 피해자 중심의 통계를 이용한 범죄현상 파악과 연구를 가능하게 한다. 2. 피해자를 직접 조사함으로써 정확한 범죄현상 파악이 가능하고 전국적 조사가 가능하므로 대표성 있는 자료를 수집을 할 수 있다. 3. 암수범죄의 규모를 파악할 수 있게 하여 실제의 범죄발생량을 추산할 수 있고, 범죄유형 간의 상대적 비교도 가능하므로 공식통계의 문제점을 보완할 수 있다. 4. 피해자의 역할 등 범죄발생 과정을 밝혀 줌으로써 범죄예방 특히 피해의 축소와 범행기회의 제거 측면에서 유용한 자료로 제공된다. 5. 자기보고조사보다는 대표성 있는 자료를 수집할 수 있고, 사회전체의 범죄비용을 산출해 낼 수 있다.
단 점	1. 피해자조사는 주로 전통적인 중범죄인 대인범죄나 재산범죄가 대상이 되므로 사회 전체의 범죄파악이 곤란하다. 즉 국가적·사회적 법익에 관한 범죄의 암수 파악이 곤란하다. 2. 마약범죄, 경제범죄, 정치범죄, 조직범죄와 가정에서 일어나는 범죄에 대한 자료를 거의 제공하지 못한다. [2018. 7급] 총 4회 기출 3. 피해자 없는 범죄, 법인이나 집단의 범죄, 화이트칼라범죄 등은 조사가 거의 불가능하며 수치심과 명예심 등으로 인한 과소·과대 보고로 실제 피해와 다를 수 있다. 4. 가해자가 아닌 피해자가 대상이므로 범행원인에 대한 필요한 정보를 얻을 수 없다. 5. 피해자조사 결과를 공식통계와 직접 비교하기에는 곤란하다. 6. 피해자가 피해를 인식하지 못한 경우나 피해자가 범죄피해가 없었다고 오신하는 경우에는 조사결과의 정확성이 결여된다. [2010. 7급] 7. 기억의 부정확성으로 인하여 오류가 발생할 수 있다. 8. 피해자의 기억에 의존하므로 피해자의 특성에 따라 달라질 수 있는 등 객관적 자료를 수집하기 곤란하다. 9. 범죄구성요건에 대한 응답자의 지식이 충분하지 못하고, 질문 문항이 잘못 작성될 가능성이 있다는 등의 문제점이 지적된다. [2013. 7급]

(3) **정보제공자 조사**

① **의의** : 법집행기관에 알려지지 않은 범죄나 비행을 인지하고 있는 자로 하여금 이를 보고하게 하는 것으로서 피해자 조사에 의해서도 밝혀지지 않는 범죄를 밝히기 위한 보조수단으로 사용된다.

② 자기보고나 피해자조사와 결합하여 행해지면 더욱 효과적이다.

③ 주관적 편견이 개입되고 객관성을 유지하지 못하여 조사대상자에게 감정적으로 동화될 우려가 있다.

④ 자기보고나 피해자조사에서 발생할 수 있는 문제점이 나타날 수 있다.

03 설문조사의 한계와 의의

(1) 암수범죄 조사(설문조사)의 한계

① 일부 범죄는 경찰에 신고 되지도 않고, 암수범죄의 조사에서도 밝혀지지 않는다. 경미범죄는 그 범죄의 사소한 성격 때문에 빨리 잊어버리고, 강력범죄에 대해서는 기억조차 하지 않으려고 하는 경우가 있기 때문이다.

② 실험자와 피실험자의 태도에 의해 조사결과가 왜곡될 수 있다. 설문조사자는 응답자로부터 가능한 많은 정보를 알아내고자 하고, 응답자는 개인적 가치관이나 사회적 요청 또는 사회적 기대에 대한 생각에 따라 주관적으로 대답하기도 한다.

③ 응답자들의 응답에 영향을 미칠 수 있는 요소, 즉 질문의 방식, 순서, 강조점 등이 있음에도 암수범죄에 대한 질문지가 규격화되어 있지 않다.

④ 설문조사의 신뢰성과 유효성에 대해 의문이 제기된다.

  ㉠ 신뢰성은 여러 실험자가 상이한 조건하에서 상이한 시기에 적용하더라도 얼마나 같은 결과를 얻느냐의 정도이다.

  ㉡ 유효성은 자기보고식 조사와 거짓말탐지기 조사의 결과가 상이한 경우가 많다.

(2) 공식통계와 암수범죄 조사의 의의

공식통계	암수범죄 조사
형사사법의 실무적 관점이 더 많이 작용	범죄학적 연구의 관점 중시
중대범죄와 일탈행위에 유용	경미한 범죄와 일탈행위에 유용
범죄행위와 행위자의 입장, 범죄와 일탈행위에 대한 형법적 평가 고려	범죄피해에 대한 자료제공, 불안심리, 범죄위험성, 범죄피해 분포도와 범죄비용정보 제공

• 공식통계와 암수조사결과 비교 : 공식적 사회통제기관의 역할 효과성 확인 가능
• 국제적 범죄비교 용이 : 공식적 통계에서 나타나는 조사방법상의 왜곡(형사입법 및 형법적용의 상이성)을 막을 수 있기 때문이다.

최신 기출로 확인하기

1. 형사정책학의 연구방법론에 대한 설명으로 옳지 않은 것은? 2020. 보호 7급

① 일반적으로 범죄율이라 함은 범죄통계와 관련하여 인구 100,000명당 범죄발생건수의 비율을 말한다.
② 자기보고조사란 일정한 집단을 대상으로 개개인의 범죄 또는 비행을 스스로 보고하게 함으로써 암수를 측정하는 방법이다.
③ 개별적 사례조사방법이란 연구자가 직접 범죄자 집단에 들어가 함께 생활하면서 그들의 생활을 관찰하는 조사방법을 말한다.
④ 범죄통계에는 필연적으로 암수가 발생하는바, 암수를 조사하는 방법으로는 참여적 관찰, 비참여적 관찰, 인위적 관찰방법 등이 있다.

2. 암수범죄(暗數犯罪)에 대한 설명으로 옳은 것만을 모두 고르면? 2024. 교정 9급

> ㉠ 암수범죄로 인한 문제는 범죄통계학이 도입된 초기부터 케틀레(A. Que.telet) 등에 의해 지적되었다.
> ㉡ 절대적 암수범죄란 수사기관에 의해서 인지는 되었으나 해결되지 않은 범죄를 의미하는 것으로, 완전범죄가 대표적이다.
> ㉢ 상대적 암수범죄는 마약범죄와 같이 피해자와 가해자의 구별이 어려운 범죄에서 많이 발생한다.
> ㉣ 암수범죄는 자기보고식조사, 피해자조사 등의 설문조사방법을 통해 간접적으로 관찰할 수 있다.

① ㉠, ㉡ ② ㉠, ㉣
③ ㉡, ㉢ ④ ㉢, ㉣

3. 암수범죄에 대한 설명으로 옳지 않은 것은? 2024. 보호 9급

① 피해자의 개인적 사정이나 신고에 따른 불편·불이익뿐만 아니라 수사기관의 자유재량도 암수범죄의 원인이 된다.
② 암수조사의 방법 중 '자기 보고식 조사'는 중범죄보다는 경미한 범죄의 현상을 파악하는 데에 유용하다.
③ 암수조사의 방법 중 '피해자 조사'는 암수범죄에 대한 직접적 관찰방법에 해당한다.
④ 암수범죄는 피해자와 가해자의 구별이 어려운 범죄에 비교적 많이 존재한다.

4. 형사정책학의 연구대상과 연구방법에 대한 설명으로 옳지 않은 것은? 2022. 보호 7급

① 범죄학이나 사회학에서 말하는 일탈행위의 개념은 형법에서 말하는 범죄개념보다 더 넓다.
② 사회에 새롭게 등장한 법익침해행위를 형법전에 편입해야 할 필요성을 인정함에 사용되는 범죄개념은 형식적 범죄개념이다.
③ 헌법재판소의 위헌결정으로 폐지된 간통죄와 같이 기존 형법전의 범죄를 삭제해야 할 필요성을 인정함에 사용되는 범죄개념은 실질적 범죄개념이다.
④ 공식적 범죄통계를 이용하는 연구방법은 두 변수 사이의 2차원 관계 수준의 연구를 넘어서기 어렵다는 비판이 가능하다.

🔍 정답 1. ③ 2. ② 3. ③ 4. ②

Chapter 03 확인학습

빈칸채우기

01 형법의 보장적 기능이 형사정책을 제한하는 점에서 (   )는 "형법은 형사정책의 극복할 수 없는 한계"라고 표현하였다.

02 페리의 (   )과 뒤르껭의 (   )은 '어떠한 범죄대책도 완벽할 수 없다.'라는 형사정책의 한계를 잘 표현하고 있다.

03 형사정책의 연구방법 중 새로운 제도의 효율성을 미리 점검하는데 많이 이용되는 것은 (   )이다.

04 표본조사가 수평적 비교라면, (   )는 수직적 비교방법이라고 할 수 있다.

OX체크

01 포이에르바하는 형사정책을 입법정책에 한하여 좁게 보았다.

02 형사정책은 인접학문의 성과를 이용하는 학제적 또는 간학문적 성격을 갖는다.

03 리스트는 '형법은 형사정책의 극복할 수 없는 한계'라며 책임주의를 강조하였다.

04 암수조사방법으로 가장 많이 사용되는 방법은 피해자조사이다.

05 백화점에서 CCTV를 통해 고객의 절도를 관찰하는 것은 인위적 관찰에 해당한다.

Answer

빈칸채우기 01 리스트 02 범죄포화의 법칙, 범죄정상설 03 실험적 방법 04 추행조사

OX체크 01 ○ 02 ○ 03 ○ 04 ○ 05 ×, 자연적 관찰 중 비참여관찰에 해당

아담 형사정책

PART

02

범죄원인론

단원MAP

형사정책 기초개념			범죄의 원인과 현상론								
1. 학문발전	2. 국제성	3. 연구방법	4. 고전주의	5. 초기실증	6. 생물학	7. 심리학	8. 거시사회	9. 미시사회	10. 갈등론적	11. 발달범죄	12. 범죄현상
피해자론		비범죄	예방과 예측		형벌론		보안처분론				판례
13. 피해자학	14. 피해보호	15. 비범죄화	16. 범죄예방	17. 범죄예측	18. 형벌론	19. 형벌종류	20. 보안처분	21. 주요5법	22. 소년사법	23. 소년2법	24. 판례

제1절) 범죄원인에 대한 인식

01 범죄원인에 대한 인식방법

(1) 일원론과 다원론

① **일원론** : 범죄의 원인을 소질이나 환경 중 어느 한 가지에 역점을 두고 설명하는 방법이다. 오늘날처럼 다양한 원인에 의해 발생하는 복잡한 범죄현상을 제대로 설명하기 어렵다는 비판이 있다.

② **다원론** : 여러 요인들의 복합관계로 범죄원인을 설명하고 그 요인들의 상호관계를 분석하고 해명하는 것을 중시하는 이론이다. 다원론에 대해서는 어떤 것이 범죄의 유력한 원인이 되는지가 불분명하므로 결과적으로 형사정책방안을 강구하기 곤란하다는 비판이 있다.

(2) 소질론과 환경론

① **소질론**

ㄱ 생물학적 원인론과 심리학적 원인론은 범죄를 불변하는 개인의 기본특성, 즉 범죄인의 선천적 기질을 가장 중요한 범죄원인으로 보고 있다.

ㄴ 롬브로조(Lombroso)의 생래적 범죄인설에서 시작되어 그 후 번스타인(Viernstein), 렌츠(Lenz), 메츠거(Mezger), 크레취머(Kretschmer) 등이 인류유전학 · 체질생물학 · 성격학 · 정신병리학 등의 학문을 동원하여 발전시켰다.

ㄷ 생물학적 원인론과 심리학적 원인론은 비록 개인의 소질을 강조한다는 점에서는 같지만, 생물학적 원인론은 주로 외부적으로 인식될 수 있는 신체적 혹은 유전적 요인들을 다루는 반면에 심리학적 원인론은 잠재적이고 외부적으로 파악하기 힘든 인간의 심리상태, 성격 등을 주요 범죄원인으로 다루는 입장이다.

② 환경론

    ⊙ 사람들은 같은 조건의 환경이 주어지면 동일한 행동을 할 것으로 보는 것이 사회학적 원인론의 입장이다.

    ⓒ 게리(Guerry)와 케틀레(Quetelet)에 의해 시작되었고, 페리(Ferri)에 의해 계승·전개되었으며, 라까사뉴(Lacassagne)·따르드(Tarde)·뒤르껭(Dukheim) 등에 의해 발전되었다.

> **PLUS⁺ 거시적·미시적 환경론**
>
> • 거시사회환경론과 미시개인환경론은 개인보다는 각자가 처해 있는 상황을 주요한 범죄발생원인으로 고려한다는 점에서는 유사하지만, 그중에서 미시개인환경론은 환경 중에서 개인의 생활에 보다 밀접히 연관된 생활환경을 강조하는 입장이며 거시사회환경론은 생활환경보다는 보다 광범위한 사회환경을 강조하는 입장이다. [2012. 7급]
> • 소질설은 범죄인 개인의 생리적·정신적인 내부적 특질이 범죄발생의 주요원인이라고 보는 입장이고, 환경설은 범죄인을 둘러싼 환경을 범죄원인으로 본다. 빈곤, 가정해체 등은 환경설에서 중시한다.

(3) 자유의사론과 결정론

① 자유의사론

    ⊙ 사람은 동물과는 달리 지능과 합리적인 판단능력을 가졌으며 자유로운 의사에 따라 자신의 운명을 지배하고 자기생활을 영위하는 존재라고 보는 비결정론적 관점으로 범죄를 포함한 모든 인간행위를 이러한 관점으로 이해하는 이론이다.

    ⓒ 비결정론은 법률적 질서를 자유의사에 따른 합의의 산물로 보고 법에서 금지하는 행위를 하거나 의무를 태만히 하는 행위 모두를 범죄로 규정하며, 범죄의 원인에 따라 책임소재를 가리고 그에 상응하는 처벌을 부과해야 한다는 견해이다. [2012. 7급]

    ⓒ 인간의 자유의지를 중시한 고전주의는 비결정론적 입장이다.

② 결정론

    ⊙ 인간은 자신이 희망하는 사항이나 이성적 판단에 따라 행동하는 자율적 존재가 아니며 인간의 행위는 이미 결정된 대로 행동하는 것으로 보는 입장으로, 인간의 행위는 개인의 특수한 소질조건과 그 주변의 환경조건에 따라 결정된다고 이해한다.

    ⓒ 결정론에 따르면 인간의 사고나 판단은 이미 결정된 행위 과정을 정당화하는 것에 불과하므로 자신의 사고나 판단에 따라 자유롭게 행위를 선택할 수 없다고 본다. [2012. 7급]

    ⓒ 소질과 환경을 중시한 실증주의는 결정론적 입장을 취하고 있다.

(4) 합의론과 갈등론

① 합의론

    ⊙ 사회는 많은 개인 또는 개체들로 구성된 하나의 유기체로서 여러 개인들이 한 사회 내에서 질서를 유지하며 살아가기 위해서는 어떠한 형태로든 합의하지 않으면 안 된다고 본다.

    ⓒ 즉 범죄란 사회구성원의 보편적인 인식과 가치관을 바탕으로 한 합의나 동의에 의해 형성된 '규범·규칙·목표' 등을 의미한다.

② **갈등론**

　㉠ 고전적 갈등론에서는 두 부분으로 구성되어 있다고 보지만, 현대적 갈등론에서는 인종, 종교, 계층, 성별 간의 갈등을 다루기 때문에 상충되는 여러 이해집단으로 구성되어 있다고 본다.

　㉡ 사회는 두 가지 또는 여러 부분으로 구성되어 있고 각 부분들은 언제나 상충된 이익을 추구하는 이익집단들이 존재하고 있으며 사회가 유지되고 질서가 있는 것처럼 보이지만 사실은 사회의 힘 있는 일부가 힘없는 다수를 강제하고 있기 때문이라는 관점에서 범죄를 이해하고 있다. [2012. 7급]

02 　일반화 이론과 유형화 이론

(1) 일반화 이론

　① 범죄요소들의 복합관계를 일반화하여 모든 범죄에 공통된 범죄원인의 일반모델을 제시하려는 입장이다.

　② 미국의 사회학적 가설설정방법이 여기에 속한다.

(2) 유형화 이론

　① 일정한 범죄와 범죄인을 유형화한 후 개별유형에 따라 별도의 범죄원인론을 전개하려는 입장이다.

　② 일반화 이론에 대한 보완적인 차원에서 등장한 이론이며 최근 미국의 경향이다.

📖 **범죄학 이론의 발전**

```
1. 고전주의 - 신고전주의 - 현대적 고전주의
2. 실증주의
    ┌ 인류학파 - 생물학파 - 심리학파 - 신롬브로조학파 - 현대적 생물학파
    └ 통계학파 ┌ 환경학파 - 사회주의학파 - 비판범죄학
              └ 초기사회학파 - 범죄사회학파 - 사회반응주의
```

최신 기출로 확인하기

1. 범죄 및 범죄원인에 대한 설명으로 옳지 않은 것은?　　　　　　　　　　2012. 7급

① 비결정론은 법률적 질서를 자유의사에 따른 합의의 산물로 보고 법에서 금지하는 행위를 하거나 의무를 태만히 하는 행위 모두를 범죄로 규정하며, 범죄의 원인에 따라 책임 소재를 가리고 그에 상응하는 처벌을 부과해야 한다는 견해이다.

② 결정론에 따르면 인간의 사고나 판단은 이미 결정된 행위 과정을 정당화하는 것에 불과하므로 자신의 사고나 판단에 따라 자유롭게 행위를 선택할 수 없다고 본다.

③ 미시적 환경론과 거시적 환경론은 개인의 소질보다는 각자가 처해 있는 상황을 주요한 범죄발생원인으로 고려한다는 점에서 유사하다.

④ 갈등이론에 의하면 법률은 사회구성원들이 함께 나누고 있는 가치관이나 규범을 종합한 것으로서, 법률의 성립과 존속은 일정한 가치나 규범의 공유를 상징한다.

🔍 정답 1. ④

제2절 고전주의

01 고전학파의 태동

(1) 공리주의

① **자의적 형벌제도 비판** : 1761년에 발생한 칼라스家(Jean. Calas)의 비극은 계몽주의자들과 베카리아에게 당시 자의적이고 공정하지 못한 왜곡된 사법 및 형벌체계에 대한 개혁의 단초를 제공하였고, 이는 1789년 프랑스 대혁명으로 이어지는 동력이 되었다.

② **형벌제도와 법제도 개혁** : 18C 중엽 공리주의 사회철학자인 베카리아와 영국의 벤담으로 대표되는 고전학파가 중점적으로 관심을 둔 사항은 범죄행위에 대한 설명보다는 형벌제도와 법제도의 개혁에 관한 것이었다.

(2) 자연주의

① 인간을 포함한 자연의 세계를 신의 뜻이라고 돌리는 교회의 논리에 대항하여 인간의 사유능력을 통하여 자연세계의 많은 부분을 변화시킬 수 있다는 믿음을 전파하였다.

② 과학을 물질세계에 적용하여 자연적 진리를 발견하듯이 도덕이나 윤리부분도 과학적 방법을 동원함으로써 사회적 진리를 구현할 수 있다고 확신하였다.

(3) 쾌락주의

① **쾌락주의** : 인간은 본질적으로 기쁨을 극대화하고 고통을 최소화하려는 속성을 가졌다는 것이다.

② **통제** : 행위를 통제할 수 있는 근본적인 도구는 고통에 의한 공포감이다. 공포감을 불러일으키기 위한 방법으로 처벌(고통의 부과, 수치, 불명예)은 인간의 의지가 행위를 통제하는 데에 영향을 주기 위해서 필요하다.

③ **처벌의 억제효과** : 벤담은 각자가 고통을 느끼는 정도는 그것이 얼마나 강력하게 작용했고, 오랫동안 지속되었으며, 또한 얼마나 확실하였는가에 의해 달라진다고 보았다. 벤담의 이러한 인식은 형사사법기관의 처벌을 통하여 범죄를 억제할 수 있다는 처벌의 범죄억제효과에 대한 논리적 배경이 되었다(행위를 통제할 수 있는 근본적인 도구는 고통에 의한 공포감이다).

(4) 시민의식의 성장과 사회계약론

① **시민의식의 성장** : 18세기 당시의 유럽은 중상주의의 발전과 산업혁명의 시작으로 중산계층이 사회의 새로운 중심세력으로 대두되었다.

② **사회계약론** : 정부의 역할을 국가와 시민들 간의 사회계약으로 설명하여 시민의 정치참여와 국가가 시민에 봉사해야 한다는 이론적 근거를 제공하였다.

③ 사회계약하에서 국민 각자는 다른 국민의 권리를 보장하기에 필요한 부분만큼의 자유를 국가에 위임하는 것으로 이해되었다.

④ 사회는 개인을 처벌할 수 있는 권리가 있으며, 이러한 권리는 형벌집행을 전담하는 국가기구에 위임될 수 있다.

(5) 자유의지와 인간의 합리성

① **자유의지** : 인간의 의지란 심리적으로 실재하는 것으로 인식되어야 하며, 의지로써 사람들은 자기 스스로의 행동을 규율하고 통제할 수 있다. 이러한 의지는 자유로운 것으로서 개인들이 할 수 있는 선택에는 어떠한 한계도 없다.

② **인간의 합리성** : 인간과 사회와의 관계는 계약관계이다. 사람들은 합리적 판단에 따라 본인들의 권리를 보장하기에 필요한 부분만큼의 자유를 사회에 위임하여 국가를 형성하였다.

(6) 천부인권설

① 천부인권설에 근거한 인간존엄성에 대한 강조도 고전주의 사상의 특징이다. 주로 영국과 프랑스에서 태동한 인본적인 사고경향은 당시 유럽의 많은 지식인들에 전파되었다.

② 특히 몽테스키외(Montesquieu)의 「법의정신」(1748), 볼테르(Voltaire)가 이러한 사고를 체계화한 대표적인 인물이었으며, 이외 흄(Hume), 몽테뉴(Montaigne), 루소(Rousseau) 등은 시민사회를 옹호하며 교회나 국가보다 시민을 우선시하는 주장을 펼쳤다.

제3절 **형법개혁운동**

01 **베카리아의 「범죄와 형벌」**

(1) 범죄와 형벌

① **베카리아**(Beccaria) : 18C 고전학파의 선구자이자, 형법개혁운동의 개척자이다. 「범죄와 형벌」(1764)을 통하여 자의적인 형사사법제도의 개혁을 주장하였다.

② 판사의 독단적인 형벌부과, 잔인하고 야만적인 처벌방식에 대해서 비판하였고, 형사사법제도 내에서의 개인의 권리를 강조하였다. [2018. 9급]

(2) 베카리아의 형사사법제도 개혁안

계약사회와 처벌의 필요성		법은 사회를 형성하기 위한 조건이고 이를 위반하면 처벌해야 한다는 계약사회와 처벌의 필요성을 강조하였다.
죄형법정주의		입법의 역할을 강조한 것으로, 판사는 이미 설정되어 있는 범위를 넘어 범죄자들에게 형벌을 부과할 수 없도록 하여야 한다.
죄형균형론	범죄의 중대성	범죄의 속성은 사회에 미친 해악에 따라 판단되어야지 범죄자의 의도에 의해 결정되어서는 안 된다.
	비례적 형벌	범죄는 사회에 대한 침해이며 침해의 정도와 형벌 간에는 적절한 비례관계가 성립하여야 한다. [2019. 7급] 총 2회 기출
	형벌의 정도	형벌이 그 목적을 달성하기 위해서는 형벌로 인한 고통이 범죄로부터 얻는 이익을 약간 넘어서는 정도가 되어야 한다. [2024. 보호 9급]

처벌의 효과성	확실성	• 범죄를 예방할 수 있는 가장 확실한 장치는 처벌의 가혹성이 아니라 처벌의 완벽성이라는 처벌의 확실성을 강조하였다. • 집행자는 용서 없이, 입법자는 관용적이고 인간적이어야 한다. • 처벌의 확실성 개념은 범죄자가 확실하게 체포되고 처벌을 받을 가능성을 의미한다. 범죄자를 확실하게 처벌한다는 구체적인 의미는 범죄자의 체포, 유죄판결, 그리고 제재까지 포함하며 체포, 유죄판결 그리고 제재의 확률이 클수록 범죄율이 틀림없이 감소할 것이라는 의미까지 내포하고 있다. • 처벌의 확실성은 엄격성보다 범죄억제에 더 효과적이라는 것이 일반적인 견해로, 처벌의 확실성 개념은 범죄자가 확실하게 체포된다는 의미를 가장 우선시한다.
	엄중성	• 해악의 정도에 맞는 확고한 행위결과에 상응한 처벌이어야 한다. • 억제이론의 전제는 범죄의 유형이 동일하다면, 그것으로부터 얻는 이득이나 쾌락의 양은 모든 사람에게 거의 동일하다는 것이다. 따라서 범죄에 상응하는 처벌은 그가 누구인가와는 아무런 관계가 없다. • 범죄억제이론은 일반적으로 처벌이 엄격할수록 범죄율은 감소할 것이라고 가정한다. 처벌 수준을 높이면 범죄율은 감소한다고 보는 것이다. • 그러나 처벌의 엄격성은 범죄의 해악의 크기에 따라서 처벌도 그만큼 엄격해야하며, 형사법에 근거하여 이루어져야 한다는 것을 본질로 한다.
	신속성	• 범죄가 일어난 후 처벌이 신속하여 처벌과 범죄가 근접할수록 처벌은 더욱 공정해지고 효과적이다. • 범죄자에 대한 처벌이 신속하고 확실하게 이루어져야 억제효과가 있다는 가정을 한다. 처벌의 신속성은 범행 후에 범죄자가 얼마나 빨리 처벌되는가를 의미한다. • 범행 후에 범죄자가 즉각적으로 처벌을 받을수록 처벌은 정당하고 유용할 것이다. 범행과 처벌 사이의 시간적 간격이 짧을수록 범죄와 처벌이라는 두 관념의 결합은 더 긴밀하고 지속적인 것이 될 것이다.
	형벌의 제지효과 3요소의 중요도 : 확실성 > 엄중성 > 신속성	
범죄예방주의	• 범죄를 처벌하는 것보다 범죄를 예방하는 것이 더욱 중요하며 처벌은 범죄예방에 도움이 된다고 판단될 때에 정당화된다. [2024. 보호 9급] 총 2회 기출 • 법에 대한 공포심을 강조하였다.	
사형과 사면의 반대	사형 폐지	• 범죄의 심각성과 형벌의 강도는 합리적인 연관성이 없다고 생각했기 때문에 사회계약설에 의거 사형제도를 폐지하고 대신에 구금형으로 대체되어야 한다. [2024. 보호 9급] • 사형은 예방 목적의 필요한 한도를 넘는 불필요한 제도로서 폐지되어야 한다.
	사면 폐지	사면은 형사제도의 무질서와 법에 대한 존중심의 훼손을 초래한다고 보고, 자비라는 얼굴을 한 가면이라고 혹평하였다. [2024. 보호 9급]
공리성	형사사법제도 내에서 개인의 권리를 강조하고 처벌에 대한 유일한 정당화와 진실한 목적은 공리성에 있다고 주장하였다.	

PLUS⁺ 베카리아(고전주의)**의 구체적 주장**

1. 범죄예방의 가장 좋은 방법의 하나는 잔혹한 형의 집행보다 확실하고 예외 없는 처벌이다. [2010. 9급] 총 3회 기출
2. 처벌은 공개적이어야 하고 신속하며 필요한 것이어야 한다.
3. 범죄와 처벌 사이의 시간적 길이가 짧을수록 범죄 예방에 더욱 효과적이다. [2016. 9급] 총 2회 기출
4. 법관의 재량권 인정을 거부하고 형법 적용의 도구로 보았다. 즉 범죄에 대한 형벌은 법률로서만 정할 수 있고, 형사사건에서 법관은 형법을 해석할 권한이 없다.
5. 고문이나 밀고주의는 폐지되어야 한다.
6. 교도소는 더욱 인간적인 시설이 되어야 하며, 범죄자는 배심원들에 의해 평결되어야 하며 범죄자와 피해자 사이에 계급적 차이가 있을 경우에는 배심원의 절반은 피해자 계급에서 나머지 절반은 범죄자 계급으로 구성되어야 한다.
7. 형벌은 자유를 남용하는 사람들로부터 사회구성원 전체의 자유를 지키기 위해서 존재해야 한다고 보았다.
8. 형벌은 성문의 법률에 의해 규정되어야 하고, 법조문은 누구나 알 수 있게 쉬운 말로 작성되어야 한다. [2019. 7급]

02 벤담(Bentham)

(1) 최대다수의 최대행복

① 법의 목적은 최대다수의 최대행복을 보장하여 주는 것이라고 보았다.
② 형벌부과의 목적은 범죄예방에 있으며, 이를 위해 가장 적은 비용을 사용하여야 한다고 주장하였다.
③ 범죄란 악을 낳는 것, 즉 실제적 범죄이어야 하는 것으로 보면서 그렇지 아니한 상상(관념)적 범죄와는 엄격히 구별하였다.

(2) 행복지수계산법과 채찍이론

① **형벌의 계량화**: 범죄로 인한 이익, 고통, 완화상황 등을 고려하여 적절한 형벌이 부과되도록 형벌을 계량화하는 행복지수계산법을 주장하였다. 범죄와 형벌의 비례성을 논증하면서 채찍의 비유를 든다.
② **범죄와 형벌의 비례성**: 범죄자에 대한 채찍은 매질하는 자의 근력과 범죄자에 대한 적개심에 따라 달라질 수 있기 때문에 이러한 불공정함과 불합리한 것을 예방하기 위해 형벌의 강도는 범죄의 중대성에 의해서만 결정되어야 한다(비례적 형벌을 위해 균일한 타격기계 구상).

(3) 파놉티콘 교도소

① 최소비용으로 최대효과를 거둘 수 있는 유토피아적인 파놉티콘(Panopticon)형 교도소건립계획을 수립하였다. [2018. 9급] 총 3회 기출
② 그리스어로 '모두'를 뜻하는 'pan'과 '본다'를 뜻하는 'opticon'을 합성한 것으로, 벤담은 소수의 감시자가 자신을 드러내지 않고 모든 수용자를 감시할 수 있는 형태의 감옥을 제안하면서 이 말을 창안했다.

③ 야간에 감시자는 중앙의 원형감시탑에서 한 감방에 8명씩 수용된 수용자를 훤히 들여다볼 수 있지만, 수용자는 감시자가 있는지, 감시하는지 여부를 알 수 없어 실제로 감시자가 항상 있는 것과 같은 효과를 낸다.

④ 여러 명의 죄수를 야간에 혼거시키려는 것으로서 당시의 감옥개혁가들이 범죄전염방지를 위해 주장하였던 독거제와는 다소 배치되는 것으로, 의회의 반대 및 당시 열악한 건축기술로 실제 로 건립되지는 않았으나, 현대 교도소 건축에 많은 영향을 미쳤다.

(4) 국제형법

① '국제형법'이라는 용어를 처음으로 사용하였다.

② 범죄피해자구조의 필요성을 강조하였다.

03 포이에르바하(Feuerbach)

(1) 심리강제설

① 심리강제설과 비결정주의의 사상을 바탕으로 국가는 시민의 자유를 보장함에 그 목적이 있는 것으로 보았다.

② 법률에 위반하는 경우 물리적 강제를 가해서는 안 되고, 심리적 강제로 위법행위와 고통을 결 부하여야 한다.

(2) 형법의 보조수단으로서의 형사정책

① 형사정책을 '입법을 지도하는 국가의 예지'로 이해하고, 집행기관은 형벌목적에 대한 정당성을 고려하여 인간적·자유주의적으로 법을 집행하여야 한다.

② 형사정책은 이러한 정책적 목적을 유지하기 위한 형법의 보조수단으로서 의미가 있다.

04 존 하워드(J. Howard)의 감옥개혁운동

(1) 감옥상태론

① 영국의 박애주의자 존 하워드는 「영국과 웰스의 감옥상태론」(1777)을 통해 인도적인 감옥 개혁 을 주장하였다. [2018. 9급]

② 다섯 번에 걸쳐 전 유럽 300여 감옥을 직접 둘러보고 자기가 체험한 것을 내용으로 저술한 것 으로 경험적 범죄학 연구의 효시가 되었다.

(2) 주장 내용 [2010. 9급]

① **위생시설의 확충**: 전염병으로 사망한 수용자가 사형집행으로 사망한 자보다 많은 점을 지적 하며 통풍과 채광이 잘되는 구금시설을 확보할 것

② **분류수용**: 수형자를 연령층과 성별에 따라서 분리수용할 것

③ **공적운영**: 교도관을 공적임명하고 충분한 보수를 지급할 것

④ **수형자인권보장**: 독립된 행정관청에 의해 수형자를 통제하고, 수형자의 인권을 보장할 것

⑤ **교육적 노동** : 강제노동은 응보적·약탈적 목적이 아니라 교육적·개선적 목적으로 시행할 것
⑥ **종교활동보장** : 감옥 내에 교회당을 설치하고 성서나 기도서를 비치할 것
⑦ **자력개선 촉진** : 수형실적에 따른 형기단축제도를 도입하여 수형자의 자력개선을 촉진할 것
⑧ **독거제 실시** : 최초로 독거제 실시를 주장하였다.

PLUS⁺ 감옥상태론의 탄생일화

> 존 하워드(1726~1790)는 25세 나이에 52세의 아내와 뒤이어 맞은 동갑내기 여인과 가정을 꾸렸으나 얼마 되지 않아 연이어 사별하게 되자 깊은 상심을 이겨내기 위해 유럽 여행길을 나서게 된다. 그가 여행 중에 1755년 리스본 대지진(포르투칼) 소식을 접하고 급거 귀국하여 대형 배에 구호품을 가득 싣고 피난민 구호활동에 나서게 된다. 이때 그 적대국이던 프랑스군에 나포되어 감옥에 투옥되는 어려움을 겪게 되는데 이로 인해 그는 당시 감옥의 열악한 실상을 접하게 되는 계기가 되었다.
>
> 이를 계기로 그는 감옥개혁의 꿈을 키우며 영국의 사법시설을 관장하는 김칠관(사법관)을 신청하여 웰즈와 유럽의 감옥을 순방하면서 감옥실태보고서를 남기게 되었다. 당시에는 감옥뿐만 아니라 대부분의 경찰업무가 민영에 맡겨져 있는 상태였기 때문에, 부조리가 만연된 상태였고 감옥의 경우 수용비 납부 금액에 따라 열악한 지하부터 쾌적한 지상층에 이르기까지 차별적인 처우가 이루어지는 극심한 부조리와 무질서를 목격할 수 있었다.
>
> 그는 이러한 현실을 당시 관리자들을 직접적으로 비난하기 보다는 보다 잘 관리되고 있는 지역의 관리자를 칭찬하는 방식으로 서로 선의의 경쟁을 유도하여 스스로 감옥환경을 개선할 수 있도록 유도한 노련한 전략가적 면모를 보여주었다.
>
> 최초의 경험적 범죄학 연구의 효시로 평가받는 그의 '감옥과 웰즈의 감옥상태론'은 1777년에 시작하여 1790년에 이르기까지 총 4회에 걸쳐 이루어졌다.
>
> 마지막 보고서 발간은 그 반경을 넓혀 러시아 감옥까지 여행하는 도중에 당시에는 병명도 알 수 없는 전염병인 일명 '감옥병'에 걸려 1790년 그 생을 마감하였다(소망교도소 김영식 소장의 전문).

PLUS⁺ 신고전학파

> 1. 고전학파의 이론은 철저한 입법주의와 법관의 재량을 인정하지 않음으로 인해 결과적으로 초범자와 재범자, 정상인과 정신이상자, 성년과 미성년자를 동등하게 취급한다는 비현실적인 문제에 봉착하게 되었다.
> 2. 문제해결을 위해 1810년 형법은 법관의 재량을 어느 정도 인정하는 방향에서 개편되었으며, 1819년 몇 가지 객관적인 상황에 대한 법관의 재량을 명시적으로 인정하는 방향으로 형법이 개정되었다.
> 3. 그러나 이는 형벌의 개별화와 법관의 재량권을 인정하였지만, 범죄자의 범행의도와 같은 심리적인 상황에 대한 고려는 인정하지 않은 것이었다.

제4절 현대적(신) 고전학파

01 서 론

(1) 범죄학의 관심변화

① 고전학파이론은 19세기 실증주의 범죄원인론이 대두하기까지 약 100년간 범죄현상을 이해하는데 가장 지배적인 입장이 되었다.

② 범죄행위가 개인의 자유의지보다는 외부적인 여러 요인들에 의해 영향을 받는다는 실증주의에 의해 재활이념과 부정기형이 도입되었으나 그 성과가 미미하고 오히려 범죄문제가 악화된데 따라 종래 고전주의 범죄학이 추구하였던 범죄억제에 관심을 갖게 되었다.

(2) 현대적 고전주의

① **억제이론과 범죄경제학** : 1960년대 이후 현대적 고전주의는 크게 억제이론과 범죄경제학의 서로 다른 견해로 발전하였다.

② **일상생활이론과 합리적 선택이론** : 범죄문제에 있어 범죄자가 아니라 범행의 조건을 특정화하는 일상생활이론과 경제이론에서의 기대효용의 법칙에 기초한 합리적 선택이론이 있다.

02 억제이론

(1) 억제이론의 등장

① 1970년대와 1980년대에 미국은 범죄발생이 폭증하면서 대부분의 보수주의적인 범죄학자와 전문가들은 실증주의 범죄학에 근거한 교화 위주의 형사정책의 실패를 이유로 처벌 위주의 범죄억제 정책을 지지하기 시작했다.

② 억제이론(제지이론)으로 발전시킨 학자들은 현대 인간행동과학의 지식을 바탕으로 고전학파의 주장대로 형벌이 확실하게 집행될수록(확실성), 형벌의 정도가 엄격할수록(엄격성), 형벌집행이 범죄발생 이후에 신속할수록(신속성) 사람들이 형벌에 대한 두려움을 더욱 느끼고 이에 따라 범죄를 자제하는가를 연구한 것이다.

(2) 범죄억제모형

일반억제	처벌의 위협에 의해 불특정 다수의 잠재적인 범죄자들의 범죄행위를 억제할 수 있다는 관점, 범죄자를 확실히 체포하여 신속하고 엄격하게 처벌할 경우에 범죄를 범할 생각을 포기하게 되기 때문에 결과적으로 범죄가 억제된다. [2012. 9급]	적극적 일반억제	형벌에 의해 잠재적 범죄자의 범죄의지를 억제하고 일반시민들의 법 집행기능에 대한 신뢰감을 향상시키는 기능 (규범의식 강화, 법규범에의 자발적 복종) [2024. 보호 9급]
		소극적 일반억제	잠재적인 범죄자들이 범죄를 범하지 못하도록 형벌에 의해 위협(위하)을 가하는 것(형벌 위하에 의한 범죄예방)
특별억제	특별억제는 강력한 처벌에 의해 경력범죄자들, 즉 전과자들이 범죄를 되풀이하지 못하도록 대책을 강구하는 것을 목적으로 한다. 범죄의 종류나 범죄인의 특성에 따라서 차별화되어야 한다.	적극적 특별억제	교화·개선 위주의 적극적 억제전략
		소극적 특별억제	범죄자에 대한 극형이나 무능력화 같은 처벌 위주의 소극적 억제전략

(3) 집단비교분석(억제이론 실증연구) : 깁스와 티틀의 연구

① **의의** : 일정 시점에서 형벌의 양태가 다른 여러 지역을 대상으로 각 지역의 범죄발생률을 상호 비교하여 범죄억제 효과를 밝히려는 것으로, 형벌의 확실성의 효과분석을 위해 형벌이 집행된 비율, 즉 검거율을 조사하고, 형벌의 엄격성의 효과분석을 위해 지역별로 같은 종류의 범죄들에 선고된 형량을 기준으로 평가하였다.

② **깁스**(Gibbs)**의 연구** : 1968년 미국의 50개 주를 대상으로 각 주의 범죄발생률, 범죄검거율, 평균형량 등의 관계를 분석한 결과, 살인의 경우 형벌의 집행이 확실하고 그 정도가 엄격한 주일수록 그 주의 살인사건 발생률은 낮은 것으로 확인되었다. 그 결과 형벌이 어떻게 운용되는가에 따라 범죄발생의 정도가 변화할 수 있고, 사람들이 형벌을 두려워하는 정도가 그 사회의 범죄발생 정도를 결정하는 데 중요한 요인이라고 결론지었다.

③ **티틀**(Tittle)**의 연구** : 깁스의 연구를 확장, 살인사건 외 다른 범죄까지 포함하여 연구한 결과 살인사건의 경우 형벌의 엄격성이 높을수록 살인 발생률은 감소했으나, 강도사건과 같이 살인 이외 범죄의 경우 형벌이 높은 지역과 낮은 지역에서의 발생률은 차이를 보이지 않았다.

④ **연구결과** : 형벌의 '확실성'은 모든 유형의 범죄발생률에 중요한 영향을 미쳤지만, 형벌의 '엄격성'은 살인사건에만 억제효과가 있었다.

⑤ **집단비교분석의 문제점**

㉠ 형벌의 확실성이 범죄발생률에 미치는 정도와 범죄발생률이 형벌의 확실성에 미치는 정도를 분간할 수 없다는 점이다.

㉡ 검거율이 높았을 때 범죄발생률이 낮은 경우 이것이 두려움 때문이라면 형벌의 확실성을 입증하는 것이지만, 실제 범죄가 많았음에도 경찰인력 등 한계로 검거가 어려워 형벌의 확실성이 떨어졌다면 억제이론과는 아무런 상관이 없는 것이 된다.

(4) 시계열연구 : 로스의 연구

① **의의** : 집단비교분석방법의 문제점, 즉 형벌의 확실성이 범죄발생률에 미치는 정도와 범죄발생률이 형벌의 확실성에 미치는 정도를 분간할 수 없다는 문제점을 해결하기 위해서 활용된 연구방법이다.

② **시행전후 범죄율 증감비교** : 어떤 입법정책이나 형벌양태의 시행 이전과 이후로 나누어 범죄율의 증감을 서로 비교하는 방법으로, 1982년 로스(Ross)에 의해 대표적 연구가 이루어졌다.

③ **연구결과** : 1967년 영국에서 음주운전을 규제하는 도로안전법 시행 후 음주운전 사고율을 비교한 결과 법 시행 이전의 음주운전 사고건수가 월평균 1,200건에서 법 시행 이후 400건으로 감소하였다.

(5) 평 가

① **한계** : 집단비교를 통한 형벌효과분석은 특정범죄에 대한 법정형량(엄격성)이나 범죄검거율(확실성)에 대한 내용을 모든 사회구성원들이 알고 이 정보를 바탕으로 행동을 결정할 것이라는 가정에 기초하지만, 실제 형벌의 객관적 운영실태와 사회구성원의 인지정도 사이에 편차가 큰 상태에서 집단분석방법은 형벌의 범죄억제효과를 제대로 밝힐 수 없는 한계가 있다.

② **형벌의 확실성효과** : 집단비교의 한계를 극복하기 위해 개인의 형벌인지수준과 범죄행위와의 관계를 분석한 결과 형벌의 확실성을 강하게 인지하는 사람들은 대체로 범죄를 자제하는 경향이었지만, 형벌의 엄격성은 범죄행위와 주목할 만한 관계를 보여주지 못하였다.

03 범죄경제학의 등장

(1) 범죄경제학의 가정

① **의의** : 인간이 형벌의 위협을 이해하고 계산할 수 있는 존재라는 전제로, 범죄는 경제활동과 마찬가지의 과정, 즉 범행시 얻게 되는 이익과 발생할 수 있는 손실(비용)을 계량한 후에 저지르는 것이다.

② 범죄인을 치료한다는 처우효과에 대한 불신을 배경으로, 억제이론이 주로 범죄학자와 사회학자들에 의해 주도된 반면, 베커(Becker)를 중심으로 한 경제학자들의 고전학파 견해이다.

(2) 이득과 손실

① **범죄행위의 이득** : 금전적 사항뿐만 아니라 개인의 취향, 정서적인 만족감, 대인관계에 있어 위신, 편리함 등을 포함한다.

② **범죄로 인한 손실** : 형벌에 부수된 비용과 형벌을 받게 될 가능성의 곱으로 계산한다. 교도소 수감기간, 전과자로서 사회적 이미지 손상이나 이웃으로부터의 비난 등이 비용개념에 포함된다.

③ 범죄는 비용과 이득이라는 관점에서 개인이 내린 자유로운 의사결정의 결과이다.

04 일상생활이론과 합리적 선택이론

(1) 코헨과 펠슨의 일상생활이론(일상활동이론. Routine Activities Theory) [2024. 9급]

① 코헨(Cohen)과 펠슨(Felson)의 일상생활이론은 시간의 흐름에 따른 범죄율의 변화를 설명하기 위해 등장한 이론으로, 어느 시대나 사회에도 범죄를 범할 개연성이 있는 사람의 수는 일정하다고 가정한다.

② **피해자 등 범행조건 강조** : 범죄자의 동기적 측면을 주로 강조하는 기존의 범죄이론과 달리 피해자를 둘러싸고 있는 범행의 조건을 강조한다. 따라서 범죄예방의 중점을 범죄자의 성향이나 동기의 감소보다는 환경이나 상황적 요인에 두고 있다. [2024. 보호 9급] 총 2회 기출

③ **범죄촉발요인** : ㉠ 동기화된 범법자의 존재(범행을 동기화한 사람), ㉡ 범행에 적합한 대상(적절한 범행 대상), ㉢ 범행내상에 대한 경찰, 집주인, 이웃, 친구, 친척 등과 같은 보호자의 부존재(범행을 막을 수 있는 사람의 부존재)를 들고 있다. [2024. 교정 9급] 총 4회 기출

④ **가정** : 범죄의 세 가지 요소가 동일한 시간과 장소에 모아졌을 때 범죄 발생률이 증가할 것이라는 가설을 전제로 한다.

⑤ **공헌** : 경제적 불평등, 실업률 등 범죄를 자극하거나 동기를 부여하는 구조적 조건이 저하됨에도 불구하고 범죄율이 지속적으로 증가하고 있는 이유에 대한 설명을 가능하게 한다.

(2) 하인드랑과 갓프레드슨의 생활양식 · 노출이론(Lifestyle−Exposure Theory)

① **의의** : 하인드랑(Hindelang)과 갓프레드슨(Gottfredson)의 생활양식 · 노출이론은 사람들이 범죄자들에게 노출되는 생활양식 때문에 범죄 피해자가 된다는 점을 강조한다. [2023. 보호 7급]

② 범죄자와의 접촉이나 노출이 많은 생활양식을 가진 사람은 범죄의 대상이 되기 쉬우며, 특히 범죄집단이나 비행집단의 구성원들은 범죄자가 되기도 쉽지만 범죄의 대상도 되기 쉽다고 주장한다.

③ 범죄피해자화의 위험은 범죄자와의 접촉 및 노출수준에 의해 결정되고, 접촉과 노출수준은 개인의 생활양식에 따라 달라진다.

📋 **일상생활이론 VS 생활양식 · 노출이론**

일상생활이론	생활양식 · 노출이론
• 일상생활 진행에 따른 범죄율의 변화를 설명하기 위한 이론으로 제시되었다. • 미시적 · 상황적 요소인 '대상으로서의 매력성'과 '감시의 부재'를 강조한다.	범죄기회 구조의 내용으로서 범죄자와의 근접성과 범죄위험에의 노출이라는 거시적 요소를 중시한다.

사회생활 중 일상활동이나 생활양식의 유형이 범죄를 위한 기회구조 형성에 어떻게 기여하는가를 분석하는 '기회이론'이라는 점에서는 공통점이 있다.

(3) 클라크와 코니쉬의 합리적 선택이론(Rational Choice Theory)

① 클라크(Clarke)와 코니쉬(Cornish)의 합리적 선택이론은 인간의 자유의지를 전제로 한 비결정론적 인간관에 입각하고 있다.

② 경제이론에서의 기대효용의 법칙에 기초하여, 인간은 범죄로 인하여 얻게 될 효용(이익)과 손실의 크기를 비교하여 범행여부를 결정한다고 본다. 이는 고전 범죄학에서 이해하는 인간본성에 대한 가정과 일치한다. [2010. 9급]

③ 범죄행위는 결국 각 개인이 선택한 결과이고, 이러한 선택과정에서 고려하는 요인들로는 행위자 자신의 개인적 요인(금전욕구, 가치관, 학습경험 등)과 상황적 요인(범행대상이 얼마나 잘 지켜지고 있는가, 사람들이 집에 있는가, 주위환경이 어떠한가 등)을 지적하였다.

제5절 고전학파의 공적과 한계

01 공 적

(1) 죄형법정주의 확립

① 베카리아와 벤담은 범죄를 현실적으로 사회의 안녕과 존속을 해치는 정도에 따라 구분했으며, 자의적인 형벌운영을 지양하기 위해서 모든 형벌집행은 법률에 의하도록 주장했다.

② 이를 배경으로 당시 자의적이고 전횡적인 형사사법 운영실태를 비판하고, 인본주의를 바탕으로 합목적적인 형사사법제도의 토대를 마련하기 위해 노력하였다. [2024. 교정 9급]

③ 효율적인 범죄방지를 위하여 형벌 등 현대적인 형사사법제도의 발전에 크게 기여하였다.

(2) 범죄예방과 제지

① 범죄의 예방과 제지를 위한 가장 기본적인 일반예방주의 개념을 제공하였다.

② 이성적 판단에 의해 행위를 하며, 이에 따라 본인의 행위에 대해서 책임을 져야 한다는 것을 전제로 인간의 가치, 합리성 등을 추구하였다.

③ 범죄행위가 현실세계에 존재하는 원인에 의해 설명하도록 하였다는 점에서 과학적인 범죄학의 출발을 가능하게 하였다.

02 한 계

(1) 형벌중심의 범죄원인론

① 범죄현상을 형벌사용과 관련하여서만 고찰하였다는 점이다. 즉 형벌제도를 객관화하고 형벌집행을 합리화함으로써 사람들이 범죄에 대한 두려움을 느끼고 이로 인하여 범죄를 규제할 수 있다는 형벌중심의 범죄원인론이라고 할 수 있다.

② 이로 인해 범죄를 저지를 수밖에 없는 외부적 영향에 대한 고려가 충분하지 않았다는 비판이 있다.

(2) 실증주의의 비판

① 범죄는 본인이 자기 이익을 충족시키기 위하여 스스로 선택하는 것이라는 범죄인식과 인간은 선악을 이성적으로 판단하고 자유로이 선택할 수 있는 존재라고 개념적으로만 규정할 뿐 직접 보여주지 못하여, 19세기 후반 이후에 등장한 실증주의에 의해 비판을 받게 되었다.

② 즉 범죄는 개인의 본질적 특성, 심리학적 성격, 주위환경의 영향 등에 의해 결정되어지는 것이라는 다양한 범죄의 원인을 등한시하고, 형법과 형사절차에만 지나친 관심을 가졌다.

③ 또한 처벌은 사람에 따라서 상이한 영향을 미친다는 사실을 인식하지 못하였다.

최신 기출로 확인하기

1. 범죄학에 관한 고전주의와 실증주의에 대한 설명으로 옳지 않은 것은?   2024. 교정 9급

① 고전주의는 형벌이 범죄결과의 정도에 상응하여야 한다고 주장한 반면, 실증주의는 부정기형과 사회 내 처우를 중요시하였다.

② 고전주의는 인간은 누구나 자유의지를 지닌 존재이기 때문에 평등하고, 범죄인이나 비범죄인은 본질적으로 다르지 않다고 인식하였다.

③ 19세기의 과학적 증거로 현상을 논증하려는 학문 사조는 실증주의 범죄학의 등장에 영향을 끼쳤다.

④ 실증주의는 적법절차모델(Due Process Model)에 바탕을 둔 합리적 형사사법제도 구축에 크게 기여하였다.

2. 베까리아의 형사사법제도 개혁에 대한 주장으로 옳지 않은 것만을 모두 고르면?   2019. 교정 7급

> ㉠ 형벌은 성문의 법률에 의해 규정되어야 하고, 법조문은 누구나 알 수 있게 쉬운 말로 작성되어야 한다.
> ㉡ 범죄는 사회에 대한 침해이며, 침해의 정도와 형벌 간에는 적절한 비례관계가 유지되어야 한다.
> ㉢ 처벌의 공정성과 확실성이 요구되며, 범죄행위와 처벌 간의 시간적 근접성은 중요하지 않다.
> ㉣ 형벌의 목적은 범죄예방을 통한 사회안전의 확보가 아니라 범죄자에 대한 엄중한 처벌에 있다.

① ㉠, ㉡   ② ㉠, ㉣
③ ㉡, ㉢   ④ ㉢, ㉣

3. 베카리아(Beccaria)의 주장으로 옳지 않은 것은?   2024. 보호 9급

① 형벌의 목적은 범죄를 억제하는 것이다.
② 범죄를 억제하는 효과를 높이기 위해서는 처벌의 신속성뿐만 아니라 처벌의 확실성도 필요하다.
③ 형벌이 그 목적을 달성하기 위해서는 형벌로 인한 고통이 범죄로부터 얻는 이익을 약간 넘어서는 정도가 되어야 한다.
④ 인도주의의 실천을 위하여 사형제도는 폐지되어야 하고 사면제도가 활용되어야 한다.

4. 고전학파 범죄이론에 대한 설명으로 옳지 않은 것은?   2021. 보호 7급

① 사회계약설에 입각한 성문형법전의 제정이 필요하다고 주장하였다.
② 파놉티콘(Panopticon) 교도소를 구상하여 이상적인 교도행정을 추구하였다.
③ 인간의 합리적인 이성을 신뢰하지 않고 범죄원인을 개인의 소질과 환경에 있다고 하는 결정론을 주장하였다.
④ 심리에 미치는 강제로서 형벌을 부과해야 한다고 하는 심리강제설을 주장하였다.

5. 다음 범죄학 이론에 대한 설명으로 옳지 않은 것은?   2024. 교정 9급

> 범죄가 발생하기 위해서는 최소한 범죄성향을 갖고 그 성향을 행동으로 표현할 능력을 가진 동기화된 범죄자(motivated offender)가 존재해야 한다. 이러한 범죄자에게 적당한 범행대상(suitable target)이 되는 어떤 사람이나 물체가 존재하고, 범죄를 예방할 수 있는 감시의 부재(absence of guardianship)가 같은 시간과 공간에서 만날 때 범죄가 발생한다.

① 코헨(L. Cohen)과 펠슨(M. Felson)의 견해이다.
② 합리적 선택이론을 기반으로 한 신고전주의 범죄학 이론에 속한다.
③ 동기화된 범죄자로부터 범행대상을 보호할 수 있는 수단인 가족, 친구, 이웃 등의 부재는 감시의 부재에 해당한다.
④ 범죄예방의 중점을 환경이나 상황적 요인보다는 범죄자의 성향이나 동기의 감소에 둔다.

🔍 정답 1. ④   2. ④   3. ④   4. ③   5. ④

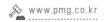

Chapter 04 확인학습

OX체크

01 결정론은 고전주의와 연결되고 비결정론은 실증주의와 연결된다.

02 형사정책에서 환경은 개체에 직접·간접으로 영향을 미치는 물질적·정신적 상황을 총칭하는 것이다.

03 사이크스와 맛차의 중화기술이론은 상황적 결정론에 입각한 이론이다.

04 범죄원인에 대한 과학적 접근은 실증주의학파부터이다.

05 슈툼플(Stumpfl)은 범죄인의 인격적 특성과 행동양식을 종합하여 범죄인을 8가지 유형으로 분류한다.

06 가로팔로(Garofalo)는 범죄인류학적 요인과 사회심리학적 요소를 결합하여 범죄인을 분류하였다.

07 가로팔로는 과실범도 처벌할 것을 주장하였다.

08 롬브로조(Lombroso)는 격정범죄인도 생래성이 인정되므로 구금형을 선고해야 한다고 하였다.

09 국제형사학협회(IKV)는 범죄인을 기회범과 상태범으로 분류한다.

10 페리(Ferri)는 관습범의 경우 개선가능한 자는 훈련을 시키고, 개선이 불가능한 자는 무기격리를 시켜야 한다고 하였다.

Answer

OX체크 01 ✕, 반대 02 ○ 03 ○ 04 ○ 05 ✕ 06 ○ 07 ✕ 08 ○ 09 ✕ 10 ○

Chapter 05 초기 실증주의와 범죄유형론

단원MAP

형사정책 기초개념			범죄의 원인과 현상론								
1. 학문발전	2. 국제성	3. 연구방법	4. 고전주의	5. 초기실증	6. 생물학	7. 심리학	8. 거시사회	9. 미시사회	10. 갈등론적	11. 발달범죄	12. 범죄현상
피해자론		비범죄	예방과 예측		형벌론		보안처분론				판 례
13. 피해자학	14. 피해보호	15. 비범죄화	16. 범죄예방	17. 범죄예측	18. 형벌론	19. 형벌종류	20. 보안처분	21. 주요5법	22. 소년사법	23. 소년2법	24. 판례

핵심정리 실증주의 전개

비정상(특별)	결정론, 사회적책임, 치료, 개선(부정기형), 특별예방(실증주의, 신파)		
구 분	생 물	심 리	(환경)사 회
이탈리아	롬브로조	+가로팔로	+페리
프랑스			게 케, 라 따 뒤
독일		(심리+사회)범죄학+형법학＝전형법학(리스트), 아샤펜부르그		

제1절 과학주의와 결정론

01 등장배경

(I) 과학주의와 진화론

① **과학주의**: 18세기에서 19세기로 이행하면서 생물학, 물리학, 화학 등 자연과학의 발전이 이루어졌고, 인문분야도 사변적인 논의와 철학적 주장에서 탈피하여 물리학과 같이 엄밀한 논리와 객관적인 자료로서 현상을 탐구해야 한다는 주장이 나타났다.

② **진화론**: 19세기 지적환경에 중요한 또 다른 사건은 다윈이 발표한 진화론 「종의 기원」(1859)이 갖는 의미였다. 진화론으로 인해 종래 인간에게 부여되었던 만물의 영장이며 종교적인 의미는 퇴색했으며, 고전주의에 의해 주장된 인간의 선험적 자유의지도 인정될 수 없게 되었다.

③ **결정론**: 근대적인 인간이 환경의 변화에 꾸준히 적응하면서 진화하였듯이 인간행위는 개인들의 외부에 존재하는 경제·사회·물리·심리적 영향들에 의해 통제되고 결정된다는 것이다.

(2) 새로운 연구방법(범죄통계학파)

① **통계학의 활용** : 지도상에 표시된 여러 국가들의 범죄통계자료를 통한 범죄현상의 해명방법은 실증주의 범죄학 탄생과 이후 범죄사회학이론에 이론적 토대를 제공하였다. 이들을 제도학파, 지도학파, 범죄지리학파라고도 하는데 대표적으로 게리와 케틀레가 있다.

② **게리**(Guerry. 프랑스) : 「도덕통계분석」(1833)에서 다양한 사회적 요소, 특히 경제적 조건에 따른 범죄율을 지도상에 명암으로 표시하여 범죄생태지도를 작성하는 등 범죄지리학파의 창시자가 되었다.

③ **케틀레**(Quetelet. 벨기에) : 통계학의 창시자로 「사회물리학」(1836)에서 게리의 통계적 수법을 정밀화하였고 모든 사회현상을 '대수(大數)의 법칙'으로 파악하면서, 범죄를 개별적 사실이 아닌 집단현상이라고 보고 '범죄를 예비(준비)하는 것은 사회이며 범죄자는 그것을 실천하는 수단(도구)에 불과하다.'고 하여 사회적 범죄원인론을 지적하였다. [2013. 9급] 총 2회 기출

---

02 실증주의의 발전

(1) 초기 실증주의

① 생물학적 원인론과 심리학적 원인론으로 범죄를 시간의 흐름에 관계없이 대체로 불변하는 개인의 기본특성, 즉 소질을 강조하는 입장이다.

② 이탈리아에서 생물학적 차이를 중심으로 범죄원인을 규명하고자 했다면, 프랑스와 벨기에에서는 사회적 환경과 범죄발생과의 관계에 많은 관심을 두고 그 원인을 규명하고자 노력하였다.

(2) 후기 실증주의

① **생물학적 범죄원인** : 초기 롬브로조의 범죄이론에 대한 비판과 검증, 신체적 특징, 체형, 유전적 영향, 생화학불균형, 중추신경조직, 자율신경조직 등 보다 다양한 원인규명을 위한 연구로 확장되었다.

② **심리·성격적 범죄원인** : 프로이드의 정신분석, 성격분석, 정신병리, 사이코패스 등에 의한 범죄원인 분석의 연구영역으로 확장되었다.

③ **사회환경적 범죄원인** : 사회해체, 사회적 긴장, 범죄문화, 통제이론, 낙인이론, 갈등론 등 다양한 사회의 범죄적 요인으로 연구영역이 확장·발전하였다.

PART 02

제2절 이탈리아의 초기 실증주의

01 롬브로조(Lombroso)의 범죄인론

(1) 범죄학의 아버지

① **범죄인류학** : 롬브로조는 실증주의 및 범죄인류학의 선구자이자 범죄학의 아버지로 불리우며, 자연과학을 바탕으로 한 생물학적 범죄원인연구의 개척자이다.

② **관찰과 검증** : 처음으로 관찰과 검증이란 과학적 방법을 동원하여 범죄유발요인을 규명하려고 하였다. [2018. 7급] 총 2회 기출

(2) 범죄인론

① **신체적 특징** : 「범죄인론」(1876)에서 범죄자에게는 일정한 신체적 특징이 있고 이러한 신체적 특징은 원시인에게 있었던 것이 격세유전에 의하여 나타난 것이라고 하며 생래적 범죄성과 신체적 특징과의 관계에 주목하였다. [2023. 보호 7급]

② **생래적 범죄인** : 범죄자적 신체특성을 5가지 이상 가진 사람들을 "생래적 범죄자"라고 부르고, 이들은 원래 생물학적으로 원시적인 형질을 가지고 태어났기 때문에 범죄를 저지를 수밖에 없다고 보았다. [2010. 9급]

  ◈ **생래적 범죄인의 특징** : 두개골의 이상, 신체적·생리적 이상, 정신적 이상, 사회적 특징

③ **범죄인 유형화** : 형벌을 개별화하기 위해 범죄인을 유형별로 분류하여 이를 기초로 한 범죄방지대책 수립을 주장하였다.

④ **남성성가설** : 여성범죄에 대해 범죄대상으로서의 성매매를 주장하고 이는 대부분 기회범이며 그 특징은 모성감각의 결여에서 찾았다. 여성의 전형적인 특질이 부족한 소수의 여성범죄집단은 신체적 특성이나 감정적인 면에서 범죄적 또는 비범죄적 남성과 유사하다는 남성성가설을 주장하였다.

⑤ **범죄인 분류** : 범죄인류학적 입장에서 범죄인을 분류하였으나, 이후 제자인 페리의 영향으로 범죄원인에 있어 사회적 원인에 대한 중요성을 인식하기도 하였다.

02 페리(Ferri)

(1) 사회적 범죄원인

① **초기 범죄사회학파** : 페리는 범죄인류학파에 속하면서, 초기 범죄사회학파로 범죄의 사회적 원인을 중시하였다. 롬브로조가 생물학적 범죄원인에 집중한 나머지 범죄인의 사회적 영향을 무시한다고 비판하고 범죄사회학적 요인을 고려하여 범죄인을 분류하였다. [2014. 7급]

② **범죄사회학** : 마르크스의 유물론, 스펜서의 사회관, 다윈의 진화론, 롬브로조의 생래적 범죄인 등을 종합하였다. 개인적 원인인 인류학적 요소(나이, 성별, 신체적 혹은 심리적 상태 등), 자연적 원인인 물리적 요소(인종, 기후, 지리적 위치, 계절적 효과, 기온 등), 사회환경적 요인인 사회적 요소(인구밀도, 관습, 종교, 정부조직, 경제조건 및 산업조건 등)를 중시한 것이다.

③ **결정론** : 인간은 전혀 자유의사가 없는 것이며 인간의 행위는 내적·외적 원인요소에 의해 결정되는 것이라고 보았다. 이같이 범죄자의 통제 밖에 있는 힘이 범죄성의 원인이므로 범죄자에게 그들의 행위에 대해 개인적으로나 도덕적으로 책임을 물어서는 안 된다. [2021. 9급]

④ **기회범죄인 중시** : 롬브로조와는 달리 생래적 범죄인에 대해서는 사형을 부정하고 무기격리할 것을 주장하였으며, 그는 범죄인류학적 입장에 기초하면서도 사회적 환경을 중시하여 '기회범죄인'을 가장 중시하였다(대다수의 범죄자가 기회범). [2018. 7급]

⑤ **형벌대용물사상** : 형사제재를 보안처분으로 일원화한 이탈리아 형법초안을 기초하였다.

(2) 범죄포화의 법칙과 형벌대용물 사상

범죄포화의 법칙	1. 의의 : 범죄원인을 인류학적 요인(나이, 성별, 신체적·정신적 상태), 물리적 요인(자연환경), 사회적 요인(인구밀도, 관습, 종교, 정부조직, 경제조건, 산업조건)으로 구분하고, 일정한 개인적·사회적 환경하에서 그에 맞는 일정량의 범죄가 있는 것은 정상이며 그 수는 증감할 수 없다. [2018. 7급] 총 3회 기출 2. 범죄대책 : 특정한 사회에 있어서의 범죄예방의 조직이나 형사정책은 무의미하며, 범죄방지를 위해서는 범죄를 발생하게 하는 원인인 사회를 변경하는 방법 밖에는 없다.
범죄과포화의 법칙	사회적·물리적 예외조건의 발생에 따라 기본적이고 전형적인 살인·강도·절도 등의 범죄에 수반하여, 반사적이고 부수적인 공무집행방해죄, 장물범죄, 명예훼손죄, 위증죄 등의 범죄가 발생한다는 법칙을 주장하였다.
형벌대용물사상 (형벌의 한계성)	1. 「형법초안」(1921)에서 '형사책임 및 형벌 없는 형법전'의 제정을 통해 형사처분도 도덕적 책임(고전주의)을 배제한 사회방위처분 내지 보안처분으로 일원화할 것을 주장하였다. 다만, 범죄에 앞선 보안처분은 반대하였다. 2. 인간행위는 환경에 의해 영향을 받을 수밖에 없다는 결정론에 입각하여, 형벌의 한계성을 극복하기 위해 사회정책을 통한 범죄충동방지가 효과적이라고 주장하였다.
특별예방론	형벌은 범죄자의 재사회화를 목표로 하는 특별예방에 주된 목적이 있다고 보았다.

03 가로팔로(Garofalo)

(1) 심리적 측면 강조

① 「범죄학」(1885)에서 범죄원인으로 인류학적(인류에 관한 문화의 기원이나 특질을 계통적으로 연구하는 학문) 요소 중 정신적·심리적 측면을 중시하였다. [2018. 7급] 총 2회 기출

② 범죄는 인간의 근본적인 품성에 속하는 '연민과 성실의 정'을 침해하는 특성을 갖고 있다. 즉, 범죄는 심리적 혹은 도덕적 변종에 의한 것이라고 하면서 정상인들은 모두 이타적인 정서를 기본적으로 가지고 있는데 범죄자들은 이러한 정서가 결핍되어 있다고 보았다. [2018. 7급]

③ **결정론** : 인간의 자유의지를 부정하고 사회적 진화론과 적자생존의 원칙에 기초한 결정론적 입장에서 범죄원인을 파악하였다.

④ 롬브로조와 달리 신체적 비정상이 아니라 정신적 비정상에 관심을 갖고 범죄행위는 심리적 혹은 도덕적 변종에 의한 것이라고 주장하였다(사회심리학적 요소).

(2) 자연범과 법정범의 구별

① **자연범** : 생물학적 요소에 사회심리학적 요소를 덧붙여 범죄인을 자연범과 법정범으로 구분하고, 자연범죄의 속성은 정직성과 동정심이라는 사회의 두 가지 근본적인 감정을 침해하는 행위라고 보았다.

② **페리와의 차이** : 시간적·공간적 종속성을 부정하는 자연범설은 범죄의 사회적 원인을 강조한 페리의 공격대상이 되었다.

③ **범죄대책**

분 류	대 책
과실범	처벌하지 않아야 한다.
고질적인 심리적 비정상	사형
유목생활이나 원시부족생활에 적합한 자	장기구금, 무기형, 추방
젊은 범죄자나 개선가능자	외딴 식민지에 고립시켜 제거하는 '부분적 제거'
재범가능성 없는 이타심 결여자	피해자에게 강제적으로 보상토록 하는 '보상'

04 이탈리아학파(범죄인류학파)의 공헌과 비판

(1) 공 헌

① 과학적 연구방법을 범죄학에 도입한 최초의 실증주의 범죄학파이다.

② 범죄학연구에서 범죄(고전주의)로부터 범죄인(실증주의)에게로 관심의 초점을 전환시켰다.

③ 형벌의 감소를 주요대상으로 한 고전학파에 비하여 범죄의 감소 문제까지 연구범위에 포함시킨 업적이 인정된다.

④ 현대 형벌에 있어서 교화개선철학의 기초를 마련하는 계기를 만들었다.

(2) 비 판

① 인류학적 또는 정신의학적·사회학적 입장이 혼합되어 통일성이 없다.

② 오늘날의 범죄학적 관점에서 보면 그들의 범죄인 유형은 부적절하다.

제3절 초기 범죄사회학적(환경학파·리용학파) 실증주의

01 게리와 케틀레의 통계활용

(1) 게리(Guerry)의 범죄지리학

① **범죄지리학** : 게리는 최초로 1825년부터 1830년 사이의 프랑스에서 발생한 범죄통계를 지도에 표시(1883년)하여 '범죄지리학'의 창시자가 되었다.

② **연구결과** : 범죄와 연령 관계는 25세~30세 사이에 범죄율이 최고인 점, 빈민구역에서 사기와 절도가 가장 적게 발생하였다는 점을 들어 범죄발생에 빈곤은 큰 영향을 미치지 않았다.

③ **도덕교육의 중요성 강조** : 범죄발생의 가장 중요한 원인은 국민의 비도덕화로, 이는 지식교육보다 성격형성석 노녁교육에 의해서만 바로 잡을 수 있다는 점 등을 적시하였다.

(2) 케틀레(Quetelet)의 통계활용

① **일반인 개념** : 벨기에의 케틀레는 각 나라에서 발표된 여러 통계수치를 계산하여 '일반인'이란 개념을 구상하고 이를 범죄발생 정도와 연관지었다.

② **사회적 환경에 따른 범죄발생 법칙성** : 각 나라의 사회 및 자연환경으로 고려한 요인들은 지리적 위치, 기후, 연령분포, 성, 계절, 교육수준 등이었으며, 이러한 사회환경적 요인들은 범죄발생과 함수관계에 있다는 것을 밝혀 범죄발생의 법칙성을 주장하였다.

③ **범죄예비와 도구** : 사회물리학에 관한 논문(1836)에서 '사회는 범죄를 예비하고 범죄자는 그것을 실천하는 도구에 불과하다.'고 주장하여 범죄가 사회적 환경요인에 의해 유발된다는 점을 지적하였다. [2013. 9급] 총 2회 기출

④ **집단현상으로서의 범죄문제 관심** : 통계활용은 이후 프랑스와 영국, 독일 등 유럽각국에 계승되어 지도학파의 탄생을 낳게 하였으며, 범죄발생에 있어 범죄자 개인뿐만 아니라 집단현상으로서의 범죄문제에 관심을 갖는 계기가 되었다.

02 라까사뉴(Lacassagne)

(1) 범죄사회학의 주도

① **범죄사회학** : 라까사뉴는 프랑스의 범죄사회학의 주도자로, 롬브로조의 생물학적 결정론을 반대하면서 사회환경 특히 그중에 경제상황을 강조하였다.

② **곡물가격과 재산범죄** : 통계자료를 이용하여 곡물가격과 재산범죄의 관계를 연구한 결과 물가의 앙등과 실업의 증대가 범죄의 증가를 가속시킨다고 하였다(최초의 연구 : 메이어 – 곡가변동과 절도범의 상관관계 연구).

③ **사회적 문제로서의 범죄** : '사회는 범죄의 배양기이며, 범죄자는 미생물에 해당할 뿐이다.'라고 말함으로써 범죄라는 세균도 사회적 환경이라는 배양기가 없으면 번식할 수 없다고 보고, 사회는 그 각각에 상응하는 범죄를 갖기 마련이며 처벌해야 할 것은 범죄인이 아니라 사회라고 주장하여 범죄문제를 개인의 문제가 아니라 사회적 문제로 인식하였다(범죄원인은 사회와 환경에 있다는 점을 강조). [2018. 5급 승진] 총 5회 기출

(2) 리용학파

① 리용대학에 재직하면서 여러 학자들에 계승되어 소위 '리용학파'를 구성하였다.

② 「사형과 범죄」를 통해 사형은 해당국가의 인도적 문제와 감정, 철학 등에 따라 허용될 수 있다고 하였다.

03 따르드(Tarde)

(1) 환경결정론

① **자본주의 경제의 모순과 범죄** : 따르드는 마르크스(Marx)주의적 세계관에 입각하여 범죄의 사회적 원인에서 강조한 자본주의 경제체제의 모순과 범죄의 상관관계를 연구하였다.

② **극단적 환경결정론** : '범죄인을 제외한 모든 사회에 책임이 있다.'라고 하는 극단적 환경결정론을 주장하였다. [2013. 9급]

(2) 모방의 법칙

① **모방의 법칙**(1890) : 사회는 곧 모방이라는 전제 아래 개인의 특성과 사회와의 접촉과정을 분석한 사회심리학적 연구방법을 사용하였다.

② 모든 사회현상이 모방이듯이 범죄행위도 모방으로 이루어진다. 인간은 사회생활을 하는 중에 다른 사람의 행위를 모방하는데, 범죄행위도 그 한 예이다.

(3) 공헌과 비판

공 헌	1. 범죄행위를 생물학적 결함이나 심리적 기능장애로 설명하는 입장을 극복하고 정상행위와 마찬가지로 학습의 결과라는 사실을 최초로 지적했다는 점에서 매우 중요한 공헌을 하였다. 2. 미국 범죄사회학이론의 출발점이 된 학습이론에 결정적 단서를 제공하였다. 3. 도시는 재산범죄, 농촌은 인신범죄의 특징을 가지고 있다고 주장하며, 도시직업인 범죄개념을 제시하였다.
비 판	1. 봉거는 경제의 영향과 같은 특별한 사회적 동기를 무시하였다고 비판하였다. 2. 뒤르껭은 새로운 사회현상에 대해서는 모방으로 설명하기 어렵다고 비판하였다(농촌에서 일어난 범죄를 도시지역에서 모방하는 경우를 설명할 수 없다). 3. 생물학의 업적인 유전법칙, 사회적 도태이론을 간과하였다. 4. 학습과정에 대한 설명이 불충분하다.

04 **뒤르껭**(Durkheim)

(1) 범죄에 대한 인식과 발생원인

① 범죄에 대한 인식

　⊙ 명백한 집합의식의 위반 : 범죄를 일반적 집합의식을 위반한 행위가 아니라 그 시대 그 사회 구성원의 의식 속에 강력하게 새겨져 있고 명백하게 인지된 집합의식을 위반한 행위라고 정의하였다.

　⊙ 객관적 범죄개념 부정 : 모든 사회와 시대에 공통적으로 적용될 수 있는 객관적 범죄개념을 부정하며 특정사회에서 형벌의 집행대상으로 정의된 행위를 범죄로 보는 새로운 범죄관을 제시하였다(절대적 범죄개념의 부정). [2015. 5급 승진]

② 범죄의 발생원인

　⊙ 사회적·도덕적 통합 결여 : 범죄문제를 사회학적 시각에서 고찰하고 프랑스혁명과 산업화 과정에서 정치적·경제적인 급격한 변화가 사회적 통합력과 도덕적 권위의 훼손을 가져왔다고 보고, 범죄발생의 주된 원인을 사회적 통합의 수준과 도덕적 통합의 수준에서 찾았다.

　⊙ 사회적 통합수준 : 사람들이 일상적 사회생활을 하는 중에 얼마나 상호 간에 밀접히 연관되어 있는가에 관한 것이다.

　⊙ 도덕적 통합수준 : 자기가 속해 있는 사회적 단위와 일체감을 느끼고 그것의 권위를 얼마나 인정하는가에 관한 것이다.

③ **범죄대책**(안정된 사회질서 확보) : 안정적이며 도덕적인 사회를 가능하게 하는 사회적 질서를 형성하는 조건을 파악하고, 산업사회에서의 안정된 사회질서를 확보하려는 것이었다.

(2) 이기주의와 아노미

① **사회적 규범해체의 원인** : 개인과 사회와의 관계에 대하여 사회가 인간을 만들고 규제하는 측면을 강조하면서 사회적 규범해체의 원인을 이기주의(egotism)와 아노미(anomie)로 파악하였다.

② **이기주의** : 개인이 사회로부터 독립적이며 비교적 자유롭고 사회와 통합되어 있지 않아 사회에 의해 규제를 거의 받지 않는 사회와 개인 간의 관계를 의미한다.

③ **아노미** : 인간의 생래적인 끝없는 욕망을 사회의 규범이나 도덕으로서 제대로 통제하지 못하는 상태로, 사회적·도덕적 권위가 훼손되어 사회구성원들이 '자신의 삶을 지도할 수 있는 기준(지향적인 삶의 기준)'을 상실한 무규범 상태를 말한다. [2020. 9급] 총 3회 기출

(3) 자살론(1897)

① **자살증가 원인** : 사회적 통합 및 도덕적 규제와 관련하여 당시 유럽사회의 자살률이 급격히 증가하는 것은 산업화되는 과정에서 정치·경제·기술적 사회변동으로 사회통합이 약화됨으로써 이기적 자살이 증가하였기 때문이다.

② 자살 유형

1. 아노미적 자살	급격한 사회변동으로 인한 기존 규범력의 상실·혼란에 기인한 자살
2. 이기주의적 자살	사회통합의 약화로 인해 자신의 욕망에 따라 발생(입시 실패)
3. 이타주의적 자살	사회통합이 강화된 곳에서 집단의 존속을 위해 발생(자살특공대)
4. 숙명적 자살	사회의 외적인 권위, 즉 과도한 규제력으로부터 발생(고대 순장)

구 분	사회적 통합(유대)	도덕적 규제
아주 강함	이타적 자살	숙명론적 자살
아주 약함	이기적 자살	아노미적 자살

⑷ **범죄정상설과 범죄기능설**

① **범죄정상설** : 범죄는 사회의 구조적 모순에서 자연적으로 발생하는 정상적이고 불가피한 현상으로 어느 사회든지 일정량의 범죄는 있을 수밖에 없으며, 이는 집단적 비승인이 존재하는 한 범죄는 모든 사회에 어쩔 수 없이 나타나는 현상으로 병리적이기보다는 정상적인 현상이기 때문이다. [2020. 9급] 총 8회 기출

② **범죄기능설** : 범죄란 이에 대한 제재와 비난을 통하여 사회의 공동의식을 사람들이 체험할 수 있도록 함으로써 사회의 유지존속을 위해 중요한 역할을 담당하며, 범죄는 사회의 규범유지를 강화시켜주는 필수적이고 유익한 기능을 한다고 하였다. [2013. 7급] 총 2회 기출

③ **형법발전론** : 사회가 발전할수록 형벌은 억압적 형태에서 보상적 형태로 변화한다.

> **PLUS⁺ 범죄정상설과 범죄정당설**
>
> 뒤르껭의 범죄정상설은 범죄가 도덕적으로 정당하다고 보는 범죄정당설을 의미하는 것은 아니다. 집단감정을 침해하는 것을 본질로 하는 범죄에 대해서는 강력한 대처를 주장하였던 것이다.

⑸ **공헌과 비판**

공 헌	1. 시카고 학파의 사회해체이론 : 산업화 과정에서의 사회해체에 따른 사회통제의 약화가 일탈행위의 원인이라는 사회해체이론은 뒤르껭의 이론을 그대로 수용한 것이다. 뒤르껭이 산업화와 사회전체의 측면을 강조한 반면 사회해체이론은 도시화와 지역공동체의 측면을 강조하였다. 2. 머튼의 아노미이론 : 개인의 욕망에 대한 사회적 규제가 안되는 상황을 나타내는 뒤르껭의 아노미 개념을 미국의 머튼은 사회구조 내에서 문화적으로 정의된 목표와 이를 달성할 수 있는 수단 간의 불일치로 파악하여 기능주의적 범죄이론을 전개하였다. [2020. 9급] 3. 허쉬의 사회통제이론 : 허쉬는 인간을 끝없는 욕망의 존재로 보고 사회통제력의 약화가 범죄를 야기한다는 뒤르껭의 견해를 수용하여 사회통제이론을 전개하였다.
비 판	뒤르껭은 범죄가 사회적 문제로 일어나는 것임을 강조하였음에도, 그에 대응할 수 있는 사회정책을 제시하지 못했다는 비판을 받기도 하였다. [2015. 5급 승진]

제4절 **독일 및 오스트리아의 초기 실증주의**

01 리스트(Liszt, 1851-1919)

(I) 전형법학 사상

① **범죄학과 형법학 포괄** : 독일 사회학파의 대표자로, 범죄사회학과 범죄심리학을 통합하여 범죄학이라 지칭하고 형법학을 포괄하는 '전형법학(全刑法學)' 사상을 주장하였다.

② **환경론 중시** : 범죄는 범죄자의 타고난 특성과 범행 당시 그를 둘러싼 사회적 환경의 산물이라고 보고, 다원적 범죄원인론(개인과 사회)을 제시하면서도 사회적 원인(환경)을 더 중시하였다.
[2018. 5급 승진]

③ **국제형사학협회** : 다원적 범죄원인론자인 벨기에의 하멜(Hamel), 프린스(Prins) 등과 함께 국제형사학협회(국제범죄학연맹, I.K.V. 1888)를 창설하였다.

(2) 범죄예방주의와 신파형법이론의 선구자

① **주관주의 형법사상** : 형벌의 대상은 행위가 아니라 행위자이다(고전주의 : 행위 중심, 실증주의 : 행위자 중심). 행위자의 반사회적 태도 또는 위험성 중심의 처우를 주장하여 주관주의적 입장을 취하였다.

② **목적형주의** : 형벌의 본질은 응보가 아니라 응보 이외의 이성적 목적을 달성, 즉 사회를 방위하기 위하여 장래의 범죄를 예방하려는 목적을 가졌기 때문에 형벌 그 자체와 목적을 상대적으로 이해하였다.

③ **특별예방주의** : 형벌의 목적은 범죄인을 개선·교육하여 그 범죄인이 장차 범죄를 저지르지 않도록 예방하는 데에 있다.

④ **최선의 사회정책이 최상의 형사정책** : 사회정책과 형사정책의 연관성을 중시하여 '최선의 사회정책이 최상의 형사정책'이라고 주장하였다.

(3) 형법과 형사정책

① **형법의 인권보호기능** : 형법은 '범죄인의 마그나카르타(대헌장)'라고 하였다.

② **형법은 형사정책의 넘을 수 없는 한계** : '형법은 형사정책의 넘을 수 없는 한계'라고 하여, 형법의 보장적 기능이 형사정책을 제한하고 형사정책은 민주법치국가에서 요구되는 규범적 한계 내에서 이루어져야 한다는 원칙을 강조하였다. [2013. 7급]

③ **특별예방적 형사정책** : 부정기형의 채택, 단기자유형의 폐지(특별예방효과가 없기 때문에 - 실증주의), 집행유예, 벌금형, 누진제의 합리화, 강제노역의 인정, 소년범에 대한 특별처우를 주장하였다.

(4) 범죄인 분류와 형벌의 개별화 [2014. 7급]

① **개선불능자** : 법익침해 의식이 결여되었거나 희박한 범죄인은 종신형에 의해 무해화조치가 필요하다.

② **개선가능자** : 선천적·후천적으로 범죄성향이 있으나 개선이 가능한 자는 개선을 위한 형벌의 부과가 필요하다. 다만, 단기자유형은 피해야 한다.

③ **기회범** : 일시적인 기회범으로 개선을 필요로 하지 않으므로 형벌은 위하 목적으로 벌금형 정도가 적합하고, 역시 단기자유형은 피해야 한다.

02 아샤펜부르그(Aschaffenburg)

(1) 범죄원인의 구분

① 오스트리아 출신으로, 「범죄와 그 대책」(1903)에서 범죄의 원인을 일반적 원인과 개인적 원인으로 구분하여 이러한 원인들과 범죄와의 관계를 통계자료를 이용하여 분석하였다.

② **일반적 원인** : 계절, 장소, 인종, 종교, 도시와 농촌, 직업, 알코올, 성매매, 도박, 영화, 퇴폐문화, 미신, 경제상태, 공황 등 대부분의 사람들이 영향을 받을 수 있는 요인들이다.

③ **개인적 원인** : 혈통, 생육조건, 교양, 연령, 배우자, 신체적 특징, 정신적 특징 등 각 개인에게만 해당하는 요인들이다.

(2) 범죄인 분류와 범죄대책론

① **범죄인 7분법** : 국제형사학협회(I.K.V) 분류(3분법)를 세분화하여 법적위험성을 기준으로 7분법으로 분류하였다. 가장 전통적인 분류로 인정받고 있다.

② **범죄대책론** : 범죄예방책, 형벌대책, 재판대책, 소년범 및 정신병질자 등에 대한 특수대책 등을 구체적으로 논의하여 실증주의에 바탕을 둔 형사정책의 방향을 제시하였다.

03 기 타

(1) 그로스(Gross)와 렌츠(Lenz)

① **그로스** : 사법실무가 및 형법학자로, 유럽 최초로 범죄학·범죄수사학연구소(1912)를 설립하였으며, 「범죄과학」, 「범죄수사학」을 통해 범죄수사를 연구대상으로 삼았다. 특히 그의 연구는 범죄자의 범죄수법에 착안하여 수법수사에 큰 영향을 미쳤다.

② **렌츠** : 그로스의 후계자로, 범죄생물학회를 창립하였고, 범죄인류학과 범죄심리학을 발전적으로 통합하였다. "범죄는 환경의 영향 하에서의 모든 인격의 발로이며, 선천적·후천적·정신적·신체적 잠재원인이 현실화된 것이다."라는 점을 강조하였다.

(2) 그 외의 연구

① **엑스너**(Exner) : 아샤펜부르그와 렌츠의 범죄학 체계에 자신의 형법학 지식을 통합하고 통계적 수치를 통하여 사회현상으로서의 범죄를 설명하였다.

② **메츠거**(Mezger) : 인과적 행위론자로, 「범죄학 교과서」(1951)에서 비정상적 인격형성에 대한 정신의학적 지식이나 유형론을 범죄학의 범죄자유형에 적용해 보고자 하는 시도를 하였다.

③ **자우어**(Sauer) : 범죄의 원인이 되는 범죄병원체가 있다고 믿고, '모든 민족의 체질에 언제든지 나타나고 또한 언제든지 쇠퇴할 수 있는 파괴적 힘'이 이에 해당한다고 보았다.

> **PLUS⁺ 수법수사**(手法搜査)
>
> 범죄자가 동일한 수법을 반복하는 데 착안하여 무형자료인 수법을 활용하는 수사방법으로 오늘날 강력범이나 지능범의 수사에 활용되고 있다.

> **PLUS⁺ 19세기 실증주의의 기본적인 입장과 가정**
>
> 과학적이고 객관적인 방법을 통해 행위자의 생물학적, 심리학적, 사회적 특성이 범죄행위에 미치는 영향을 분석함으로써 범죄발생 원인을 규명하고자 하였다. 이를 위해 첫째, 사람들의 행위는 본인들이 통제할 수 없는 어떤 영향들에 의해 결정된다는 것과 둘째, 범죄행위를 유발하는 영향요인과 정상적인 행위의 인과요인은 서로 다르다는 가정에 기초한다. 이러한 가정을 입증하기 위해 집단 간 비교분석을 통해 생물학적, 심리학적, 사회환경, 다원적 차이를 찾고자 하였다.

📖 **고전주의 학파 vs 실증주의 학파** [2024. 교정 9급] 총 6회 기출

고전주의	실증주의
1. 인간은 기본적으로 자유의지를 가진 합리적·이성적 존재이다.	1. 범죄는 주로 생물학적·심리학적·환경적 원인에 의해 일어난다.
2. 범죄는 개인의 의지에 의해 선택한 규범침해이다.	2. 소질과 환경을 중시하여, 결정론적 입장에서 사회적 책임을 강조한다.
3. 개인의 자유의지에 따른 범죄행위에 대한 개인의 책임 및 처벌을 강조한다.	3. 범죄는 과학적으로 분석가능한 개인적·사회적 원인에 의해 발생하는 것이다.
4. 형벌은 계몽주의, 공리주의에 사상적 기초를 두고 이루어져야 한다.	4. 범죄의 연구에 있어서 체계적이고 객관적인 방법을 추구하여야 한다.
5. 효과적인 범죄예방은 형벌을 통해 사람들이 범죄를 포기하게 만드는 것이다.	5. 인간에 대한 과학적 분석을 통해 범죄원인을 규명하고자 하였다.
6. 범죄를 효과적으로 제지하기 위해서는 처벌이 엄격·확실하고, 집행이 신속해야 한다.	6. 범죄원인을 규명해서 범죄자에 따라 형벌을 개별화해야 한다.
7. 자의적이고 불명확한 법률은 합리적 계산을 불가능하게 하여 범죄억제에 좋지 않다.	7. 범죄행위를 유발하는 범죄원인을 제거하는 것이 범죄통제에 효과적이라고 본다.
8. 법과 형벌제도의 개혁에 관심(범죄원인에는 관심 ×)	8. 법·제도적 문제 대신에 범죄인의 개선 자체에 중점을 둔 교정이 있어야 범죄예방이 가능하다.
9. 범죄인과 비범죄인은 본질적으로 다르지 않다. [2024. 교정 9급]	9. 범죄인과 비범죄인은 근본적으로 다르다.

제5절　범죄유형론

01　유형화 연구

(1) 유형화의 필요성

① 범죄인 분류는 범죄원인을 규명하는데 유용한 정보를 제공할 뿐만 아니라 범죄인 개인에 맞는 효과적 재사회화프로그램을 마련하는 데에도 도움을 준다.

② 규범적으로는 범죄인을 분류해야 할 이유가 존재하지 않지만, 특별예방이념과 범죄원인의 개인적 분석을 위해서는 분류가 필요하다.

③ 범죄인 분류는 사회방위를 강조하는 주관주의 형법이론의 산물이므로 결과와 책임을 중시하는 객관주의 형법이론에서는 범죄인 분류가 의미를 가질 수 없다.

(2) 분류의 유형

범죄인 분류	수형자 분류
범죄자를 유형별로 분류하는 것으로 합리적인 범죄인의 처우대책을 수립하여 궁극적으로 범죄방지대책을 수립하는 것을 목적으로 한다.	분류처우의 전제조건으로 교정의 과학화·합리화를 위해 수형자를 일정한 기준에 따라 동질적인 집단으로 구분하는 것이다.

범죄인 분류가 범죄의 원인과 대책에 대한 과학적 인식을 토대로 한다면, 수형자 분류는 수형자의 교정·교화와 처우의 과학화라는 관점에서 이루어진다.

02　범죄원인 및 동기를 기준으로 한 범죄인 유형화

(1) 롬브로조(Lombroso)의 분류

① 범죄인류학적 입장에서 「범죄인론」(1876)을 통해 생래적 범죄인론 등 범죄인의 분류 및 대책을 강조했다. [2014. 7급]

② 자연과학을 바탕으로 한 생물학적 범죄원인 연구의 개척자이며, 격세유전과 생래적 범죄인설을 내세우고, 범죄인별로 각각의 형벌을 개별화할 것을 주장하였다.

③ 범죄자적 신체특성을 5가지 이상 가진 사람들을 생래적 범죄자로 지칭하였다.

④ 후기에 제자인 페리(Ferri)의 영향으로 범죄원인에 있어 사회적 원인에 대한 중요성을 인식하기도 하였다.

분류	내용	
생래적범죄인	생물학적 열등성에 기초한 범죄인, 초범일지라도 무기구금하고 잔학한 행위를 반복하는 자(누범)는 극형(사형) 필요	
정신병범죄인	정신적 결함에 의한 범죄인, 개선의 여지가 없는 전형적 범죄인	
격정(우범)범죄인	순간의 흥분에 의한 범죄인, 구금보다 벌금형이 범죄예방에 효과적	
기회범죄인	사이비범죄인	위험하지는 않으나 자신의 명예와 생존을 위한 범죄인
	준범죄인	생래적범죄인과 구별되나 간질과 격세유전적 소질
관습범죄인	좋지 못한 환경으로 인하여 관습(상습)적으로 범죄	
잠재적범죄인	평상시에는 문제없으나 알코올, 분노감 등에 의해 범죄	

◑ 잠재적범죄인은 페리(Ferri)의 범죄인 분류에는 나타나지 않는 유형이다.

(2) 페리(Ferri)의 분류

① 롬브로조가 생물학적 범죄원인에 치중한 나머지 범죄인의 사회적 요인을 무시한 점을 비판하고 범죄사회학적 요인을 고려하여 범죄인의 분류 및 대책을 제시하였다. [2014. 7급]

② 범죄인류학, 사회적 조건, 환경적 조건을 고려하여 범죄인을 분류하였으며, 롬브로조와 달리 관습범죄인을 새로운 유형으로 제시하였다.

분류	내용
생래적범죄인	유전의 영향이므로, 사회로부터 무기격리나 유형 필요(사형 반대)
정신병범죄인	정신병원에 수용 필요
격정(우범)범죄인	돌발적 격정이 원인, 손해배상이나 필요에 따라 강제이주
기회범죄인	환경의 산물, 중한 범죄자는 농장이나 교도소 훈련, 경한 자는 격정범죄인에 준함
관습(상습)범죄인	개선가능자는 훈련, 개선불가능자는 무기격리

(3) 가로팔로(Garofalo)의 자연범과 법정범 분류

① 생물학적 요소에 사회심리학적 요소를 덧붙여 범죄인을 자연범과 법정범으로 구분하고, 그 죄질에 따라 다른 조치를 취할 것을 강조하였다. [2014. 7급]

② **자연범**(절대적 범죄)

ⓐ 범죄가운데 형법상 금지되는 것과 무관하게 시간과 문화를 초월하여 인정되는 범죄행위로 살인, 강도, 강간, 절도 등의 범죄를 의미한다.

ⓑ 자연범은 인류의 근본적 · 애타적 정조의 결여, 즉 연민과 성실의 정의 결여라는 두 개의 도덕적 정서에 반대되는 행위를 한 자로, 법률 · 정치 · 문명의 사회적 환경변화에도 개선을 기대할 수 없는 반윤리성 · 반사회성으로 인해 비난받는 원시인 및 생래적 범죄인을 말한다. [2016. 7급]

ⓒ 오늘날에는 공동체 감정을 침해하는 실질적 범죄개념으로 이해하고 있다.

③ **법정범**(상대적 범죄) : 형식적 의미의 범죄개념으로, 형사정책은 범죄개념의 가변성을 인정하는 상대적 범죄개념을 전제로 한다.

분류		내 용
자연범	모살범죄인	개선불가능한 자는 사형 필요
	폭력범죄인	본능적인 살상범은 무기유형, 기타 폭력범죄인은 부정기 자유형
	재산범죄인	상습범 무기유형, 소년은 교도소 등에서 훈련, 성인은 강제노역
	풍속범죄인	주로 성범죄자, 부정기 자유형
법정범(자연범 외)		법률이 규정한 범죄, 사회적 환경의 변화 등으로 증감, 정기구금
과실범		처벌하여서는 아니 된다. [2014. 7급]

✅ 처우방법을 차별화하기 위한 범죄인 분류를 중시한 학파는 범죄인류학파이다.

(4) 아샤펜부르그(Aschaffenburg)의 분류

① **법적위험성** : 심리학적 입장에서 범죄인의 개인적 요인과 환경적 요인을 결합하여 범죄인으로부터 생겨나는 법적위험성을 기준으로 범죄인을 분류하였다.

② **7분법** : 국제형사학협회(I.K.V)의 분류(3분법)를 세분화(7분법)한 것으로 가장 전통적인 분류방법으로 이해될 수 있다. [2014. 7급] 총 3회 기출

분류	내 용
우발범죄인	과실범죄, 법적 안정성을 해칠 의도는 없지만 사회방위 관점에서 대책 필요
격정범죄인	순간적인 정서 폭발로 인한 범죄, 해를 끼칠 의도는 적지만 일정한 조치 필요
기회범죄인	우연한 기회로 범죄를 하는 자, 사려부족이나 유혹에 잘 빠지는 것이 특징
예비·모의범죄인	기회를 노리는 범죄인으로 고도의 공공위험성, 사전 범죄계획
누범범죄인	심리적 동기에서 범행을 반복하는 자
관습범죄인	내인적·병적요인에 의한 범죄자, 이욕적 목적을 가진 자와 구별, 형벌을 불명예로 보지 않고 범죄에 익숙하여 나태와 무기력으로 살아가는 자(부랑자, 성매매범죄)
직업범죄인	범죄 자체를 직업으로 인식, 지능적 방법으로 사기, 조직적 인신매매, 대규모 절도 등 적극적 범죄 욕구를 가진 자, 개인적 소질을 가진 개선불능자

03 범죄대책적 측면을 중시한 범죄인 유형화

(1) 리스트(Liszt)의 분류

① **목적형주의** : 목적형사상을 바탕으로 주관주의 형법이론을 정립하여 '처벌의 대상은 행위가 아니라 행위자이어야 한다.'고 보았다.

② **특별예방주의** : 형벌의 목적을 개선, 위하, 무해화로 나누고, 행위자의 특성을 기준으로 세 가지 유형으로 구분하여 각각의 유형에 따라 특별예방대책을 제시했다. [2014. 7급]

③ **형법의 개별화**: 범죄원인론적 측면보다 범죄대책적 측면을 중시한 분류를 하였으며, 초기에는 범죄심리학적 기준으로 후기에는 행위자의 반사회성 위험성을 기준으로 개선가능자, 개선불가능자로 분류하여 그 정도에 따라 형벌을 개별화할 것을 강조하였다.

행위자 유형		목적달성 방법
개선불능자	법익침해 의식이 없거나 희박한 범죄인	무해화 : 종신형에 의한 무해화 조치 필요
개선가능자	동정범죄인	개선 : 선천적·후천적으로 범죄성향이 있으나 개선이 가능한 자에 대해서는 개선을 위한 형벌 부과 필요, 다만, 단기자유형은 피해야 한다고 주장 [2014. 7급]
	긴급범죄인	
	성욕범죄인	
	격정범죄인	
기회범	명예·지배욕 범죄인	위하 : 일시적 기회범으로 형벌은 위하 목적으로 벌금형 정도가 적합하고, 단기자유형은 피해야 한다고 주장
	이념범죄인	
	이욕·쾌락욕 범죄인	

(2) 리스트의 영향을 받은 범죄인 유형분류

① **마이호퍼**(Maihofer) : 재사회화 이념의 목적으로 속죄의 용의 여부에 따른 기회범과 개선가능 여부에 따른 상태범에 따라 네 집단으로 나누고 형벌의 목적을 구별하였다.

유형		내용
기회범	속죄용의 있는 자	타인에게 긍정적 기여 기회 부여
	속죄용의 없는 자	위하가 필요하지만, 자유형은 비사회화·반사회화 가능성으로 반대
상태범	개선가능	치료효과 가능성 때문에 교육형 부과, 사회 내 재사회화 조치
	개선불능	보안형 부과, 범죄자로부터 사회 보호 필요

② **국제형사학협회**(I.K.V.) : 리스트의 영향을 받아 행위자의 사회적 위험성이라는 관점에서 다음과 같이 분류하였다.

범죄자 유형	내용
순간적 혹은 기회적 범죄인	개선가능
사회생활 적응능력이 현저하게 약화된 범죄인	개선곤란
사회생활 적응능력을 기대할 수 없는 범죄인	개선불능

04   기타 범죄인 유형 분류

(I) 범죄인의 특성을 기준으로 한 분류

① **젤리히**(Seelig) : 범죄인의 인격적 특성과 행동양식의 양면을 종합하여 범죄인의 유형을 8종으로 분류하였다.

분 류	내 용
일하기 싫어하는 직업범죄인	부랑자, 소매치기, 좀도둑 등
의지력이 약한 재산범죄인	환경변화에 저항이 약하여 때때로 재산범죄
공격적인 폭력범죄인	내재된 만성흥분이나 긴장상태로 사소한 자극에 폭발적으로 적대행위를 하는 자
성적 억제력이 부족한 범죄인	성도착상태에서 억제력의 결여로 쉽게 성범죄를 저지르는 자
위기범죄인	갱년기, 파산 등 갈등상황을 극복하기 위해 범행하는 자
원시적 반응의 범죄인	월경시 등 자기 통제가 곤란한 상태에서 범행하는 자
확신범죄인	일정한 개인적·사회적 신조를 지키기 위하여 범행하는 자
사회적 적응훈련이 부족한 범죄인	교통법규·경제법규 등의 위반자 또는 과실범

② **슈툼플**(Stumpfl) : 범죄인의 성격적 태도나 장래징후를 기준으로 하여 다음과 같이 분류하였다.

분류기준		내 용
성격적 태도	경범죄인 또는 갈등범죄인	외적·내적 갈등으로 인해 경미범죄를 범하는 자
	중범죄인	소질에 의하여 갈등없이 범죄를 범하게 되는 자
장래징후	조발성(早發性) 범죄인	25세 이전에 처음 범죄를 저지른 자
	지발성(遲發性) 범죄인	25세 이후에 처음 범죄를 저지른 자

(2) 엑스너(Exner)의 다원적 분류

분류기준	범죄자 유형		내용
성격학적 측면	상태범죄인	적극적 상태범죄인	외부환경에 대하여 능동적으로 스스로 생활관계를 형성하며 저항할 능력도 있는 정신병질자(발양성, 과장성, 폭발성, 광신성)
		소극적 상태범죄인	외부환경에 대하여 지배되고 저항력이 약한 정신병질자(의지박약성, 무력성, 자신결핍성)
	기회범죄인	적극적 기회범죄인	격정범죄인, 확신범 등 자부심과 모험심에 의한 소년범죄
		소극적 기회범죄인	외적환경에 지배되는 범죄인, 영아살해, 낙태, 과실범
유전생물학적 측면	내인성 범죄인		유전적 소질에 기인한 범죄인
	외인성 범죄인		외적 성장환경에 기인한 범죄인
범죄심리학적 측면	소유욕 동기의 범죄인		범죄동기(심리)를 기준
	성욕 동기의 범죄인		
	호기심 동기의 범죄인		
	복수 동기의 범죄인		
	격정 동기의 범죄인		
	정치적 동기의 범죄인		
범죄사회학적 측면	조발성 범죄인	초범연령이 낮은 범죄인	
	지발성 범죄인	초범연령이 늦은 범죄인	
형사정책학적 측면	원인론적 구분	내인적 상태 범죄인	범죄의 원인을 기준
		외인적 상태 범죄인	
		발달기 범죄인	
		탈인격 범죄인	
	예후 진단적 구분	개선가능 범죄인	범죄방지수단을 통해 범죄인에게 영향을 줄 수 있는지 여부를 기준
		개선불능 범죄인	
	연령 계층적 구분	소년범죄인	범죄인의 연령계층을 기준
		청년범죄인	
		장년범죄인	
		노년범죄인	

(3) 우리나라의 범죄인 분류

① **범죄백서** : 법무연수원의 범죄백서는 강력범죄, 교통범죄, 보건범죄, 경제범죄, 소년범죄, 여성범죄, 공무원범죄, 외국인범죄로 분류하고 있는데, 이는 재사회화를 위한 형사정책적 분류가 아닌 현황파악을 위한 편의적 구분이라고 할 수 있다.

② **형사제도에서 활용하는 분류기준** : 1950년 일본의 마사끼(正木亮)교수의 분류기준으로 다섯 가지 유형으로 나누고 있지만, 이 중 우발범죄인과 상습범죄인 사이의 비교는 형사정책적 의미가 크다고 할 수 있다.

분류	의의	내용
우발 범죄인	순간적으로 감정이 자극되거나 긴급한 상황의 압박에 몰려 죄를 범하는 자	• 특징 : 범죄의 동기가 우발적이어서 계획적으로 범죄를 감행하지 않고 습관성이 없다. • 대책 : 위험성이 없는 경우 기소유예나 선고유예, 집행유예 등을 활용한다.
상습 범죄인	성격상의 소질로 인해 얻어진 내적 성벽의 결과로 반복해서 법을 위반하는 경향이 있는 인격을 가진 자	• 특징 : 내부적·개인적 요소가 우월하여 행위자의 잔학성, 조폭성, 노동혐오, 음주벽 등 • 형법상 규정 : 도박죄, 상해와 폭행죄, 절도와 강도죄 등에 상습범 인정형의 가중규정을 두고 있다. ⊘ 누범이 행위반복의 조기성을 중심으로 분류하는 반면, 상습범은 행위의 특성이 아닌 행위자의 인격적 특성이라는 점에서 구별된다.
심신장애 범죄인	행위자의 심신장애로 인하여 죄를 범하는 자	• 형법상 규정 : 심신장애의 정도에 따라 그 정도가 강한 자는 책임무능력자로 하여 형벌에서 제외하고, 정도가 미약한 자는 형을 감경한다. • 대책 : 치료감호법은 심신장애인이 금고 이상의 형에 해당하는 죄를 범한 때에는 치료감호의 처분을 과할 수 있도록 규정하고 있다.
사상 범죄인	사상에 기한 일정한 활동이 비합법적으로 행하여졌을 때에 범죄인으로 되는 경우로 확신범 또는 양심범	대책 • 라드브르흐(Radbrch) : 저능한 자가 아닌 사고를 달리하는 자이므로 금고형에 처할 것을 주장 • 리프만(Liepmann) : 이웃의 생명·신체·재산을 존중하도록 하는 교육적 차원의 처벌 주장 • 하인츠(Heinz) : 금고형 대신 자유형으로 단일화 주장 ⊘ 사상범이 확신에 근거한 범죄인이라 하여 개선이 불가능한 것은 아니다.
소년 범죄인	연령에 의한 구분으로 현행 소년법상 소년은 19세 미만의 자	• 현행법상 소년구분 : 범죄소년(14세 이상 19세 미만), 촉법소년(10세 이상 14세 미만), 우범소년(10세 이상 19세 미만) • 대책 : 보호처분의 인정, 상대적 부정기형, 환형처분의 금지 등

최신 기출로 확인하기

1. 다음 설명 중 옳지 않은 것은? 2014. 보호 7급

① 롬브로조는 범죄인류학적 입장에서 범죄인을 분류하였으나, 페리(Ferri)는 롬브로조가 생물학적 범죄원인에 집중한 나머지 범죄인의 사회적 영향을 무시한다고 비판하고 범죄사회학적 요인을 고려하여 범죄인을 분류하였다.

② 가로팔로는 생물학적 요소에 사회심리학적 요소를 덧붙여 범죄인을 자연범과 법정범으로 구분하고, 과실범은 처벌하지 말 것을 주장하였다.

③ 아샤펜부르크는 개인적 요인과 환경적 요인을 결합하여 범죄인으로부터 생겨나는 법적 위험성을 기준으로 범죄인을 분류하였다.

④ 리스트는 형벌의 목적을 개선, 위하, 무해화로 나누고 선천적으로 범죄성향이 있으나 개선이 가능한 자에 대해서는 개선을 위한 형벌을 부과해야 한다고 하면서, 이러한 자에 대해서는 단기 자유형이 효과적이라고 주장하였다.

2. 다음 설명에 해당하는 학자는? 2020. 9급

- 범죄는 정상(normal)이라고 주장함
- 규범이 붕괴되어 사회 통제 또는 조절 기능이 상실된 상태를 아노미로 규정함
- 머튼(R. Merton)이 주장한 아노미이론의 토대가 됨

① 뒤르켐(E. Durkheim) ② 베까리아(C. Beccaria)
③ 케틀레(A. Quetelet) ④ 서덜랜드(E. Sutherland)

3. 범죄원인론 중 고전주의학파에 대한 설명으로 옳은 것만을 모두 고르면? 2019. 9급

㉠ 인간은 자유의사를 가진 합리적인 존재이다.
㉡ 인간은 처벌에 대한 두려움 때문에 범죄를 선택하는 것이 억제된다.
㉢ 범죄는 주로 생물학적·심리학적·환경적 원인에 의해 일어난다.
㉣ 범죄를 효과적으로 제지하기 위해서는 처벌이 엄격·확실하고, 집행이 신속해야 한다.
㉤ 인간에 대한 과학적 분석을 통해 범죄원인을 규명하고자 하였다.

① ㉠, ㉡, ㉢   ② ㉠, ㉡, ㉣   ③ ㉡, ㉢, ㉣   ④ ㉢, ㉣, ㉤

4. 범죄원인과 관련하여 실증주의학파에 대한 설명으로 옳지 않은 것은? 2021. 9급

① 페리(Ferri)는 범죄자의 통제 밖에 있는 힘이 범죄성의 원인이므로 범죄자에게 그들의 행위에 대해 개인적으로나 도덕적으로 책임을 물어서는 안된다고 주장했다.

② 범죄의 연구에 있어서 체계적이고 객관적인 방법을 추구하여야 한다고 하였다.

③ 인간은 자신의 행동을 합리적, 경제적으로 계산하여 결정하기 때문에 자의적이고 불명확한 법률은 이러한 합리적 계산을 불가능하게 하여 범죄억제에 좋지 않다고 보았다.

④ 범죄는 개인의 의지에 의해 선택한 규범침해가 아니라, 과학적으로 분석가능한 개인적·사회적 원인에 의해 발생하는 것이라 하였다.

🔍 정답 1.④ 2.① 3.② 4.③

Chapter 05 확인학습

빈칸채우기

01 페리는 범죄의 원인을 인류학적 요인, 물리적 요인, 사회적 요인으로 구분하고 이 세 가지 요인이 존재하는 사회에는 이에 상응하는 일정량의 범죄가 발생한다는 (　　)을 주장하였다.

02 뒤르껭은 사회통합이 강화된 곳에서 집단의 존속을 위해 발생하는 자살을 (　　) 자살이라고 하였다.

03 자본주의 사회는 범죄의 온상이라고 본 학자는 (　　)이다.

04 리스트는 형벌의 개별화를 주장하고, 범죄인에 따라 (　　), (　　), (　　)를 인정하였다.

OX체크

01 젤리히(Seelig)는 성격학, 유전생물학, 범죄심리학, 범죄사회학, 형사정책학 등을 기준으로 범죄인을 분류한다.

02 생래범죄인은 유전의 영향을 받으므로 사회로부터 무기격리나 유형에 처해야 한다고 페리(Ferri)는 주장하였다.

03 고전학파는 범죄에 대해 그에 상응하는 형벌을 부과할 것을 중시하였다.

04 고전학파가 중점적으로 관심을 둔 사항은 형벌제도와 법제도의 개혁이다.

05 베카리아(Beccaria)는 인도주의적 입장에서 범죄자에 대한 사면을 적극 활용하여야 한다고 주장하였다.

06 범죄란 악을 낳는 것, 즉 실제적 범죄이어야 하는 것으로 보면서 그렇지 아니한 관념적 범죄와는 엄격히 구별한 학자는 벤담이다.

07 교정주의는 구파이론과 그 맥을 같이 한다.

08 실증주의 학파는 형이상학적인 설명보다는 체계화된 인과관계 검증 과정과 과거 경험이 더 중요하다고 한다.

09 존 하워드는 주간에는 혼거작업, 야간에는 독거시키는 반독거제를 주장하였다.

10 이탈리아학파는 사회환경을, 프랑스학파는 범죄인의 소질을 중시하였다.

11 형벌의 특수적 억제효과란 범죄를 저지른 사람에 대한 처벌이 일반시민들로 하여금 처벌에 대한 두려움을 불러 일으켜서 결과적으로 범죄가 억제되는 효과를 말한다.

12 코헨(Cohen)과 펠슨(Felson)의 일상생활이론은 범죄인의 특성을 분석하는 데 중점을 둔다는 점에서 실증주의 범죄원인론과 유사하다.

13 티틀(Tittle)은 형벌의 엄격성은 살인사건의 경우에는 그 억제효과가 있었고, 형벌의 확실성은 모든 유형의 범죄발생률에 중요한 영향을 미친다고 주장했다.

14 롬브로조(Lombroso)는 자유의지에 따라 이성적으로 행동하는 인간을 전제로 하여 범죄의 원인을 자연과학적 방법으로 분석하였다.

15 롬브로조는 후기에 범죄원인으로 사회적 요인을 다소 수용하게 된다.

16 페리(Ferri)는 범죄원인을 인류학적 요소, 물리적 요소, 사회적 요소로 분류하였다.

17 페리는 형벌을 통한 직접적인 대응보다는 범죄충동을 없앨 대체수단이 필요하다고 주장하였다.

18 뒤르껭(Durkheim)은 어느 사회든지 일정량의 범죄는 있을 수밖에 없으며, 범죄는 사회의 유지와 존속을 위하여 일정한 순기능을 지닌다고 하였다.

19 뒤르껭은 범죄가 사회적 문제로 일어나는 것임을 강조하였음에도, 그에 대응할 수 있는 사회정책을 제시하지 못했다는 비판을 받기도 하였다.

20 라까사뉴(Lacassagne)는 사회는 범죄를 예비하고, 범죄자는 그것을 실천하는 도구에 불과하다고 하였다.

21 따르드(Tarde)는 모든 사회적 현상은 모방의 결과이며, 범죄도 다른 사람의 범죄를 모방한 것이라고 하였다.

22 가로팔로(Garofalo)는 사회환경은 범죄의 배양기이며 범죄자는 미생물에 해당하므로, '벌해야 할 것은 범죄자가 아니라 사회'라고 하였다.

23 리스트(Liszt)는 '처벌되어야 할 것은 행위자가 아니고 행위'라는 명제를 제시하였다.

24 리스트는 형벌의 목적으로 특별예방사상을 처음으로 주장함으로써 형벌 예고를 통해 일반인의 범죄충동을 억제하는 것이 형벌의 가장 중요한 기능이라고 보았다.

Answer

빈칸채우기 01 범죄포화의 법칙   02 이타주의적   03 봉거   04 개선, 위하, 무해화

OX체크 01 ✕, 엑스너   02 ○   03 ○   04 ○   05 ✕, 사면제도 반대   06 ○   07 ✕, 신파이론   08 ○
09 ○   10 ✕   11 ✕   12 ✕   13 ○   14 ✕   15 ○   16 ○   17 ○   18 ○   19 ○   20 ✕,
케틀레   21 ○   22 ✕, 라까사뉴   23 ✕   24 ✕

Chapter 06 개인적 범죄원인론(1): 생물학적 요인

제1절 서 론

01 생물학적 원인론의 발전

(1) 발 전

① 19세기 롬브로조가 진화단계에서의 퇴행성을 중심으로 생물학적 요인의 중요성을 지적한 것이 계기가 되어 실증주의적 범죄원인의 문을 열었다.

② 20세기 의사, 생물학자, 유전학자, 생화학자들은 각 개인이 유전적으로 취득한 생물학적 소질을 중심으로 범죄의 발생 원인을 규명하고자 하였다.

(2) 일반적 인식

① **기본적 인식** : 범죄인들은 일반인들과 다른 생물학적 결함을 가지고 있고, 이 같은 소질적 결함에 의해 본인의 의지와는 관계없이 범죄를 저지를 수밖에 없다.

② **분야별 차이** : 기본적 인식에서는 서로 같은 견해이지만, 연구자들의 다양한 출신배경과 관심영역에 따라 생물학적 결함의 역할이나 이것이 작용하는 양상은 서로 다르게 인식되었다.

02 생물학적 결함의 인식차이

(1) 생물학적 결함 자체의 행위결정

① **전제** : 주로 생물학적 원인론의 초기단계에서 주장된 것으로, 사람들은 생물학적으로 서로 다르게 구성되어 있고 이러한 구성적 차이에 의해 서로 다르게 행동한다는 것이다.

② **한계** : 이는 유전적인 요소만을 강조한 것으로 다른 생물학적 소질들을 간과한 것이다.

(2) 잠재적 가능성으로서의 생물학적 결함

① **이론의 한계** : 개인의 생물학적 구성이 범죄행위와 관련하여 어떤 잠재적인 가능성을 높여주기는 하지만 그것 자체가 행위를 할 것인가를 결정하지는 않는다는 견해이다.

② **생물학적 사회이론** : 범죄행위는 개인의 생물학적 구성과 환경 사이의 상호작용을 통해서만 제대로 이해될 수 있다는 것이다.

③ **생물학적 결함의 원인** : ㉠ 부모로부터의 유전적 소질, ㉡ 임신 시에 발생하거나 태아의 변형의 결과, ㉢ 출생 후에 입은 손상이나 양육과정에서의 부적절한 양육 등 여러 원인으로 파악하였다.

제2절 신체적 특징과 범죄

01 고링(Goring)의 「영국의 수형자」 연구(1913)

(1) 연구개요

① **신체적 특징과 범죄** : 20세기 신체적 특징과 범죄와의 관계를 연구한 대표적인 학자인 고링은 1901년부터 8년간에 걸쳐 인간의 신체적 특징과 범죄발생과의 관계를 분석하였다.

② **표본집단조사** : 영국의 수형자 3,000명과 일반인(대학생, 병원환자, 공무원과 군인 등)의 신체적 특징을 상호 비교하는 방법으로 진행되었고, 연구진은 교도관, 교도소 의사, 통계학자 등이 참여했다.

> **[고링의 표본집단조사]**
> 1. 두 집단 간 이마의 돌출, 머리의 비대칭, 코의 윤곽, 눈의 색깔, 머리카락의 색깔, 왼손잡이 등 신체적 특징을 비교했지만 주목할 만한 차이를 발견하지 못했다.
> 2. 범죄인 종류별 특징비교 : 37종류의 신체특성을 기준으로 주거침입범, 위조범, 절도범 등 범죄인 종류별로 비교했으나 신장과 체중을 제외하고 신체적 차이가 나타나지 않았다.
> 3. 범죄자들은 다른 사람보다 키가 1~2인치 정도 작고, 몸무게도 정상인에 비해 3~7파운드 정도 적은 것으로 나타났다.

(2) 연구결과

① **유전학적 열등성 인정** : 롬브로조의 격세유전에 의한 퇴행론을 비판하고 범죄행위는 신체적인 변이형태와 관계된 것이 아니라 이들의 유전학적 열등성에 의한 것이라고 주장하였다.

② **범죄성의 유전** : 부모의 구금횟수, 구금기간은 자식의 구금횟수와 기간에 상관성을 보였으나, 빈곤, 교육, 국적, 출생순서 등은 영향을 미치지 않은 것으로 나타났다.

③ **결론** : 신체적인 특성에 따라 범죄인을 구분할 수는 없고, 범죄성의 유전은 인정하였다.

(3) 롬브로조에 대한 비판

① **롬브로조의 퇴행론 비판** : 롬브로조에 의하면 범죄자는 격세유전에 의해 원시선조의 야만성이 후대에 신체적 특징과 함께 나타났다고 하였으나, 연구결과 범죄인들의 신체적 변이징후는 나타나지 않았다.

② **비과학적 연구** : 롬브로조 연구는 비과학적인 것으로, 생래적 범죄인론 또한 비경험적인 개념으로 지적하였다.

③ 범죄인과 정상인 간 신체적 차이가 있더라도 이러한 사실이 두 집단 간 서로 단절된 집단을 의미하는 것으로 생각해서는 안 된다고 보았다.

02 **후튼**(Hooton)**의 「범죄와 인간」 연구**(1939)

(1) 연구개요

① **표본집단조사** : 1930년대 하버드대학의 인류학자인 후튼은 12년간에 걸쳐 미국 10개 주 약 17,200명(교도소 수용자 13,873명, 대학생 등 일반인 3,203명)을 대상으로 인류학적(골상학적) 연구를 실시하였다.

② **33가지 비교항목 중 19가지 중대한 신체적 차이 발견** : 범죄자는 검은 눈과 푸른 눈이 드물고, 푸른 갈색 및 색깔이 혼합된 눈이 많았고, 입술이 얇고 턱뼈가 짓눌린 형태가 많았으며, 귀의 돌출이 심하고, 작은 경향이었다.

(2) 연구결과

① **고링의 연구 반박** : 범죄자는 신체의 많은 부분이 크게 구별되어, 신체적 특징과 범죄와는 관계가 없다는 고링의 주장을 반박하였다.

② **신체적 열등성** : 구별되는 특징은 신체적 열등성 내지 생물학적 열등성이라고 보고 이는 현실의 경쟁사회에서 성공적으로 적응하는데 장애가 되어 범죄자의 길로 전락할 수밖에 없다고 보았다. 신체적 열등성은 정신적인 열등성과 관련되어 있기 때문에 중요하고, 이는 유전일 것이므로 상황이나 환경과는 관계가 없다.

③ **범죄유형과 신체적 특징** : 키가 크고 마른 사람은 살인범이나 강도범에 많고, 키가 작은 사람은 절도범, 작고 뚱뚱한 사람은 폭행, 강간, 기타 성범죄의 경향이 큰 것으로 나타났다. 즉 신체적 열등성의 유전은 인정했으나 범죄성의 유전은 인정하지 않았다.

④ **범죄대책** : 범죄의 결정적인 요인에 대한 해답은 우생학, 즉 재생산의 사회적 통제에 놓여 있다고 하면서 단종할 필요성을 주장하였다.

(3) 후튼에 대한 비판

① **순환논증의 오류** : 인간의 우월성을 평가할 수 있는 독립적인 신체적 기준이 없는데, 어떻게 범죄자의 신체적 차이로 그들이 열등하다고 해석할 수 있는가이다. 즉 열등성의 판별기준으로 범죄유무를 이용하고, 범죄특성을 설명하기 위해 열등성을 고려하는 순환논증의 오류에 빠져 있다는 비판이다.

② **범죄유형별 신체특성 비교의 문제** : 조사대상이 된 범죄자들의 상당수가 과거에는 다른 유형의 범죄를 저질렀다는 사실을 간과하여 신체적 특성과 범죄유형별 연관성을 일반화할 수 없다는 점이다.

제3절   체형과 범죄

01   크레취머(Kretschmer)의 「신체구조와 성격」(1921)

(1) 체형과 정신

① **체형이론의 의의** : 범죄행위와 신체적 특징 및 그에 따른 기질에 의해 분류하는 것을 의미한다. 독일의 정신병리학자 크레취머는 일정한 체격형은 그와 병존하는 성격 내지 기질을 가지고 있고, 그에 상응하는 정신병질 및 정신병이 존재한다고 하여 체형과 범죄와의 관련성을 설명하였다.

② 정신질환이 있는 인간유형을 조울증 환자와 정신분열증 환자로 분류하였다.

(2) 「신체구조와 성격」(1921)

① **체형구분** : ㉠ 근육이 잘 발달된 투사형 또는 운동형, ㉡ 키가 크고 마른 체형의 쇠약형 또는 세장형, ㉢ 키가 작고 뚱뚱한 비만형, ㉣ 발육부전형(혼합형)으로 구분하고 기질을 분열성, 점착성, 회귀성(순환성) 등으로 나누어 체형과 기질과의 관계를 설명하였다.

② **체형과 범죄유형** : 4,414건의 범죄사례를 분석하여, 운동형은 폭력범이, 세장형은 절도나 사기범, 비만형은 사기범 다음으로 폭력범, 혼합형은 풍속범죄나 질서위반죄, 폭력범죄가 많았다.
[2016. 7급]

③ 크레취머의 연구는 셸던(Sheldon)의 연구에 영향을 미쳤다.

(3) 비 판

① 이는 체형과 범죄유형과의 일반적 경향을 본인 나름대로 일반화한 것일뿐, 상호 간의 관계를 체계적인 절차에 따라 분석한 것이 아니었다.

② 연구대상이 일반인들을 대상으로 비교·검토한 것이 아니어서 이 연구결과로 체형과 범죄유형과의 관계를 추론하기는 어려운 일이다.

02   셸던(Sheldon)

(1) 체형과 비행연구

① **세포막의 성장과 체형** : 셸던은 사람의 신체유형은 태아가 형성될 때에 기본적인 3개의 세포막, 즉 내배엽, 중배엽, 외배엽이 어떻게 구성되는가에 의해 구별할 수 있다고 보고, 이를 토대로 체형과 비행사이의 관계를 고찰하였다.

② **세포막의 성장** : ㉠ 내배엽은 이후 성장하여 소화기관이 되고, ㉡ 중배엽은 뼈나 근육 그리고 운동근육이나 힘줄이 되며, ㉢ 외배엽은 신경체계의 연결세포나 피부 또는 관련조직으로 분화·발전되므로 태아형성시 배엽구성의 형태에 따라 각자의 신체유형을 알 수 있다고 보았다.
[2023. 보호 7급]

(2) 비행소년의 평균체형

① **집단표본조사** : 1939년부터 10년간 메사추세츠주 소년원에 수용된 200명의 소년과 범죄경험이 없는 대학생 200명의 신체유형을 측정하여 비교분석하였다.

② **연구결과** : 비행소년집단은 중배엽형, 즉 근육이나 골격의 발달이 높았고 외배엽형, 즉 신경계는 낮았으며 내배엽형, 즉 소화기 등의 발달 상태는 보통이었다. 반면 일반 대학생의 경우 중배엽형 수치는 매우 낮고, 반면 외배엽형의 수치는 주목할 정도로 높은 수치였다.

③ 각자의 신체유형과 기질유형은 매우 밀접한 연관이 있다고 보았다.

(3) 신체유형과 기질유형

신체유형	기질유형
1. 내배엽 우월형 : 상대적으로 소화기관이 크게 발달, 살이 찐 편, 전신부위가 부드럽고 둥근 편, 짧은 사지, 작은 골격, 부드러운 피부	1. 내장긴장형 : 몸가짐이 대체로 이완, 편안한 성격, 가벼운 사치품을 좋아함, 온순하지만 본질적으로 외향적
2. 중배엽 우월형 : 근육, 골격, 운동조직이 상대적으로 발달. 큰 몸통, 장중한 가슴, 손목과 손이 큼. 여윈 경우에는 각이 진 체형, 여위지 않은 경우 우람한 체형	2. 신체긴장형 : 활동적, 역동적, 걸을 때와 말할 때 단호한 제스처를 취하는 사람, 공격적으로 행동하는 사람
3. 외배엽 우월형 : 피부와 신경계통 기관이 상대적으로 발달, 여위고 섬세한 체형, 작은 얼굴, 높은 코, 몸무게는 작지만 피부면적은 넓음	3. 두뇌긴장형 : 내향적, 알레르기, 피부병, 만성피로, 불면증 등 언제나 신체불편을 호소, 소음이나 외부자극에 민감, 비사교적인 성격

03　글룩(Glueck)부부

(1) 연구방법

① **집단표본조사** : 나이, 지능지수, 인종, 거주지역 등이 유사한 11세부터 16세 사이의 범죄소년 500명과 일반소년 500명을 비교 연구대상으로 삼았다.

② **연구의 특징** : 가정적 · 가족적 관계, 성격구조나 체형적 · 인류학적 체질 평가 등 다양한 측면의 통계를 비교하고, 동태적으로 추적하는 다원인자적이고, 예측적인 관점과 임상적 관점을 통합하는 특징을 보여주고 있다.

(2) 연구결과

① **체형특징** : 비행소년은 체격적으로 투사형(중배엽우월성, 신체긴장형)이 많고, 기질적으로도 보통 소년과 차이점이 있다고 지적하였다.

　　◆ **범죄성** : 중배엽 > 외배엽 > 균형형 > 내배엽

② **심리적 특징** : 비행소년은 심리적으로는 직접적 · 구체적 표현을 하는 경향이 있고 침착하지 못하며, 태도가 적대적이거나 의혹적이고 문제의 해결에 있어 무계획적이라는 특성을 가지고 있다고 보았다.

[글룩부부의 소년비행연구 공헌]
1. 글룩(1896~1980)은 폴란드 태생으로 6세 되던 해에 미국으로 이주하여 1920년 미국 시민으로 귀화하였다. 하버드대학교에서 박사학위를 받은 그는 1925년부터 1963년까지 하버드 강단에 섰다.
2. 글룩부부는 보스톤의 500명의 비행소년과 500명의 일반소년의 비교 연구를 통해 다양한 관점의 소년비행원인을 밝히고자 노력하였다.
3. 생물학적 관점의 체형연구, 유전적 결함과 비행, 심리학적 관점의 로르샤하 테스트를 통한 성격연구, 지능수준과 비행연관성, 발달범죄 초기모형인 성숙이론(종단연구), 교육과 비행, 가정환경과 비행, 표본집단조사를 통한 횡적연구, 나이를 추적한 종적연구, 범죄예측에 있어서 조기예측 등 다양한 연구성과를 남겼다.

04 코르테(Cortes)

(1) 체형과 정신적 기질연구

① **체형과 기질** : 앞선 체형이론이 신체적 특징에만 관심을 두어 왜 중배엽형의 사람이 범죄를 저지를 가능성이 높은가에 대해 충분히 설명하지 못했으나, 코르테는 체형에 따른 정신적 성향을 고려하여 체형과 범죄발생과의 인과관계를 보다 정교히 발전시켰다.

② 체형이 뚜렷한 73명의 소년 및 100명의 여대생과 20명의 성인범죄자를 대상으로 조사한바, 체형별로 뚜렷한 정신적 기질의 차이를 발견할 수 있었다.

(2) 연구결과

① **내배엽형** : 정신기질이 내장긴장형, 즉 몸가짐이 부드럽고 온순한 성향이었다.
② **중배엽형** : 정신기질이 신체긴장형, 즉 활동적이며 공격적인 성향과 상관성이 높았다.
③ **외배엽형** : 정신기질이 두뇌긴장형, 즉 내향적이며 비사교적인 성향이 강한 상관도를 보였다.

(3) 성과와 한계

① **성과** : 중배엽형의 사람들은 활동적이고, 반항적인 기질이 강하고, 이러한 정신적인 기질로 인하여 범죄를 저지르는 경향이 크다고 체형의 중요성을 입증하였다.
② **한계** : 연구대상이 너무 적었다는 점, 정신적 성향을 조사하는데 객관적인 방법이 아닌 자기보고식 조사를 했다는 점은 연구결과의 일반화에 한계를 가지고 있다.

📋 체형이론의 정리

크레취머	셀 던	긴장부분 (정신병형)	정신병질 (기질성)	범죄형태	범죄 시기
투사형 (운동형)	중배엽우월성	신체긴장 (간질)	• 간질병질 (점착성) • 촉발적 불만	폭력적 재산범·풍속범 및 조발 상습범, 폭력·상해 등 신체상의 범죄 등 범죄자가 가장 많다.	사춘기
세장형	외배엽우월성	두뇌긴장 (정신분열)	• 분열병질 (분열성) • 비사교적 • 변덕적	사기, 절도 및 누범에 많다.	사춘기
비만형	내배엽우월성	내장긴장 (조울증)	• 순환병질 (순환성) • 사교적 • 정이 많음	• 범죄가 적다. • 기회적·우발적 범죄가 많다.	갱년기
발육부전형 (혼합형)				비폭력적 풍속범이 많다.	사춘기 전후

• 점착성 기질 : 촉발적으로 자신의 불만표출(참지 못하는 사람)
• 분열성 기질 : 감정의 기복이 많음(예측 곤란하고 민감·예민한 사람)
• 순환성 기질 : 감정의 표현이 풍부한 사람(정이 많고 사교적인 사람)

• 중배엽 우월성 : 뼈와 근육과 관련된 세포가 발달 = 투사형
• 외배엽 우월성 : 피부나 신경조직과 관련된 세포가 발달 = 세장형
• 내배엽 우월성 : 소화기관과 관련된 세포가 발달 = 비만형

PLUS⁺ 강력범죄·흉악범죄와 관련성

투사형·점착성 기질·중배엽 우월성·생래적 범죄인·XYY성염색체

제4절 유전과 범죄

01 유전적 요인의 범죄원인력

(1) **유전적 결함과 범죄**

① **의의** : 유전이란 동일한 소질이 선조와 자손에 나타나는 현상을 말하는 것으로, 유전적 요인의
   범죄원인력은 유전적 결함을 물려받은 자와 범죄성의 상관관계를 연구하는 것을 내용으로 한다.

② **직접·간접·방계부인** : 유전부인(유전적 결함)이 부모에게 있는 경우를 직접부인, 조부모에게
   있는 경우를 간접부인, 부모의 형제에게 있는 경우를 방계부인이라 한다.

③ **유전적 결함** : 범죄성이 유발되기 쉬운 나쁜 유전조건, 즉 유전적 결함으로 정신분열증, 조울
   증, 간질과 같은 내인성 정신병과 중독, 전염병, 외상 등에 의한 정신병 등과 같은 외인성 정신
   병이 있다.

(2) **유전적 결함과 범죄성의 상관성을 인정한 연구**

① **슈툼플**(Stumpfl) : 오스트리아 인종생물학과 유전생물의학자로 261명의 범죄자를 대상으로 부
   모의 내인성 정신병을 조사한 결과 부모의 내인성 병력, 아버지의 정신병질, 부모의 전과 유무
   등은 모두 초범자보다 상습적인 범죄자 중에서 높은 비율을 보여 부모의 유전적 결함이 자식의
   범죄습관에 중요한 요인이 된다는 것을 알 수 있었다(→ 범죄인 분류 : 성격적 태도나 장래징후를 기준
   으로 분류, 슈나이더의 정신병질 10분법에 동조).

② **글룩부부**(Glueck) : 부모가 지능지체, 정서장애, 음주벽, 전과경험 등이 있는 경우를 범죄소년
   과 일반소년을 상호 비교했을 때에 일관되게 부모의 유전적 결함이 있는 경우 범죄소년들에서
   높게 나타났다.

③ **고링**(Goring)**의 통계적 연구방법** : 통계학의 상관계수법으로 범죄성이 유전되는지를 검토한 결
   과 부모의 구금횟수가 많고 구금기간이 길수록 자식들의 경우에도 같은 구금횟수와 기간을 확
   인할 수 있었고, 반면 같은 방법으로 빈곤정도, 교육정도, 국적, 출생순서, 결손가정 등의 사회
   적 환경요인들과 범죄성과 관계를 분석한 결과 이들 사이에는 관련이 거의 없어 범죄성의 유전
   을 인정하였다.

(3) **유전적 결함의 연구한계**

① **환경요인의 영향간과** : 부모의 유전적 결함이 직접적 범죄원인인 것인지 아니면 그것이 경제
   적 빈곤으로 이어져 자녀의 양육환경의 악화로 자녀가 범죄자로 된 것인지를 제대로 규명하지
   못했다는 점이다.

② **연구한계** : 만약 경제적 빈곤으로 인한 양육환경의 악화로 범죄자가 되었다면, 범죄발생의 직
   접적인 원인은 환경요인이 될 것이고, 유전적 소질이란 단지 환경요인을 구성하는 한 부분일
   뿐이 된다.

02 쌍생아 연구

(1) 개 요

① **표본집단조사** : 표본조사방법에 의한 대표적 연구로, 일란성 쌍생아와 이란성 쌍생아가 각기 범죄를 행하는 일치율을 비교하여 범죄에 있어 유전적 영향을 명확히 하려는 연구방법이다.

② **환경과 유전요인 연구** : 쌍생아 연구는 환경과 유전의 개별적 영향을 적절하게 밝히기 위해서 시도되었으며 행위 불일치율이 높으면 환경의 영향이 크다고 볼 수 있으며, 행위 일치율이 높게 나타나면 환경보다 소질이 더 큰 영향을 미친다고 할 수 있다.

③ **연구학자** : 쌍생아 연구의 개척자 갈톤(Galton), 랑게, 뉴만, 크리스티안센, 달가드와 크링그렌 등이 있다.

(2) 유전성을 인정한 대표적 연구

① **랑게**(Lange) : 독일의 생리학자 랑게는 「운명으로서의 범죄」(1929)에서 일란성 13쌍과 이란성 17쌍 모두 30쌍의 쌍생아를 비교연구한 결과 일란성의 경우 10쌍이, 이란성의 경우 2쌍만이 양쪽 모두 범죄를 저질러, 일란성 쌍생아의 범죄비율이 이란성보다 높다는 것을 확인하였다.
[2021. 9급] 총 4회 기출

② **뉴만**(Newmann) : 미국의 뉴만은 42쌍의 일란성 쌍생아와 25쌍의 이란성 쌍생아 등 모두 67쌍을 대상으로 범죄유형상의 일치성 여부를 연구한 결과 일란성 쌍생아에서는 양쪽 모두 범죄를 저지른 경우가 92%, 이란성 쌍생아의 경우에는 20%로 랑게와 마찬가지로 유전적 소질의 영향을 밝혀냈다.

③ **크리스티안센**(Christiansen) : 가장 광범위한 쌍생아 연구를 시도한 덴마크의 크리스티안센은 1881년부터 1910년까지 태어나서 15세까지 양쪽이 모두 생존한 쌍생아 600쌍을 대상으로 연구한 결과 일란성으로 범죄를 저지른 67쌍 중 양쪽 모두 범죄를 저지른 경우는 24쌍(35.8%)이고, 이란성의 경우 범죄를 저지른 114쌍 중 양쪽 모두 범죄를 저지른 경우는 14건(12.3%)으로 범죄의 유전성을 확인하였다.

(3) 유전성을 부정한 달가드와 크링그렌(Dalgard & Kriglen)

① **연구개요** : 노르웨이 139쌍의 남자 쌍둥이 연구에서 유전적 요인 이외에 양육과정의 차이인 환경적 요인도 함께 고려한 연구결과 일란성의 범죄일치율은 25.8%, 이란성의 경우 14.9%로 나타났지만, 이러한 차이는 조사대상자들이 비슷한 양육과정에 있었기 때문인 것으로 분석하였다.

② **범죄의 유전성 중요하지 않다** : 실제 양육과정별로 분석하였을 경우 일란성 쌍생아의 일치율은 이란성 쌍생아들의 일치율과 큰 차이가 없었음을 확인하고, '범죄발생에 있어 유전적인 요소는 중요하지 않다.'고 주장하였다. [2021. 9급]

(4) 평 가

① **신뢰성 부족** : 대부분의 연구결과 유전적 소질이 범죄발생에 중요하게 작용한다고 하지만, 환경의 영향을 전혀 고려하지 않았기 때문에 연구결과는 충분한 신뢰성을 갖기 어렵다.

② **해석의 오류** : 일란성 쌍생아의 일치율이 35.8%, 불일치율이 64.2%라는 것은 결국 유전적 소질만 가지고는 범죄현상을 충분히 이해할 수 없다는 사실을 의미한다.

③ **기타** : 쌍생아 연구는 일란성과 이란성의 분류 방법의 문제, 표본의 대표성, 공식적인 범죄기록에 의한 일치율 조사 등에 문제가 있다는 비판이 있다.

03 양자(입양아) 연구

(1) 의 의

① 범죄자 중 입양아를 조사하여 그의 실제 부모와 양부모의 범죄성을 대비하였을 때 실부모 중에서 범죄를 저지른 사람의 비율이 양부모의 비율보다 높으면 타고난 소질이 양육되는 환경보다 중요하게 작용한다는 것으로 이해하고 이를 통해 유전적 범죄성향을 인정할 수 있다는 이론이다.

② 입양아 연구는 쌍생아 연구를 보충하여 범죄에 대한 유전의 영향을 조사할 수 있다. [2023. 보호 7급]

③ 한계 : 입양환경의 유사성을 보장할 수 없기 때문에 연구결과를 일반화하기 어렵다. [2023. 보호 7급]

(2) 유전요인을 인정한 대표적 양자연구

① **슐징거**(Schulsinger)

　㉠ 최초 양자연구자로 양자 중에 충동적인 행동의 정신질환자 57명, 정상적인 양자 57명을 비교 연구하였다.

　㉡ 알코올중독, 약물중독, 범죄경험 등의 문제가 있는 혈연관계의 비율이 정신질환 양자들 중에서는 14.4%, 정상적인 양자들 중에는 6.7%로 나타나 정신질환과 같은 정신적 결함이 혈연관계를 통하여 전수된다는 것을 확인하였다.

② **크로우**(Crowe)

　㉠ 미국 아이오와주에서 어머니가 범죄자였던 양자 52명과 같은 수의 정상적인 양자들을 대상으로 그 상관성을 연구하였다.

　㉡ 어머니가 범죄자였던 양자 중 7명이 범죄를 저질렀으며, 정상적인 어머니 양자 중 1명만이 범죄를 저질렀고, 수감기간에서도 3년 6개월 이상 수감자가 범죄어머니인 경우 5명이었지만, 정상 어머니의 경우 아무도 없었음을 입증하여 범죄의 유전성을 인정하였다.

(3) 허칭스와 메드닉(Hutchings & Mednick)의 유전과 환경요인

① **연구개요** : 1927년부터 1941년까지 덴마크 코펜하겐에 입적되었던 4,068명의 양자를 대상으로 생부의 범죄기록, 양부의 범죄기록, 본인의 범죄기록 모두를 조사 연구하였다.

② **연구결과**

　　㉠ 유전성 : 생부와 양자의 범죄일치율 20%, 생부가 범죄를 하지 않은 경우 양자의 범죄율은 13.5%로 생부와 양자의 범죄관련성이 매우 높다.

　　㉡ 환경요인 : 생부와 양부 모두 범죄를 한 경우 양자의 범죄비율은 24.5%로 나타나 범죄유발에는 유전적 요인뿐 아니라 환경적 요인도 중요한 역할을 한다는 사실을 확인하였다.

③ **범죄율의 차이** : 생부·양부가 모두 범죄자(유전과 환경의 복합적인 산물의 결과) > 생부만 범죄자(유전이 우세) > 양부만 범죄자(환경이 우세) > 실부·양부가 모두 비범죄자 순으로 나타났다. [2021. 9급]

총 2회 기출

04 범죄인 가계연구

(1) 의 의

① 특정 범죄인의 조상들에 대한 종단적 조사를 통하여 가계(혈통)의 특징인 유전조건에서 범죄의 원인을 찾으려는 데 초점을 둔 연구이다.

② 대표적인 연구로 덕데일의 쥬크家 연구와 고다드의 칼리카크家 연구가 있다.

(2) 덕데일(Dugdale)의 쥬크家 연구(1877)

① 덕데일은 미국의 교도소에 수감 중인 쥬크(Jukes)의 가족 6명의 후손 1,000명 이상을 조사하여 범죄성의 유전성을 입증하고자 하였다. [2021. 9급]

② **연구결과** : 280명의 극빈자, 60명의 절도범, 7명의 살인범, 140명의 범죄자, 40명의 성병 사망자, 50명의 매춘부 및 기타 일탈행위자가 확인되어 범죄성의 유전을 인정하는 조사로 평가되었다.

(3) 고다드(Goddard)의 칼리카크家 연구(1912)

① **정신박약자와의 혼외 자손** : 미국 남북전쟁 당시 민병대원이었던 칼리카크(Kallikak)는 전쟁 중에 정신박약자와의 사이에 사생아인 아들을 낳아 그 자손 488명 가운데 정신박약자, 사생아, 알코올중독자, 간질병자, 포주, 범죄자 등이 나타났다.

② **정식결혼을 통한 자손** : 전쟁이 끝난 후 고향에 돌아와 정식결혼을 통해 여러 명의 자녀를 두었는데, 그 자손 중에는 교육자나 의사, 변호사 등 훌륭한 시민으로 성장한 사실이 밝혀졌다.

③ **연구결과** : 이를 통해 유전적 요인의 중요성을 확인한 것이다.

(4) 한 계

① **환경요인 무시** : 후손의 배우자 등에 의한 영향과 동 세대의 진행과정에서 일어날 수 있는 환경적인 영향을 고려하지 못하였다는 점과 연구사례가 다양하지 못해 일반화에는 한계가 있고 과학적 기초가 부족하다는 비판이 있다.

② **서덜랜드(Sutherland)의 유전성 부인** : 서덜랜드는 조나단 에드워드(Jonathan Edward)家의 연구를 통해 선조 중에는 살인범이 있었으나 후손 중에는 살인범이 전혀 없다는 점을 들어 범죄의 유전성을 부정하였다.

③ 가계연구는 범죄에 대한 유전과 환경의 영향을 분리할 수 없는 단점을 갖는다. [2023. 보호 7급]

05 성염색체와 범죄

(1) 제이콥스의 범죄 관련성 인정

① **대표연구** : 제이콥스(Jacobs)와 스트롱(Strong)을 중심으로 인간의 성염색체는 그 형태·구성·개수 등에 있어서 이상이 나타날 수 있고 이로 인하여 성격적 결함을 초래할 수 있으며 이것이 범죄성과 어떠한 상관관계를 갖는가에 대한 연구이다.

② **성염색체 연구의 특징** : 이 연구는 유전적 특성이 가계전승과 같이 세습되는 것이 아니라 수태 전후의 변이에 의해 유전적 특성이 형성된다고 봄으로써 유전적 결함에 관한 연구들과 차이가 있다.

③ **클라인펠터 증후군과 초남성**

㉠ 클라인펠터 증후군(XXY) : 정상적인 남성이 XY염색체인데 X염색체가 증가한 경우로, 신체적으로 둥그스름, 발육지체상태가 엿보이고, 고환의 왜소, 무정자증, 가슴의 확대 증상이 있다. 지능과 정신적 능력이 낮고 반사회적 성향으로 자기중심적이며 자신감 결여, 알코올중독과 동성애, 성범죄, 조폭범죄, 방화·절도죄 등과 관련이 있다.

㉡ 초남성(XYY) : 남성성을 나타내는 Y염색체가 일반 남성보다 많은 XYY형 남성은 남성기질을 초과하여 지능이 낮고, 성적인 조숙, 조발성, 뇌파측정에서 간질환자의 뇌파와 유사한 이상파를 보이는 자로 폭력적이고 강한 범죄성향을 가지며 공격성이 강하여 교정교화는 불가능하다고 보고 있다. [2016. 7급] 총 3회 기출

> **PLUS** 성염색체
>
> 염색체는 23쌍 46개로 구성되어 있는데 그중 1쌍인 2개의 염색체가 성염색체에 해당된다. 이중 상염색체(성염색체 이외의 모든 염색체. 22쌍) 이상일 경우 다운증후군 등의 문제가, 성염색체 이상일 경우 클라인펠터증후군(Klinefelter), 초남성 등의 문제가 발생한다.

(2) 위트킨(Witken)의 범죄관련성 부정

① **연구** : 위트킨은 1944년에서 1947년 사이 코펜하겐에서 태어난 XYY형 12명을 대상으로 범죄내역을 조사했지만, 정상적인 XY형에 비해 폭력적인 범죄를 더 많이 저지른다는 증거를 발견하지 못했다.

② **범죄관련성 부정** : 실제 XYY형 중에서 범죄자보다는 그렇지 않은 사람들이 더 많다는 것은 타고난 소질만을 범죄의 원인으로 고려하는 XYY염색체론으로는 쉽게 설명할 수 없는 현상이다.

제5절 기타 생물학적 범죄원인 규명

01 생화학적(호르몬) 불균형과 범죄

(1) 개 요

① **의의** : 생화학물이란 인간의 내분비선에서 생성되는 호르몬 등의 각종 분비물을 의미한다.

② **발전** : 20세기 들어 생물학자나 인체생리학자들에 의해 인체 내 생화학물질을 생성하는 내분비선의 기능장애와 이로 인한 생화학적 불균형상태가 사람들의 신체반응이나 정신활동에 중요한 영향을 미칠 수 있다는 견해에서 출발하였다.

(2) 주요 연구

① **슈랍과 스미스(Schlapp & Smith)의 상관성 주장** : 슈랍과 스미스는 「새로운 범죄학」(1928)에서 범죄는 호르몬의 불균형에 의해 야기되는 감정의 혼란 때문에 발생한다고 주장하였으나 실제 그에 관한 경험적 증거는 제시하지 못했다.

② **버만(Burman)의 상관성 입증** : 뉴욕의 싱싱교도소 250명의 수형자를 대상으로 내분비선 상태, 신진대사, 물리검사를 실시한 결과 정상인에 비해 2~3배 정도 내분비선의 기능장애나 생화학물의 불균형 문제가 있는 것을 밝혀냈다. 특히 소년범죄자의 경우에도 2~3배 정도 기능장애가 있음을 확인하여 인체의 생화학적 기능이 범죄발생에 미치는 중요한 영향을 입증하였다.

③ **몰리취와 폴리아코프(Molitch & Poliakoff)의 버만연구 부정** : 버만의 연구결과를 입증하기 위해, 몰리취와 폴리아코프가 미국 뉴저지주 소년수용시설의 비행소년들을 대상으로 연구한 결과, 정상적인 내분비선을 가진 소년들과 내분비선의 장애를 가진 소년들의 비행행위는 그 빈도수나 내용면에서 별다른 차이를 확인하지 못하였다.

(3) 기타 호르몬과 범죄관련성 연구

① **달톤(Dalton)의 월경과 범죄** : 롬브로조는 1894년에 공무집행방해죄로 체포된 여성 80명 중 71명이 월경 중이었다고 하였고, 1971년 영국의 달톤은 월경 전 또는 월경 중에 자살공격행동 등 반사회적 행동의 가능성이 높아진다고 하였다. 그러나 월경긴장이론에 의하면 여성의 월경 전후 호르몬 수치의 변화 자체로 인한 범죄 유발이 아니라 단지 이러한 상태가 다른 요인들과 결합하여 범죄가능성을 높였다는 기여요인의 하나로 설명하고 있다.

② **남성호르몬 테스토스테론** : 남성호르몬인 테스토스테론(testosterone)이 남성의 범죄적 폭력성과 관계가 있다는 주장이다. 테스토스테론 호르몬의 차이는 최소한 남자와 여자의 범죄율 차이의 일부와 관련된 것으로 이해할 수 있다.

③ **폴링(Pauling)의 영양결핍과 범죄** : 폴링은 영양결핍으로 인한 지각장애와 영양부족·저혈당증에 수반되는 과활동반응에서 범죄원인을 찾았다.

④ **부적절한 음식섭취와 범죄(트윈키 항변, Twinky Defense)** : 신체의 생화학적 불균형은 부적절한 음식섭취에 의해 발생할 수도 있다는 것으로 트윈키는 미국의 인기있는 스낵과자 이름으로 1987년 미국 캘리포니아주의 한 피고인이 당분이 많은 과자의 과잉섭취가 심신쇠약을 초래하였다는 항변으로 형량을 감경받은 사건이다.

(4) 평 가

① **신뢰성의 문제** : 내분비선의 활동이 사람들의 성격이나 행동에 영향을 미친다는 연구들은 소수의 사례들을 대상으로 이루어졌기 때문에 그 결과를 신뢰하기 어렵다. 따라서 성호르몬의 역할을 제외하고 내분비 호르몬이 범죄행동에 직접적인 영향을 미치는 것은 아니라고 한다.

② **일반화의 한계** : 어떤 영양상태가 어느 정도 범죄행위에 관련된 것인지에 대한 체계적인 고찰을 하지 않아 이 같은 사실을 일반화하는 데는 많은 어려움이 있다.

02 ▌ 중추신경조직의 기능과 범죄

(1) 뇌파와 범죄

① **의의** : 중추신경조직은 뇌와 척추에 있는 것으로 사고활동과 자율운동을 담당하는 신체기관이다. 비정상적인 뇌파는 여러 가지 이상행동과 밀접한 연관이 있는 것으로 주장되는데, 뇌파검사기(EEG)를 통해 측정한다.

② **뇌파와 범죄** : 뇌파검사결과 범죄자들의 25~50%가량이 비정상적인 데 반해 정상인은 5~20%에 불과한 것으로 나타나 뇌파와 범죄와는 어느 정도의 관련이 있다는 사실이 드러났다.

(2) 주요 연구자(메드닉, 루이스)

① **메드닉**(Mednick)**의 뇌파검사**

  ㉠ 뇌파활동과 범죄연구 : 10세~13세의 소년들의 뇌파 활동성을 측정하고, 6년 동안 범죄경력을 확인한 결과 뇌파활동이 낮았던 사람들 중에 범죄비율이 높았으며, 뇌파활동이 높았거나 정상적인 범위에 든 사람들은 비교적 낮은 것으로 나타났다.

  ㉡ 뇌손상과 기능장애 연구 : X선 검사 등의 방법으로 조사한 바, 범죄자들이나 폭력성향의 사람들은 전두엽과 측두엽 부분에서 발생한 뇌기능 장애를 겪고 있는 것으로 조사되어 뇌손상과 폭력행위와는 중요한 연관이 있다는 것을 발견하였다.

② **루이스**(Lewis)**의 연구** : 어린 시절 부모의 적절한 양육을 받지 못했거나 지나친 체벌로 신체적으로나 정신적으로 손상을 입은 아이들은 나중에 반사회적 경향이 강한 것으로 조사되었다.

📑 **뇌파의 종류**

구 분	Hz	상 태
감 마	30 이상	극도의 긴장과 흥분
베 타	12−30	각성
알 파	8−13	이완
세 타	4−8	최면, 졸음
델 타	0−4	수면

(3) 중추신경계와 학습무능력증

① **의의** : 학습무능력증은 중추신경계에 발생한 기능장애의 하나로, 대뇌의 기능장애 중에서 장애 정도가 가장 약한 유형으로 대부분에는 특별한 이상이 없으나 일상적인 교육환경에서 학습능력이 없는 경우를 의미한다.

② **비행과의 관계** : 학습무능력증이 소년비행의 중요한 원인이라는 주장이 있어 왔으며 이는 생물학적 측면과 사회 영향적 측면의 두 방향으로 제기되었다.

③ **생물학적 측면** : 학습무능력증은 생물학적으로 성격 자체가 충동적이 되며 사회적 암시(social cues)에 대한 지각능력이나 경험으로부터 배우는 능력이 일반적으로 저하된다고 주장하고, 이같은 현상은 사회적 보상이나 처벌의 효과를 감소시켜 학습무능력증에 걸린 사람은 범죄를 쉽게 저지를 수밖에 없다고 보았다.

④ **사회학적 측면** : 학교에서 낮은 교과성적은 학교생활 부적응자로, 나아가 문제아로 낙인되거나 불량소년으로 취급되어 학교결석, 급기야 퇴학을 당하는 등 일상적인 학교생활로부터 점차 고립된다. 이로 인해 이들은 사회생활에 소극적이고 관심도 없고, 결국 부정적인 자아개념을 갖게 되고 이 같은 고충을 다른 것에서 보충하려는 보상심리가 범죄행위를 저지르게 된다고 보았다.

03 자율신경조직의 기능과 범죄

(1) 신경조직과 범죄

① **자율신경조직** : 자율신경조직은 신경조직 중에서 의식적으로 자각되지는 않지만 신체기능을 관장하는 별도의 신경조직을 말한다.

② **기능장애** : 자율신경계 기능의 장애로 처벌이 예견되는 상황에서 불안반응이 즉각적으로 발현되지 않거나 혹은 그 반대로 상황이 종료되었는데도 불안반응을 신속히 제거하지 못한다면 정상적인 사회생활이 어렵게 된다.

(2) 아이센크(Eyesenck)의 성격에 미치는 자율신경

① **성격분류** : '성격이론'에서 자율신경계의 특징에 따라 사람들의 성격을 내성적인 사람과 외향적인 사람의 두 부류로 분류하였다.

② **성격에 따른 불안반응**

㉠ 내성적인 사람 : 자율신경계에서 불안반응 기능이 발달되어 대뇌에 가해지는 자극이 강하고 오랫동안 지속되지만, 이를 제거하는 기능의 발달정도는 낮아 자극을 회피하는 경향이 강하여 규범에 어긋난 행동은 약하고 성격 자체도 신중하고, 조심스러우며, 비관적이 된다.

㉡ 외향적인 사람 : 불안반응의 유발기능이 저조하고 해제능력은 발달된 상태이다. 대뇌에 가해지는 자극이 낮기 때문에 항상 자극을 갈망하여 성격 자체도 충동적·낙관적·사교적·공격적이 된다. 이들은 처벌에 대한 불안감을 대체로 덜 느끼고 기본적으로 새로운 자극을 항상 추구하기 때문에 그만큼 반사회적 행위를 저지를 가능성이 크다고 보았다.

③ **성격이론의 발전** : 범죄행동과 성격특성 간의 관련성을 외향성과 신경증적 경향성의 2가지 요인의 결합이 환경적 조건과는 독립적으로 범죄행동을 유발시킬 수 있다고 주장하다가, 이후 정신병적 경향성이라는 개념을 도입해 성격차원을 3가지 요인으로 발전시켰다(심리학적 원인론에서 상술).

(3) 시들(Siddle)의 자율신경기능검사

① **자율신경기능과 범죄상관성** : 시들은 피부전도반응 회복률 검사를 사용하여 자율신경조직과 반사회적 행위와의 관계를 규명한 연구를 검토한 결과, 피부전도반응 회복과 반사회적 행위에 관한 연구결과들은 대체로 일치하였음을 확인하였다.

② **피부전도반응 회복률** : 반사회적 행위를 저지른 정신병자, 비행소년 등 피실험자들은 정상인에 비해 피부전도가 회복되는 속도가 현저히 낮았다.

> **PLUS⁺ 피부전도반응 회복률**(the rate of skin conductance response recovery)
>
> 메드닉(Mednick)이 개발한 생체신호검사인 '피부전도반응 회복률' 검사는 흔히 SCR검사로 불리는 것으로, 피검사자가 불안상태 등에서 피부전도가 최고치에 달했다가 이후 피부전도가 정상수준으로 회복되는 시간을 측정하는 것이다.

(4) 패싱햄의 비판과 바톨의 연구

① **패싱햄**(Passingham) : 1971년 10개의 연구를 재검토하여 당시까지 아이센크의 이론을 뒷받침하는 경험적인 자료는 없다고 결론지어 시들과 상반되는 견해를 보였다.

② **바톨**(Bartol) : 아이센크의 이론을 지지하는 연구와 부정하는 연구들이 상충하여 명확한 결론을 내리지는 못했지만, 최소한 범죄발생의 일반요인이 될 가능성은 있는 것으로 긍정적인 평가를 하였으며, 아이센크의 이론이 보다 발전되기 위해서 자극 – 반응 도식의 단순한 고전적 조건화원칙에서 탈피하여 다른 학습유형을 고려할 필요가 있다고 주장하였다.

📒 **생물학적 원인론의 인식변화**

구 분	초 기	최 근
범죄인 인식	신체적·지적 열등자	정상적 사회생활이 어려운 일종의 환자
범죄원인론	소질이 있으면 범죄를 저지른다는 결정론	범죄를 유발하는 여러 원인 중 하나
결론(메드닉)	반사회적인 사람의 사회적 환경에서 큰 문제가 없는 경우에 생물학적 요인은 중요하게 작용할 것이며, 반면에 사회적 환경 자체가 매우 열악한 상태라면 생물학적 요인의 영향력은 그만큼 감소할 것이다.	

최신 기출로 확인하기

1. 범죄와 생물학적 특성 연구에 대한 학자들의 주장으로 옳지 않은 것은?　　　　2021. 9급

① 덕데일은 범죄는 유전의 결과라는 견해를 밝힌 대표적인 학자이다.
② 랑게는 일란성쌍생아가 이란성쌍생아보다 유사한 행동경향을 보인다고 하였다.
③ 달가드와 크링그렌은 쌍생아 연구에서 환경적 요인이 고려될 때도 유전적 요인의 중요성은 변함없다고 하였다.
④ 허칭스와 메드닉은 입양아 연구에서 양부모보다 생부모의 범죄성이 아이의 범죄성에 더 큰 영향을 준다고 하였다.

2. 생물학적 범죄원인론에 대한 설명으로 옳지 않은 것은?　　　　2016. 보호 7급

① 랑게는 일란성 쌍둥이가 이란성 쌍둥이에 비해 쌍둥이가 함께 범죄를 저지를 가능성이 높다고 하였다.
② 허칭스와 메드닉의 연구결과에 의하면 입양아는 생부와 양부 둘 중 한 편만 범죄인인 경우가 생부와 양부 모두가 범죄인인 경우보다 범죄인이 될 가능성이 낮다고 하였다.
③ 크레취머는 사람의 체형 중 비만형이 범죄확률이 높은데 특히 절도범이 많다고 하였다.
④ 제이콥스에 의하면 XYY형의 사람은 남성성을 나타내는 염색체 이상으로 신장이 크고 지능이 낮으며 정상인들에 비하여 수용시설에 구금되는 비율이 높다고 하였다.

3. 범죄생물학에 관한 설명 중 옳지 않은 것은?　　　　2015. 사시

① 제이콥스는 남성성이 과잉인 XYY형 염색체를 가진 사람들이 폭력적이고 강한 범죄성향을 가진다고 보았다.
② 아이센크는 내성적인 사람의 경우 대뇌에 가해지는 자극이 낮기 때문에 충동적, 낙관적, 사교적, 공격적이 된다고 보았다.
③ 달가드와 크린글렌은 쌍둥이연구를 통해 범죄 발생에서 유전적 요소는 중요하지 않다고 주장하였다.
④ 꼬르떼는 신체적으로 중배엽형의 사람일수록 범죄성향이 높다고 주장하였다.
⑤ 폴링은 영양결핍으로 인한 지각장애와 영양부족·저혈당증에 수반되는 과활동반응에서 범죄원인을 찾았다.

🔍 정답 1. ③　2. ③　3. ②

단원MAP

형사정책 기초개념			범죄의 원인과 현상론								
1. 학문발전	2. 국제성	3. 연구방법	4. 고전주의	5. 초기실증	6. 생물학	7. 심리학	8. 거시사회	9. 미시사회	10. 갈등론적	11. 발달범죄	12. 범죄현상
피해자론		비범죄	예방과 예측		형벌론		보안처분론				판례
13. 피해자학	14. 피해보호	15. 비범죄화	16. 범죄예방	17. 범죄예측	18. 형벌론	19. 형벌종류	20. 보안처분	21. 주요5법	22. 소년사법	23. 소년2법	24. 판례

핵심정리 심리·특성이론과 범죄원인

심리이론과 범죄원인		
이 론	범죄원인	중심관심분야
정신역동	정신내적 과정	무의식적 갈등, 기분장애, 성격성향, 분노, 성
행동주의	학습과정	학습경험, 자극, 보상과 처벌, 관찰
인 지	정보처리	사고, 계획, 기억, 지각, 윤리적 가치관
특성이론과 범죄원인		
특 성	범죄원인	중심관심분야
성 격	성격과정	반사회적 성격, 반사회적 이상성격/정신병질 기질, 이상감정, 정서적 깊이 결여
지 능	지능과정	낮은 지능지수, 낮은 학업성적, 의사결정능력

제1절 서 론

01 의 의

(1) 심리적 특성

① 사람들은 시간의 흐름이나 상황의 변화에도 불구하고 대체로 변화하지 않는 자기 나름대로의 정신적 혹은 심리적 특성이 있다고 가정한다.

② 심리학적 원인론은 개인의 특성으로 자리 잡은 정신상태나 심리상태를 중심으로 범죄현상을 설명하는 입장이다.

(2) 생물학적 이론과의 관계

① **공통점** : 생물학적 이론과 같이 환경의 영향보다는 개인의 자질이나 속성을 중심으로 하는 이론에 속한다.

② **차이점** : 생물학적 이론이 개인의 속성을 신체적 조건, 뇌기능, 생화학적 특성 등 유기체적 특성 측면에서 찾는 반면, 심리학적 이론들은 심리상태, 성격, 성향 등 정신적 측면을 중요시한다.

02 연구의 접근

(1) 정신의학적 접근

① 정신병이나 정신질환을 다루는 정신과 의사들에 의해 인간의 정신상태나 심리상태를 정신과적으로 분석한 것이다.

② 노인성 치매, 매독에 의한 진행 마비, 간질 등 신경계통의 손상이나 장애로 규범적인 자유의사 능력이나 정상적인 의사결정력을 상실함으로써 일반인에게 기대되는 통상의 범위를 벗어나는 행위를 하게 된다는 것이다.

(2) 정신분석학 접근

① 프로이드의 정신분석학은 개인의 성장과정이나 생활과정에서 형성된 정신심리상의 특징을 해명하고자 하였다.

② 개인의 콤플렉스로 인한 무의식적인 죄책감과 망상을 극복할 수 없는 경우에 범죄의 원인이 된다고 주장하였다.

제2절) 프로이드의 정신분석학

01 개 요

(1) 프로이드(Freud, 1856-1939)

① **본능의 지배** : 오스트리아의 정신의학자인 프로이드는 인간의 모든 행동, 사고, 감정은 생물학적 본능의 지배를 받고, 특히 무의식의 영향을 많이 받는다고 가정하며 성적 본능과 공격적 본능의 역할을 강조하였다.

② **정신결정론** : 인간을 결정론적 존재로 보고, 인간의 마음 안에 일어나는 것은 무엇이라도 우연이 없고, 반드시 어떤 원인이 있다고 보았다.

(2) 관심 영역

① **본능이론** : 본능은 순수한 생물학적 욕구이며 성격의 기본요소로, 행동을 추진하고 방향 짓는 동기이다. 프로이드는 본능을 에너지 형태로 보고 그것이 신체적 욕구와 정신적 소망을 연결한다고 하고, 성적 본능과 공격적 본능으로 구분하였다.

② **의식구조와 성격구조** : 인간의 자각수준을 의식, 전의식, 무의식으로 구분하고, 성격구조를 의식의 영역인 자아(ego), 무의식의 영역으로 원초아(id)와 초자아(superego)로 설명하였다. [2024. 보호 9급]

③ **리비도** : 성적 에너지인 리비도에 의한 5단계 성적 발달 단계이다.

02 의식구조와 성격구조

(1) **의식구조**(의식, 전의식, 무의식)

① **의식**(에고) : 개인이 각성하고 있는 순간의 기억, 감정, 공상, 경험, 연상 등으로, 우리가 자각하고 있는 의식은 빙산의 일각에 불과하고 자각하지 못한 부분이 훨씬 더 많다는 것을 강조하였다.

② **전의식** : 특정한 순간에는 인식하지 못하나 조금만 주의를 기울이면 기억되는 것으로, 프로이드는 전의식을 의식과 무의식 사이에 두었다.

③ **무의식**(이드와 슈퍼에고) : 원초아(id)와 초자아(superego)로 인간 정신의 심층에 잠재해 있으면서 가장 큰 비중을 차지한다. 의식적 사고와 행동을 전적으로 통제하는 힘이지만 거의 의식되지는 않는다. 프로이드는 치료과정에서 무의식의 중요성을 강조하였다.

(2) **성격구조**

① **이드**(Id. 원초아) : 생물학적·심리학적 충동의 커다란 축적체로 모든 행동의 밑바탕에 놓여 있는 동기들을 의미한다. '쾌락의 원칙'에 따라 본능적 욕구를 충족시키기 위하여 비논리적이고 맹목적으로 작용한다. 무의식의 세계에 자리 잡고, 욕구 실현을 위한 사고능력은 없으나 다른 욕구 충족을 소망하고 그것을 위해 움직일 뿐이다. [2024. 보호 9급]

② **에고**(Ego. 자아) : 현실의 원칙으로 본능적 이드와 사회적 의무감을 반영하는 슈퍼에고와의 사이에서 중재 또는 통제·균형 유지를 위해, 현실적이고 논리적인 사고를 하며 환경에 적응한다. 이드가 맹목적 욕구충족을 꾀하는데 비해, 자아는 주관적 욕구와 외부의 현실을 구별할 줄 아는 현실 검증의 능력이 있다.

③ **슈퍼에고**(Superego. 초자아) : 쾌락보다 안전을 추구하고, 현실적인 것보다 이상적인 것을 추구하며, 양심의 자리에 속한다. 부모로부터 영향을 받은 전통적 가치관과 사회적 이상이 자리 잡고, 대부분 무의식 상태에서 영향력을 행사한다. 도덕에 위배되는 이드의 충동을 억제하며, 에고의 현실적 목표를 도덕적이고 이상적인 목표로 유도하려고 한다. [2024. 보호 9급]

(3) 방어기제

① **의의**: 이드와 슈퍼에고 간의 충돌과정에서 발생하는 불안이나 죄의식을 에고가 적절히 해결할 수 없을 때, 자아를 보호하기 위한 사고 및 행동수단을 자기방어기제라고 한다.

② **방어기제의 종류**

승화	이드와 슈퍼에고 간의 충돌을 건전하고 정상적인 방법으로 해결하는 방법인데, 공격적이고 파괴적인 충동을 체육활동, 학습, 전문적 활동에 전념하는 등의 방법으로 승화시키는 것이다.
억압 (repression)	성폭력 등 의식하기에는 현실이 너무나 고통스럽고 충격적이어서 무의식 속으로 억눌러 버리는 것으로, 반동형성이나 투사와 같은 다른 방어기제나 신경증적 증상의 기초가 된다. 이는 과거 사건을 기억하고 있으면서 의식적으로 생각과 느낌을 갖지 않으려고 노력하는 억제(suppression)와 구별된다.
부인 (denial)	고통스러운 현실을 인식하지 않는 것, 사랑하는 사람의 죽음이나 배신을 사실이 아닌 것으로 여기는 것
투사 (projection)	받아들이기 어려운 느낌, 생각, 충동을 무의식적으로 타인의 탓으로 돌리는 것, 자신의 심리적 속성이 타인에게 있는 것처럼 생각하고 행동, 자기가 화나 있는 것은 의식하지 못하고 상대방이 자기에게 화났다고 생각
동일시 (identification)	중요한 인물들의 태도와 행동을 자기 것으로 만들면서 닮으려고 하는 것, 자아와 초자아 형성 및 성격발달에 가장 큰 영향, 부모의 성격을 배우는 자녀
퇴행 (regression)	심각한 스트레스 상황이나 곤경에 처했을 때의 불안 감소전략으로 비교이전의 발달단계로 후퇴하는 행동, 불안을 느끼면 불안이 쉽게 해소되었던 이전의 행동양식으로 돌아가는 것
합리화 (rationalization)	현실에 더 이상 실망을 느끼지 않기 위해 그럴듯한 구실로 불쾌한 현실도피
치환 (displacement)	자신의 감정을 대상에게 직접 표현하지 못하고 전혀 다른 대상에게 발산, 종로에서 뺨맞고 남대문에서 분풀이
반동형성 (reaction)	실제 느끼는 분노나 화 등의 부정적 감정을 직접 표현하지 못하고 반대로 표현, 실제 자기를 학대하는 대상인데 좋아하는 것처럼 행동하는 경우

03   리비도와 콤플렉스

(1) 리비도와 콤플렉스

① **리비도**(성적 욕망): 인간의 욕망 가운데 가장 중요한 것이 성적 욕망, 즉 리비도인데 프로이드는 인간 정신구조의 성장과정을 구순기 → 항문기 → 남근음핵기 → 잠복기 → 성기기로 나누고, 이러한 단계별 정상적인 진행이 건전한 성인으로의 발전을 좌우한다고 한다. [2024. 보호 9급] 총 2회 기출

② 성 심리의 단계적 발전 중에 필요한 욕구가 충족되지 못함으로써 야기된 긴장이 사회적으로 수용되지 못할 때 범죄행위는 유발된다. [2023. 보호 7급] 총 3회 기출

③ **콤플렉스** : 초자아의 발달에 중요한 남근음핵기에 오이디푸스 콤플렉스와 일렉트라 콤플렉스가 형성되고, 이러한 콤플렉스로 인한 죄책감을 에고(자아)가 적절히 조절하지 못하면 이는 각자의 성격에 중요한 영향을 미쳐 향후 행동에 심각한 영향을 미친다고 보았다.

(2) 콤플렉스의 종류

오이디푸스 콤플렉스 (Oedipus complex)	남성이 모친에 대한 성적 감정(근친상간의 욕망)과 부친에 대한 적대 감정(살인 욕망)
일렉트라 콤플렉스 (Electra complex)	여성이 페니스가 없는 자신이 남성보다 열등하다는 생각, 모친에 대한 실망과 부친의 아이를 임신하고 싶은 환상을 일으킨다.

(3) 콤플렉스의 해결방법

① **전이**(transference) : 과거의 중요했던 인간관계가 현재 개인이 밀접히 맺고 있는 인간관계에서 재연되는 현상을 의미하며, 정신분석가와 환자 사이의 치료 장면에서 과거 환자가 경험한 어린 시절을 재연하면서 환자의 문제를 해결해 가는 과정이다.

② **범죄행위** : 개인이 콤플렉스에 의한 잠재적인 죄책감과 망상을 극복할 수 없는 경우 그 불안과 긴장을 해결하는 방법으로 범죄로 나아갈 수 있다.

04 정신분석학의 범죄관

(1) 이드와 슈퍼에고의 불균형

① **범죄원인** : 범죄를 퇴행에 의하여 원시적이고 폭력적이며 비도덕적인 어린 시절의 충동이 표출한 것으로 유아적 충동과 초자아의 통제의 불균형의 표출이라고 본다.

② **이드의 충동** : 대부분의 범죄행위는 직접적인 만족을 추구하는 이드(원초아)의 결과인데, 이를 통제할 수 있는 에고(자아)나 슈퍼에고(초자아)가 제대로 형성되지 않았거나 작동하지 않기 때문에 범죄가 발생한다.

③ **슈퍼에고의 과잉발달** : 과도하게 발달한 슈퍼에고는 항상 죄책감과 불안 때문에 범죄에 따른 처벌을 통하여 죄의식을 해소하고 심리적인 균형감을 얻고자 하는 시도로 범죄를 저지를 수 있다고 본다.

④ **범죄대책** : 프로이드는 형벌의 위하력에 대하여는 부정하는 관점을 취하면서, 범죄인의 치료법으로 인간의 무의식적인 동기를 의식화시키는 의학적 치료와 사회적 보호처분을 해야 한다고 주장하였다.

(2) 대표적 연구

① **에이크혼**(Aichhorn)

㉠ 비행의 잠복 : 오스트리아의 정신과 의사 에이크혼은 소년비행의 원인을 반사회적 행위를 준비시키는 심리적 소질에 있음을 지적하고 이것을 '비행의 잠복'이라고 불렀다.

㉡ 슈퍼에고의 미발달 : 비행소년은 슈퍼에고가 제대로 형성되지 않아 이드가 전혀 통제되지 못함으로써 반사회적 행위를 아무런 양심의 가책 없이 저지르게 된 것으로 보았다.

ⓒ 치료 : 어렸을 때 경험해 보지 못했던 성인들과의 동일시 경험을 증진시키기 위해 소년들이 즐거워하고 행복해 할 수 있는 환경을 제공해야 한다. 다만, 반사회적 심리소질의 소년이 부모에게 애정 결핍된 경우, 과잉보호인 경우, 슈퍼에고가 적절히 형성되었으나 에고 측면에서 부모의 범죄성을 내면화한 경우 등은 각각의 다른 치료방법이 필요하다고 보았다.

② **힐리**(Healy)**와 브론너**(Bronner) : 형제 중에서 한명은 범죄를 일삼고 다른 한명은 정상적인 105명의 형제들을 대상으로 어린 시절 부모와의 관계를 조사하였다. 대체로 부모들과 정상적인 애정관계를 갖지 못한 사람들이 자신의 가족으로부터 충족하지 못한 욕구를 대신 충족시키려는 잠재적 의도에 의해 범죄가 저질러지는 것이라고 주장하였다.

③ **바울비**(Bowlby) : 모성의 영향을 강조하고, 어린 시절 어머니가 없는 경우에는 아이들이 기초적인 애정관계를 형성할 수 없기 때문에 불균형적인 인성구조를 갖게 되고, 이후에 범죄와 같은 반사회적 행위에 빠져든다고 보았다.

④ **레들**(Redl)**과 와인맨**(Wineman)**의 비행적 자아** : 증오심이 강한 소년들의 공통된 특성은 고립되어 성장한 결과 어른들이 자기를 사랑하고, 원하고, 보호하고, 격려한다는 느낌을 가지지 못한 것으로 나타났다. 비행소년들은 적절한 슈퍼에고를 형성하지 못하고, 에고도 이드의 욕구를 무조건 옹호하는 방향에서 구성되었다고 보고, 에고가 슈퍼에고의 규제 없이 이드의 욕구대로 형성된 경우를 '비행적 자아'라고 지칭하였다.

05 이론의 한계

(1) 공 헌

① 정신분석학적 접근은 범죄자의 배경, 가족생활, 인성, 태도, 범행의 동기나 이유 등에 대한 이해와 범죄자의 처우에 있어서 중요한 역할을 수행하고 있다.

② 프로이드 이후 심리학 연구에 수많은 영감을 제공하였다.

(2) 비 판

① 주요한 개념을 측정하고 기본 가정이나 가설을 검증하기 어렵다.

② 초기 아동기의 경험과 성적 욕구를 지나치게 강조하고, 문화와 환경적 영향을 무시하고 있다.

06 정신분석의 비판과 심리학의 발전

(1) 융(Jung)의 분석심리학

① **심적에너지** : 스위스의 심리학자 융은 프로이드와 함께 무의식을 중시하였으나, 리비도를 성적 욕구에 한정하지 않고 모든 행동의 기초를 이루는 '심적 에너지'로 이해하여 그 차이를 중심으로 분석심리학의 체계를 정립하였다.

② **성격분류** : 융은 인간의 태도를 외향성과 내향성으로 분류하고, 외향적인 사람이 범죄에 친한 반면 내향적인 사람은 신중하고 사회규범 등에 대한 학습능력이 높으므로 상습범죄자가 되기 어렵다고 한다.

(2) 아들러(Adler)의 개인심리학

① **힘의 의지**(자유의지) : 아들러는 인간의 심층심리에 작용하는 원동력은 프로이드가 말하는 성욕이 아니고 '힘의 의지'라며 프로이드의 성욕설을 비판하였다. 인간은 힘(권력)에 대한 의지와 자기보존욕구를 가지는데, 이러한 욕구가 충족되지 못할 때 열등감 콤플렉스를 지니게 되고 이를 지나치게 보상하려는 시도에서 범죄나 비행을 저지르게 된다고 한다.

② 콤플렉스의 주된 요인은 개인심리학적 원인인 신체적 결함에서 비롯되지만 사회적 소외와 같은 사회적 영역으로 확대하였으며, 형벌의 범죄방지 효과에 대한 의문을 제기하고 심리적 치료를 강조하였다.

07 행동학습이론과 인지발달이론

(1) 행동학습이론

① **의의** : 행동이론(behavioral theory)은 정신분석이론가들에 의해 주장된 측정할 수 없는 무의식적인 현상이 아니라 오로지 측정할 수 있는 사건들에만 관심을 기울인다. 미국의 심리학자 왓슨(Watson), 스키너(Skinner), 반두라(Bandura)에 의해 발달하였다.

② **강화와 처벌** : 어떤 특정의 행동이 다른 사람의 긍정적인 반응에 의해 강화가 된다면 그 행동은 지속될 것이고, 반면에 어떤 행동이 다른 사람에 의해 벌을 받게 되면 그러한 행동은 점점 줄어들거나 완전히 없어진다는 것이다.

	자극과 강화		자극과 처벌	
	자극	강화결과	자극	처벌결과
정적(+)	자극제시(칭찬, 토큰)	행동증가	자극제시(훈계, 꾸지람)	행동감소
부적(−)	자극제거(경고음)		자극제거(용돈 줄이기)	

③ **비판** : 범죄자의 행동수정에 원용되는 학습이론은 비록 선의라 하더라도 타인의 행위를 변화시키도록 조작한다는 비판을 받기도 한다(이른바 강제교육의 문제).

(2) 인지발달이론

① **도덕성의 내재화** : 인지이론(cognitive theory)은 도덕적 판단력이 인간의 인지발달에 따라 '내재화'하는 과정을 탐구하며, 사람이 어떻게 외부 사회세계의 가치와 규범을 획득하여 내재화하는가가 비행행위의 연구에 있어서 중요한 문제가 된다고 본다.

② **내재화** : 내재화란 사람이 사건이나 신념을 수용하고 그것을 자신의 사고의 일부로 만드는 것을 의미한다.

③ **피아제**(Piaget, 1896-1980)**의 도덕성 발달** : 스위스의 피아제는 사람의 도덕성은 일정한 단계에 따라 발전하며, 각 단계는 사람의 경험에 따라 그 전단계에 의존하여 발전한다고 하였다.

④ **콜버그**(Kohlberg, 1927-1987)**의 도덕발전 6단계** : 콜버그는 도덕발전단계를 초기 3단계에서 후기 6단계로 발전시키고, 대부분의 일반청소년은 3~4단계, 대부분의 비행청소년은 1~2단계에 속한다고 주장하였다. [2023. 보호 7급] 총 2회 기출

📇 **콜버그의 도덕발전 6단계** [2023. 보호 7급]

3단계	6단계	범죄관련성
관습이전	1단계 : 복종, 처벌회피	비행소년
	2단계 : 욕구충족, 책임	
관습단계	3단계 : 선한동기, 배려	일반청소년
	4단계 : 사회규칙유지, 봉사	
관습이후	5단계 : 합법적 개인권리인정	
	6단계 : 정의·평등, 생명존중	

제3절 **성격특성과 범죄원인**

01 인성이론

(1) **성격**(인성)**이론**(personality theory)

① **의의** : 성격이란 지적능력과는 별도로 한 개인의 특징을 의미하는 것으로, 범죄자는 정상인과는 다른 비정상적이고 부적합하고 범죄적 성향을 가지고 있다고 본다.

② **성격발달** : 성격발달은 현재의 생활경험도 중요하지만 그 발생 기원은 아동기에 있으며, 어려서 형성된 인성적 특징이 그 사람의 전반적인 행위에 영향을 끼치며, 인간의 심리적 틀 내에 존재하는 비정상적 인성이 비행을 유발시키도록 작용한다고 가정한다.

③ **공헌** : 인성이론은 비행의 원인으로 비행자의 특성을 파악하고 아울러 비행자의 비행적 인성을 교정하거나 치료하는데 중요한 역할을 해 오고 있다.

(2) **인성이론의 연구**

① 심리검사나 측정방법의 개발을 통해 일반인들과 범죄자들을 대상으로 인성검사를 실시하고 그 점수를 서로 비교하는 방법으로 범죄가능성을 경험적으로 분석하였다.

② 연구방법으로 비행과 관계되는 것으로 알려진 파괴적·비정상적 인성특징을 평가하기 위해 투사법, 인성검사표 등이 사용된다.

> **PLUS⁺ 투사법**
>
> 투사법(Projective Techniques)은 추상적인 그림·모양·소리 등을 자극재료로 사용하여 피검사자에게 제시함으로써 나타나는 반응을 분석하는 방법을 말하며, 그 종류로 로르샤하 검사, SCT, HTP, 주제통각 검사 등이 있다.

02 심리검사도구의 발달과 연구

(1) 로르샤하 검사법(1921)과 글룩부부의 연구

① **의의** : 스위스의 정신과 의사인 헤르만 로르샤하(Rorschach)가 만든 개인의 성격을 다차원적으로 이해하는 데 도움을 주는 투사적 심리검사 방법이다.

② **검사방법** : 잉크 방울을 떨어트린 종이를 반으로 접어 좌우 대칭으로 번지게 만든 카드 10장을 차례로 보여주면서 반응을 확인하는 것으로, 여러장의 카드를 연결된 이야기로 풀어내는 경우 세계를 통합적 또는 체계적으로 사유하는 경향이 강하다고 판정하고, 그림의 사소한 부분에 집착하는 사람은 강박적 경향이 있는 것으로 판정한다.

③ **글룩(Glueck)부부의 연구** : 비행소년 500명과 일반소년 500명을 대상으로 로르샤하 테스트에 의한 비행소년의 특징에 관한 연구를 한 결과, 비행소년의 성격은 여러 가지 요인들이 조합된 유형에 의해 파악할 수 있다고 보았다.

> **[글룩부부 연구에 의한 비행소년의 성격적 특징]**
> 1. 일반적으로 외향적이며 활발하고, 충동적이며 자제력이 약하다.
> 2. 적대적이고 화를 잘 내며, 도전적이고 의심이 많고, 파괴적이다.
> 3. 정상소년에 비해 실패나 패배를 별로 두려워하지 않는다.
> 4. 다른 사람들의 기대에 대해서 관심이 없고, 국가기관의 권위에 양면적 태도를 가진다. [2018. 5급 승진]
> 5. 사회생활을 하는 중에 독단적인 성향이 강하다.
> 6. 타인으로부터 승인이나 인정을 받고 있다는 느낌을 갖지 못한다.

(2) 다면적 인성검사지(MMPI)

① **하서웨이와 멕킨리의 개발** : 미네소타 다면적 인성검사(MMPI)는 미국의 하서웨이와 멕킨리(Hathyway & Mckinley, 1940)가 정신의학과 환자들의 임상진단을 목적으로 550개 문항의 질문지로 개발한 가장 널리 사용되는 객관적 인성검사기법이다.

② **장점과 단점** : 검사 실시 및 채점방법이 간단하여 비전문가에 의해서도 손쉽게 행할 수 있다는 장점이 있지만, 문항수가 너무 많고 피검사자의 학력수준이 높아야 정확한 예측이 가능하므로 피검사자의 검사에 대한 태도와 검사상황 등에 따라 그 결과가 좌우될 수 있다고 하는 단점이 있다.

MMPI의 임상척도

척도명	기 호	약 자
건강염려증(Hypochondriasis)	1	Hs
우울증(Depression)	2	D
히스테리(Hysteria)	3	Hy
반사회성(Psychopathic Deviate)	4	Pd
남성특성−여성특성(Masculinity−Femininity)	5	Mf
편집증(Paranoia)	6	Pa
강박증(Psychasthenia)	7	Pt
정신분열증(Schizophrenia)	8	Sc
경조증(Hypomania)	9	Ma
사회적 내향성(Social Introversion)	10	Si

③ **왈도와 디니츠의 연구**

　㉠ 왈도(Waldo)와 디니츠(Dinitz)는 1950년에서 1965년 사이에 MMPI를 이용한 94편의 연구결과를 재분석한 결과 10가지 성격측면에서 제4척도, 즉 정신병리적 일탈 부분에서 가장 현격한 차이를 보였다.

　㉡ 정리병리적 일탈[4번 척도(Pd)]척도의 특징 : 반사회성 정도를 드러내는 것으로 반항, 가족관계분열, 충동성, 학업이나 직업문제, 범법행위, 약물중독 등 범죄인과 비범죄인의 구분에 가장 근접한 척도이다.

(3) 고프(Gough)의 캘리포니아 성격검사(CPI)

① 1956년 캘리포니아 버클리대학의 고프가 개발한 18개 척도의 성격검사도구로 MMPI와 함께 가장 널리 활용되는 성격검사이다.

② MMPI가 신경증이나 정신병과 같은 정서적 문제를 진단하기 위한 것인데 반해, CPI는 정상적인 사람의 심리적 특성을 이해하기 위한 것이라고 할 수 있다.

(4) 워렌(Warren)여사의 대인성숙도(I-Level)와 비행소년 분류

① **성숙이론의 긍정** : 워렌은 청소년의 인간관계 성숙도를 1~7단계로 나누고, 2~4단계의 낮은 단계에 속한 사람들이 전체 비행소년의 90%를 차지하여 성숙이론의 타당성을 긍정하는 논리를 제공하였다.

② **미성숙 인성의 특성** : 비행소년의 인성은 미성숙할 뿐만 아니라 공격적이고 수동적이며 신경질적이다.

③ **치료법과 문제점** : 각 유형별 비행소년의 특성을 기술하고 유형별 비행의 원인과 적정한 처우기법을 소개하고 있다. 다만, 이 검사법에 의해 교정효과가 향상되었다는 실증적 연구가 없고, 훈련이 잘 된 전문가를 필요로 하며, 비교적 비용이 많이 든다는 점이다. [2019. 9급]

■ 워렌의 유형별 인간관계 성숙도

I(2)유형	세상은 그를 보호해야하며, 타인을 주거나 받는 사람으로만 인식	
	비사회적 공격형 (asocial aggressive type)	• 타인에게 적극적으로 요구하며, 좌절했을 때 공격적 • 처우 : 지지적 환경의 심리극
	비사회적 수동형 (asocial passive type)	• 좌절할 때마다 위축되고 불평하는 경향 • 처우 : 양육가정, 전통심리요법은 부적절
I(3)유형	• 원하는 것을 얻기 위해 환경과 타인을 조작하는 방법 강구 • 수퍼에고의 행위기준이 내면화되지 않아 강력한 힘을 가진 타인의 요구에 따르려는 경향	
	미성숙 동조형 (immature conformist)	• 권력을 가진자를 누구라도 추종 • 처우 : 보호자적 태도, 역할활동
	문화적 동조형 (cultural conformist)	• 동료집단의 권위에 추종 • 처우 : 청소년에 대한 관심을 보여주는 성인
	조정자(의사행동형) (manipulator)	세력이 있는 대상자를 조정하려고 시도
I(4)유형	• 내면화된 가치체계와 타인 이해 능력이 확고하게 자리잡지 못한 상태 • 그들이 선망하는 사람들에 의해 지나치게 영향을 받으며 그들의 지위에 매우 민감	
	신경증적 행동형 (neurotic acting-out type)	상황에 대한 불편한 감정을 직접적 행동으로 표현
	신경증적 불안형 (neurotic anxious induvidual)	• 불안한 감정을 행동이 아닌 말로 표현 • 처우 : 개인 또는 집단 심리요법에 의한 내적 갈등해소
	상황적·감정적 반응형 (situational-emotional reactor)	생활가운데 위기상황에 대한 반응으로 비행적 행위
	문화적 동일화 유형 (cultural identifier)	일탈적 가치체계에 동화되어 동화된 가치체계에 따름

(5) 아이센크(Eysenck)의 범죄와 성격

① 아이센크는 「범죄와 성격」(1970)에서 융의 내향성과 외향성의 개념을 파블로프의 고전적 조건 이론을 응용하여 범죄행동과 성격특성 간의 관련성을 체계적으로 설명하였다. 범죄행동에 대한 그의 초기 이론은 외향성과 신경증적 경향성의 2가지 요인의 결합이 환경적 조건과는 독립적으로 범죄행동을 유발시킬 수 있다고 하였다.

② 이후 범죄행동과 성격특성 간의 관련성을 외향성(extraversion), 신경증적 경향성(neuroticism), 정신병적 경향성(psychoticism) 등 세 가지 차원에서 설명한다. [2018. 5급 승진]

📙 아이센크의 성격분류

외향성	외향성은 개인의 조건화 능력을 결정짓는 중요한 성격차원으로, 대뇌의 피각질성 수준으로 내·외향성을 판단하였으며, 외향성은 사회적·물리적 환경의 외적인 자극에 관심이 많은 성향을 가지고 있다.
신경증적 경향성	신경증적 경향성은 그 자체의 충동적 속성에 의해 증폭기제로 작용하기 때문에 범죄행동과 관련이 있으며, 정서적으로 불안정한 성향을 가지고 있다.
정신병적 경향성	정신병환자와 정신병질자들의 특징을 잘 나타내 주는 성격특성이며, 정신병적 취약성과 반사회적 성향을 가지고 있고, 공격적이고 자기중심적이며, 차갑고 비정한 성향을 가지고 있다.

⑹ **슈에슬러**(Schuessler)**와 크레시**(Cressey)**의 성격과 범죄상관 부정**

① 성격분석에 관한 113건의 연구 중에서 일반소년들과 비행소년들 사이에 성격차이가 있다는 것을 밝힌 것은 42%에 불과했고, 나머지는 유의할만한 성격차이가 나타나지 않았다.

② **결론** : 성격과 범죄 사이에 어떤 연관성이 있다고 주장하기는 어렵다고 결론지었다.

03 지능과 범죄

⑴ **고다드**(Goddard)**의 지능결함과 범죄**

① **의의** : 미국의 고다드(Goddard)는 1920년 칼리카크가의 연구를 통해 상당한 수의 수감생활을 하는 청소년들이 정신박약상태라고 주장하며, 지능적 결함이 청소년비행의 주요원인이라고 강조하였다(비행청소년의 50%가 정신적 결함이 있다고 주장). [2023. 보호 7급]

② **지능과 범죄상관성에 대한 일반적 견해** : 일반적으로 정신박약 기준은 지능지수 70 이하를 의미하고, 지능은 간접적으로 비행행위에 영향을 미치는 것으로 이해되고 있다.

⑵ **웩슬러의 검사지 개발과 글룩부부 연구**

① **웩슬러**(Wechsler) **지능검사** : 언어성 지능과 동작성 지능으로 나누어 진단할 수 있는데, 일반적으로 비행소년들은 정상소년들보다 언어적 지능능력에 있어 부족한 것으로 나타나는 특징이 있다.

② **글룩**(Glueck)**부부** : 비행청소년들이 문제를 취급하는 방법이 비체계적이기 때문에 실패하는 일이 많다는 것과 매개적인 기호에 존재하는 추상적 사고가 뒤떨어지고 보다 구체적이고 물질적인 접근을 선호한다는 사실을 지적하였다.

04 본능이론과 좌절공격이론

⑴ **로렌쯔의 본능이론**

① **의의** : 인간의 공격적 행동특징은 학습이 아니라 본능에 의존한다고 보고, 로렌쯔(K. Lorenz)는 많은 동물의 종 가운데서 공격본능은 공통적이라는 것을 실증 연구하였다.

② **프로이드와 차이** : 공격성을 파괴적이고 폭력적으로 본 프로이드와는 달리 종 안에서 나타나는 공격성은 종의 생존을 위해 필수적인 것으로 간주한다.

③ **평가** : 타인에 대한 범죄가 일정부분 본능적 공격욕에 의한 것이라는 점을 부인하기는 어렵지만, 그것만으로 범죄인의 심리를 파악하려는 것은 무리라는 것이 최근 심리학의 정설로 받아들여지고 있다.

(2) 달라드의 좌절공격이론

① **의의** : 본능이론과는 달리 공격성이 외부조건에 의해 유발된 동기 즉 좌절의 결과로 생긴다는 이론이다.

② **좌절이 공격의 원인** : 달라드(Dollard)는 인간의 공격성은 자연적이고 좌절 상황에 대하여 거의 자동적으로 반응한다고 설명하며 "공격성은 항상 좌절의 결과이다."라고 주장한다. 즉 좌절하거나, 방해받고 위협받은 사람은 거의 자동적으로 공격행동을 한다는 것이다. [2018. 5급 승진]

③ **비판** : 실제로 무엇에 의해 좌절받는지, 좌절의 정도를 정확하게 측정할 수 없다는 점, 좌절이 항상 공격성으로 이끄는 것이 아니며 좌절에 따른 반응이 다양할 수 있다고 주장하기도 한다.

④ 좌절이 공격을 유발하는 유일한 조건이라는 가설이 많은 비판을 받게 되자 다음과 같은 다양한 형태로 절충되었다. 현재는 본능이론과 좌절공격이론의 절충이라고 할 수 있는 학습이론에 의해 이러한 비판은 거의 극복한 상태이다.

📖 좌절공격이론에 대한 절충이론

인지적 신연합주의	버코위츠(Berkowitz), 룰(Rule) 등은 좌절과 같은 혐오적이고 불쾌한 경험(분노)이 공격(범죄성)을 일으키게 하는 요인이 된다고 한다.
직접도발이론	바론(Baron)은 공격은 언어적·신체적 도발의 결과로 생기는데 상호보복성이 범죄유발요인이 된다고 설명한다.
고조된 각성이론	찔만(Zillmann)은 어떤 상황에서는 원인을 묻지 않고 각성이 고조된 상태에 놓이게 되면 성가심, 좌절, 도발 등에 공격으로 반응하게 된다는 것이다.

(3) 버코위츠의 수정된 좌절공격이론

① **의의** : 버코위츠(Berkowitz)는 좌절 이외에 외부적, 내부적 환경이 공격적인 대응을 증가시킨다고 보고 좌절에 따른 개인차를 지적하였다.

② **공격의 3단계** : 목적실패(좌절) ⇨ 심리적 불안정(분노) ⇨ 공격적 행동

(4) 찔만의 자극전달(고조된 각성)이론

① **화풀이론(고조된 각성)** : 찔만(Zillmann)은 어떻게 물리적인 각성이 한 상황에서 다른 상황으로 일반화할 수 있는지 설명하였다. 이전에 어떤 장소에서 존재했던 각성이 전혀 다른 장소에서 받은 짜증에 의해 더 분노가 증폭될 때 공격성을 증가시킨다는 화풀이이론을 제기하였다. [2018. 5급 승진]

② **화풀이 조절** : 화난 이유에 대하여 정확한 인식이 없는 경우에 다른 장소와 다른 상황에서 분노가 전환되는 것이 쉽게 발생할 수 있다. 인간은 고통을 느낄 때 본능적으로 벗어나기 위해 보복과 복수, 그리고 제3자에게 화풀이를 하게 되는데, 보복과 복수 중간에 있는 화풀이는 얼마든지 조절하고 피할 수 있다고 한다.

제4절 정신병리적 결함과 범죄

01 의의

(1) 정신병리적 성격

① **의의** : 정신병리적 성격(사회병리적 성격, 반사회적 성격)은 성격의 이상 정도가 정상성을 크게 벗어나 거의 병적으로 볼 수 있는 경우이다.

② **정신분열증과 구별** : 정신병리자란 위와 같은 성격을 소지한 사람을 말한다. 다만 이는 정신분열증과 같은 정신병과는 구별된다.

(2) 반사회적 성격의 특성

① 기본적으로 사회화가 되지 않았거나 행위유형들이 사회와 반복적으로 마찰을 빚는 사람들의 성격을 지칭한다.

② 다른 사람이나 집단 그리고 사회적 가치의 중요성을 인식하지 못하고, 이기적이고 자기 독단적이며 무책임하고 충동적이며 죄의식을 느끼지 못하고, 과거의 경험이나 처벌로부터 교육을 얻지 못한다.

③ 좌절감에 대한 인내력이 부족하고, 타인을 비난할 줄만 알고 자기의 행동에 대해서도 그럴듯하게 합리화할 뿐이다.

④ 작은 자극에도 격렬한 감정의 폭발을 일으키는 자극과 반응의 부조화를 경험하고, 생물학적 욕망 등 감정생활을 적절히 조절할 수 있는 능력이 결핍되어 있는 경향이 강하다.

02 크레페린과 슈나이더의 분류

(1) **크레페린**(Kraepelin)**의 정신병질자 유형**

① 독일의 정신의학자인 크레페린은 정신병질자 유형을 일곱 가지 성격상 결함으로 구분하였다.

② **정신병질자 유형** : 흥분인, 의지부정인, 욕동인[欲動人, 무의식, 전(前)의식에서 나와서 실행으로 추진하는 욕동에 행동이 지배되는 사람], 기교인, 허언과 기만인, 반사회인, 싸움을 즐기는 유형 등으로 나누었다.

(2) 슈나이더(Schnerider)의 10분법

① 독일의 심리학자 슈나이더(Kurt, Schnerider)는 1920년대 정신병질자 유형 10분법을 제시하였다.
② 슈나이더의 유형은 사이코패스 유형을 발견해 내는데 크게 공헌하였다.

구 분	성격의 특징	범죄상관성
발양성	• 자신의 운명과 능력에 대한 과도한 낙관 • 경솔, 불안정성 [2013. 7급] • 실현가능성이 없는 약속 남발	• 상습사기범, 무전취식자 • 죄의식 결여, 충동적 행동 • 상습누범자 중에 다수
우울성	• 염세적·회의적 인생관에 빠져 자책성 불 평이 심함 • 과거 후회, 장래 걱정, 불평	• 강박증세로 살상과 성범죄 가능 • 자살유혹이 가능 • 살인범
의지박약성	• 모든 환경에 저항을 상실하여 우왕좌왕하 며, 지능이 낮음 [2013. 7급] • 인내심과 저항력 빈약	• 상습누범이 가장 많음(누범의 60% 이상) • 상습누범자, 성매매여성, 마약중독자 • 온순·모범생활이지만 범죄유혹에 취약
무정성 (정성박약)	• 동정심·수치심·회오 등 인간의 고등감 정이 결여되어 냉혹·잔인함 [2013. 7급] • 복수심이 강하고 완고하며 교활함 • 자기중심적, 죄책감 없음 • 사이코패스(Psychopath)	• 범죄학상 가장 문제시 됨 • 목적달성을 위한 흉악범(살인, 강도, 강간 등), 범죄단체조직, 누범 등에 많음 • 생래적 범죄인, XYY범죄인
폭발성	• 자극에 민감하고 병적 흥분자 • 음주 시 무정성·의지박약성과 결합되면 매우 위험하나 타유형에 비해 자기치료가 가능	• 살상, 폭행, 모욕, 손괴 등 충동범죄의 대 부분과 관련되며 충동적인 자살도 가능 • 간질성(뇌전증) 기질
기분이변성	기분동요가 많아 예측이 곤란	• 방화, 도벽, 음주광, 과음, 도주증상에 따른 격정범으로 상해, 모욕, 규율위반 등을 범함 • 방화범, 상해범
과장성 (자기현시욕)	• 자기중심적, 자신에의 주목 및 관심을 유 발하고자 하며 자기 기망적 허언을 남발 • 욕구좌절시 히스테리 반응을 보임	• 타인의 사기에 걸려들 가능성 높음 • 구금수형자 중 꾀병자가 많음 • 고등사기범(화이트칼라범죄)
자신결핍성 (자기불확실성)	• 능력부족의 인식으로 주변을 의식하고 강 박관념에 시달림 • 주변사정에 민감하여 도덕성은 강함	• 도덕성이 강해 범죄와의 관련은 적음 • 강박증세로 살상, 성범죄 가능성
광신성 (열광성)	• 개인적·이념적 사항에 열중하여 그에 따 라서만 행동하는 강한 성격 • 정의감에 따라 소송을 즐김	종교적 광신자, 정치적 확신범
무력성	심신의 부조화 상태를 호소하여 타인의 동 정을 바라며 신경질적임 [2013. 7급]	범죄와의 관련성은 적음

• 적극적 범죄관련 : 기분이변성, 무정성, 발양성, 의지박약성, 폭발성, 과장성, 광신성(열광성)
• 소극적 범죄관련 : 무력성, 자신결핍성, 우울성

(3) 슈나이더 이후의 연구

① **슈툼플**(Stumpfl)**과 빌링거**(Villinger)**의 긍정** : 기분이변성이 범죄자에게 가장 많이 나타나며, 상습범의 경우에는 정신병질적 성격자가 전체의 40%~100% 정도를 차지할 정도로 많다고 주장했다.

② **클렉크리**(Cleckley)**의 부정** : 정신병질 개념의 엄밀성이 떨어져 정신질환과 범죄행위를 직접적으로 연결지을 수 없다고 보았다. 특히 전형적인 정신병질자는 행동이 의도적이지 않고, 지나치게 슬퍼하거나 자책하는 등 일반 범죄자들과는 큰 차이를 보인다고 주장하였다.

③ **볼드**(Vold)**와 버나드**(Bernard)**의 비판** : 성격적 비정상 징후의 환자를 정신병질자로 구분하고 치료방법을 개발했지만, 왜 이들이 반사회적 행위를 하였는지를 이해하고자 하는 범죄학적 연구에 큰 유용성이 없다고 지적하였다.

03 해어(R. Hare)의 사이코패스와 범죄

(1) 의 의

① **사이코패스** : 로버트 해어(R. Hare)는 '우리의 삶을 위협하는 것은 대부분 냉혹한 살인마가 아니라 달변의 사기꾼이다.'라고 사이코패스(Psychopath)를 정의했다. 사이코패스는 다른 사람에게 비정상적으로 공격적이거나 심각하게 무책임한 행동을 하는 지속적인 성격장애 또는 정신적인 장애자이지만, 자신의 행동의 원인과 의미를 잘 인식하면서 잔인한 범죄를 통해 다른 사람과 사회를 괴롭히는 정신병질자이다.

② **소시오패스**(sociopath) : 반사회적 이상행동자로, 범죄적 징후가 사회적 영향과 초기 사회경험을 통해 형성된다고 보아서 사회학자나 범죄학자들은 '사회병질자', 즉 '소시오패스' 용어를 선호한다. 반면 심리학적, 생물학적, 유전적 범죄원인론자들은 '사이코패스' 용어를 사용한다.

③ **반사회적 성격장애**(Antisocial Personality Eisorder, ASPD) : 미국의 정신진단체계(DSM−5)상의 정의로, '유년기 또는 청년기에 시작해서 성인이 된 이후로도 계속되는 타인의 권리 또는 도덕을 무시하거나 침해하는 행위'를 말하며, 반복적인 범법행위, 거짓말, 충동성, 공격성 등 특성이 있다. '사이코패스'와 '소시오패스'의 개념은 ASPD의 하위개념에 포함된다.

(2) 사이코패스 특징 [2023. 보호 7급]

① **감정 · 대인관계 측면** : 달변이며 깊이가 없고, 자기중심적이며 과장이 심하다. 후회나 죄의식이 결여되어 있으며, 공감능력이 부족하다. 거짓말과 속임수에 능하고, 피상적인 감정을 가지고 있다. [2023. 보호 7급]

② **사회적 일탈 측면** : 충동적이고 행동 제어가 서투르며, 자극을 추구하고 책임감이 없다. 어린 시절 문제가 많고 성인기에 반사회적 행동을 하며, 둘러대기, 허풍, 과시와 과장 등의 특징이 드러나도 전혀 개의치 않는다.

③ **범죄관련성** : 모든 사이코패스가 형사사법제도 안에서 범죄행위가 드러나는 형태로 걸러지는 것은 아니다.

⑶ 사이코패스 대책

① 사이코패스는 태어날 때부터 감정과 공감능력을 담당하는 전두엽과 측두엽이 발달되어 있지 않고, 소시오패스는 그 정도는 아니지만 타고난 유전적 성향에 어린 시절의 학대가 결합되어 만들어진다고 본다.

② 이들의 특징은 정서적 불안정성, 충동성, 고양된 감정, 불안장애 등이며, 고민이나 본인이 느끼는 위협감을 공격적 방법으로 대응한다.

③ **치료**: 본인 스스로 자신에게 심리적·정서적 문제가 있다는 것을 인정하고 적극적으로 동참하여야 하지만, 이들은 자신들이 인정하지 않는 사회적 기준에 자신을 맞추어야 한다고 생각하지 않는다. 통상적인 심리치료방식은 이들에게는 적용되지 않는다는 전제에서 출발하여야 한다. [2023. 보호 7급]

⑷ 사이코패스 진단을 위한 심리적 척도 [2023. 보호 7급]

① **PCL 척도**(psychopathy checklist): PCL은 남성교도소, 법의학적 또는 정신병리학적 집단에 속하는 범죄적 사이코패스를 확인하기 위하여 설계된 22개 항목의 체크리스트이다.

② **PCL-R**(psychopathy checklist revision): PCL의 개정판으로 자기보고, 행동관찰 그리고 부모, 가족, 친구와 같은 2차적인 원천을 포함한 20개의 다양한 측면에서 범죄적 사이코패스의 정서적·대인적·행동적·사회적 일탈 측면을 평가하는 가장 많이 사용하는 사이코패스 측정 도구이다[총 20문항, 3점 척도: 매우 그렇다(2), 조금 그렇다(1), 전혀 그렇지 않다(0)]. [2023. 보호 7급]

최신 기출로 확인하기

1. 심리학적 범죄원인론에 대한 설명으로 옳은 것은?　　　　　　　　　　2018. 5급 승진

① 글릭부부는 비행소년들이 일반소년들보다 도전적이고 반항적이지만 외향적이고 양면가치적인 성격은 갖지 않는다고 주장한다.

② 아이젠크는 범죄행동과 성격특성 간의 관련성을 정신병적(정신증적) 경향성, 외향성, 신경증 등 세 가지 차원에서 설명한다.

③ 프로이트는 유아기로부터 성인기로의 사회화과정을 구순기, 남근기, 항문기, 잠복기, 성기기라는 성심리적 단계 순으로 발전한다고 설명하면서, 이러한 단계별 발전이 건전한 성인으로의 발전을 좌우한다고 주장한다.

④ 콜버그는 개인마다 어떤 특정 상황에서 옳다고 판단하는 평가의 기준이 다르고, 이 기준은 도덕발달 단계에 따라 다르다고 주장하며, 도덕발달 단계를 처벌과 복종 단계, 법과 질서유지 단계 그리고 보편적 윤리 단계의 세 단계로 구분한다.

⑤ 질만은 좌절-공격이론을 주장하면서, 인간의 공격성은 자연적이고 좌절 상황에 대하여 거의 자동적으로 반응한다고 설명한다.

2. 다음은 슈나이더가 분류한 정신병질의 특징과 범죄의 관련성에 대해 설명한 것이다. 괄호 안에 들어갈 말이 바르게 짝지어진 것은?　　　　　　　　　　2013. 보호 7급

(㉠) 정신병질자는 인간이 보편적으로 갖는 고등감정이 결핍되어 있으며, 냉혹하고 잔인한 범죄를 저지르는 경우가 많다.
(㉡) 정신병질자는 환경의 영향을 많이 받으며, 누범의 위험이 높다.
(㉢) 정신병질자는 심신의 부조화 상태를 늘 호소하면서 타인의 동정을 바라는 성격을 가지며, 일반적으로 범죄와는 관계가 적다.
(㉣) 정신병질자는 낙천적이고 경솔한 성격을 가지고 있으며, 상습사기범이 되기 쉽다.

	㉠	㉡	㉢	㉣
①	광신성	의지박약성	우울성	발양성
②	무정성	의지박약성	무력성	발양성
③	광신성	자신결핍성	우울성	기분이변성
④	무정성	자신결핍성	무력성	기분이변성

3. 프로이드(Freud)의 정신분석학적 범죄이론에 대한 설명으로 옳지 않은 것은?　　　2024. 보호 9급

① 일탈행위의 원인은 유아기의 발달단계와 관련이 있다.
② 인간의 무의식은 에고(ego)와 슈퍼에고(superego)로 구분된다.
③ 이드(id)는 생물학적 충동, 심리적 욕구, 본능적 욕망 등을 요소로 하는 것이다.
④ 슈퍼에고는 도덕적 원칙을 따르고 이드의 충동을 억제한다.

🔍 정답 1. ② 2. ② 3. ②

Chapter
07

07 확인학습

빈칸채우기

01 롬브로조가 주장하는 범죄인 분류는 현실적으로 활용이 부적절하다고 비판하였지만 유전적 측면은 인정한 학자는 (   )이다.

02 (   )은 범죄의 소질이 주로 세포원형질의 형태에 달려 있다고 주장하였다.

03 크레취머가 체형구분에서 범죄를 저지를 가능성이 가장 낮지만 기회적 · 우발적 범죄가 많다고 주장한 유형은 (   )이다.

04 독일의 정신의학자로서 쌍생아 연구를 체계화하고 쌍생아 연구방법을 범죄생물학에 도입한 이는 (   )이다.

05 크리스티안센은 쌍둥이 연구를 사회학적 방법을 통하여 시도하였는데, 연구결과의 정확성을 기하기 위하여 (   )를 사용하였다.

OX체크

01 범죄자와 일반인의 신체적 차이를 규명하기 위해 처형된 범죄자의 시체를 연구하고 격세유전설을 주장한 학자는 롬브로조이다.

02 후튼은 인류학적(골상학적) 조사연구를 바탕으로 「범죄와 인간」이라는 저서를 통해 롬브로조의 이론에 반론을 제기하였다.

03 크레취머와 셀던은 체형과 정신적인 기질의 일치 정도를 연구함으로써 생물학적 범죄원인론을 발전시켰다.

04 비행소년은 심리적으로는 직접적 · 구체적 표현을 하는 경향이 있고 침착하지 못하며, 태도가 적대적이거나 의혹적이고 문제의 해결에 있어 무계획적이라는 특성을 가지고 있다고 본 학자는 셀던이다.

05 셀던의 외배엽우월성에 해당하는 크레취머의 체형유형은 투사형이다.

06 글룩부부의 연구에 따르면 범죄를 저지르는 경향이 가장 높은 체형은 중배엽형이다.

07 서덜랜드는 조나단 에드워드家의 연구를 통해 선조 중에는 살인범이 있었으나 후손 중에는 살인범이 전혀 없다는 점을 들어 범죄의 유전성을 부정하였다.

08 슈툼플, 술징거, 크로우, 허칭스와 메드닉은 양자(입양아) 연구의 대표적 학자이다.

09 슈나이더가 분류한 정신병질 중 의지박약성은 상습누범자에게 적고 알코올 · 마약중독자에게 많다는 것이 특징이다.

10 범인성 유전부인이 조부모에 있는 것을 간접부인이라고 한다.

11 심리학적 범죄원인론은 사회학적 원인론보다는 생물학적 원인론에 상대적으로 가깝다.

12 워렌의 I-level에 따르면 비행자는 정상자보다 단계가 낮게 나왔으며 특히 2단계부터 4단계에서 비행자가 가장 많이 발견되었다고 한다.

13 슈나이더가 구분한 정신병질 중 무력성, 자신결핍성, 우울성은 범죄관련성이 적다.

14 에이크혼에 따르면 비행소년은 슈퍼에고(Superego)의 과잉발달로 이드(Id)가 통제되지 않아 양심의 가책 없이 비행을 하게 된다고 보았다.

15 좌절공격이론은 본능이론과는 달리 공격성이 외부조건에 의해 유발된 동기로 생긴다고 본다.

16 인지발달이론은 도덕적 판단력이 인간의 인지발달에 따라 내재화하는 과정을 상정하여 범죄원인을 탐구한다.

17 피아제(Piaget)는 사람의 도덕성은 일정한 단계에 따라 발전하며, 각 단계는 사람의 경험에 따라 그 전단계에 의존하여 발전한다고 한다.

18 좌절공격이론은 본능이론과는 달리 공격성이 외부조건에 의해 유발된 동기로 생긴다고 본다.

Answer

빈칸채우기 01 고링 02 셀던 03 비만형 04 랑게 05 쌍생아 계수

OX체크 01 ○ 02 × 03 ○ 04 ×, 글룩부부 05 ×, 세장형 06 ○ 07 ○ 08 ×, 슈툼플-쌍생아 연구 09 × 10 ○ 11 ○ 12 ○ 13 ○ 14 × 15 ○ 16 ○ 17 ○ 18 ○

사회적 범죄원인론(거시)

제1절 **사회범죄론 개관**

01 이론의 확장

(1) 일탈이론과 범죄사회학

① 미국은 사회학의 일탈이론으로 범죄학에 대한 연구가 시작되고 발전되었다. 제2차 대전을 전후하여 대륙의 사변적이고 관념적인 연구방법의 한계가 노출되고 다원적인 사회구조를 해명하는데 미국의 실용주의 이론이 세계 범죄학을 주도하게 된 것이다.

② 초기 실증주의의 영향을 많이 받았으나, 1920년대 시카고대학의 사회학자들을 중심으로 사회해체에 초점을 둔 생태학적 범죄연구를 시작으로 범죄학은 사회학이 지배하는 실증주의 학문으로서 사회의 환경이 범죄를 유발한다고 보고 이를 과학적으로 증명하려는 노력이 이루어졌다.

(2) 범죄원인의 다원적 접근

① 범죄발생은 하나의 원인이 아닌 생물학적·사회학적·심리학적 원인이 복합적으로 작용된 결과라고 보는 것으로, 1920년대 소년비행예측에 사용된 이론이다. 힐리(Heal)와 브론너(Bronner), 글룩(Glueck)부부가 대표적이다.

② **글룩부부의 횡적연구** : 보스턴 소년원생 550명의 소년우범자(실험군)와 동일한 규모의 비범죄소년 집단(통제군)을 비교한 결과 범죄자군은 ㉠ 사랑 없는 가정, ㉡ 범죄자인 아버지, ㉢ 지능은 같으나 성적은 저조, ㉣ 학교기피증과 비행이 많고, ㉤ 모험심이 강하고, 퇴학시기가 빠르며, ㉥ 예외 없이 다른 범죄자와 어울리는 특성을 보였다.

③ **글룩부부의 종적연구** : 나이 25살 때와 31살 때를 비교한 결과 ㉠ 조기 결혼자, 짧은 교제기간, 이혼율이 높았고, ㉡ 배우자와 어린이에 대한 애정이 약하고, ㉢ 가정이 원만하지 않았으며, ㉣ 대개는 실업자이고, 전직이 잦았고, ㉤ 국가로부터 경제적 보조를 받고, ㉥ 가정 외에서 여가시간을 보내고 있었다.

④ **비판** : 다원인자론은 다양한 인자들의 통합과 체계화가 곤란하고, 요소들 간의 상관관계와 어떤 요소가 주된 요소인지 확인이 어렵다는 비판에 따라 사회학적 가설설정방법으로 발전하게 되었다.

02 거시환경론의 발전

(1) 소질론의 한계와 범죄지리학의 영향

① **소질론의 한계** : 범죄율이 농촌보다 도시지역, 구도심보다 신흥개발지역, 주거지역보다 상업지역, 사회적 안정기보다 정치적·경제적 변동기에 더 높은 점은 생물학적 구성이나 심리상태로는 설명하기 어렵다는 한계가 있다.

② **범죄지리학의 영향** : 사회적 범죄원인론은 범죄지리학에서 출발하여, 시카고 학파에 의해 시카고시의 범죄발생 통계분석을 통해 이론적 정립을 보게 되었다.

(2) 거시환경론

① **의의** : 사회적 상황 자체가 범죄를 유발시킨다는 견해로, 개인별 차이에 관계없이 어떤 사람이라도 도시의 사회적 구조를 포함하여 특정한 사회적 상황에 놓이면 그 영향을 받아 범죄를 저지를 가능성이 커진다는 것이다.

② **범죄율이 높은 도시 자체의 특성** : 인구 과밀화에 따른 상호 간 분쟁, 서로 상이한 가치관의 혼재에 따른 낮은 규범의식, 타인에 대한 무관심, 익명성, 유흥시설이나 오락시설로 인한 유혹, 경쟁사회로서 정신적 고통이나 불안감 고양, 도주할 수 있는 기회가 많음 등의 특징이 있다.

(3) 환경론의 구체적 이론

① **거시환경론**(사회구조론) : 사회해체이론, 문화전달이론, 긴장(아노미)이론, 갈등이론 등으로, 범죄원인에 있어 개인의 생활환경보다는 보다 광범위한 정치·경제·사회·문화와 같은 구조적인 사회적 상황 자체와 연관되어 있다는 주장이다.

② **미시환경론**(사회과정론) : 학습이론, 통제이론, 낙인이론, 일반긴장이론 등으로, 범죄의 원인을 개인이 처해 있는 주위 상황 자체와 밀접하게 연관된 생활환경에서 찾는다.

③ **공통점** : 범죄유발원인을 개인의 심리적 내지는 생물학적 차이에 있다고 보지 않고, 개인 외부에서 찾는다는 점에서 거시환경이론과 미시환경이론은 동일한 입장이다.

제2절 사회해체이론 내지 문화전달론

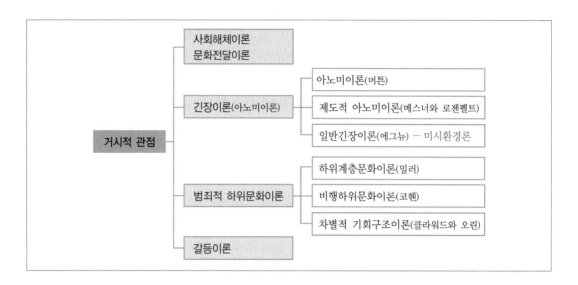

01 쇼와 맥케이의 범죄지대 연구

(I) 사회해체이론

① **발전**: 시카고 학파의 사회해체이론은 범죄원인을 개인이 아니라 개인이 속한 집단의 산물로 보는 이론이다. 19세기 초반 프랑스 케틀레의 통계학에서 출발하여 1920년대와 1930년대 미국 시카고 대학과 청소년범죄연구소의 사회학자들에 의해 처음 연구되었다.

② **범죄유발요인**: 쇼(Show)와 맥케이(Mckay)는 특정지역에서 범죄가 다른 지역에 비해서 높게 나타나는 이유는 급격한 도시화, 산업화가 지역사회에 기초한 통제의 붕괴를 낳게 되고, 이는 사회해체로 이어지며, 해체된 지역은 관습과 가치관을 대신하는 일탈과 범죄성을 발달시키게 된다고 보았다. [2024. 보호 9급] 총 2회 기출

③ **사회해체의 단계**: 제1단계에서는 사회의 분화, 가치규범의 갈등, 사회이동 등 사회해체의 사회문화적 조건이 발생하며, 제2단계는 사회해체가 내적 사회통제를 약화시키는 단계로 진행한다고 보았다.

PLUS 사회해체이론의 인과구조

④ **범죄생태이론**: 쇼와 맥케이는 생태학적 변화과정을 이용하여 버제스(Burgess)의 지대연구를 범죄 및 비행분석에 적용시켜 범죄생태이론을 전개하였다. 지역사회는 새로운 거주자들이 증가하면 과거 이 지역을 지배하였던 여러 사회적 관계가 와해되고 시간이 흐르면 새로운 관계가 형성되는 생태학적 과정을 거친다는 것이다.

⑤ **전이지대**(transitional zone): 도심과 인접하면서 주거지역에서 상업지역으로 바뀐 이른바 전이지대는 유럽의 이민과 흑인 이주자들의 혼재로 문화의 이질성이 높고 이로 인한 사회해체가 촉진되면서 개인해체를 가져오고 나아가 범죄 및 비행으로 연결되고 범죄발생률이 지속적으로 높다. [2024. 보호 9급] 총 3회 기출

⑥ **지대의 중요성**: 전이지역 내 구성원의 인종이나 국적이 바뀌었음에도 불구하고 계속적으로 높은 범죄율을 보이는 것은 개별적으로 누가 거주하든지 관계없이 지역의 특성과 범죄발생과는 중요한 연관이 있다는 것이다. 즉 범죄 및 비행은 지대와 관련된 것이지 행위자의 특성이나 사회전체의 경제적 수준 등과는 관계없다는 것이다. [2024. 보호 9급] 총 3회 기출

📖 **버제스**(E.W. Burgess)**의 동심원이론**

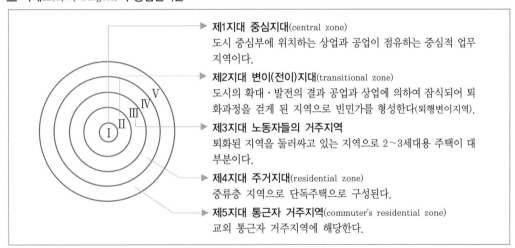

> **제1지대 중심지대**(central zone)
> 도시 중심부에 위치하는 상업과 공업이 점유하는 중심적 업무 지역이다.

> **제2지대 변이(전이)지대**(transitional zone)
> 도시의 확대·발전의 결과 공업과 상업에 의하여 잠식되어 퇴화과정을 걷게 된 지역으로 빈민가를 형성한다(퇴행변이지역).

> **제3지대 노동자들의 거주지역**
> 퇴화된 지역을 둘러싸고 있는 지역으로 2~3세대용 주택이 대부분이다.

> **제4지대 주거지대**(residential zone)
> 중류층 지역으로 단독주택으로 구성된다.

> **제5지대 통근자 거주지역**(commuter's residential zone)
> 교외 통근자 거주지역에 해당한다.

02 틈새지역과 사회해체이론 및 문화전달이론

(1) 틈새지역

① **틈새지역**(interstitial area): 인구이동이 많은 지역에서 과거의 지배적인 사회관계는 와해되었지만, 아직까지 새로운 관계가 형성되어 있지 않은 지역을 말한다. 주민들 간의 조직은 과도기적 형태이며, 주민들도 지역에 대해 애착을 갖지 못한 채 지역사회의 평판이나 외관에 전혀 관심을 갖지 않는 특성이 있다.

② **통제기능의 상실**: 전통적인 이웃 간의 통제기능뿐만 아니라, 인구이동이 심하여 학교에서 전·출입하는 학생들이 많아지고 이에 따라 교육기관은 정상적인 교육을 실시하기 어렵기 때문에 교육기관의 기본적인 통제기능도 제대로 발휘될 수 없다.

(2) 사회해체이론

① **사회해체**: 지역사회가 주민들에 대한 통제력을 상실한 상태, 즉 틈새지역의 사회적 환경을 사회해체란 용어로 표현하였다.

② **특징**: ㉠ 지역사회의 전통적인 기관들이 주민들의 행동을 규제하지 못하며, ㉡ 주민들에게 일관된 가치를 제공하지 못하고, ㉢ 지역사회가 공통으로 겪는 문제를 자체적으로 해결할 수 있는 능력을 상실한 상태를 사회해체라고 한다.

③ **범죄예방전략**: 범죄예방을 위해서는 도시의 지역사회를 재조직함으로써 사회통제력을 증가시키는 것이 중요하다. [2024. 보호 9급]

(3) 문화전달이론

① **의의**: 쇼와 맥케이는 전통적인 사회통제기관들이 규제력을 상실하면서 반사회적 가치를 옹호하는 범죄하위문화가 형성되고 계속적으로 주민들 간에 계승됨으로써 해당지역에는 높은 범죄율이 유지되는 문화전달이 이루어진다고 보았다. [2024. 보호 9급]

② **연원**: 따르드(Tarde)의 모방이론에서 비롯되어 사회해체이론을 계승한 것으로, 이후 서덜랜드의 차별적 접촉이론에 영향을 미쳤다.

③ **비판**: 비행다발지역에 사는 정상소년과 비비행지역에 사는 비행소년의 문제를 제대로 설명하지 못한다는 비판이 있다.

03 버식과 웹의 지역사회붕괴와 사회해체이론

(1) 사회해체와 지역사회 무능력이론

① **지역사회 안정성**: 버식(bursik)과 웹(Webb)은 쇼와 맥케이의 이론이 지역사회의 해체가 어떻게 범죄발생과 관련되는지를 명확하게 설명하지 못했다고 비판하고, 사회해체이론의 입장을 지역사회의 안정성(Community Stability)의 관점에서 재정리하였다.

② **사회해체와 지역사회 무능력**: 지역사회의 무능력, 즉 지역사회가 주민들에게 공통된 가치체계를 실현하지 못하고 지역주민들이 공통적으로 겪는 문제를 해결할 수 없는 상태라고 정의하였다.

③ **사회해체 원인**(주민이동과 이질성): 사회해체의 원인을 주민이동과 주민 이질성의 두 측면에서 파악하였다.

　㉠ 주민들이 지역사회에 관심이 없고 기회가 닿는 대로 전출하고자 하면 이들의 행동을 통제할 수 있는 시설들이 형성되기 어렵다.

　㉡ 지역주민들의 조직이 유동적이면 비공식적인 사회통제를 담당하는 일차적 관계가 형성되기 어렵다.

　㉢ 주민들이 이질적이면 상호 간에 충분한 의사소통이 어렵기 때문에 공통의 문제나 목표를 해결하는데 주민참여가 어렵다. [2014. 7급]

(2) 사회해체지역이 범죄가 많은 이유

① 사회통제능력 측면

㉠ 비공식적 감시기능이 약화되어 범죄의 유혹이 커진다.

㉡ 행동지배율의 결핍으로 우범 또는 위험지역에 대한 정보가 공유되지 않아 범죄의 발생여지가 많아진다.

㉢ 수상한 사람이나 지역주민의 비행에 개입하거나 지적하지 않아 지역주민에 의한 직접 통제가 어렵다. [2014. 7급]

② 사회화 능력 측면

㉠ 이질적인 지역출신들이 공존하면서 서로 다른 행위 양식, 태도, 가치를 표출하게 된다.

㉡ 일관된 행위기준을 내면화하지 못한 주민들은 쉽게 반사회적 행위를 하게 된다.

(3) 사회해체이론의 공헌과 한계

① **공헌** : 하위계층의 높은 범죄원인 등 사회적 환경을 중시함으로써 사회학적 범죄이론의 기초를 형성하고, 이후 전개된 아노미이론, 차별적 접촉이론, 문화갈등이론, 통제이론 등에 많은 영향을 주었다. 범죄예방을 위해 개별비행자의 처우보다 도시생활환경에 영향을 미치는 사회의 조직화 필요성에 기여하였다.

② **한계** : 산업화·도시화 초기단계에서는 어느 정도 타당성이 있으나 정보사회로 접어든 현사회에 적용하기에는 어렵고, 지역과 통계의 모델이 모두 미국에 국한되어 보편성이 결여되어 있으며, 동일한 비행지역에서 비행에 가담하지 않은 수많은 청소년에 대한 설명이 어렵다는 점이다.

PLUS⁺ **집합효율성이론**(collective efficacy theory) [2023. 교정 7급] 총 3회 기출

의 의	1. 1997년 로버트 샘슨(Robert Sampson)을 중심으로 전개되었고, 시카고 학파의 사회해체이론을 현대도시에 맞게 계승·발전시켰다. 2. 지역사회의 구성원들(지역주민, 사업체, 지방자치단체 등)이 범죄문제를 공공의 적으로 생각하고 이를 해결하기 위해 적극적으로 참여하는 것이 범죄예방의 열쇠가 된다고 보는 이론이다. 3. 지역사회의 범죄율에 차이가 나는 것을 사회구조적으로 설명하였다.
내 용	비공식적 사회통제의 중요성 : 지역사회 구성원 간의 유대를 강화하고, 범죄 등 사회문제에 대해 적극적으로 개입하는 등 공동의 노력이 중요한 범죄예방의 방법이라고 보았다. [2024. 보호 9급]
비 판	공식적 사회통제(경찰 등 법집행기관)의 중요성을 간과하였다는 비판을 받는다.

최신 기출로 확인하기

1. 사회해체이론에 대한 설명으로 옳지 않은 것은?   2024. 보호 9급

① 범죄를 예방하기 위해서는 도시의 지역사회를 재조직함으로써 사회통제력을 증가시키는 것이 중요하다.
② 버제스(Burgess)의 동심원 이론에 따르면, 도시 중심부로부터 멀어질수록 범죄 발생률이 높아진다.
③ 쇼우(Shaw)와 맥케이(McKay)는 사회해체가 높은 범죄율과 상관관계가 있다고 보았다.
④ 버제스의 동심원 이론은 소위 변이지역(zone in transition)의 범죄율이 거주민들의 국적이나 인종의 변화에도 불구하고 지속해서 높다는 것을 보여 준다.

2. 사회해체이론에 대한 설명으로 옳지 않은 것은?   2020. 보호 7급

① 화이트칼라범죄 등 기업범죄를 설명하는 데에 유용하다.
② 범죄는 개인적인 차이에 의한 것이라기보다는 환경적 요인들을 범죄의 근원적 원인으로 본다.
③ 지역사회의 생태학적 변화가 범죄의 발생에 중요한 역할을 한다고 보는 것이다.
④ 범죄의 발생이 비공식적인 감시기능의 약화에서 비롯되는 것으로 설명하기도 한다.

🔍 정답 1. ② 2. ①

제3절 사회적 긴장이론 내지 아노미이론

뒤르껭과 머튼의 아노미의 구별

구 분	뒤르껭(Durkheim)의 아노미	머튼(Merton)의 아노미
의 의	무규범, 사회통합의 결여상태	문화적 목표와 제도적 수단의 불일치 상태
인간관	• 성악설적 인간 • 인간의 욕구를 생래적인 것으로 파악	• 성선설적 인간 • 인간의 욕구도 사회의 관습이나 문화적 전통에 의해 형성되는 것으로 파악
발생 시기	사회적 변혁기	사회일상적 상황
아노미의 개념	현재의 사회구조가 개인의 욕구에 대한 통제력을 유지할 수 없는 상태	문화적 목표(부의 성취·성공)와 제도적 수단(합법적 수단)의 괴리에 의한 긴장의 산물
범죄원인	욕망의 분출 또는 좌절에 의한 긴장의 해소(개인적 차원)	강조되는 문화적 목표에 비해 제한된 성취기회(사회구조적 차원)

01 아노미(뒤르껭과 머튼)

(1) 용어의 유래

① **발전** : 프랑스어에서 유래한 아노미(Anomie)는 무규범(normlessness)상태를 의미하는 것으로 1800년 대 후반 프랑스의 뒤르껭(Durkheim)이 사회학적 용어로 사용한 이후 1938년 미국의 머튼(Merton)이 범죄학에 도입하여 사용되었다.

② **아노미** : '사회적으로 수용 가능한 목표와 수단 간의 불일치'를 의미하는 것으로, 이에 바탕한 범죄이론을 사회적 긴장이론 내지 아노미이론이라고 한다.

③ 아노미는 무규범 혹은 무규율, 신념체계의 갈등 또는 붕괴상태, 도덕적 해이, 부적응 등을 말하며, '무슨 수단을 쓰더라도 출세하면 된다.'와 같은 사회풍조에서 비롯된 것이다.

④ **아노미아** : 개인적 차원의 무규범상태(목표상실감·불안·자기소외 등)를 아노미아(Anomia)라고 한다.

(2) 뒤르껭과 머튼의 차이

① **뒤르껭의 인간욕구적 아노미** : 뒤르껭은 인간의 욕구란 생래적인 것으로 인간의 끝없는 자기 욕망을 사회의 규범이나 도덕으로 제대로 규제하지 못하는 사회적 상태를 아노미라고 불렀다.

② **머튼의 문화적 아노미** : 머튼은 뒤르껭의 이기적 인간관에 기초했지만, 인간의 욕구 또는 기호는 자연적인 것이 아니라 문화적 영향력에 의해 형성된 것으로, 문화적 목표와 이를 달성하기 위한 제도적 수단 사이에 간극이 있을 때 구조적 긴장이 생기고 여기에서 아노미가 발생한다고 봤다. [2016. 7급] 총 2회 기출

(3) 아노미적 범죄이론

① **긴장 또는 문화구조적 압력** : 사람들이 범죄를 저지르는 이유가 사회적으로 생성된 압력이나 영향에 의해 범죄로 이끌리기 때문에 발생한다는 의미에서 사회적 긴장이론 또는 사회문화 구조적 압력설이라고 한다.

② 즉 사회 자체가 특정의 사회집단에 압력을 가함으로써 이러한 집단은 정상적인 행위보다는 비정상적인 행위에 빠져들게 된다는 것이다.

02   머튼(Merton)의 아노미이론(긴장이론)

(1) 주장논거

① **문화적 목표와 수단의 괴리** : 사람들이 추구하는 목표가 문화적으로 형성되고, 이를 달성할 수 있는 수단 역시 문화적으로 규정된다. 그러나 문화적 목표를 달성할 수 있는 기회는 충분하지도 공평하지도 않아 차별적이다.

② **지나친 문화적 목표의 강조** : 특정사회에서 아노미 상황으로 인한 사회적 긴장(Social Strain)은 문화적 목표를 지나치게 강조하면서 반면에 사회의 구조적 특성에 의해 특정집단의 사람들이 제도화된 수단으로 문화적 목표를 성취할 수 있는 기회가 제한되었을 때에 발생한다. [2011. 9급]

③ **수단의 차등적 배분** : 성공목표를 달성하기 위한 수단이 주로 사회경제적 계층에 따라 차등적으로 분배되어 목표와 수단의 괴리가 커지게 될 때 범죄가 발생한다. [2019. 7급] 총 3회 기출

④ "안되면 되게 하라.", "모로 가도 서울만 가면 된다."와 같이 목표를 지나치게 강조하고 반면에 이를 추구하는 수단을 경시하는 인식유형은 머튼이 제기한 문화적 아노미의 좋은 예가 될 수 있다.

⑤ 적응양식의 차이는 개인적인 속성의 차이가 아니라 사회적 문화구조에 의해 결정된다고 보기 때문에 사회구조에 관한 이론이다.

⑥ 문화적 목표를 달성할 수 있는 제도화된 수단이 제한되었을 때 개인의 적응방식에 따라 비행이 발생할 수 있다.

⑦ 적응양식 가운데 머튼이 가장 관심을 둔 것은 개혁형(혁신형)인데, 이 유형은 합법적인 기회가 중상류층에 비하여 차단된 하류계층의 높은 범죄율을 설명하는 논리적 근거로 생각되면서 이후 많은 조사와 연구의 기초가 되었다. [2011. 9급]

(2) 목표와 수단에 대한 개인적 적응유형 [2018. 9급] 총 5회 기출

적응유형		문화적 목표	제도적 수단	특 징
보편적 적응방식	동조형 (confirmity)	+	+	• 성공목표와 제도적 수단의 합치로 정상적인 생활을 유지하는 사람 • 정상인
반사회적 적응방식	개혁·혁신형 (innovation)	+	−	• 금전획득의 재산범죄가 많고 범죄학적으로 가장 문제되는 생활자 • 성매매, 마약거래, 강도 등
	의례·의식형 (ritualism)	−	+	• 높은 성공목표는 외면하고 제도적 수단에 충실하는 순종적인 생활 • 중하층 봉급쟁이나 무사안일하게 절차적 규범이나 규칙만을 준수하는 관료 등
	도피·퇴행형 (retreatism)	−	−	• 비도덕적이고 퇴폐적인 생활자 • 만성적 알코올중독자, 마약상습자 등
	혁명·전복형 (rebellion)	±	±	• 공동체 전체를 위한다는 동기에서 사회목표를 공공연하게 거부하면서 범죄를 유발하고, 범행이 공표되기를 원하는 데모나 혁명을 하는 경우 • 정치범, 확신범, 혁명가 등

✓ +는 수용, −는 거부, ±는 지배적인 가치체계를 거부하고 새로운 가치의 대치

PLUS⁺ 테일러(Taylor)

머튼의 아노미 상태를 슬롯머신 게임에서 기계가 잘못되어 일부 사람들만 계속 돈을 따는 것과 같은 것으로 비유하였다. 즉 돈을 잃는 사람들은 이길 확률을 높이기 위해 외국동전이나 자석을 사용하기도 하고(혁신형), 멍하니 게임을 계속하거나(의례형), 게임을 포기하거나(도피형), 그렇지 않으면 완전히 새로운 게임을 제의하기도 한다(혁명형).

(3) 아노미 상황에서 개인의 적응 방식

정상적인 기회구조에 접근하기 어려운 사람들이 본인의 곤경을 해결하는 방법으로 머튼은 다음과 같은 유형을 거론하였다.

동조형 (순응형)	1. 정상적인 기회구조에 접근할 수는 없지만 그래도 문화적 목표와 사회적으로 제도화된 수단을 통하여 목표를 추구하는 적응방식이다. [2020. 7급] 총 3회 기출 2. 반사회적인 행위유형이 아니다(아노미가 아님). 3. 비록 자신은 충분한 교육을 받지 못했지만 주어진 조건 내에서 돈을 많이 벌려고 노력하는 자 [2014. 7급]
혁신형 (개혁형)	1. 범죄자들의 전형적인 적응방식으로 문화적 목표는 수용하지만 제도화된 수단은 거부하는 형태이다. [2020. 7급] 총 3회 기출 2. 대부분의 범죄가 비합법적인 수단을 통하여 자신들이 원하는 목표를 달성하려고 한다는 점에서 이러한 적응방식에 해당한다. [2012. 7급] 3. 범죄학상 문제되는 유형 [2011. 9급] 4. 하류계층의 재산범죄를 설명하는데 상당한 설득력이 있다. 5. 정상적인 방법으로는 부자가 될 수 없다고 판단하고 사기, 횡령, 마약밀매, 강도, 절도 등을 행하는 자 [2020. 7급] 총 2회 기출
의례형 (의식형)	1. 문화적 목표를 거부하고 제도화된 수단만을 수용하는 적응방식이다. [2012. 7급] 2. 이들은 아예 목표 자체를 포기했기 때문에 목표를 달성하지 못했다고 실망하지 않으며 모든 제도화된 수단을 따르기 때문에 실제 큰 문제는 야기하지도 않는다. 3. 머튼은 사회적으로 중하층에 속해 있는 사람들에게 흔히 볼 수 있는 적응방식이라고 보았다. 4. 자기가 하는 일의 목표는 안중에 없고 무사안일하게 절차적 규범이나 규칙만을 준수하는 관료
도피형 (회피형) (퇴행형) (은둔형)	1. 문화적 목표와 제도화된 수단을 모두 거부하고 사회로부터 도피해 버리는 적응방식이다. [2020. 7급] 총 2회 기출 2. 합법적인 수단을 통한 목표성취 노력의 계속적인 실패와 제도화된 수단에 대한 내면화에 따른 양심의 가책 때문에 불법적인 수단을 사용할 능력이 없는 결과 때문에 나타난다. 3. 정신병자, 빈민층, 방랑자, 폭력배, 만성적 알코올중독자 및 마약상습자 [2020. 7급] 총 2회 기출 4. 사업이 수차례 실패로 끝나자 자신의 신세를 한탄하면서 부랑생활을 하는 자 [2014. 7급]
반역형 (혁명형) (전복형)	1. 기존의 문화적 목표와 제도화된 수단을 모두 거부하면서 동시에 새로운 목표와 수단으로 대치하려는 형태의 적응방식이다. [2020. 7급] 총 3회 기출 2. 정치범에게서 나타나는 유형 3. 보수적 이데올로기에 반항하여 욕구불만의 원인을 현존 사회구조에서 규명하고 욕구불만이 없는 사회주의 국가의 건설을 문화적 목표로 설정하고 이를 달성할 수 있는 수단으로 폭력혁명을 주창하는 형태를 들 수 있다. [2018. 9급] 4. 이들은 대부분 사적인 목적달성보다는 공동체 전체를 위한다는 동기에서 새로운 목표와 수단을 도모하는 경향이 강하다(환경보호론자, 낙태금지론자, 동물보호론자 등). 5. 환경보호를 이유로 공공기관이 시행하는 댐건설현장에서 공사 중단을 요구하며 시위를 하는 자 [2014. 7급]

(4) 공헌 및 문제점(비판)

① 공헌

ㄱ 일탈을 사회구조적 측면에서 파악하고, 사회구조적 갈등의 원인을 지적하였다.

ㄴ 하류계층의 높은 범죄율을 설명하는데 도움을 주었다. [2020. 5급 승진] 총 2회 기출

ㄷ 성공목표와 합법적 수단 간의 통합수준을 높이는 사회정책을 범죄대책으로 제시하였다.

② 비판

ㄱ 모든 인간이 일률적으로 부의 성취라는 목표를 공유하고 있는지 의문스럽다.

ㄴ 특정 사회 내의 다양한 문화와 추구하는 목표의 다양성을 무시하고 있다. [2011. 9급]

ㄷ 문화적 목표와 제도화된 수단 사이의 괴리현상에서 사람들마다 적응방식이 다른 이유를 설명하지 않는다.

ㄹ 미국사회에 국한된 이론으로 남성위주 일탈에 초점을 두고 있다.

ㅁ 하류계층에 주목하게 함으로써 하층에 대한 비난을 함축하고, 중·상류층의 범죄 등에 대한 설명이 곤란하다. [2020. 5급 승진] 총 3회 기출

ㅂ 재산범죄에 대해서는 타당한 논리이지만 목표달성과 무관한 폭력범죄(격정범죄) 등 비공리적 범죄에 대한 설명력은 낮다.

ㅅ 일탈의 원인과 결과에 대한 혼동을 가져오고 비합법적 수단의 차별적 분배(기회구조)에 대한 설명이 없다.

ㅇ 왜 하나의 반응을 택하는지 설명하지 못하고, 청소년비행의 비공리적인 이유에 대한 설명이 부족하다.

ㅈ 일탈의 원인을 문화와 사회구조 속에서 파악하려 한 나머지 집단 또는 개인들 간의 상호작용이 일탈행위에 미치는 영향을 과소평가 또는 무시한다.

(5) 피드백 효과

① 머튼은 자신의 이론이 중·상류층의 범죄를 설명하지 못한다는 비판을 받자, 문화적 목표는 만족할수록 그 정도가 높아져서 더욱 많은 것을 추구하게 된다는 아노미의 피드백 효과(feedback effect)라는 가설로 반론을 전개하였다.

② 즉 문화적 목표는 완전한 귀결점이 아닌 가변적인 것으로서 개인은 문화적 목표를 달성한 다음에도 완전한 만족을 하지 못하고, 점차 높아지는 목표에 의해 다시 불법적 수단을 사용하게 된다고 보았다.

03 메스너와 로젠펠드의 제도적 아노미이론(Institutional Anomie Theory) — 사회구조적 수준의 긴장

(1) 아노미의 원인

① **아메리칸 드림** : 메스너와 로젠펠드(Messner & Rosenfeld)는 고전적 아노미이론(뒤르껭, 머튼)의 두 가지 특징인 사회구조적 측면과 경제적 성공에 대한 열망을 미국인의 꿈(American Dream)이라는 개념으로 설명하였다. [2023. 9급]

② '아메리칸 드림'이 일탈행동을 유발할 수 있는 가능성을 네 가지 차원에서 찾았다.

성취주의	어떤 수단과 방법을 써서라도 성공해야 한다는 문화적 압박이 강하다.
개인주의	규범적인 통제를 무시하고 개인적인 목표를 위해 어떤 수단과 방법을 사용해도 좋다는 생각을 하게 만든다.
보편주의	대부분의 미국 사회의 구성원들이 유사한 가치를 갖고 있으며 동일한 목표에 대한 열망이 존재한다.
물신주의	성공에 대한 열망이 존재하며 그 성공의 가장 대표적인 척도는 경제적 성공이다.

③ **경제와 비경제 제도간 불균형이 아노미원인** : 경제제도와 비경제적 제도 간의 불균형과 이로 인한 규범적 통제 요소의 부재가 일탈행동을 유발하게 된다는 이론으로, 경제적 제도와 비경제적 제도의 영향력 간 차이가 클수록 일탈행동이 빈번해질 수 있다고 한다.

④ **통제부재** : 경제적 원인으로부터의 일탈행위를 다른 비경제적 제도(가족, 학교, 공동체 등)가 통제해 주어야 함에도 불구하고 오히려 이들이 경제적 힘에 종속되면서 아노미적 일탈행동이 빈번하게 발생된다는 점을 강조하고 있다.

⑤ **성공목표의 보편적 가치** : 물질적 재화의 획득인 성공목표가 미국 문화에 널리 퍼져 있다는 머튼의 관점에 동의하고, 아노미이론의 구조적 버전은 반사회적 행동을 미국 사회의 문화적·제도적 영향의 결과로 바라본다.

⑥ 지나치게 금전적 성공을 강조하는 것은 이를 통제할 만한 종교나 자선단체 같은 제도가 무기력하거나 퇴보된 상태로 남겨져 있기 때문이다.

⑦ 상대적으로 높은 미국의 범죄율은 문화와 제도 간의 상호관계를 통해 설명할 수 있다. 즉 제도적 수준에서 경제적 관심의 지배는 가족, 교회, 학교에서 실행하는 비공식적 사회통제를 약화시킨다.

(2) 사회제도가 손상된 이유

① 비경제적 사회제도의 역할이 평가절하되어 버렸다.

② 사회제도 간에 갈등이 발생하면 비경제적 역할은 경제적 역할에 종속되어 그것을 따르게 된다. 예컨대 승진의 기회가 주어진 부모는 가족과 떨어진다거나 온 가족이 다른 곳으로 이사를 가는 것을 당연하게 생각하게 되었다.

③ 경제적 언어, 기준, 규범 등이 비경제적 영역까지 침투하고 있다. 예컨대 배우자를 살림을 위한 경영 파트너로 바라보았다.

(3) 범죄예방대책

① 시민들이 경제적 안전망을 제공받게 된다면 그들은 경제적 박탈감의 영향을 이겨낼 수 있고, 범죄율이 감소될 것이다.
② 복지, 연금 혜택, 보건 등 자원을 제공하는 국가는 범죄율이 현저히 낮을 것이다.

04   에그뉴의 일반긴장이론(General Strain Theory) − 개인적 수준의 긴장

(1) 개인적, 사회심리학적 원인 강조

① 에그뉴(R. Agnew)는 머튼의 아노미이론에 그 이론적 기초를 두면서도 머튼과 달리 계층이 아닌 긴장의 개인적, 사회심리학적 원인을 다루고 있다. 따라서 일반긴장이론은 하류계층의 범죄 행위가 아닌 사회의 모든 구성요소의 범죄 행위에 대한 일반적 설명을 제공하고 있다. [2017. 9급]
② **일탈의 과정** : 다양한 원인으로부터 긴장이 발생하여 부정적 감정 상태(분노, 좌절, 실망, 의기소침, 두려움)로 이어지고, 반사회적 행위(약물남용, 비행, 폭력, 낙오)에 이르게 된다.
③ **미시적 관점** : 스트레스와 긴장을 느끼는 개인이 범죄를 저지르기 쉬운 이유를 설명하는 이론으로 미시적 관점에 해당한다. [2020. 5급 승진] 총 2회 기출
④ **일반이론** : 긴장을 경험하는 모든 사람이 범죄를 저지른다거나 범죄에 의존하게 되는 것은 아니다. 같은 수준의 긴장이 주어졌다 하더라도 모든 사람이 동일한 정도로 범죄를 저지르는 것은 아니다. [2020. 5급 승진] 총 2회 기출
⑤ 긴장의 경험이 강도가 강하고 횟수가 많을수록 그 충격은 더 커지고 일탈에 빠질 가능성이 높다고 한다.
⑥ 개인적 수준의 일탈을 예측할 뿐만 아니라 공동체 수준의 범죄율 차이를 설명하기도 한다.

(2) 긴장 또는 스트레스의 다양한 원인

① 개인적 수준에서의 열망(aspiration)과 기대(expectation) 간의 괴리로 인해 긴장 및 스트레스가 발생하고 이는 범죄를 유발하는 요인이 된다.
② 범죄발생의 원인으로 목표달성의 실패, 기대와 성취 사이의 괴리, 긍정적 자극의 소멸, 부정적 자극의 발생을 제시했다. [2020. 5급 승진] 총 2회 기출

목표달성의 실패	머튼의 아노미와 유사
기대와 성취 사이의 괴리	동료와의 비교에서 느끼는 상대적인 감정
긍정적 자극의 소멸	자신에게 중요한 이성 친구와의 결별이나 실연, 친한 친구나 가족의 사망 등
부정적 자극의 발생	아동학대, 범죄피해, 체벌, 가족 또는 또래집단에서의 갈등, 학업실패 등의 유해한 자극에 노출

일반긴장이론의 전개도식

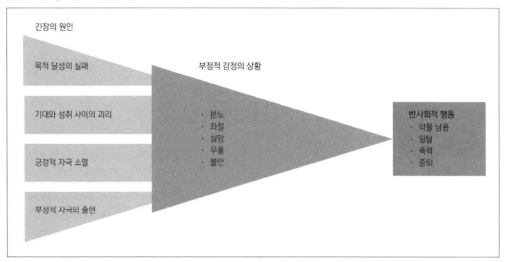

(3) 평 가

① 비행에 이르게 하는 부정적 압박에 초점을 맞춤으로서 유대이론이나 학습이론과 구별된다.

② 동일한 계층이나 인종이라도 개인에 따라 경험하는 긴장은 다양하기 때문에 비행행위의 계층 적·인종적 차이에 얽매일 필요가 없다는 점에서 전통적 긴장이론과의 차이가 있다.

③ 기대와 가능성 이외에 긴장을 측정하는 다양한 척도를 사용하였다.

④ 생애과정에 걸쳐 사회적 사건이 행동에 미치는 영향을 보여주었다.

⑤ 하류계층뿐만 아니라 중산층의 범죄 설명에도 유용하다.

⑥ 계층에 따라 범죄율이 달라지는 이유를 설명하지 못한다는 비판을 받는다. [2018. 7급]

머튼 vs 에그뉴의 비교

머튼(Merton)	에그뉴(Agnew)
사회적 수준의 긴장	개인적 수준의 긴장
문화적 목표와 제도적 수단의 괴리에 의한 긴장	다양한 원인에 의한 긴장 또는 스트레스
범죄율에서 사회계층의 차이를 설명	스트레스와 긴장을 느끼는 개인이 범죄를 저지르기 쉬운 이유를 설명(긴장의 개인적 영향을 밝히는데 도움을 줌)
하류층의 범죄에 국한	모든 계층(하류층, 중·상류층)의 범죄에 대한 설명 가능
거시 환경이론	미시 환경이론

최신 기출로 확인하기

1. 머튼(Merton)의 아노미이론에 대한 설명으로 옳지 않은 것은? 2022. 교정 9급

① 부(富)의 성취는 미국사회에 널리 퍼진 문화적 목표이다.

② 목표달성을 위한 합법적 수단에 대한 접근은 하류계층에게 더 제한되어 있다.

③ 합법적 수단이 제한된 하류계층 사람들은 비합법적인 수단을 통해서라도 목표를 달성하려고 한다.

④ 하류계층뿐만 아니라 상류계층의 범죄를 설명하는 데 유용하다.

2. 애그뉴의 일반긴장이론에 대한 설명으로 옳지 않은 것은? 2020. 5급 승진

① 개인적 수준에서의 열망과 기대 간의 괴리로 인해 긴장 및 스트레스가 발생하고 이는 범죄를 유발하는 요인이 된다.

② 아노미이론에 기초를 두고 있는 점에서 주된 연구들은 거시적 범죄이론으로 분류된다.

③ 목표달성의 실패, 긍정적 자극의 소멸, 부정적 자극의 발생을 통해 범죄가 유발된다.

④ 자신에게 중요한 이성 친구와의 결별이나 실연, 친한 친구나 가족의 사망 등은 긍정적 자극이 소멸한 예라 할 수 있다.

⑤ 같은 수준의 긴장이 주어졌다 하더라도 모든 사람이 동일한 정도로 범죄를 저지르는 것은 아니다.

3. 머튼의 아노미이론에 대한 설명으로 옳지 않은 것은? 2020. 보호 7급

① 순응은 문화적 목표와 제도화된 수단을 모두 승인하는 적응방식으로 반사회적인 행위유형이 아니다.

② 혁신은 문화적 목표는 승인하지만 제도화된 수단을 부정하는 적응방식으로 마약밀매, 강도, 절도 등이 이에 해당한다.

③ 퇴행은 문화적 목표와 제도화된 수단을 모두 부정하고 사회활동을 거부하는 적응방식으로 만성적 알코올 중독자, 약물 중독자, 부랑자 등이 이에 해당한다.

④ 의식주의는 문화적 목표와 제도화된 수단을 모두 부정하고 기존의 사회질서를 다른 사회질서로 대체할 것을 요구하는 적응방식으로 혁명을 시도하는 경우 등이 이에 해당한다.

4. 다음에서 설명하는 이론을 주장한 학자는? 2023. 교정 9급

> • 아메리칸 드림이라는 문화사조는 경제제도가 다른 사회제도들을 지배하는 '제도적 힘의 불균형' 상태를 초래함
> • 아메리칸 드림과 같은 문화사조와 경제제도의 지배는 서로 상호작용을 하면서 미국의 심각한 범죄문제를 일으킴

① 머튼(Merton)

② 코헨과 펠슨(Cohen & Felson)

③ 코니쉬와 클라크(Cornish & Clarke)

④ 메스너와 로젠펠드(Messner & Rosenfeld)

🔍 정답 1. ④ 2. ② 3. ④ 4. ④

범죄적 하위문화이론(비행적 부문화이론)

01 개 요

(1) 하위문화

① **하위문화**(subculture) : 사회에서 각계각층의 구성원들이 공유하는 문화(지배집단의 문화)와는 별도로 특정한 집단에서 강조되는 가치나 규범체제를 의미하며, 해체된 지역사회에서는 하위계층의 독자적인 문화가 발전한다고 본다.
② **범죄적 하위문화** : 사회의 여러 하위문화 중에서 규범의 준수를 경시하거나 반사회적 행동양식을 옹호하는 하위문화를 말한다.

(2) 형성과정

① 범죄적 하위문화는 일반시민들이 보편적인 문화를 내면화함으로써 사회규범에 따라 행동하듯이 하위문화적 환경에서 생활하는 사람들은 범죄적 하위문화의 영향으로 인하여 범죄에 빠져든다고 설명한다.
② 범죄적 하위문화이론은 모두 범죄행위를 특정한 하위문화의 자연적 결과로 인식하는 점에서는 동일하지만, 범죄적 하위문화의 구체적 성격이나 그 형성과정에 대해서는 다양한 입장을 보인다.
③ 하위문화이론에 속하는 여러 견해들의 공통점은 특정한 집단이 지배집단의 문화와는 상이한 가치나 규범체계에 따라 행동하며, 그 결과가 범죄와 비행이라고 보는 것이다.

02 밀러(Miller)의 하위계층(계급)문화이론

(1) 하위계층의 주요 관심사론

① 밀러는 하위계층의 문화를 고유의 전통과 역사를 가진 독자적 문화로 보았다. [2023. 교정 7급]
② **하위문화에의 집중적인 관심** : 하층계급의 독자적인 문화규범에의 동조가 중산층문화의 법규범에 위반함으로써 범죄가 발생한다는 것으로 중류계급의 규범에 대한 악의성의 표출이 아닌 그들의 집중된 관심의 추구가 범죄원인이 된다.
③ **지배계층 문화와의 갈등** : 하류계층의 대체문화가 갖는 상이한 가치는 지배계층의 문화와 갈등을 초래하며, 지배집단의 문화와 가치에 반하는 행위들이 지배계층에 의해 범죄적·일탈적 행위로 간주된다고 주장한다. [2023. 교정 7급] 총 2회 기출
④ **독특한 행동패턴** : 중류계층의 가치를 거부하는 것이 아니고 그들만의 문화에 따르는 행위를 하다보니 그 자체가 중류계층의 가치나 행동패턴과 상치되어 그것이 범죄원인이 된다는 것이다. [2013. 7급]
⑤ 범죄행위를 독특한 하류계층 하위문화의 가치와 규범에 대한 정상적인 반응으로 본다.

⑥ 하위계층 청소년들은 하위계층문화의 '주요 관심사'에 따라 학습하고 행동하며 비행청소년들은 특히 이를 과장된 방법으로 표현하고 행위로 나타낸다. [2013. 7급]

⑦ **코헨의 비행적 하위문화와의 차이** : 이러한 관심은 중류계층의 규범에 위반이지만 악의적인 원한이나 울분 또는 저항을 표시하는 것은 아니라는 점에서 코헨(Cohen)의 비행적 하위문화이론과 다르다. 즉 하류계층의 비행을 '중류층에 대한 반발에서 비롯된 것'이라는 Cohen의 주장에 반대하고 그들만의 독특한 하류계층문화 자체가 집단비행을 발생시킨다고 보았다. [2023. 교정 7급] 총 3회 기출

(2) **하위계층의 주요 관심사**(관심의 초점) [2023. 교정 7급] 총 6회 기출

Trouble (말썽 · 걱정 · 사고치기)	• 주위사람들의 주목을 끌고 높은 평가를 받기 위해서 사고를 치고 사고의 결과를 회피하는 일에 많은 관심을 두고 있다. • 법이나 법집행기관 등과의 말썽이 오히려 영웅적이거나 정상적이며 성공적인 것으로 간주
Toughness (강인 · 완강)	남성다움과 육체적 힘의 과시, 용감성 · 대담성에 대한 관심
Smartness (교활 · 영악 · 영리함)	• 영리함 : 지적인 총명함을 의미하는 것이 아니라 도박, 사기, 탈법 등과 같이 기만적인 방법으로 다른 사람을 속일 수 있는 능력 • 남이 나를 속이기 이전에 내가 먼저 남을 속일 수 있어야 한다.
Excitement (흥분 · 자극 · 스릴)	• 하위계급이 거주하는 지역에서 도박, 싸움, 음주 등이 많이 발생하는 것은 흥분거리를 찾는 과정에서 발생한다. • 스릴, 모험 등 권태감을 모면하는 데 관심
Fatalism (운명 · 숙명)	• 자신의 미래가 스스로의 노력보다는 스스로 통제할 수 없는 운명에 달려 있다는 믿음이다. [2016. 5급 승진] • 하위계급은 행운이나 불행에 많은 관심을 갖고 있으며 범죄를 저지르고 체포되더라도 이를 운수가 좋지 않았기 때문이라고 판단 • 빈곤한 사람은 때로 그들의 생활이 숙명이라고 생각하며 현실을 정당화
Autonomy (자율 · 자립)	• 권위로부터 벗어나고, 다른 사람으로부터 간섭을 받는 것을 혐오 [2020. 7급] 총 2회 기출 • 사회의 권위있는 기구들에 대하여 경멸적인 태도를 취하게 된다. • 타인으로부터 명령과 간섭을 받고 있는 현실에 대한 잠재의식적인 반발

(3) 하위계층문화이론의 평가

① **울프강과 페라쿠티의 폭력하위문화론에 영향** : 울프강(Wolfgang)과 페라쿠티(Ferracuti)에 의하면 미국 필라델피아市에서 살인범죄율이 높은 이유는 지배적인 문화와는 별도로 특정지역을 중심으로 폭력사용을 용인하고 권장하는 폭력하위문화가 존재하기 때문이라고 한다.

② **공헌** : 범죄발생의 원인을 문화적 측면에서 검토하면서 하류계층에 현저한 범죄의 발생과정을 잘 설명하고 있다.

③ **비판** : 미국의 대도시 빈민가의 소년범죄자를 대상으로 한 것이기 때문에 보편적 범죄현상을 설명하기에는 한계가 있고, 하류계층 출신의 청소년이 모두 범죄인이 되는 것은 아니다.

PLUS⁺ 하위문화의 성격

Miller : 고유문화	Cohen : 중산층의 지배문화에 대한 반항문화
하위계층문화이론 　ㄴ 주요관심사　ㄱ 고의성×, 악의성× 　　　　ㄴ 동조 　　　　　ㄴ 비행·범죄	비행하위문화이론 　ㄴ 중류계층의 기준　ㄱ 고의성○, 악의성○ 　　　ㄴ 실패·좌절 → 반항 　　　　　ㄴ 악의적·부정적· 　　　　　　거부적 반응

● **하위문화** : 밀러(Miller)에 의하면 중산층과 상관없이 고유의 전통과 역사를 가진 독자적 문화로 보았으며, 코헨(Cohen)에 의하면 중산층의 보편적인 문화에 대항하고 반항하기 위해서 형성되는 것이라고 보았다. [2016. 7급] [2016. 5급 승진]

 **코헨**(Cohen)**의 비행하위문화이론**(집단문화이론)

(I) 개 념

① **비행의 원인** : 머튼과 서덜랜드의 제자인 코헨(Albert Cohen)은 「비행소년」(1955)에서 일반문화 체계에서 구별되는 문화 안의 부문화에 대한 개념으로 비행집단에 공통된 특정한 가치관이나 신념·지식 등을 포함하는 사고나 그에 기초한 행동양식이 곧 범죄행위로 나타난다고 보았다. [2012. 7급]

② **과정규명** : 하위계층 청소년들 사이에서 반사회적 가치나 태도를 옹호하는 비행문화가 형성되는 과정을 규명하였는데, 이는 밀러나 울프강 등이 범죄하위문화가 사회계층이나 특정지역에 전래하는 것으로 가정하고 이러한 문화가 생성되는 과정에 대해서는 특별한 관심을 두지 않았던 것과 대비된다.

③ **좌절과 반동** : 학교교육은 대부분의 중산층 출신 교사들에 의해 중산층 가치관을 전달하지만, ⇨ 하위계층 청소년들은 자신들에게 익숙하지 않은 가치관에 적응하기 어렵고 적응할 능력이 없음을 자각하고, ⇨ 스스로의 열악한 지위에 대한 욕구불만과 자신감 상실로 지위좌절을 경험하면서, ⇨ 이에 대한 반동(저항)으로 자신들의 적응문제를 집단적으로 해결하려고 자신을 궁지에 빠뜨린 문화나 가치체계와는 정반대의 비행하위문화를 형성한다는 것이다. [2014. 7급]

④ **긴장과 갈등** : 중산층의 가치나 규범을 중심으로 형성된 사회의 중심문화와 빈곤계층 출신소년들이 익숙한 생활 사이에 긴장이나 갈등이 발생하며 이러한 긴장관계를 해결하려는 시도에서 비행하위문화가 형성되며 비행이 발생한다고 보았다. [2018. 5급 승진] 총 2회 기출

⑤ **비합리성** : 비행하위문화가 비합리성을 추구하기 때문에 공리성, 합리성을 중요시하는 중심문화와 구별된다. [2020. 7급]

(2) 비행하위문화의 특징

비공리성(비실리성) (non-utilitarian)	다른 사람의 물건을 훔치는 경우에 그 경제적 효용가치보다 스릴이나 동료들로부터 인정받고 지위를 얻기 위한 행위로 생각한다.
악의성 (malicious)	다른 사람들에게 불편을 주고 고통당하는 모습에서 쾌감을 느낀다.
부정성(거부주의) (negativistic)	합법적 사회규범이나 어른들의 문화를 부정 또는 거부하고 그들 나름대로의 문화를 정당화한다. ◈ 코헨은 하위계층의 소년들이 사회의 일반문화와 정반대되는 방향으로 하위문화의 가치나 규범을 설정하는 과정을 반항형성(反抗形成)이라는 개념으로 표현
집단자율성	외부에 대한 극도의 적개심(반항)과 내부에 대한 응집력(집합적 해결책)을 말한다.

(3) 공헌 및 비판

공 헌	1. 하위계층 소년들의 비행원인을 지위좌절, 반항형성, 비행하위문화의 출현 등과 같은 새로운 개념들로 설명하여, 학교 등에서 비행적 폭력조직을 형성하는 이유를 비교적 잘 설명하고 있다. [2012. 9급] 2. 청소년비행의 원인을 거시적으로 접근하고 있을 뿐 아니라 그 대책으로 사회구조적 해결책을 제시하고 있다.
비 판	1. 중산층 또는 상류계층 청소년의 비행이나 범죄를 잘 설명하지 못한다. [2020. 7급] 총 2회 기출 2. 하위계급 출신 중에는 범죄를 저지르지 않는 소년이 많다는 점을 간과하였다. 3. 하위계층에서 가장 많이 저지르는 것이 절도범죄인데 이러한 범죄가 비행하위문화의 특징인 비합리성, 악의성, 부정성을 강조하는 비행하위문화의 영향으로 보기는 어렵다. 4. 범죄소년들은 범죄행위에 대해 자부심과 만족감보다는 대부분 뉘우치고 후회한다는 점을 설명하기 어렵다.

■ 하위계층문화이론과 비행하위문화이론의 차이점

하위계층문화이론(Miller)	비행하위문화이론(Cohen)
1. 중산층문화의 법규를 위반하지만 이것은 중산계층의 가치와 행동규범에 대한 악의적인 원한이나 울분을 표시하는 것이 아니라 그들 고유의 집중된 관심에의 추구에서 형성된 것으로 파악한다. 2. 범죄하위문화가 사회계층이나 특정지역에 전래하는 것으로 가정하고 이러한 문화가 생성되는 과정에 대하여는 특별한 관심을 두지 않았다. 3. 반드시 구조적 긴장을 전제로 하는 것은 아니다.	1. 중상류계층에 적용하지 못한 청소년들이 형성한 비행집단은 상류집단에 대해 악의적이고 비공리적이다. 2. 청소년 간에서 반사회적 가치나 태도를 옹호하는 비행문화가 형성되는 과정을 집중적으로 다루었다. 3. 하류계층의 비행에 대하여 구조적 긴장을 전제로 설명하고 있다.

■ 비행하위문화이론과 아노미이론의 차이점

비행하위문화이론(Cohen)	아노미이론(Merton)
1. 많은 비행에서 발견되는 비실용적인 성격을 설명하고자 하였다. 2. 일탈의 비공리주의적인 특성을 강조한다. 3. 반항이 취하는 특별한 형태는 중간계급의 가치들에 대한 반작용에 의해 결정된다. 4. 반항의 선택은 그 집단의 다른 성원의 선택들과 연계하여 선택한다.	1. 혁신에 초점을 두고 범죄원인의 실용적 성격을 강조하여 설명하였다. 2. 범죄의 공리주의적 본성을 강조한다. 3. 반항은 상당수의 서로 다른 형태들 중에서 어떤 하나를 임의적으로 취할 수 있다. 4. 사회의 적응형태에 대한 선택은 개인이 한다.

PLUS⁺ 이론의 비교

1. Merton의 아노미이론
   - 빈곤 → 문화적 목표와 제도화된 수단 간의 괴리 → 긴장 초래 → 범죄
   - 하류계층의 범죄 중 재산범의 설명에는 유용하나 중류층 내지 상류층의 범죄를 설명하기 곤란하다.
2. 사회해체이론
   - 도시화·산업화 → 빈곤, 좌절, 긴장, 갈등 → 사회해체(비공식 사회통제 부족) → 사회통제의 붕괴 → 범죄지역(퇴행변이지역) → 문화전수
   - 퇴행변이지역(틈새지역)에서의 하류계층의 높은 범죄율을 설명 [2020. 7급]
3. Miller의 하위계층문화이론
   주요 관심사 → 동조(고의성 없음) → 하류계층 관심의 초점에 부응하는 행동 → 비행·범죄
4. Cohen의 비행(일탈)하위문화이론
   - 중류계층의 기준 → 하류계층의 실패(지위 좌절) → 반항(고의성 있음) → 집단적으로 부정적·악의적 비행을 통해 자신의 의미 부여
   - 하류계층 청소년들의 중류계층의 가치와 규범에 반동(대항) [2016. 9급]

04 클라워드(Cloward)와 오린(Ohlin)의 차별적 기회구조이론

(1) 개 요 [2023. 9급]

① **비행의 원인** : 적법한 기회가 막혀있다는 이유만으로 불법적 기회를 무조건 선택할 수 있는 것은 아니라고 주장하였고, 적법한 기회에 못지않게 범죄행위를 위해 필요한 불법적 기회 역시 불균등하게 배분되어 있다고 보았다. [2023. 교정 9급]

② **비행의 과정** : 청소년 비행의 핵심을 개별적 행위보다는 성공이나 출세라는 사회의 공통된 가치의 내면화 ⇨ 일부계층의 기회차단 ⇨ 좌절감이나 심각한 부적응 ⇨ 다른 수단이나 방법 모색 ⇨ 비행하위문화 형성에 이르는 과정의 집단적 행위에서 찾았다.

③ **머튼의 영향** : 아노미현상을 비행적 하위문화의 촉발요인으로 본다는 점에서 머튼의 영향을 받았고, 머튼의 이론을 확대·발전시켰으며, 비합법적인 기회가 주어졌을 때 비로소 비행이 가능하다고 보아 머튼의 한계를 보완해준다. [2016. 5급 승진] 총 3회 기출

④ **비합법적 수단의 필요성** : 사회에는 문화적으로 강조되는 목표와 그 목표를 달성할 수 있는 합법적인 수단 간에 현저한 차이가 있는데 이러한 차이로 인하여 비행하위문화가 형성된다. 하지만 성공을 위한 합법적인 수단이 없다고 하여 곧바로 비합법적 수단을 사용한다는 머튼의 가정에 동조하지 않는다. [2020. 5급 승진] 총 3회 기출

⑤ **비합법적 기회의 중요성 강조** : 실제 비행하위문화의 성격은 비합법적인 기회가 어떻게 분포되었는가에 따라 그 지역 비행하위문화의 성격 및 비행의 종류도 달라진다. 즉 조직적인 범죄활동이 많은 지역은 다른 지역에 비해 범죄기술을 배우거나 범죄조직에 가담할 수 있는 기회가 많기 때문에 비합법적인 방법으로 문화적 목표를 성취할 수 있는 기회가 많이 있다. [2019. 7급]

⑥ 문화전달이론(퇴행변이지역), 차별적 접촉이론(친밀한 집단과의 직접적 접촉), 아노미이론(문화적 목표와 제도화된 수단 간의 괴리)을 종합한 것으로 기회구조의 개념을 도입하여 성공을 위한 목표로의 수단이 합법적·비합법적인 두 가지 기회구조가 있음을 전제로 한다. [2023. 교정 9급] 총 2회 기출

(2) 개인적 적응양식의 유형(Merton의 모형 수정)

적응유형	문화적 목표	합법적 수단	비합법적 수단	폭력수용	비행적 하위문화의 유형	머튼과 비교
동조형	+	+			일반인	동조형
개혁(혁신)형	+	−	+		범죄적 하위문화(갱)	개혁형
공격(폭력)형	+	−	−	+ (예)	갈등적 하위문화(갱)	없음
도피형 (퇴행, 은둔)	+	−	−	− (아니오)	도피적 하위문화(갱)	도피형

❷ 문화적 목표는 모두 ○, 2가지 기회구조(→ 어떤 하위문화에 속해 있느냐에 따라 합법·비합법적 수단 사용)
❷ 공격형 : Merton의 적응유형에는 없는 새로운 유형

(3) 하위문화의 유형

개인이 합법적인 기회구조와 비합법적인 기회구조라는 양자에 걸친 지위에 있다고 가정하고, 두 가지 기회구조 중 어느 수단을 취하는가는 사회구조와의 관계에서 어떠한 수단을 취할 수 있는 위치에 있는가에 달려 있다고 보고, 범죄는 개인의 심리적 결단의 문제가 아니라 어떤 하위문화 (범죄적·갈등적·도피적)에 속해 있느냐의 문제로 보았다. [2023. 교정 9급]

유 형	특 징
범죄적 하위문화(갱) (개혁형)	1. 합법적 기회는 없고 비합법적 기회와는 접촉이 가능하여 범행이 장려되고 불법이 생활화되는 하위문화유형이다. 2. 범죄로 성공한 성인범죄자를 자신의 미래상으로 인식하고 범죄적 가치나 지식을 습득한다. 3. 주로 성인범죄자들과의 연계가 긴밀한 안정적 하류계층 사회에서 나타나며 재산범죄가 발생하기 쉽다.
갈등적 하위문화(갱) (공격형)	1. 성인들의 범죄가 조직화되지 않아 소년들이 비합법적인 수단에 접근할 수 없는 지역에서 형성되는 하위문화로, 좌절이 공격성으로 나타난 현상이다. 2. 범죄기술을 전수할 수 있는 환경이나 기회가 없기 때문에 이러한 지역에서는 안정된 범죄적 하위문화가 형성되지 못한다. 3. 합법적 기회뿐만 아니라 비합법적 기회에도 접근하지 않고 자신들의 욕구불만을 폭력으로 표현하는 투쟁적인 하위문화유형이다. [2020. 7급] 4. 범죄조직에 대한 통제가 확고하지 않은 관계로 과시적인 폭력과 무분별한 갱전쟁 등이 빈번하게 발생한다.
도피적 하위문화(갱) (도피형)	1. 문화적 목표의 가치는 인정하지만 이를 달성하기 위한 수단이 모두 봉쇄되어 있고 이를 해소할 폭력도 사용하지 못하는 자포자기 집단의 하위문화유형이다. 2. 합법적 기회와 비합법적 기회가 모두 결여된 사람들을 이중실패자라 분류하였다. [2021. 교정 7급] 3. 이중실패자들은 합법적인 세계와 불법적인 세계로부터 모두 차단됨으로써 문화적 목표 추구를 포기한 채 도피적 생활양식(약물중독, 정신장애, 알코올중독)에 빠져든다. [2023. 교정 9급]

PLUS⁺ 하위문화의 적응 유형

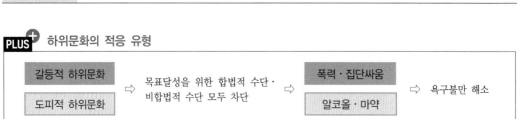

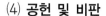

PART 02

(4) 공헌 및 비판

공 헌	1. 집단비행현상의 구조적 요인은 아노미이론에서, 구체적인 비행의 성격과 형태는 문화전달 이론과 차별적 접촉이론에서 파악했다.
	2. 범죄와 비행을 유발하는 중간적인 사회구조적 여건, 즉 합법적 기회구조·비합법적 기회구조를 지적했다.
	3. 미국의 1960년대에 지역사회 교정과 비행예방 프로그램 등의 사회정책에 크게 영향을 주었다.
비 판	1. 상이한 하류계층 간에 존재하는 가족구조와 인종적 요소 등 배경적인 차이를 체계적으로 취급하지 않고 있다.
	2. 비행이 하류계층에 상대적으로 더욱 보편화되어 있다는 가정에서 출발한 이론으로 중상류 계층에서의 비행발생에 관한 설명이 없다.
	3. 동일한 기회구조 속에서도 왜 사람마다 서로 다르게 반응하는지에 대해서 설명할 수 없다.
	4. 높은 청소년 비행률을 나타내고 있는 지역사회들에는 어느 특정한 한 가지의 하위문화가 아니라 복수의 하위문화가 존재한다.

최신 기출로 확인하기

1. 클라워드(Cloward)와 올린(Ohlin)의 차별기회이론(differential opportunity theory)에 대한 설명으로 옳지 않은 것은?
2023. 9급

① 합법적 수단뿐만 아니라 비합법적 수단에 대해서도 차별기회를 고려하였다.
② 도피 하위문화는 마약 소비 행태가 두드러지게 나타나는 갱에서 주로 발견된다.
③ 머튼의 아노미이론과 서덜랜드의 차별접촉이론으로 하위문화 형성을 설명하였다.
④ 비행 하위문화를 갈등 하위문화, 폭력 하위문화, 도피 하위문화로 구분하였다.

2. 문화적 비행이론에 대한 설명으로 옳지 않은 것은?
2020. 보호 7급

① 밀러는 권위적 존재로부터 벗어나고 다른 사람으로부터 간섭을 받는 것을 혐오하는 자율성이 하위계층의 주된 관심 중 하나라고 한다.
② 코헨은 비행하위문화가 비합리성을 추구하기 때문에 공리성, 합리성을 중요시하는 중심문화와 구별된다고 한다.
③ 코헨의 비행하위문화이론은 중산계층이나 상류계층 출신이 저지르는 비행이나 범죄를 설명하지 못하는 한계가 있다.
④ 클로워드와 오린의 범죄적 하위문화는 합법적인 기회구조와 비합법적인 기회구조 모두가 차단된 상황에서 폭력을 수용한 경우에 나타나는 하위문화이다.

3. 범죄원인에 관한 학자들의 주장으로 옳지 않은 것은?   2019. 7급

① 샘슨과 라웁 : 어려서 문제행동을 보인 아동은 부모와의 유대가 약화되고, 학교에 적응하지 못하며, 성인이 되어서도 범죄를 저지르게 되므로, 후에 사회와의 유대가 회복되더라도 비행을 중단하지 않고 생애 지속적인 범죄자로 남게 된다.

② 클라우드와 올린 : 하류계층 청소년들이 합법적 수단에 의한 목표달성이 제한될 때 비합법적 수단에 호소하게 되는 경우에도, 비행의 특성은 불법행위에 대한 기회에 영향을 미치는 지역사회의 특성에 따라 달라진다.

③ 머튼 : 문화적으로 규정된 목표는 사회의 모든 구성원이 공유하고 있으나 이들 목표를 성취하기 위한 수단은 주로 사회경제적인 계층에 따라 차등적으로 분배되며, 이와 같은 목표와 수단의 괴리가 범죄의 원인으로 작용한다.

④ 글레이저 : 범죄의 학습에 있어서는 직접적인 대면접촉보다 자신의 범죄적 행동을 지지해 줄 것 같은 실존 또는 가상의 인물과 자신을 동일시하는가가 더욱 중요하게 작용한다.

4. 다음 개념을 모두 포괄하는 범죄이론은?   2022. 보호 7급

- 울프강(Wolfgang)의 폭력사용의 정당화
- 코헨(Cohen)의 지위좌절
- 밀러(Miller)의 주요 관심(focal concerns)

① 갈등이론   ② 환경범죄이론
③ 하위문화이론   ④ 정신분석이론

5. 코헨(Cohen)이 주장한 비행하위문화의 특징에 해당하지 않는 것은?   2021. 보호 7급

① 자율성(autonomy) : 다른 사람의 간섭을 받기 싫어하는 태도나 자기 마음대로 행동하려는 태도로서 일종의 방종을 의미한다.

② 악의성(malice) : 중산층의 문화나 상징에 대한 적대적 표출로서 다른 사람에게 불편을 주는 행동, 사회에서 금지하는 행동을 하는 것을 즐긴다.

③ 부정성(negativism) : 기존의 지배문화, 인습적 가치에 반대되는 행동을 추구하며, 기존 어른들의 문화를 부정하는 성향을 갖는다.

④ 비합리성(non-utilitarianism) : 합리성의 추구라는 중산층 가치에 반대되는 것으로 합리적 계산에 의한 이익에 따라서 행동하는 것이 아니라 스릴과 흥미 등에 따른 행동을 추구한다.

🔍 정답 1.④   2.④   3.①   4.③   5.①

Chapter 08 확인학습

빈칸채우기

01 버식과 웹은 사회해체의 원인을 지역이전과 (　　)의 두 측면에서 파악하였다.

02 문화전달이론의 연원은 따르드의 (　　)에서 비롯되고 사회해체이론을 계승한 것으로, 이후에 서덜랜드의 (　　)에 큰 영향을 주었다.

03 적응양식 가운데 머튼이 가장 관심을 둔 것은 (　　)이다.

04 (　　)이론은 하층계급의 독자적인 문화규범에의 동조가 중산층문화의 법규범에 위반함으로써 범죄가 발생한다는 것으로 중류계급의 규범에 대한 악의성의 표출이 아닌 그들의 집중된 관심의 추구가 범죄원인이 된다고 한다.

05 클라워드와 오린의 적응유형에서 머튼의 적응유형에는 없는 새로운 유형은 (　　)이다.

OX체크

01 범죄사회학은 크게 거시환경론, 미시환경론 및 갈등론의 세 가지로 나눌 수 있다.

02 거시환경론은 사회구조, 사회적 조건, 문화 등도 범죄요인으로 지적한다.

03 사회해체론은 공식적인 사회통제조직의 기능상실을 범죄원인으로 본다.

04 머튼의 아노미이론은 적응양식의 차이는 개인적인 속성의 차이가 아니라 사회적 문화구조에 의해 결정된다고 보기 때문에 사회구조에 관한 이론이다.

05 로버트 에그뉴의 일반긴장이론은 하류층의 범죄에 국한하지 않고 사회의 모든 계층의 범죄행위에 대한 일반적인 설명을 제공하고자 한다.

06 하위문화의 성격을 Miller는 고유문화, Cohen은 중상층의 지배문화에 대한 반항문화라고 한다.

07 클라워드와 오린은 합법적 기회가 차단된 사람들은 바로 비합법적 수단을 사용할 것이라는 머튼의 가정에 동의한다.

Answer

빈칸채우기 01 주민 이질성　02 모방이론, 차별적 접촉이론　03 개혁형(혁신형)　04 하위계층문화
05 공격형

OX체크 01 ○　02 ○　03 ○　04 ○　05 ○　06 ○　07 ×

단원MAP

형사정책 기초개념			범죄의 원인과 현상론								
1. 학문발전	2. 국제성	3. 연구방법	4. 고전주의	5. 초기실증	6. 생물학	7. 심리학	8. 거시사회	9. 미시사회	10. 갈등론적	11. 발달범죄	12. 범죄현상
피해자론		비범죄	예방과 예측		형벌론		보안처분론				판례
13. 피해자학	14. 피해보호	15. 비범죄화	16. 범죄예방	17. 범죄예측	18. 형벌론	19. 형벌종류	20. 보안처분	21. 주요5법	22. 소년사법	23. 소년2법	24. 판례

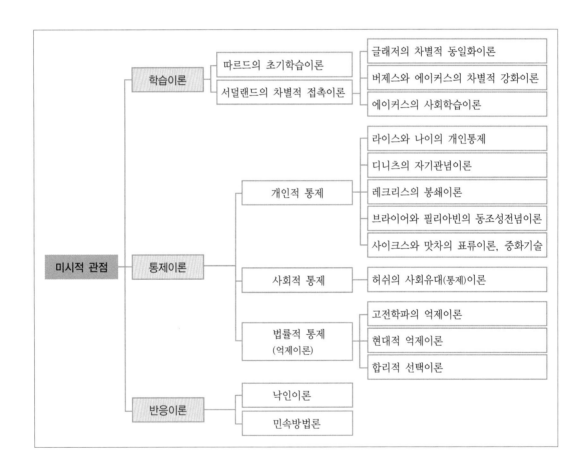

제1절 학습이론

01 따르드(Tarde)의 초기학습이론

(1) 개 요

① **범죄의 모방**(학습)**성** : 롬브로조의 생물학적 원인론을 부정하고 인간행위는 다른 사람들과 접촉하면서 관념을 학습하며 행위는 자기가 학습한 관념으로부터 유래하는 것이라고 주장하였다. 즉 모든 사회현상이 모방이듯이 범죄행위도 모방한다고 보았다. [2013. 9급]

② **모방의 법칙** : 사회심리학적 방법을 기초로 개인의 특성과 사회의 접촉과정을 중시하였으며, 그의 학습이론은 모방의 법칙(거리의 법칙, 방향의 법칙, 삽입의 법칙)으로 설명되고 있다.

(2) 모방의 법칙

거리의 법칙 (제1법칙)	• 사람들은 서로를 모방하는 경향이 있으며, 그 정도는 타인들과 얼마나 밀접하게 접촉하는가에 비례하여 타인을 모방한다. • 모방은 도시에서 빈번하고 빠르게 변화하는데 이를 '유행'이라고 하였고, 반면에 시골에서는 모방의 빈도가 덜하고 천천히 변화하는데 이를 '관습'이라고 하였다.
방향의 법칙 (제2법칙)	• 학습의 방향은 열등한 사람이 우월한 사람을 모방하는 경향이 있다(위에서 아래로). • 모방은 사회의 상류계층 ⇨ 하층계급, 도시 ⇨ 농촌으로 전해지는 등 사회적 지위가 우월한 자를 중심으로 이루어진다. [2014. 7급] 총 2회 기출
삽입의 법칙 (제3법칙) (무한진행의 법칙)	• 범죄의 발전과 변화과정을 설명하는 이론(모방의 변화과정) • 모방은 모방 ⇨ 유행 ⇨ 관습의 패턴으로 확대·진전되어 새로운 유행으로서 모방이 종래의 모방 속에 삽입되어 예전부터 있었던 관습으로 변화한다(처음에 단순한 모방이 유행이 되고, 유행은 관습으로 변화·발전된다). 예 총기에 의한 살인이 증가하면서 칼을 사용한 살인이 줄어드는 현상

(3) 공헌 및 한계

① 범죄행위가 생물학적 결함이나 심리적 기능장애라는 주장을 타파하고 다른 정상적인 행위와 마찬가지로 학습, 즉 모방의 결과라는 사실을 최초로 지적했다.

② 하지만 지나치게 단순한 이론으로 범죄자가 범죄를 학습하는 과정에 대한 충분한 설명이 되지는 못하였다.

02 서덜랜드(Sutherland)의 차별적 접촉이론

(1) 개 요

① 사회해체이론과 문화전달이론을 기초로 범죄의 전달(학습)과정을 밝히고자 노력하였다.

② **가정** : 사회조직은 범죄집단·중립집단·준법집단 등 서로 다른 특성을 가진 이질적 이익과 이질적 목표를 가진 잡다한 조직으로 분화되어 있다.

③ **백지설** : 분화된 집단 가운데 어느 집단과 친밀감을 가지고 차별적 접촉을 갖느냐에 따라 백지와 같은 인간의 본성에 특정집단의 행동양식을 배우고 익혀나간다는 이론이다.

④ **정상인과 동일한 학습과정** : 범죄자는 정상인과 원래 다르다는 심리학적 분석을 수용하지 않고 범죄자도 정상인과 다름없는 성격과 사고방식을 갖는다는데서 출발한다.

⑤ 범죄자는 타인과의 접촉과정에서 범죄행위를 배우게 된다고 보았으며, 최우선적인 접촉대상은 부모, 가족, 친구 등이라고 하였다. [2016. 9급] 총 4회 기출

⑥ **친밀집단의 중요성** : 학습은 주로 친밀한 사람들과의 상호작용을 통해 일어나고, 일탈에 대한 부정적 정의보다 긍정적 정의에 많이 노출될수록 일탈가능성이 높다.

⑦ 범죄행위란 범죄적인 행동양식에 동의하고 이를 지지하는 집단 내에서 정상적인 학습을 통해서 터득한 행동양식의 표현이다.

⑧ 사람들이 법률을 위반해도 무방하다는 생각을 학습한 정도가 법률을 위반하면 안 된다는 생각을 학습한 정도보다 클 때에 범죄를 저지르게 된다.

⑨ 범죄학습은 개인의 불법적 생각을 접촉한 정도와 준법적인 생각을 접촉한 정도의 차이다. [2012. 7급]

⑩ 범죄자와 비범죄자 간의 차이는 학습과정의 차이가 아니라 접촉유형의 차이에서 발생한다. [2016. 7급] 총 3회 기출

⑪ **사회해체이론과의 차이** : 접촉을 통한 범죄유발이라는 점에서 주류문화로부터 소외된 사람, 궁핍에 빠지고 황폐해져 상이한 규범과 가치를 지닌 이웃이 된 사람이 범죄자가 된다고 보았던 사회해체이론과 구별된다.

(2) 사회심리과정 9가지 명제

명제	특 징
제1명제	따르드의 모방법칙을 수용하면서 보다 정교화된 학습과정을 바탕으로 범죄행위는 학습의 결과이다.
제2명제	범죄자도 정상인과 다름없는 성격과 사고방식을 갖춘 자로, 범죄행위는 의사소통과정에 있는 다른 사람과의 상호작용을 수행하는 과정에서 학습된다. [2021. 교정 7급] 총 3회 기출
제3명제	범죄는 최우선적인 접촉대상인 부모, 가족, 친구 등 직접적인 친밀 집단과의 접촉과정에서 학습한다(라디오·TV·영화·신문·잡지 등과 같은 비인격적 매체는 범죄행위의 학습과 크게 관련이 없다). [2018. 7급] 총 4회 기출
제4명제	범죄행위 학습에는 범행기술, 동기, 욕망, 합리화 방법 그리고 태도와 구체적 방향의 학습을 포함한다. [2021. 교정 7급]
제5명제	법규범을 우호적(긍정적) 또는 비우호적(부정적)으로 정의하는가에 따라 동기와 욕구의 특정한 방향을 학습한다. [2021. 교정 7급] 총 2회 기출
제6명제	법에 대한 비우호적 정의가 우호적 정의보다 클 때 범죄를 실행한다. 즉 법률을 위반해도 무방하다는 생각을 학습한 정도가 법률을 위반하면 안 된다는 생각을 학습한 정도보다 클 때에 범죄를 저지르게 된다.
제7명제	차별적 접촉은 접촉의 빈도·기간·시기·강도에 따라 다르다. 즉 접촉의 빈도가 많고 길수록 학습의 영향은 더 커지고, 시기가 빠를수록 접촉의 강도가 클수록 더 강하게 학습된다. [2016. 9급]
제8명제	범죄자와 준법자와의 차이는 접촉유형에 있을 뿐 학습이 진행되는 과정에는 아무런 차이가 없다. [2018. 7급] 총 3회 기출
제9명제	범죄행위도 욕구와 가치의 표현이란 점에서 다른 일반행동과 동일하나, 일반적인 욕구나 가치관으로는 범죄행위를 설명할 수 없다. 어떤 사람들은 비범죄적 행동을 통해서도 동일한 욕구와 가치관을 표현하기 때문이다. [2021. 교정 7급] 총 2회 기출

(3) 차별적 접촉이론의 기본적 특징

① **학습내용의 구체화** : 범죄의 학습내용으로 지적된 것은 범행기술, 범행동기, 범행의욕, 자기 행위의 합리화, 태도 등이다. 따라서 서덜랜드가 학습내용으로 중시한 것은 구체적인 행위양태가 아닌 행위자의 생각이다.

② **학습과정의 구체화** : 서덜랜드는 자신과 친밀한 집단들과의 접촉을 통하여 범죄에 관한 생각이 학습되는 것으로 지적하였다. 범죄관념을 학습하는 정도는 접촉의 빈도, 접촉기간, 접촉의 우선순위, 접촉의 강도 면에서 다르며 접촉의 빈도가 많을수록, 접촉한 기간이 길수록, 우선순위에서 먼저 접촉할수록, 접촉의 강도가 클수록 학습정도가 높다고 봄으로서 범죄학습과정을 구체적으로 기술하였다.

[차별적 접촉의 유형](범죄관념을 학습하는 정도)
1. 빈도(frequency) : 특정개인이 범죄에 호의적 또는 범죄거부적 정의들과 접촉한 횟수
2. 기간(duration) : 범죄에 호의적 또는 거부적 정의와 접촉한 시간적 길이
3. 시기(priority) : 범죄에 호의적 또는 거부적 정의와 접촉할 당시의 나이
4. 강도(intensity) : 특정개인과 범죄호의적·범죄거부적 정의를 제공하는 자 사이의 애착 정도

❤ 교도관이 범죄인과 함께 장시간 생활을 함에도 수용자 문화에 물들지 않는 이유는 상대방에 느끼는 존경이나 권위의 정도인 강도가 매우 약하기 때문으로 이해될 수 있다.

(4) 차별적 접촉이론의 공헌과 비판

① 공 헌
  ㉠ 범죄인의 행동도 인간의 행동이므로 일반인의 행동과 동일한 일반적인 기초 위에서 설명되어야 한다.
  ㉡ 범죄행위를 사회적 상호작용을 통해서 학습되는 정상적인 것으로 설명하였다.
  ㉢ 범죄행위에 대한 일반이론화의 토대를 마련하여 전통적인 범죄뿐만 아니라 화이트칼라범죄 등의 새로운 범죄현상도 동시에 설명할 수 있는 가능성을 제시하였다.
  ㉣ 화이트칼라 범죄 설명에 유용 : 기업인들이 사회 주류로부터 소외되거나 가난때문에 범행을 하는 것이 아니라, 오히려 이윤추구를 위해 규범위반을 대수롭지 않게 여기는 주류사회 기업인들과의 더 많은 접촉을 통한 학습의 결과로 본다.
  ㉤ 집단현상으로서 범죄행위의 설명에 매우 유용하다는 점에서 높이 평가되고 이러한 범죄인의 개선방법으로 집단관계요법치료를 제시하였다.

② 비 판
  ㉠ 범죄 호의적 집단과 자주 접촉했다고 모두 범죄인이 되는 것은 아니며, 소질적 범죄성향자는 범죄와의 접촉경험이 없더라도 범죄를 저지를 수 있다.
  ㉡ 범죄수행의 역동적·상황적 설명이 미흡하고 차별적 반응을 무시하였으며 경험적 검증이 어렵다.
  ㉢ 매스미디어 등에 의한 학습 등 준거집단의 중요성을 경시하였고, 과실범죄나 격정에 의한 폭력 및 충동범죄 등 개별현상으로서의 범죄행위(단독범행)에 대한 설명이 곤란하다.
  ㉣ 인간의 범죄적 성향을 후천적인 것에서만 찾으려 하였고, 역사적·발생론적 방법을 사용함으로써 사회구조적 측면을 간과하였다.

> **PLUS⁺** 차별적 접촉이론을 수정·보완한 이론 [2013. 7급]
>
> 1. **퀴니**(Quinney)**의 기호이론** : 학습된 행위양식의 비율이나 접촉의 강도, 우선 순위 등 측정과 검증의 곤란에 대한 보완
> 2. **레크리스**(Reckless)**의 자기관념이론** : 차별적 반응의 무시에 대한 비판을 보완
> 3. **버제스**(Burgess)**와 에이커스**(Akers)**의 차별적 강화이론** : 학습과정에 대한 설명을 보완
> 4. **글래저**(Glaser)**의 차별적 동일화이론** : 매스미디어 등 준거되는 접촉집단을 확대하여 적용
> 5. **맛차**(Matza)**와 사이크스**(Sykes)**의 중화이론** : 범죄인이 되는 과정의 차이 수정(합리화)
> 6. **클라워드**(Cloward)**와 오린**(Ohlin)**의 차별적 기회구조이론** : 학습환경에의 접근가능성 문제

03 　글래저(Glaser)의 차별적 동일화이론

(1) 개 요

① **동일화** : 사람은 누구나 자신을 누군가와 동일화하려는 경향이 있고 자신의 범죄행위를 수용할 수 있다고 생각되는 실재의 인간이나 관념상의 인간에게 자신을 동일화시키는 과정을 통해 자기 자신을 합리화하고 용납하면서 범죄를 저지른다는 이론이다. [2019. 7급] 총 2회 기출

② **학습대상의 확대** : 범죄를 학습의 결과로 보는 차별적 접촉이론의 관점과 공통되나, 서덜랜드의 '접촉' 대신 '동일화'라는 개념을 사용하여 범죄학습대상을 확대하여 차별적 접촉이론을 수정·보완하였는데 사람들이 동일화되어가는 과정에서 범죄행동을 수행한다고 보았다(동일화 ⇨ 합리화 ⇨ 범죄행위).

③ **동일시** : 범죄는 행위자가 단순히 범죄적 가치와 접촉함으로써 발생하는 것이 아니라, 행위자 스스로 그것을 자기 것으로 동일시하는 단계로까지 나가야 발생한다. [2016. 7급]

④ **관념적 동일화** : 사람은 범죄적 행동양식과 직접 접촉하지 않더라도 TV나 영화 속에 등장하는 주인공과 자신의 이상형을 일치시키면 관념적 동일화를 거쳐 범죄를 학습할 수 있다. [2018. 7급] 총 2회 기출

(2) 평 가

① **공헌** : 문화전달의 범위를 확장하고 범행경로에 심리학적 요소를 도입하였다. 즉 매스컴의 역할강조로 문화전달의 주체를 멀리 떨어져 있는 준거집단이나 준거인에게까지 확장함으로써 문화전달의 범위를 보다 탄력적이고 광범위한 것으로 보았다.

② **비판** : 격정범이나 성욕도착자에 대한 설명이 곤란하다는 비판이 있다.

> **PLUS⁺ 범죄학습과정**
>
> • 서덜랜드는 친밀한 집단들과의 직접적 접촉을 중요하게 여겼으나, 글래저는 범죄를 학습하는 과정에 있어서 누구와 자신을 동일시하는지 또는 자기의 행동을 평가하는 준거집단의 성격이 어떠한지가 더욱 중요하게 작용한다고 보았다. [2014. 7급]
> • 서덜랜드의 차별적 접촉이론은 범행의 학습은 주로 친밀한 사적 집단 안에서 이루어진다고 보았으나, 글래저의 차별적 동일시이론은 범죄를 학습할 수 있는 대상이 텔레비전이나 영화의 주인공처럼 관념상의 인간으로까지 확장될 수 있다고 보았다.

04 　버제스와 에이커스(Burgess & Akers)의 차별적 강화이론(사회학습이론)

(1) 개 요

① **사회학습이론** : 서덜랜드의 이론적 한계를 극복하기 위한 사회적 학습이론으로, 버제스와 에이커스는 형벌의 역할과 형벌을 부과하는 자에 대해서 관심을 가졌다.

② **보상과 처벌** : 범죄행위의 결과로서 보상이 취득되고 처벌이 회피될 때 그 행위는 강화되는 반면, 보상이 상실되고 처벌이 강화되면 그 행위는 약화된다. [2023. 보호 7급] 총 2회 기출

(2) 특 징

① **학습과정에서의 보상**: 차별적 접촉이론이 특정인이 범죄자가 되기 전에 거쳐야 하는 학습과 정을 명확히 설명하지 못했다는 점에 착안하여, 사회학습이론은 '행동의 결과(보상)가 좋으면 다시한다.'는 조작적 조건화의 논리를 반영하였다. 즉 범죄행위는 과거에 이러한 행위를 했을 때에 주위로부터 칭찬을 받거나 인정을 받거나 더 나은 대우를 받거나 하는 등의 보상이 있었 기 때문이라는 것이다. 차별적 접촉 ⇨ 차별적 강화 ⇨ 범죄행위라고 하는 범죄학습과정을 설 명하였다. [2023. 보호 7급] 총 2회 기출

② **학습환경의 사회적 · 비사회적 요인**: 차별적 접촉이론의 범죄적 학습환경으로 사람들과의 접 촉에 한정하지 않고, 사회적 상호작용과 물리적 만족감(굶주림, 갈망, 성적욕구 등의 해소)과 같은 비 사회적 환경 모두를 고려하였다. [2024. 보호 9급]

③ **모델링**(모방): 범죄학습의 한 방법으로 모델링, 즉 모방을 포함하였다. 본인의 직접적인 경험 이 아니더라도 범죄행위의 결과가 다른 사람들에게 미치는 영향을 관찰함으로써 이를 학습할 수 있다는 것이다.

④ **학습과정의 4가지 주요 초점**: 에이커스는 개인의 범죄활동을 설명하기 위하여 다음의 개념을 제시하였다. [2016. 5급 승진]

차별적 접촉	대부분 서덜랜드의 명제를 받아들이지만 차별적 접촉의 내용으로 사람들 간의 직접적 인 의사소통까지 포함시킨다는 점에서 차이가 있다. [2024. 보호 9급]
정 의	사람들이 자신의 행위에 대해 부여하는 의미를 말한다.
차별적 강화	행위에 대해 기대되는 결과가 다를 수 있다는 것으로, 즉 자기 행위에 대한 보답이나 처벌에 대한 생각의 차이가 사회적 학습에서 나름의 의미를 지닌다는 것을 말한다.
모 방	다른 사람들이 하는 행동을 관찰하고 모방하는 것을 말한다.

(3) 공헌과 비판

① **공헌**: 사회학적 변수와 심리학적 변수를 연계하였으며, 사회학습이론의 행태주의적 · 인지 적 · 사회적 상호작용적 원리는 청소년 범죄자뿐만 아니라 성인범죄자를 대상으로 한 예방 · 치 료프로그램에도 적용된다.

② **비판**: 사회학적 강화나 자극만을 강조한 나머지 비사회적 자극과 강화의 면을 상대적으로 소 홀히 하였다.

최신 기출로 확인하기

1. 서덜랜드(Sutherland)의 차별접촉이론(differential association theory)의 9가지 명제로 옳지 않은 것은?
2021. 7급

① 범죄행위의 학습은 다른 사람들과의 의사소통과정을 통하여 이루어진다.
② 법 위반에 대한 비우호적 정의에 비해 우호적 정의를 더 많이 학습한 사람은 비행을 하게 된다.
③ 범죄행위가 학습될 때 범죄의 기술, 동기, 충동, 합리화, 태도 등도 함께 학습된다.
④ 금전적 욕구, 좌절 등 범죄의 욕구와 가치관이 범죄행위와 비범죄행위를 구별해 주는 변수가 된다.

2. 서덜랜드(Sutherland)의 차별적 접촉이론에 대한 설명으로 옳지 않은 것은?
2022. 보호 7급

① 차별접촉은 빈도, 기간, 우선순위, 그리고 강도(强度) 등에 의하여 차이가 발생한다고 주장한다.
② 범죄학습이 신문·영화 등 비대면적인 접촉수단으로부터도 큰 영향을 받는다는 점을 간과하고 있다.
③ 범죄원인으로는 접촉의 경험이 가장 큰 역할을 한다고 보아, 나쁜 친구들을 사귀면 범죄를 저지를 것이라는 단순한 등식을 제시했다.
④ 범죄인과 가장 접촉이 많은 경찰·법관·형집행관들이 범죄인이 될 확률이 높지 않다는 비판이 있다.

3. 학습이론에 대한 설명으로 옳지 않은 것은?
2021. 보호 7급

① 타르드(Tarde)는 인간은 다른 사람들과 접촉하면서 관념을 학습하며, 행위는 자신이 학습한 관념으로부터 유래한다고 주장하였다.
② 서덜랜드(Sutherland)의 차별적 접촉이론(differential association theory)은 범죄자도 정상인과 다름없는 성격과 사고방식을 갖는다고 보는 데에서 출발한다.
③ 그레이저(Glaser)의 차별적 동일시이론(differential identification theory)은 자신과 동일시하려는 대상이나 자신의 행동을 평가하는 준거집단의 성격보다는 직접적인 대면접촉이 범죄학습 과정에서 더욱 중요하게 작용한다고 본다.
④ 조작적 조건화의 논리를 반영한 사회적 학습이론은 사회적 상호작용과 더불어 물리적 만족감(굶주림, 갈망, 성적욕구 등의 해소)과 같은 비사회적 사항에 의해서도 범죄행위가 학습될 수 있다고 본다.

4. 차별적 접촉이론, 차별적 동일시이론 및 차별적 강화이론에 대한 설명으로 옳지 않은 것은? 2018. 보호 7급

① 서덜랜드의 차별적 접촉이론은 범죄자의 학습과정과 비범죄자의 학습과정에 차이가 있다는 데에서 출발한다.
② 서덜랜드의 차별적 접촉이론에 따르면 범죄행위는 타인과의 의사소통을 통한 상호작용으로 학습된다.
③ 글래저의 차별적 동일시이론에 따르면 범죄자와의 직접적인 접촉이 없이도 범죄행위의 학습이 가능하다.
④ 버제스와 에이커스의 차별적 강화이론도 차별적 접촉이론과 마찬가지로 범죄행위의 학습에 기초하고 있다.

🔍 정답 1.④ 2.③ 3.③ 4.①

제2절 통제이론

01 개 관

(1) 범죄원인에 대한 질문

① '범죄의 원인은 무엇인가?'의 물음에서 '왜 대부분의 사람들은 일탈하지 않고 사회규범에 동조하는가?'의 물음에 관한 이론으로 누구나 범죄 또는 일탈동기를 가지고 있으나 개인이나 사회적 통제에 의해 제지되고 있다는 이론이다. [2020. 7급] 총 3회 기출

② 인간은 범죄성을 본질적으로 지니고 있기 때문에 그대로 두면 누구든지 범죄를 저지를 것이라는 가정에서 출발한다. [2018. 7급] 총 2회 기출

(2) 주요관점

① 개인에게 부여된 통제력 혹은 억제력이다. 준법적인 사람은 자신을 통제할 수 있는 능력이 있기 때문에 범죄를 저지르지 않는다는 것이고, 반대로 범죄자는 어떤 원인에 의해 통제력이 와해되었고, 이로 인해 범죄나 그 밖의 반사회적 행동이 야기된 것으로 이해한다.

② 범죄를 저지르는 사람은 통제력이 약화되었기 때문이지 기존의 이론과 같이 범죄를 충동하는 힘이 강해졌기 때문이 아니라는 것이다.

02 개인 및 사회통제이론

(1) 라이스(Reiss)의 연구

① **개인적·사회적 통제** : 「개인적·사회적 통제실패로 인한 일탈」(1951)에서 개인의 자기통제력과 범죄와의 관계에 주목하여 소년비행의 원인을 개인통제력의 미비와 사회통제력의 부족으로 파악하였다.

② **개인통제력** : 소년비행은 개인통제력의 미비로 인해 유발된다. 즉 사회의 규범이나 규칙들과 마찰을 일으키지 않고 자기가 하고 싶은 일을 할 수 있는 능력을 갖추지 못함으로써 비행에 빠져든다. [2020. 7급]

③ **사회통제력** : 소년비행은 사회통제력 부족으로 인해 유발된다. 즉 학교와 같이 교육을 담당하는 사회화기관들이 소년들을 제대로 수용하고 순응시키지 못함으로써 비행성향이 표출되는 것을 통제하지 못함으로써 비행에 빠져든다.

(2) 나이(Nye)의 연구

① **욕구의 미충족이 비행의 원인** : 소년비행은 욕구의 미충족으로 인해 유발된다. 즉 애정, 인정, 보호, 새로운 경험 등에 대한 욕구가 가정 내에서 충족되지 못함으로써 가정 외에서 비정상적인 방법으로 욕구를 해소하는 과정에서 소년비행이 발생한다. [2024. 보호 9급]

② **통제방법** : 라이스의 견해를 발전시켜 청소년의 비행을 예방할 수 있는 사회통제방법의 종류를 세 가지로 분류하였다.

종 류		내 용
직접통제		부모가 억압적인 수단의 사용과 처벌을 부과함으로써 비행을 예방하는 것이다.
	공식통제	경찰 등 국가사법기관에 의한 통제
	비공식통제	가정이나 학교에서 담당
간접통제		소년들이 자신의 잘못이 부모나 주위사람들에게 고통과 실망을 줄 것이라는 점 때문에 비행을 자제하는 경우를 간접통제라고 한다.
내부적 통제		청소년 스스로의 양심이나 죄의식 때문에 비행을 하지 않는 경우를 내부적 통제라 한다.

◆ 나이(Nye)는 소년비행을 가장 효율적으로 예방할 수 있는 방법으로 가정이나 학교와 같은 비공식기관들이 소년들에게 본인들의 행위가 주위사람들에게 실망과 고통을 줄 것이라고 인식시키는 비공식적인 간접통제방법을 들었다. [2020. 7급] 총 3회 기출

03 레크리스(Reckless)의 봉쇄이론

(1) 개 요

① 레크리스는 1961년 이전까지 논의된 내용들을 종합하여 봉쇄이론을 발표하였다.

② 내부적·외부적 통제개념에 기초하여 범죄유발요인과 범죄차단요인으로 나누고, 만약 범죄를 이끄는 힘이 차단하는 힘보다 강하면 범죄나 비행을 저지르게 되고, 차단하는 힘이 강하면 비록 이끄는 힘이 있더라도 범죄나 비행을 자제한다는 것이다. [2020. 7급] 총 6회 기출

③ 외부적 통제요소와 내부적 통제요소 중 어느 한 가지만 제대로 작동되어도 범죄는 방지될 수 있다고 보았다. [2020. 7급]

④ 고도로 개인화된 사회에서 개인은 사회적 연대의 틀 밖에서 많은 시간 생활을 영위하므로 범죄 대책은 각 개인의 내부적 억제요소를 강화하는 것에 맞춰질 수밖에 없다는 것으로 '내부적 통제요소'를 특히 강조하였다.

(2) 범죄나 비행을 유발하는 요인

압력요인 (pressures)	불만족한 상태에 들게 하는 조건을 지칭한 것으로 열악한 생활조건, 가족갈등, 열등한 신분적 지위, 성공기회의 박탈 등
유인요인 (pulls)	정상적인 생활로부터 이탈하도록 유인하는 요소로 나쁜 친구들, 비행이나 범죄하위문화, 범죄조직, 불건전한 대중매체 등
배출요인 (pushes)	불안감, 불만감, 내적 긴장감, 증오심, 공격성, 즉흥성, 반역성 등과 같이 범죄나 비행을 저지르도록 하는 각 개인의 생물학적 혹은 심리적 요소들을 지칭

(3) 범죄나 비행을 차단하는 요인

내적 통제	사람들이 내면화한 사회적 규칙 또는 규범으로 자기통제력 및 자아나 초자아의 능력과 좌절감을 인내할 수 있는 능력, 책임감, 집중력, 성취지향력, 대안을 찾을 수 있는 능력 등
외적 통제	가족이나 주위사람들과 같이 외부적으로 범죄를 차단하는 요인들로 일관된 도덕교육, 교육기관의 관심, 합리적 규범과 기대체계, 집단의 포용성, 효율적인 감독과 훈육, 소속감과 일체감의 배양 등

(4) 평 가

① **공헌** : 사회학적 측면보다 심리학적 측면을 강조한다는 것으로 비범죄행위에 대한 심리학적 설명이다.

② **비판** : 기존의 범죄학이론의 종합일 뿐 새로운 것이 없고, 개념들이 구체적이지 않으며, 심리학적 측면을 강조하여 소년들의 행동과 관련하여 측정이 곤란하다.

04　내적 봉쇄요인

(1) 레크레스, 디니츠, 머레이의 자아관념이론(Self-Concept Theory)

① **자아관념의 형성** : 소년이 자기 자신에 대해서 갖는 인식으로, 레크리스는 내적 봉쇄요인들이 적절히 형성되는 여부는 자아관념에 달려있다고 보았으며, 자아관념은 가정에서 담당하는 사회화교육에 크게 영향을 받아 12세 이전에 형성된다고 하였다.

② **차별적 접촉이론의 수정보완** : 자아관념이론은 차별적 접촉이론이 각각의 개인들의 차별적 반응에 대한 문제를 도외시하고 있다는 비판을 한다. 즉 '왜 범죄적 문화와 접촉한 사람 중에서 어떤 사람은 범죄에 빠지지 않는가?'라는 질문을 한다. 이 이론에 따르면 비행다발지역의 청소년들 중에서 다수가 비행에 가담하지 않는 것은 자신에 대한 좋은 이미지를 통해 비행에의 유혹이나 압력을 단절시키기 때문이다.

③ 자아관념이론은 합법적 기회구조의 차단을 범죄원인으로 보지 않고, 긍정적 자아관념에 의한 통제의 결여를 가장 중요한 범죄원인으로 본다. [2010. 7급]

④ **레크리스의 봉쇄이론으로 발전** : 자아관념이론은 긍정적인 자아관념이 있다면 아무리 범죄자인 친구들과 접촉을 한다고 하더라도 범죄를 실행하지 않는다는 입장으로 레크리스에 의해 봉쇄이론으로 발전하였는데, 그는 자아관념을 내적 봉쇄요인으로 보았다. [2021. 교정 7급]총 3회 기출

⑤ **비행에 대한 절연체** : 레크리스는 자아관념을 비행에 대한 절연체라고 주장하면서 선량한 소년들로 하여금 비행을 멀리하게 하는 중요한 절연체의 역할을 하는 요소는 가족관계에 있으며 이를 바탕으로 형성된 무비행적 태도의 내면화, 즉 사회적으로 용인된 적정한 자기관념의 획득과 유지가 범죄로부터 멀어지게 되는 요인이 된다고 한다. [2020. 7급]총 2회 기출

⑥ **비판** : 자기관념의 형성(생성)과정과 상황에 따른 변화문제를 해결하지 못하고 있다.

(2) 브라이어(Briar)**와 필리아빈**(Piliavin)**의 동조성 전념이론**(동조성 집착이론)

① 동조성이란 사회규범에 대한 동조 또는 순응으로 정의하고, 동조성에 대한 전념이 강할수록 범죄행위의 확률이 낮아지고, 내적 통제가 약할수록 범죄행위 확률이 높아진다고 주장하였다.

② 동조성에 대한 강한 집착을 가진 사람은 집착이 약한 사람에 비해 범죄행위에 가담할 확률이 낮다.

05 사이크스(Sykes)와 맛차(Matza)의 표류이론 내지 중화기술이론

(1) 개 요

① **결정론의 비판** : 맛차는 「비행과 표류」(1964)에서 기존의 범죄원인을 밝히는 이론, 즉 생물학적, 심리학적, 사회학적 이론은 비행소년들이 일반소년과 근본적인 차이가 있다고 보고 어쩔 수 없이 비행에 빠져들 수밖에 없다는 너무 결정론적인 접근방법임을 비판하였다.

② **행위자의 자유의지와 책임성 인정** : 행위자의 범행결심에는 행위자 자신의 자유의지나 개인적 책임이 어느 정도 존재한다고 보고, 비행소년은 대부분의 경우 다른 사람들과 마찬가지로 일상적이고 준법적인 행위를 하며 특별한 경우에 한하여 위법적인 행위에 빠져든다는 것이다.
[2016. 5급 승진] 총 3회 기출

③ **표류하는 존재** : 비행소년은 일반사회로부터 상대적으로 밖에 자립할 수 없는 중간적이고 표류하는 존재로, 사회의 전통적 가치에 동조를 나타내면서 비행을 저지르게 된다. [2010. 7급]

④ **자기합리화** : 비행소년들이 범죄자와 접촉하는 과정에서 전통의 규범을 중화시키는 기술을 습득하게 된다고 한다. 즉 범죄는 사회적으로 용인된 기술을 학습하여 얻은 자기합리화의 결과이다. [2024. 9급] 총 3회 기출

⑤ **내적통제의 약화** : 규범위반에 대해 일련의 표준적 합리화(중화)를 통한 내적 통제의 약화가 범죄의 원인이 된다고 보았다. [2014. 7급]

⑥ **상황적 결정론** : 중화기술이론은 표류이론을 근거로 상황적 결정론에 입각하고 있다.

⑦ 중화기술은 잠재가치이론으로 발전되었고 다시 표류이론으로 발전되었다.

(2) 표류의 개념

① 사이크스와 맛차가 비행소년의 올바른 모습으로 지적한 것은 표류(Drift)이다.

② **합법과 위법의 중간** : 표류란 사회통제가 약화되었을 때에 소년들이 합법적인 규범이나 가치에 전념하지 못하고 그렇다고 위법적인 행위양식에도 몰입하지 않는 합법과 위법의 중간단계에 있는 상태를 의미한다.

③ 비행소년이라 하더라도 대부분의 경우 지배적 규범에 순응하지만 특별한 경우에 한하여 위법적 행위에 빠져들게 되며 비행에 빠졌던 소년들도 성년이 되면 대부분 정상적인 생활을 하게 되는 현상을 설명한다.

④ **통제의 미흡과 표류** : 충분한 통제를 하지 못하면 표류상태에 빠져들고, 이러한 상태에서는 합법과 위법의 어느 한 가지에도 전념하고 있지 않기 때문에 자기 눈앞에서 전개되는 상황을 어떻게 판단하는가에 따라 소년들은 합법적인 행위를 할 수도 비행을 저지를 수도 있다.

⑤ **표류자로서 비행소년** : 대부분의 비행소년들은 '본질적 요소에 의해 강제'되거나 '비행적 가치를 수용'하여 비행을 저지르는 것이 아니라, 단지 사회통제가 약화된 상태에서 합법과 위법의 사이를 표류하는 표류자(Drifter)일 뿐이다.

⑥ **표류의 요건 중시** : 따라서 중요한 것은 소년들을 표류하게 하는 여건, 즉 사회통제가 약화되는 조건이 무엇인지를 밝히는 것이라고 주장한다. [2015. 7급]

(3) 표류원인으로서의 중화기술(범죄행위 정당화)

📋 중화기술의 유형

구 분	내 용
책임의 부정	의도적인 것이 아니었거나 자기의 잘못이 아니라 주거환경, 친구 등에 책임을 전가하거나 또는 자신도 자기를 통제할 수 없는 외부세력의 피해자라고 여기는 경우가 이에 해당한다(자신의 범죄사실은 인정하지만, 사람·환경에 책임을 전가하는 것).
가해(손상)의 부정	훔친 것을 빌린 것이라고 하는 등 자신의 행위가 위법한 것일지는 몰라도 실제로 자신의 행위로 인하여 손상을 입은 사람은 아무도 없다고 주장하며 합리화하는 경우가 이에 해당한다(자신의 범죄사실을 부정하는 것).
피해자의 부정	자신의 행위가 피해를 유발한 것은 인정하지만 그 피해는 당해야 마땅한 사람에 대한 일종의 정의로운 응징이라고 주장하거나(도덕적 복수자) 또는 피해를 본 사람이 노출되지 않은 경우에 피해자의 권리를 무시함으로써 중화시키는 것을 말한다(범행 행위의 원인을 피해자가 제공). [2020. 7급]
비난자에 대한 비난	자신을 비난하는 사람, 즉 경찰·기성세대·부모·선생님 등이 더 나쁜 사람이면서 소년 자신의 작은 잘못을 비난하는 것은 모순이라는 식으로 합리화해 가는 것을 말한다.
상위가치에 대한 호소 (고도의 충성심에의 호소)	자신의 행위가 옳지는 않지만 친구 등 중요한 개인적 친근집단에 대한 충성심이나 의리에서 어쩔 수 없었다는 주장으로 중화시키는 것을 말한다.

📋 중화기술 유형의 사례

구 분	내 용
책임의 부정	1. 자신이 술에 너무 취해서 제정신이 없는 상태에서 자신도 모르게 강간을 하게 되었다고 주장하는 경우(음주로의 책임 전가) [2018. 9급] 2. 비행책임을 열악한 가정환경, 빈약한 부모훈육, 불합리한 사회적 환경, 빈곤한 외부적 요인으로 전가하는 경우 [2018. 7급] 총 2회 기출 3. 만약 가게에서 구할 수 있었다면 직장에서 훔치지 않았을 것이라고 정당화하는 경우(책임의 전가) 4. 자신과 같은 처지에 있다면 누구도 그런 행동을 했을 것이라고 생각하는 경우 5. 무엇인가가 나를 그렇게 하도록 만들었어. 어쩔 수 없었잖아. [2019. 5급 승진] 6. 당신도 나와 같은 가정환경에서 자랐다면 나처럼 불량청소년이 될 수밖에 없었을 것이다. 7. 타인의 재물을 절취하면서 자신은 아무런 재산이 없기 때문에 그러한 행위를 하였다고 하면서 자신의 책임을 부정하였다.

가해의 부정	1. 자신의 행위는 누구에게도 피해를 주지 않았다고 한다. 2. 절도범죄를 저지르면서 물건을 잠시 빌리는 것이라고 생각한다. [2018. 9급] 총 3회 기출 3. 마약을 사용하면서 누구에게도 피해를 주지 않았다고 생각한다. [2018. 7급] 4. 방화를 하면서 보험회사가 피해를 모두 보상해 줄 것이라고 생각한다. 5. 타인의 재물을 횡령하면서 사후에 대가를 지불하면 아무런 문제가 없다고 변명하였다.
피해자의 부정	1. 가게에서 물건을 훔치면서 가게주인은 정직하지 못하므로 자신의 행동이 정당하다고 생각한다. [2018. 7급] 2. 성적으로 난잡한 여성이나 성매매여성은 보호받을 가치 없는 정조라고 강간범이 자신의 행위를 정당화한 경우 3. 아버지가 폭력을 사용하여 나를 심하게 괴롭혀왔기 때문에 나도 아버지에게 폭력을 행사할 수 있다. 4. 보석을 절도하면서 피해자가 부당한 방법으로 모은 재산이기 때문에 보복으로 한 것이라고 자기의 행위를 합리화한다. 5. 자기 선생을 구타하면서 이 선생은 학생들에게 공평하게 대하지 않았기 때문에 당연하다고 합리화한다. 6. 다른 사람을 폭행하면서 이 사람이 먼저 때릴려고 했기 때문에 먼저 때릴 수밖에 없었다. 7. 甲은 다른 남자 동료 직원과 함께 乙을 집단으로 따돌리며 乙이 오히려 부서의 단합을 저해한 원인을 제공하고 있다고 비난하였다. [2015. 9급]
비난자에 대한 비난	1. 전문장물아비가 자신의 최고의 고객 중 일부는 판사와 경찰관이라고 지적한 경우 2. 은행강도가 자신에 대한 처벌이 뇌물을 받은 정치인이나 은행돈을 횡령한 은행가보다 엄하게 처벌하는 것에 항변하는 경우 3. 사회통제기관을 부패한 자들로 규정하여 자기를 심판할 자격이 없다고 하는 경우 4. 나의 잘못에 대하여 신이 벌한다면 몰라도 현재의 부패한 사법당국이 나를 벌하는 것은 도저히 수용할 수 없다. 5. 다른 사람들은 더 나쁜 짓을 하고서도 처벌받지 않잖아. [2019. 5급 승진] 6. 경찰, 검사, 판사들은 부패한 공무원들이기 때문에 자신의 비행을 비난할 자격이 없다고 합리화한다. [2018. 7급] 7. 수뢰죄 혐의로 수사를 받으면서 사건 담당 사법경찰관의 강제추행사실을 비난하였다. 8. 꾸짖는 부모에게 항변하고, 오히려 자신의 잘못된 행동은 모두 부모의 무능으로 돌리는 경우 [2012. 7급] 9. 부모들은 본인의 무능을 자식들을 대상으로 분풀이하는 사람들이기 때문에 이들이 비행소년을 비난할 자격이 없다고 비난한다.
상위가치에 대한 호소 (고도의 충성심에 호소)	1. 은행 여직원이 사랑하는 애인을 위하여 원치 않는 돈을 횡령한 경우 2. 조직원이 의리 때문에 자신과 상관없는 일에 참여함으로써 범죄행위를 한 경우 3. 나의 폭력적인 쟁의행위가 위법이지만, 악덕기업인으로부터 근로자로서의 정당한 권익을 보장받기 위해서는 어쩔 수 없다. 4. 가족을 먹여 살리기 위해 어쩔 수 없이 범죄를 하였다고 생각한다. [2019. 5급 승진] 5. 자식에 대한 도리를 다하기 위해 어쩔 수 없이 범죄를 하였다고 생각한다. 6. 차량을 절도하면서 사회일반적인 규범에는 어긋나지만 친구들과의 의리 때문에 할 수밖에 없었다고 합리화한다. 7. 폭력시위 현장에서 화염병을 사용하는 것이 위법행위이기는 하지만 민주주의를 위해 어쩔 수 없다고 합리화한다.

(4) 중화기술의 새로운 유형

구 분	내 용
대차대조의 비유	자신이 일생동안 한 일을 비교해보면 선행을 더 많이 했으므로 이번에 비행행위를 하였더라도 자신은 선한 사람에 해당한다는 주장
정상의 주장	• 자신이 한 행위 정도는 누구나 하는 행위로서 특별히 자신만의 행위가 비난받아서는 안 된다는 주장이다. • 사무실에서 간단한 물건 가져오기, 혼외정사 등
악의적 의도의 부정	단순한 장난행위였다는 주장과 같이 고의적으로 한 행위가 아니었다고 자신의 행위를 정당화하는 것
상대적 수용성의 주장	나보다 더 나쁜 사람도 많다는 식으로 자신의 행위 정도는 받아들여져야 한다는 주장

(5) 공헌 및 비판

① **공헌** : 사회심리학적 측면에서 범죄를 설명하였고, 비행자와 사회와의 관련성에 관하여 비유사성을 강조하는 종래의 전통적인 관점과는 달리 양자의 유사성에 주목하였다.

② **비판** : 비행의 원인에 대한 설명이 아니라 비행에 대한 반응을 기술한 데 지나지 않으며, 어떤 청소년은 지속적으로 비행에 표류하며 다른 청소년은 관습적으로 표류하지 않는 개인적인 차이점을 설명하지 못하였다.

06 허쉬(Hirschi)의 사회통제(연대, 유대, 결속)이론

(1) 개 요

① '범죄의 원인은 무엇인가?'의 물음에서 '왜 대부분의 사람들은 일탈하지 않고 사회규범에 동조하는가?'의 물음에 관한 이론이다. [2017. 7급]

② 허쉬는 「비행의 원인」(1969)에서 뒤르껭의 아노미이론(범죄는 정상적인 사회현상이다)과 반대로 규범준수행위가 정상적이고 규범위반행위는 비정상적이라고 보면서 우리 사회는 비행을 저지르도록 강요하는 긴장은 없으며 오히려 저지르지 못하게 하는 요인, 즉 사회연대의 요소만이 있다고 본다.

③ "우리는 모두 동물이며 자연적으로 누구든지 범죄를 저지를 수 있다."고 단언하면서 반사회적 행위를 자행하게 하는 근본적인 원인은 인간의 본성에 있다고 보았다(고전주의 시각). [2017. 7급]

④ 사람은 일탈의 잠재적 가능성을 가지고 있는데, 이것을 통제하는 시스템에 기능장애가 생기면 통제가 이완되고 일탈가능성이 발현되어 범죄가 발생한다고 한다. [2010. 7급]

⑤ 누구든지 범행 가능성이 잠재되어 있음에도 불구하고 이를 통제하는 요인으로 허쉬가 지적한 것은 개인이 사회와 맺고 있는 일상적인 유대이다. 따라서 허쉬는 비행이 발생한 경우에 비행문화를 내면화하였다든지, 불량친구의 영향을 받았다든지 하는 측면에서 설명하지 않는다. 대신에 해당소년과 사회와의 유대가 약화되거나 단절됨으로써 소년의 타고난 비행성향이 노출된 것으로 이해한다. [2020. 7급]

⑥ 개인이 사회와 유대를 맺는 방법인 애착, 전념, 참여, 믿음의 정도에 따라 비행을 저지를지 여부가 결정된다고 보았다. [2024. 보호 9급]

(2) 개인이 사회와 유대를 맺는 방법(사회연대의 요소) [2024. 보호 9급] 총 5회 기출

구 분	내 용
애착 (attachment)	1. 애정과 정서적 관심을 통하여 개인이 사회와 맺고 있는 유대관계로 부자지간의 정, 친구 사이의 우정, 가족구성원끼리의 사랑, 학교선생에 대한 존경심 등을 들 수 있다. 2. 자식이 비행을 저지르려 하다가도 부모가 실망하고 슬퍼할 것을 우려해서 그만둔다면 이는 애착에 의하여 사회통제가 이행되는 사례라 할 수 있다. 3. 허쉬는 사회의 가치나 규범을 개인이 내면화하기 위해서는 다른 사람들에 대한 애착관계가 형성됨으로써 가능하다는 점에서 애착에 의한 사회유대를 가장 강조하였다.
전념 (관여·수용) (commitment)	1. 규범준수에 따른 사회적 보상에 얼마나 관심을 갖는가에 관한 것이다. 2. 미래를 위해 교육에 투자하고 저축하는 것처럼 관습적 활동에 소비하는 시간과 에너지, 노력 등을 의미한다. 3. 애착이 감정적·정서적인 관계에 기초한 것이라면 전념은 각자의 합리적인 판단을 바탕으로 개인과 사회의 유대가 형성되고 유지되는 형태이다. 4. 전념에 의한 통제는 규범적인 생활에 집착하고 많은 관심을 두었던 사람은 그렇지 않은 사람들에 비해 잃을 것이 많기 때문에 비행이나 범죄를 자제하도록 한다고 본다.
참여 (involvement)	1. 행위적 측면에서 개인이 사회와 맺고 있는 유대의 형태로 개인이 인습적인 활동에 얼마나 많은 시간을 투여하고 있는가에 따라 평가할 수 있다. 2. 학교, 여가, 가정에서 많은 시간을 보내게 되면 범죄행위의 유혹에서 멀어진다는 것을 의미한다. 3. 참여와 범죄발생의 관계에 대해서 허쉬는 마치 '게으른 자에게 악이 번창하듯이' 사회생활에 대하여 참여가 낮으면 그만큼 일탈행동의 기회가 증가됨으로써 비행이나 범죄를 저지를 가능성이 높다고 보았다.
믿음 (신념) (belief)	1. 관습적인 규범의 내면화를 통하여 개인이 사회와 맺고 있는 유대의 형태로 관습적인 도덕적 가치에 대한 믿음을 의미한다. 2. 믿음이란 내적 통제를 의미하는 것으로 사람들마다 사회규범을 준수해야 한다고 믿는 정도에는 차이가 있고 규범에 대한 믿음이 약할수록 비행이나 범죄를 저지를 가능성이 높다고 보았다.

(3) 평 가

① **공헌**: 자기보고조사라는 새로운 조사기법을 사용하여 주장하고자 하는 가설을 지지하는 경험적 조사결과, 즉 검증 가능한 이론을 제시하였다.

② **비판**: 사소한 비행만을 연구대상으로 하여 강력범죄와 같은 유형의 경우에는 설득력을 갖지 못한다.

07 갓프레드슨과 허쉬의 범죄 일반이론

가해자			
충동적 성격	**낮은 자기통제력**		
• 감정적 • 무감각 • 위험감수 • 근시안적 • 비언어적	⇨ • 잘못된 부모양육 • 비행의 부모 • 감독결핍 • 활동적 • 자기중심적		
	↓ ↑		
	사회유대약화	**범죄적 기회**	**범죄행동**
	• 애착 • 전념 • 참여 • 신념	+ • 적절한 범행대상 • 후견인부족 • 감독결핍 • 갱의 존재	−

(1) 개념의 정의

① **통제개념의 확장** : 갓프레드슨(Gottfredson)과 허쉬(Hirschi)는 사회통제이론에서 밝힌 통제의 개념을 생물사회적 이론, 심리학적 이론, 일상활동이론 그리고 합리적 선택이론의 통제개념과 통합함으로써 사회통제 이론의 일부 원리에 대한 수정과 재정의를 시도했다.

② 이 통제에 대한 개념적 통합연구가 바로 범죄에 대한 일반이론(General Theory of Crime)이다. 자기통제의 원리가 모든 다양한 범죄행동과 범죄에 대한 모든 사회적·행태적 상관성을 설명할 수 있다고 주장한다.

(2) 범죄성향 결정요인

① **낮은 자기통제력** : 범죄성향을 인간의 자기통제력에서 찾는다. 낮은 자기통제력은 충동성, 쾌락추구, 고통에 대한 둔감성, 무모성 그리고 범죄성격과 경향을 의미한다. [2021. 교정 7급]

② **낮은 통제력의 안정성과 지속성** : 타고난 것으로 보지 않고 부모의 부적절한 양육에 의해 형성된다. 자기통제력 부족은 아주 어릴 때 형성되고, 성인이 되었어도 안정적인 상태로 계속 존재한다. 낮은 통제력은 한 번 형성되면 지속되기 쉽고, 범죄나 일탈행동을 범할 경향과 계속 결합하기 쉽다. [2023. 보호 7급]

③ 순간적인 쾌락과 즉각적인 만족에 대한 욕구가 장기적 관심보다 클 때 범죄가 발생한다. [2023. 보호 7급]

(3) 일반이론에 대한 평가

① **사회화와 범죄성 개념의 통합** : 일반이론은 자기통제력이 약한 사람이 반드시 범죄를 범하는 것이 아니고, 반대로 높은 자기통제력을 소유한 사람이 범죄를 범하는 데 대한 이유를 설명함으로써, 허쉬에 의해 초기에 주장된 '통제모델'이 설명하지 못하는 부분들에 대한 해답을 제시해 준다.

② **통제모델의 설명보완** : 유사 환경에서 자란 아이들이 왜 어떤 아이는 범죄를 범하지 않고 다른 아이는 범죄를 범하는지를 설명하고, 기업의 경영진이 횡령이나 기업 사기행위를 하는지를 설명할 수 있게 되었다. 부유한 경영주도 불법적인 행동으로 얻는 이익이 매우 크다면, 자기통제력이 힘을 잃고 범죄를 범하게 된다.

③ **자기통제력과 범죄기회** : 충동적인 성격의 자기통제력이 약한 사람은 범죄를 범할 위험성이 있지만, 그들의 충동적인 욕구를 만족시켜줄 만한 범죄기회가 없다면 범죄를 범하지 않게 되고, 반대로 비교적 자기통제력이 강한 사람도 욕구충족을 위한 기회가 발견된다면 범죄행동을 저지르게 된다. 범죄에 대한 유인이 크다면, 즉 기회가 좋다면 자기통제력은 범죄기회에 굴복하게 된다. [2023. 보호 7급]

최신 기출로 확인하기

1. 사회학적 범죄원인론 중 통제이론을 주장한 학자만을 모두 고르면? 2022. 9급

㉠ 서덜랜드(Sutherland)	㉡ 나이(Nye)
㉢ 애그뉴(Agnew)	㉣ 라이스(Reiss)
㉤ 베커(Becker)	

① ㉠, ㉢
② ㉡, ㉣
③ ㉡, ㉢, ㉣
④ ㉢, ㉣, ㉤

2. 중화기술이론의 사례에서 '책임의 부정'에 해당하는 것은? 2022. 보호 7급

① 기초수급자로 지정받지 못한 채 어렵게 살고 있던 중에 배가 고파서 편의점에서 빵과 우유를 훔쳤다고 주장하는 사람
② 성매수를 했지만 성인끼리 합의하여 성매매를 한 것이기 때문에 누구도 법적 책임을 질 필요가 없다고 주장하는 사람
③ 부정한 행위로 인하여 사회적 비난을 받는 사람의 차량을 파손하고 사회정의를 실현한 것이라고 주장하는 사람
④ 교통범칙금을 부과하는 경찰관에게 단속실적 때문에 함정단속을 한 것이 아니냐고 따지는 운전자

3. 범죄이론에 대한 설명으로 옳지 않은 것은? 2024. 보호 9급

① 에이커스(Akers)의 사회학습이론에 따르면, 비행이나 일탈은 사회구성원 간의 상호작용을 통해 학습된다.
② 라이스(Reiss)와 나이(Nye)의 내적·외적 통제이론에 따르면, 애정·인정·안전감 및 새로운 경험에 대한 청소년의 욕구가 가족 내에서 충족될수록 범죄를 저지를 확률이 낮아진다.
③ 허쉬(Hirschi)의 사회유대이론에 따르면, 모든 사람은 잠재적 범죄자로서 자신의 행위로 인해 주변인과의 관계가 악화하는 것을 두려워하기 때문에 범죄를 저지르게 된다.
④ 사이크스(Sykes)와 맛차(Matza)의 중화(기술)이론에 따르면, 자신의 비행에 대하여 책임이 없다고 합리화하는 것도 중화기술의 하나에 해당한다.

4. 허쉬의 사회유대이론에 대한 설명으로 옳지 않은 것은? 2020. 보호 7급

① 신념은 지역사회가 청소년의 초기 비행행동에 대해 과잉반응하지 않고 꼬리표를 붙이지 않는 것을 말한다.
② 애착은 개인이 다른 사람과 맺는 감성과 관심으로, 이를 통해서 청소년은 범죄를 스스로 억누르게 되는 것을 말한다.
③ 관여 또는 전념은 관습적 활동에 소비하는 시간·에너지·노력 등으로, 시간과 노력을 투자할수록 비행을 저지름으로써 잃게 되는 손실이 커져 비행을 저지르지 않는 것을 말한다.
④ 참여는 관습적 활동 또는 일상적 활동에 열중하는 것으로, 참여가 높을수록 범죄에 빠질 기회와 시간이 적어져 범죄를 저지를 가능성이 감소되는 것을 말한다.

🔍 정답 1. ② 2. ① 3. ③ 4. ①

제3절 낙인이론

01 개 요

(1) 의 의

① **기본개념** : 상징적 상호작용론, 악의 극화, 충족적 자기예언의 성취 등을 든다.

② **주요학자 및 연혁** : 탄넨바움(Tannenbaum)의 「범죄와 지역사회」(1938), 태판(Tappan)의 「소년비행」(1949), 레머트(Lemert)의 「사회병리학」(1951), 베커(Becker)의 「비동조자들」(1963), 슈어(Schur)의 「낙인적 일탈행동」(1971) 등을 들 수 있다.

③ **상호작용** : 범죄원인은 범죄인과 사회의 상호작용에 의한 사회적 낙인과 반작용, 특히 낙인의 주체인 법집행기관의 역할에 초점을 맞춘 규범회의주의의 입장에 있다(범죄행위보다는 범죄행위에 대한 통제기관의 반작용에 관심을 가진다).

④ **실증주의 비판** : 범죄의 원인을 개인의 소질이나 환경에서 찾고 범죄는 소수 일탈자의 문제이므로 이를 교정주의적 간섭을 통하여 해결하고자 한 실증주의 범죄학(범죄자를 치료나 처우의 대상으로 보고 국가가 개입해서 치료나 처우)에 대한 코페르니쿠스적 전환을 가져온 범죄학이론(낙인이론 : 국가의 개입이 범죄의 원인이므로 국가의 개입을 배제)으로 평가받고 있다.

⑤ **범죄개념** : 낙인이론의 범죄개념은 실정법적인 범죄개념에 한정하지 않고 사회적 일탈을 폭넓게 연구대상으로 하고 있다.

⑥ 갈등론적 관점에서 시카고학파의 상징적 상호작용이론을 발전적으로 계승한 후기 시카고학파에 속한다.

(2) 주요 내용

① 사회의 가치합의를 부정하고 범죄의 편재성과 정상성으로 출발한다.

② 전통적·심리학적·다원적 범죄원인론을 배척하고 행위자의 주관적 사고과정을 중심으로 범죄현상을 설명하며 전통적인 범죄이론이 등한시했던 법집행기관(낙인의 주체)을 주요 연구대상으로 하였다.

③ 일탈규정 자체를 종속변수(결과)로 보아 그러한 규정이 형성된 과정이나 적용되는 메커니즘을 연구대상으로 삼았다.

④ 범죄가 범죄통제를 야기하기보다는 범죄통제가 오히려 범죄를 야기한다고 보았다(국가의 범죄통제가 오히려 범죄를 증가시키는 경향이 있으므로 과감하게 이를 줄여야 한다고 주장한다).

⑤ 사법기관의 결단주의적 요소 및 법관의 법창조적 활동 그리고 행위자의 반작용에 관심을 두었다. [2010. 7급]

⑥ 형사사법기관의 역할에 대해 회의적이며, 공식적 낙인은 사회적 약자에게 차별적으로 부여될 가능성이 높다고 본다. [2012. 7급]

⑦ 범죄는 일정한 행위속성의 결과가 아니라, 통제기관에 의해 일탈행위에 대한 '사회적 반응'이 범죄로 규정된다. [2016. 5급 승진] 총 4회 기출

⑧ 공식적 처벌(형사사법기관에 의한 범죄행위 처벌)이 가지는 긍정적 효과보다는 부정적 효과에 주목한다. [2018. 7급] 총 2회 기출

⑨ 일탈·범죄행위에 대한 공식적·비공식적 통제기관의 반응(reaction)과 이에 대해 일탈·범죄행위자 스스로가 정의(definition)하는 자기관념에 주목한다. [2020. 9급]

⑩ 비공식적 통제기관의 낙인, 공식적 통제기관의 처벌이 2차 일탈·범죄의 중요한 동기로 작용한다고 본다. [2020. 9급]

⑪ 일탈자에 대한 사회의 반응으로 인한 암수의 문제점을 지적하고(사회적 강자들은 국가가 개입 × → 그러므로 이들이 범하는 범죄는 통계에 잡히지 않는다 → 암수범죄) 자기보고나 참여적 관찰에 의한 보충을 요구하였다.

(3) 범죄대책

① 구금에 따른 악풍감염과 낙인의 문제점을 지적하고 공적 개입과 공식낙인보다는 다양한 전환제도의 활용을 증대시키고 처우지향적인 소년사법분야나 경미범죄 등에 대해 비범죄화와 비형벌화의 확대에 기여하였다. [2024. 교정 9급] 총 7회 기출

② 이는 곧 선별적 수용을 통한 교도소의 다양화와 사회 내 처우의 필요성을 강조하여 불간섭주의(Non-intervention)의 이론적 근거가 되었고 나아가 비판범죄학[자본주의 사회의 구조적 모순(법이라는 것은 지배계층을 위한 것)이 범죄의 원인이라고 보는 시각]의 형성에 기여한 바가 크다. [2015. 7급]

③ 사회적 위험성이 없는 행위는 범죄목록에서 제외해야 한다고 주장하였다. [2019. 5급 승진]

④ 범죄자에 대한 시설 내 처우의 축소와 사회 내 처우의 확대를 주장하였다. [2020. 9급] 총 2회 기출

> **PLUS⁺ 범죄대책**
>
> • 사회해체이론 : 지역사회의 재조직화
> • 낙인이론 : 비범죄화 또는 다이버전
> • 차별적 접촉이론 : 집단관계요법
> • 급진적 갈등론 : 사회주의 사회의 건설

02 대표적 학자

(1) **탄넨바움**(Tannenbaum)**의 악의 극화**(일탈강화의 악순환)

① **악의 극화** : 공공에 의해 부여된 범죄자라는 꼬리표에 비행소년 스스로가 자신을 동일시하고 그에 부합하는 역할을 수행하게 되는 과정을 '악의 극화(dramatization of evil)'라고 하였다. [2023. 교정 7급] 총 2회 기출

② **부정적 자아관념** : 부정적 낙인은 부정적 자아관념을 심어 일단 자신에게 일탈자로서 낙인이 붙게 되면 스스로 일탈자로 치부하여 일탈행위를 지속한다고 보았다.

⊘ 이 시기(1938년)의 미국 : 강경책 → 탄넨바움의 주장이 받아들여지지 않음.

③ **범죄자 규정 과정** : 사회에서 범죄자로 규정되는 과정은 일탈강화의 악순환으로 작용하여 오히려 범죄로 비난받는 특성을 자극하여 강화시켜주는 역할을 한다. [2018. 5급 승진]

④ **자신에 대한 부정적 인식** : 청소년의 사소한 비행에 대한 사회의 부정적 반응이 그 청소년으로 하여금 자신을 부정적인 사람으로 인식하게 한다. [2018. 7급]

⑤ 범죄형성의 과정은 낙인의 과정이다.

(2) **레머트**(Lemert)**의 사회적 낙인으로서의 일탈** [2019. 9급] 총 4회 기출

① 레머트는 1차적 일탈에 대하여 부여된 사회적 낙인으로 인해 일탈적 자아개념이 형성되고, 이 자아개념이 직접 범죄를 유발하는 요인으로 작용하여 2차적 일탈이 발생된다고 하였다(1차적 일탈에 대한 부정적 사회반응이 2차적 일탈을 만들어 낸다). [2019. 9급] 총 3회 기출

② **1차적**(일시적) **일탈**

㉠ 일시적인 것이며, 사회적 · 문화적 · 심리적 · 생리적 요인들에 의해 야기되는 규범일탈행위이다.

㉡ 규범위반자는 자기 자신을 일탈자로 생각하지 않고, 타인에게 노출되지도 않아 일탈에 대한 사회적 반작용이 나타나지 않는다.

③ **2차적**(경력적) **일탈** : 사회구성원에 의한 반응과 사법기관에 의한 공식반응

㉠ 1차적 일탈에 대한 사회적 반응에 의해 생긴 문제들에 대한 행위자의 반응(방어 · 공격 또는 문제들에 적응하기 위한 수단)으로서의 일탈행위나 사회적 역할들이다.

㉡ 일반적으로 오래 지속되며, 행위자의 정체성이나 사회적 역할들의 수행에 중요한 영향을 미친다.

㉢ 일탈행위가 타인이나 사회통제기관에 발각되어 낙인찍히게 되고 이는 합법적 · 경제적 기회의 감소, 정상인과의 대인관계 감소를 가져와 자기 자신을 일탈자로 자아규정하고, 계속적인 범죄행위로 나아가게 된다.

④ **공식적 반응의 효과** : 사법기관의 공식적인 반응은 일상생활에서 행해지는 비공식적 반응들보다 심각한 낙인효과를 끼쳐 1차적 일탈자가 2차적 일탈자로 발전하게 된다고 한다. [2020. 5급 승진]

⊘ 레머트의 주장은 1960년대 미국에서 받아들여져 지역사회교정의 발전으로 이어졌다.

■ 사법기관에 의한 공식적 반응이 미치는 낙인효과

오명씌우기	• 일차적 일탈자에게 도덕적 열등아라는 오명이 씌워진다. • 공식처벌은 대중매체를 통해 알려지고 전과자로 기록된다. • 이로 인해 타인과의 관계설정이 어려워지고 구직이 어려워지는 등 정상적인 사회생활을 하지 못하게 된다.
불공정에 대한 자각	• 처벌 과정에서 일차적 일탈자는 불공정한 사법집행의 측면을 경험하게 된다. • 이는 사법제도의 공정성 및 사회정의에 대한 신뢰감을 상실하게 된다.
제도적 강제의 수용	자신에 대한 사법기관의 판단을 강제로 수용할 수밖에 없게 된다.
일탈하위문화에 의한 사회화	• 형 집행시설 내에서는 그 특유한 일탈하위문화가 존재한다. • 공식처벌에 따라 범죄를 옹호하는 가치나 새로운 범죄기술을 습득하게 된다.
부정적 정체성의 긍정적 측면	• 사법기관에 의한 부정적인 정체성 부여는 책임감이나 죄책감의 도피가 된다. • 이는 자신에 대한 부정적인 평가를 거부하지 않는다.

(3) 베커(Becker)의 사회적 지위로서의 일탈

① **지위변화에 초점** : 베커는 일탈자로 낙인했을 때에 그 사람의 지위변화에 초점을 두었다.

② **이방인으로 낙인** : 금지된 행동에 대한 사회적 반응이 2차적 일탈을 부추길 뿐 아니라 사회집단이 만든 규율을 특정인이 위반한 경우 '이방인(outsider)'으로 낙인찍음으로써 일탈을 창조한다. [2019. 9급]

③ **일탈자라는 주지위** : 범죄적 낙인이 일단 적용되면, 그 낙인이 다른 사회적 지위나 신분을 압도하게 되므로 일탈자로서의 신분이 그 사람의 '주지위'로 인식된다. [2019. 9급] 총 3회 기출

④ **일탈자 낙인의 효과** : 일탈자란 낙인이 성공적으로 적용된 자이며, 일탈행위란 사회가 낙인을 찍은 행위이다. 결과적으로 일탈자라는 낙인은 그 사람의 사회적 지위와 타인과의 상호작용에 부정적인 영향을 미친다. [2018. 7급]

⑤ **낙인과정 중시** : 일탈자로 낙인찍히는 과정 그 자체가 그 후에 계속되는 개인의 일탈행위를 결정하는 중요한 요인이 된다.

⑥ **단계이론적 접근** : 베커는 범죄원인을 단계적 이론과 동시적 이론으로 구분하여 기존이론들이 대부분 최초의 범죄발생만을 분석한 동시적 이론이기 때문에 재범이나 누범과 같이 지속적인 범죄현상을 설명하지 못한다고 보았다.

> **PLUS⁺ 주지위(master status)**
>
> 1. 범죄성은 어떤 행태의 행위 그 자체의 본질적인 특성에 의하여 결정되는 것이 아니고 그 행위에 종사하고 있는 것이 발견된 자에게 사회에 의하여 주어진 지위이다.
> 2. 사회집단은 일탈로 간주하는 규율을 제정하여 일탈자를 창조하고 그 규정을 특정인에게 적용하여 낙인하고, 범죄행위로 낙인을 찍는 것은 사회적 지위와 같은 효과를 낳게 하여 낙인찍힌 자에게 사회적 상호작용에 가장 중요한 '주지위'와 같은 작용을 한다.
> 3. 한번 낙인 찍히면 안 좋은 사회적 지위를 받는다(outsiders라는 주지위가 자동적으로 부여 – 사회중심에 있지 못하고 외각을 맴도는 신분이 됨). → 범죄 ○
> 4. 베커는 일탈자의 지위는 다른 대부분의 지위보다도 더 중요한 지위가 된다고 하였다. [2015. 7급]

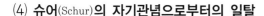

(4) 슈어(Schur)의 자기관념으로부터의 일탈

① **스스로의 부정적 자기관념** : 슈어는 개인의 적응을 고려하여 낙인과정의 유동적 속성과 스스로에 의한 자아규정의 중요성을 강조하였다.

② **낙인의 차별적 수용** : 낙인이 이루어졌더라도 2차적 일탈자로 되는 과정이 레머트의 주장처럼 단계적으로 진행되지 않고, 낙인과정에서 개인의 적응노력에 따라 어떤 사람은 낙인을 수용하며 어떤 사람은 여러 가지 협상이나 타협을 통해 낙인을 회피할 수도 있다.

③ **불간섭주의 주장** : 사법기관의 공식적 개입은 귀속지위, 오명찍기, 눈덩이 효과로 인한 자기관념 부정을 초래하는 등 내적인 자아낙인을 통해 스스로 일탈자라고 규정하는 2차적 일탈에 주목하고 불간섭주의를 주장하였다.

④ **개인의 반응양태** : 2차적인 일탈로의 발전은 개인이 어떻게 사회적 낙인에 반응하느냐에 따라 달라질 수 있다든지, 본인 스스로의 자아낙인을 고려했다는 점에서 다른 낙인이론가들과는 차이가 있다.

03 형사정책적 대안(4D 정책)

(1) 의 의

범죄자에 대한 국가개입은 가능한 축소하고 대신에 비공식적인 사회 내 처우가 새로운 범죄자의 교화방법으로 제시되기도 하였다.

(2) 내 용

① **비범죄화**(decriminalization) : 기존형법의 범죄목록 중에서 사회변화로 인하여 더 이상 사회위해성이 없는 행위로 평가되는 것에 대해서는 범죄목록에서 삭제되어야 한다.

② **전환**(Diversion) : 가능한 범죄에 대한 공식적 반작용은 비공식적 반작용으로, 중한 공식적 반작용은 경한 공식적 반작용으로 대체되어야 한다.

③ **탈제도화 · 탈시설수용화**(deinstitutinalisation) : 가능한 한 범죄자를 자유로운 공동체 내에 머물게 하여 자유상태에서 그를 처우하여야 한다.

④ **적정절차**(due process) : 정당한 법 적용절차를 강조한다.

⑤ **탈낙인화**(destigmatization) : 이미 행해진 사회통제적 낙인은 재사회화가 성과 있게 이루어진 후에는 피낙인자에게 그의 사회적 지위를 되돌려 주는 탈낙인화가 뒤따라야 한다.

04 공헌과 비판

(1) 공 헌

① 동기의 문제에서 정의의 문제로, 범죄문제 자체보다 범죄통제의 문제로 관심을 전환시켰다.

② 소년사법분야나 경미범죄, 과실범죄 등에 대해 그 예방차원으로 비범죄화, 다이버전, 시설 내 구금수용의 철폐 등 사회 내 처우의 근거가 되었다. [2019. 5급 승진] 총 4회 기출

③ 상징적 상호작용론을 수용하여 피해자 없는 범죄에 대해서도 관심을 기울였고, 범죄피해자 조사를 통한 공식범죄통계를 보완하였다.

(2) 비 판

① 사회통제의 전체적 구조를 간과하여 미시적 · 사회심리학적 이론의 한계를 보였다.

② 연구대상에서 하류계층의 일탈로 범위가 한정되어서 기업범죄나 숨겨진 제도적 폭력 등을 간과하고 구조적 불평등 문제를 무시하여 비판범죄학의 출현계기가 되었다.

③ 일탈의 원인으로서 사회통제나 사회반응의 효과를 너무 강조하여 사회통제기관에 대한 비판적 시각을 나타내었다.

④ '낙인 없으면 일탈도 없다.'는 지나친 상대주의에 빠져 인간이 사회적인 반작용 없이도 스스로 범죄자가 될 수 있는 점을 간과하고 있다.

⑤ 최초의 일탈에 대한 원인설명이 부족하며 반교정주의로 발전할 위험성이 크다. [2018. 7급] 총 5회 기출

⑥ 규범을 위반하는 모든 사람이 스스로 일탈자라는 낙인을 수용하지는 않는다.

⑦ 화이트칼라범죄와 같은 지배계층의 범죄에 관대한 결과를 양산할 가능성이 있으며 일탈의 원인으로서 사회통제나 사회반응의 효과를 지나치게 강조하였다.

⑧ 통제완화 후 범죄감소의 경험적 증거가 부족하며 낙인 이후의 환경적 차이를 고려하지 않았다.

⑨ 범죄피해자에 대한 관심이 적었다는 비판이 있다.

📖 사회과정적 관점의 요약

구 분	사회학습이론	사회통제이론	사회반응이론
의 문	왜 사람이 합법적 규범을 위반하는가?	왜 사람들이 합법적 규범에 동조하는가?	합법적 규범이 어떻게 만들어지고 적용되며 그 결과는 어떤가?
일탈의 구조적 원인	규범적 갈등	사회 해체	집단 갈등
일탈의 근원	범죄적 가치, 규범, 행위에 대한 성공적 사회화	부적절한 사회화, 관습적인 사회와의 유대약화 & 관습적가치관과 규범의 중화	어떤 행위를 범죄로 규정짓는 사회의 갈등
범죄가 지속되는 이유	범죄집단의 규범적 지지	처벌의 부재	부정적 낙인의 결과
비판점	주요개념의 모호성과 검증의 어려움	관습적인 사회와의 유대가 약해진 이유나 원인 설명 못함	실제 연구결과 주요 가설과 가정이 거의 지지되지 못함
형사정책	범죄자 처우 프로그램의 이론적 근거 제공	교도소의 각종 직업훈련, 외부통근, 교육기회의 확대	각종 전환제도를 통한 교화개선의 강조

최신 기출로 확인하기

1. 범죄학 이론에 대한 설명으로 옳지 않은 것은? 2022. 교정 9급

① 레머트(Lemert)는 1차적 일탈과 2차적 일탈의 개념을 제시하였다.
② 허쉬(Hirschi)는 사회통제이론을 통해 법집행기관의 통제가 범죄를 야기하는 과정을 설명하였다.
③ 머튼(Merton)은 아노미 상황에서 긴장을 느끼는 개인이 취할 수 있는 5가지 적응유형을 제시하였다.
④ 갓프레드슨과 허쉬(Gottfredson & Hirschi)는 부모의 부적절한 자녀 양육이 자녀의 낮은 자기통제력의 원인이라고 보았다.

2. 통제이론에 대한 설명으로 옳지 않은 것은? 2020. 교정 7급

① 라이스 : 소년비행의 원인을 낮은 자기통제력에서 찾았다.
② 레크리스 : 청소년이 범죄환경의 압력을 극복한 것은 강한 자아상 때문이다.
③ 허쉬 : 범죄행위의 시작이 사회와의 유대약화에 있다고 보았다.
④ 에그뉴 : 범죄는 사회적으로 용인된 기술을 학습하여 얻은 자기합리화의 결과이다.

3. 통제이론에 대한 설명으로 옳은 것은? 2020. 보호 7급

① 나이는 범죄통제방법 중 비공식적인 직접통제가 가장 효율적인 방법이라고 주장하였다.
② 레크리스는 외부적 통제요소와 내부적 통제요소 중 어느 한 가지만 제대로 작동되어도 범죄는 방지될 수 있다고 보았다.
③ 맛차와 사이크스가 주장한 중화기술 중 가해의 부정은 자신의 행위로 피해를 입은 사람은 그러한 피해를 입어도 마땅하다고 합리화하는 기술이다.
④ 통제이론은 "개인이 왜 범죄로 나아가지 않게 되는가"의 측면이 아니라 "개인이 왜 범죄를 하게 되는가"의 측면에 초점을 맞춘다.

4. 낙인이론에 대한 설명으로 옳은 것만을 모두 고르면? 2020. 교정 9급

> ㉠ 일탈·범죄행위에 대한 공식적·비공식적 통제기관의 반응과 이에 대해 일탈·범죄행위자 스스로가 정의하는 자기관념에 주목한다.
> ㉡ 비공식적 통제기관의 낙인, 공식적 통제기관의 처벌이 2차 일탈·범죄의 중요한 동기로 작용한다고 본다.
> ㉢ 범죄행동은 보상에 의해 강화되고 부정적 반응이나 처벌에 의해 중단된다고 설명한다.
> ㉣ 형사정책상 의도하는 바는 비범죄화, 탈시설화 등이다.

① ㉡, ㉣
② ㉠, ㉡, ㉢
③ ㉠, ㉡, ㉣
④ ㉡, ㉢, ㉣

5. 낙인이론에 대한 설명으로 옳지 않은 것은? 2021. 보호 7급

① 낙인이론에 따르면 범죄자에 대한 국가개입의 축소와 비공식적인 사회 내 처우가 주된 형사정책의 방향으로 제시된다.

② 슈어(Schur)는 이차적 일탈로의 발전은 정형적인 것이 아니며 사회적 반응에 대한 개인의 적응노력에 따라 달라질 수 있다고 주장하였다.

③ 레머트(Lemert)는 일탈행위에 대한 사회적 반응은 크게 사회구성원에 의한 것과 사법기관에 의한 것으로 구분할 수 있고, 현대사회에서는 사회구성원에 의한 것이 가장 권위 있고 광범위한 영향력을 행사하는 것으로 보았다.

④ 베커(Becker)는 일탈자라는 낙인은 그 사람의 지위를 대변하는 주된 지위가 되어 다른 사람들과의 상호작용에 부정적인 영향을 미치는 요인이 되는 것으로 설명하였다.

🔍 정답 1. ② 2. ④ 3. ② 4. ③ 5. ③

09 확인학습

빈칸채우기

01 범죄행위를 학습하는 과정은 과거에 이러한 행위를 하였을 때에 주위로부터 칭찬, 인정, 더 나은 대우를 받는 등의 (　　)이 있었기 때문이라고 에이커스는 주장하였다.

02 레크리스는 범죄유발요인으로 압력요인, (　　), 배출요인으로 구분하였다.

03 허쉬는 개인이 사회와 유대관계를 맺는 방법으로 애착, (　　), 믿음, (　　)를 제시하였다.

04 (　　)이론은 범죄이론이라기보다는 범죄화이론이며, 범죄원인보다 범죄자에 대한 사회적 반응을 중시한다.

05 (　　)이론에 따르면 범죄란 집단이익의 갈등이나 국가의 권력을 이용하고자 하는 집단 간 투쟁의 산물이라고 하였다.

OX체크

01 차별적 접촉이론은 범행의 학습은 주로 친밀한 사적 집단 안에서 이루어진다고 보았고, 차별적 동일화 이론은 범죄를 학습할 수 있는 대상이 텔레비전이나 영화의 주인공처럼 관념상의 인간으로까지 확장될 수 있다고 보았다.

02 '왜 대부분의 사람들은 일탈하지 않고 사회규범에 동조하는가?'의 물음에 관한 이론은 낙인이론이다.

03 레크리스는 내적 봉쇄요인과 외적 봉쇄요인 중에서 어느 한 가지라도 제대로 작용하면 범죄나 비행을 예방할 수 있다고 보았다.

04 레머트는 특히 1차적 일탈에 관심을 두었고, 1차적 일탈이 반드시 2차적 일탈을 일으키는 것은 아니나 1차적 일탈에 대한 부정적 사회반응과 그 결과로 인한 경제적 기회의 상실 등은 부정적 자아관념을 초래하여 직업범죄자가 된다고 보았다.

05 봉거는 '법은 국가와 지배계급이 그들에게 유리한 사회경제적 질서를 보호하며 유지하기 위한 수단이다.'라고 주장한다.

06 1990년에 로우, 오스구드 그리고 알렌 등의 의해 제안된 잠재적 특질이론은 생애 사이클에 따른 범죄흐름을 설명하는 것이 목적이다.

07 생애과정 이론은 범죄성의 원인을 부적응적 성격, 교육실패 그리고 가족관계 등으로 보는 다차원적 이론이다.

Answer
　빈칸채우기　01 보상　02 유인요인　03 전념, 참여　04 낙인　05 집단갈등
　OX체크　01 ○　02 ×, 통제이론　03 ○　04 ×, 2차적 일탈에 관심　05 ×, 퀴니(Quinney)　06 ○　07 ○

단원MAP

형사정책 기초개념			범죄의 원인과 현상론								
1. 학문발전	2. 국제성	3. 연구방법	4. 고전주의	5. 초기실증	6. 생물학	7. 심리학	8. 거시사회	9. 미시사회	10. 갈등론적	11. 발달범죄	12. 범죄현상
피해자론		비범죄	예방과 예측		형벌론		보안처분론				판 례
13. 피해자학	14. 피해보호	15. 비범죄화	16. 범죄예방	17. 범죄예측	18. 형벌론	19. 형벌종류	20. 보안처분	21. 주요5법	22. 소년사법	23. 소년2법	24. 판례

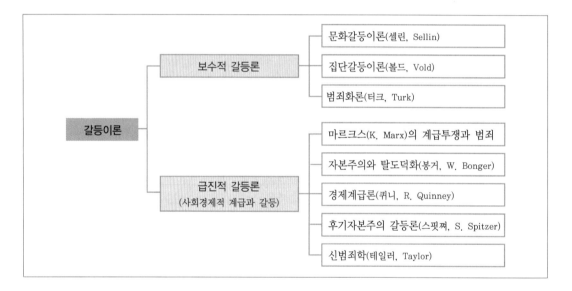

제1절 개 관

01 의 의

(I) 정 의

① **광의적 · 협의적 견해** : 광의적으로 보수적 갈등이론까지 포함하여 이해하며, 협의로 마르크스주의를 바탕으로 한 급진적 갈등이론 중 1960년대 후반 이후 주류범죄학에 대항하여 형사사법체계의 불평등을 규명하기 위해 정치 · 경제의 거시적 맥락에서 범죄문제를 접근하는 입장만을 의미한다.

② **거시적 관점** : 범죄의 연구대상을 사회적 상호작용이 아닌 '비행에 대한 사회통제 메커니즘'으로 옮겨 놓은 거시적(구조적) 이론이다. 범죄행위의 개별적 원인 규명이 아닌 어떤 행위가 범죄로 규정되는 과정에 더 관심을 갖고, 일탈자 개인이 아닌 자본주의 사회의 모순에 대한 총체적 해명 속에서 이해하고자 하였다.

③ **법에 대한 관점** : 사회의 다양한 집단들 중에서 자신들의 정치적·경제적 힘을 주장할 수 있는 집단이 자신들의 이익과 기득권을 보호하기 위한 수단으로 만들어 낸 것이 법이라고 인식한다.

④ **합의론과 대립** : 사회구성원의 가치합의와 국가기관의 중립성을 강조하는 합의론과는 대립되는 개념으로, 갈등론에 의하면 한 사회의 법률을 위반하는 범죄의 문제도 도덕성의 문제가 아니라 사회경제적이고 정치적인 함의를 지니는 문제일 뿐이다. [2017. 5급 승진]

⑤ **인도주의적 측면** : 휴머니즘 비판범죄학은 노동력 착취, 인종차별, 성차별 등과 같이 인권을 침해하는 사회제도가 범죄적이라고 평가하는 인도주의적 입장이다. [2012. 7급]

(2) 낙인이론과의 차이

① **상대적 개념** : 낙인이론과 비판범죄학은 둘 다 범죄에 대한 상대적 개념을 전제하고 있다. 양자 모두 주류범죄학인 실증주의 범죄학의 문제점을 지적하고 사회적 반응이 일탈을 초래한다는 낙인이론의 기본전제를 수용하고 있다.

② **권력구조적 요인에 관심** : 사회적 반응이 일탈을 초래한다는 낙인이론의 기본전제를 수용하면서 나아가 범죄발생과 통제의 저변에 작용하고 있는 구조적 요인인 자본주의 체제 자체의 모순점을 거시적인 시각에서 분석하고 있다.

③ **낙인이론의 추상성 비판** : 비판범죄학은 낙인이론에 영향을 크게 받았음에도 불구하고 낙인이론의 가치중립성과 추상성을 비판한다. [2015. 7급]

📖 낙인이론 vs 비판범죄학

구 분	낙인이론	비판범죄학
이론적 관점	• 미시적 이론 • 사회과정이론(사회적 상호이론)	• 거시적 이론 • 사회구조이론(자본주의 사회의 구조적 모순)
연구 대상	법집행기관의 범인성	사회구조의 범인성
연구 초점	범죄인 개인과 형사사법기관 간의 상호작용	범죄인 집단과 국가권력의 문제
보호관찰	긍정	부정
대 책	불간섭주의	자본주의 체제의 타파와 사회주의 체제로의 전환

✅ 비판범죄학에서는 보호관찰제도와 같은 사회 내 처우는 사회적 강자들을 위해 만들어 졌다고 본다. 즉 사회적 강자는 범죄를 하면 보호관찰을 받고 사회적 약자는 시설 내(교도소)에 수용된다고 보았다.

02 갈등론의 발달과 비판

(1) 갈등론의 발달

① **문화갈등이론**(1940년대) : 초기 시카고 학파의 생태학적 접근 방법에서 시작하여 셀린의 문화갈등이론은 볼드의 집단갈등이론으로 발전하였다.

② **수단주의이론**(1960년대) : 자본주의 사회에서 범죄를 가치갈등과 권력의 불평등한 배분관계에서 파악하고 법을 통제수단, 즉 체제유지의 수단으로 본다.

③ **구조주의이론**(1970년대) : 자본가 계급의 궁극적 이해는 자본주의 구조 자체의 존속에 있는 것이며, 근시안적인 이익을 법이라는 수단을 통해서 보호받으려는 것이 아니라고 주장한다.

(2) 이론의 공통된 특징

① 사회과학의 가치중립성을 거부하고, 실증주의 및 자유주의의 패러다임과 결별했다. 공식적 범죄통계의 신빙성에 의문을 제기하고, 암수에 대한 인식의 중요성을 지적하였다.

② **자본주의 체제의 모순** : 자본주의 사회의 모순에 관심을 갖고 일탈의 문제도 자본주의 사회의 모순에 대한 총체적 해명 속에서 이해하였다. 권력형 범죄의 분석에 유용하다.

③ **투쟁적 정치참여** : 일탈 및 범죄문제의 해결방법으로 현상유지와 개혁주의적 해결을 거부하고 전반적인 체제변동과 억압에 대한 투쟁적 정치참여를 주장하였다.

(3) 비 판

① 이념적·사변적 경향이 있으며 사회과학영역에서 예언적 미래관을 신봉하는 것은 위험스럽다.

② 사회주의 국가에서 범죄가 소멸하였다는 경험적 증거가 없고, 범죄문제를 지나치게 정치적으로 이해하고 있으며, 범죄통제측면의 강조로 범죄의 원인규명에 미흡하다.

③ 상층범죄에 관심을 집중한 나머지 범죄의 주된 희생자인 하층계급의 보호에 충분한 배려가 없다.

④ 우연적·예외적 위반을 강조할 뿐 구조적이고 제도화된 정규적 위반을 분석하지 못하고 있다.

⑤ 자본주의 체계에 대한 비판적 시각만 있을 뿐 형사사법체계의 개선을 위한 구체적 대안을 제시하지 못하고 있다.

⑥ 생물학적 또는 심리학적 범죄대책을 도외시하고 있다.

제2절 보수적 갈등론

01 셀린(Sellin)의 문화갈등이론

(1) 개 요

① **문화갈등** : 셀린은 「문화갈등과 범죄」(1938)에서 서로 다른 문화들에는 독특한 "행위규범, 즉 어떤 상황에서 어떤 유형의 사람들이 특정한 방식으로 행동하도록 요구하는 규칙들이 있다." 고 주장하였다.

② **문화갈등과 범죄** : 문화갈등이란 사회적 가치에 대한 이해 및 규범 등의 충돌을 의미한 것으로 개별집단의 문화적 행동규범과 사회 전체의 지배적 가치체계 사이에 발생하는 문화적 갈등관계가 범죄원인이 된다.

③ **문화갈등과 법의 적용** : 법규범은 다양한 사회구성원들 간의 합의된 가치를 반영하는 것이 아니라 단지 지배적인 문화의 행위규범만을 반영할 뿐으로, 전체 사회의 규범과 개별집단의 규범 사이에는 갈등이 존재할 때 개인도 이러한 종류의 갈등이 내면화됨으로써 인격해체가 이루어지고 범죄원인으로 작용하게 된다. [2017. 5급 승진]

④ **문화갈등 유형과 사회적 과정** : 1차적(횡적) 갈등과 2차적(종적) 갈등으로 분류하고, 여기에서 중요한 것은 갈등의 구조·동태가 아니라 비관습적 규범과 가치가 대대로 전승되는 사회적 과정에 있다고 한다. [2024. 보호 9급] 총 5회 기출

1차적(횡적) 문화갈등	이질적 문화 사이에서 발생하는 갈등으로 두 문화 사이의 경계지역에서 발생 예 식민지 정복과 같이 하나의 문화가 다른 문화영역 속으로 확장하는 경우, 이민 집단과 같이 특정문화의 구성원들이 다른 문화 영역으로 이동할 때
2차적(종적) 문화갈등	하나의 단일문화 가운데서 여러 개의 상이한 하위문화로 분화될 때 발생 예 신·구세대 간, 도시·농촌 간, 빈·부

(2) 문화갈등과 범죄

① 문화갈등이 존재하는 지역의 사람들은 그 지역의 행위규범이 모호하고 서로 경쟁적이므로, 사회통제가 약화되고 스트레스를 유발하여 보다 용이하게 범죄나 일탈행위에 끌리게 된다.

② 지배적인 문화의 행위규범만이 법제화됨으로써, 그렇지 못한 문화를 가진 사람들은 자신이 속한 문화의 행위규범을 따르다 보면 법과 마찰을 일으킬 수밖에 없게 된다. 특히 2차적 문화갈등의 상황에 놓인 사람은 어느 집단의 규범을 따르는가에 관계없이 하나의 문화규범을 어기고 그로부터 거부당할 수밖에 없기 때문에 사회학적 이중곤경(double bind)에 사로잡히게 된다.

③ 문화갈등에 따른 행위규범의 갈등은 심리적 갈등의 원인이 되고, 나아가 범죄의 원인이 된다. [2010. 7급]

④ 범죄는 하나의 단일문화가 독특한 행위규범을 갖는 여러 개의 상이한 하위문화로 분화될 때 사람들이 자신이 속한 문화의 행위규범을 따르다 보면 발생할 수 있다.

(3) 공헌과 비판

① 공 헌

  ㉠ 범죄의 중요한 요소로서 이민집단이나 인종 간의 범죄현상을 집단 간의 문화규범의 충돌인 갈등으로 설명하였다.

  ㉡ 20세기 범죄학에서 가장 큰 영향력을 미친 이론으로, 서덜랜드의 차별적 접촉이론, 베커 등의 낙인이론, 터크나 볼드의 갈등이론, 코헨의 하위문화이론, 에이커스의 사회적 학습이론 등의 이론적 기초를 제공하였다.

② 비 판

  ㉠ 이민사회의 다양한 민족을 전제로 한 이론이기 때문에 범죄이론으로 보편화하는 데는 처음부터 한계가 있다.

  ㉡ 문화갈등이 없는 집단의 범죄율은 그렇지 않은 집단보다 상대적으로 낮게 나타나야 하나, 이와 같은 사실은 통계적으로 입증되지 않고 있다.

02 볼드(Vold)의 집단갈등이론

(1) 의 의

① **집단갈등이론** : 셀린의 문화갈등론이 행위규범들의 갈등에 기초한 반면, 볼드는 「이론범죄학」(1958)에서 이해관계의 갈등에 기초한 집단갈등이론을 주장하였다.

② **집단형성의 동기** : 사람은 집단지향적이어서 생활 또한 대부분 집단에 참여함으로써 가능하다는 전제에서 출발한다. 개인적인 노력보다 집단을 통한 요구가 잘 실현되기 때문에 새로운 이해관계에 따라 집단은 만들어지고 소멸된다.

③ **집단의 속성** : 집단은 항상 자신의 이익과 위상을 유지하거나 개선하려고 하기 때문에 다른 집단과 연속적인 투쟁 상태에 있게 된다. 이 같은 이유로 집단 간의 갈등은 사회가 제대로 기능하는데 있어서 가장 핵심적이고 필수적인 요인이다.

(2) 집단갈등과 범죄

① **법은 집단갈등의 산물** : 법의 제정, 위반 및 법집행의 전 과정은 집단이익의 갈등이나 국가의 권력을 이용하고자 하는 집단 간 투쟁의 결과이다. 특히 법 제정을 권력집단의 협상의 결과로 보고 범죄를 개인적 법률위반이 아니라 비권력 소수계층의 집단투쟁으로 이해한다. [2016. 5급 승진] 총 2회 기출

② **입법정책** : 집단 간의 이익갈등이 가장 첨예한 상태로 대립하는 영역은 입법정책 부분이다. 범죄를 법 제정과정에 참여하여 자기의 이익을 반영시키지 못한 집단의 구성원이 일상생활 속에서 법을 위반하며 자기의 이익을 추구하는 행위로 본다. [2017. 5급 승진] 총 6회 기출

③ **혁명과 통상범죄 설명** : 정치적 갈등의 가장 궁극적인 형태는 반란과 혁명, 특수유형의 범죄뿐만 아니라 통상적인 범죄들도 집단갈등과 관련된다.

(3) 공헌과 비판

① 공 헌

ⓐ 인종분쟁, 산업분쟁, 확신범죄 등 전통범죄학에서 도외시되었던 특정 범죄를 이해하려고 노력한다.

ⓑ 노조파업과 같은 일시적 갈등 및 소수집단이 그들의 지위를 쉽게 바꿀 수 있는 양심적 반대자 그리고 나이가 들면서 자연히 지위가 변할 수 있는 비행청소년처럼 소멸될 수 있는 갈등을 이해하는 데 유용하다.

② 비 판

ⓐ 이익집단들 간의 갈등과 연관되지 않은 비이성적ㆍ격정적 범죄를 설명하는 데에는 부적합하다.

ⓑ 범죄의 정치적 성격을 강조하지만 권력과 범죄와의 관계에 대해서는 언급하지 않아 현대적 갈등이론이나 비판범죄학의 이념과는 거리가 있다.

03 터크(Turk)의 범죄화론

(1) 의 의

① **범죄화 과정**: 다른 갈등론자와 마찬가지로 사회의 질서가 유지되는 근원이 집단 간의 경쟁과 투쟁의 소산이라고 보고, 범죄자로 되는 것은 투쟁의 결과에 좌우되는 것으로 파악하였다.

② **갈등의 원인**(지배-피지배): 사회의 권위구조를 집단의 문화규범이나 행동양식을 다른 사람들에게 강제할 수 있는 권위를 가진 지배집단과 그렇지 못한 피지배집단으로 구분하고, 지배집단이 하층계급의 사람들에게 그들의 실제 행동과는 관계없이 범죄자라는 신분을 부여할 수 있다는 측면에서 피지배집단의 범죄현상을 이해한다. [2024. 보호 9급] 총 2회 기출

③ **범죄자 규정 과정 중시**: 다른 갈등이론과 달리 법제도 자체보다는 법이 집행되는 과정에서 특정집단의 구성원이 범죄자로 규정되는 과정을 중시하였는데, 법집행기관이 자신들의 이익을 위해 차별적 법집행을 한다고 보았다. [2024. 보호 9급]

④ **문화규범과 사회규범의 구별**: 문화규범은 가치의 언어적 형성물, 예컨대 법조문에 관계한다면 사회규범은 그러한 법이 실제로 집행되는 실제적 행동양식과 관련된다고 한다.

⑤ **갈등의 개연성**: 지배집단과 피지배자 사이에 문화적ㆍ사회적 규범의 차이가 있는 경우, 피지배자들이 그들의 행동양식, 즉 그들의 사회규범을 방어할 수 있는 수단으로 자신들의 성숙된 언어와 철학, 즉 문화규범을 가지고 있을 때 갈등의 개연성은 가장 커진다.

⑥ **조직화의 정도**: 갈등은 지배집단과 피지배자 양자의 조직화 정도와 세련됨의 수준에 의해 영향을 받는다. [2017. 5급 승진]

⑦ **범죄화 유발요인의 상이**: 모든 갈등이 언제나 피지배자의 범죄화를 유발하는 것은 아니며, 범죄화의 조건이 충족된 갈등이 범죄화를 유발하는 요인이 된다고 한다. [2024. 보호 9급]

(2) 범죄화의 세 가지 조건

조 건	내 용
1. 지배집단의 행동규범 및 문화규범 일치성	현실의 법이 지배집단의 행동규범 및 문화규범과 일치할수록 그러한 법이 우선적으로 집행될 가능성이 높다. 예 절도죄와 공정거래법 위반 중 절도죄에 대한 집행가능성
2. 피지배집단의 권력약화	권력집단보다 피지배집단의 권력이 약할수록 법이 집행될 가능성이 커진다.
3. 비현실적 갈등 진행	법집행자와 저항자가 현실적인 방식으로 갈등을 진행하면 범죄화 가능성은 낮아지지만, 비현실적 갈등방식으로 진행하면 법집행의 가능성이 높아진다. 예 기자 앞에서 영장을 태워버린 징병기피자

PLUS⁺ 권력관계이론의 배경

1. 볼드와 터크의 권력관계이론은 베버(Max Weber)의 사회사상에 바탕을 둔다. 즉 사회계층화의 핵심요소를 권력으로 설정하는 관점이다.
2. 베버의 범죄분석
   ① 권력개념 내지 사회의 권력갈등을 범죄의 해명에 이용한다. 즉 범죄를 사회 내 여러 집단들이 자기의 생활기회를 증진시키기 위해 하는 정치적 투쟁 내지 권력투쟁의 산물이라고 본다. [2017. 5급 승진]
   ② 범죄는 사회체제 여하를 떠나서 권력체계, 즉 정치체계가 조직되어 있는 모든 사회에 존재한다.
   ③ 범죄와 범죄통제를 사회의 체제 여하에 구애받지 않고 일반적으로 분석하는 것이 가능하다.

제3절 급진적 갈등론

01 마르크스(Marx)의 계급투쟁과 범죄

(1) 범죄원인

① **계급갈등** : 근본적인 사회과정을 생산수단의 소유자인 자본가 계급과 그들에게 고용된 노동자 계급인 경제계급 간에 발생하는 갈등에 기초하는 것으로 본다.
② **경제적 불평등** : 범죄발생 원인을 계급갈등과 경제적 불평등으로 본다. [2016. 7급]

📰 마르크스의 범죄개념

1. 원시적 반역	생활에 필요한 물적 자산이 부족한 피지배계급이 물적 자산 내지 지배적 지위에 있는 기존사회가 허락하지 않는 방법으로 접근하는 행위가 범죄이다.
2. 타락	산업화된 자본주의 사회에서 실업이나 불완전 고용의 상태의 수많은 사람들은 비생산적이기 때문에 타락하게 되고 여러 종류의 범죄와 악습에 물들게 된다.

(2) 범죄대책

① 범죄를 야기하는 계급갈등을 없애는 것으로 사회변혁이 가장 확실한 범죄대책이다.

② 형벌로써 범죄를 감소시키려는 정책의 허구성을 비판하고, 특히 공리주의적 형벌관은 발상 자체가 다른 사람들을 위해 개인의 희생을 강요하는 비인도성을 지니고 있다고 공박한다.

02 봉거(Bonger)의 자본주의와 탈도덕화

(1) 의 의

① **경제적 원인** : 봉거는 마르크스주의의 입장에서 범죄원인론을 처음으로 체계화한 학자로 「범죄성과 경제적 조건」(1916)에서 롬브로조의 범죄생물학에 대항하여 범죄의 원인을 경제적 이유에서 찾았다.

② **경제적 결정론** : 자본주의 경제제도가 빈곤한 사람들의 개인적 불만족을 심화시키고 이것이 그들의 범죄성향을 더욱 증대시킨다는 경제적 결정론을 제시하면서, 이기주의적 인성이 지배하는 사회일수록 범죄율이 높다고 주장하였다.

(2) 범죄원인 – 계급갈등과 경제적 불평등

① **자본주의 병폐** : 자본주의 경제는 소수가 다수를 지배하는 억압적 체계로 인간의 본질적 '사회적 본성'을 질식시켜 모든 사람들을 탐욕스럽고 이기적으로 만들며, 다른 사람의 복리에 신경쓰지 않으면서 오로지 자신의 이익을 추구하게끔 조장한다.

② **비인간화** : 가진 자와 못 가진 자의 갈등적 양상이 심화되면서 양자는 모두 비인간화되고 여기서 범죄생산의 비도덕성(탈도덕화)이 형성된다. [2016. 7급] 총 2회 기출

(3) 범죄대책 – 사회주의 사회 달성

① **사회주의 달성** : 생산과 수단이 공유되며 부의 재분배가 이루어지면 부유한 자에 대한 법적 편향성을 제거하고 전체 사회의 복지를 배려할 것이기 때문에 궁극적으로 범죄가 없어질 것이다.

② **병리적 범죄자인정** : 사회주의가 건설되더라도 병리적 인간에 의한 소수의 범죄는 존재하는데, 이는 법에 의한 처벌이 아니라 의학적으로 치료가 필요하다고 보았다.

03 퀴니(Quinney)의 경제계급론

(I) 의 의

① **초기와 후기연구** : 퀴니의 초기연구는 터크와 비슷하게 경쟁적 이해관계라는 측면에서 다양한 집단들의 갈등현상을 다루었으나, 후기연구에서 범죄는 자본주의 물질적 상황에 의해 어쩔 수 없이 유발되는 것이라고 보는 마르크스주의적 관점을 취하였다. [2016. 7급]

② **경제계급론** : 마르크스 이후 발전된 경제계급론을 총체적으로 흡수하여 자본주의 사회에서의 범죄 및 범죄통제를 분석하였다. [2016. 7급]

③ **자본주의 모순** : 범죄발생은 개인의 소질이 아니라 자본주의의 모순으로 인해 자연적으로 발생하는 사회현상이라고 보고, 노동자 계급(피지배 집단)의 범죄를 자본주의 체계에 대한 적응범죄와 대항(저항)범죄로 구분하였다.

(2) 범죄원인과 유형

① **노동자 계급의 적응 및 저항의 범죄** : 생산수단을 소유, 통제하지 못하는 노동자 계급이 개별적으로 자본주의의 기본모순에 반응하는 형태의 범죄를 말한다. [2021. 보호 7급]

적응의 범죄 (화해의 범죄)	자본주의에 의해 곤경에 빠진 사람들이 다른 사람의 수입과 재산을 탈취함으로써 보상을 받으려 하거나 혹은 자본주의에 의해 피해를 입은 사람들이 무력을 행사하여 다른 사람의 신체를 해하는 유형의 범죄이다.	약탈범죄 (생존필요)	절도, 강도, 마약거래 등
		대인범죄 (모순의 심화에 따른 난폭성)	살인, 폭행, 강간 등
대항의 범죄 (저항의 범죄)	자본가들의 지배에 대항하는 범죄유형으로 비폭력적이거나 잠재적인 불법행위와 자본주의에 직접적으로 대항하는 혁명적인 행위들을 포함한다.	시위, 파업 등	

② **자본가 계급의 지배와 억압의 범죄** : 자본가 계급이 자본주의 기본모순을 안고 체제유지를 해나가는 과정에서 자신의 이익을 보호하기 위해 불가피하게 자신이 만든 법을 스스로 위반하는 경우를 말한다(화이트칼라, 경제, 산업범죄).

기업범죄	가격담합, 부당내부거래, 입찰담합 등 경제적 지배를 위한 범죄
정부범죄	공무원이나 정부 관리들의 독직범죄, 부정부패 등
통제범죄	불공정한 사법기관의 활동에 의한 시민의 인권을 탄압

(3) 범죄통제

자본주의 체제유지 방법인 사회통제와 사회적 서비스의 두 가지 즉, 통제와 복지의 두 축임을 감안하여 사회주의 사회에서 시행되는 범죄통제의 여러 형태들은 통제와 복지라는 복합적인 구조 속에서 파악되어야 한다.

04 스핏쩌(Spitzer)의 후기자본주의 갈등론

(1) 후기자본주의 문제

① **계급갈등** : 스핏쩌는 대량생산과 대량소비를 주축으로 하는 후기 자본주의 경제활동이나 계급 갈등을 중심으로 범죄발생이나 사회통제에 관심을 두었다.

② **문제인구의 양산** : 후기 자본주의는 생산활동의 기계화·자동화에 따른 전문적인 숙련노동자 들을 필요로 하기 때문에 전문성이 없는 다수의 비숙련노동자들은 점차 생산활동에서 소외되 어 문제인구를 양산하게 된다. [2024. 보호 9급]

③ **비숙련노동자의 일탈** : 이들이 부유층의 재물탈취, 태업에 동참, 정치적 혁명의 도모 등을 함 으로써 범죄행위를 포함한 많은 일탈적 행위가 야기된다. [2024. 보호 9급]

④ **새로운 통제방법의 모색** : 문제인구 증가에 따른 범죄문제 해결을 위해 사회통제의 방법 자체 를 변화시킬 수밖에 없게 되었다.

(2) 사회통제 방법의 전환

① **범죄인의 지역사회방치** : 비시설수용화와 같이 범죄자를 교정시설에 수용하지 않고 바로 지역 사회에 방치하여 범죄자에 대한 국가관리를 포기하는 것이다.

② **보조자로서의 전환** : 범죄를 저지를 개연성이 높은 사람이나 재활을 끝낸 범죄자를 보호관찰 보조자, 교도소의 상담인과 같이 국가사법기관의 활동을 보좌하는 보조자로 전환하는 것이다.

③ **억류와 묵인** : 문제인구를 특정지역에 억류시키고 지역외부로 나오지 않는 한 이들의 범죄행 위를 묵인하는 것이다.

④ **범죄적 사업의 묵인** : 문제인구들이 나름대로 수입과 직업을 창출하도록 하여 국가가 이들에 대한 관리비용을 절감하는 방법이다.

05 신범죄학(테일러, 월튼, 영)

(1) 의 의

① **갈등론의 확대개념** : 신범죄학은 갈등론적·비판적·마르크스주의적 비행이론을 반영한 범죄 이론으로서 사회학의 갈등이론이 확대된 것이다.

② 신범죄학의 명칭은 테일러(Taylor), 월튼(Walton), 영(Young) 3인이 공동으로 집필한 「신범죄학」 (The New Criminology, 1975)에서 비롯되었다.

③ **실증주의 비판** : 신범죄학은 실증주의에 기반한 기존의 범죄학이론을 비판하고, 마르크스 일 탈이론에 입각하여 규범의 제정자와 제정이유를 중점적으로 파악하여야 한다고 주장한다.

(2) 일탈의 원인과 범죄대책

① **일탈의 원인** : '권력, 지배 그리고 권위구조'와 같은 국가주도권에 대해 도전하는 사람이 일탈 자 혹은 범죄자이다.

② **일탈에 대한 시각** : 일탈은 정상이며, 범죄학자의 임무는 인격적이고 유기적인 혹은 사회적인 인간 다양성의 사실이 범죄화되지 않는 사회를 만드는 것이다.

③ **범죄대책** : 지배와 통제의 범죄생성적 원인제거를 통하여 범죄예방을 달성할 수 있다.

최신 기출로 확인하기

1. 범죄원인에 대한 설명으로 옳은 것은? 2021. 보호 7급

① 퀴니(Quinney)는 대항범죄(crime of resistance)의 예로 살인을 들고 있다.
② 레크리스(Reckless)는 범죄를 유발하는 압력요인으로 불안감을 들고 있다.
③ 중화기술이론에서 세상은 모두 타락했고, 경찰도 부패했다고 범죄자가 말하는 것은 책임의 부정에 해당한다.
④ 부모 등 가족구성원이 실망할 것을 우려해서 비행을 그만두는 것은 사회유대의 형성 방법으로서 애착 (attachment)에 의한 것으로 설명할 수 있다.

2. 비판범죄학에 대한 설명으로 옳지 않은 것은? 2016. 보호 7급

① 비판범죄학의 기초가 되는 마르크스는 범죄발생의 원인을 계급갈등과 경제적 불평등으로 설명하고, 생활에 필요한 물적 자산을 충분히 갖지 못한 피지배계급이 물적 자산 내지 지배적 지위에 기존사회가 허락하지 않는 방법으로 접근하는 행위를 범죄로 인식했다.
② 봉거는 사법체계가 가진 자에게는 그들의 욕망을 달성할 수 있는 합법적인 수단을 허용하는 반면, 가난한 자에게는 이러한 기회를 허용하지 않기 때문에 범죄는 하위계급에 집중된다고 주장했다.
③ 퀴니는 마르크스의 경제계급론을 부정하면서 사회주의 사회에서의 범죄 및 범죄통제를 분석하였다.
④ 볼드는 집단갈등이 입법정책 영역에서 가장 첨예하게 나타난다고 보았다.

3. 갈등이론에 대한 설명으로 옳지 않은 것은? 2024. 보호 9급

① 터크(Turk)는 법제도 자체보다는 법이 집행되는 과정에서 특정집단의 구성원이 범죄자로 규정되는 과정에 주목하였다.
② 셀린(Sellin)은 이질적인 문화 사이에서 발생하는 갈등을 일차적 문화갈등이라고 하고, 하나의 단일 문화가 각기 독특한 행위규범을 갖는 여러 개의 상이한 하위문화로 분화될 때 일어나는 갈등을 이차적 문화갈등이라고 하였다.
③ 스핏처(Spitzer)는 후기 자본주의 사회에서는 생산활동에서 소외되는 인구가 양산됨에 따라 이로 인해 많은 일탈적 행위가 야기될 것이라고 보았다.
④ 봉거(Bonger)는 법규범과 문화적·사회적 규범의 일치도, 법 집행자와 저항자 간의 힘의 차이, 법규범 집행에 대한 갈등의 존재 여부가 범죄화에 영향을 미친다고 보았다.

4. 갈등이론에 대한 설명으로 옳지 않은 것은? 2022. 보호 7급

① 셀린(Sellin)은 이민 집단의 경우처럼 특정 문화집단의 구성원이 다른 문화의 영역으로 이동할 때에 발생할 수 있는 갈등을 이차적 문화갈등으로 보았다.
② 볼드(Vold)는 이해관계의 갈등에 기초한 집단갈등론을 주장하였으며, 특히 집단 간의 이익갈등이 가장 첨예한 상태로 대립하는 영역으로 입법정책 부문을 지적하였다.
③ 터크(Turk)는 사회를 통제할 수 있는 권력 또는 권위의 개념을 범죄원인과 대책 분야에 적용시키고자 하였다.
④ 퀴니(Quinney)는 노동자계급의 범죄를 자본주의 체제에 대한 적응범죄와 대항범죄로 구분하였다.

🔍 정답 1. ④ 2. ③ 3. ④ 4. ①

제1절 개 요

01 범죄이론의 통합적 연구 경향

(1) 기존 이론의 한계

① 생물학적 · 심리학적 범죄이론은 범죄의 원인을 인간 내부의 특질(기질)에서 찾으려 하고, 사회학적 범죄이론은 범죄의 원인을 사회환경적인 요인에서 찾으려고 한다.

② 하지만, 어느 이론도 범죄의 모든 원인을 설명하지는 못하여 범죄의 모든 원인을 설명하기 위한 이론통합의 문제가 제기된다.

(2) 발달범죄이론의 발달

① 1930년대 글룩(Glueck)부부의 종단연구는 발달범죄학이론의 토대가 되었다. [2020. 7급]

② 1990년대 샘슨(Sampson)과 라웁(Laub)이 글룩부부의 연구를 재분석하며 활성화된 이론이다.
[2017. 5급 승진]

(3) 발달범죄이론의 성격

① 발달범죄이론(development theories)은 통합이론의 차원에서 이해되어야 한다. 즉 범죄의 원인이 개인적 특질 또는 사회적 환경 영향의 결과일 수 있다는 두 가지 관점을 통합하려는 시도이다.

② 특히 상습 범죄자의 성장 역사와 범죄경력의 발달과정을 추적하여 범죄성의 원인을 밝히고, 범죄자의 삶의 궤적을 통해 범죄를 지속하는 요인과 중단하는 요인이 무엇인지를 찾아내는 데 관심이 있다. [2017. 5급 승진]

02 발달범죄이론의 관점

(1) 잠재적 특질이론(latent trait theory)

① 범죄행동이 출생 또는 그 직후에 나타나고, 평생을 통해서 변화하지 않는 주요한 특질에 의해 통제된다.

② 인간은 변하지 않고 기회가 변할 뿐이라는 관점을 취한다.

(2) 생애경로이론(life course theory)

① 인간의 범죄성은 개인적 특질뿐만 아니라 사회적 경험에 의해서도 영향을 받는 역동적인 과정에 의해서 형성된다는 관점이다.

② 인간은 변하고 계속 성장한다는 관점을 취한다.

제2절) 잠재적 특질이론

01 의 의

(1) 개념의 기초

① 1990년대 로우(Rowe), 오스구드(Osgood), 알렌(Alan) 등에 의해 생애 사이클에 따른 범죄흐름을 설명하는 것을 목적으로 전개된 개념으로 많은 사람들이 범죄행동의 성향이나 경향을 통제하는 개인적 속성이나 특질을 가지고 있다고 가정한다.

② 개인의 성향이나 특질은 태어나면서 가지고 태어나거나 또는 생애 초기에 형성되고, 세월이 흘러도 아주 안정적으로 존재한다는 것이 이 이론의 개념적 본질이다.

(2) 범죄와 인간성

① **인간성 이론** : 잠재적 특질이론은 윌슨(Wilson)과 한스테인(Herrnstein)이 「범죄와 인간성」(1985)을 통해 유전적 특질, 지능 그리고 체형 같은 개인적 특질이 범죄행동의 예측에 있어 사회적 변수보다 더 중요하다고 주장하면서 부각되기 시작했으며, 이를 인간성 이론이라고도 한다.

② 범죄행동을 포함한 모든 인간행동은 인지되는 그 행동결과에 의해 결정된다는 것으로, 인간은 범죄행위를 하기 전에 범죄행위로 얻는 순이익과 적법한 행위로 얻는 순이익을 비교하여 범죄로 얻는 순이익률이 더 클 경우에 범죄를 범하게 된다.

02   콜빈의 차별적 강압이론

(1) 개념적 정의

① **차별적 강압과 통제력 설명** : 콜빈(Colvin)은 낮은 자기통제력이 충동적인 성격의 함수라고 주장하는 갓프레드슨과 허쉬의 견해와는 달리 「범죄와 강압」에서 개인이 강압(Coercion)이라고 하는 거대한 사회적 힘을 경험함으로써 낮은 자기통제력 상태에 있게 된다고 주장한다.

② **낮은 통제력의 원인** : 개인의 낮은 통제력은 충동적 성격이 원인이 아니라 개인으로서도 어쩔 수 없는 강력한 힘의 작용이 원인이라는 것이다.

③ **강압의 통합개념** : 강압은 사회적 유대를 약화시키는 강압적 가족훈육(가족모형), 긴장의 원인(일반긴장이론), 경제적 불평등(아노미이론), 억압(통제균형 이론)이 포함되는 통합개념이다.

(2) 강압의 유형 : 대인적, 비인간적

대인적 강압	• 사람에 대한 직접적인 힘의 사용이나 위협 • 부모, 친구 등 주요한 다른 사람들로부터 협박에 의한 강압을 의미
비인간적 강압	• 개인이 통제할 수 없는 경제적·사회적 압력들에 의한 강압 • 실업, 빈곤, 기업이나 다른 집단과의 경쟁 등으로 초래되는 경제적·사회적 압력 등

(3) 강압적 악순환

① 강압적인 환경 속에서 성장한 사람들은 자기통제력이 약해서 더욱 강압적인 환경 속에 노출되고, 결국 폭력이나 약탈범죄 등으로 반응하게 된다. 그들의 강압적 반응에 대해 형사사법기관은 역시 강압적으로 대응한다.

② 그들은 강압 속에 자라고 강압을 유발하고, 강압에 폭력적으로 반응하는 강압적 악순환에 빠지게 된다. 이러한 악순환을 파괴하는 것이 치료와 교화의 핵심이다.

03   티틀의 통제균형이론

(1) 개 념

① **개인적 통제요인 확대** : 티틀(Tittle)이 개발한 통제균형이론은 또 하나의 뛰어난 잠재적 특질이론으로, 범죄성향의 요인으로서 개인적 통제요인을 확대하는 이론이다.

② **통제량과 피통제량** : 통제의 개념을 개인에 의해 통제받는 양(통제량)과 개인을 통제하는 양(피통제량)으로 구분하고, 이 두 개의 통제량이 균형을 이루면 개인은 순응적이 되고, 불균형을 이루면 일탈적이고 범죄적인 행동을 하게 된다.

③ **통제균형의 네 변수** : 통제균형은 네 개의 주요 변수, 즉 경향(범죄동기), 도발(상황적 자극), 범죄기회, 억제 등의 관계에 의해서 결정된다. 이러한 변수들은 사회학습이론, 아노미이론, 범죄억제·합리적 선택이론 그리고 사회유대이론의 개념들을 통합한다.

(2) 통제균형과 범죄

① **계속변수로서의 통제** : 통제를 계속적인 변수로서 생각하고, 자신에 대한 타인의 통제량과 타인에 대한 자신의 통제량은 고정되어 있는 것이 아니라 사회적 환경이나 사회적 위치의 변화에 따라 계속 변화한다.

② **통제결핍과 통제과잉시 범죄증가** : 통제결핍과 잉여는 하나의 연속선상에 존재하는 통제에 관련된 현상으로서 중앙의 균형점으로 이동하면 범죄가 감소하고 결핍과 잉여의 양극단으로 갈수록 범죄는 증가한다.

📖 통제결핍과 통제과잉

통제결핍	• 개인의 욕망과 충동이 타인의 능력(처벌, 규제)에 의해 제한될 때 일어나는 현상 • 균형을 회복하기 위해 약탈, 무시, 굴종의 세 가지 형태의 행동을 하게 된다.		
통제과잉	• 다른 사람의 행동을 통제하거나 수정의 능력이 과도할 때 일어나는 현상 • 통제과잉의 세 가지 행동유형		
	이기적 이용	청부살인, 마약거래자 이용 등 타인을 범죄에 이용
	묻지마 폭력	불특정 증오범죄, 환경오염
	일시적 비합리적 행동	아동학대

최신 기출로 확인하기

1. 학자들과 그들의 주장을 연결한 것으로 옳지 않은 것은?　　　2021. 7급

① 갓프레드슨과 허쉬(Gottfredson & Hirschi) - 모든 범죄의 원인은 '낮은 자기통제력' 때문이며, 이러한 '자기통제력'은 아동기에 형성된다.

② 코헨(Cohen) - 합법적 수단이 이용가능하지 않을 때 비합법적 수단에 호소하게 되지만, 이러한 합법적 및 비합법적 수단이 모두 이용가능하지 않을 때 이중의 실패자(double failures)가 된다.

③ 샘슨(Sampson) - 지역사회의 구성원들이 범죄문제를 공공의 적으로 인식하고 이를 해결하기 위하여 적극적으로 참여하는 것이 범죄문제 해결의 열쇠가 된다.

④ 레크리스(Reckless) - 범죄다발지역에 살면서 범죄적 집단과 접촉하더라도 비행행위에 가담하지 않는 청소년들은 '좋은 자아개념'을 가지고 있기 때문이다.

🔍 정답 1. ②

제3절 발달범죄학

01 생애과정이론

(1) 개 념

① **의의** : 생애과정이론은 범죄성의 원인을 부적응적 성격, 교육실패 그리고 가족관계 등으로 보는 다차원적 이론으로 생물학적, 발달론적, 사회유대, 사회학습, 기존 통제이론의 개념을 통합하려는 시도로 전개되었고, 인생의 단계마다 범죄에 대한 다른 설명이 존재한다고 보았다.

② **다원적 요인** : 사람들은 성장함에 따라서 다양한 요인들에 의해서 영향을 받는다. 결과적으로 하나의 단계에서 중요한 영향을 미쳤던 요인은 다음 단계에서는 거의 영향을 미치지 못한다.

③ **범죄일반이론 거부** : 아주 어린 시절 형성된 법 위반 성향은 평생동안 지속된다는 갓프레드슨과 허쉬의 범죄에 관한 일반이론을 거부한다.

(2) 생애과정과 범죄성향

① 인간은 생애과정 속에서 인간의 성장과정과 발전을 의미하는 많은 전환을 경험한다.

② 다양한 사회적·개인적 그리고 경제적 요인들은 범죄성에 영향을 주며, 이러한 요인들은 시간이 흐름에 따라서 변화하고 범죄성도 역시 변화한다. 생애의 성장 전환점마다 사회적 상호작용의 성질은 변화하기 때문에, 사람의 행동은 바뀌게 된다. [2020. 7급]

02 발달범죄론의 이론과 특징

(1) 글룩(Glueck)부부의 생애과정이론

① **생애과정이론의 선구자** : 1930년대 하버드 대학교에서의 비행경력자 생활주기에 관한 연구는 최근에 부각되고 있는 생애과정이론의 선구자적 위치에 있다는 평가를 받고 있다.

② **종단연구** : 범죄성의 지속요인을 경험적으로 측정하기 위해 비행경력자들을 대상으로 이루어진 일련의 종단연구였다.

③ **범죄 지속성과 가족관계** : 실증적 연구를 통하여 많은 인간적 요인과 사회적 요인들이 지속적인 범죄성과 관련이 있다는 사실을 확인했는데 그중에서 가장 중요한 요인은 가족관계였다.

④ **다원적 접근** : 사회적 변수의 영향에만 한정하지 않고, 체형, 지능 그리고 성격 같은 심리적·생물학적 특질요인들을 포함시켰다.

⑤ 반사회적 아이들은 성인이 되어 가해경력을 지속할 가능성이 크다. [2023. 교정 7급]

(2) 샘슨과 라웁의 나이등급이론

① **글룩부부에 대한 재평가** : 1990년대 범죄학자 샘슨(Sampson)과 라웁(Laub)은 글룩부부의 세심한 경험적인 연구를 실제적 경력범죄성에 대한 이상적인 연구패러다임으로 재평가하였다.

② **생애과정이론 지지** : 일탈행동이 생애 전 과정을 통해 안정적으로 유지된다는 관점에 반대하고 생애과정을 거치면서 범죄성의 안정성은 변화한다는 관점을 제시하여 생애과정이론을 지지하였다. [2023. 교정 7급]

③ **사회자본**(사회유대) **강조** : 어릴 때 비행소년이었던 사람이 후에 정상적인 삶을 살게 되는 것은 결혼이나 군복무, 직업, 형사사법절차에의 경험과 같은 사회자본에서 그 원인을 찾고 있으며, 이와 같은 인생의 계기를 통해 공식적 혹은 비공식적 통제가 가능하게 되고 그런 통제를 통해 범죄에서 탈출하게 된다는 것이다. [2019. 7급] 총 3회 기출

(3) 패링턴의 일탈행동 발달이론

① 패링턴(Parrington)의 일탈행동 발달이론은 나이등급 이론에 해당하고 발달범죄이론에 포함된다.

② 대부분의 성인 범죄자들이 어린 시절에 범죄행동을 시작하지만, 나이가 들면서 발생하는 생활의 변화는 범죄행동을 그만두게 하는 요인으로 작용한다.

(4) 손베리의 상호작용이론

① **사회유대의 약화** : 손베리(Thornberry)는 범죄의 개시는 청소년기 동안에 전개되는 사회유대의 약화에서부터 시작되는 것으로 보았다.

② **유대약화의 결과** : 사회적 유대의 약화는 청소년들의 비행청소년들과의 유대를 발전시키고, 일탈행동에 관여하게 하며, 일탈행위가 빈번해지면 사회적 유대관계는 더욱 약해져 전통적인 청소년들과 유대관계를 재확립하지 못하게 된다. 결국 일탈촉진 요인들은 서로 강화하고 만성적인 범죄경력을 유지하는 결과를 초래한다.

③ **상호작용 이론의 본질** : 범죄성의 출발과 지속에 관련된 변수들 사이의 인과관계가 양방향적이라는 점이다.

(5) 사회적 발달모형(SDM)

① **의의** : 공동체 수준의 많은 위험요인들이 사람들로 하여금 반사회적 행동에 가담하게 만든다. 즉 가족과 사회의 해체, 법 집행기관의 통제불능은 청소년들의 반사회적 행동을 발달시키게 되는 요인이다.

② **애착의 정도에 따른 행동발달** : 가족 간의 애착, 학교와 친구에 대한 애착 정도는 반사회적 행동발달에 강력한 영향을 미치는 요인이다. 즉 가족이나 친구 사이에 애착관계가 형성되면 친사회적 행동으로 발달하고, 애착이 형성되지 못하거나 비행친구들과의 애착은 반사회적 행동의 발달을 촉진한다.

[문제행동 증후군]
1. 발달이론 학자들은 범죄성이 문제행동 증후군(PBS)의 부분이라고 주장한다. 즉 반사회적 행동은 가정의 기능장애, 성적·육체적 학대, 약물남용, 흡연, 조숙한 성, 소녀 임신, 학업성적 불량, 자살시도, 쾌락추구 그리고 실업 등과 같은 사회적 문제들이 함께 결합한 또 하나의 사회적 문제라고 본다.
2. 이러한 조건들 중에 어느 하나로부터 고통 받고 있는 사람은 나머지 문제들의 징후를 보일 수 있기 때문에 사회적으로 위험한 존재이다.
3. PBS는 성격 문제, 가족 문제 그리고 교육실패 등과 결합되어 발생하는 하나의 현상이다. 이 중에 어느 하나의 문제로 범죄징후가 나타나면 또 다른 범죄징후로 발전된다는 것이 PBS의 특징이다.
4. 화이트(White)는 400명의 청소년들을 표본으로 6년에 걸쳐 반복적으로 PBS의 타당성에 관한 연구를 한 결과, 문제행동들이 함께 결합된다는 사실을 검증했다. 즉 학교에서 비행을 한 어린이는 성장하면서 정신적인 문제에서부터 다양한 반사회적 행동을 보인다는 것이다.

03 범죄개시의 나이와 범죄경로

(1) 범죄 개시의 나이와 범죄성

① **생애과정이론** : 대부분의 생애과정이론은 범죄성이 아주 어린 시기에 형성되고, 어린 나이에 일탈행위의 경험자는 후에 더 심각한 범죄성을 나타낼 것이라고 강조한다. 다시 말해, 범죄성 개시의 나이가 어릴수록, 범죄경력은 더 빈번하고 다양하며, 지속될 것이라는 것이다. [2020. 7급]

② **생애경로과정이론** : 생애경로과정이론은 범죄자의 범죄경로도 다르지만, 범죄를 범하는 시기, 즉 나이도 다르다고 가정한다. 어떤 사람들은 아주 어린 시기에 범죄행위를 하고, 다른 사람들은 10대에 들어서 범죄행동 개시를 한다. 그리고 어떤 사람들은 청소년기에 범죄에서 손을 떼고, 다른 사람들은 성인이 되어도 지속한다.

(2) 뢰버(Loeber)의 범죄경로 관점(경험적 종단연구)

권위갈등 경로	• 아주 어린 나이 고집불통행동에서 시작한다. • 성장하여 자기 마음대로 행동하고, 어른들의 권위를 무시하거나 회피한다.
은밀한 경로	• 거짓말, 가게물건 훔치기 등 사소하고 비밀스런 행동에서 시작한다. • 이는 절도, 날치기, 신용카드 훔치기, 차량절도 등 더 큰 범죄행동으로 발전한다.
가시적인 경로	• 다른 사람을 놀리고 괴롭힘으로 시작하여 비행폭력수준으로 발전한다. • 점점 폭력범죄와 강도 같은 범죄행동으로 발전한다.

04 발달범죄의 유형화

(1) 패터슨의 분류(조기개시형, 만기개시형)

① 패터슨(Patterson)은 성장과정 속에서 아동의 문제행동과 주변 환경 간의 상호작용을 통해 반사회성이 형성되는 점에 주목했다.

② 비행청소년이 되어가는 두 가지 경로에 따라 조기 개시형(초기 진입자)과 만기 개시형(후기 진입자)으로 구분하였다.

조기 개시형	• 아동기부터 공격성을 드러내고 반사회적 행동을 저지르는 특징을 보인다. • 아동기의 부적절한 양육에 원인이 있고, 이것은 후에 학업의 실패와 친구집단의 거부를 초래하게 되고, 이러한 이중적 실패는 비행집단에 참가할 가능성을 높이게 된다. • 이러한 발전과정을 경험한 사람들은 성인이 되어서도 지속적으로 범죄를 저지른다(만성적 범죄자).
만기 개시형	• 아동기에 부모에 의해 적절하게 양육되었으나, 청소년 중기나 후기에 접어들어 비행 친구들의 영향으로 비행에 가담하게 되는 유형이다. [2023. 교정 7급] • 일탈의 주된 원인은 부모들이 청소년 자녀들을 충분히 감시·감독하지 못한 데에서 찾을 수 있다. • 비행에 가담하는 기간은 단기간에 그치며, 대부분의 경우 성인기에 접어들면서 진학이나 취업 등 관습적 활동기회가 제공됨에 따라 불법적 행동을 중단하게 된다. • 만기 개시형들이 저지르는 범죄나 비행은 조기 개시형에 비해서 심각성의 수준도 떨어진다.

③ 이 유형화를 더욱 발전시켜 나온 것이 모핏의 유형화이다.

(2) 모핏(Moffitt)의 분류(청소년한정형과 인생지속형)

① **청소년한정형 비행자**

　㉠ 의의 : 아동기까지는 반사회적 행동을 하지 않다가 사춘기에 접어들면서 집중적으로 일탈행동을 저지르다가 성인이 되면 일탈행동을 멈추는 유형이다. 아동기에 부모와 정상적인 애착관계를 형성하고 뇌신경 손상도 입지 않은 다수의 정상적인 청소년들을 일컫는다.

　㉡ 일탈의 원인(성숙의 차이와 사회모방) : 청소년기는 생물학적 나이와 사회적 나이 간에 격차가 발생하는 성숙의 차이(maturity gap)를 경험하고, 성인들의 역할과 지위를 갈망하며 흡연, 음주 등 경미한 비행을 흉내내는 사회모방(social mimicry)의 특성이 일탈의 원인이 된다.

② **인생지속형 범죄자**

　㉠ 의의 : 비교적 소수에 불과하지만 이들은 아동기 때부터 비행을 시작해서 청소년기와 성년기를 거치는 전 생애 과정 동안 지속적으로 일탈을 일삼는 유형이다.

　㉡ 일탈의 원인(신경심리적 결함과 낮은 인지능력) : 이들은 정상인에 비해 뇌신경학적 손상(neuropsychological deficit)을 가지고 있고, 언어 및 인지능력에서 장애증상(low cognitive ability)을 보이며, 어린 나이에 부모로부터 학대를 당하는 등 부모와 정상적인 애착관계를 형성하지 못한 특징을 보인다. [2023. 교정 7급] 총 2회 기출

③ **결론** : 모핏은 청소년한정형 범죄자보다 인생지속형 범죄자가 정신건강상의 문제를 더 많이 가지고 있다고 한다. 특단의 예외적 상황이 없는 한 청소년한정형 비행자들은 모두 탈비행을 하고, 인생지속형 범죄자들은 모두 탈비행에 실패한다고 주장하였다. [2020. 5급 승진] 총 2회 기출

제4절 통합이론

01 개 관

(1) 통합이론의 필요성

① 다양한 범죄학 이론들을 통합하자는 논의로 기존의 이론이 너무 많이 난립하고, 이론적 가정들이 상호 모순된다는 지적이 있다는 점과 개별 이론들이 범죄현상을 충분히 설명하지 못하고 있다는 비판이 있었다.

② 대부분의 이론들은 범죄원인에 있어서 특정한 측면만을 집중적으로 조명하거나 범죄현상에 대한 파편화된 정보만을 제공하고 있다는 것이다.

(2) 접근방식의 변화

① **전통적 방식** : 이론의 전통적인 발전과정은 경쟁적 접근방식이라는 점이다. 범죄현상을 둘러싸고 대립되는 이론적 주장들이 범죄학자들이 수행하는 경험적 연구들을 통해 검증되고, 그 결과 경험적 증거에 의해 지지를 받은 주장은 살아남고 그렇지 못한 주장들은 폐기되는 방식이다.

② **대안적 접근방식** : 이론 간 우열을 다투기 보다는 현상에 대한 논리적이고 체계적인 설명의 제공이라는 이론 본연의 역할에 보다 충실하고자 하는 데에 목적을 둔 것으로, 손베리(Thornberry)는 이론 통합을 특정 현상에 대해 보다 종합적인 설명을 제공할 목적으로 논리적으로 연결되는 두 개 이상의 명제를 결합시키는 행위라고 정의하고 있다.

(3) 이론 통합의 유형

① **상하통합방식** : 가장 고전적인 형태의 이론 통합으로, 일반성이나 추상성이 상대적으로 높은 이론으로 그보다 수준이 낮은 이론을 포섭하는 방식을 말한다.

② **병렬통합방식** : 가장 손쉬운 방식의 이론 통합에 속하며, 설명하고자 하는 범죄나 범죄자 집단을 가장 잘 설명할 수 있는 범죄학 이론별로 분할하는 방식이다. 범죄자를 성별, 사회경제적 지위, 성장환경 등에 따라 구분한 뒤, 각각 최적의 이론을 적용할 수도 있다.

　예 엘리엇과 동료들의 통합모형은 행위자를 사회적 유대가 강한 청소년 집단과 약한 집단으로 구분한 뒤, 전자의 범죄는 긴장이론으로, 후자의 범죄는 차별적 접촉이론으로 각각 설명하였다.

③ **순차통합방식** : 가장 논리적인 형태의 통합으로, 인과관계의 차원에서 각 이론에 속한 변수들의 시간적 순서를 정한 뒤, 한 이론의 종속변수가 다른 이론의 독립변수가 되도록 하여 이론들을 병합하는 방식이다.

02 대표적 통합이론

(1) 엘리엇과 동료들의 통합이론

① 엘리엇(Elliott)과 동료들은 긴장이론, 사회통제이론, 사회학습이론을 결합한 통합이론을 제시하였다.

② **긴장이론과 사회통제이론의 결합** : 성공에 대한 열망의 반대방향 작동

　㉠ 긴장이론 : 긍정적 목표를 달성하기 위한 기회가 차단되었다고 느끼는 개인에게 성공에 대한 높은 열망은 관습적 수단을 포기하고 불법적 수단을 선택하게 만드는 요인이 된다.

　㉡ 사회통제이론 : 높은 성공 열망은 교육과 같은 제도화된 수단에 대한 몰입을 높여 범죄의 유혹에 빠지지 않도록 하는 규범적 통제기제로 작용한다.

> **[개인에 따른 사회유대 정도의 차이]**
>
> 1. 사회질서와의 유대정도는 가정과 학교 등에 의한 사회화과정에 의해 결정되는데, 가족관계, 또래관계, 학업 등에 있어서 성공과 실패, 긍정적 자극과 부정적 낙인 등은 사회유대를 강화 또는 약화시킨다.
> 2. 관습적 목표를 달성하기 위한 제도적 기회가 차단되었을 때 사회유대의 개인차가 상이한 방식으로 개인의 행동에 영향을 미친다.
>   ① 사회유대가 강하고 관습적 목표에 대한 전념 정도가 높은 사람 : 기회가 차단되었을 때 긴장이론의 주장대로 긴장이 발생하고 이를 해소하기 위한 방편으로 비제도적, 즉 불법적 수단을 동원하게 된다. [2023. 경간부]
>   ② 사회유대가 약하고, 따라서 제도적 목표에 그다지 전념하지 않는 사람 : 비록 성공기회가 제약되더라도 이로 인한 부정적 영향을 별로 받지 않게 된다.

③ **사회통제이론과 사회학습이론의 결합**

　㉠ 사회통제이론은 사회적 유대가 약하기 때문에 청소년이 범죄를 저지른다고 주장하지만, 엘리엇과 동료들은 이것만으로는 충분한 설명이 되지 않는다고 비판하고, 청소년의 비행행위가 특정 사회집단으로부터 지지를 받거나 보상으로 이어질 때 비행행위가 유지된다는 점을 고려해야 한다는 것이다.

　㉡ 따라서 비행 또래집단은 사회적 유대가 약한 청소년이 비행을 시작하고 지속하는데 필수적인 사회적 조건을 제공한다고 볼 수 있다.

📁 **범죄를 저지르게 되는 인과과정 경로**

첫 번째 경로	가정과 학교 등 관습집단과의 유대가 약한 청소년이 비행 또래집단과 접촉하면서 범죄에 대한 학습이 이루어지는 과정이다.
두 번째 경로	초기에는 관습적 집단과의 사회적 유대가 강한 청소년들이 문화적으로 가치 있는 성공 목표에 몰입하지만, 이를 성취하기 위한 제도적 수단과 기회가 제약됨으로 인해 긴장이 형성되고, 이로 인해 사회적 유대는 느슨해지는 반면 비행 또래집단과의 유대는 강화되어 범죄를 학습하게 되는 과정이다.

(2) **헤이건의 권력통제이론**(power-control theory)

① 헤이건(Hagan)은 마르크스주의 범죄이론과 페미니스트 범죄이론과 같은 비판적 범죄학을 사회통제이론과 결합한 통합이론을 제시하였다.

② 사회의 계급구조와 전통적 가부장제가 어떻게 가정 내에서 자녀의 성별에 따른 차별적인 양육방식으로 적용되고, 범죄성의 차이로 이어지는지 설명하였다.

가부장적 가정	• 남편은 직장에서 권력적 지위, 아내는 전업주부이거나 직장에서 비권력적 지위 • 남성과 여성 간의 젠더계층화가 뚜렷, 아내는 남편의 통제에 종속 • 남성은 생산활동, 여성은 가사활동이라는 전통적 성역할 인식
양성 평등적 가정	• 남편과 아내는 맞벌이부부로 직장 내 지위의 격차가 별로 크지 않음 • 가정 내에서도 남편과 아내 사이에 비교적 수평적 권력관계 유지 • 가부장적 가정에 비해 젠더계층화가 약하고, 성역할에 대한 고정관념도 덜함

③ 가정 내 젠더구조화 정도는 부모의 자녀 양육방식에 영향을 준다.

가부장적 가정	• 아들에 비해 딸의 행동을 더 엄격히 감시하고 통제 • 딸은 모험적, 일탈적 행동 통제로 사춘기 동안 비행이나 범죄에 별로 가담하지 않음 • 아들은 상대적으로 자유롭게 위험하거나 일탈적인 행동들을 저지름 • 가부장적 가정은 양성 평등적 가정보다 청소년비행에 있어 성별 차이가 큼 [2023. 경간부]
양성 평등적 가정	• 딸과 아들에 대한 부모의 감시와 통제가 별반 다르지 않음 • 젠더 사회화를 통해 자녀들이 고정된 성역할을 받아들이도록 하지도 않음 • 자녀들이 저지르는 비행과 범죄의 정도에 있어서 성별 차이가 뚜렷하게 나타나지 않음

⑶ 콜빈과 폴리의 마르크스주의 통합이론

① 콜빈(Colvin)과 폴리(Poly)는 마르크스주의 범죄이론과 사회통제이론을 결합한 통합이론을 제시하였다.

② 자본주의 사회에서 자본가계급은 자신들의 이익을 극대화하기 위해 생산과정에 노동자계급을 세 가지 부류로 나눠 보다 효과적으로 통제하려고 한다.

미숙련 저임금노동자	강압적인 통제방식
노동조합 가입 노동자	물질적 보상을 통한 통제
고숙련, 고임금 전문가	업무적 자율성과 의사결정권한을 부여, 높은 지위 제공

③ 노동자의 지위에 따라 차별적인 통제방식이 가정의 부모 양육방식과 연관되어 있다고 보았다. 노동자 계급 가정에서 양육된 청소년은 부모의 강압적 양육방식으로 인해 부모와의 유대관계가 약해져 범죄를 저지를 가능성이 크다고 한다. [2023. 경간부]

④ **미숙련 저임금 노동자 집단** : 가장 문제되는 부류로 직장 내 강압적 통제방식에 익숙해진 이들은 가정에서 자녀들을 같은 방식으로 양육하고, 이로 인해 부모와 자녀 사이, 학교 선생님과의 유대관계를 형성하지 못하고, 낮은 학업성취도와 소외감을 겪게 되어 결국 주류 사회와의 단절을 경험하고 있는 비슷한 처지의 비행청소년들에게로 이끌리게 되고 비행에 가담하게 된다.

PLUS+ 기타 통합이론

• 슈메이커(Shoemaker) : 아노미나 사회해체가 사회통제의 약화나 결여를 초래하며, 약화된 사회통제가 동료집단의 영향력을 증대시켜서 비행에 이르게 한다는 인과모형을 제시함으로써 문화적 일탈(아노미와 사회해체), 사회통제이론, 사회학습이론(동료집단의 영향)을 통합하고 있다.
• 웨이스(Weiss)와 동료들 : 성별, 인종, 경제적 지위 등의 사회구조적 모형을 이용하여 통합하였다. 즉 저소득층이거나 해체된 지역사회일수록 일선 사회화기관과 제도의 영향력이 약하기 때문에 이들 지역에 사는 청소년일수록 관습적 사회와의 유대가 약화되기 쉽다는 것이다.

최신 기출로 확인하기

1. 발달범죄학이론에 대한 설명으로 옳지 않은 것은?   2020. 교정 7급

① 1930년대 글룩부부의 종단연구는 발달범죄학이론의 토대가 되었다.
② 인생항로이론은 인간의 발달이 출생 시나 출생 직후에 나타나는 주된 속성에 따라 결정된다고 주장한다.
③ 인생항로이론은 인간이 성숙해 가면서 그들의 행위에 영향을 주는 요인도 변화한다는 사실을 인정한다.
④ 인생항로이론은 첫 비행의 시기가 빠르면 향후 심각한 범죄를 저지를 것이라고 가정한다.

2. 범죄학이론 중 발달이론에 대한 설명으로 옳지 않은 것은?   2017. 5급 승진

① 이 이론은 1990년대 샘슨과 라웁이 1930년대 글뤽부부의 연구를 재분석하며 활성화된 이론이다.
② 범죄자의 삶의 궤적을 통해 범죄를 지속하는 요인과 중단하는 요인이 무엇인지를 찾아내는 데 관심이 있다.
③ 심리학자 모핏은 범죄자를 청소년한정형 범죄자와 인생지속형 범죄자로 분류하면서 이들 중 인생지속형 범죄자는 아주 이른 나이에 비행을 시작하고 성인이 되어서도 범죄를 지속하는 유형이라고 정의하였다.
④ 인생지속형 범죄자보다 청소년한정형 범죄자가 정신건강상의 문제를 더 많이 가지고 있다.
⑤ 발달이론에서 범죄경력을 중단하는 계기가 되는 사건으로 결혼, 취직 등이 있다.

3. 모피트(Moffitt)의 청소년기 한정형(adolescence-limited) 일탈의 원인으로 옳은 것만을 모두 고르면?   2022. 교정 7급

> ㉠ 성숙의 차이(maturity gap)
> ㉡ 신경심리적 결함(neuropsychological deficit)
> ㉢ 사회모방(social mimicry)
> ㉣ 낮은 인지 능력(low cognitive ability)

① ㉠, ㉡   ② ㉠, ㉢   ③ ㉡, ㉣   ④ ㉢, ㉣

4. 통합 및 발달범죄이론에 관한 설명으로 가장 적절하지 않은 것은?   2023. 경행 1차

① 패터슨(Patterson)은 비행청소년이 되어가는 경로를 조기 개시형(early starters)과 만기 개시형(late starters)으로 구분하였다.
② 손베리(Thornberry)는 비행청소년을 청소년기 한정형(adolescence-limited)과 생애지속형(life-course-persistent)으로 분류하였다.
③ 엘리엇(Elliott)과 동료들은 사회유대가 강한 청소년일수록 성공기회가 제약되면 긴장을 느끼게 되고, 불법적 수단을 활용할 가능성이 크다고 주장하였다.
④ 샘슨(Sampson)과 라웁(Laub)은 연령에 따른 범죄행위의 지속성과 가변성이 인생의 중요한 전환기에 발생하는 사건들과 그 결과에 의해 영향을 받는다고 주장하였다.

🔍 정답 1. ② 2. ④ 3. ② 4. ②

단원MAP

형사정책 기초개념			범죄의 원인과 현상론								
1. 학문발전	2. 국제성	3. 연구방법	4. 고전주의	5. 초기실증	6. 생물학	7. 심리학	8. 거시사회	9. 미시사회	10. 갈등론적	11. 발달범죄	12. 범죄현상
피해자론		비범죄	예방과 예측		형벌론		보안처분론				판례
13. 피해자학	14. 피해보호	15. 비범죄화	16. 범죄예방	17. 범죄예측	18. 형벌론	19. 형벌종류	20. 보안처분	21. 주요5법	22. 소년사법	23. 소년2법	24. 판례

제1절 　지역사회의 환경과 범죄

01 　자연환경과 도시화

(1) **자연환경**

① **의의** : 사람들의 인위적인 조작에 영향을 받는 일이 거의 없이 사람들의 생활에 영향을 미치는 제반 환경을 의미한다.

② **범죄의 기온법칙** : 케틀레(Quetelet)와 게리(Guerrey)는 인신범죄는 따뜻한 지방에서, 재산범죄는 추운지방에서 상대적으로 많이 발생한다고 한다. [2010. 7급]

(2) **산업화 · 도시화**

① **농촌의 안정성** : 인구이동이 적고, 생존경쟁이 약하며, 대인관계가 견고하고, 가족 · 이웃에 의한 비공식적 통제가 강하여 '사회해체'가 되지 않는다.

② **도시의 사회해체** : ㉠ 인구의 급격한 증가에 따른 사회적 마찰, ㉡ 주민의 이질성 · 유동성에 따른 문화갈등과 규범의식의 저하, ㉢ 핵가족화에 따른 가정통제력의 약화, ㉣ 개인의 고립화 · 익명성 · 비인격성, ㉤ 경쟁사회에 따른 불안감 등이 부정적 요소가 된다.

③ **도시화와 범죄** : 오늘날 교통, 통신 등의 발달에 따라 지역 간의 차이가 줄어들고 있지만, 도시화가 범죄에 미치는 영향은 더 중요하다.

(3) **도시화와 범죄와의 관계**(3대 원칙)

① **도시집중의 원칙** : 범죄는 도시에 집중된다.

② **도시방사의 원칙** : 범죄는 도시에서 범죄과포화현상에 이르면 주변으로 방사된다.

③ **지역교류의 원칙** : 농촌과의 경제 · 인구교류에 의해 농촌에도 범죄피해를 입힌다.

<u>02</u> **지역사회변화와 범죄현상의 관계**

(1) 지역사회환경이 범죄에 미치는 영향

① **경제상황과 범죄발생** : 산업화, 경제발전, 경기변동, 실업률, 불평등, 빈곤 등과 같이 지역사회가 처해 있는 경제상황과 범죄발생과의 관계를 분석하고자 한 것이다.

② **생태학적 요인과 범죄발생** : 인구증가가 범죄현상에 미치는 영향으로 특히 도시화와 범죄발생과의 관계를 분석하고자 한 것이다.

③ **사회적 특성과 범죄발생** : 지역사회의 도덕이나 규범상태가 범죄발생에 어떤 영향을 미쳤는가를 분석하려는 시도이다. 뒤르껭의 아노미이론이 같은 시도로 볼 수 있는데, 산업화 과정에서의 분업이 지역사회의 사회적 규범상태를 변화시킨다는 관점이다.

(2) 룬덴(Lunden)의 지역사회와 범죄발생론

① 산업사회와 도시는 전통사회와 농촌보다 범죄발생률이 높다. 즉 생활양식이 전통적 농촌 사회에서 도시의 산업화적 생활로 변화함으로써 범죄가 증가한다는 것이다.

② 이질적 문화를 가진 사회는 동질적 문화를 가진 사회보다 범죄율이 높다.

③ 수평·수직적 사회이동이 많은 사회는 사회이동이 적은 사회에 비하여 범죄율이 높다.

④ 사회구조와 그 기능의 갑작스런 변화는 범죄를 증가시킨다.

⑤ 상호적·공식적 계약에 의한 사회는 가족적, 종족적 연대에 의한 사회보다 범죄율이 높다.

⑥ 강제력과 권력에 의하여 통제되는 사회는 계약적이고 가족적 체계에 의한 사회보다 범죄율이 높다.

⑦ 계급 간의 차이가 큰 사회는 계급 간의 차이가 작은 사회보다 범죄율이 높다.

⑧ 심리적 고립감, 무규범의 정도가 높은 사회는 사회적 통합성과 유대가 높은 사회보다 범죄율이 높다.

⑨ 물질적으로 풍요로운 사회는 빈곤한 사회보다 범죄율이 높다.

⑩ 공식적 규범과 비공식적 규범 간의 갈등이 심한 사회는 두 요소가 일치하는 사회보다 범죄율이 높다.

⑪ 전쟁에서 패배한 사회는 권위구조의 붕괴로 인하여 범죄율이 증가한다.

⑫ 홍수, 지진 등의 갑작스런 재해는 도덕과 규범적 통제를 약화시켜 범죄발생을 증가시킨다.

03 도시화별 범죄발생 양상(도시화와 범죄)

(1) 도시화 단계에 따른 청소년범죄의 발생경향 4단계[클리나드(Clinard)]

부족문화단계	거의 완벽하게 통합된 부족집단에 의하여 소속 구성원들이 통제됨으로써 범죄는 낮은 수준을 유지한다.
근대화단계	빠른 도시화가 가족의 유대를 약화시키고, 많은 농촌 주민들이 도시로 집중하게 됨으로써 전통적인 부족의 결속력과 전통적 관습의 통제력이 약화되어 범죄가 현저하게 증가한다.
교육, 경제, 사회서비스 부문의 개선단계	새로운 공동체의 가치와 규범이 형성되고 주민들은 이러한 가치규범에 동조함으로써 범죄가 감소한다.
미래 복지사회단계	소속 구성원들의 높은 욕구수준, 사회공동체로부터 야기된 불안감, 극단적인 개인주의, 한정된 사람들과의 인간관계 및 의사소통 등으로 인해 사회적으로 소외된 일탈집단이 형성될 가능성이 있다.

(2) 도시사회가 갖는 범죄유발요인[커즌즈와 네그폴(Cousins & Nagpaul)]

① 도시사회는 개인주의적 성향에 기초하는데 이로 인해 개인의 선택범위가 확대되고, 개인의 자율성이 증가하여 그만큼 범죄행위가 증가한다.

② 도시의 문화적 이질성과 갈등은 범죄기회를 제공하고 반사회적 행위를 하려는 욕구를 자극함으로써 높은 범죄발생을 유발할 수 있다.

③ 도시의 자유로운 인간 결합은 범죄행위의 확산을 돕거나 정당한 사회규범을 집단적으로 거부할 가능성을 낮을 수 있다.

④ 인구이동과 사회변동은 도시사회의 도덕적, 제도적 변화를 당연한 사실로 받아들이게 하여 도덕률의 불확실성, 사회통제의 약화를 가져와 범죄를 유발한다.

⑤ 도시의 풍요와 부, 향락문화는 인간의 물질적 탐욕을 자극함으로써 범죄를 유발한다.

⑥ 도시의 형사사법기관은 많은 경험과 지식의 축적으로 고도의 범죄적발능력을 유지함으로써 범죄발생의 정도가 높게 나타난다.

04 도시 내 장소적 요인과 범죄

(1) **범죄다발지역의 특징**[쇼와 맥케이(Show & Mckay)]

① **범죄율** : 시카고 시를 1평방 마일씩 나누고 그 지역의 범죄건수를 기록, 인구 10만 명당 범죄자 비율을 구하는 방식으로 범죄다발지역을 규명하고자 하였다.

② **특징** : 시의 중심부일수록 범죄율이 높고, 중심에서 멀어질수록 범죄율은 감소하였으며, 범죄가 많았던 지역은 대체로 주위환경이나 생활상태가 열악한 장소들이었다.

(2) **범죄장소의 구분**[태프트(Taft)]

① 쇼와 맥케이의 연구를 발전시켜 범죄다발장소를 빈곤지구, 슬럼지구, 전이지구, 셋방살이지구, 게토(getto)지구, 환락(vice)지구 등으로 구분하고, 각 장소별로 독특한 범죄들이 발생한다고 지적하였다.

② **빈민지구** : 주민의 대부분이 빈곤한 사람들로, 소규모의 절도가 발생하기 쉽다고 보았다.

③ **우리나라** : 노상이나 주택가, 유흥업소, 숙박업소 지역에서 범죄가 주로 발생한다.

제2절 시간적 환경과 범죄

01 범죄발생의 계절 주기성

(1) **일반론**

① 계절의 규칙적 변화에 따라 범죄성도 규칙적으로 변하는 현상을 범죄의 계절적 리듬현상이라고 한다.

② 자연환경이란 사람들의 인위적인 조작에 영향을 받는 일이 거의 없이 사람들의 생활에 영향을 미치는 제반환경을 의미하는 것으로, 기상, 기후, 지세, 경관, 밤과 낮의 차이 등에 의해 사람들이 생리나 심리적 상태가 달라짐으로써 범죄현상에 영향을 미칠 수 있다.

(2) **우리나라의 범죄**

① **전체범죄** : 연중 범죄발생건수는 매월 거의 유사하여 계절에 따른 범죄발생 차이는 유의미하지 않다.

② **범죄유형별** : 흉악범죄는 기온이 높은 봄과 여름철에 해당하는 5월부터 9월까지 높게 나타나며, 성폭력범죄의 경우에는 건수별로 5월부터 8월까지가 가장 높게 나타난다.

③ 여름이나 가을철에 폭행이나 상해, 강간, 폭력범죄가 상대적으로 높은 것은 옥외활동 빈도와 시간, 불쾌지수와 관련이 있을 것이다. 강간범죄가 여름에 높은 이유는 야외활동이 잦고 노출이 심한 옷차림 등의 범죄유발요인이 증가하는 것으로 설명할 수 있다. [2016. 7급]

02 범죄발생의 주간 주기성

(1) 일반론

① 요일이란 사회적 약속으로 사람들의 생활양식에 큰 영향을 미친다. 특히 현대산업사회에서 토요일과 일요일의 휴식은 일상생활에 중요한 역할을 한다.

② **범죄의 주간리듬** : 주급제로 봉급을 지급하는 국가는 토요일에 임금을 받아 토·일요일에 음주를 하는 경향이 많아 그 여파가 월요일까지 영향을 미쳐 음주성 폭행범죄가 토, 일, 월 3일간에 많이 발생한다. 이러한 현상을 '범죄의 주간리듬'이라 하며 오토 랑(Otto Lang)은 '상해죄의 토일월 곡선'이라고 하였다.

(2) 우리나라의 범죄

① **전체범죄** : 토요일과 일요일에 조금 증가하고, 나머지 요일의 경우에는 유의미한 차이가 없다.

② 절도, 손괴, 폭행이나 성폭력범죄의 경우에는 일요일 발생건수가 높고, 공갈, 체포·감금죄는 토·일요일에 상대적으로 낮은 경향을 보인다.

03 범죄발생의 시간 주기성

(1) 일반론

① 밤과 낮은 사람들의 일상생활에 많은 영향을 미치는 자연환경이다.

② 낮 시간에는 사람들의 활동량이 많아 범죄발생 가능성이 높고, 밤 시간에는 어둠에 의한 익명성과 범죄에 대한 감시감독 활동의 약화로 범죄가 용이하다.

(2) 우리나라의 범죄

① 저녁 9시부터 12시 사이(19.0%), 오후 6시부터 9시 사이(14.1%), 오후 3시부터 6시 사이(12.3%), 오후 12시부터 3시 사이(10.4%) 순서로, 주로 야간에 범죄발생비율이 높다.

② 절도범죄의 경우 오전 일과시간부터 오후(09~18시)까지 가장 높아 야간에 많을 것이라는 예상과 다르고, 폭행이나 성폭행, 성매매, 음주운전, 도박 등 대부분의 범죄는 밤 9시부터 12시 사이에 가장 많은 범죄발생률을 보이고 있다.

제3절 경제환경과 범죄

01 일반론

(1) 경기변동과 범죄

침체론(디프레이션론)	범죄는 호경기일 때에는 감소하고 침체경기일 때에는 증가한다.
팽창론	범죄는 팽창기일 때에 증가하고 침체기일 때에 감소한다.
침체 · 팽창론	범죄는 경제안정기에만 감소할 수 있을 뿐이고, 경기변동이 있으면 호황이든 불황이든 증가한다. 오늘날에는 침체 · 팽창론이 타당한 것으로 인정되고 있다.

(2) 자본주의와 경제불황

① 자본주의화는 도시인구의 증가, 경쟁사회의 고착화, 이윤추구의 극대화, 빈부격차의 심화, 대량실업 등의 야기로 범죄원인성이 인정된다. 반면에 국민소득의 증가와 복지를 통한 곤궁범죄에 대한 범죄억지력이 있다.

② 경제불황은 생산과 거래감소를 가져오고, 기업이 대량 도산하며, 실업자가 증대되는 등의 문제를 야기한다. 따라서 경제불황은 ㉠ 소득감소에 따라서 재산범죄, 특히 절도, 강도를 많이 유발하고, ㉡ 도덕적 타락을 초래하는 인격형성적 환경으로 작용할 것이며, ㉢ 부모의 실직에 따라 가정의 훈육적 기능에 장애를 일으킬 수 있다.

③ 반론 : 서덜랜드는 불경기와 범죄의 상관관계를 밝히는 것은 불가능하다고 하였으며, 이외에 라이네만(Reinemann), 태판(Tappan)도 경기변동과 범죄가 관계가 없다고 주장한다. [2010. 7급]

(3) 물가와 범죄

① 물가와 범죄의 관계에 대한 경험적 연구는 주로 곡물류 가격과 범죄의 관계를 대상으로 하였다. [2016. 7급]

② 식량비의 변동은 재산범죄에 정비례하고 임금변동과 재산범은 반비례한다. 다만 경제발전으로 소득수준이 높아지면서 물가 급등이 반드시 절도죄의 증가로 연결되지는 않는다.

(4) 소득변동과 범죄

① 호황기에는 주로 사치성 범죄와 종업원 및 젊은층의 범죄가 증가하고, 불황기에는 여성보다 남성범죄율이 높고 미혼자보다 기혼자의 범죄율이 높으며, 기업주 또는 고연령층의 범죄가 증가하고 절도 등 일반범죄가 증가한다.

② 다만, 노동자의 임금수준이 전반적으로 높아지면서 약간의 임금저하는 범죄관련성이 거의 없는 것으로 나타나고 있다.

(5) 경제상태와 범죄

① **봉거**(Bonger) : 「경제적 조건과 범죄성」(1905)을 통해 경제적 결정설의 입장에서 사회주의적 범죄관인 환경설을 최초로 주장하였다.

② **반칸**(Van Kan) : 자본주의 사회를 범죄의 온상으로 보고 빈곤의 범죄결정력에 주목하였다.

③ **엑스너**(Exner) : 범죄통계를 기초로 경제발전과 범죄와의 관계를 연구하였으며, 경제여건과의 관련성에서 인플레이션은 범죄에 중요한 변동을 가져왔다고 하였다.

④ **마이어**(Mayer) : 곡가변동과 절도범의 상관관계를 최초로 연구하였다.

02 빈곤과 범죄

(1) 사회계층과 범죄

① 사회계층은 사회생활이나 경제상황에서 개인이 차지하는 위치로서 경제적 부, 정치적 권력, 사회적 지위 등이 복합적으로 관련된 개념이다.

② 이 같은 사회계층은 가족적 배경, 교육수준, 직업, 소득수준 등을 반영한다.

(2) 빈곤층의 범죄

① 빈곤층의 범죄율이 상대적으로 높은 것으로 나타나고 있다. 다만, 빈곤이 범죄의 직접적인 원인이라고 단정하기 어렵다는 것이 일반적 견해이다.

② **빈곤층의 범죄유발요인** : 빈곤이 범죄의 직접적인 원인이라기보다 빈곤층에 수반되기 쉬운 열등감, 좌절감, 소외감, 가정기능의 결함, 삶의 목표에 대한 포기 등이 매개가 되어 범죄가 유발된다.

(3) 절대적 빈곤과 상대적 빈곤

절대적 빈곤	• 절대적 빈곤과 범죄의 상관성을 인정하는 추세이다. • 1894년 이탈리아의 버어스(Verce), 1938년 영국의 버어트(Burt), 1942년 미국의 쇼(Shaw)와 맥케이(Mckay), 1965년 밀러(Miller)의 연구가 있다.
상대적 빈곤	• 타인과 비교함으로써 느끼는 심리적 박탈감을 의미한다. [2022. 보호 7급] • 이는 범죄가 하류계층에 국한되지 않고 광범위한 사회계층의 문제라고 지적한다. • 케틀레(Quetelet), 스토우퍼(Stouffer), 머튼(Merton), 토비(Toby) 등을 들 수 있다.

(4) 밀러(Miller)의 빈민유형과 범죄와의 관계

안정된 빈민	가족관계와 직업 양측면에서 안정적이다.
긴장된 빈민	경제면에서는 다소 안정적이나 가족 간의 인간관계에 문제가 있어 불안정적이므로, 문제아가 발생할 가능성이 있다.
노력하는 빈민	경제면에서는 다소 불안정하나, 가족관계가 건전하여 문제를 일으키지 않는다.
불안정한 빈민	가족관계 및 경제면에 모두 불안정하여 가장 문제시되는 유형으로 소년비행이나 성인범죄가 발생할 가능성이 있다.

제4절 문화갈등과 범죄

01 일반론

(1) 문화갈등이론(셀린)

① **1차적 문화갈등** : 횡적 문화갈등으로, 상이한 문화체계를 갖는 국가 · 사회 구성원 간의 갈등으로서 국가가 병합될 때 원주민과 이주민의 문화갈등, 고유문화와 외래문화의 갈등과 같은 것을 의미한다.

② **2차적 문화갈등** : 종적 문화갈등으로, 동일한 문화 내에서 시간적 분화현상에 따라 부분집단 간의 갈등이 있는 경우로 신 · 구세대 간의 갈등, 남녀 간의 갈등, 도시인과 농촌인의 갈등 같은 것을 의미한다.

(2) 문화갈등과 범죄

① 문화갈등은 일반적으로 범죄촉진작용을 한다.

② 1차적 문화갈등에 노출된 이민자의 경우 고국의 전통이 이민국에서도 그대로 견고히 유지되는 집단구성이 되는 경우에는 특별한 범죄원인이 될 수 없지만, 그 반대의 경우에는 중대한 범죄유발요인이 되기도 한다.

02 문화갈등범죄로서 외국인과 종교

(1) 외국인 범죄

① **실태** : 국내 거주 및 체류 외국인이 200만 명을 넘어서고, 매년 3만 건이 넘는 범죄가 발생하고 있다.

② **문제점** : 전문 수사요원의 부족, 통역인 확보의 어려움, 불법체류자의 경우에는 소재 수사상의 장애 등이 있다.

③ **개선대책** : 출입국 엄격주의에서 체류자 엄격관리제도로의 전환, 산업연수생제도 폐지 및 외국인 고용허가제 도입, 출입국 담당기관과 수사기관의 긴밀한 협조체제의 구축, 전문수사요원의 양성, 불법체류자 발생국가와의 수사협력 강화, 외국인 범죄자 처리를 위한 통역체제의 확충 등을 들 수 있다.

(2) 종교와 범죄

① **순기능** : 종교는 일반적으로 범죄억제요소일 뿐 아니라 범죄인의 개선에도 효과적이다.

② **역기능** : 광신적인 종교활동, 사이비 종교활동 등으로 사기 · 감금 · 폭행 · 협박 · 성범죄 등의 범죄를 유발하는 경우가 있다.

제5절 인구사회학적 특성과 범죄

01 성별과 범죄

(1) **여성범죄가 낮은 이유**(남성범죄의 10~20% 내외)

① **생물학적, 심리학적 요인** : 자녀양육이나 가사활동을 통한 인내와 헌신의 심리적 성향이 수동적인 성격이 되기 때문에 범죄를 저지를 개연성이 낮다는 견해이다.

② **여성의 사회화 과정** : 여성은 사회적으로 의존적이고 생존경쟁에 뛰어드는 경우가 상대적으로 적어 활동범위가 좁고 가정을 위주로 생활하기 때문에 범죄의 기회나 필요성이 줄어든다는 견해이다.

③ **여성의 낮은 범죄율** : 생물학적 본능에 기인한 심리적 성향과 함께 사회적 역할의 차이에서 비롯되는 복합적 원인으로 보는 것이 타당하다.

(2) 여성범죄에 관한 연구

롬브로조 (Lombroso)	1. 여성범죄자는 정상인과 다를 뿐만 아니라 일반적 여성과도 다른 특이한 존재로서의 이중적인 의미를 지닌 '괴물'이라 한다. [2016. 7급] 2. 실제로 여성이 저지르는 성매매를 고려한다면 남성을 훨씬 능가한다. 3. 엑스너와 아샤펜부르그 등은 성매매는 무력성, 사회의존성에 기인하는 것으로 남성의 부랑이나 걸식에 해당하는 것으로 보아 롬브로조의 주장을 비판했다.
폴락 (Pollak)	1. 여성범죄는 일반인의 생각보다 훨씬 많고 지능적이지만 잘 발각되지 않고 형사사법 속에서도 '기사도정신'에 입각하여 관대하게 처벌되기 때문에 범죄수가 과소하게 집계되고 있다. [2016. 7급] 총 2회 기출 2. 여성범죄의 피해자는 남편, 자녀, 가족, 연인과 같이 면식이 있는 자로 한정되어 있다. 3. 여성은 생물학적으로 사기성이 있고 선천적으로 교활하고 감정적이며 복수심 또한 강하기 때문에 범죄성이 남성에 뒤지지 않는다. 4. 범죄수법은 살인의 경우 독살 등 비폭력적인 방법에 의한 경우가 많으며, 사소한 범죄수준을 일단 넘어서면 잔혹하고 폭력적으로 변한다. 5. 여성은 범죄에 직접 가담하지 않고 그 배후에서 범죄와 관련되어 있다. 6. 여성범죄는 소규모로 반복되는 경향이 있다.
아들러 (Adler)	여성의 사회적 역할이 변하고 생활형태가 남성의 생활상과 유사해 지면서 여성의 범죄활동도 남성의 그것과 동일화되어 간다는 '신여성범죄론'을 주장하였다.
체스니-린드 (Chesney-Lind)	1. 형사사법체계에서 여자청소년의 비행과 범죄는 남자청소년에 비해 더 엄한 법적 처벌을 받는다며 소년범들의 성별에 따른 차별적 대우가 존재한다고 보았다. 2. 특히 성(性)과 관련된 범죄에서는 더욱 그렇다고 주장하였다. [2022. 보호 7급]

(3) 우리나라의 여성범죄 실태

① 여성범죄자는 16~19%대를 유지하면서 여성의 사회활동 확대에 따라 전반적으로 증가 추세에 있다.

② 범죄유형별로는 재산범죄, 죄명별로는 사기죄가 가장 많은 비율을 차지하고, 연령별로는 51세 이상 60세 이하, 교육정도는 고등학교 졸업 또는 중퇴자, 생활환경으로는 하류와 기혼자가 가장 많은 비율을 차지하고 있다.

02 연령과 범죄

(1) 상황의 변화중심 관점

① 연령단계를 청소년기, 성년기, 장년기, 갱년기, 노년기 등으로 구분하고, 각 단계에서 개인들이 겪게 되는 상황들이 연령단계별 범죄양상에 중요한 원인이라는 입장이다.

② 청소년기는 외적 상황의 확대와 비약이 있는 시기이며, 심리상태가 불안정하고 동요가 심하기 때문에 이 연령대에서 많은 범죄나 비행이 발생한다는 것이다.

③ 연령-범죄곡선 : 그린버그(Greenberg)는 범죄의 정점은 10대 후반이며 시대적으로 점차 저연령화되며, 범죄유형별로는 다르게 나타난다고 하였다. 10대 후반의 범죄증가는 긴장이론으로, 20대 이후 범죄감소현상은 통제이론으로 설명하였다.

④ 범죄생활곡선 : 호체(Hoche)와 호프만(Hoffmann)이 개발한 것으로 범죄의 발생에서 소멸까지의 과정을 연령에 따라 추급하여 나타낸 곡선을 말하며, 이를 분석하여 시간의 경과에 따라 범죄의 종단적 분석을 통해 그 변화를 규명하고자 하였다.

(2) 연령의 불변적 영향 관점

① 연령과 범죄발생의 관계는 상황의 변화와 같은 매개요인이 필요 없이 모든 사회에서 나타나는 연령의 불변적인 영향에 의한 것이라는 입장이다. 즉 연령은 모든 곳에서 범죄와 직접적인 관계가 있다고 한다.

② 허쉬(Hirschi)는 연령과 범죄발생과의 관계는 특정 연령대까지 범죄발생률이 증가하다가 정점에 이르고, 그 이후로는 감소하는 경향으로 나타나는데, 이는 상황의 변화보다는 연령이라는 생물학적 특성에 기인한 것으로 해석할 수 있다.

③ 성숙이론 : 글룩(Glueck)부부는 교도소 및 소년원 출소자를 상대로 추행조사를 실시하였는데 주로 25~30세까지는 많은 범죄를 반복하였고, 그 연령기가 지나면 스스로 범죄생활을 중단한다는 사실을 발견하였다. 이 이론은 나이가 들수록 범죄가 감소한다는 노쇠화이론과 정착과정 이론과 유사하다.

   ◈ 범죄연령 : 일반적으로 각국의 통계에 의하면 최고범죄율을 나타내고 있는 연령계층은 20~25세이다.

(3) 연령에 따른 범죄발생 실태

① 우리나라의 경우에 가장 많은 범죄연령층은 40대이다. 전체범죄 비율이 22.9%, 형법범죄는 23%를 나타낸다. 그 다음이 30대, 20대순을 보이고 있다.

② **연령별 범죄유형** : 14세부터 18세까지의 범죄는 성폭력을 포함하는 강력범죄가 9.6%로 가장 높고, 다음으로 문서위조를 포함하는 위조범죄, 절도와 사기를 포함하는 재산범죄순으로 나타나고 있다.

03 교육과 범죄

(1) 의 의

① 개인의 인격을 형성하는 사회적 기구로서 일차적인 기능을 수행하고 있고, 사회적 존재로서의 인격형성은 대개 학교교육을 통해서 이루어진다. 학교교육이 범죄억제작용을 한다는 입장과 범죄촉진작용을 한다는 관점이 있다.

② 글룩(Glueck)부부는 비행소년과 무비행소년의 학교생활의 특징을 분석하고 학교생활의 불량성은 비행 내지 범죄와 상관관계가 매우 높음을 입증한 바 있다.

(2) 교육수준별 범죄발생정도

① 우리나라의 경우에는 고등교육을 이수한 인구가 많은 것이 한 원인이 되어 고등학교 이상의 교육을 받은 사람들이 전체범죄자의 40%를 넘는다.

② 대학 이상 학력자들은 절도죄를 포함한 재산범죄가 8.5%로 타 범죄에 비해 비교적 낮고, 뇌물죄의 경우에는 상대적으로 높다. 초등학교 정도의 학력자들은 타 범죄에 비해 방화, 손괴, 폭행, 상해, 살인 등의 강력범죄율이 상대적으로 높다.

04 직업과 화이트칼라범죄

(1) 직업과 범죄의 연관성

① **범죄율이 낮은 직업** : 공무자유업자(공무원·의사·변호사·저술가·교원 등), 농림업자, 가사사용인 등

② **범죄율이 높은 직업** : 불안정적인 노동자, 상공업자, 교통업종사자 등

③ 직업군의 발달에 따라 직업별 일반화된 범죄율의 판단은 타당하지 않다.

(2) 화이트칼라(White Collar)범죄

① 서덜랜드(Sutherland)는 '경영인 등 높은 사회적 지위를 가진 자들이 이욕적 동기에서 자신의 직업활동과 관련하여 행하는 범죄'라고 정의하였으나, 현재의 개념은 확대되어 '존경받고 합법적인 직업활동 과정에서 개인이나 집단에 의해 저질러진 법률위반행위'라고 정의하고 있다. 다만, 일반시민의 범죄는 포함하지 않는다. [2018. 7급] 총 3회 기출

❷ 상류층 사람이 그의 직무와 무관하게 저지른 살인, 폭력 등의 일반형사 범죄는 제외된다.

② **특 징**

　㉠ 피해의 규모가 큰 반면 법률의 허점을 교묘히 이용하거나 권력과 결탁하여 조직적으로 은밀히 이루어지기 때문에 암수범죄가 많이 발생한다.

　㉡ 직접적인 피해자뿐만 아니라 대부분의 다른 사람에게도 영향을 미치기 때문에 일반인이 그 유해성을 느끼지 못한다. [2018. 7급]

　㉢ 경제적·재정적 손실은 통상적인 범죄의 손실을 훨씬 능가할 수 있다.

　㉣ 정상적인 업무활동에 섞여 일어나기 때문에 적발이 용이하지 않고 증거수집이 어렵다.

　㉤ 기업가의 범죄가 있다고 해도 동료집단 사이에 어떤 상징적 제재를 받지 않는 경향이 있다.

　㉥ 경제발전과 소득증대로 화이트칼라범죄를 범하는 계층은 점차 확대되어가는 경향이 있다. [2013. 7급]

③ **문제점** : 사회지도층에 대한 신뢰를 파괴하고 불신을 초래할 수 있으며, 청소년비행이나 하류계층 범인성의 표본이나 본보기가 될 수 있다. [2013. 7급]

④ **범죄대책** : ㉠ 법률의 정비를 통하여 합법·불법의 한계를 분명히 할 것, ㉡ 사회상층계급에도 시설수용 등과 같은 법률적용의 엄격성을 보일 것, ㉢ 불특정 다수를 피해자로 하는 환경범죄, 직무상의 지위나 권한의 남용 등에 대한 일반국민들의 합법적 저항의식 조장 등을 들 수 있다.

PLUS **기업인(상류층)의 범죄학습과정**

> 서덜랜드는 화이트칼라범죄가 일반범죄와 다를 바 없다고 보고 자신의 차별적 접촉이론을 이용하여 화이트칼라범죄를 설명하려 하였다. 즉 화이트칼라범죄 행위를 부정적으로 규정하는 정직한 기업인들보다 그것을 긍정적으로 규정하는 다른 화이트칼라 범죄자와 더 많은 접촉을 가졌기 때문에 그 범죄행위를 학습하게 된다고 보았으며 더 나아가 차별적 사회조직을 제시하였다.

■ **노칼라범죄와 화이트칼라범죄의 성질**

No Collar	프롤레타리아적	서민적	무력적	폭력적	약탈적	직접적	절망적	곤궁적
	상습적	단독적	충동적	발각적	저격적	원시적	유죄적	가중적
White Collar	부르주아적	관료적	권력적	지능적	착취적	간접적	욕망적	이욕적
	직업적	조직적	계획적	은폐적	신분적	근대적	무죄적	감경적

(3) **경제범죄**

① 형법상의 재산범죄가 개인적 법익을 침해하는 것을 내용으로 하는데 반하여, 경제범죄는 국가나 사회의 경제구조 내지 경제기능을 침해하는 것을 내용으로 한다.

② 영리추구를 위해 범하는 영리성, 타인을 모방하는 모방성 및 상호연쇄성, 지능적이고 전문인에 의한 지능성 및 전문성, 화이트칼라에 해당하는 신분을 가진 자가 권력과 결탁하여 범하는 신분성 및 권력성이라는 특징을 가지고 있다.

제6절 기타 개별인자와 범죄

01 매스컴과 범죄

(1) 매스컴의 범죄무관론(범죄억제기능, 매스컴의 순기능, 정화론적 입장)

매스컴은 비인격적 관계에서 사회적으로 제시되어 있는 환경에 불과하므로 범죄증가 현상과 무관하며 범죄는 개인의 인격, 가정, 집단관계 등 복합적 요소에 의하여 좌우되기 때문에 전체적으로는 미디어가 오히려 범죄의 감소에 커다란 기여를 하고 있다는 관점을 제시하였다. [2022. 보호 7급]

민감화작용	폭력에 매우 강력한 반응, 지각된 현실의 충격과 윤리의식으로 폭력모방이 더 어렵게 된다.
정화작용 (카타르시스)	정서적 이완을 가져와 자극을 발산함으로써 환상과 정화를 가져와 공격성향을 감소시킨다. [2010. 7급]
문화계발이론	서로의 모순·갈등을 이해시키는 작용을 하여 통합·조정역할을 하고 신기한 사건의 보도는 인간의 본능적인 범죄충동을 억제·상쇄하는 데 기여한다. 또한 비행자의 명단과 비행을 널리 알려 다른 유사행동의 방지에 기여한다.
억제가설	폭력피해에 대한 책임과 보복에 대한 공포심 등을 일으켜 범죄충동을 억제시킨다.

(2) 매스컴의 범죄유관론(매스컴의 역기능, 학습이론적 입장)

매스컴으로 인해 시청자들이 심적으로 충동을 받거나 실제로 모방을 하는 등 범죄증가와 직접적 또는 간접적으로 관련이 있다는 입장이다.

단기(직접) 효과이론	자극성가설 또는 모방이론으로 매스미디어의 폭력장면은 시청자, 특히 청소년들에게 범죄모방을 자극하여 단기적으로 범죄를 유발하는 요인이 된다.
장기(간접) 효과이론	1. 슈람(Schramm) : 매스컴이 취미생활의 변화를 조장하고, 건전한 정신발달을 저해하며, 취미를 편협하게 만들고 무비판적·무감각적 성향을 갖게 하여 심지어 범죄에 대한 과잉묘사로 엽기적 취향마저 유인한다. 2. 습관성가설 : 폭력장면을 장기적으로 보게 되면 범죄행위에 대해 무감각하게 되고, 범죄를 미화하는 가치관이 형성되어서 장기적으로 범죄가 유발된다. [2016. 7급] 총 2회 기출 3. 매스컴에의 장기노출은 모방효과, 강화작용, 둔감화작용, 습관성 가설 등 학습이론적 시각으로 해석되기도 한다.
공동연대성 해체 작용	TV는 가정과 같은 사회공동체 구성원의 시선을 오직 자기에게만 끌어들임으로써 공동체 구성원 상호 간의 대화를 단절시키고 상호 작용의 통제력을 약화시켜 중대한 범죄증진요인이 된다.

02 알코올과 범죄

(1) 명정상태(급성알코올 중독상태)의 범죄

① 음주는 주의력의 산만, 천박한 사고, 자제력 감소, 기분발양에 따른 흥분, 고등감정의 후퇴 등으로 충동적·폭발적으로 행동하거나 망각증상이 발생하여 격정범죄 및 충동범죄, 과실범죄를 쉽게 일으키는 원인이 된다.

② 스캇(Scott)은 "모든 범죄의 70%는 알코올의 영향 하에서 이루어진다."라고 주장하였고, 주로 상해와 폭행이 가장 많으며, 음주장소 근처에서 범죄가 발생하는 경향이 있다고 주장하였다.

(2) 알코올의 범죄관련성

직접적 범죄촉진	명정상태에서는 개인적 차이는 있으나 흥분이나 격앙에 의한 순간적 폭력범죄 또는 음주로 인한 정신작용의 감퇴로 과실에 의한 범죄를 일으키기 쉽다.
간접적 범죄촉진	• 알코올 중독으로 인한 가장의 실직, 가정의 빈곤화 등이 사회적 곤궁상태로 빠지게 하고 이러한 곤궁상태가 범죄적 환경을 만든다는 것이다. • 옐리네크(Jellinek)는 알콜중독에 이르는 과정을 징후기 → 전구기(前驅期) → 위험기 → 만성기 4단계로 나누어 설명하고 있다.

(3) 대 책

① **중벌주의** : 형법의 '원인에 있어서 자유로운 행위(제10조 제3항)', 도로교통법상 주취운전죄의 처벌, 특가법상 위험운전 등 치사상죄 등 가중처벌규정을 두고 있다. 독일형법은 명정범죄자에게 책임을 물을 수 없는 경우에도 처벌할 수 있는 완전명정죄를 두고 있다.

② **기타 대책** : 미성년자 주류판매 금지, 유해성 홍보와 교육, 음용상태에서 차량의 시동이 걸리지 않는 기계장치 또는 자가진단, 치료프로그램 등이 있다. 특히 치료프로그램은 약물을 이용하여 음주를 자제시키는 '행태치료법 내지 혐오치료법', 알코올 중독자가 설립한 '익명의 알코올중독자'라는 자기부조단체의 운영 등이 있다.

03 마약류범죄

(1) 의 의

① **정의** : 마약류란 의존성이 있으면서 오용이나 남용되는 물질을 일컫는 것으로 보통 마약, 대마, 향정신성의약품을 말하고, 마약류범죄란 이러한 물질에 대한 국가의 규제나 관리를 위반하는 행위와 그에 부수하여 규정한 금지조항을 위반한 행위이다. 우리나라는 '마약류관리에 관한 법률'로 통합 시행되고 있다.

② **약리작용** : 향정신성의약품은 인간의 중추신경계에 작용하는 것으로 대마의 경우에는 정신적으로 착각작용과 도취 내지 마취작용이 나타나고, 신체적으로 결막의 충혈, 맥박의 상승과 운동실조, 수전증, 근육긴장해이가 수반된다.

③ **동향** : 점차 계층과 장소의 범위가 확산되는 추세로 전체 마약류사범 중에는 향정사범이 76.2%로 압도적으로 많고, 그 다음으로 대마사범, 마약사범순이다.

(2) 범죄적 특성

① **범죄의 특징** : 피해자 없는 범죄라는 점, 수사기관의 인지가 쉽지 않아 암수범죄가 많다는 점, 국제공조의 필요성이 큰 점 등을 들 수 있다. 강력한 중독성으로 스스로 중단이 거의 불가능하여 상습적이라는 점에서 심각한 범죄현상이다.

② **공급범죄의 특성** : 노출되지 않는 음성적인 점조직, 숙련된 제조기술과 순도나 약효를 구분하는 전문적인 지능범, 총기류 등을 소지하고 유사시 대비하는 첨단 과학범, 국경을 넘나들고 전국망을 갖춘 광역범, 사용에 있어서는 정신적 · 육체적 의존성으로 인한 범행의 반복, 판매행위에 있어서는 막대한 불법이익의 유혹으로 인한 범행의 반복, 폭력조직 및 국제범죄조직과 연계된 복합범의 특성이 있다.

(3) 범죄대책

① **마약류 관리에 관한 법률** : 생산 · 유통하는 공급자는 물론 이를 사용하는 수요자까지 엄격하게 처벌하는 엄벌주의를 채택하고, 보건복지부장관 또는 시 · 도지사가 마약류중독자를 치료보호하기 위하여 치료보호기관을 설치 · 운영하거나 지정할 수 있는 규정을 두고 있다.

② **치료감호 등에 관한 법률** : 약물중독자가 금고 이상의 형에 해당하는 죄를 범하고 재범의 위험성이 있다고 인정되는 때에 법원은 치료감호시설에 강제적으로 수용하는 판결을 할 수 있다.

③ **방향** : 약물중독자에 대해서는 형벌보다 치료중심의 처우방안이 요구되며, 약물남용의 폐해에 대한 교육을 강화하는 등 사회적 예방활동 강화, 약물의 수요자보다는 유통과정을 철저히 감시하여 차단하는 공급자 중심의 형사정책이 중요하다.

04 조직범죄

(1) 의 의

① 불법적 활동을 통해 이득을 추구하고 위협이나 무력을 사용하고 법집행을 면하기 위한 집단에 의하여 행해진 범죄를 말한다.

② 우리나라에서는 주로 조직폭력범죄가 문제시되고 있다. 이들은 대형화 · 광역화되고 있고, 자금동원 방법에 있어서도 지능화 · 다양화되고 있으며, 중국이나 일본의 조직폭력집단과 연계하는 국제화 경향을 보이고 있다.

(2) 아바딘스키(Abadinsky)의 8가지 포괄적 특성 [2023. 보호 7급]

① 정치적 목적이나 이해관계가 개입되지 않으며, 일부 정치적 참여는 자신들의 보호나 면책을 위한 수단에 지나지 않는 비이념적인 특성을 가지고 있다.

② 매우 위계적 · 계층적이다.

③ 조직구성원은 매우 제한적이며 배타적이다.

④ 조직활동이나 구성원의 참여가 거의 영구적일 정도로 영속적이다.

⑤ 목표달성을 쉽고 빠르게 하기 위해서 조직범죄는 불법적 폭력과 뇌물을 활용한다.

⑥ 전문성에 따라 또는 조직 내 위치에 따라 임무와 역할이 철저하게 분업화되고 전문화되었다.

⑦ 이익을 증대시키기 위해서 폭력을 쓰거나 관료를 매수하는 등의 방법으로 특정 지역이나 사업 분야를 독점한다.

⑧ 합법적 조직과 마찬가지로 조직의 규칙과 규정에 의해 통제된다.

(3) 대 책

① 범죄의 속성상 증거확보 등 수사의 어려움이 있고, 국제범죄조직과 연계된 경우가 많아 경찰의 인터폴 기능을 확대·강화해야 한다.

② **범죄수익 은닉의 규제 및 처벌 등에 관한 법률** : 중대범죄, 성매매 알선행위, 폭력행위처벌법상의 조직범죄, 국제상거래에 있어서 외국공무원에 대한 뇌물범죄, 밀수범죄, 특정경제범죄법상의 국외재산도피범죄 등 조직범죄에 의해 생성된 불법이익을 몰수하고 돈세탁 행위를 처벌하는 입법조치이다.

05 가정환경과 범죄

(1) 정상적 가정

① 정상적 가정은 범죄억제기능을 가진다.

② 부모의 보호감독 아래 인격이 올바르게 형성되며, 가문의 전통과 위신을 중시하기 때문에 범죄억제기능이 있다.

(2) 비정상적 가정

결손가정	1. 형태적 결손가정 : 양친 또는 그 어느 일방이 없는 가정을 말한다. 2. 기능적 결손가정 : 양친은 있어도 가정의 본질적인 기능인 생활의 상호보장과 자녀에 대한 심리적·신체적 교육이 결여된 가정으로, 범죄학상 문제되는 가정이다. 3. 글룩부부와 버어트, 쇼와 맥케이 등의 조사에 의하면 무비행소년에 비하여 비행소년그룹에서 결손가정 출신자가 더 많은 것으로 나타났다. ✔ 글룩부부는 양친의 애정에 대한 태도나 가족 간의 애정관계가 범죄에 영향을 미친다.
빈곤가정	1. 가정의 경제적 곤궁은 간접적으로 범죄와 연결된다고 보았다. 2. 글룩부부와 힐리(Healy) : 빈곤가정과 범죄와의 관련성은 어느 정도 있다.
시설가정	1. 고아원 기타 아동양육시설이 가정의 역할을 하는 경우이다. 2. 범죄관련성은 파생적인 열악한 환경요인이다. 3. 미국 : 비행소년그룹에서 더 많은 고아출신자가 있는 것으로 조사되었다.
기 타	1. 부도덕가정 : 사회적 부적응자(전과자 또는 정신질환자, 이복형제 등)가 가족의 구성원으로 되어 있는 가정으로, 범죄성의 유전에 대한 문제와 밀접한 관련이 있다. 2. 갈등가정 : 가족 간 심리적 갈등으로 인간관계의 융화가 결여된 가정으로, 가족 간 응집력 결여, 긴장관계 등은 비행의 주요 원인이 된다. 3. 기능적 결손가정이나 부도덕가정이 갈등가정과 가장 유사한 형태이다. 4. 훈육결함가정 : 부모의 언행 불일치, 지나친 질책이나 과잉보호, 맞벌이로 인한 훈육의 부재 등 자녀교육과 감독이 적절히 행하여지지 못한 경우 자녀들의 비행에 영향을 준다.

(3) 결혼과 이혼

① **결혼과 범죄** : 남성의 결혼은 일반적으로 도덕성 회복의 계기가 되고 성범죄 등의 억제작용을 하나, 여성의 경우에는 범죄의 80% 이상이 기혼녀에 의하여 발생한다. 엑스너는 경제적 기초가 없는 조혼은 쌍방 모두에게 범죄율을 높인다고 주장하였다(조혼과 재산범죄의 상관성).

② **이혼과 범죄** : 프린징(Prinzing)은 범죄의 상관성을 인정하였으나, 엑스너(Exner)와 핵커(Hacker)는 부정하였다.

(4) 가정폭력문제

① **문제의 심각성** : 부부간, 부모의 자식에 대한 폭력은 심각한 사회문제로 대두되었다.

② **대책** : 가정폭력범죄의 처벌 등에 관한 특례법, 아동학대범죄의 처벌 등에 관한 특례법, 가정폭력방지 및 피해자보호 등에 관한 법률 등을 통해 가정폭력문제에 대응하고 있다.

06 전쟁과 범죄

(1) 전쟁과 범죄의 관계

범죄유발기능	경제생활의 불안정, 가족과 같은 사회의 기본단위가 흔들리게 되어 개인은 극도의 이기심을 갖게 되고 사회적 통제기능이 마비되어 범죄는 증가하게 된다.
범죄억제기능	범죄발생률이 높은 청년층이 전쟁에 참가하게 되고, 적국을 향한 공격성으로 사회 안에 있는 갈등요인이 희석되고, 애국심과 협동심 등으로 범죄적 충동이 억제되며 경제통제가 증대됨으로써 반사회적 충돌이 줄어든다.

(2) 엑스너(Exner)의 전쟁단계구분

엑스너는 전쟁을 진행 단계별로 나누어 전쟁과 범죄의 관련성을 설명하였다. [2016. 7급]

감격기	전쟁발발단계에는 국민적 통합 분위기에 의해 범죄발생이 감소한다.
의무이행기	전쟁이 어느 정도 진행되는 단계에는 물자가 부족하게 되지만 국민은 각자 인내심을 가지고 의무를 이행하여 범죄율에는 특별한 변화가 없게 된다. 다만, 성인에 의한 통제약화로 소년범죄는 증가할 수 있다.
피로기	전쟁이 장기화된 단계에는 인내심의 약화로 범죄는 증가하게 된다. 특히 청소년범죄와 여성범죄가 늘어난다.
붕괴기	패전이 임박한 단계(붕괴기)에는 도덕심이 극도로 약화되어 각종 범죄가 급속히 증가한다. 그리고 전후기에는 패전국이 승전국보다 더욱 심하게 범죄문제를 겪게 된다.

07 기 타

(1) 정보관련 범죄

① **컴퓨터범죄** : 정보나 재산적 가치를 불법적으로 취득할 목적으로 컴퓨터를 조작하거나 오용하는 일체의 행위를 말한다. 범행이 반복적이고 지속적이라는 점, 피해 정도가 매우 광범위할 수 있다는 점, 적발될 가능성이 적고 다른 사람과 직접적인 접촉 없이 행동으로 실천할 수 있고, 단시간에 걸쳐 많은 양의 정보를 처리할 수 있다는 특징이 있다.

② **신용카드범죄** : 신용카드와 관련한 모든 형태의 범죄를 말하는 것으로 신용카드를 위조 또는 변조하는 행위, 위조 또는 변조된 카드를 판매하거나 사용하는 행위, 분실 및 도난된 신용카드를 판매하거나 사용하는 행위 등의 넓은 의미로 사용되고 있다.

③ **사이버범죄** : 정보처리장치 또는 정보를 수단으로 이용한 범죄와 그것을 행위객체로 한 범죄의 통칭으로 정보범죄 또는 사이버범죄라고 한다. 전자기록의 조작, 불법첩보행위, 정보의 불법복제, 사생활 침해, 사이버테러, 정보통신망을 통한 음란물유통·마약거래·돈세탁·전자도박 등 그 유형이 다양하다.

(2) 군중심리

① **의의** : 군중현상이 난중의 형태로 발생하는 경우에 군중심리가 발생하며, 이러한 군중심리는 집단적 폭력범죄의 군중범죄로 발전할 수 있다.

② **특징** : 개인적 사고의 저급한 정감성, 타인의 암시에 민감한 반응을 보이는 피암시성, 충동성·저능성, 단락반응의 현상, 무책임성·무절제성의 특성을 보인다.

◉ **정신적 단일성의 법칙**(Le Bon) : 군중은 처음에는 개별의사로 모이나, 나중에는 상호 간의 심리작용으로 지도자가 요구하는 바에 따라 일정한 단일정신(개체의 의사를 초월한 독립정신)으로 집합한다.

최신 기출로 확인하기

1. 화이트칼라범죄(White-collar Crime)에 대한 설명으로 옳지 않은 것은?   2022. 교정 7급

① 화이트칼라범죄는 경제적·사회적 제도에 대한 불신감을 조장하여 공중의 도덕심을 감소시키고 나아가 기업과 정부에 대한 신뢰를 훼손시킨다.

② 화이트칼라범죄의 폐해가 심각한 것은 청소년비행과 기타 하류계층 범인성의 표본이나 본보기가 된다는 사실이다.

③ 오늘날 화이트칼라범죄의 존재와 현실을 부정하는 사람은 없으나, 대체로 초기 서덜랜드(Sutherland)의 정의보다는 그 의미를 좁게 해석하여 개념과 적용범위를 엄격하게 적용하려는 경향이 있다.

④ 화이트칼라범죄는 피해규모가 큰 반면 법률의 허점을 교묘히 이용하거나 권력과 결탁하여 조직적으로 은밀히 이뤄지기 때문에 암수범죄가 많다.

2. 화이트칼라범죄에 대한 설명으로 옳지 않은 것은? 2018. 보호 7급

① 서덜랜드에 따르면 사회적 지위가 높은 사람이 그 직업 활동과 관련하여 행하는 범죄로 정의된다.
② 범죄로 인한 피해의 규모가 크기 때문에 행위자는 죄의식이 크고 일반인은 범죄의 유해성을 심각하게 생각하는 것이 특징이다.
③ 범죄행위의 적발이 용이하지 않고 증거수집에 어려움이 있다.
④ 암수범죄의 비율이 높고 선별적 형사소추가 문제되는 범죄유형이다.

3. 환경과 범죄원인에 대한 설명으로 옳지 않은 것은? 2016. 보호 7급

① 물가와 범죄의 관계에 대한 경험적 연구는 주로 곡물류 가격과 범죄의 관계를 대상으로 하였다.
② 계절과 범죄의 관계에 대한 연구에 의하면 성범죄와 폭력범죄는 추울 때보다 더울 때에 더 많이 발생한다고 알려져 있다.
③ 범죄인자 접촉빈도와 범죄발생과의 관계에 대한 이론인 습관성가설은 마약범죄 발생의 원인규명에 주로 활용되었다.
④ 엑스너(Exner)는 전쟁을 진행 단계별로 나누어 전쟁과 범죄의 관련성을 설명하였다.

4. 여성범죄에 대한 설명으로 옳지 않은 것은? 2016. 보호 7급

① 여성범죄는 우발적이거나 상황적인 경우가 많고 경미한 범행을 반복해서 자주 저지르는 성향이 있다.
② 폴락(Pollak)은 여성이 남성 못지 않게 범죄행위를 저지르지만, 은폐 또는 편견적 선처에 의해 통계상 적게 나타나는 것일 뿐이라고 지적하였다.
③ 신여성범죄자(new female criminals) 개념은 여성의 사회적 역할변화와 그에 따른 여성범죄율의 변화와의 관계에 초점을 맞추어 등장하였다.
④ 롬브로조(Lombroso)는 범죄여성은 신체적으로는 다른 여성과 구별되는 특징이 없지만, 감정적으로는 다른 여성과 구별되는 특징이 있다고 설명하였다.

5. 사회·문화적 환경과 범죄에 대한 설명으로 옳지 않은 것은? 2022. 보호 7급

① 체스니-린드(Chesney-Lind)는 여성범죄자가 남성범죄자보다 더 엄격하게 처벌받으며, 특히 성(性)과 관련된 범죄에서는 더욱 그렇다고 주장하였다.
② 스토우퍼(Stouffer), 머튼(Merton) 등은 상대적 빈곤론을 주장하면서 범죄발생에 있어 빈곤의 영향은 단지 빈곤계층에 국한된 현상이 아니라고 지적하였다.
③ 매스컴과 범죄에 대하여 '카타르시스 가설'과 '억제가설'은 매스컴의 역기능성을 강조하는 이론이다.
④ 서덜랜드(Sutherland)는 화이트칼라 범죄를 직업활동과 관련하여 존경과 높은 지위를 가지고 있는 사람이 저지르는 범죄라고 정의했다.

🔍 정답 1.③ 2.② 3.③ 4.④ 5.③

Chapter 12 확인학습

OX체크

01 환경범죄란 사람의 건강에 위해를 가하거나 환경을 파손하는 환경오염행위 또는 이와 관련된 일체의 행위를 의미하는 것으로 자연재해를 포함한다.

02 사이버범죄의 특징으로는 범행이 반복적이고 지속적이며 피해가 매우 광범위할 수 있다.

03 화이트칼라 범죄는 범죄의 직접적 피해자가 거의 없는 범죄이다.

04 룬덴(Lunden)은 이질적 문화를 가진 사회는 동질적 문화를 가진 사회보다 범죄율이 높다고 하였다.

05 도시화의 특징으로 이동성의 증대와 주민 상호 간의 비공식적인 감시통제체계 형성이 있다.

06 케틀레는 인신범죄는 따뜻한 지방에서, 재산범죄는 추운지방에서 상대적으로 많이 일어난다고 하였다.

07 밀러는 빈민유형으로 안정된 빈민, 긴장된 빈민, 노력하는 빈민, 불안정한 빈민으로 나눈다.

08 단기(직접)효과이론, 장기(간접)효과이론, 억제가설은 매스컴의 역기능에 해당한다.

09 글룩부부는 25~30세까지는 많은 범죄를 반복하였고, 그 연령기가 지나면 스스로 범죄생활을 중단한다는 범죄생활곡선을 주장하였다.

Answer

 OX체크 01 ×, 자연재해가 아닌 인위적으로 야기되는 범죄 02 ○ 03 ×, 범죄의 피해는 광범위 04 ○ 05 ×, 비공식적인 감시통제가 형성되기 어렵다 06 ○ 07 ○ 08 ×, 억제가설 − 순기능 09 ×, 성숙이론

아담 형사정책

범죄피해자

단원MAP

형사정책 기초개념			범죄의 원인과 현상론								
1. 학문발전	2. 국제성	3. 연구방법	4. 고전주의	5. 초기실증	6. 생물학	7. 심리학	8. 거시사회	9. 미시사회	10. 갈등론적	11. 발달범죄	12. 범죄현상
피해자론		비범죄	예방과 예측		형벌론		보안처분론				판 례
13. 피해자학	14. 피해보호	15. 비범죄화	16. 범죄예방	17. 범죄예측	18. 형벌론	19. 형벌종류	20. 보안처분	21. 주요5법	22. 소년사법	23. 소년2법	24. 판례

제1절 | 피해자와 피해자학

01 범죄피해자의 관심

(I) 제2차 세계대전 이전

① 범죄 내지 범죄자만이 범죄학의 주된 연구대상이었고, 범죄피해자는 제2차 세계대전 이후부터 범죄자와 더불어 범죄학의 주된 연구대상이 되었다.

② 범죄피해자는 단순히 수동적인 범죄객체에 불과하여 정적 관점에서만 범죄자와 피해자 관계가 이해되었다.

(2) 피해자학의 논의영역

① **범죄발생에 미친 영향**: 피해자학은 범죄원인론에서 피해자가 범죄발생에 미친 영향과 관련되는 문제에 대한 접근이다.

② **피해자 보호대책**: 피해자에 대한 적절한 보호대책과 관련되는 관심이다.

(3) 피해자의 형사정책적 범위

최협의설	형식적 의미의 범죄개념에 입각하여, 범죄행위에 의해 손해를 입은 사람만을 의미한다(독립과학성 부정).
협의설	헨티히(Hentig): 형식적 의미의 범죄뿐만 아니라 실질적 의미의 범죄로 인해 보호법익을 침해당한 사람까지 포함하는 개념이다(독립과학성 부정. 통설).
광의설	지프(Zipf): 피해자를 법익을 침해당한 자에 국한하지 않고 그와 관련을 맺고 있는 사람, 즉 피해자의 가족 등과 같은 간접피해자까지 피해자 범위를 확장한다(독립과학성 강조).
최광의설	멘델존(Mendelsohn): 피해자를 범죄와 분리하여 유해성의 원인이 범죄자가 아닌 민법상·행정법상 사건 등에 의한 경우까지도 포함하여 산업재해나 자연현상에 의한 피해 등 모든 유해한 결과가 발생된 사람으로 확장한다.

02 피해자 중립화와 피해자화

(1) 피해자 중립화

① **국가형벌권** : 공형벌 이전에는 보복적 사형벌이 범죄 해결방법이었지만, 형법으로 인해 공형벌이 등장함으로써 피해자는 중립적 지위를 갖게 되고, 보복의 악순환도 차단되었다.

② 피해자 대신 형법이 행위자를 처벌함으로써 일반인의 권리와 사회를 보호하는 임무를 수행하게 된 것으로, 근대형법의 피해자 중립이념은 지금도 여전히 타당하다고 할 수 있다.

(2) 피해자화의 3단계

① **의의** : 피해자화(Victimization)는 범죄화(Criminalization)에 대응하는 개념으로, 일정한 원인에 의하여 일련의 과정을 거쳐 피해자에 이르게 된다고 하는 가설에 기초하고 있다.

② **키플**(Kielf)**과 람넥**(Lamnek)**의 피해자 3단계**(「피해자의 사회학」)

제1차 피해자화	1. 개인이나 집단이 직접적인 피해를 당하는 과정을 말한다. 2. 신체적 · 경제적 · 정신적 피해로 크게 나눌 수 있다.
제2차 피해자화	1. 범죄사건이나 범죄를 처리하는 과정에서 피해자가 정신적 · 사회적으로 상처를 입는 것을 말한다. 2. 참고인 또는 증인이 피해사실의 증언이나 피고인 · 변호인 등의 반대신문을 통해 침해되는 프라이버시나 정신적 피해
제3차 피해자화	1. 제1차 · 제2차 피해자화로 인해 정신적 · 육체적 고통을 느끼고 있는 피해자에 대하여 적절한 대응이 이루어지지 않음으로써 발생되는 피해이다. 2. 수사기관이나 법원이 피해자에 대한 배려를 소홀히 하여 피해자가 제2차 피해를 두려워하여 고소를 하지 않게 되면 이는 국가나 법에 대한 불신으로 이어져 결국 사회적 존재로서의 자신을 파괴해 버리는 과정

③ **울프강**(미국, Wolfgang)**의 3단계** : 1차 피해자화(개인범주), 2차 피해자화(조직규모), 3차 피해자화(사회질서 파괴자)로 구분하고, 범죄자와 피해자가 가장 밀접하게 연결되는 영역은 가정폭력범죄로 보고, 이를 개인적 성격의 범죄로 인식하였다.

03 피해자학의 개념

(1) 정 의

① **피해자학** : 피해자학(Viktimologie)이란 범죄의 피해를 받거나 받을 위험이 있는 사람에 대해 그 생물학적 · 사회학적 특성을 과학적으로 연구하고, 이를 기초로 범죄에 있어서 피해자의 역할이나 형사사법에서 피해자보호 등을 연구대상으로 하는 학문분야를 말한다.

② **형사정책적 의의** : 범죄피해자를 배제하고는 온전한 범죄대책이 수립될 수 없고, 범죄피해자에 대한 보상은 범죄자에 대한 처벌 이후의 대책의 핵심으로 자리 잡게 되었고, 범죄자의 법치국가적 권리 못지않게 피해자의 보호필요성 또한 중요한 의미를 갖게 되었다.

(2) 피해자학의 독립과학성 논의

독립과학 긍정설	1. 가해자와 피해자는 행위의 동반자이므로 피해자학을 범죄학과 대응되는 하나의 독립된 학문으로 보는 견해이다. 2. 피해자학에 대한 관심을 적극적으로 끌어내기 위해서도 독립과학성을 인정할 필요가 있다고 한다(멘델존, 슈나이더 등).
독립과학 부정설	1. 피해자학을 범죄학의 한 분과로 보는 견해이다. 2. 피해자학의 독립과학성 여부에 있는 것이 아니라, 피해자 문제에 대한 과학적·규범적 접근을 보다 활성화시키면서 인접 학문분야와의 밀접한 관련을 유지하여 나가는 것이라고 한다(헨티히, 나겔 등).

(3) 피해자학의 연혁

멘델존 (Mendelsohn)	1. 「범죄학에 있어서 강간과 부인(여성) 사법관의 중요성」(1940) : 강간범죄의 피해자 연구를 통해 피해자학의 기초를 마련하였다. 2. "새로운 생물·심리·사회학의 지평선 : 피해자학"(1947) 강연을 통해 독립과학으로서의 피해자학을 역설하였다.
헨티히 (Hentig)	1. 행위자와 피해자 사이의 상호작용에 관한 연구(1941) : 그동안 피해자를 단순히 수동적 주체인 정적인 관점에서 최초로 범죄화과정의 적극적 주체인 동적 관점에서 이해하였다. 즉 피해자도 범죄발생의 원인이 될 수 있다는 주장이다. 2. 「범죄자와 그 피해자」(1948) : 발간 이후, 피해자학은 결정적으로 발전되기 시작하였고, 범죄피해자가 되기 쉬운 성격을 연구함으로써 피해자학을 범죄학에서 실질적·체계적 보조과학으로서 자리 잡게 하였다. 3. 범죄피해자의 특성을 중심으로 하여 피해자 유형을 나누는 것에 중점을 두었다. 4. 범죄피해자가 되기 쉬운 성격 연구 : 죄를 범한 자와 그로 인해 고통을 받는 자라는 도식을 통해 피해자의 존재가 오히려 범죄자를 만들어 낸다고 지적하여, 범죄피해자는 단순한 수동적 객체에 불과한 것이 아니라 범죄화과정에 있어서 적극적인 주체라는 점을 부각시켰다. 5. 피해자에 대한 관찰 없이 심리적 비난이 피해자에게도 가해진다고 보고, 이는 정당방위의 부인과 같고, 성범죄 피해자인 여성을 비난하는 것도 같은 심리적 기제의 결과로 이해하였다.
엘렌베르거 (Ellenberger)	1. 「범죄자와 피해자 간의 심리학적 관계」(1954) : 인간은 순차적으로 범죄자와 피해자가 된다고 보았다. 중범죄자는 어릴 때 학대·착취 등의 피해자였던 점을 발견하였다. 2. '피해원인'의 개념을 제시하고, 범죄예방을 위해서는 피해원인의 중요성을 강조함으로써 피해자학에 대한 관심을 고조시켰다.

제2절 범죄피해자의 분류

01 피해자의 유책성의 정도에 따른 분류

(1) 멘델존(Mendelsohn)의 분류 : 피해자의 유책성 정도를 기준 [2018. 7급] 총 4회 기출

책임이 없는 피해자	범죄발생에 책임이 없는 피해자(무자각의 피해자라고도 함) 예 미성년자 약취유인죄의 미성년자, 영아살해죄의 영아 등		
책임이 조금 있는 피해자	무지에 의한 피해자 예 낙태로 사망한 임산부 등		
가해자와 동등한 책임이 있는 피해자	자발적 피해자의 경우 예 동반자살, 살인을 촉탁·승낙한 자 등		
가해자보다 더 유책한 피해자	유발적 피해자(부주의에 의한 피해자라고도 함) 예 공격당한 패륜아		
가해자보다 책임이 많은 피해자	가해자보다 범죄발생에 더 큰 영향을 미친 피해자		
	공격적 피해자	정당방위의 상대방	
	기만적 피해자	범죄피해를 가장하고 타인을 무고한 자(무고죄)	
	환상적 피해자	피해망상자·히스테리발작자·병적 거짓말쟁이	

(2) 헨티히(Hentig)의 분류 [2010. 7급] 총 2회 기출

일반적 피해자	피해자의 외적특성 기준 예 여성, 어린이, 노인, 심신장애자, 이민, 소수민족 등
심리학적 피해자	피해자의 심리적 공통점 기준 예 의기소침자, 무관심자, 탐욕자, 방종 또는 호색가, 비탄에 빠진 사람, 학대자·파멸된 자 등

(3) 칼멘(Karmen)의 분류 : 규범과 피해자의 책임을 종합적으로 고려

비행적 피해자	반사회적 행위로 타인의 범행표적이 된 경우	자신의 잘못된 행동에 대한 응보
	타인을 속이려다 사기의 표적이 된 경우	일확천금이나 부당한 이득을 노리는 자
	피해자 자신이 범죄 유발 내지 촉진하는 경우	지속적인 남편의 폭행을 참다 살해한 아내
유인 피해자	피해자가 유인·유혹하여 가해자가 범행한 경우 예 일부 강간피해자	
조심성이 없는 피해자	피해자의 부주의로 인해 범죄자를 유인하게 되어 피해를 입은 경우	
보호받을 가치가 없는 피해자	부의 축적과정이나 방법이 비도덕적인 졸부의 경우 약탈범죄의 대상이 되었더라도 그러한 부를 정당하게 확보한 것이 아니므로 보호가치가 없다고 보는 경우	

(4) 엘렌베르거(Ellenberger)**의 분류 : 심리학적 기준** [2018. 7급] 총 2회 기출

잠재적 피해자	피해자가 되기 쉬운 경향을 가진 자로, '생래적 – 타고난 피해자'라고 불렀다. 피학대자, 우울한 자, 자기만족에 빠진 자, 막연하게 불안감을 느끼는 자, 공포증환자, 죄책감에 빠진 자 등
일반적 피해자	위와 같은 특수한 원인을 갖고 있지 않은 그 외의 사람

◎ **특징** : 가해–피해 사이에 신경증적, 심리학적, 유전학·생물학적 특수관계 제시, 피해원인 해명의 중요성 강조

(5) 레크리스(Reckless)**의 분류 : 피해자의 도발을 기준** [2022. 7급] 총 2회 기출

순수한 피해자	'가해자 – 피해자' 모델
도발한 피해자	'피해자 – 가해자 – 피해자' 모델

02 피해자 입장에서 본 범죄유형

(1) 피해자가 없는 범죄

① **범죄유형** : 마약매매, 성매매, 성기노출, 포르노영업 등은 실정법상 범죄이지만, 이들 행위는 서로 동의하에 행해지는 교환행위이거나, 개인적인 범죄피해가 없는 공공법익에 관한 범죄에 해당하는 경우로, 이는 피해자가 없거나 가해자와 피해자를 구분하기 어려운 범죄유형이다. [2014. 7급]

② **암수범죄** : 개인적으로 피해를 입은 자가 없기 때문에 대체로 경찰에 신고되지도 않으며, 대부분 암수범죄로 되어 피해자 없는 범죄는 암수범죄에 대한 조사가 특별히 요구된다.

③ **비범죄화론** : 입법론상 피해자 없는 범죄는 피해자가 없음에도 불구하고 형벌로써 처벌할 필요성이 있는가의 문제와 관련하여 많이 거론된다.

④ **경제범죄와 환경범죄** : 보호법익이 사회나 공공의 이익과 같은 보편적인 법익의 경우가 피해자 없는 범죄에 해당되지만 경제범죄, 환경범죄 등은 피해자 없는 범죄로 보는 것은 옳지 않다는 비판이 있다. 사회공공의 이익은 결국 구성원 각자의 이익으로 환원될 수 있기 때문이다.

(2) 피해자가 동의·기여한 범죄

① **가해–피해 구별곤란** : 가해자와 피해자의 구별이 곤란한 범죄가 주로 해당된다.

② **범죄유형** : 장물수수, 증수뢰, 성매매, 도박, 동성애 등이 그 예로 관계범죄라고 부르기도 하며, 경찰에 통보되거나 발각되는 경우가 적어서 암수범죄가 되는 경우가 많다.

③ **비범죄화론** : 대책으로는 범죄자와 피해자가 합의를 한 경우에는 비범죄화하자는 주장도 있지만, 한편 비범죄화의 척도는 본질적으로 피해자에 대한 합의여부와는 무관한 문제라고 주장한다.

◎ 피해자의 입장은 주로 범죄예방이나 양형에 있어서 고려된다.

최신 기출로 확인하기

1. 피해자 유형의 분류에 대한 설명으로 옳지 않은 것은? 2010. 보호 7급

① 엘렌베르거는 피해자 유형을 일반적 피해자성과 잠재적 피해자성으로 나누며, 피학대자를 잠재적 피해자성으로 분류한다.

② 헨티히는 피해자 유형을 일반적 피해자와 심리학적 피해자로 나누며, 심신장애자를 심리학적 피해자로 분류한다.

③ 멘델존은 피해자 유형을 피해자측의 귀책성 여부에 따라 나누며, 영아살해죄의 영아를 완전히 유책성이 없는 피해자로 분류한다.

④ 레크레스는 피해자 유형을 피해자의 도발유무를 기준으로 하여 순수한 피해자와 도발한 피해자로 나눈다.

🔍 정답 1. ②

제3절 **범죄피해이론**

01 **일상활동이론과 생활양식노출이론** [2024. 보호 9급]

일상활동이론(미시적) (Routine Activity Theory)	생활양식노출이론(거시적) (Lifestyle Exposure Theory)
1. 코헨(Cohen)과 펠슨(Felson) 2. 범죄발생원인 : 일상활동의 변화가 ① 동기를 지닌 범죄자(범행을 동기화한 사람), ② 합당한 표적(적절한 범행 대상), ③ 보호능력의 부재(감시의 부재)라는 세 가지 요소에 시간적·공간적인 영향을 미쳐서 범죄가 발생한다. [2024. 교정 9급] 총 4회 기출 3. 범죄피해발생과 거리가 먼 일상생활 유형을 가진 사람은 범죄기회를 얼마든지 감소시킬 수도 있다.	1. 하인드랑(Hindelang)과 갓프레드슨(Gottfredson) 2. 개인의 직업적·여가 등 모든 생활양식이 범죄피해위험성을 높이는 중요한 요인이다. [2023. 보호 7급] 3. 인구학적·사회계층·지역에 따른 범죄율 차이는 피해자의 개인적 생활양식 차이때문이다. 4. 젊은이, 남자, 미혼자, 저소득층, 저학력층이 범죄피해자가 될 확률이 높은 이유 : 외부활동이 많아 범죄자와 접촉할 기회가 증대되기 때문이다.
시간의 흐름에 따른 범죄율 변화 설명	사회적 계층에 따른 범죄피해 위험성 차이 설명
매력성과 보호가능성을 가변변수로 보아 상황적 범죄예방모델의 이론적 근거	범죄근접성과 노출 등 범죄기회의 구조적 특성강조
공통점	1. 범죄기회구조 강조 : 관습적인 사회에서 일상활동이나 생활양식의 유형이 범죄를 위한 기회구조를 어떻게 제공하는가를 강조한다(고전주의적 시각). 2. 실증주의적 관점 경시 : 범죄의 사회생태학이나 범죄피해에 대한 개인의 위험성을 이해하는데 범죄자의 동기와 기타 범인성 관점의 중요성은 경시하였다.
비 판	범죄자 입장보다 피해자 측면에서 범죄현상을 파악하려 했기 때문에, 범죄자가 구체적으로 범죄 상황을 어떻게 해석하고 그 대상과 위험성을 판단하는데는 적절치 않다.

02 생활양식노출이론의 기초

(1) 클라크와 코니쉬의 표적선택과정이론

① **의사결정** : 클라크(Clarke)와 코니쉬(Gornish)는 범행대상을 선정하여 범행을 실행하기까지는 범죄자가 피해자의 특성, 환경, 체포위험, 범행의 용이성, 보상정도 등을 고려하여 의사결정을 통하여 선택한다고 보았다.

② **미시적 범죄발생** : 범죄자의 범죄선택에 초점을 두고 범죄자가 범행을 결정하고 실제 범행을 저지르는 범행동기에 관심을 둔다. 즉 범죄자는 최소한의 위험과 비용으로 최대의 효과를 얻을 수 있는 피해자를 선택한다는 것을 밝혀 미시적 범죄발생 원인을 중시한다.

(2) 휴(Hough)의 선정모형

① 나이·성별·사회적 계급 등의 인구학적 특성은 직업·소득·거주지역 등 사람의 생활양식의 구조적 특징을 결정하고 나아가서 이것이 그 사람의 일상생활에도 영향을 미친다.

② 동기부여된 범죄자에게 쉽게 노출되고(근접성), 범행대상으로서 잠재적 수확가능성이 있으며(보상) 접근 또한 용이하여 범행대상으로 매력이 있을 뿐만 아니라 충분한 방어수단이 갖추어져 있지 않으면(보호성 부재) 범행대상으로 선정될 위험성이 높다고 본다.

　📖 **표적선택과정이론에 의한 선정모형**(Huogh)

(3) 미테와 메이어의 구조적 선택모형이론

① **통합이론** : 미테(Miethe)와 메이어(Meier)는 생활양식노출이론과 일상활동이론을 통합하여 범죄발생의 네 가지 요인(범죄근접성, 범죄노출성, 표적의 매력성, 보호능력)을 범행기회와 대상선택이라는 두 가지 관점으로 압축한다.

② **범행기회와 대상의 선택**

범행기회 (구조적 특성)	피해요인은 범죄근접성과 노출로 구성되고, 이 두 요인은 독립변수로 작용하며, 생활양식노출이론의 거시적 관점으로 설명
대상의 선택 (상황적 요건)	피해요인은 매력성과 보호가능성으로 구성되고, 이 두 요인은 가변변수로 작용하며, 일상활동이론의 미시적 관점으로 설명

(4) 가보(T. Gabor)의 범죄대체와 무임승차효과

① **지역적·집단적 측면** : 피해자이론이 주로 개인적 원인을 통한 분석이라면, 가보는 특정지역의 보호·보안수준의 차이는 지역적·집단적 측면에서 범죄발생에 영향을 줄 수 있다고 한다.

② **범죄대체(전이)효과** : 특정지역의 범죄를 예방하기 위하여 사전조치가 철저하게 이루어지고 있다면 이로 인하여 범죄 피해의 위험성이 범죄의 보안수준이나 보호수준이 낮은 지역으로 옮겨가는 효과를 말한다.

③ **무임승차**(이익확산)**효과** : 그 지역에 거주하는 특정인이 개인적인 일상활동이나 생활양식상 범죄의 위험성이 높다 할지라도 그 지역이 보안수준이나 보호수준이 높아 범죄피해의 위험성이 줄어드는 효과를 말한다.

03 **회복적 사법**(피해에 대한 새로운 접근)

(1) 의 의

① 과거 응징적 · 강제적 · 사후대응적 사법제도에 대한 반성에서 출발하여 범죄자들로 하여금 보다 생산적이고 책임감 있는 시민이 되도록 능력개발이 이루어져야 한다는 목표를 지향하는 적극적인 형사패러다임의 강조사상으로 일반적인 형사사법보다는 소년사법에서 중시되고 있다. [2012. 9급]

② **핵심가치** : 회복적 사법의 핵심가치는 피해자, 가해자 욕구뿐만 아니라 지역사회 욕구까지 반영하는 것이며 범죄가 발생하는 여건 · 환경에 관심을 둔다. 범죄로 인한 손해의 복구를 위해 중재, 협상, 화합의 방법을 강조하며 피해자 권리운동의 발전과 관련이 깊다. [2012. 9급]

③ 범죄자의 처벌이 목적이 아니라 범죄피해자의 피해회복을 통하여 사회적 화합을 성취하는 것이므로, 이를 통해 가해자에게도 사회복귀의 기회와 가능성을 높여줄 수 있다. [2018. 7급] 총 3회 기출

(2) 절 차

① 회복적 사법은 가해자에 대한 공식적 처벌보다는 피해자를 지원하고 지역사회를 재건하는데 역점을 두면서 가해자에겐 자신의 행위에 대해 책임감을 갖게 하는 제도로, 주로 비공식적 절차에 의해 범죄 피해에 대한 문제를 해결하고자 한다. [2015. 7급]

② 회복적 사법은 중재자의 도움으로 범죄로 인한 피해자와 가해자, 그 밖의 관련자 및 지역공동체가 함께 범죄로 인한 문제를 치유하고 해결하는 데에 적극적으로 참여하는 절차를 의미한다. [2020. 9급]

③ 회복적 사법의 시각에서 보면 범죄행동은 법을 위반한 것일 뿐만 아니라 피해자와 지역사회에 해를 끼친 것이다. [2015. 7급]

(3) 유엔(UN)의 회복적 사법 개념

대면개념	범죄 피해자와 가해자의 만남을 통한 범죄문제의 해결을 위한 토론
회복(배상)개념	피해자의 공판참여, 지원, 법원에 의한 피해 회복적 조치 등
변환개념	범죄원인의 구조적 · 개인적 불의를 시정하는 것으로 빈곤이나 차별적 교육개선

PLUS⁺ 재통합적 수치심부여이론 [2021. 보호 7급]

1. 브레이스웨이트(J. Braithwaite)는 낙인이론, 하위문화이론, 기회이론, 통제이론, 차별적 접촉이론, 사회학습이론을 통합하였다.
2. 사회가 범죄를 감소시키기 위해서는 좀 더 효과성 있게 수치심부여를 하여야 한다고 주장하고, 이를 재통합과 거부로 나누었다. 재통합적 수치심부여는 범죄자를 사회와 결속시키기 위한 고도의 낙인을 주는 것이고, 거부적 수치심부여는 범죄자에게 명백한 낙인을 찍어 높은 수치심을 주는 것으로 전자는 범죄율이 보다 낮은 반면, 후자는 범죄율이 더 높은 결과가 초래된다고 하였다.
3. 이 관점은 지역사회에서 범죄자에게 수치심을 주는 태도 및 방법의 차이를 잘 설명하면서 회복적 사법을 지지한다.
4. 회복적 사법이 재통합적 수치심이론을 그 근본 배경이론으로 삼는 이유는, 이 이론이 범죄자 하나에 초점을 두고 범죄자를 비난하는 것이 아니라, 객관적인 범죄행동에 관심을 갖고 가족, 친구, 지역사회 시민들 전체가 자발적 참여와 문제해결에 관심을 두어 실천방안을 제시하기 때문이다.
5. 결국 피해자와 지역사회가 원하는 것이 무엇인지 논의하고 가해자에게 그 메시지를 명확하게 전달하여 가해자로 하여금 재통합적 수치심을 느끼게 하고, 가해자가 피해자의 욕구를 받아들임으로써 궁극적으로는 지역사회의 회복적 사법을 통해 재범을 예방하는 것이다.

(4) 회복주의 사법의 유형 [2015. 7급]

피해자와 가해자의 화해모델	1. 1970년대 캐나다 온타리오, 보호관찰에 토대를 둔 유죄판결 후 형선고의 대안으로 시작 2. 피해자와 가해자 대부분 절차와 결과에 만족
가족 집단협의	1. 1989년 뉴질랜드 소년사법에서 살인 등을 제외한 일정 범죄에 한하여 시행하는 화해프로그램으로 가해자, 공동책임의 가족구성원 및 기타 후원자들 참여 2. 협의과정 이후 피해자의 범죄자에 대한 분노가 약화되는 성과 [2020. 9급]
양형서클	1. 학교나 직장, 형사사법 법제 등 다양한 환경에서 사용할 수 있는 판결서클(sentencing circles)은 피해자와 가해자, 그들의 후원자, 주요 공동체 구성원들에게 발언권을 주고 합의 도출 2. 범죄자보다 공동체 구성원들이 자신들의 개인적인 이득과 발전에 도움이 되었다고 평가
시민 패널	1. 미국과 캐나다의 경미사건 처리를 위한 민간위원회나 패널 활용 2. 비폭력적 범죄인 노상방뇨나 낙서, 음주, 성매매와 같이 지역사회의 삶의 질을 떨어뜨리는 피해자 없는 범죄를 다루고, 버몬트주 민간위원회의 경우 배상적 보호관찰(reparative probation)의 일환으로 운영

(5) 회복적 사법의 문제점(비판)

① 강력사건에 회복적 사법이 제공되면 피해자가 보복을 두려워할 수도 있다.
② 피해자와 가해자 사이에 이미 존재하는 권한불균형을 반복하거나 영속화시킬 잠재성이 있다.
③ 피해자의 참여가 단순히 가해자의 교화개선을 위한 도구로 이용될 수 있다.
④ 회복적 사법이 공익보다는 사적 잘못(private wrong)에 지나치게 초점을 맞춘다. [2023. 9급]
⑤ 피해자와 가해자를 회복과정에 참여시킴으로서 처분이 불균형을 초래할 수 있다.

(6) 퀴니와 페핀스키의 평화구축 범죄학

① 퀴니(Quinney)와 페핀스키(Pepinsky)는 평화구축범죄학에서 평화롭고 정의로운 사회를 실현하는 데 범죄학의 목표가 있다고 보고, 경험적 연구보다는 종교적이고 철학적인 가르침으로부터 영감을 얻는 것에 관심을 가졌다.

② 평화주의 범죄학의 기본적인 주제는 연락, 관심, 배려 등으로, 중재와 갈등해결, 화해 그리고 고통의 완화와 범죄를 줄이려는 노력을 통해 범죄자를 지역공동체에 재통합시켜야 한다고 주장한다.

최신 기출로 확인하기

1. 회복적 사법(restorative justice)을 지지할 수 있는 이론으로 옳지 않은 것은? 2021. 보호 7급

① 코헨과 펠슨(Cohen & Felson)의 일상활동이론(routine activities theory)
② 레머트(Lemert)의 낙인이론(labeling theory)
③ 퀴니와 페핀스키(Quinney & Pepinsky)의 평화구축범죄학(peace-making criminology)
④ 브레이스웨이트(Braithwaite)의 재통합적 수치심부여이론(reintegrative shaming theory)

2. 브레이스웨이트(Braithwaite)의 재통합적 수치심부여이론(reintegrative shaming theory)에 대한 설명으로 옳지 않은 것은? 2022. 보호 7급

① 재통합적 수치심 개념은 낙인이론, 하위문화이론, 기회이론, 통제이론, 차별접촉이론, 사회학습이론 등을 기초로 하고 있다.
② 해체적 수치심(disintegrative shaming)을 이용한다면 범죄자의 재범확률을 낮출 수 있으며, 궁극적으로는 사회의 범죄율을 감소시키는 효과를 기대할 수 있다.
③ 재통합적 수치심의 궁극적인 목표는 범죄자가 자신의 잘못을 진심으로 뉘우치고 사회로 복귀할 수 있도록 그들이 수치심을 느끼게 할 방법을 찾아내는 것이다.
④ 브레이스웨이트는 형사사법기관의 공식적 개입을 지양하며 가족, 사회지도자, 피해자, 피해자 가족 등 지역사회의 공동체 강화를 중시하는 '회복적 사법(restorative justice)'에 영향을 주었다.

🔍 정답 1.① 2.②

Chapter 13 확인학습

빈칸채우기

01 최초로 범죄피해자보상법을 제정·시행한 국가는 (   )이다.

02 클라크와 코니쉬의 (   )이론에 의하면 사고하는 범죄자의 범죄선택이라는 측면에 초점을 두고 범죄자가 범행을 결정하고 실제 범행을 저지르는 범행동기에 관심을 둔다.

03 (   )는 범죄자와 피해자 사이의 상호작용에 의해 범죄가 발생한다고 주장하였다.

OX체크

01 헨티히는 피해자의 존재가 범죄자를 만들어낸다고 하며 피해자를 범죄의 발생원인으로 파악하였다.

02 1957년 프라이에 의해 피해자구제의 개혁운동이 본격적으로 전개되었다.

03 생활양식·노출이론은 사회계층별 '범죄자 접촉기회'와 '범죄위험에의 노출'이라는 구조적 요소를 중시하였다.

Answer

빈칸채우기 **01** 뉴질랜드 **02** 표적선택과정 **03** 헨티히

OX체크 **01** ○ **02** ○ **03** ○

Chapter 14 피해자 보호

단원MAP

형사정책 기초개념			범죄의 원인과 현상론								
1. 학문발전	2. 국제성	3. 연구방법	4. 고전주의	5. 초기실증	6. 생물학	7. 심리학	8. 거시사회	9. 미시사회	10. 갈등론적	11. 발달범죄	12. 범죄현상
피해자론		비범죄	예방과 예측		형벌론		보안처분론				판례
13. 피해자학	14. 피해보호	15. 비범죄화	16. 범죄예방	17. 범죄예측	18. 형벌론	19. 형벌종류	20. 보안처분	21. 주요5법	22. 소년사법	23. 소년2법	24. 판례

제1절 개 요

01 범죄피해자에 대한 공적구제

(I) 범죄피해자 보상제도의 연혁

① **고대 함무라비법전**: 강도죄의 경우 범인 미검거시 피해자의 재산손해와 생명손실에 대하여 국가배상을 인정하였다.

② **벤담과 가로팔로의 원상회복**: 벤담은 행위자를 추가적으로 제재하기 위하여 피해자를 위한 원상회복의 의무를 범죄자에게 부과하여야 한다고 주장하였고, 가로팔로는 범죄자에 대한 사회방위와 범죄자의 재사회화를 위한 강력한 수단으로 원상회복을 고려하였다.

③ **프라이여사의 공적 구제**: 영국의 여성 형벌개량가이며, 범죄피해보상제도의 어머니인 프라이 (Fry) 여사는 「피해자를 위한 정의」(1957)에서 피해자의 공적 구제에 대한 관심을 촉구하였다.

④ **최초 뉴질랜드입법**: 뉴질랜드에서 1963년 최초로 「범죄피해자보상법」을 제정·실시한 이후 영국을 비롯한 세계 각국에서 입법화되기에 이르렀다.

⑤ **범죄피해자 보호법**: 헌법 제30조(타인의 범죄행위로 인하여 생명·신체에 대한 피해를 입은 국민은 법률이 정하는 바에 의하여 국가로부터 구조를 받을 수 있다)에 근거하여 1987년 「범죄피해자 구조법」이 제정되었고, 이후 2010년 범죄피해자를 보호·지원하는 제도와 범죄피해자를 구조하는 제도를 통합하여 「범죄피해자 보호법」으로 일원화하였다.

　◎ **범죄피해자 보상제도 채택국가**: 호주, 캐나다, 북아일랜드, 미국, 일본 등

(2) 범죄피해자보상의 법적 성격

국가책임이론 (책임배상형)	1. 국가는 국민을 범죄로부터 보호해야 할 의무가 있고, 이 의무를 게을리한 결과인 범죄피해에 대해 피해자는 그 피해를 구제받을 수 있는 청구권을 가진다. 2. 국가가 모든 범죄피해자에게 충분한 손해배상을 해 주는 것이 원칙이다.
사회복지이론 (생활보호형)	1. 국가는 범죄피해를 당한 피해자를 정신적·물질적으로 도와 범죄피해로 인한 고통으로부터 해소시켜주는 것이 현대 복지국가의 과제이다. 2. 특정범죄로 인한 피해와 생활이 곤궁할 것을 조건으로 국가로부터 피해구제를 받을 수 있다.
우리나라	1. 초기 생명·신체를 해하는 범죄의 피해자로 제한하면서 생계유지가 곤란한 사정이 추가적으로 인정되어야 가능했기 때문에 사회복지설적 성격이 강하였다. 2. 다만, 범죄피해 구조금지급 사유에서 '생계유지의 요건'은 법개정으로 삭제되었다.

02 형사절차에서의 피해자 보호

🏛 형사소송법상 피해자 보호관련 규정

1. **개인정보보호** : 재판장은 피해자, 증인 등 사건관계인의 생명 또는 신체의 안전을 현저히 해칠 우려가 있는 경우에는 제1항 및 제2항(서류·증거물)에 따른 열람·복사에 앞서 사건관계인의 성명 등 개인정보가 공개되지 아니하도록 보호조치를 할 수 있다(법 제35조 제3항).

2. **피고인의 구속심사시 고려** : 피고인의 구속사유를 심사함에 있어서 범죄의 중대성, 재범의 위험성, 피해자 및 중요 참고인 등에 대한 위해우려 등을 고려하여야 한다(법 제70조 제2항)

3. **피고인의 보석허가 불허사유** : 피고인이 피해자의 생명·신체나 재산에 해를 가하거나 가할 염려가 있다고 믿을만한 충분한 이유가 있는 때(법 제95조 제6호)

4. **보석결정시 고려** : 피해자에 대한 배상 등 범행 후의 정황에 관련된 사항(법 제99조 제4호)

5. **압수물 환부** : 압수한 장물은 피해자에게 환부할 이유가 명백한 때에는 피고사건의 종결 전이라도 결정으로 피해자에게 환부할 수 있다(법 제134조).

6. **법원의 증인신문** : 법원이 직권으로 신문할 증인이나 범죄로 인한 피해자의 신청에 의하여 신문할 증인의 신문방식은 재판장이 정하는 바에 의한다(법 제161조의2 제4항).

7. **신뢰관계자의 동석**(법 제163조의2)
① 법원은 범죄로 인한 피해자를 증인으로 신문하는 경우 증인의 연령, 심신의 상태, 그 밖의 사정을 고려하여 증인이 현저하게 불안 또는 긴장을 느낄 우려가 있다고 인정하는 때에는 직권 또는 피해자·법정대리인·검사의 신청에 따라 피해자와 신뢰관계에 있는 자를 동석하게 할 수 있다(제1항).
② 법원은 범죄로 인한 피해자가 13세 미만이거나 신체적 또는 정신적 장애로 사물을 변별하거나 의사를 결정할 능력이 미약한 경우에 재판에 지장을 초래할 우려가 있는 등 부득이한 경우가 아닌 한 피해자와 신뢰관계에 있는 자를 동석하게 하여야 한다(제2항).

8. **고소권 및 취소권** : 범죄로 인한 피해자는 고소할 수 있다(법 제223조).

9. 불송치 송부통지 및 이의신청권(법 제245조의6, 제245조의7)

① 사법경찰관은 범죄혐의가 있다고 인정되어 사건을 검사에 송치한 경우 외에는 그 이유를 명시한 서면과 함께 관계 서류와 증거물을 지체 없이 검사에게 송부하여야 한다.

② 이 경우 사법경찰관은 그 송부한 날부터 7일 이내에 서면으로 고소인 · 고발인 · 피해자 또는 그 법정대리인에게 사건을 검사에게 송치하지 아니하는 취지와 그 이유를 통지하여야 한다.

③ 통지를 받은 사람(고발인 제외)은 해당 사법경찰관의 소속 관서의 장에게 이의를 신청할 수 있다.

④ 사법경찰관은 이의 신청이 있는 때에는 지체 없이 검사에게 사건을 송치하고 관계 서류와 증거물을 송부하여야 하며, 처리결과와 그 이유를 제1항의 신청인에게 통지하여야 한다.

10. 피해자 등 진술권(법 제294조의2) [2021. 보호 7급]

① 법원은 범죄로 인한 피해자 또는 그 법정대리인의 신청이 있는 때에는 그 피해자 등을 증인으로 신문하여야 한다. 다만, 다음 각 호의 어느 하나에 해당하는 경우에는 그러하지 아니하다.

ⓐ 피해자등 이미 당해 사건에 관하여 공판절차에서 충분히 진술하여 다시 진술할 필요가 없다고 인정되는 경우

ⓑ 피해자등의 진술로 인하여 공판절차가 현저하게 지연될 우려가 있는 경우

② 법원은 제1항에 따라 피해자등을 신문하는 경우 피해의 정도 및 결과, 피고인의 처벌에 관한 의견, 그 밖에 당해 사건에 관한 의견을 진술할 기회를 주어야 한다.

③ 법원은 동일한 범죄사실에서 제1항의 규정에 의한 신청인이 여러 명인 경우에는 진술할 자의 수를 제한할 수 있다.

④ 제1항의 규정에 의한 신청인이 출석통지를 받고도 정당한 이유없이 출석하지 아니한 때에는 그 신청을 철회한 것으로 본다.

11. 피해자 진술의 비공개 : 법원은 범죄로 인한 피해자를 증인으로 신문하는 경우 당해 피해자 · 법정대리인 또는 검사의 신청에 따라 피해자의 사생활의 비밀이나 신변보호를 위하여 필요하다고 인정하는 때에는 결정으로 심리를 공개하지 아니할 수 있다(법 제294조의3).

12. 소송기록 열람 또는 등사신청권 : 소송계속 중인 사건의 피해자는 소송기록의 열람 또는 등사를 재판장에게 신청할 수 있다(법 제294조의4).

◎ 검사의 결정, 법원의 양형인자(형법 제51조) : 피해자에 대한 관계 [2021. 보호 7급]

최신 기출로 확인하기

1. 「형사소송법」상 피해자 등 진술권에 대한 설명으로 옳지 않은 것은?　　　2021. 보호 7급

① 범죄로 인한 피해자 등의 신청으로 그 피해자 등을 증인으로 신문하는 경우, 신청인이 출석통지를 받고도 정당한 이유 없이 출석하지 아니한 때에는 그 신청을 철회한 것으로 본다.

② 법원은 범죄로 인한 피해자를 증인으로 신문하는 경우 당해 피해자 · 법정대리인 또는 검사의 신청에 따라 피해자의 사생활의 비밀이나 신변보호를 위하여 필요하다고 인정하는 때에는 결정으로 심리를 공개하지 아니할 수 있다.

③ 법원은 동일한 범죄사실에서 피해자 등의 증인신문을 신청한 그 피해자 등이 여러 명이라도 진술할 자의 수를 제한할 수 없다.

④ 법원이 범죄로 인한 피해자의 신청에 의하여 신문할 증인의 신문방식은 재판장이 정하는 바에 의한다.

🔍 정답 1. ③

제2절 「범죄피해자 보호법」상 범죄피해자 보호 및 보상제도

01 범죄피해자 보호

(1) 목 적

범죄피해자 보호·지원의 기본 정책 등을 정하고 타인의 범죄행위로 인하여 생명·신체에 피해를 받은 사람을 구조함으로써 범죄피해자의 복지 증진에 기여함을 목적으로 한다(제1조).

(2) 용어의 정의

① 정의(제3조 제1항)

범죄피해자	타인의 범죄행위로 피해를 당한 사람과 그 배우자(사실상의 혼인관계를 포함), 직계친족 및 형제자매를 말한다. [2020. 7급] 총 3회 기출
범죄피해자 보호·지원	범죄피해자의 손실 복구, 정당한 권리 행사 및 복지 증진에 기여하는 행위를 말한다. 다만, 수사·변호 또는 재판에 부당한 영향을 미치는 행위는 포함되지 아니한다.
범죄피해자 지원법인	범죄피해자 보호·지원을 주된 목적으로 설립된 비영리법인을 말한다.
구조대상 범죄피해	대한민국의 영역 안에서 또는 대한민국의 영역 밖에 있는 대한민국의 선박이나 항공기 안에서 행하여진 사람의 생명 또는 신체를 해치는 죄에 해당하는 행위(「형법」 제9조, 제10조 제1항, 제12조, 제22조 제1항에 따라 처벌되지 아니하는 행위를 포함하며, 같은 법 제20조 또는 제21조 제1항에 따라 처벌되지 아니하는 행위 및 과실에 의한 행위는 제외한다)로 인하여 사망하거나 장해 또는 중상해를 입은 것을 말한다. [2019. 5급 승진] 총 5회 기출 포함: 형사미성년자, 심신상실자, 강요된 행위, 긴급피난 제외: 정당행위, 정당방위, 과실에 의한 행위
장 해	범죄행위로 입은 부상이나 질병이 치료(그 증상이 고정된 때를 포함)된 후에 남은 신체의 장해로서 대통령령으로 정하는 경우를 말한다.
중상해	범죄행위로 인하여 신체나 그 생리적 기능에 손상을 입은 것으로서 대통령령으로 정하는 경우를 말한다.

② 범죄피해 방지 및 범죄피해자 구조 활동으로 피해를 당한 사람도 범죄피해자로 본다(제3조 제2항).

(3) 범죄피해자보호위원회와 범죄피해구조심의회

범죄피해자 보호위원회 (제15조)	① 범죄피해자 보호·지원에 관한 기본계획 및 주요 사항 등을 심의하기 위하여 법무부장관 소속으로 범죄피해자보호위원회를 둔다. ② 보호위원회는 다음의 사항을 심의한다. 　㉠ 기본계획 및 시행계획에 관한 사항 　㉡ 범죄피해자 보호·지원을 위한 주요 정책의 수립·조정에 관한 사항 　㉢ 범죄피해자 보호·지원 단체에 대한 지원·감독에 관한 사항 　㉣ 그 밖에 위원장이 심의를 요청한 사항 ③ 보호위원회는 위원장(법무부장관)을 포함하여 20명 이내의 위원으로 구성한다. **[피해자보호위원회의 구성]**(시행령 제13조) [2014. 9급] ① 위원장은 법무부장관이 된다. ② 보호위원회의 위원은 다음 각 호의 사람이 된다. 　1. 기획재정부차관, 교육부차관, 법무부차관, 행정안전부차관, 보건복지부차관, 여성가족부차관, 법원행정처차장, 대검찰청차장검사 및 경찰청차장 　2. 범죄피해자 보호·지원에 관한 전문지식과 경험이 풍부한 사람 중에서 법무부장관이 위촉하는 10명 이내의 민간위원 ③ 위촉된 위원의 임기는 2년으로 하고, 두 차례만 연임할 수 있으며, 보궐위원의 임기는 전임자의 임기의 남은 기간으로 한다.
범죄피해구조심의회 (제24조)	① 구조금 지급에 관한 사항을 심의·결정하기 위하여 각 지방검찰청에 범죄피해구조심의회(지구심의회)를 두고 법무부에 범죄피해구조본부심의회(본부심의회)를 둔다. [2016. 7급] ② 지구심의회는 설치된 지방검찰청 관할 구역(지청이 있는 경우에는 지청의 관할 구역을 포함)의 구조금 지급에 관한 사항을 심의·결정한다. ③ 본부심의회는 다음의 사항을 심의·결정한다. 　㉠ 재심신청사건 　㉡ 그 밖에 법령에 따라 그 소관에 속하는 사항 ④ 지구심의회 및 본부심의회는 법무부장관의 지휘·감독을 받는다.

02 범죄피해자 구조

(1) 구조금의 지급요건(제16조)

국가는 구조대상 범죄피해를 받은 사람(구조피해자)이 다음의 어느 하나에 해당하면 구조피해자 또는 그 유족에게 범죄피해 구조금을 지급한다.

[구조금 지급요건](법 제16조)
1. 구조피해자가 피해의 전부 또는 일부를 배상받지 못하는 경우
2. 자기 또는 타인의 형사사건의 수사 또는 재판에서 고소·고발 등 수사단서를 제공하거나 진술, 증언 또는 자료제출을 하다가 구조피해자가 된 경우 [2011. 7급] 총 2회 기출

✅ **구조금 지급요건 ✕** : 가해자 불명, 무자력 사유, 피해자의 생계유지 곤란 [2014. 7급]

(2) 구조금의 종류 등(제17조)

① 구조금은 유족구조금·장해구조금 및 중상해구조금으로 구분하며, 일시금으로 지급한다. [2019. 5급 승진] 총 2회 기출

② 유족구조금은 구조피해자가 사망하였을 때 유족의 범위 및 순위(제18조)에 따라 맨 앞의 순위인 유족에게 지급한다. 다만, 순위가 같은 유족이 2명 이상이면 똑같이 나누어 지급한다.

③ 장해구조금 및 중상해구조금은 해당 구조피해자에게 지급한다.

(3) 유족의 범위 및 순위(제18조)

① 유족구조금을 지급받을 수 있는 사람(제1항)

> **[유족구조금 지급대상]**(법 제18조 제1항) [2017. 9급]
> 1. 배우자(사실상 혼인관계를 포함) 및 구조피해자의 사망 당시 구조피해자의 수입으로 생계를 유지하고 있는 구조피해자의 자녀
> 2. 구조피해자의 사망 당시 구조피해자의 수입으로 생계를 유지하고 있는 구조피해자의 부모, 손자·손녀, 조부모 및 형제자매
> 3. 1 및 2에 해당하지 아니하는 구조피해자의 자녀, 부모, 손자·손녀, 조부모 및 형제자매
>
> > **[태아와 유족의 순위]**
> > 1. 유족의 범위에서 태아는 구조피해자가 사망할 때 이미 출생한 것으로 본다(제2항).
> > 2. 유족구조금을 받을 유족의 순위는 법 제1항에 열거한 순서로 하고, 2. 및 3.에 열거한 사람 사이에서는 열거한 순서로 하며, 부모의 경우에는 양부모를 선순위로 하고 친부모를 후순위로 한다(제3항).

② 유족이 다음의 어느 하나에 해당하면 유족구조금을 받을 수 있는 유족으로 보지 아니한다(제4항).

> **[유족 제외대상]**(법 제18조 제4항)
> 1. 구조피해자를 고의로 사망하게 한 경우
> 2. 구조피해자가 사망하기 전에 그가 사망하면 유족구조금을 받을 수 있는 선순위 또는 같은 순위의 유족이 될 사람을 고의로 사망하게 한 경우
> 3. 구조피해자가 사망한 후 유족구조금을 받을 수 있는 선순위 또는 같은 순위의 유족을 고의로 사망하게 한 경우

(4) 구조금을 지급하지 아니할 수 있는 경우(제19조) [2023. 보호 7급] 총 5회 기출

■ 전부 지급배제사유

친족관계	① 범죄행위 당시 구조피해자와 가해자 사이에 다음의 어느 하나에 해당하는 친족관계가 있는 경우에는 구조금을 지급하지 아니한다(제1항). ㉠ 부부(사실상의 혼인관계를 포함한다) ㉡ 직계혈족 ㉢ 4촌 이내의 친족 [2017. 9급] ㉣ 동거친족
해당범죄 유발 등	② 구조피해자가 다음의 어느 하나에 해당하는 행위를 한 때에는 구조금을 지급하지 아니한다(제3항). ㉠ 해당 범죄행위를 교사 또는 방조하는 행위 ㉡ 과도한 폭행·협박 또는 중대한 모욕 등 해당 범죄행위를 유발하는 행위 ㉢ 해당 범죄행위와 관련하여 현저하게 부정한 행위 ㉣ 해당 범죄행위를 용인하는 행위 ㉤ 집단적 또는 상습적으로 불법행위를 행할 우려가 있는 조직에 속하는 행위(다만, 그 조직에 속하고 있는 것이 해당 범죄피해를 당한 것과 관련이 없다고 인정되는 경우는 제외한다) ㉥ 범죄행위에 대한 보복으로 가해자 또는 그 친족이나 그 밖에 가해자와 밀접한 관계가 있는 사람의 생명을 해치거나 신체를 중대하게 침해하는 행위

■ 일부 지급배제사유

친족관계	③ 범죄행위 당시 구조피해자와 가해자 사이에 ①의 어느 하나에 해당하지 아니하는 친족관계가 있는 경우에는 구조금의 일부를 지급하지 아니한다(제2항).
해당범죄 유발 등	④ 구조피해자가 다음의 어느 하나에 해당하는 행위를 한 때에는 구조금의 일부를 지급하지 아니한다(제4항). [2023. 보호 7급] ㉠ 폭행·협박 또는 모욕 등 해당 범죄행위를 유발하는 행위 ㉡ 해당 범죄피해의 발생 또는 증대에 가공한 부주의한 행위 또는 부적절한 행위

(5) 구조금 지급여부 예외사유

① **대상이지만 지급하지 않을 수 있는 경우**: 구조피해자 또는 그 유족과 가해자 사이의 관계, 그 밖의 사정을 고려하여 구조금의 전부 또는 일부를 지급하는 것이 사회통념에 위배된다고 인정될 때에는 구조금의 전부 또는 일부를 지급하지 아니할 수 있다(제6항).

② **대상이 아니지만 지급을 할 수 있는 경우**: 구조금의 실질적인 수혜자가 가해자로 귀착될 우려가 없는 경우 등 구조금을 지급하지 아니하는 것이 사회통념에 위배된다고 인정할 만한 특별한 사정이 있는 경우에는 구조금의 전부 또는 일부를 지급할 수 있다(제7항). [2017. 9급]

(6) 손해배상과의 관계(제21조)

① 국가는 구조피해자나 유족이 해당 구조대상 범죄피해를 원인으로 하여 손해배상을 받았으면 그 범위에서 구조금을 지급하지 아니한다. [2017. 9급] 총 7회 기출

② 국가는 지급한 구조금의 범위에서 해당 구조금을 받은 사람이 구조대상 범죄피해를 원인으로 하여 가지고 있는 손해배상청구권을 대위(권리의 이전)한다.

③ 국가는 손해배상청구권을 대위할 때 대통령령으로 정하는 바에 따라 가해인인 수형자나 보호감호대상자의 작업장려금 또는 근로보상금에서 손해배상금을 받을 수 있다.

(7) 외국인 상호보증주의(제23조)

외국인이 구조피해자이거나 유족인 경우에는 해당 국가의 상호보증이 있는 경우에만 적용한다. [2019. 5급 승진] 총 3회 기출

(8) 구조금 지급신청과 소멸시효(제25조)

① **지구심의위원회 신청** : 구조금을 받으려는 사람은 법무부령으로 정하는 바에 따라 그 주소지, 거주지 또는 범죄 발생지를 관할하는 지구심의회에 신청하여야 한다. [2011. 7급]

② **신청기한** : 신청은 해당 구조대상 범죄피해의 발생을 안 날부터 3년이 지나거나 해당 구조대상 범죄피해가 발생한 날부터 10년이 지나면 할 수 없다. [2011. 7급] 총 2회 기출

③ **재심신청**(제27조)

　㉠ 지구심의회에서 구조금 지급신청을 기각(일부기각된 경우를 포함한다) 또는 각하하면 신청인은 결정의 정본이 송달된 날부터 2주일 이내에 그 지구심의회를 거쳐 본부심의회에 재심을 신청할 수 있다(제1항). [2023. 보호 7급]

　㉡ 본부심의회는 제1항의 신청에 대하여 심의를 거쳐 4주일 이내에 다시 구조결정을 하여야 한다(제3항).

④ **소멸시효** : 구조금을 받을 권리는 그 구조결정이 해당 신청인에게 송달된 날부터 2년간 행사하지 아니하면 시효로 인하여 소멸된다(제31조). [2023. 보호 7급] 총 3회 기출

(9) 구조금 수급권의 보호(제32조)

구조금을 받을 권리는 양도하거나 담보로 제공하거나 압류할 수 없다. [2019. 5급 승진] 총 2회 기출

(10) 보조금의 조성

① **국가의 경비보조** : 국가 또는 지방자치단체는 법무부장관에게 등록한 범죄피해자 지원법인(등록법인)의 건전한 육성과 발전을 위하여 필요한 경우에는 예산의 범위에서 등록법인에 운영 또는 사업에 필요한 경비를 보조할 수 있다(제34조 제1항). [2016. 7급]

② **벌금의 보호기금납입** : 형사소송법 제477조 제1항에 따라 집행된 벌금에 100분의 6 이상의 범위에서 대통령령으로 정한 비율(100분의 8)을 곱한 금액을 범죄피해자보호기금에 납입하여야 한다(범죄피해자보호기금법 제4조 제2항). [2022. 보호 7급]

(11) 구조금의 환수(제30조)

국가는 이 법에 따라 구조금을 받은 사람이 다음 어느 하나에 해당하면 지구심의회 또는 본부심의회의 결정을 거쳐 그가 받은 구조금의 전부 또는 일부를 환수할 수 있다. [2023. 보호 7급]

[구조금 환수 대상]
1. 거짓이나 그 밖의 부정한 방법으로 구조금을 받은 경우
2. 구조금을 받은 후 제19조에 규정된 사유가 발견된 경우
3. 구조금이 잘못 지급된 경우

03 형사조정

(1) 형사조정 회부(제41조)

① 검사는 피의자와 범죄피해자(당사자) 사이에 형사분쟁을 공정하고 원만하게 해결하여 범죄피해자가 입은 피해를 실질적으로 회복하는 데 필요하다고 인정하면 당사자의 신청 또는 직권으로 수사 중인 형사사건을 형사조정에 회부할 수 있다. [2023. 교정 7급] 총 2회 기출

② 당사자 : 형사조정의 당사자는 피의자와 타인의 범죄행위로 피해를 당한 사람이 되는 것을 원칙으로 한다(시행령 제47조).

(2) 형사조정 회부 제외사유와 대상사건(제41조)

① 형사조정 회부 제외사유 : 형사조정에 회부할 수 있는 형사사건의 구체적인 범위는 대통령령으로 정한다. 다만, 다음 각 호의 어느 하나에 해당하는 경우에는 형사조정에 회부하여서는 아니 된다.

[형사조정 회부 제외사유] [2021. 교정 9급] 총 3회 기출
1. 피의자가 도주하거나 증거를 인멸할 염려가 있는 경우
2. 공소시효의 완성이 임박한 경우
3. 불기소처분의 사유에 해당함이 명백한 경우(다만, 기소유예처분의 사유에 해당하는 경우는 제외)

② 형사조정 대상사건 : 법 제41조 제2항에 따라 형사조정에 회부할 수 있는 형사사건은 다음 각 호와 같다(시행령 제46조).

[형사조정 대상사건]
1. 차용금, 공사대금, 투자금 등 개인 간 금전거래로 인하여 발생한 분쟁으로서 사기, 횡령, 배임 등으로 고소된 재산범죄 사건
2. 개인 간의 명예훼손ㆍ모욕, 경계 침범, 지식재산권 침해, 임금체불 등 사적 분쟁에 대한 고소사건
3. 제1호 및 제2호에서 규정한 사항 외에 형사조정에 회부하는 것이 분쟁 해결에 적합하다고 판단되는 고소사건
4. 고소사건 외에 일반 형사사건 중 제1호부터 제3호까지에 준하는 사건

(3) 형사조정위원회(제42조)

① 제41조에 따른 형사조정을 담당하기 위하여 각급 지방검찰청 및 지청에 형사조정위원회를 둔다.

② 형사조정위원회는 2명 이상의 형사조정위원으로 구성한다. [2023. 교정 7급] 총 2회 기출

③ 형사조정위원은 형사조정에 필요한 법적 지식 등 전문성과 덕망을 갖춘 사람 중에서 관할 지방검찰청 또는 지청의 장이 미리 위촉한다.

④ 「국가공무원법」 제33조 각 호의 어느 하나에 해당하는 사람은 형사조정위원으로 위촉될 수 없다.

⑤ 형사조정위원의 임기는 2년으로 하며, 연임할 수 있다.

⑥ 형사조정위원회의 위원장은 관할 지방검찰청 또는 지청의 장이 형사조정위원 중에서 위촉한다.

⑦ 형사조정위원에게는 예산의 범위에서 법무부령으로 정하는 바에 따라 수당을 지급할 수 있으며, 필요한 경우에는 여비, 일당 및 숙박료를 지급할 수 있다.

⑧ 제1항부터 제7항까지에서 정한 사항 외에 형사조정위원회의 구성과 운영 및 형사조정위원의 임면(任免) 등에 관한 사항은 대통령령으로 정한다.

> **[형사조정위원회의 구성·운영 등]**(시행령 제48조) [2021. 보호 7급]
> ① 법 제42조에 따른 형사조정위원회의 위원장은 대외적으로 형사조정위원회를 대표하고 형사조정위원회의 업무를 총괄하며, 법 제42조에 따른 형사조정위원 중에서 3명 이내의 형사조정위원을 지정하여 각 형사조정사건에 대한 형사조정위원회(개별 조정위원회)를 구성한다.
> ② 형사조정위원회의 사무 처리를 위하여 간사 1명을 둘 수 있다. 이 경우 간사는 관할 지방검찰청 또는 지청 소속 공무원 중에서 지방검찰청 또는 지청의 장이 지명한다.
> ③ 개별 조정위원회 조정장은 형사조정위원 중에서 호선(互選)한다.
> ④ 개별 조정위원회의 조정장은 조정절차를 주재한다.

(4) 형사조정의 절차(제43조)

① 형사조정위원회는 당사자 사이의 공정하고 원만한 화해와 범죄피해자가 입은 피해의 실질적인 회복을 위하여 노력하여야 한다.

② 형사조정위원회는 형사조정이 회부되면 지체 없이 형사조정 절차를 진행하여야 한다.

③ 형사조정위원회는 필요하다고 인정하면 형사조정의 결과에 이해관계가 있는 사람의 신청 또는 직권으로 이해관계인을 형사조정에 참여하게 할 수 있다. [2023. 교정 7급] 총 2회 기출

④ 제1항부터 제3항까지에서 정한 사항 외에 형사조정의 절차에 관한 사항은 대통령령으로 정한다.
   ◆ 형사조정절차를 개시하기 위해서는 당사자의 동의가 있어야 한다(시행령 제52조 제1항).

(5) 형사조정절차의 종료(제45조)

① 형사조정위원회는 조정기일마다 형사조정의 과정을 서면으로 작성하고, 형사조정이 성립되면 그 결과를 서면으로 작성하여야 한다.

② 형사조정위원회는 조정 과정에서 증거위조나 거짓 진술 등의 사유로 명백히 혐의가 없는 것으로 인정하는 경우에는 조정을 중단하고 담당 검사에게 회송하여야 한다.

③ 형사조정위원회는 형사조정 절차가 끝나면 제1항의 서면을 붙여 해당 형사사건을 형사조정에 회부한 검사에게 보내야 한다. [2021. 보호 7급]

④ 검사는 형사사건을 수사하고 처리할 때 형사조정 결과를 고려할 수 있다. 다만, 형사조정이 성립되지 아니하였다는 사정을 피의자에게 불리하게 고려하여서는 아니 된다. [2023. 교정 7급]

⑤ 형사조정의 과정 및 그 결과를 적은 서면의 서식 등에 관한 사항은 법무부령으로 정한다.

> ✅ 개별 조정위원회는 당사자 사이에 합의가 성립되지 아니하는 경우 또는 성립된 합의 내용이 위법하거나 선량한 풍속, 그 밖의 사회질서에 위반된다고 인정되는 경우에는 조정 불성립 결정을 하고 담당 검사에게 사건을 회송하여야 한다(시행령 제54조).

최신 기출로 확인하기

1. 범죄의 피해자에 대한 설명으로 옳지 않은 것은? 2022. 교정 7급

① 「형법」에 의하면 피해의 정도뿐만 아니라 가해자와 피해자의 관계도 양형에 고려된다.

② 피해자는 제2심 공판절차에서는 사건이 계속된 법원에 「소송촉진 등에 관한 특례법」에 따른 피해배상을 신청할 수 없다.

③ 레크리스(Reckless)는 피해자의 도발을 기준으로 '가해자 - 피해자 모델'과 '피해자 - 가해자 - 피해자 모델'로 구분하고 있다.

④ 「범죄피해자보호기금법」에 의하면 「형사소송법」에 따라 집행된 벌금의 일부도 범죄피해자보호기금에 납입된다.

2. 범죄피해자 보호법령상 형사조정에 대한 설명으로 옳지 않은 것은? 2021. 보호 7급

① 피의자가 도주하거나 증거를 인멸할 염려가 있는 경우에는 형사조정에 회부하여서는 아니 된다.

② 각 형사조정사건에 대한 형사조정위원회(개별 조정위원회)는 3명 이내의 조정위원으로 구성한다.

③ 검사는 형사조정이 성립되지 아니하였다는 사정을 피의자에게 불리하게 고려하여서는 아니 된다.

④ 형사조정에 회부하는 것이 분쟁해결에 적합하다고 판단되는 경우에는 당사자의 동의가 없어도 조정절차를 개시할 수 있다.

3. 「범죄피해자 보호법」상 범죄피해 구조제도에 대한 설명으로 옳은 것은? (다툼이 있는 경우 판례에 의함)
2021. 보호 7급

① 사실혼 관계에 있는 배우자는 구조금을 받을 수 있는 유족에 포함되지 않는다.

② 유족구조금은 범죄행위로 인한 손실 또는 손해를 전보하기 위하여 지급된다는 점에서 불법행위로 인한 소극적 손해의 배상과 같은 종류의 금원에 해당하지 않는다.

③ 국가 간 상호보증과 무관하게 구조피해자나 유족이 외국인이라도 구조금 지급대상이 된다.

④ 범죄피해자 구조청구권의 대상이 되는 범죄피해에 해외에서 발생한 범죄피해의 경우를 포함하고 있지 아니한 것은 평등원칙에 위배되지 아니한다.

🔍 정답 1.② 2.④ 3.④

제3절 **「소송촉진 등에 관한 특례법」상 배상명령제도**

(1) 의 의

① **직권 또는 신청** : 배상명령이란 공소제기된 사건의 범죄로 인하여 손해가 발생한 경우 법원이 직권 또는 피해자의 신청에 의하여 피고인에게 손해의 배상을 명하는 절차를 말한다.

② 배상명령제도는 형사소송에 부대하여 피해자에게 직접 손해의 배상을 명함으로서 시간과 경비를 줄임으로써 소송경제에 이바지하고 피해자를 신속하게 구제해 준다.

(2) 배상명령의 범위(제25조)

① 제1심 또는 제2심의 형사공판 절차에서 다음의 죄 중 어느 하나에 관하여 유죄판결을 선고할 경우, 법원은 직권에 의하여 또는 피해자나 그 상속인의 신청에 의하여 피고사건의 범죄행위로 인하여 발생한 직접적인 물적 피해, 치료비 손해 및 위자료의 배상을 명할 수 있다(제1항).

> **[배상명령의 범위]**
> 1. 「형법」상 상해죄, 중상해죄, 상해치사죄, 폭행치사상죄(존속폭행치사상의 죄는 제외), 과실치사상죄, 강간과 추행의 죄, 절도와 강도의 죄, 사기와 공갈의 죄, 횡령과 배임의 죄, 손괴의 죄
> 2. 「성폭력범죄의 처벌 등에 관한 특례법」상 업무상 위력 등에 의한 추행, 공중 밀집 장소에서의 추행, 성적 목적을 위한 공공장소 침입행위, 통신매체를 이용한 음란행위, 카메라 등을 이용한 촬영, 「아동·청소년의 성보호에 관한 법률」상 아동·청소년 매매행위, 아동·청소년에 대한 강요행위
> 3. 1.의 죄를 가중처벌하는 죄 및 그 죄의 미수범을 처벌하는 경우 미수의 죄

② 법원은 ①에 규정된 죄 및 그 외의 죄에 대한 피고사건에서 피고인과 피해자 사이에 합의된 손해배상액에 관하여도 배상을 명할 수 있다(제2항).

③ 법원은 다음의 어느 하나에 해당하는 경우에는 배상명령을 하여서는 아니 된다(제3항).

> **[배상명령 제외사유]**
> 1. 피해자의 성명·주소가 분명하지 아니한 경우
> 2. 피해 금액이 특정되지 아니한 경우
> 3. 피고인의 배상책임의 유무 또는 그 범위가 명백하지 아니한 경우
> 4. 배상명령으로 인하여 공판절차가 현저히 지연될 우려가 있거나 형사소송 절차에서 배상명령을 하는 것이 타당하지 아니하다고 인정되는 경우

(3) 배상명령의 절차

① **배상신청의 통지** : 검사는 제25조 제1항에 규정된 죄로 공소를 제기한 경우에는 지체 없이 피해자 또는 그 법정대리인(피해자가 사망한 경우에는 그 배우자·직계친족·형제자매를 포함한다)에게 배상신청을 할 수 있음을 통지하여야 한다(제25조의2).

② **신청**(제26조)

㉠ 피해자는 제1심 또는 제2심 공판의 변론이 종결될 때까지 사건이 계속된 법원에 피해배상을 신청할 수 있다(제1항)(→ 따라서 상고심에서는 신청할 수 없다). [2022. 7급] 총 2회 기출

  ⓛ 피해자는 배상신청을 할 때에는 신청서와 상대방 피고인 수만큼의 신청서 부본을 제출하여야 한다(제2항).

  ⓒ 신청서에는 필요한 증거서류를 첨부할 수 있다(제4항).

  ⓔ 피해자가 증인으로 법정에 출석한 경우에는 말로써 배상을 신청할 수 있다. 이 때에는 공판조서에 신청의 취지를 적어야 한다(제5항).

  ⓜ 신청인은 배상명령이 확정되기 전까지는 언제든지 배상신청을 취하할 수 있다(제6항).

  ⓗ 피해자는 피고사건의 범죄행위로 인하여 발생한 피해에 관하여 다른 절차에 따른 손해배상청구가 법원에 계속 중일 때에는 배상신청을 할 수 없다(제7항). [2013. 7급]

  ⓢ 배상신청은 민사소송에서의 소의 제기와 동일한 효력이 있다(제8항).

③ **대리인**(제27조)

  ㉠ 피해자는 법원의 허가를 받아 그의 배우자, 직계혈족 또는 형제자매에게 배상신청에 관하여 소송행위를 대리하게 할 수 있다(제1항).

  ㉡ 피고인의 변호인은 배상신청에 관하여 피고인의 대리인으로서 소송행위를 할 수 있다(제2항).

④ **배상명령사건의 심리**

  ㉠ 법원은 서면에 의한 배상신청이 있을 때에는 지체 없이 그 신청서 부본을 피고인에게 송달하여야 한다. 이 경우 법원은 직권 또는 신청인의 요청에 따라 신청서 부본 상의 신청인 성명과 주소 등 신청인의 신원을 알 수 있는 사항의 전부 또는 일부를 가리고 송달할 수 있다(제28조).

  ㉡ 법원은 배상신청이 있을 때에는 신청인에게 공판기일을 알려야 하며 신청인이 공판기일을 통지받고도 출석하지 아니하였을 때에는 신청인의 진술 없이 재판할 수 있다(제29조)(→ 즉 신청인은 공판기일에 출석할 의무가 있는 것은 아니다).

  ㉢ 신청인 및 그 대리인은 공판절차를 현저히 지연시키지 아니하는 범위에서 재판장의 허가를 받아 소송기록을 열람할 수 있고, 공판기일에 피고인이나 증인을 신문할 수 있으며, 그 밖에 필요한 증거를 제출할 수 있다(제30조 제1항).

  ㉣ ㉢의 허가를 하지 아니한 재판에 대하여는 불복을 신청하지 못한다(제30조 제2항). [2013. 7급]

⑤ **배상신청의 각하**(제32조)

  ㉠ 법원은 다음의 어느 하나에 해당하는 경우에는 결정으로 배상신청을 각하하여야 한다(제1항).

> **[배상신청 각하사유]**(법 제32조 제1항)
> 1. 배상신청이 적법하지 아니한 경우
> 2. 배상신청이 이유 없다고 인정되는 경우
> 3. 배상명령을 하는 것이 타당하지 아니하다고 인정되는 경우

  ㉡ 유죄판결의 선고와 동시에 배상신청 각하의 재판을 할 때에는 이를 유죄판결의 주문에 표시할 수 있다(제2항).

  ㉢ 법원은 ㉠의 재판서에 신청인 성명과 주소 등 신청인의 신원을 알 수 있는 사항의 기재를 생략할 수 있다(제3항).

  ㉣ 배상신청을 각하하거나 그 일부를 인용한 재판에 대하여 신청인은 불복을 신청하지 못하며, 다시 동일한 배상신청을 할 수 없다(제4항).

⑥ **배상명령의 선고**(제31조)

㉠ 배상명령은 유죄판결의 선고와 동시에 하여야 한다(제1항). [2013. 7급]

㉡ 배상명령은 일정액의 금전 지급을 명함으로써 하고 배상의 대상과 금액을 유죄판결의 주문에 표시하여야 한다. 배상명령의 이유는 특히 필요하다고 인정되는 경우가 아니면 적지 아니한다(제2항). [2013. 7급]

㉢ 배상명령은 가집행할 수 있음을 선고할 수 있다(제3항).

㉣ 배상명령을 하였을 때에는 유죄판결서의 정본을 피고인과 피해자에게 지체 없이 송달하여야 한다(제5항).

(4) **배상명령에 대한 불복**(제33조)

① 유죄판결에 대한 상소가 제기된 경우에는 배상명령은 피고사건과 함께 상소심으로 이심된다(제1항). [2013. 7급]

② 상소심에서 원심의 유죄판결을 파기하고 피고사건에 대하여 무죄, 면소 또는 공소기각의 재판을 할 때에는 원심의 배상명령을 취소하여야 한다. 이 경우 상소심에서 원심의 배상명령을 취소하지 아니한 경우에는 그 배상명령을 취소한 것으로 본다(제2항).

③ 상소심에서 원심판결을 유지하는 경우에도 원심의 배상명령을 취소하거나 변경할 수 있다(제4항). [2013. 7급]

④ 피고인은 유죄판결에 대하여 상소를 제기하지 아니하고 배상명령에 대하여만 상소 제기기간에 형사소송법에 따른 즉시항고를 할 수 있다. 다만, 즉시항고 제기 후 상소권자의 적법한 상소가 있는 경우에는 즉시항고는 취하된 것으로 본다(제5항).

(5) **배상명령의 효력 및 소송비용**

① 확정된 배상명령 또는 가집행선고가 있는 배상명령이 기재된 유죄판결서의 정본은 민사집행법에 따른 강제집행에 관하여는 집행력 있는 민사판결 정본과 동일한 효력이 있다(제34조 제1항).

② 배상명령이 확정된 경우 피해자는 그 인용된 금액의 범위에서 다른 절차에 따른 손해배상을 청구할 수 없다(제34조 제2항).

③ 배상명령의 절차비용은 특별히 그 비용을 부담할 자를 정한 경우를 제외하고는 국고의 부담으로 한다(제35조).

최신 기출로 확인하기

1. 범죄피해자와 관련한 현행 제도에 대한 설명으로 옳지 않은 것은? (다툼이 있는 경우 판례에 의함)

2020. 보호 7급

① 소송촉진 등에 관한 특례법 제25조 제1항에 따른 배상명령은 피고사건의 범죄행위로 발생한 직접적인 물적 피해, 치료비 손해와 위자료에 대하여 피고인에게 배상을 명함으로써 간편하고 신속하게 피해자의 피해회복을 도모하고자 하는 제도이다.

② 범죄피해자 보호법은 피해자와 피의자 사이의 합의가 이루어졌더라도 기소유예처분의 사유에 해당함이 명백한 경우 형사조정에 회부하지 못하도록 하고 있다.

③ 범죄피해자 보호법상 범죄피해자란 타인의 범죄행위로 피해를 당한 사람과 그 법률상·사실상 배우자, 직계친족 및 형제자매를 말한다.

④ 성폭력범죄의 처벌 등에 관한 특례법에 따르면 검사는 성폭력범죄 피해자에게 변호사가 없는 경우 국선변호사를 선정하여 형사절차에서 피해자의 권익을 보호할 수 있다.

2. 범죄피해자 보호법령상 형사조정 대상 사건으로서 형사조정에 회부할 수 있는 경우로 옳은 것은? 2021. 9급

① 피의자가 도주할 염려가 있는 경우
② 기소유예처분의 사유에 해당하는 경우
③ 공소시효의 완성이 임박한 경우
④ 피의자가 증거를 인멸할 염려가 있는 경우

3. 배상명령에 대한 설명으로 옳지 않은 것은?

2013. 보호 7급

① 배상신청은 항소심 공판의 변론이 종결되기 전까지 피해자나 그 상속인이 신청할 수 있다. 다만, 다른 절차에 따른 손해배상 청구가 법원에 계속 중일 때에는 배상신청을 할 수 없다.

② 신청인 및 그 대리인은 재판장의 허가를 받아 소송기록을 열람할 수 있고, 공판기일에 피고인을 신문할 수 있다. 재판장이 이를 불허하는 때에는 이의신청을 할 수 있다.

③ 배상명령은 유죄판결의 선고와 동시에 하고, 배상의 대상과 금액을 유죄판결의 주문에 표시하여야 하되, 배상명령의 이유는 기재하지 않을 수 있다.

④ 유죄판결에 대한 상소가 제기된 경우에는 배상명령은 피고사건과 함께 상소심으로 이심되고, 상소심은 원심판결을 유지하는 경우에도 원심의 배상명령을 취소하거나 변경할 수 있다.

🔍 정답 1. ② 2. ② 3. ②

Chapter 14 확인학습

빈칸채우기

01 유족구조금을 받을 유족의 순위는 양부모와 친부모 중 (   )를 선순위로 한다.

02 외국인이 구조피해자이거나 유족인 경우에는 해당 국가의 (   )이 있는 경우에만 적용한다.

03 형사조정위원회는 (   )명 이상의 형사조정위원으로 구성한다.

04 법원은 직권 또는 신청에 의하여 피고사건의 범죄행위로 인하여 발생한 직접적인 물적 피해, 치료비 손해 및 (   )의 배상을 명할 수 있다.

OX체크

01 현행 범죄피해자보호법상 구조금 지급에 관한 사항을 심의·결정하기 위해 각 지방검찰청에 범죄피해구조심의회를 두고 법무부에 범죄피해구조본부심의회를 두고 있다.

02 피해자는 제1심 또는 제2심 공판의 변론이 종결될 때까지 사건이 계속된 법원에 피해배상을 신청할 수 있다.

03 피해자는 피고사건의 범죄행위로 인하여 발생한 피해에 관하여 다른 절차에 따른 손해배상청구가 법원에 계속 중일 때에는 배상신청을 할 수 없다.

04 상소심에서 원심판결을 유지하는 경우에는 원심의 배상명령을 취소하거나 변경할 수 없다.

Answer

빈칸채우기 01 양부모 02 상호보증 03 2 04 위자료

OX체크 01 ○ 02 ○ 03 ○ 04 ×

단원MAP

형사정책 기초개념			범죄의 원인과 현상론								
1. 학문발전	2. 국제성	3. 연구방법	4. 고전주의	5. 초기실증	6. 생물학	7. 심리학	8. 거시사회	9. 미시사회	10. 갈등론적	11. 발달범죄	12. 범죄현상
피해자론		비범죄	예방과 예측		형벌론		보안처분론				판 례
13. 피해자학	14. 피해보호	15. 비범죄화	16. 범죄예방	17. 범죄예측	18. 형벌론	19. 형벌종류	20. 보안처분	21. 주요5법	22. 소년사법	23. 소년2법	24. 판례

제1절 **비범죄화와 신범죄화**

01　**비범죄화**(Decriminalization)

(1) 배 경

① 제2차 세계대전 후에 영국, 미국, 독일 등에서 가치관의 다양화에 기초한 개방사회의 이념을 배경으로 대두되었다.

② 1960년대 미국에서 번성했던 낙인이론 및 갈등이론에서 비롯되었다.

(2) 의 의

① 비범죄화 혹은 탈범죄화란 형사사법절차에서 특정범죄에 대한 형사처벌의 범위를 축소하는 것을 의미한다. [2023. 교정 9급]

② 형법이 가지는 보충적 성격과 공식적 사회통제기능의 부담가중을 고려하여 일정한 범죄유형을 형벌에 의한 통제로부터 제외시키는 경향이다. [2015. 9급]

③ **형사정책적 접근론** : 특정행위에 대한 범죄화와 비범죄화의 차원이 아닌 특정 행위에 대한 법적 규제와 비규제라는 형사정책적 접근론으로, 비범죄화론은 범죄행위에 대한 사회적 동의를 의미하는 것은 아니다.

④ 비범죄화론은 행위에 대한 형사처벌의 폐지가 아니라 형사처벌의 완화를 목표로 한다. [2017. 7급]

⑤ 비범죄화론은 특히 공공질서 관련 범죄들이 주로 거론되는데, 이러한 범죄들이 국가나 사회를 위한 공식조직의 관심사항이 아니라 가족이나 지역사회 등 비공식적 통제조직에 의해서 오히려 효과적으로 통제될 수 있기 때문이라는 것이다.

(3) 비범죄화의 필요성

① 범죄개념의 상대성을 잘 설명해주고 있다.

② 형법의 보충성 원칙이나 최후수단성 원칙에 부합한다. [2023. 보호 7급] 총 3회 기출

③ 도덕 또는 윤리에 맡겨도 될 행위에서 특히 문제된다.

④ 사회가치관의 변화에 따라 입법자뿐만 아니라 수사기관이나 법원에 대해서도 요청된다.

⑤ 경미한 범죄에 대해서도 형사사법의 경제적 관점에서 비범죄화가 주장된다.

⑥ 피해자 없는 범죄의 처벌을 반대하는 입장과도 맥락을 같이한다.

⑦ 형사처벌에 의한 낙인의 부정적 효과를 감소시킨다. [2023. 보호 7급]

⑧ 비범죄화는 다양한 가치관이 공존하는 사회에서 개인의 이익을 구체적으로 침해하지 않는 경우에는 범죄로서 처벌하지 못하게 하자는 것으로, 벌금 대신에 행정상의 행정벌을 과하는 경우도 비범죄화에 포함된다.

⑨ 경미범죄에 대한 경찰의 훈방조치 내지 지도장 발부, 범칙금 납부제도 등은 넓은 의미의 비범죄화의 일환이다.

(4) 비범죄화의 분류

① **수사상의 비범죄화**: 수사기관이 형벌법규가 존재함에도 불구하고 사실상 수사하지 아니함으로써 달성되는 비범죄화를 의미한다.

② **재판상의 비범죄화**: 재판주체가 더 이상 범죄로 판단하지 않음으로서 달성되는 비범죄화를 말한다.

③ **입법상의 비범죄화**: 입법자에 의한 법률규정 그 자체의 폐지를 통한 비범죄화를 의미한다.

(5) 법률상 비범죄화와 사실상의 비범죄화 [2023. 9급] 총 3회 기출

법률상 비범죄화	1. 입법작용이나 헌법재판소의 위헌결정과 같은 판결에 의해 형벌법규가 무효화됨으로써 이루어지는 비범죄화를 의미한다. 2. 비범죄화와 동시에 해당행위가 법적 · 사회적으로 완전히 승인되는 경우 3. 국가의 임무에 대한 인식변화와 인권신장이 일정한 행위양태에 대해 국가적 중립성을 요구하는 경우(예 간통죄, 혼인빙자간음죄 등 폐지)
사실상 비범죄화	1. 형사사법의 공식적 통제권한에는 변함이 없으면서도 일정한 행위양태에 대해 형사사법체계의 점진적 활동축소로 이루어지는 비범죄화를 의미한다(예 검찰의 기소편의주의, 불기소처분, 범죄관련자의 고소 · 고발 기피, 경찰의 무혐의 처리, 법원의 절차 중단 등). [2017. 7급] 2. 수사상의 비범죄화, 재판상의 비범죄화

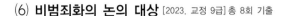

(6) **비범죄화의 논의 대상** [2023. 교정 9급] 총 8회 기출

① 비영리적 공연음란죄, 음화판매죄, 사상범죄 등

② **피해자 없는 범죄** : 성매매, 마리화나 흡연 등 경미한 마약사용, 단순도박 등

> ◎ 비범죄화 논의의 대표적 범죄로 거론되었던 혼인빙자간음죄와 간통죄는 위헌 및 형법 개정으로 폐지되었고, 낙태죄는 헌법불합치 결정(헌재 2019.4.11. 2017헌바127)을 함에 따라 2020년까지 「형법」 관련 조항을 개정하도록 했지만, 낙태죄 관련 조항은 국회입법의 지연으로 2021.1.1. 자동 폐기되었다.

02 **신범죄화**(신규 범죄화)

(1) **의 의**

① 산업화 · 도시화 등 사회구조의 변화에 따라 종래 예상치 못했던 행위에 대하여 형법이 관여하게 되는 경향을 말한다.

② 지금까지 존재하지 않던 새로운 형벌구성요건을 창설하는 것이다.

③ **신범죄화** : 환경범죄, 교통범죄, 경제범죄, 컴퓨터범죄 등이 거론된다. [2015. 9급]

> ◎ **진화적 범죄** : 사상이나 윤리상의 견지에서 비난할 행동이 아니지만 그 시대의 상황에 의해 범죄로 규정되는 것으로 경제 · 정치 · 종교 · 확신범 등이 있다. 이러한 종교범, 정치범, 확신범, 경제범 등은 시대적 상황과 국가에 따라 달리 규정될 수 있는 특징이 있다.

(2) **과범죄화**

① 경범죄처벌법과 관련이 있다.

② 과거의 비공식적 기관에 의한 통제가 사회조직이 와해되면서 공식적 기관(경찰 등)에 의해 통제되는 경우이다.

최신 기출로 확인하기

1. 비범죄화(decriminalization)에 대한 설명으로 옳지 않은 것은?   2023. 9급

① 비범죄화의 예시로 혼인빙자간음죄가 있다.

② 형사사법 절차에서 형사처벌의 범위를 축소하는 것을 의미한다.

③ 형사사법기관의 자원을 보다 효율적으로 활용하자는 차원에서 경미범죄에 대한 비범죄화의 필요성이 주장된다.

④ 비범죄화의 유형 중에서 사실상 비범죄화는 범죄였던 행위를 법률의 폐지 또는 변경으로 더 이상 범죄로 보지 않는 경우를 말한다.

🔍 정답 1. ④

제2절 다이버전

01 배경과 의의

(1) 배 경

① 다이버전(Diversion)은 사회통제수단으로서의 형벌이 갖는 기능상의 한계로 인식되는 효율성과 형사처벌로 인한 과잉처벌의 문제점에 대한 비판에서 비롯되었다.

② **낙인이론의 산물** : 범죄인에 대한 형사처벌 및 형집행이 낙인효과를 가져와 오히려 범죄인의 사회복귀를 힘들게 할 뿐만 아니라 범죄인의 자아의식을 왜곡시켜 재범으로 나아가게 한다는 사실이 다이버전을 모색하게 된 동기이다. [2024. 보호 9급] 총 2회 기출

(2) 의 의

① 일반적으로 공식적 형사절차로부터의 이탈과 동시에 사회 내 처우프로그램에 위탁하는 것을 그 내용으로 한다.

② 즉 다이버전이란 형사사법기관이 통상의 형사절차를 중단하고 이를 대체하는 절차에 의해 범죄인을 처리하는 제도를 말한다. [2023. 교정 7급] 총 4회 기출

③ 비범죄화가 실체적 의미를 갖는데 반하여 다이버전은 절차적 의미를 갖는다.

(3) 다이버전의 목표

① 형사사법제도에 융통성을 부여해 범죄인에 대하여 보다 적절히 대응하고 범죄를 효과적으로 처리할 수 있도록 한다.

② 범죄인에게 형사절차와 유죄판결을 피할 수 있는 기회를 제공한다.

③ 범죄인에게 범죄를 중단할 수 있는 변화의 기회를 제공한다.

④ 형사사법제도의 운영이 최적수준이 되도록 자원을 배치한다.

⑤ 범죄인이 책임감을 갖고 스스로 자신의 생활을 영위할 수 있도록 한다.

⑥ 범죄인이 직업을 가지고 자신과 가족을 부양할 수 있도록 한다.

⑦ 범죄인이 피해자에게 배상할 수 있는 기회를 갖도록 한다.

02 다이버전의 종류와 내용

(1) 주체별 다이버전 [2024. 보호 9급] 총 3회 기출

경찰단계	훈방, 경고, 통고처분, 보호기관 위탁 등
검찰단계	기소유예, 불기소처분, 선도조건부 기소유예, 약식명령청구 등
법원(재판)단계	선고유예, 집행유예, 약식명령 등
교정(행형)단계	가석방, 개방처우, 보호관찰, 주말구금 등

(2) 기타 다이버전의 분류

① 형사절차 진행단계에 따라 체포 전 다이버전, 기소 전 다이버전, 공판절차 개시 전 다이버전으로 분류된다.

② 다이버전 대상자에 대한 처우실시 여부에 따라 단순 다이버전과 개입형 다이버전(범죄인에 대한 교육과 직업알선, 지역사회의 처우프로그램, 의학적·심리적 치료, 피해자에 대한 손해배상이나 화해)으로 나눌 수 있다.

(3) 내 용

① 형사사법기관이 통상의 형사절차를 중단하고 이를 대체하는 새로운 절차로 이행하는 것으로, 성인형사사법보다 소년형사사법에서 그 필요성이 더욱 강조된다. [2024. 보호 9급] 총 2회 기출

② 보석이나 구속적부심사제도는 통상의 형사절차에 해당한다는 점에서 다이버전의 한 예라고 볼 수 없다. [2018. 7급] 총 3회 기출

③ 시설 내 처우를 사회 내 처우로 대체하는 것도 다이버전에 포함된다.

④ 가석방은 넓은 의미의 전환에 속하나, 낙인이론적 관점에서 보면 전환이 아니다.

⑤ 약물범죄와 같은 공공질서 관련 범죄에 대해서 많이 주장되고 있다. [2014. 7급]

(4) 장점과 문제점

① 장 점

㉠ 정식의 형사절차보다 경제적인 방법으로 범죄문제를 처리할 수 있고, 범죄자에 대한 보다 인도적인 처우방법이다.

㉡ 범죄자를 전과자로 낙인찍는 낙인효과를 줄일 수 있다. [2020. 9급] 총 4회 기출

㉢ 범죄적 낙인으로 인한 부정적 위험을 피함으로써 이차적 일탈을 방지한다. [2023. 교정 7급]

㉣ 형사사법기관의 업무량을 줄여 상대적으로 중요한 범죄사건에 집중할 수 있도록 하여 형사사법제도의 능률성과 신축성을 가져온다. [2024. 보호 9급]

② 문제점

㉠ 사회통제망의 확대 : 다이버전의 등장으로 인하여 그동안 형사사법의 대상조차 되지 않았던 문제가 통제대상이 되어 오히려 사회적 통제가 강화될 우려가 있다. [2018. 7급] 총 3회 기출

㉡ 형벌의 고통을 감소시켜 오히려 재범의 위험성을 증가시킬 수 있다.

㉢ 범죄원인 제거에는 큰 효과가 없다는 비판이 있다.

㉣ 선별적 법집행으로 인하여 형사사법의 불평등을 가져올 수 있다.

㉤ 다이버전은 재판절차 전 형사개입이라는 점에서 또 다른 형사사법절차의 창출이라는 비판도 있다.

1. 다이버전에 대한 설명으로 옳지 않은 것은?　　　　　　　　　　　　　2022. 9급

① 형벌 이외의 사회통제망의 축소를 가져온다.
② 공식적인 절차에 비해서 형사사법비용을 절감할 수 있다.
③ 업무경감으로 인하여 형사사법제도의 능률성과 신축성을 가져온다.
④ 범죄로 인한 낙인의 부정적 영향을 최소화하여 2차적 일탈의 예방에 긍정적이다.

2. 전환제도(diversion)의 장점이 아닌 것은?　　　　　　　　　　　　2021. 보호 7급

① 형사사법대상자 확대 및 형벌 이외의 비공식적 사회통제망 확대
② 구금의 비생산성에 대한 대안적 분쟁해결방식 제공
③ 법원의 업무경감으로 형사사법제도의 능률성 및 신축성 부여
④ 범죄적 낙인과 수용자 간의 접촉으로 인한 부정적 위험 회피

🔍 정답 1. ①　2. ①

제3절　경미범죄에 대한 형사정책

01　의의와 문제점

(1) 의 의

① 경미범죄란 사회적으로 정상적인 사람에 의해 주로 범하여지는 범죄로, 교통범죄, 경미한 상점절도, 도시화 과정에 따른 일반인의 질서위반행위 등을 말한다.
② **우리나라** : 경범죄처벌법의 위반행위로, 경미범죄현상은 잠재적으로 국민 모두에게서 일어날 수 있다.

(2) 문제점

① 정상적인 사람들 모두에게 형사절차를 거쳐 형벌을 부과하는 것은 사회적 통합을 저해할 수 있다.
② 법규범과 그 위반에 대한 제재 사이에는 일종의 한계효용점이 있어서 일정한 한계점을 넘어선 제재는 오히려 규범의 효력을 약화시킨다.

02 경미범죄의 비범죄화 방안

(1) 실체법적 · 절차법적 접근

① **실체법적 접근** : 범죄구성요건을 축소 해석하여 경미한 범죄를 비범죄화하는 등의 실체법적으로 접근하는 방법으로 입법상의 비범죄화이다.

② **절차법적 접근** : 기소편의주의 또는 집행유예제도를 활용하여 해결하려는 절차법적으로 접근하는 방법으로 적용상의 비범죄화이다.

(2) 드레허(Dreher)의 경미범죄 구분

① **진정경미범죄** : 형사처벌을 받을 만한 불법에 해당되지 않아 일반적 관점에서 범죄구성요건에 포섭할 수 없는 경미범죄를 말하는 것으로, 입법상의 비범죄화 대상이 된다.

② **부진정경미범죄** : 일반적 관점에서는 범죄구성요건에 포섭할 수 있으나 개별적인 사건에서 법익침해가 경미하여 형벌을 면제할 수 있는 경미범죄를 말하는 것으로, 적용상의 비범죄화 대상이 된다.

(3) 경미범죄에 대한 비범죄화

① **넓은 의미의 비범죄화** : 경찰에 의한 훈방조치 내지 지도장 발부, 범칙금 납부제도 등의 제도가 마련되어 있다.

② **통고처분제도** : 조세범처벌법, 출입국관리법 등에 부분적으로 도입되어 있는 범칙금 통고제도는 위반행위자의 범칙금 납부로 신속하게 법적 제재에서 벗어나게 하고, 전과자로 낙인되지 않는 효과가 있으므로 보다 확대할 필요성이 있다.

③ **재산형과 사회 내 처우 확대** : 자유형과 재산형의 선택형 형태의 경우에는 가능한 자유형 대신에 벌금 또는 과료와 같은 재산형을 선택하도록 하고, 불가피하게 자유형을 선고하여야 할 경우에도 집행유예와 함께 보호관찰 · 사회봉사명령 · 수강명령의 제도 등의 사회 내 처우가 고려되어야 한다.

최신 기출로 확인하기

1. 다이버전(diversion)에 대한 설명으로 옳지 않은 것은?　　　　　　2024. 보호 9급
① 범죄학 이론 중 낙인이론의 정책적 함의와 관련이 있다.
② 소년범에 대해 그 필요성이 강조되고 있다.
③ 검찰 단계의 대표적 다이버전으로서 훈방과 통고처분이 있다.
④ 형사사법기관의 업무량을 줄여 상대적으로 더 중요한 범죄사건에 집중할 수 있게 해 준다.

2. 다이버전에 대한 설명으로 옳지 않은 것은?　　　　　　2018. 보호 7급
① 구속적부심사제도는 법원에 의한 다이버전에 해당된다.
② 다이버전에 대해서는 형사사법의 대상조차 되지 않을 문제가 다이버전의 내상이 된다는 섬에서 오히려 사회적 통제가 강화된다는 비판이 있다.
③ 다이버전의 장점은 경미범죄를 형사사법절차에 의하지 아니하고 처리함으로써 낙인효과를 줄이는 것이다.
④ 검사가 소년피의자에 대하여 선도를 받게 하면서 공소를 제기하지 아니하는 조건부 기소유예는 다이버전의 예이다.

3. 청소년범죄 관련 다이버전(전환) 프로그램에 대한 설명으로 옳지 않은 것은?　　　　　　2020. 교정 9급
① 다이버전은 형사사법기관이 통상적인 형사절차를 대체하는 절차를 활용하여 범죄인을 처리하는 제도를 말한다.
② 공식적인 형사처벌로 인한 낙인효과를 최소화하려는 목적을 갖고 있다.
③ 다이버전은 주체별로 경찰에 의한 다이버전, 검찰에 의한 다이버전, 법원에 의한 다이버전 등으로 분류하는 경우도 있다.
④ 경찰의 선도조건부 기소유예 제도가 대표적인 기소전 다이버전 프로그램이라고 할 수 있다.

🔍 정답 1. ③　2. ①　3. ④

아담 형사정책

04

범죄대책과
형사제재

단원MAP

형사정책 기초개념			범죄의 원인과 현상론								
1. 학문발전	2. 국제성	3. 연구방법	4. 고전주의	5. 초기실증	6. 생물학	7. 심리학	8. 거시사회	9. 미시사회	10. 갈등론적	11. 발달범죄	12. 범죄현상
피해자론		비범죄	예방과 예측		형벌론		보안처분론				판 례
13. 피해자학	14. 피해보호	15. 비범죄화	16. 범죄예방	17. 범죄예측	18. 형벌론	19. 형벌종류	20. 보안처분	21. 주요5법	22. 소년사법	23. 소년2법	24. 판례

제1절 개 관

01 범죄예방의 의의

(1) 의 의

① **원인의 제거와 억제** : 범죄예방은 범죄발생의 원인을 제거하거나 범죄억제작용을 하는 여러 원인을 강화함으로써 장래에 범죄가 발생하지 않도록 하는 것을 말한다.

② **형사정책학의 목표** : 범죄의 실태를 정확히 파악하여 그 원인을 밝히고 종국적으로 바람직한 예방대책을 강구하는 데에 있다.

③ **사전 예방적** : 사후 진압적 방법의 범죄예방책은 범죄피해자 발생, 범죄자의 검거와 교정의 비용발생, 범죄자 가족의 사회적 타격, 범죄증가로 인한 일반국민의 불안감 증대 등의 부정적 효과가 있으므로, 사전적 범죄예방대책이 우선적으로 강구되어야 한다.

④ **사후 진압적** : 이미 행하여진 범죄를 진압함으로써 범죄예방효과를 얻는 방법으로, 이는 당해 범죄자의 재범을 방지하는 특별예방의 효과와 일반인의 범죄의사를 저지하는 일반예방효과를 거둘 수 있다.

(2) **랩**(Lab)**의 범죄예방**

① 랩은 범죄예방을 '실제의 범죄발생을 줄이고 범죄에 대한 일반의 두려움을 줄이는 사전활동'으로 정의하고, 사전적 범죄예방대책을 강조하였다.

② 협의의 범죄예방은 사전적인 범죄예방을 의미한다.

02 범죄예방 기본모델

🔏핵심정리

제프리	브랜팅햄과 파우스트(보건의료모형 차용)
환경개선모델(CPTED)	1차 : 사회정책적, 범죄가능성, 미연방지, 교육, 방범활동, 민간경비 등
범죄억제모델(형벌을 통한 범죄억제, 일반예방)	2차 : 잠재적 범죄자 조기발견, 감시·교육
사회복귀모델(실증주의 특별예방)	3차 : 범죄자 교정, 사회복귀, 갱생보호, 지역사회교정 등

(1) 제프리(Jeffery)의 범죄대책모델

① 환경개선을 통한 범죄예방모델

- ㉠ 제프리가 특히 강조한 모델로, 도시정책, 환경정화, 인간관계의 개선과 정치·경제·사회 각 분야에서의 갈등해소 등 환경개혁을 통하여 범죄를 예방하고자 하는 범죄억제모델이다.
- ㉡ 범죄의 원인을 개인과 환경과의 상호작용에서 찾음으로써 사회적 범죄환경요인을 개선 내지 제거할 것을 주장한다. [2013. 7급]
- ㉢ 환경설계를 통한 범죄예방(CPTED)개념을 제시하고, 주택 및 도시설계를 범죄예방에 적합하도록 구성하려고 하였다.

② 범죄억제모델

- ㉠ 비결정론적 인간관을 전제로, 형법 내지 형벌을 통하여 범죄를 억제하는 가장 전통적인 방법으로 고전학파의 범죄이론과 맥을 같이 한다.
- ㉡ 처벌을 통하여 범죄자들의 잠재적 범죄를 예방하고, 이를 통하여 사회를 안전하게 보호하는 데 중점을 둔다. [2013. 7급]
- ㉢ 처벌을 통한 범죄예방의 효과를 높이기 위하여 처벌의 확실성, 엄격성, 신속성을 요구한다. [2018. 7급] 총 2회 기출

③ 사회복귀모델

- ㉠ 범죄인의 재사회화와 재범방지에 중점을 둔 임상적 개선방법 등 실증주의의 특별예방 관점에서의 행형론의 주요한 모델로, 형 집행단계에서 특별예방의 관점을 강조하며, 주관주의 형법이론과 맥을 같이 한다. [2018. 7급] 총 2회 기출
- ㉡ 범죄인의 생물학적·심리학적 특성과 사회적 환경에 따른 효과에 차이가 난다는 문제가 있다.

(2) 브랜팅햄(Brantingham)과 파우스트(Faust)의 범죄예방모델

질병예방에 관한 보건의료모형을 응용하여 단계화한 범죄예방모델을 제시하였다. [2023. 보호 7급] 총 2회 기출

① 1차적 범죄예방

- ㉠ 사회정책적 측면에서 이루어지는 범죄예방으로, 범죄행위를 야기할 가능성이 있는 문제들을 미연에 방지할 목적으로 범죄기회를 제공하거나 범죄를 촉진하는 물리적·사회적 환경조건을 변화시키는 것을 말한다. [2024. 보호 9급]

ⓛ 방법으로는 조명・자물쇠장치・접근통제 등과 같은 환경설비, 감시・시민순찰 등과 같은 이웃감시, 경찰방범활동, 범죄예방교육, 민간경비 등이 있다. [2023. 보호 7급]

② **2차적 범죄예방**

㉠ 범행가능성이 있는 잠재적 범죄자(우범자)를 조기에 발견하고 그를 감시・교육함으로써 반사회적 행위에 이르기 전에 미리 예방하는 것을 말한다.

ⓛ 방법으로는 비행가능성이 있는 소년의 직업훈련 및 교육프로그램 실시, 범죄발생지역의 분석, 전환제도 등이 있다.

③ **3차적 범죄예방**

㉠ 범죄자를 대상으로 하는 예방조치로써 과거에 범행한 적이 있는 범죄자를 대상으로 재범하지 않도록 하는 것이 주된 임무이다.

ⓛ 이 기능의 대부분은 형사사법기관에 의해 이루어지고 있으며 구금, 교정 및 치료, 사회복귀, 갱생보호사업, 지역사회교정 등이 여기에 해당한다.

(3) 뉴만(Newman)과 레피토(Reppetto)의 범죄예방모델

① **방어공간** : 주택건축과정에서 공동체의 익명성을 줄이고 범죄자의 침입과 도주를 차단하며 순찰・감시가 용이하도록 구성하여 범죄예방을 도모하여야 한다는 방어공간(defensible space)의 개념을 사용하였다.

② **상황적 범죄예방모델** : 범죄행위에 대한 위험과 어려움을 높여 범죄기회를 줄임으로써 범죄예방을 도모하려는 방법을 상황적 범죄예방모델이라고 한다.

③ **이론적 근거(일상활동이론)** : 범죄발생요인으로 범죄욕구, 범죄능력 및 범죄기회를 들고, 범죄기회가 주어지면 누구든지 범죄를 저지를 수 있는 것으로 보는 일상활동이론은 상황적 범죄예방모델의 이론적 근거가 된다.

03 환경범죄학과 상황적 범죄이론

(1) 환경범죄학

① **환경범죄학** : 주택이나 건물, 지역 등의 환경이 가진 범죄취약 요인을 분석하여 범죄기회를 감소시키기 위해 환경설계를 통한 범죄예방 전략을 강조하는 이론으로, 방어공간이론, CPTED, 일상활동이론, 깨진 유리창이론 등을 포함한다.

② **상황적 범죄이론** : 환경적 범죄기회 제거뿐만 아니라 개인의 생활양식의 개선에 의한 범죄기회 제거를 강조하는 생활양식이론까지 포함한다는 측면에서 환경범죄학보다 그 범위가 더 넓다. 이는 과거 범죄의 원인이 범죄인의 개인적 속성에 기인한다고 보았던 것을 범죄기회가 주어지면 누구든지 저지를 수 있는 행위로 보고, 범죄예방은 범죄기회를 감소시킴으로써 성취될 수 있다고 한다.

③ **정책대안** : 범죄예방을 위해서는 사람이나 재물 같은 범죄표적물에 대한 주의 깊은 보호, 범죄수단에 대한 통제, 잠재적 범죄자들의 행동에 대한 주의 깊은 추적 등 세 가지 요소를 기초로 이루어진다.

(2) 뉴만의 방어공간이론

① 제이콥스(Jacobs)와 뉴만(Newman)은 주택건설설계를 통해서 범죄자의 범죄기회를 제거하거나 감소시킬 수 있다는 방어공간이론(defensible space theory)을 제기하였다.

② 뉴만의 환경설계 4원칙

1. 영역성 설정 원칙	건물 배치, 도로 설계 등을 통해 그 지역의 거주자들이 자신들의 소유나 책임 영역이라는 의식을 심화시켜 범죄를 예방하려는 통제전략이다.
2. 자연스런 감시의 확보 원칙	합법적 이용자들이 이웃과 외부인의 일상활동을 관찰할 수 있도록 설계하여 주민들에 의한 자연적인 감시가 이루어져야 한다.
3. 거주지 이미지 형성 원칙	주택단지가 범죄에 취약하게 보이지 않고 지역사회로부터 고립되지 않도록 지역사회를 조성해야 한다는 원칙이다.
4. 입지조건 원칙	주택지는 범죄유발 위험시설이 없는 지역에 배치하고, 유흥시설 등 유해시설은 주택단지 주변에 위치하지 못하게 한다. 경찰 등 범죄통제나 감시기관이 많은 지역을 선택하여 주거지역이 범죄로부터 안전을 확보해야 한다.

(3) 제프리의 CPTED

① 제프리(Jeffery)는 「환경설계를 통한 범죄예방(CPTED)」(1971)에서 방어공간의 개념을 주택지뿐만 아니라 학교나 공장 같은 비주거지역에 적용함으로써 범죄예방을 위한 환경설계는 미국 전역의 관심을 받기 시작했다.

② 일상생활이론, 합리적 선택이론, 범죄패턴이론의 배경이 되었다.

③ CPTED(crime prevention through environment)의 4가지 전략

1. 자연적 감시	• 주민들이나 경찰이 침입자를 쉽게 관찰할 수 있도록 주택을 설계하는 것 • 고강도 가로등 설치, CCTV 설치에 의한 침입자 관찰, 전자감시 장치 이용 등
2. 영역성 강화	• 주거지의 영역을 공적 영역보다 사적 영역화함으로써 외부인을 통제하는 전략 • 조경, 울타리 설치, 출입구 통제 강화, 표지판 설치, 내부 공원조성 등
3. 접근통제	• 주택이나 건물에 수상한 사람들이 침입하지 못하도록 설계하는 것 • 범죄 표적대상 강화라고도 하며 출입구 수 줄이기, 특수 잠금장치 설치 등
4. 주민에 의한 방범활동 지원	• 거리의 눈, 즉 일반 주민들의 눈을 적극적으로 활용하는 설계 전략 • 주거지 주변에 레크레이션 시설, 산책로 주변에 벤치 설치, 주택단지 안에 농구장이나 테니스장 설치 등을 통해 범법자들의 이동 감시 기능을 강화 • 주민들의 방범의식 강화와 경찰과의 협조체계확립이 선결조건

(4) 윌슨과 켈링의 깨진 유리창이론 [2012. 7급]

① **생활환경의 중요성** : 윌슨(Wilson)과 켈링(Kelling)의 깨진 유리창이론은 공공의 안전을 결정하는 데 있어서 주변의 사소한 생활환경이 중요함을 강조하는 이론이다.

② 지역사회 환경의 퇴락이 범죄 증가를 초래하기 때문에 범죄예방을 위해서는 환경적 퇴락을 방지하는 것이 중요하다.

③ 강력 및 흉악 범죄의 해결만이 중요한 것이 아니라 그것을 유발하는 근본원인인 사회의 여러 가지 문제를 해결하는 것이 우선되어야 한다.

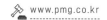

④ 기물 손괴행위, 쓰레기 투기, 난폭한 행동, 공공연한 추태, 새치기와 같은 경미한 질서 위반행위들이 방치되면, 지역사회를 통제하는 비공식적 통제능력이 약화되고 유사한 기초질서 위반행위들이나 경범죄를 증가시키는 결과를 초래하고, 더 심각한 범죄를 야기할 수 있다고 한다.

04 상황적 범죄이론

(1) 브랜팅햄(Brantingham)의 범죄패턴이론(Crime Pattern Theory) [2018. 5급 승진]

① 범죄는 일정한 장소적 패턴이 있으며 이는 범죄자의 일상적인 행동패턴과 유사하다는 논리로 범죄자의 여가활동장소나 이동경로·이동수단 등을 분석하여 범행지역을 예측함으로써 연쇄살인이나 연쇄강간 등의 연쇄범죄해결에 도움을 줄 수 있다는 범죄예방론이다.

② 범죄의 공간적 패턴을 분석할 때 범죄자들이 평범한 일상생활 속에서 범죄기회와 조우하는 과정을 설명한다.

③ 개인은 의사결정을 통해 일련의 행동을 하게 되는데, 활동들이 반복되는 경우 의사결정과정은 규칙화된다.

④ 범죄자들은 평범한 일상생활 속에서 범행기회와 조우하게 된다.

⑤ 범죄자는 일반인과 같은 정상적인 시공간적 행동패턴을 갖는다. [2016. 7급]

⑥ 잠재적 피해자는 잠재적 범죄자의 활동공간과 교차하는 활동공간이나 위치를 갖는다.

⑦ 사람들이 활동하기 위해 움직이고 이동하는 것과 관련하여 축(교차점. nodes), 통로(경로. paths), 가장자리(edges)의 세 가지 개념을 제시한다.

(2) 클라크와 코니쉬의 상황적 범죄예방(Situational Crime Prevention)

① 의의 : 클라크(Clarke)와 코니쉬(Cornish)의 상황적 범죄예방은 사회나 사회제도 개선에 의존하는 것이 아니라 단순히 범죄기회의 감소에 의존하는 예방적 접근을 말한다.

② 구체적인 범죄를 대상으로 체계적이고 장기적으로 직접적인 환경을 관리·조정하며, 범죄기회를 감소시키고, 잠재적 범죄자로 하여금 범행이 위험할 수 있음을 인지하도록 하는데 목표를 두고 있다.

③ 상황적 범죄예방의 5가지 목표(노력의 증가, 위험의 증가, 보상의 감소, 자극의 감소, 변명의 제거)와 25가지 구체적 기법을 제시하여 셉테드에 비해 통합적 범죄예방전략으로 평가받는다.

📘 상황적 범죄예방의 5가지 목표와 25가지 구체적 기법 [2023. 경간부]

목표	구체적 기법
노력의 증가	대상물 강화, 시설 접근통제, 출구검색, 잠재적 범죄자 분산, 도구·무기 통제
위험의 증가	보호기능 확장, 자연적 감시, 익명성 감소, 장소 감독자 활용, 공식적 감시 강화
보상의 감소	대상물 감추기, 대상물 제거, 소유자 표시, 장물시장 교란, 이익 불허
자극의 감소	좌절감과 스트레스 감소, 논쟁 피하기, 감정적 자극 감소, 친구압력 중화, 모방 좌절시키기
변명의 제거	규칙 명확화, 지침의 게시, 양심에 호소, 준법행동 보조, 약물과 알코올 통제

(3) 상황적 예방이론의 효과와 비판

① **클라크와 와이즈버드의 이익의 확산효과**(Diffusion of Benefit)

ⓒ 한 지역의 상황적 범죄예방활동의 효과는 다른 지역으로 확산되어 다른 지역의 범죄예방에도 긍정적인 영향을 미치게 된다는 것이 '이익의 확산효과'이다. [2018. 7급]

ⓒ 클라크(Clarke)와 와이즈버드(Weisburd)는 이익의 확산에 대해 '대상이 되는 장소, 개인, 범죄, 시간대 등을 넘어서 긍정적인 영향이 퍼지는 것'이라고 정의하고, 범죄통제 이익의 확산효과의 유형을 억제효과와 단념효과로 구분하였다.

억제효과	범죄예방활동이 약화되었음에도 불구하고, 잠재적 범죄자가 그것을 인지하지 못하고 지속적으로 상황적 두려움을 느껴 범행을 저지르지 않음
단념효과	범죄에 가장 취약한 대상을 중심으로 안전정책을 시행하면 범행억제효과가 다른 대상에게도 미침

② **레페토의 범죄전이 효과**(Crime Displacement Effects)

ⓒ 특정지역의 경찰 집중배치, CCTV 집중 설치 등의 안전정책으로 그 지역에서 감소한 범죄는 실제 감소한 것이 아니고 인근지역으로 옮겨가 인근지역에서 발생한다는 것이 풍선효과(Balloon Effect) 또는 범죄전이효과이다.

ⓒ 레페토(Reppetto)는 범죄의 전이는 '범죄 예방활동으로 장소, 시간 또는 범죄유형 등이 다른 형태로 변경되는 것'이라고 정의하고, 범죄전이의 유형을 다음과 같이 분류하였다. [2017. 5급 승진]

공간적 전이	한 지역에서 다른 지역, 일반적으로 인접지역으로의 이동
시간적 전이	낮에서 밤으로와 같이 한 시간에서 다른 시간으로의 범행의 이동
전술적 전이	범행에 사용하는 방법을 바꿈
목표물 전이	같은 지역에서 다른 피해자를 선택
기능적 전이	범죄자가 한 범죄를 그만두고, 다른 범죄유형으로 옮겨감

ⓒ 랩(Lab)은 범죄전이를 '개인적 또는 사회적 범죄예방활동에 따라 범죄에 변화가 일어나는 것'이라고 정의하였다.

③ **비 판**

ⓒ 상황적 범죄예방활동은 전이효과를 가지기 때문에 사회의 전체적인 측면에서 범죄를 줄일 수 없다.

ⓒ 상황적 범죄예방활동은 높은 담, 철조망 등 과도한 경비시설에 의해 요새화된 사회를 형성하고, 국가기관에 의해 과도하게 통제되는 통제사회를 만들어 결국에는 국민의 인권을 침해할 소지를 안고 있다.

최신 기출로 확인하기

1. 환경설계를 통한 범죄예방(CPTED)에 대한 설명으로 옳지 않은 것은? 2022. 보호 7급

① 자연적 감시(natural surveillance) : 건축물이나 시설을 설계함에 있어서 가시권을 최대한 확보하고, 범죄행동에 대한 감시기능을 확대함으로써 범죄발각 위험을 증가시켜 범죄기회를 감소시키거나 범죄를 포기하도록 하는 원리

② 접근통제(access control) : 일정한 지역에 접근하는 사람들을 정해진 공간으로 유도하거나 외부인의 출입을 통제하도록 설계함으로써 접근에 대한 심리적 부담을 증대시켜 범죄를 예방하는 원리

③ 영역성 강화(territorial reinforcement) : 레크레이션 시설의 설치, 산책길에의 벤치설치 등 당해 지역에 일반인의 이용을 장려하여 그들에 의한 감시기능을 강화하는 전략

④ 유지·관리(maintenance management) : 시설물이나 장소를 처음 설계된 대로 지속해서 이용할 수 있도록 관리함으로써 범죄예방 환경설계의 장기적·지속적 효과를 유지

2. 뉴만(Newman)과 레피토(Reppetto)의 범죄예방모델에 대한 설명으로 옳지 않은 것은? 2022. 보호 7급

① 뉴만은 주택건축과정에서 공동체의 익명성을 줄이고 순찰·감시가 용이하도록 구성하여 범죄예방을 도모해야 한다는 방어공간의 개념을 사용하였다.

② 범죄행위에 대한 위험과 어려움을 높여 범죄기회를 줄임으로써 범죄예방을 도모하려는 방법을 '상황적 범죄예방모델'이라고 한다.

③ 레피토는 범죄의 전이양상을 시간적 전이, 전술적 전이, 목표물 전이, 지역적 전이, 기능적 전이의 5가지로 분류하였다.

④ 상황적 범죄예방활동에 대해서는 '이익의 확산효과'로 인해 사회 전체적인 측면에서는 범죄를 줄일 수 없게 된다는 비판이 있다.

3. 범죄예방에 대한 설명으로 옳지 않은 것은? 2024. 보호 9급

① 적극적 일반예방 이론은 형벌이 사회의 규범의식을 강화해 주는 효과를 가짐으로써 범죄가 예방된다고 보는 것이다.

② 브랜팅햄(Brantingham)과 파우스트(Faust)가 제시한 범죄예방 구조모델에 따르면, 사회환경 가운데 범죄의 원인이 될 수 있는 것을 정화하는 것은 3차 예방에 해당한다.

③ 환경설계를 통한 범죄예방(CPTED)모델은 사전적 범죄예방을 지향한다.

④ 일상활동이론(routine activity theory)에서는, 범죄예방에 관하여 범죄자의 범죄 성향이나 동기를 감소시키는 것보다는 범행 기회를 축소하는 것이 강조된다.

🔍 정답 1. ③ 2. ④ 3. ②

제2절 범죄방지활동

01 범죄예방을 위한 대책

(1) 형벌의 일반예방기능과 특별예방기능

① 일반예방기능이란 범죄예방의 대상을 일반인에게 두고 형벌에 의하여 일반인을 위하·경계시킴으로써 범죄를 행하지 않도록 하는 데에 형벌의 기능이 있다. [2018. 7급]

② 형벌은 일반예방기능 외에도 범죄인 당사자의 개선을 통한 특별예방적 효과도 거둘 수 있어 초범뿐만 아니라 재범방지에도 효과적이다.

(2) 지역사회의 조직화

① 지역사회가 범죄나 비행의 예방을 위하여 범인성 환경을 정비하는 조직적 활동을 말한다.

② 범죄를 개인문제 이상의 사회적 현상으로 이해하고 범죄에 영향을 미치는 사회의 여러 조직을 개편·개선함으로써 범죄를 감소시킬 수 있는 전략이다.

③ 이는 초범예방 및 재범방지에도 효과적이다.

　◆ 샘슨의 집학적 효율성 이론과 관계있다.

(3) 경찰의 범죄예방활동

① 경찰은 범죄진압과 범죄예방기능을 담당한다.

② 예방차원으로 범죄기회와 범죄유발요인을 제거하거나 줄이는 일반방범활동과 특별한 대상을 상대로 하거나 특별한 사항에 관하여 시행하는 특별방범활동이 있다.

(4) 매스컴의 범죄예방활동

① 새롭게 범죄화되는 행위나 숨은 범죄는 매스컴을 통해 신속하고 광범위하게 알릴 수 있기 때문에 매스컴은 범죄를 예방하는 좋은 수단이 될 수 있다.

② 탐사보도, 추적 25시 등의 프로가 좋은 예이다.

(5) 그룹워크(Group Work)

① 그룹활동을 통해 범죄성을 치료하는 범죄대책으로 반사회적 성향이 있는 사람을 별도로 분류하여 교육을 시키거나 다양한 방법으로 치료를 함으로써 사회에 긍정적인 태도를 갖도록 하는 것을 말한다.

② 범죄가능성이 높은 사람을 특정집단에 참여시키는 개인중심의 방법과 반사회적 성격이 강한 집단에 대해 행해지는 집단중심의 방법이 있다.

(6) 여가지도

① 조직적인 레크레이션 활동 등을 통해 범죄에 대한 욕구를 억제시키고 건전한 정신을 가지게 하여 범죄성을 예방하는 것을 말한다.

② 반항적 가치관을 의미하는 반달리즘(Vandalism, 문화예술의 파괴)의 치료방법으로 효과적이다.

> **PLUS⁺ 반달리즘**(Vandalism)
>
> 5C 초 유럽의 민족 대이동 때 아프리카에 왕국을 세운 반달족이 지중해 연안에서 로마에 걸쳐 약탈과 파괴를 거듭한 일에서 유래된 말로 근년에 미국이나 유럽의 대도시에서 약탈과 살인, 공공시설에의 장난·방화·파괴 등의 도시범죄가 격증하고 있는바, 이러한 도시의 문화·예술이나 공공시설을 파괴하는 행위를 통칭하여 반달리즘이라 한다.

(7) 협력회의의 편성과 활동

① 경찰·소년법원·학교·아동상담소·행정당국·사회복지단체 등 범죄예방 유관기관 간의 조직적·통합적 연계를 통한 범죄예방활동을 말한다.

② 관계기관들이 자발적·적극적으로 참여하지 않으면 형식주의에 흐를 수 있고, 기관의 이해관계가 우선될 경우 체계적·통일적 운용이 어렵다는 단점이 있다.

02 재범방지를 위한 대책

(1) 교정시설을 통한 재범예방

① **자유형의 재범예방기능** : 자유형(형벌)을 중심으로 특별예방적 차원에서 범죄인의 교화개선에 중점을 둔 미래지향적 개선작용을 의미한다.

② **기계적 개선법**

㉠ 수형기간 동안 강제적 방법으로 작업부과·직업훈련·교양교육과 준법생활을 하도록 함으로써 도덕심을 함양하고 사회에 대한 적응능력을 높이는 것이다.

㉡ 이때 사용되는 강제수단으로는 교정프로그램의 참여자세를 점수화하여 가석방 자료로 활용하는 것을 포함한다.

㉢ 수형자의 의사를 무시하고 특정한 교육과정을 강제하는 방법이 정당한가에 대하여 비판적 견해가 있다.

③ **임상적 개선법**

㉠ 범죄인에게 존재하는 생물학적·정신의학적·심리학적 이상이나 결함을 발견하여 치료하는 데에 중점을 두는 방법을 말한다.

㉡ 통상 정신건강의학과 의사나 범죄학 교육을 받은 심리학자가 행위자의 성격분석을 토대로 예측을 하며, 치료감호처분, 약물중독자에 대한 치료프로그램 등이 여기에 해당한다.

㉢ 개인적 원인에 의한 범죄인에게 그 실효성이 인정되고 범죄인의 특성에 맞는 대책을 수립할 수 있다는 장점이 있다.

㉣ 판단자의 주관적 평가가 개입될 가능성이 높고, 사회환경적 원인에 의한 범죄인에게는 실효를 거두기 어려우며, 투입되는 시간과 비용에 비해 그 효과가 크지 않다는 단점이 있다.

④ **집단관계에 의한 개선법**

　㉠ 사회적 범죄원인을 중시하여 수형자의 대인관계를 개선함으로써 재범가능성을 감소시키는 방법이다.

　㉡ 치료를 위한 학교, 수형자 자치제도 등이 있다.

⑤ **전문기술의 적용에 의한 개선**

　㉠ 임상적 개선법이 치료위주의 재사회화를 시도하는 반면, 이 방법은 대상자의 능력을 발견하고 발전시켜서 사회에 대한 적응능력을 높일 수 있도록 원조 · 지도하는 과정이다.

　㉡ 대표적인 방법으로 사회사업가(Social Worker)의 역할이 있다.

(2) 교정시설 밖의 재범예방

① **교육 · 훈련** : 범죄자가 사회에 적응하도록 교육하고 훈련하는 노력은 석방 이후에도 계속되어야 한다. 형기를 마친 사람에게 지속적으로 직업훈련과 준법교육을 시켜 전문가가 이들의 재활을 돕는 것이다.

② **사회여건개선** : 전과자의 사회적응을 가능하게 하는 가장 좋은 방법은 사회의 제반여건을 개선하는 데 있다.

03　민간범죄예방활동과 향후 방향

(1) 민간인의 범죄방지 역할

① 범죄 유발환경을 개선하고, 범죄자의 사회복귀를 위한 민간의 이해와 협력을 구할 수 있으며, 교정의 밀행주의를 방지하면서 국가기관에 의한 범죄대처활동의 독단이나 전횡을 막고, 시설 내 교정의 취약분야를 보완할 수 있다.

② 더불어 민간인은 수형자에게 인간관계에 있어 친화력을 줄 수 있고 지역사회의 전문적인 지도와 상담, 원조가 가능하다.

(2) 범죄예방대책의 방향

① **환경설계를 통한 범죄예방** : 셉티드(CPTED)는 도시 공간의 물리적 환경설계를 범죄 방어적인 구조로 적용 또는 변경함으로써 범죄와 범죄피해에 대한 일반의 공포심을 차단하거나 감소시켜준다.

② **비공식적 사회통제의 강화** : 공식적인 사회통제수단의 인력이나 재원의 한계를 극복하기 위해 시민에 의한 지역사회의 연대감과 통합성은 비공식적 사회통제의 효율성을 높여 공식적 사회통제의 한계를 극복하고 지역사회 범죄를 감소시키는 역할을 한다.

(3) 지역사회 경찰활동의 강화

① 지역사회 및 주민들의 비공식적인 네트워크가 갖는 사회통제 능력을 강조하는 전략이다.

② 1980년대까지 행해져 오던 표준적 경찰활동(무작위 차량순찰, 범죄수사, 긴급출동 등)이 효과가 없거나 미미하다는 연구결과들이 지역사회 경찰활동이 도입된 배경이다.

③ 범죄와 더불어 무질서 그리고 범죄의 두려움을 감소하는 것을 강조하면서, 지역주민의 삶의 질 향상을 경찰활동의 목표로 삼았다.

④ 경찰 내부의 역량에만 의존하여 범죄문제를 해결하는 방식을 탈피하고, 지역사회를 포함한 다양한 사회와 단체 기관들의 자원을 이용하여 범죄문제를 해결하는 것을 강조한다.

⑤ 따라서 범죄와 비행의 원인이 되는 지역사회의 문제를 주민과의 연대를 통하여 해결하는 것을 지향한다.

⑥ **지역사회 경찰활동에 포함되는 요소**

㉠ 범죄와 지역사회 문제를 해결하는데 있어서 지역사회의 참여가 수반된다.

㉡ 권한의 분산과 일선 경찰관에 대한 재량권 확대가 수반되어야 한다.

㉢ 문제해결 경찰활동이 요소에 포함되며, 문제해결 경찰활동은 문제지향 경찰활동보다 범위가 좁고 경찰관 개인 수준에서 수행하는 것을 의미한다.

최신 기출로 확인하기

1. 범죄예방모델에 대한 설명으로 옳지 않은 것은?　　　　　　　　　　　　　2018. 보호 7급

① 범죄억제모델은 고전주의의 형벌위하적 효과를 중요시하며 이를 위하여 처벌의 신속성, 확실성, 엄격성을 요구한다.

② 사회복귀모델은 범죄자의 재사회화와 갱생에 중점을 둔다.

③ 제프리는 사회환경개선을 통한 범죄예방모델로 환경설계를 통한 범죄예방(CPTED)을 제시하였다.

④ 상황적 범죄예방모델은 한 지역의 범죄가 예방되면 다른 지역에도 긍정적 영향이 전해진다는 소위 범죄의 전이효과를 주장한다.

2. 브랜팅햄 부부의 범죄패턴이론에 대한 설명으로 옳은 것만을 모두 고르면?　　　　2018. 5급 승진

> ㉠ 개인은 의사결정을 통해 일련의 행동을 하게 되는데, 활동들이 반복되는 경우 의사결정과정은 규칙화된다.
> ㉡ 범죄자들은 평범한 일상생활 속에서 범행기회와 조우하게 된다.
> ㉢ 범죄자는 일반인과 같은 정상적인 시공간적 행동패턴을 갖지 못한다.
> ㉣ 잠재적 피해자는 잠재적 범죄자의 활동공간과 교차하는 활동공간이나 위치를 갖는다.
> ㉤ 사람들이 활동하기 위해 움직이고 이동하는 것과 관련하여 축(교차점, nodes), 통로(경로, paths), 가장자리(edges)의 세 가지 개념을 제시한다.

① ㉠, ㉤　　　　　　　② ㉡, ㉢　　　　　　　③ ㉠, ㉡, ㉣

④ ㉡, ㉢, ㉤　　　　　⑤ ㉠, ㉡, ㉣, ㉤

🔍 정답 1. ④　2. ⑤

272　제4편 범죄대책과 형사제재

Chapter 16 확인학습

OX체크

01 범죄예방의 유형 중 3차 예방은 범죄자를 대상으로 하는 예방조치로 과거에 범죄경력이 있는 범죄자를 대상으로 한다.

02 깨진 유리창 이론은 지역사회 환경의 퇴락이 범죄 증가를 초래하기 때문에 범죄예방을 위해서는 환경적 퇴락을 방지하는 것이 중요하다는 이론이다.

03 교정시설을 통한 재범예방대책 중 기계적 개선법은 범죄인의 생물학적·정신의학적·심리학적 이상과 결함을 발견하여 치료하고자 하는 노력이다.

Answer

OX체크　01 ○　02 ○　03 ×, 임상적 개선법에 대한 설명이다.

제1절 개 요

01 의 의

(1) 의 의

① 범죄예측이란 범죄를 저지를 가능성이 있는 사람 또는 범죄자를 대상으로 추후 범죄개연성을 사전에 판별하는 활동을 의미한다.

② 즉 범죄예방, 수사, 재판, 교정의 각 단계에서 잠재적 범죄자의 범행가능성이나 범죄자의 재범가능성을 판단하는 것이다.

③ 범죄자나 비행소년을 조사하여 그 장래의 범죄나 비행을 예측하는 것으로 사회적 예후라고도 한다.

(2) 유용성

① 범죄통계가 집단현상으로서의 범죄파악에 기여한다면 범죄예측은 개별현상으로서의 범죄에 대한 이해를 돕는다.

② 형사정책상의 처분이나 그에 대한 개입과 처우의 기초를 제공한다.

③ 교도소의 과밀수용이나 보호관찰 등을 위한 교정단계, 전략순찰이나 문제지향의 순찰활동, 기타 범죄예방을 위한 각종 개입 등 범죄예방단계, 청소년 비행예측표의 활용과 가석방심사시의 재범의 예측 등에 활용된다.

④ 심리학적 원인론과 성과를 응용한 분야로 특히 정신의학적 진단과 깊은 관계를 가지고 있다.

02 범죄예측의 발전과 전제조건

(1) 미 국

워너(Warner)	[가석방 후 재범예측 점수법] 1923년 점수법을 기초로 메사추세츠주 수용자 가운데서 가석방 대상을 가려내기 위해 수용 중의 교정여부 등 약 60개 항목을 가지고 재범가능성을 점수화하여 범죄예측을 시행하였다(수용자의 가석방 후 재범여부 연구). [2010. 7급]
버제스(Burgess)	[실점부여방식의 경험표] 1928년 일리노이주에서 3,000명의 가석방자를 대상으로 21개의 인자를 분석하여 공통점을 추출함으로써 경험표에 해당하는 예측표(실점부여방식)를 작성하였다. [2020. 7급]
글룩(Glueck)부부	[가중실점방식의 조기예측법] 1940년대 메사추세츠주 보스턴의 비행소년 500명과 일반소년 500명에 대해 약 300개의 인자를 가지고 비교 연구하여, 아버지의 훈육, 어머니의 감독, 아버지의 애정, 어머니의 애정, 가족의 결집력 등 다섯 가지 요인을 가중실점방식(특정항목의 점수를 가중하거나 감점하는 방식)에 의한 조기비행예측법을 소개하였다. [2016. 7급] 총 3회 기출

(2) 독 일

엑스너(Exner)	1935년 미국 버제스의 연구결과를 소개하고 예측의 필요성을 강조하였다.
쉬이트(Schiedt)	1936년 바바리아 교도소에서 석방된 500명의 범죄인에 대한 인성을 조사하여 15개 인자를 기준으로 범죄예측표를 작성(교정가능·의문·불능으로 구분)하였다.

(3) 최근의 방법

① 하서웨이(Hathaway)와 맥켄리(Mckinly)의 미네소타식 다면성 인성검사표 검사법(MMPI)은 가장 표준화된 범죄자 인성조사방법으로, 정신이상정도를 측정하여 성격진단과 상담치료를 하는 데에 가장 많이 이용되고 있다.

② MMPI가 문항수가 너무 많고 피검사자의 학력수준이 높아야 정확한 측정을 할 수 있다는 단점을 극복하기 위해 다양한 형태의 심리검사도구가 개발되어 활용되고 있다. CPI(캘리포니아 인성검사표), 교정심리검사지 등이다.

(4) 범죄예측의 전제조건

객관성	범죄예측이 과학적으로 이루어져서 누가 예측을 하더라도 동일한 결과가 나오도록 신뢰성이 담보될 수 있는 예측을 말한다.
타당성	예측의 목적에 따라서 예측이 합목적적 방법으로 수행되는 것을 의미한다.
단순성	예측방법과 결과가 쉽게 이해될 수 있도록 단순하게 구성되어야 하는 것을 뜻한다.
경제성	예측에 소요되는 비용과 시간이 무제한일 수 없다는 것을 의미한다.

제2절 형사사법 각 단계별 범죄예측

01 예방단계 (조기예측)

(1) 의 의

① 조기예측은 특정인에 대해 범행 이전에 미리 그 위험성을 예측하는 것을 말한다.

② 잠재적 비행자를 조기에 식별하여 위험한 사람을 분류함으로써 범죄예방에 도움을 주기 위한 목적을 가지고 있어 사법예측이 아니라는 특징이 있다.

(2) 대 상

① 예방단계의 예측은 주로 소년범죄 예측에 사용되는데 잠재적인 비행소년을 식별함으로써 비행을 미연에 방지하고자 하는 방법이다. [2016. 7급]

② 글룩부부의 「소년비행의 해명」(1950), 우리나라의 경우에는 소년분류심사원에서 행하는 일반소년에 대한 외래분류심사가 이에 속한다.

02 수사 · 재판 · 교정단계의 예측 [2020. 7급] 총 5회 기출

수사단계	1. 경찰 · 검찰이 비행자 · 범죄자에 대한 수사를 종결하면서 내릴 처분내용을 결정할 때 사용하는 예측을 말한다. 2. 기소 또는 기소유예처분 여부, 소년의 경우에는 가정법원 송치나 훈계결정 등 주로 장래의 수사방향이나 재판가능성 등을 내다보는 것으로 매우 중요한 의미를 가진다. 3. 범죄자나 비행소년에 대한 위험성 판정을 전제로 하며 이에 대한 적정한 예측은 수사종결 후 처분 선정을 하는데 있어서 중요한 역할을 한다.
재판단계	1. 재판단계에서 유무죄 판결이나 처분의 종류를 정하는 과정에서의 예측은 양형책임을 결정하는 중요한 수단으로 작용하며, 재범예측과 적응예측이 있다. 2. 효율적인 양형산정과 처우의 개별화를 위한 매우 중요한 예측이다. 3. 장래위험성에 대한 정확한 예측의 한계를 보완하기 위해 판결 전 조사제도가 활용되고 있다.
교정단계	1. 주로 가석방 시 예측으로 교도소 및 소년원에서 가석방 및 임시퇴원을 결정할 때 그 대상자의 누범 및 재범위험성을 예측하는 것이다. 2. 석방 시 사후관리, 사회보호를 위한 보호관찰이나 갱생보호의 위탁 등의 결정에 필요한 예측을 포함한다.

◆ **범죄예측의 발전순서** : 석방시 예측(1923년 워너) ⇨ 재판시 예측 ⇨ 조기 예측(1940년대 글룩부부)

◆ 가석방시의 예측은 가석방을 결정할 때 그 대상자의 재범위험성 등을 예측하는 것으로, 수용성적뿐만 아니라 사회복귀 후의 환경 등을 고려하여 가석방 여부를 결정한다. [2020. 7급]

◆ 수사종결처분, 양형의 산정, 가석방 결정 등에 필요한 범죄예측은 교정시설의 과밀화 현상을 해소하는 데에 기여될 수 있다. [2018. 7급]

제3절 예측방법의 분류와 한계

01 예측방법의 분류 [2020. 7급] 총 8회 기출

분류	의의	단점
직관적 관찰법 (전체적 관찰법)	1. 예측자의 직관적 예측능력을 토대로 하는 예측방법으로, 실무에서 자주 사용되는 방법이다. 2. 인간의 보편적 예측능력, 판사·검사·교도관 등 범법자를 대상으로 한 직업경험이 중요한 역할을 한다.	1. 판단자의 주관적 입장·지식·경험에 의존하여 신뢰하기 어렵다. 2. 주관적 자의와 한계 및 합리적 판단기준의 결여를 극복하기 어렵다.
임상적 예측법 (경험적 개별예측)	1. 정신건강의학과 의사나 범죄심리학자가 행위자의 성격분석을 위한 조사와 관찰, 임상실험의 도움을 통해 내리는 예측을 말한다. 2. 각 개인에 내재하는 특수성이나 특이성을 집중적으로 관찰할 수 있다.	1. 판단자의 주관적 평가의 개입가능성(객관성이 결여될 수 있다) 2. 자료해석의 오류가능성, 비용이 많이 소요된다.
통계적 예측법 (점수법)	1. 전체적 평가법에서 범하기 쉬운 객관성 문제를 개선하기 위해 개발된 방법이다. 2. 여러 자료를 통하여 범죄예측요인을 수량화함으로써 점수의 비중에 따라 범죄 또는 비행을 예측하는 방법으로 예측표를 작성하여 활용된다. 3. 누구나 쉽게 사용할 수 있고(전문가의 개입을 요하지 않는다), 객관적 기준에 의해 실효성·공평성이 높으며 비용도 절감된다.	1. 예측표의 목록은 개별연구자에 따라 상이하여 보편타당한 예측표나 절차가 불가능하다. 2. 일반적 경향성은 나타낼 수 있지만, 행위자의 인격적 특수성이나 자유로운 의지가 고려되지 못한다.
통합적 예측법 (구조예측)	직관적 방법과 통계적 예측방법을 조합하여 각각의 단점을 보완하고자 하는 방법이다.	각각의 예측방법의 결함은 어느 정도 줄일 수 있으나 완전히 제거하는 것은 불가능하다.

02 범죄예측의 한계

구분	예측 ○	예측 ×
실제재범 ○	OK	잘못된 부정(false negative)
실제재범 ×	잘못된 긍정(false positive)	OK

(1) 기술적 측면

① 추후 범죄예측은 100% 정확한 예측이 불가능하다는 점이다.

② **잘못된 긍정**(false positive): 차후에 범죄가 있을 것으로 예측했으나 그렇지 않은 경우로, 개인의 권리침해 요인이 된다.

③ **잘못된 부정**(false negative): 차후에 범죄가 없을 것이라고 예측했지만 실제로 범죄를 저지른 경우로, 사회와 구성원의 안전에 위협이 될 수 있다.

(2) 윤리적 측면

① 범죄예측이 죄형법정주의와 책임형법의 원칙과 어떻게 조화를 이룰 수 있느냐는 것이다.

② 임상적 예측의 경우 차후 범죄가 전문가들의 주관적 판단에 기초함으로써 객관성이 결여되어 있다는 점, 통계적 예측의 경우에는 행위자의 인격적 특수성이나 자유로운 의지가 고려되지 못한다는 문제가 있다.

③ 성별이나 소득수준이 예측항목으로 도입되어 높은 예측정확도를 보였다고 했을 때 이러한 예측결과는 결국 자신의 신분적 지위 때문에 차별대우를 받게 하는 것으로 공평한 사법처리라는 사회적 기본적인 가치를 위배하게 된다.

03 우리나라의 범죄예측

(1) 청소년

① 1967년부터 4년간 청소년보호대책위원회가 비행성예측표를 작성하였는데, 이는 사회적 예측인자와 성격테스트 예측인자를 조사하는 것을 내용으로 특히 성격테스트에서 위험성의 원인을 어느 정도 파악할 수 있도록 하기 위해 MMPI(미네소타식 다면성 인성검사표)방식을 따르고 있다.

② 2010년 한국형사정책 연구원 주관으로 KORAS-G(Korean Offender Risk Assessment System-General)를 개발하였다. 기존의 위험성 평가도구들에 대한 분석을 토대로 최종적으로 피의자의 만나이, 교육수준, 혼인상태, 최초 경찰 입건 만나이, 청소년기 시설 수용 경험, 과거 범죄 점수 등 13개 요인으로 구성하였다.

(2) 성 인

① **교정재범예측표**: 법무부 교정본부에서는 2002년 1월 1일 성인수형자의 범죄 및 비행예측검사지를 개발하여 사용하다가, 2012년 2,500명 수형자의 정적·동적 재범요인을 추출하여 1등급부터 총 5단계로 위험성을 나눈 교정재범예측지표인 CO-REPI를 개발하여 현재 가석방심사 자료로 활용하고 있다.

② **위험관리등급**(RM): 2018년 고위험군 수형자의 환경요인, 범죄의 심각성, 심리적 요인 등을 평가하여 교정시설 내의 관리수준과 출소 후 재범방지를 위한 유관기관의 개입 수준을 측정하기 위한 도구로 4등급의 위험관리수준(Risk Management)을 정하고 있다. 각 지방교정청 분류센터에서 정밀분류심사 및 심리분석관에 의해 위험수준을 정하고 있다.

최신 기출로 확인하기

1. 범죄예측에 대한 설명으로 옳은 것은? 2020. 7급

① 전체적 평가법은 통계적 예측법에서 범하기 쉬운 객관성 문제를 개선하기 위해 개발된 방법이다.

② 통계적 예측법은 범죄자의 소질과 인격에 대한 상황을 분석하여 범죄자의 범죄성향을 임상적 경험에 의하여 예측하는 방법이다.

③ 버제스(E. W. Burgess)는 경험표(experience table)라 불렸던 예측표를 작성·활용하여 객관적인 범죄예측의 기초를 마련하였다.

④ 가석방 시의 예측은 교도소에서 가석방을 결정할 때 수용생활 중의 성적만을 고려하여 결정한다.

2. 범죄예측에 대한 설명으로 옳지 않은 것을 모두 고른 것은? 2016. 보호 7급

> ㉠ 글룩(Glueck) 부부는 아버지의 훈육, 어머니의 감독, 아버지의 애정, 어머니의 애정, 가족의 결집력 등 다섯 가지 요인으로 구분하여 범죄예측표를 작성하였다.
> ㉡ 통계적 예측법은 많은 사례를 중심으로 개발된 것이기 때문에 개별 범죄자의 고유한 특성이나 편차를 충분히 반영할 수 있다는 장점이 있다.
> ㉢ 직관적 예측법은 실무에서 자주 사용되는 방법이지만, 이는 판단자의 주관적 입장에 의존한다는 점에서 비판을 받는다.
> ㉣ 예방단계의 예측은 주로 소년범죄 예측에 사용되는데 잠재적인 비행소년을 식별함으로써 비행을 미연에 방지하고자 하는 방법이다.
> ㉤ 재판단계에서 행해지는 예측은 주로 가석방결정에 필요한 예측이다.

① ㉠, ㉢　　　　　　　② ㉠, ㉣

③ ㉡, ㉢　　　　　　　④ ㉡, ㉤

3. 범죄예측에 대한 설명으로 옳지 않은 것은? 2018. 보호 7급

① 수사단계에서의 범죄예측은 수사를 종결하면서 범죄자에 대한 처분을 내리는 데에 중요한 역할을 할 수 있다.

② 범죄예측은 재판단계 및 교정단계에서도 행해지지만 교정시설의 과밀화 현상을 해소하는 데는 기여할 수 없다.

③ 범죄예측의 방법 중 임상적 예측법(경험적 예측법)은 대상자의 범죄성향을 임상전문가가 종합분석하여 대상자의 범죄가능성을 판단하는 것이므로 대상자의 특성을 집중관찰할 수 있는 장점이 있다.

④ 범죄예측의 방법 중 통계적 예측법은 여러 자료를 통하여 범죄예측요인을 수량화함으로써 점수의 비중에 따라 범죄 또는 비행을 예측하는 것으로 점수법이라고도 한다.

🔍 정답 1. ③　2. ④　3. ②

Chapter 17 확인학습

OX체크

01 범죄예측을 위해서는 주관성, 타당성, 단순성, 경제성이 담보되어야 한다.

02 범죄예측은 조기예측 ⇨ 재판시 예측 ⇨ 석방시 예측 순으로 발전하였다.

03 판단자의 주관적 평가의 개입가능성과 자료해석의 오류가능성이 단점으로 지적되는 범죄예측법은 임상적 예측방법이다.

04 범죄예측에 관한 연구를 실시한 이유는 당시 교정시설에서 활용하였던 가석방심사기준이 얼마나 타당한가를 평가하기 위해서였다.

05 오늘날 범죄예측은 비교적 높은 적중률을 나타내고 있어 이에 대한 비판은 크지 않다.

06 범죄예측은 범죄자는 물론이고 일반인도 대상으로 할 수 있다.

07 우리나라에서 범죄예측은 청소년의 재범을 예측하기 위해서 시작되었다.

08 통계적 예측방법은 여러 자료를 통하여 범죄예측요인을 수량화함으로써 점수 비중에 따라 범죄 또는 비행을 예측하므로 점수법과 연계된다.

09 범죄예측이란 예방, 수사, 재판, 교정의 각 단계에서 잠재적 범죄자의 범행가능성이나 범죄자의 재범가능성을 판단하는 것이다.

10 임상적 예측법은 정신과 의사나 범죄심리학자가 조사와 관찰 등에 의해 행위자의 성격분석을 토대로 내리는 예측이므로 판단자의 자료해석의 오류나 주관적 평가가 개입할 위험이 있다.

Answer   OX체크 01 ✕, 객관성 02 ✕, 석방시 ⇨ 재판시 ⇨ 조기 03 ○ 04 ○ 05 ✕, 범죄예측의 부정확성으로 인해 잘못된 긍정과 잘못된 부정의 문제가 발생한다. 06 ○ 07 ○ 08 ○ 09 ○ 10 ○

단원MAP

형사정책 기초개념			범죄의 원인과 현상론								
1. 학문발전	2. 국제성	3. 연구방법	4. 고전주의	5. 초기실증	6. 생물학	7. 심리학	8. 거시사회	9. 미시사회	10. 갈등론적	11. 발달범죄	12. 범죄현상
피해자론		비범죄	예방과 예측		형벌론		보안처분론				판례
13. 피해자학	14. 피해보호	15. 비범죄화	16. 범죄예방	17. 범죄예측	18. 형벌론	19. 형벌종류	20. 보안처분	21. 주요5법	22. 소년사법	23. 소년2법	24. 판례

제1절 형벌이론

📖 신·구학파의 형벌관

구 분 \ 학 파	구파(고전학파)	신파(근대학파)
시 기	18C 후반~19C	19C 후반~현대
배 경	개인주의, 자유주의, 합리주의, 계몽주의, 법치주의	범죄의 격증, 소년범·누범·상습범의 증가, 자연과학사상의 발전, 실증주의
인간관	자유의사론	의사결정론
범죄론	객관주의(침해결과중시) : 범죄의 외부에 나타난 행위와 결과를 중시(범죄주의, 사실주의)	주관주의(침해적 인격중시) : 행위자(범죄인)의 반사회적 성격을 중시
책임론	도의적 책임론(행위책임) : 자유의사를 가진 자가 자유의사에 의해 적법한 행위 대신 위법 행위를 한 데 대한 윤리적 비난	사회적 책임론(행위자책임) : 책임은 소질과 환경에 의해 결정된 행위자의 반사회적 성격에 대해 가해지는 사회적 비난가능성
형벌론	응보형주의, 일반예방주의	교육형주의, 특별예방주의
보안처분론	이원론	일원론
공 헌	형벌권의 제한, 개인의 자유와 권리 보장	형벌의 개별화, 범죄인의 재사회화 촉진
목 표	형벌의 감소	범죄의 감소
자유형	정기형제도	집행유예, 선고유예, 가석방, 상대적 부정기형제도, 단기자유형의 제한
처우모형	구금모델, 정의모델(사법모델)	의료모델, 개선모델, 재통합모델

01 개 관

(1) 형벌의 의의

① 형벌이란 국가가 형벌권의 주체가 되어 범죄에 대한 법률상의 효과로서 범죄자에게 과하는 법익의 박탈을 말한다.

② 형벌의 주체는 국가이므로 형벌은 언제나 공형벌이며, 또한 형벌은 범죄에 대한 법률효과이므로 범죄가 없으면 형벌도 있을 수 없지만, 형벌은 범죄에 대하여 과하는 것이 아니라 범죄인에 대하여 과하는 제재이다.

> ◆ 광의의 형벌
> 1. 형벌(협의의 형벌) : 책임을 기초로 과거의 침해에 대한 제재(형식적 의의)
> 2. 보안처분 : 범죄인의 위험성을 기초로 미래에 대한 제재

(2) 형벌의 종류

① **생명형** : 사형(극형)

② **자유형** : 징역·금고 및 구류

③ **명예형** : 자격상실·자격정지

④ **재산형** : 벌금·과료 및 몰수

(3) 형벌의 지도원리

① 일반예방효과(심리강제효과)

② 수형자에 대한 교화개선 촉구

③ 일반국민에 대한 법·도의 교육의 효과

④ 도덕퇴폐화 방지효과

⑤ 건설적인 사회건설효과

⑥ 사적인 형벌행위의 방지효과

02 형벌이론

(1) 응보형주의(절대주의, 절대설)

① 형벌의 본질을 범죄에 대한 응보로서의 해악으로 이해하는 사상으로 형벌은 범죄를 범하였기 때문에 당연히 과하여지는 것이지 다른 목적이 있을 수 없다고 본다. 즉 형벌의 본질은 응보로서 그 자체가 목적이 된다. [2018. 7급]

② 칸트(Kant ; 정의설, 절대적 응보형론), 헤겔(Hegel ; 변증법적 응보론, 이성적 응보형론), 빈딩(Binding ; 법률적 응보형론) 등의 견해가 대표적이다.

(2) **목적형주의**(상대주의, 상대설)

① 목적형주의는 '형벌은 그 자체가 목적이 아니라 범죄로부터 사회를 방어·보호하는 목적을 달성하기 위한 수단'이라고 한다.

② 즉 장래의 범죄를 예방하기 위하여 형벌이 필요하다는 주장으로 범죄예방의 대상이 누구냐에 따라 일반예방주의와 특별예방주의로 나눈다. [2018. 7급]

일반예방주의	범죄예방의 대상을 일반인에 두고 형벌의 목적은 일반인에게 겁을 주어 범죄가능성이 있는 잠재적 범죄인이 장차 범죄를 범하지 않도록 예방함에 있다고 보는 견해이다.
특별예방주의	범죄예방의 대상을 범죄인에 두고 형벌의 목적은 범죄인을 개선·교화하여 다시는 범죄를 범하지 않도록 재사회화하는 데 있다고 보는 견해이다.

(3) **결합설**(절충설)

① 형벌은 본질상 해악에 대한 응보로서의 성질을 가지면서도 예방의 목적을 달성할 수 있어야 한다는 결합설이 다수설이다.

② 일반예방과 특별예방의 목적을 위하여 어떤 경우에도 범죄자의 책임의 상한선을 넘어서는 안되지만, 책임에 밑도는 가벼운 형벌을 과하는 것은 범죄자의 이익을 위하여 허용된다.

③ 즉 책임은 형벌의 상한을 제한할 뿐이며, 형벌의 하한은 일반예방과 특별예방의 목적에 의하여 결정된다.

03 사회방위론

(1) 의의와 연혁

① 사회방위론은 형벌은 단지 범죄행위에 대한 응보가 아닌 범죄로부터 사회를 보호하고 사회의 구성원이 범죄인이 되는 것을 예방하기 위한 것이어야 하고, 범죄인의 개선과 사회복귀를 통한 범죄예방 및 범죄인 처우수단을 주장하는 현대 범죄예방이론이다.

② 초기 실증주의의 숙명론적 결정론에 대한 회의, 인권보장 및 범죄방지에 대한 종래 객관주의 형법이론의 한계 인식, 전체주의에 무력했던 소극적 개인주의 및 자유주의에 대한 반성에서 출발하였다.

③ 리스트(Liszt)의 목적형사상 내지 특별예방사상에 동조한 프린스(Prins)에 의해 이론적 기초가 마련되었다.

④ 제2차 세계대전 이후 그라마티카(Gramatica)의 급진적 사회방위론과 앙셀(Ancel)의 신사회방위론으로 발전하였다.

> **[앙셀의 신사회방위론]**
> 지나친 사회방위는 개인의 인권침해 우려가 있으므로 사회보호와 범죄인 재사회화를 동시에 고려하자는 이론

(2) 사회방위론의 공통된 특징

① **사회안전** : 형사정책의 최우선적 목표는 범죄로부터 사회를 보호하는 것이기 때문에 범죄자를 제거·격리·치료할 수 있는 수단이라면 어떠한 수단도 무방하다고 본다.

② **실증주의적 성격** : 사회방위는 처벌목적이 아니라 범죄위험성으로부터 사회를 사전에 보호하자는 것이므로 기존의 고의·과실이나 책임개념이 비실증적이고 규범적이라면, 사회방위는 물리적으로 범죄를 막는 실증적 범죄대응이라고 할 수 있다.

③ **개인예방중심** : 사회방위는 개별적 범죄자의 재범예방과 처우에 중점을 두기 때문에 재사회화를 위한 체계적 조치로써 형벌을 대신한다.

④ **인도주의적 형사정책** : 인도주의적 형사정책을 위해서 범죄심리학이나 정신의학 등과 면밀한 협조를 통해 오로지 인간을 위해서 존재한다.

(3) 사회방위론에 대한 비판

① 사회적 위험이라는 개념 정의가 모호하고, 평등의 정의에 대한 위배를 가져왔다.

② 일반예방 내지 형벌의 위하력을 무시하고 있다.

③ 비법률화, 탈법률주의로 인한 죄형법정주의(형의 확실성)의 약화 및 법치국가 원리의 침해를 초래하였다.

④ 인도주의는 탈질서의 이완된 감상주의에 빠져 있으며, 현행법의 사회방위기능을 무시하고 있다.

최신 기출로 확인하기

1. 형벌의 목적에 대한 설명으로 옳지 않은 것은? 2021. 7급

① 응보형주의는 개인의 범죄에 대하여 보복적인 의미로 형벌을 과하는 것이다.

② 교육형주의는 범죄인의 자유박탈과 사회로부터의 격리를 교육을 위한 수단으로 본다.

③ 응보형주의에 의하면 범죄는 사람의 의지에 의하여 발생하는 것이 아니라 사회 환경 및 사람의 성격에 의하여 발생하는 것이다.

④ 현대의 교정목적은 응보형주의를 지양하고, 교육형주의의 입장에서 수형자를 교정·교화하여 사회에 복귀시키는 데에 중점을 둔다.

2. 형벌의 본질과 목적에 대한 설명으로 옳지 않은 것은? 2018. 보호 7급

① 응보형주의에 따르면 범죄는 정의에 반하는 악행이므로 범죄자에 대해서는 그 범죄에 상응하는 해악을 가함으로써 정의가 실현된다.

② 목적형주의에 따르면 형벌은 과거의 범행에 대한 응보가 아니라 장래의 범죄예방을 목적으로 한다.

③ 일반예방주의는 범죄자에게 형벌을 과함으로써 수형자에 대한 범죄예방의 효과를 기대하는 사고방식이다.

④ 특별예방주의는 형벌의 목적을 범죄자의 사회복귀에 두고 형벌을 통하여 범죄자를 교육·개선함으로써 그 범죄자의 재범을 예방하려는 사고방식이다.

🔍 정답 1. ③   2. ③

제2절 | 양형의 합리화와 판결 전 조사제도

01 양형의 합리화

(1) 의의와 한계

① **의의** : 양형이란 형법상 일정한 범죄에 대하여 그에 해당하는 형벌의 종류와 범위를 규정함에 있어서 그 범위 내에서 법관이 피고인에 대하여 선고할 형을 구체적으로 정하는 것이다.

② **책임주의** : 양형에서 정해지는 형벌의 양은 행위자의 개별적인 책임과 균형을 이루는 범위 내에서 정해져야 한다는 것으로 형법상의 책임주의 원칙이 기본적인 전제가 된다.

③ **문제점**

㉠ 양형과정상 법관들의 개인차로 인한 양형의 불평등을 가져와 궁극적으로 부적합한 양형은 재범의 원인이 되는 등 형벌의 목적에 반하는 결과를 가져올 수 있다.

㉡ 형벌책임의 근거를 비난가능성에서 구하는 것은 객관적이고 중립적이어야 할 국가형벌권의 행사가 감정에 치우칠 위험이 있다.

(2) **양형인자**(형법 제51조)

① 범인의 연령·성행·지능과 환경

② 피해자에 대한 관계

③ 범행의 동기·수단과 결과

④ 범행 후의 정황

❷ **양형인자가 아닌 것** : 성별(남녀), 범인의 건강·체격, 국적여부, 전과여부 등

(3) **합리화 방안**

양형지침서(양형기준표), 적응예측표의 활용, 양형위원회의 설치, 판결 전 조사제도의 활용, 공판절차의 이분화(유무죄 인부절차와 형의 양형절차), 검사 구형의 합리화, 판결서에 양형이유의 명시 등을 들 수 있다.

❷ 법관의 양형재량의 확대, 독일의 참심제 도입은 양형의 합리화 방안이 될 수 없다.

(4) **대법원 양형위원회**

① **근거** : 법원조직법에 양형위원회를 통한 양형기준을 마련하고 법관은 형의 종류와 형량을 정하는데 양형기준을 존중하도록 하고 있다. 다만, 이를 벗어날 경우 판결서에 양형이유를 기재할 뿐 법적구속력을 가지는 것은 아니다.

② **양형기준과 대상**

㉠ 양형기준(범죄군별) : 양형위원회는 모든 범죄에 통일적으로 적용되는 단일한 양형기준을 설정하는 방식이 아닌, 개별 범죄의 특성을 반영하여 범죄군별로 독립적인 양형기준을 설정하는 방식을 채택하였다. 즉, 보호법익과 행위태양을 기준으로 유사한 범죄군을 통합하고, 그 범죄군 내에서 다시 범죄의 특수성을 고려하여 개별적인 양형기준을 설정하는 방식을 취하고 있다.

ⓛ 대상범죄 : 동일 범죄군에 속하는 구성요건 전부가 양형기준의 적용 대상이 되는 것은 아니고, 대상범죄군에 속하는 개별 범죄 중에서도 일정범위의 범죄만을 양형기준의 우선 적용대상범죄로 정하였다.

③ **양형기준의 적용방법**

㉠ 범죄유형의 결정 : 당해 범죄에 적용할 양형기준이 정해지면, 그 범죄가 어느 유형에 속하는지를 결정하여야 한다. 유형분류만으로 형량범위가 전체 법정형 범위 내에서 일정한 구간으로 제한된다(징역 3년-8년).

　　예 살인범죄군, 뇌물범죄군, 강도범죄군 등

㉡ 권고형량의 범위결정 : 각 유형의 형량범위를 범죄유형별로 감경영역, 기본영역, 가중영역의 3단계 권고영역으로 나눈 다음 각 사안별로 존재하는 구체적인 양형인자를 비교·평가한다. 권고 형량범위를 도출하기 위해서는 특별양형인자의 존부를 확인한 다음 이를 비교·평가하여야 한다.

㉢ 선고형의 결정 : 권고 영역이 정해지면 그 범위 내에서 법관은 구체적 사안에 적합한 선고형을 정하게 된다. 이때 일반양형인자는 물론, 특별양형인자도 종합적으로 고려하여야 하고, 양형기준에서 제시되지 않은 다양한 일반양형인자도 양형에 반영하는 것이 합리적이라고 판단되는 경우에는 종합적으로 고려하여야 한다.

㉣ 형의 집행유예 여부 결정 : 선고형이 3년 이하의 징역 또는 금고에 해당하는 경우에는, 실형이 권고되는 경우, 집행유예가 권고되는 경우, 어느 쪽도 권고되지 않는 경우(실형과 집행유예 중에서 선택 가능)를 구분하고 있는 집행유예 기준에 따라 법관은 집행유예 여부를 결정하게 된다. 양형기준은 책임단계와 예방단계를 구별하는 전제에서 형종 및 형량 기준과 별도로 집행유예 기준을 두고 있다.

④ **양형인자의 질적 구분**

의 의	다양한 양형인자의 기본 성격을 규명하고(행위, 행위자), 책임의 경중에 미치는 내용(가중, 감경)과 그 정도(특별, 일반)를 구분하는 것	
감경인자	책임감소 인자	
가중인자	책임증가 인자	
특별양형인자	당해 범죄유형의 형량에 큰 영향력을 갖는 인자로서 권고 영역을 결정하는 데 사용되는 인자	
일반양형인자	영향력이 특별양형인자에 미치지 못하는 인자로서 권고 영역을 결정하는 데에는 사용되지 못하고, 결정된 권고 형량범위 내에서 선고형을 정하는 데 고려되는 인자	
행위인자	범죄행위 자체에 관련되는 요소	계획적 범행, 잔혹한 범행수법
행위자/기타인자	범죄인 자신에 관련되는 요소, 범행 후의 정황에 관련된 요소	처벌불원, 자수, 전과 등

(5) 양형이론

① 유일점 형벌이론(유일형이론)

- ㉠ 책임은 언제나 고정된 일정한 크기를 가지므로 정당한 형벌은 오직 하나일 수밖에 없다는 이론이다(책임에 상응하는 형벌은 하나의 점의 형태로 존재한다). [2013. 7급] 총 3회 기출
- ㉡ 책임과 일치하는 형벌은 다른 형벌의 목적으로 인하여 수정될 수 있으나 책임을 초과할 수 없다는 것이다.

② 폭의 이론(범위이론, 범주이론) : 다수설

- ㉠ 책임과 일치하는 정확한 형벌을 결정할 수는 없으며, 형벌은 그 하한과 상한에 있어서 책임에 적합한 범위가 있으므로 이 범위에서 특별예방과 일반예방을 고려하여 형을 양정해야 한다는 이론이다.
- ㉡ 형량은 수량개념이지만, 가치개념이므로 책임에 상응하는 정당하고 유일한 형벌을 찾아내는 것은 현실적으로 불가능한 일이라는 점에 근거를 두고 있다.
- ㉢ 예방의 관점을 고려한 것으로 법관에게 일정한 형벌목적으로 고려할 수 있는 일정한 재량범위를 인정하는 장점을 가지고 있다. [2012. 7급]
- ㉣ 지배적인 양형이론으로 독일 연방최고법원이 취하는 입장이다.

③ 단계이론(위가이론)

- ㉠ 유일점 이론과 폭의 이론이 대립하는 과정에서 폭의 이론을 변형하기 위한 시도로 등장한 이론으로 양형의 단계에 따라 개별적인 형벌목적의 의의와 가치를 결정해야 한다는 이론이다.
- ㉡ 형량은 불법과 책임에 따라 결정하고, 형벌의 종류와 집행 여부는 예방을 고려하여 결정해야 한다는 것이다.

> **PLUS+ 이중평가금지의 원칙**
>
> 양형에서 법적 구성요건의 표지에 해당하는 사정이 다시 고려되어서는 안된다.

02 판결 전 조사제도

(1) 의 의

① 형의 종류나 양 및 보안처분의 적용에 있어서 다른 방법으로 조사할 수 없는 피고인의 인격 및 환경에 관한 자료를 수집하여 교정처우과정에서 활용함으로써 범죄자의 교정과 갱생의 촉진에 크게 기여하는 제도이다.

② 1911년 미국의 일리노이주 시카고시에서 처음 실시되었고 1940년 표준보호관찰법(SPA)에서 공식화되었다. [2010. 7급]

③ 사실심리절차와 양형절차를 분리하는 소송절차이분을 전제로 하며, 미국에서 보호관찰제도와 밀접한 관련을 가지고 발전되어 온 제도이다. [2012. 7급]

④ 유죄인부절차에서 유죄가 인정된 자를 대상으로 형량결정을 위하여 판결 전에 보호관찰회부 여부, 재범의 위험성 여부, 갱생에 도움이 될 만한 사회적·개인적 지원, 범죄자의 개별특성, 생활환경 등을 면밀히 조사하는 행위를 말한다.

(2) 유용성

① 판사가 가장 유효·적절한 판결을 할 수 있도록 양형의 합리화에 도움을 준다. [2012. 7급] 총 3회 기출
② 변호인의 변호활동을 보완하는 기능을 하며 피고인의 인권보장에 기여한다.
③ 교정시설에서 수용자에 대한 개별처우의 자료로 활용된다. [2012. 7급] 총 3회 기출
④ 보호관찰시 조사보고서(보안처분의 기초자료)는 지역사회에서의 범죄인처우지침으로 활용된다.
⑤ 양형절차 이전에 유죄인부절차에서 무죄판결시 피고인의 인격에 대한 조사가 불필요하여 소송 경제에도 유리하다.

(3) 문제점

① 조사결과에 대한 피고인측의 반대신문권의 확보문제, 조사결과의 피고인에 대한 공개여부, 직권주의의 부활, 소송의 신속한 진행을 저해하는 등 소송경제에 반한다는 비판이 있다.
② 정보제공자들이 주로 가까운 친지 등이므로 피고인과의 인간관계를 해칠 우려가 있다.
③ 소송법상에서는 엄격한 증거조사가 요구되는데, 판결 전 조사는 엄격한 증거조사와는 동떨어진 사회조사이다.

03 우리나라의 판결 전 조사제도

(1) 판결 전 조사

① 법원은 피고인에 대하여 형법 제59조의2(선고유예시 보호관찰) 및 제62조의2(집행유예시 보호관찰, 사회봉사·수강명령)에 따른 보호관찰, 사회봉사 또는 수강을 명하기 위하여 필요하다고 인정하면 그 법원의 소재지 또는 피고인의 주거지를 관할하는 보호관찰소의 장에게 범행 동기, 직업, 생활환경, 교우관계, 가족상황, 피해회복 여부 등 피고인에 관한 사항의 조사를 요구할 수 있다 (보호관찰 등에 관한 법률 제19조 제1항). [2020. 7급]
② 법원은 성폭력범죄를 범한 피고인에 대하여 보호관찰, 사회봉사, 수강명령 또는 이수명령을 부과하기 위하여 필요하다고 인정하면 그 법원의 소재지 또는 피고인의 주거지를 관할하는 보호관찰소의 장에게 피고인의 신체적·심리적 특성 및 상태, 정신성적 발달과정, 성장배경, 가정환경, 직업, 생활환경, 교우관계, 범행동기, 병력, 피해자와의 관계, 재범위험성 등 피고인에 관한 사항의 조사를 요구할 수 있다(성폭력범죄의 처벌 등에 관한 특례법 제17조 제1항).
③ 법원은 피고인에 대하여 보호관찰, 사회봉사, 수강명령 또는 이수명령을 부과하거나 취업제한 명령을 부과하기 위하여 필요하다고 인정하면 그 법원의 소재지 또는 피고인의 주거지를 관할하는 보호관찰소의 장에게 피고인의 신체적·심리적 특성 및 상태, 정신성적 발달과정, 성장배경, 가정환경, 직업, 생활환경, 교우관계, 범행동기, 병력, 피해자와의 관계, 재범위험성 등 피고인에 관한 사항의 조사를 요구할 수 있다(아동·청소년의 성보호에 관한 법률 제22조 제1항).
④ **치료감호 등에 관한 법률 제44조의3** : 선고·집행유예 시 치료명령을 위해 판결 전 조사

(2) 결정 전 조사

① 법원은 소년 보호사건에 대한 조사 또는 심리를 위하여 필요하다고 인정하면 그 법원의 소재지 또는 소년의 주거지를 관할하는 보호관찰소의 장에게 소년의 품행, 경력, 가정상황, 그 밖의 환경 등 필요한 사항에 관한 조사를 의뢰할 수 있다(보호관찰 등에 관한 법률 제19조의2 제1항). [2020. 7급]

② 소년부 판사는 조사관에게 사건 본인, 보호자 또는 참고인의 심문이나 그 밖에 필요한 사항을 조사하도록 명할 수 있다(소년법 제11조).

PLUS⁺ 공판절차의 이분화

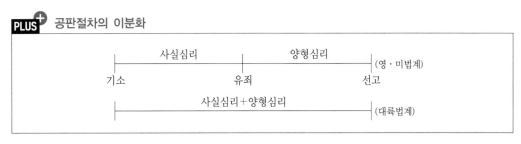

최신 기출로 확인하기

1. 「보호관찰 등에 관한 법률」 및 「소년법」상 결정 전 조사 또는 판결 전 조사에 대한 설명으로 옳지 않은 것은?

2015. 5급 승진

① 「보호관찰 등에 관한 법률」에 의하면, 법원은 피고인에 대하여 「형법」 제59조의2 및 제62조의2에 따른 보호관찰, 사회봉사 또는 수강을 명하기 위하여 필요하다고 인정하면 보호관찰소의 장에게 범행동기 등 피고인에 관한 사항의 조사를 요구할 수 있다.
② 법원의 판결 전 조사 요구를 받은 보호관찰소의 장은 지체 없이 이를 조사하여 서면으로 해당 법원에 알려야 한다.
③ 보호관찰소의 장은 법원의 판결 전 조사 요구를 받더라도 피고인이나 그 밖의 관계인을 소환하여 심문할수 없다.
④ 검사는 보호관찰소의 장 등으로부터 통보받은 조사 결과를 참고하여 소년피의자를 교화·개선하는 데에 가장 적합한 처분을 결정하여야 한다.
⑤ 검사는 소년 피의사건에 대하여 소년부 송치, 공소제기 등의 처분을 결정하기 위하여 필요하다고 인정하면 보호관찰소의 장 등에게 조사를 요구할 수 있다.

2. 소년사건에 대한 조사제도를 설명한 것으로 옳지 않은 것은?

2016. 보호 7급

① 검사는 소년피의사건에 대해 소년부송치, 공소제기 등의 처분을 결정하기 위하여 필요하다고 인정하면 피의자의 주거지 또는 검찰청 소재지를 관할하는 보호관찰소의 장 등에게 피의자의 품행, 생활환경 등에 관한 조사를 요구할 수 있다.
② 소년분류심사관은 사건의 조사에 필요하다고 인정한 때에는 기일을 정하여 보호자 또는 참고인을 소환할수 있고, 정당한 이유 없이 이에 응하지 않을 경우 동행영장을 발부할 수 있다.
③ 법원은 소년형사범에 대해 집행유예에 따른 보호관찰, 사회봉사 또는 수강을 명하기 위해 필요하다고 인정하면 그 법원의 소재지 등의 보호관찰소의 장에게 범행동기, 생활환경 등의 조사를 요구할 수 있다.
④ 수용기관의 장은 단기 소년원송치 처분 등을 받은 소년을 수용한 경우에는 지체 없이 거주예정지를 관할하는 보호관찰소의 장에게 신상조사서를 보내 환경조사를 의뢰하여야 한다.

3. 대법원 양형위원회가 작성한 양형기준표에 대한 설명으로 옳지 않은 것은?

2022. 보호 7급

① 주요 범죄 대부분에 대하여 공통적, 통일적으로 적용되는 종합적 양형기준이 아닌 범죄 유형별로 적용되는 개별적 양형기준을 설정하였다.
② 양형인자는 책임을 증가시키는 가중인자인 특별양형인자와 책임을 감소시키는 감경인자인 일반양형인자로 구분된다.
③ 양형인자 평가결과에 따라 감경영역, 기본영역, 가중영역의 3가지 권고영역 중 하나를 선택하여 권고형량의 범위를 정한다.
④ 양형에 있어서 권고형량범위와 함께 실형선고를 할 것인가, 집행유예를 선고할 것인가를 판단하기 위한 기준을 두고 있다.

🔍 정답 1. ③ 2. ② 3. ②

단원MAP

형사정책 기초개념			범죄의 원인과 현상론								
1. 학문발전	2. 국제성	3. 연구방법	4. 고전주의	5. 초기실증	6. 생물학	7. 심리학	8. 거시사회	9. 미시사회	10. 갈등론적	11. 발달범죄	12. 범죄현상
피해자론		비범죄	예방과 예측		형벌론		보안처분론				판 례
13. 피해자학	14. 피해보호	15. 비범죄화	16. 범죄예방	17. 범죄예측	18. 형벌론	19. 형벌종류	20. 보안처분	21. 주요5법	22. 소년사법	23. 소년2법	24. 판례

핵심정리 형벌 정리

생명형	사형		교수형에 처함(군은 총살형)
자유형	징역 금고	무기	종신(단, 20년이 경과한 후에는 가석방이 가능)
		유기	1월 이상 30년 이하(단, 가중 시는 50년 이하)
	구류		1일 이상 30일 미만
명예형	자격 정지	당연정지(형법 제43조 제2항)	형집행의 종료 또는 면제시까지
		선고에 의한 정지(형법 제44조)	1년 이상 15년 이하
재산형	벌금	5만원 이상	노역유치 : 1일 이상(월이 아님) 3년 이하
	과료	2천원 이상 5만원 미만	노역유치 : 1일 이상 30일 미만

제1절 사형제도

01 개 관

(1) 의 의

① 사형은 수형자의 생명을 박탈하여 그를 사회로부터 영구히 제거시키는 형벌로서, 형법에 규정된 형벌 중 가장 중한 것으로 교정시설 안에서 교수하여 집행한다(형법 제66조).

② 사형은 소속 군 참모총장 또는 군사법원의 관할관이 지정한 장소에서 총살로써 집행한다(군형법 제3조).

(2) 시대적 변화

시대구분	내용
고 대	함무라비형법전의 형법 편에 탈리오법칙(Talio Law)이 반영되어 위하관념이 강한 약 37개 조의 사형규정을 담고 있다.
중 세	사형의 전성기라고 할 수 있고, 정치적·종교적으로 남용되었다.
18세기 이후	계몽사상가와 인도주의 사상의 영향을 받아 사형의 적용범위를 제한하거나 폐지에 대한 논의가 활발히 이루어졌다.
우리나라	고조선의 8조 법금에 사형이 규정되어 있었다.

02 사형제도에 대한 논의

(1) 사형제도 존·폐론

존치론	폐지론
1. 사람을 살해한 자는 생명을 박탈해야 한다는 것이 국민의 법감정이다. 2. 흉악범 등 중대범죄에 대하여는 사형으로써 위하하지 않으면 법익보호의 목적을 달성할 수 없다. 3. 극악한 인물은 국가사회에 대하여 유해하므로 사회방위를 위해서는 사회로부터 완전히 제거되어야 한다. 4. 사형에 대한 오판의 우려는 지나친 염려이다. 5. 사형은 무기형보다는 정부의 재정적 부담을 덜어준다. 6. 사형은 위하에 의한 범죄억제력의 효과가 있다. 7. 사형제도 자체를 위헌이라고 할 수 없다. 8. 엘리히(Ehrlich)의 연구에 의하면 사형에는 범죄억제력이 있는 것으로 나타났다.	1. 사형은 야만적이고 잔혹하므로 인간의 존엄성에 반한다. 2. 국가는 사람의 생명을 박탈하는 권리를 가질 수 없다. 3. 오판에 의한 사형집행은 이를 회복할 방법이 없다. 4. 사형은 일반사회의 기대처럼 범죄억제효과가 크지 않다. 5. 사형은 형벌의 교육적·개선적 기능을 전혀 달성할 수 없다. 6. 사형은 피해자에 대한 손해배상이나 구제에 도움이 되지 않는다. 7. 사형은 미국연방수정헌법이 금지하고 있는 '잔혹하고 비정상적인 형벌'에 해당되어 위헌이다. 8. 산업사회의 노동력으로 활용하는 것이 더 유용하다.

(2) 사형제한론

방 향	내용
사형범죄의 축소	사형을 법정형으로 규정하고 있는 범죄의 범위를 대폭 축소하여야 한다.
사형선고의 신중	사형이 선고된 자에 대한 필요적 재심사유로 하거나 대법원 전원재판부의 찬성요건을 강화하여야 한다.
사형집행 연기제도	중국의 경우 특별한 경우 외에는 사형판결과 함께 집행연기 2년을 선고하여 노동개조를 실행하고 그 태도를 참작하고 있다.

(3) 사형제도 폐지론자 [2023. 9급]

사형폐지론자	내 용
베카리아	「범죄와 형벌」(1764)에서 사회계약설에 입각한 사형폐지를 주장하였다.
존 하워드	「감옥상태론」(1777)에서 사형폐지운동을 전개하였다.
페스탈로치	형벌의 교육적 기능을 중시하여 사형폐지를 주장하였다.
빅토르 위고	사형은 범죄억지력이 없으므로 종신징역형으로 대체하여야 한다.
리프만	사형에는 위하력이 없고, 오판의 경우 회복할 수 없다.
앙 셀	사형뿐만 아니라 무기징역도 폐지되어야 한다.
셀 린	사형폐지 주와 존치 주의 살인사건 비교, 같은 주에서 사형폐지 전과 후의 살인사건 비교, 사형집행 사실의 공표 후와 전의 범죄발생률 비교 등의 방법으로 사형에는 범죄억제력이 없다고 주장하였다.
기 타	캘버트, 서덜랜드, 라드브르흐

(4) 사형제도 존치론자

칸트(Kant), 비르크메이어(Birkmeyer), 로크(Locke), 루소, 헤겔 등

03 현행법상 사형규정

(1) 사형 및 무기형의 완화

① 죄를 범할 당시 18세 미만인 소년에 대하여 사형 또는 무기형으로 처할 경우에는 15년의 유기징역으로 한다(소년법 제59조). [2024. 보호 9급] 총 13회 기출

② 특정강력범죄(살인, 미성년자 약취유인, 강도, 성폭행 등)를 범한 당시 18세 미만인 소년을 사형 또는 무기형에 처하여야 할 때에는 소년법 제59조에도 불구하고 그 형을 20년의 유기징역으로 한다(특정강력범죄의 처벌에 관한 특례법 제4조 제1항). [2024. 보호 9급] 총 2회 기출

(2) 사형확정자의 처우

① 독거수용 원칙, 예외적으로 혼거수용 가능(형집행법 제89조 제1항)

② 사형확정자가 수용된 거실 참관금지(동법 제89조 제2항)

③ **접견**: 매월 4회 이내(동법 시행령 제109조), **전화통화**: 매월 3회 이내(동법 시행규칙 제156조)

④ 신청에 의한 작업 가능(구내작업)(동법 시행규칙 제153조 제1항)

⑤ 일반경비시설 또는 중경비시설 수용(동법 시행령 제108조)

⑥ 전담교정시설에 수용할 수 있다(동법 시행규칙 제155조).

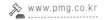

(3) 사형의 집행

① 사형은 교정시설의 사형장에서 집행한다(형집행법 제91조 제1항).
② 공휴일과 토요일에는 사형을 집행하지 아니한다(동법 제91조 제2항).
③ 사형집행은 상관의 지시를 받은 교정직교도관이 하여야 한다(교도관직무규칙 제44조).
④ **사형집행 후의 검시**: 소장은 사형을 집행하였을 경우에는 시신을 검사한 후 5분이 지나지 아니하면 교수형에 사용한 줄을 풀지 못한다(형집행법 시행령 제111조).

(4) 사형집행절차

사형판결 확정	사형 판결이 확정된 때에는 검사는 지체 없이 소송기록을 법무부장관에게 제출(형사소송법 제464조)
⇩	
사형집행명령 시기	• 사형은 법무부장관의 명령에 의하여 집행(동법 제463조) • 사형집행의 명령은 판결이 확정된 날로부터 6월 이내(동법 제465조 제1항)
⇩	
사형집행 기간	법무부장관이 사형의 집행을 명한 때에는 5일 이내에 집행(동법 제466조)
⇩	
사형집행 참여	검사·검찰청서기관, 교도소장(구치소장)이나 그 대리자(동법 제467조)
⇩	
사형집행조서·검시	• 사형의 집행에 참여한 검찰청서기관은 집행조서를 작성(동법 제468조) • 소장은 사형을 집행하였을 경우에는 시신을 검사한 후 5분이 지나지 아니하면 교수형에 사용한 줄을 풀지 못한다(형집행법 시행령 제111조)

최신 기출로 확인하기

1. 사형폐지론을 주장한 학자만을 모두 고르면? 2023. 9급

㉠ 베카리아(C. Beccaria)	㉡ 루소(J. Rousseau)
㉢ 리프만(M. Liepmann)	㉣ 캘버트(E. Calvert)

① ㉠, ㉡
② ㉠, ㉢
③ ㉠, ㉢, ㉣
④ ㉡, ㉢, ㉣

🔍 정답 1. ③

제2절 자유형제도

❀핵심정리

구 분	내 용	기 간
징 역	노역에 복무하게 한다.	1월 이상 30년 이하(가중시 50년 이하), 무기의
금 고	신청에 의해 작업부과 가능	경우 기간 제한 없음
구 류	주로 경범죄처벌법 등에 규정, 신청에 의해 작업부과 가능	1일 이상 30일 미만(이하가 아님)

01 개 요

(1) 의 의

① 자유형이란 수형자의 신체적 자유를 박탈하는 것을 내용으로 하는 것으로, 현행 형법은 징역, 금고 및 구류의 세 가지 자유형을 인정하고 있다.

② 자유형의 주된 목적은 교화개선을 통한 수형자의 재사회화에 있다.

(2) 자유형제도의 기능과 목적

기 능	목 적
격 리	응보형주의와 일반예방효과, 사회방위
개 선	교육형주의와 특별예방효과

02 자유형의 역사

(1) 임시구금

① 자유형의 기원은 고대의 노예제나 죄수를 노젓기 등에 노역하게 하는 노역제에서 찾고 있다. 그러나 이 시대에는 노예나 노역자의 노동력 확보가 목적이었으므로 자유박탈에 형벌의 의미가 부여된 것은 아니었다.

② 이후 중세까지 수사나 재판절차를 원활히 하기 위해 또는 다른 형벌집행을 위한 '일시적 감금수단'으로 이용되었는데 이는 형벌의 한 종류로 인식되기보다는 단지 변형된 신체형이었다.

(2) 자유형의 등장

① 범죄인을 구금하여 노동에 동원함으로써 노동력을 확보할 수 있었던 것은 자유형 등장의 주요한 배경이 되었다. 입법적으로는 카알 5세의 카롤리나 형법전(1253)에서 자유형을 신체형과 생명형 이외의 정규의 제재형태로 인정되었으나 자유형에 대한 근본적인 변화는 16세기 말부터 시작되었다.

② **빈민구제수단의 브라이드 웰 교정원**(1555) : 가장 오래된 교정시설(최초의 교정시설)은 1555년 영국의 브라이드 웰 교정원으로 형집행보다는 빈민구제와 노동부과가 주된 수단으로 이용된 교정시설이었다.

③ **최초의 자유형 암스텔담 노역장**(1595) : 최초로 자유형을 실시한 교정시설(최초의 형집행시설)은 1595년 네덜란드의 암스텔담 노역장(Work House)으로, '노동을 통한 범죄인 개선'이라는 교육형주의의 관점에서 형벌을 집행하였다.

④ **막둥이 형벌** : 다른 형벌과 비교하여 가장 늦게 발전했다는 이유로 자유형을 '막둥이 형벌'이라고 한다.

03 자유형 관련 형법 규정

🏛 **자유형 관련 형법 규정**

징역 또는 금고의 기간(제42조)
징역 또는 금고는 무기 또는 유기로 하고 유기는 1개월 이상 30년 이하로 한다. 단, 유기징역 또는 유기금고에 대하여 형을 가중하는 때에는 50년까지로 한다. [2019. 5급 승진] 총 4회 기출

구류(제46조)
구류는 1일 이상 30일 미만으로 한다. [2019. 5급 승진]

판결선고 전 구금일수의 통산(제57조)
① 판결선고 전의 구금일수는 그 전부를 유기징역, 유기금고, 벌금이나 과료에 관한 유치 또는 구류에 산입한다. [2015. 5급 승진]
② 전항의 경우에는 구금일수의 1일은 징역, 금고, 벌금이나 과료에 관한 유치 또는 구류의 기간의 1일로 계산한다.

형의 시효(제78조)

공소시효의 기간(형사소송법 제249조)	형의 시효기간(형법 제78조)
1. 사형에 해당하는 범죄에는 25년 2. 무기 징역 또는 무기금고 15년 3. 장기 10년 이상의 징역 또는 금고 10년 4. 장기 10년 미만의 징역 또는 금고 7년 5. 장기 5년 미만 징역 또는 금고, 장기 10년 이상 자격정지 또는 벌금 5년 6. 장기 5년 이상 자격정지 3년 7. 장기 5년 미만의 자격정지, 구류, 과료 또는 몰수에 해당하는 범죄 1년 ② 공소가 제기된 범죄는 판결의 확정이 없이 공소를 제기한 때로부터 25년을 경과하면 공소시효가 완성한 것으로 간주한다.	1. 사형 : 〈삭제〉 2. 무기의 징역 또는 금고 : 20년 3. 10년 이상의 징역 또는 금고 : 15년 4. 3년 이상의 징역이나 금고 또는 10년 이상의 자격정지 : 10년 5. 3년 미만의 징역이나 금고 또는 5년 이상의 자격정지 : 7년 6. 5년 미만의 자격정지, 벌금, 몰수 또는 추징 : 5년 7. 구류 또는 과료 : 1년

형의 시효의 효과(제77조) : 형(사형은 제외한다)을 선고받은 사람에 대해서는 시효가 완성되면 그 집행이 면제된다.

시효의 정지(제79조) [2015. 5급 승진]
① 시효는 형의 집행의 유예나 정지 또는 가석방 기타 집행할 수 없는 기간은 진행되지 아니한다.
② 시효는 형이 확정된 후 그 형의 집행을 받지 아니한 자가 형의 집행을 면할 목적으로 국외에 있는 기간 동안은 진행되지 아니한다.

시효의 중단(제80조)

시효는 징역, 금고 및 구류의 경우에는 수형자를 체포한 때, 벌금, 과료, 몰수 및 추징의 경우에는 강제처분을 개시한 때에 중단된다.

형기의 기산(제84조)

① 형기는 판결이 확정된 날로부터 기산한다.

② 징역, 금고, 구류와 유치에 있어서는 구속되지 아니한 일수는 형기에 산입하지 아니한다.

형의 집행과 시효기간의 초일(제85조)

형의 집행과 시효기간의 초일은 시간을 계산함이 없이 1일로 산정한다.

석방일(제86조)

석방은 형기종료일에 하여야 한다.

04 자유형에 대한 개선논의

(1) 자유형의 단일화

① **의의** : 목적형·교육형주의의 입장에서 자유형의 내용에 따른 구별을 폐지하고 자유형을 자유 박탈을 내용으로 하는 형벌로 단일화하여 행형의 통일을 기하고자 하는 노력이다.

② **내용** : 협의로는 징역과 금고를, 광의로는 징역·금고·구류를 징역으로의 단일화를 의미한다.

③ **단일화 및 세분화 논거**

단일화 논거	세분화 논거
1. 노역에 따른 구분은 교육수단으로서 노동의 효과를 도외시한 전근대적인 노동천시 사상에 지나지 않다.	1. 노동이 형벌과 함께 강제된다는 사실만으로도 노동의 형벌성을 인정할 수 있다.
2. 징역형자에게 파렴치범이라는 개념자체가 상대적이고, 이는 낙인효과로 사회복귀를 어렵게 한다.	2. 파렴치범의 여부는 다소 상대적이긴 하지만 그 구별이 불가능한 것은 아니다.
3. 노역에 따른 구분은 응보형사고의 잔재로 인도적이지도, 합리적이지도 않다.	3. 형벌의 개별화는 교정행정의 분류처우의 낙후성을 극복할 수 있다.
4. 실제에 있어서도 금고수형자의 대부분이 신청에 의한 작업을 하고 있다.	4. 자유형은 교육뿐 아니라 응보적 징벌의 의미도 있기 때문에 그 구분은 필요하다.
5. 자유형의 목적은 수형자의 교육·개선에 있으므로 형식적인 구별은 의미가 없다.	5. 비파렴치범에 대한 대우는 국민의 법적 확신이다.

(2) 단기자유형의 문제

① 단기자유형의 폐해 주장

  ㉠ 뽀레스타(Poresta) : 수형자의 개선을 위해서는 너무나 짧은 기간이지만, 그를 부패시키는 데는 충분한 기간이다.

  ㉡ 리스트(Liszt) : 단기자유형에 맞서 싸우는 십자군임을 자칭하면서, 단기자유형은 형사정책상 무용할 뿐만 아니라 해롭기까지 한 형벌이라고 하였다.

② 비교적 경미한 범죄, 초범자 등이 적용대상이 된다.

③ 단기의 기준

  ㉠ 1949년 국제형법형무회의 : 3월 이하

  ㉡ 독일과 오스트리아 형법 : 6월 이하(우리나라의 지배적인 견해)

  ㉢ 미국 : 1년 이하

④ 문제점

  ㉠ 직업훈련 · 성격개선 등 처우프로그램을 실행할 시간적 여유가 없다.

  ㉡ 수형자에 대한 정신적 고통이 적어 위하력이 약하다.

  ㉢ 비록 짧은 기간이지만 자유박탈에 따른 폐해는 그대로 내포하고 있다. 즉 구금의 충격이 크고 사회화의 단절로 직업의 상실 등 정신적 부담이 크다. [2012. 9급]

  ㉣ 범죄의 정도에 비해 가족이 겪는 고통이 너무 크다.

  ㉤ 누범가중이나 집행유예결격의 사유가 될 수 있다. [2017. 5급 승진]

  ㉥ 전과자라는 낙인의 결과를 가져와 재범가능성이 커진다.

  ㉦ 수형시설 내 범죄자들의 범죄성향에 오염(악성감염)될 위험성이 높아 형벌의 예방적 효과를 위태롭게 한다. [2017. 5급 승진] 총 2회 기출

  ㉧ 교정기관의 업무가 가중되고 교정시설의 생활환경을 열악하게 한다.

  ㉨ 수형시설의 부족현상을 가중한다. [2017. 5급 승진]

⑤ 개선방안 [2017. 9급] 총 6회 기출

  ㉠ 벌금형의 활용 : 단기자유형을 대체하는 수단으로 가장 빈번하게 논의되는 대안이다.

  ㉡ 선고유예 · 집행유예 · 기소유예제도의 활용 : 단기자유형 대체수단으로 실무에서 가장 활발하게 이용되며, 범죄인의 정서에 충격을 주면서 동시에 재사회화 가능성을 높일 수 있다는 장점이 있다. 그러나 대체형벌로서 정당성이 있는가 하는 문제점이 있다.

  ㉢ 구금제도의 완화 : 자유형제도를 유지하면서 신체구금을 완화하는 다양한 방법을 말한다. 주말구금, 휴일구금, 단속구금, 반구금제도 등과 무구금노역제도, 선행보증, 가택구금, 거주제한 등을 수반하는 독자적인 보호관찰(probation) 등 [2017. 5급 승진]

  ㉣ 기타 : 불간섭주의, 원상회복, 사회봉사명령제도 등

⑥ 교통범죄나 소년범죄의 경우 경고적 의미의 단기자유형이 반드시 부정적 효과만을 초래하는 것은 아니라는 주장이 있다.

> **PLUS⁺ 자유형의 제문제**
>
> 1. 부정기형제도나 혼합양형제도는 단기자유박탈을 전제로 하고 있기 때문에 단기자유형의 대체방안이 아니다. 다만, 혼합양형제도는 구금제도의 완화라는 측면에서 단기자유형의 대체방안 중의 하나로 보는 견해도 있다.
> 2. 최근에는 경고적 의미의 단기자유형이 반드시 부정적인 효과만을 초래하는 것은 아니라는 주장을 주목하여야 한다. 미국의 경우 단기구금을 할 수 있는 단기자유형 집행 후 보호관찰(shock probation), 단기자유형 집행 후 가석방(shock parole), 형의 일부에 대한 집행유예(split sentencing)를 허용하는 것이 그 예이다.
> 3. 단기자유형을 벌금형으로 대체하더라도 총액벌금제를 취하고 있는 우리나라에서는 실효성이 없는 것으로 사료된다. 벌금형으로 대체하더라도 자유형을 부과하는 것과 동일한 형벌효과가 기대되어야 하는데 통상의 경제능력을 기준으로 하는 벌금액만으로는 일반인, 특히 경제적으로 부유한 사람에 대하여 형벌효과를 기대하기 어렵기 때문이다. 벌금형으로의 대체제도는 독일과 같이 일수벌금제도를 취할 때 비로소 실효성이 있을 것이다. [2017. 5급 승진]

(3) 구류형의 문제

① 구류(1일 이상 30일 미만)는 단기자유형에 해당하여, 단기자유형의 문제점과 구류 자체의 문제점을 내포하고 있다.

② 문제점

　㉠ 자유형임에도 불구하고 현행법상 집행유예나 선고유예를 할 수 없다.

　㉡ 경미한 위법행위에 대해 자유형 부과는 지나친 형법의 개입이다.

　㉢ 피고인의 방어권이 제약받는 즉결심판절차에 의한 구류형은 법치국가적 요청에 반한 것이다.

　㉣ 구류형의 집행장소가 대부분 경찰서 유치장으로 분류미흡, 범죄학습 등의 문제가 있다.

③ 개선방안

　㉠ 경미한 위법행위에 대해 과태료를 부과하여 비범죄화하여야 한다.

　㉡ 벌금 또는 과료로 대체하는 방법을 고려하여야 한다.

　㉢ 즉결심판절차를 통해서는 구류를 선고할 수 없도록 하여야 한다.

　㉣ 자유형의 단일화와 재산형의 단일화를 통해 해결하여야 한다.

> **PLUS⁺ 즉결심판제도**
>
> 판사가 경찰서장의 청구에 의하여 20만 원 이하의 벌금, 구류, 과료에 처할 경미한 범죄 사건에 관하여 정식의 공판 절차에 의하지 않고 행하는 심판 절차

(4) 부정기형제도의 도입문제

① 의 의

　㉠ 정기형은 재판에서 일정한 자유형의 기간을 확정하여 형을 선고하는 것을 말하고, 부정기형은 자유형을 선고할 때 형기를 확정하지 않는 것으로서 형기는 형집행단계에서 결정된다.

　㉡ 절대적 부정기형과 상대적 부정기형이 있으며, 절대적 부정기형은 전혀 형기를 정하지 않는 것으로 죄형법정주의의 명확성의 원칙에 반한다.

② **연 혁**

　㉠ 19세기 말 미국의 드와이트(Dwight), 와인즈(Wines), 브록웨이(Brockway) 등이 아메리카 감옥협회를 조직하여 부정기형 운동을 전개하였다.

　㉡ 1877년 뉴욕주의 엘마이라 감화원에서 최초로 상대적 부정기형을 실시하였다.

　㉢ 런던 국제감옥회의(1925) : 부정기형은 형벌 개별화의 필연적 결과이며, 범죄로부터의 사회방위에 있어 가장 유력한 방법 중의 하나이다.

　㉣ 소년범을 제외하고 거의 채택하지 않는 것이 일반적이다.

> **[소년법상 부정기형]**(제60조)
> 소년이 법정형으로 장기 2년 이상의 유기형에 해당하는 죄를 범한 경우에는 그 형의 범위에서 장기와 단기를 정하여 선고한다. 다만, 장기는 10년, 단기는 5년을 초과하지 못한다. [2024. 보호 9급] 총 9회 기출

③ **부정기형 도입 찬성 논거**

　㉠ 부정기형은 범죄자 개선목적을 달성하기 위한 가장 적당한 방법이다.

　㉡ 개선되지 않은 자의 사회복귀를 막을 수 있고, 형의 감경은 개선의욕을 촉진시킨다.

　㉢ 성인범의 경우 위험범죄자나 상습적 누범자에 대하여 장기간의 구금확보로 사회방위에 유리하다.

　㉣ 사회적 위험성이 큰 범죄인에게 위하효과가 있다.

　㉤ 행형단계에서 수형자를 더욱 면밀히 관찰하고 범죄성을 다시 평가하여 형량을 정하는 등 형의 불균형을 시정할 수 있다.

　㉥ 수형기간을 개선정도에 따라 결정할 수 있으므로 사회나 수형자 모두에 대하여 이익이 된다.

④ **부정기형 도입 반대 논거**

　㉠ 부정기형의 개선효과를 입증하기 곤란하다.

　㉡ 부정기형은 주로 사회적 약자에게 과해지므로 부당한 장기화 등 사회적 불공정을 야기하기 쉽다.

　㉢ 운용상 교도관과 수형자 간 인간관계를 왜곡하고, 인권을 침해할 수 있다.

　㉣ 교활한 수형자에게는 유리하지만, 정직한 수형자에게는 오히려 준엄한 형벌이 될 수 있다.

　㉤ 석방기일이 분명하지 않기 때문에 가족에 대해서도 상당한 압박이 될 수 있다.

　㉥ 부정기형에서 형의 정도를 판단할 수 있는 객관적인 기준이 없다.

　㉦ 부정기형은 행위 당시의 책임을 넘어서는 처벌을 가능하게 할 수 있어 형의 판단은 행위 당시의 책임을 기준으로 하여야 한다는 죄형법정주의 이념에 위배된다.

　◉ **사실상의 부정기형제도** : 가석방제도와 선시제도

최신 기출로 확인하기

1. 부정기형제도에 대한 설명으로 옳지 않은 것은? 2022. 보호 7급

① 부정기형은 범죄인의 개선에 필요한 기간을 판결선고시에 정확히 알 수 없기 때문에 형을 집행하는 단계에서 이를 고려한 탄력적 형집행을 위한 제도로 평가된다.

② 부정기형은 범죄자에 대한 위하효과가 인정되고, 수형자자치제도의 효과를 높일 수 있으며, 위험한 범죄자를 장기구금하게 하여 사회방위에도 효과적이다.

③ 부정기형은 형벌개별화원칙에 반하고, 수형자의 특성에 따라서 수형기간이 달라지게 되는 문제점이 있으며, 교도관의 자의가 개입할 여지가 있고, 석방결정과정에서 적정절차의 보장이 결여될 위험이 있다.

④ 「소년법」 제60조 제1항은 "소년이 법정형으로 장기 2년 이상의 유기형에 해당되는 죄를 범한 경우에는 그 형의 범위 내에서 장기와 단기를 정하여 형을 선고하되, 장기는 10년, 단기는 5년을 초과하지 못한다."고 규정하여 상대적 부정기형제도를 채택하였다.

2. 단기자유형에 대한 설명으로 옳지 않은 것은? 2017. 5급 승진

① 단기자유형의 개선방안으로 주말구금, 휴일구금 등을 통한 탄력적인 구금제도의 활용이 있다.

② 우리나라의 경우 총액벌금제를 취하고 있으므로 단기자유형을 벌금형으로 대체한다면 경제적으로 부유한 사람에 대하여 큰 형벌효과를 가져올 수 있다.

③ 단기자유형의 경우 수형시설 내 범죄자들의 범죄성향에 오염될 위험성이 높아 형벌의 예방적 효과를 위태롭게 한다는 문제점이 지적된다.

④ 단기자유형을 선고받고 복역한 후에는 누범문제가 제기되어 3년 동안 집행유예 결격 사유가 발생할 수 있다.

⑤ 단기자유형으로 인하여 수형시설의 부족현상을 가중한다는 점이 문제점으로 지적된다.

🔍 정답 1. ③ 2. ②

제3절 재산형제도

01 서 론

(1) 의의 및 연혁

① 재산형이란 범죄인으로부터 일정한 재산을 박탈하는 것을 내용으로 하는 형벌이다.

② 형법은 재산형으로 벌금, 과료 및 몰수 세 가지를 규정하고 있다.

③ **연혁** : 사적 보상으로 중세 유럽의 속죄금에서 시작하여 중세 후기 공적 형벌로 자리 잡아 재정수입의 증가는 '형법의 국고화'라 할 만큼 유용한 것이 되었다.

(2) 벌금형의 주장과 반대

① 20세기 전후 재산형은 단기자유형의 폐단을 줄이는 대체수단으로 이용되었고, 독일의 리스트가 대표적인 주장자이다.

② 벌금형은 경제적 능력의 차이를 불문하는 형평성 문제와 재범방지의 효과에 대한 회의적 시각으로 형사제재로서의 실효성에 의문을 제기하는 견해가 많았다.

(3) 벌금형의 확대경향

① 일정한 범죄영역에서 벌금형으로 처벌할 수 있는 영역이 형성된 점, 자유형의 문제점을 인식한 형벌관의 변화, 수형기관의 과밀화 방지와 운영경비 절감, 범죄자의 재범률을 낮추면서 사회활동의 기회를 높이는 효과 등을 이유로 확대되는 경향이 있다.

② **집행유예보다 벌금 선호** : 집행유예는 징역이나 금고형 선고를 전제로 하기 때문에 직장인에게는 벌금형에 비해 높은 단계의 형벌부과로 무용한 불이익이 크다.

③ 미국의 경우에는 경제적 시각의 접근, 즉 교정시설 유지비와 과밀화 문제로 인한 국민의 세금부담 증가를 해결하기 위해 벌금형이 중요한 형사제재로 활용되고 있다.

④ 그 밖에도 범죄수익박탈의 수단으로서의 유용성, 일수벌금제도 도입으로 형평성 문제가 해결된 점은 벌금형 증가의 원인이 되었다.

02 벌금형과 과료형

핵심정리 벌금 vs 과료

구 분	벌 금	과 료
금 액	• 5만원 이상 • 감경하는 경우 : 5만원 미만 가능	2천원 이상 5만원 미만
노역장 유치요건	• 벌금과 과료는 판결확정일로부터 30일 내에 납입하여야 한다. • 벌금과 과료를 납입하지 아니한 자는 노역장에 유치하여 작업에 복무하게 한다.	
노역장 유치기간	1일 이상 3년 이하	1일 이상 30일 미만
형의 시효 기간	5년	1년(구류, 과료)
시효의 중단	강제처분을 개시함으로 인하여 중단된다.	
실효 기간	2년	완납시 또는 집행이 면제된 때
선고유예	가능	불가능
집행유예	500만원 이하 벌금형 집행유예 가능	불가능

(1) 의 의

① 벌금형은 범죄인으로 하여금 일정한 금액을 지불하도록 강제하는 형벌이다. 과료와는 적용대상범죄와 금액 면에서 구별된다.

② 독립된 형벌로서 일정한 금액의 지불의무만을 부담시킨다는 점에서 주형에 부가적인 몰수형과 다르다.

(2) 벌금형의 장·단점

장 점	단 점
1. 자유형보다는 형집행 비용이 적고 구금으로 인한 실업, 가정파탄, 범죄오염 등의 위험성을 제거할 수 있다. 2. 주로 이욕적인 범죄자에게 효과적이며 국고의 수입을 늘릴 수 있다. 3. 벌금형을 탄력적으로 운영하면 빈부에 따른 정상참작이 가능하다. 4. 단체, 즉 법인에 대한 적절한 형벌수단이 된다. 5. 오판 시 회복이 가능하고 신속한 업무처리를 할 수 있다. 6. 피해자와 범죄인의 명예보호적 측면도 있다. 7. 형사정책상 비시설화의 도모로 인한 범죄자의 사회화에 기여한다.	1. 공공의 안전을 해친다. 2. 인플레이션 하에서는 예방력이 약하다. 3. 현재 벌금 미납자의 노역집행을 위한 별도의 시설이 없다. 4. 거액의 벌금 미납자도 3년 이하의 노역으로 벌금을 대체하므로 형평성에 위배된다. 5. 교육·개선작용이 미흡하여 형벌의 개별화와 거리가 멀다.

(3) 벌금형과 과료형

① 벌금은 5만원 이상으로 한다. 다만, 감경하는 경우에는 5만원 미만으로 할 수 있다(형법 제45조).
　　[2023. 보호 7급] 총 7회 기출

② 과료는 2천원 이상 5만원 미만으로 한다(형법 제47조). [2019. 9급] 총 4회 기출

③ **집행**(형법 제69조 제1항)

　㉠ 벌금과 과료는 판결확정일로부터 30일 내에 납입하여야 한다. [2024. 교정 9급] 총 9회 기출

　　✅ 그러므로 노역장유치의 집행은 벌금 또는 과료의 재판이 확정된 후 30일 이내에는 집행할 수 없다.

　㉡ 단, 벌금을 선고할 때에는 동시에 그 금액을 완납할 때까지 노역장에 유치할 것을 명할 수 있다. [2024. 보호 9급] 총 7회 기출

　　✅ 과료의 선고시에는 동시에 금액을 완납할 때까지 노역유치를 명할 수 없다.

④ **노역장 유치**

　㉠ 벌금을 납입하지 아니한 자는 1일 이상 3년 이하, 과료를 납입하지 아니한 자는 1일 이상 30일 미만의 기간 노역장에 유치하여 작업에 복무하게 한다(형법 제69조 제2항). [2019. 9급] 총 10회 기출

　㉡ 벌금이나 과료를 선고할 때에는 이를 납입하지 아니하는 경우의 노역장 유치기간을 정하여 동시에 선고하여야 한다(형법 제70조 제1항). [2019. 5급 승진] 총 4회 기출

　㉢ 선고하는 벌금이 1억원 이상 5억원 미만인 경우에는 300일 이상, 5억원 이상 50억원 미만인 경우에는 500일 이상, 50억원 이상인 경우에는 1천일 이상의 노역장 유치기간을 정하여야 한다(형법 제70조 제2항). [2023. 보호 7급] 총 6회 기출

⑤ **판결선고 전의 구금일수** : 판결선고 전의 구금일수는 그 전부를 벌금이나 과료에 관한 유치 또는 구류에 산입하며, 구금일수의 1일은 벌금이나 과료에 관한 유치기간의 1일로 계산한다(형법 제57조).

⑥ **유치일수의 공제** : 벌금이나 과료의 선고를 받은 사람이 그 금액의 일부를 납입한 경우에는 벌금 또는 과료액과 노역장 유치기간의 일수에 비례하여 납입금액에 해당하는 일수를 뺀다(형법 제71조). [2024. 보호 9급] 총 3회 기출

⑦ **형의 시효의 기간과 효과**

　㉠ 형의 시효는 형을 선고하는 재판이 확정된 후 그 집행을 받지 아니하고 벌금은 5년, 과료는 1년의 기간이 지나면 완성된다(형법 제78조). [2023. 보호 7급] 총 5회 기출

　㉡ 형을 선고받은 사람에 대해서는 시효가 완성되면 그 집행이 면제된다(형법 제77조). [2020. 5급 승진] 총 2회 기출

⑧ **시효의 중단** : 형의 시효는 벌금, 과료의 경우에는 강제처분을 개시한 때에 중단된다(형법 제80조).

⑨ **실효**(형의 실효 등에 관한 법률 제7조 제1항)

　㉠ 벌금형 : 수형인이 자격정지 이상의 형을 받지 아니하고 형의 집행을 종료하거나 그 집행이 면제된 날부터 2년이 경과한 때에 그 형은 실효된다.

　㉡ 과료형 : 형의 집행을 종료하거나 그 집행이 면제된 때에 그 형이 실효된다.

⑩ 선고유예 · 집행유예

　　㉠ 벌금형 : 선고유예가 가능하고(형법 제59조 제1항), 500만원 이하의 벌금형에 대하여는 집행유예가 가능하나 500만원을 초과하는 벌금형에 대하여는 집행유예를 할 수 없다(형법 제62조 제1항). [2024. 보호 9급] 총 2회 기출

　　㉡ 과료형 : 선고유예 · 집행유예 모두 불가능하다(형법 제59조 제1항 · 제62조 제1항).

⑷ **현행법상 벌금형제도**(총액벌금제도)

　① **의의** : 원칙적으로 범행을 기준으로 일정한 금액이 정해지므로, 범죄인의 빈부를 고려하지 않고 동일액의 벌금액을 부과하는 벌금제도이다.

　② 제3자에 의한 대납을 금지하며, 국가에 대한 채권과 상계할 수 없고, 공동연대책임을 인정하지 않고 개별책임을 원칙으로 한다. [2014. 9급]

　③ 벌금은 상속되지 않는 일신전속(一身專屬)적 성격을 가지고 있다. 즉 벌금납부의무자가 사망하면 납부의무까지도 소멸하는 것이다. [2014. 보호 7급] 총 2회 기출

　④ **문제점** : 범죄인의 빈부의 차이에 따라 같은 액수라도 형벌이 가지는 효과는 다를 수밖에 없어 배분적 정의에 의한 벌금형의 형평성 문제를 야기할 수 있다.

> **PLUS⁺ 벌금상속금지의 예외**
>
> 몰수 또는 조세, 전매 기타 공과에 관한 법령에 의하여 재판한 벌금 또는 추징은 그 재판을 받은 자가 재판확정 후 사망한 경우에는 그 상속재산에 대하여 집행할 수 있다. 또한 법인에 대하여 벌금, 과료 등을 명한 경우에는 법인이 그 재판확정 후 합병에 의하여 소멸한 때에도 합병 후 존속하는 법인 또는 합병에 의하여 설립된 법인에 대하여 집행할 수 있다(형사소송법 제478조, 제479조). [2014. 7급]

⑸ **일수벌금제**

　① **연혁과 취지**

　　㉠ 1910년 스웨덴의 타이렌(Thyren) 교수에 의해서 주장되어 포르투갈에서 처음 실시되었고 스칸디나비아제국을 중심으로 발전함으로써 '스칸디나비아식'이라고도 한다.

　　㉡ 핀란드, 스웨덴, 덴마크가 처음 채택하였고, 독일과 오스트리아에 도입 시행중이다.

　　㉢ 미국 : 1992년 뉴욕주와 위스콘신주에서 시행 결과 중간형태의 형사제재로 인정받았다.

　　㉣ 취지 : 범죄인의 경제력에 따른 벌금액의 차등화를 통하여 형벌의 상대적인 균등화를 이룩하는데 있다.

　② **내 용**

　　㉠ 행위자의 경제상태 내지 지불능력을 고려하는 벌금형 선고방식의 하나이다.

　　㉡ 먼저 행위자의 불법과 책임에 따라 "○○일의 일수벌금에 처한다"는 점을 판단한다.

　　㉢ 행위자의 수입, 자산, 부양의무 기타 경제사정을 고려하여 1일의 벌금액을 산정한 다음 양자를 곱하여 벌금액을 정하는 방법이다(전체일수×1일 벌금수).

③ 장 · 단점

장 점	단 점
1. 불법과 책임이 동일한 행위는 행위자의 경제적 능력에 관계없이 일수에 의해 동일하게 처벌받게 됨으로써 정의가 실현된다는 인상을 주게 된다. 2. 일수정액의 산정은 경제적 능력을 기초로 결정되므로 빈부에 관계없이 형벌의 목적을 달성할 수 있게 하고 동시에 환형유치의 집행가능성을 현저히 감소시켜 단기자유형의 폐해를 막을 수 있다. 3. 벌금형 미납시의 환형유치에 대한 기준이 명료하게 해결될 수 있다. 즉 대체자유형의 범위는 일수와 자유형이 1 : 1의 비율에 의해 간단히 산출될 수 있다. 4. 피고인의 자력에 관계없이 동일한 형벌적응력을 갖게 하는 것으로 정의의 관념과 형벌 개별화사상에 부합하는 제도이다. 5. 형벌의 책임주의에 의한 위하력과 배분적 정의의 실현이라는 희생동등의 원칙이 동시에 가능하다. [2012. 사시]	1. 벌금총액의 증대에 따른 법관들의 기계적인 1일 벌금액 산정의 위험성이 있다. 2. 벌금형의 산정에 경제적 능력을 고려하는 것은 행위자의 경제적 능력에 대하여 다른 양형사유보다 우월한 지위를 인정하는 것이 되고 이는 양형에 있어 경제적 능력에 의미를 지나치게 강조하는 것이다. 3. 실제 적용에 있어 법관이 먼저 벌금형의 총액을 정하고 이를 일수와 일수정액으로 분할하여 선고함으로써 이 제도의 본래 취지를 상실시킬 위험이 있다. 4. 피고인의 경제적 능력에 대한 정확한 조사 · 확정이 현실적으로 대단히 어렵다.

PLUS 평균적 정의와 배분적 정의

- **평균적 정의**: 같은 것은 같게 취급, 거래, 산술적 비례 **예** 1인 1투표, 동일노동 동일임금 등
- **배분적 정의**: 다른 것을 다르게 취급, 개개인의 가치나 능력 고려 **예** 노약자보호, 장애인배려 등

(6) **기타 벌금제도 개선방안**

① **벌금형의 과태료 전환 필요성**: 행정벌에서 벌금형과 과태료를 구분하여 규정하는 것은 납득할만한 일관성 · 균형성 유지가 어렵고, 다수 국민이 전과자가 되는 것을 방지하기 위해 벌금형의 과태료 전환이 필요하다.

② **벌금집행유예제도의 도입**: 형법은 벌금형의 선고유예와 최근 형사정책적 판단에 따라 500만원 이하의 벌금형에 제한된 집행유예제도가 도입되었다.

③ **자유형과 벌금형의 선택형 확대**: 자유형만을 규정하고 있는 비교적 가벼운 범죄에 대해서 벌금형을 선택형으로 규정하여 적용범위를 확대할 필요가 있다.

④ **자유노동에 의한 상환제도**: 범죄인이 관공영의 공장 · 농장 등에서 노동하게 하거나 또는 이용주에게 위탁하여 그 자금의 일부를 정부에 납부하게 하는 제도로 독일에서 시행한 바 있다.

⑤ **노역장 유치기간 연장**: 소위 황제노역을 방지하기 위하여 대형경제사범의 경우 3년 이상의 노역장 유치기간을 연장할 필요가 있다.

03 벌금 미납자의 사회봉사집행에 관한 특례법

핵심정리 벌금 미납자의 사회봉사집행 흐름

벌금미납자(신청)	검사(청구)	법원(결정)
(500만원 이하자) 검사의 납부명령일(고지된 날)부터 30일 이내 신청	신청일부터 7일 이내 청구 여부 결정	• 14일 이내 허가 여부 결정 • 불허가자 고지받은 날부터 15일 이내 납부(미납시 노역장 유치) • 허가 시 3일 이내 보관소장에 서류 송부

사회봉사 대상자(신고)	보호관찰관(집행)
허가의 고지를 받은 날부터 10일 이내 보호관찰소장에게 신고	• 보호관찰관이 집행(보호관찰관이 집행분야 정함) • 1일 9시간 초과 ×(연장집행시에도 1일 총 13시간을 초과 ×) • 집행기간 : 6개월(검사의 허가로 6개월 범위에서 한번 연장 가능) • 연장허가 신청 : 집행 끝나기 10일 전까지(검사는 7일 이내 결정)

허가 취소	종 료
• 보호관찰소장(신청) → 검사(청구) → 법원(결정) • 법원은 14일 이내에 취소 여부 결정 • 취소 시 : 미납벌금 7일 이내 납부(미납시 노역장 유치)	• 사회봉사의 집행을 마친 경우 • 사회봉사 대상자가 벌금을 완납한 경우 • 사회봉사 허가가 취소된 경우 • 사회봉사 대상자가 사망한 경우

(1) 목 적

벌금 미납자에 대한 노역장 유치를 사회봉사로 대신하여 집행할 수 있는 특례와 절차를 규정함으로써 경제적인 이유로 벌금을 낼 수 없는 사람의 노역장 유치로 인한 구금을 최소화하여 그 편익을 도모함을 목적으로 한다(제1조).

(2) 정의(제2조)

벌금 미납자	법원으로부터 벌금을 선고받아 확정되었는데도 그 벌금을 내지 아니한 사람
사회봉사	보호관찰관이 지정한 일시와 장소에서 공공의 이익을 위하여 실시하는 무보수 근로
사회봉사대상자	벌금 미납자의 신청에 따른 검사의 청구로 법원이 사회봉사를 허가한 사람

(3) 사회봉사의 신청(제4조)

① **30일 이내 신청** : 대통령령으로 정한 금액 범위 내의 벌금형이 확정된 벌금 미납자는 검사의 납부명령일부터 30일 이내에 주거지를 관할하는 지방검찰청(지방검찰청지청을 포함)의 검사에게 사회봉사를 신청할 수 있다. 다만, 검사로부터 벌금의 일부납부 또는 납부연기를 허가받은 자는 그 허가기한 내에 사회봉사를 신청할 수 있다(제1항). [2019. 7급] 총 6회 기출

② 벌금형의 금액은 500만원으로 한다(시행령 제2조).

③ 다음의 어느 하나에 해당하는 사람은 사회봉사를 신청할 수 없다(제2항).

> **[사회봉사를 신청할 수 없는 사람]**
> 1. 징역 또는 금고와 동시에 벌금을 선고받은 사람 [2020. 5급 승진] 총 4회 기출
> 2. 법원으로부터 벌금 선고와 동시에 벌금을 완납할 때까지 노역장에 유치할 것을 명받은 사람 [2018. 5급 승진] 총 4회 기출
> 3. 다른 사건으로 형 또는 구속영장이 집행되거나 노역장에 유치되어 구금 중인 사람
> 4. 사회봉사를 신청하는 해당 벌금에 대하여 법원으로부터 사회봉사를 허가받지 못하거나 취소당한 사람. 다만, 사회봉사 불허가 사유가 소멸한 경우에는 그러하지 아니하다.

④ 사회봉사를 신청할 때에 필요한 서류 및 제출방법에 관한 사항은 대통령령으로 정하되, 신청 서식 및 서식에 적을 내용 등은 법무부령으로 정한다(제3항).

(4) 사회봉사의 청구(제5조)

① **검사의 청구** : 사회봉사의 신청을 받은 검사는 사회봉사 신청인이 법원의 사회봉사 불허가 사유(제6조 제2항)에 해당하지 아니하는 때에는 법원에 사회봉사의 허가를 청구하여야 한다(제1항).

② 검사가 사회봉사의 허가를 청구할 때에는 사회봉사 청구서와 함께 사회봉사 신청인이 제출한 자료 및 관련 소명자료를 관할 법원에 제출하여야 한다(시행령 제4조).

③ **출석 또는 자료제출** : 검사는 사회봉사의 청구 여부를 결정하기 위하여 필요한 경우 신청인에게 출석 또는 자료의 제출을 요구하거나, 신청인의 동의를 받아 공공기관, 민간단체 등에 벌금 납입 능력 확인에 필요한 자료의 제출을 요구할 수 있다(제2항).

④ 신청인이 정당한 이유 없이 검사의 출석 요구나 자료제출 요구를 거부한 경우 검사는 신청을 기각할 수 있다(제3항).

⑤ **7일 이내 청구여부 결정** : 검사는 신청일부터 7일 이내에 사회봉사의 청구 여부를 결정하여야 한다. 다만, 출석 요구, 자료제출 요구에 걸리는 기간은 위 기간에 포함하지 아니한다(제4항). [2012. 7급]

⑥ 검사는 사회봉사의 신청을 기각한 때에는 이를 지체 없이 신청인에게 서면으로 알려야 한다(제5항).

⑦ **기각시 이의신청** : 사회봉사의 신청을 기각하는 검사의 처분에 대한 이의신청에 관하여는 「형사소송법」 제489조(이의신청)를 준용한다(제6항). 즉 사회봉사신청을 기각한 검사가 소속한 지방 검찰청에 대응하는 법원에 이의신청을 할 수 있다. [2018. 5급 승진] 총 2회 기출

(5) 사회봉사 허가(제6조)

① **14일 이내 허가여부 결정** : 법원은 검사로부터 사회봉사 허가 청구를 받은 날부터 14일 이내에 벌금 미납자의 경제적 능력, 사회봉사 이행에 필요한 신체적 능력, 주거의 안정성 등을 고려하여 사회봉사 허가 여부를 결정한다. 다만, 출석 요구, 자료제출 요구에 걸리는 기간은 위 기간에 포함하지 아니한다(제1항). [2014. 7급] 총 2회 기출

② **즉시항고** : 신청인과 검사는 사회봉사 허가 여부 결정에 대하여는 즉시항고 할 수 있다(제16조).

③ 다음의 어느 하나에 해당하는 경우에는 사회봉사를 허가하지 아니한다(제2항).

> **[법원의 사회봉사 불허가 사유]**(법 제6조 제2항) [2018. 5급 승진] 총 3회 기출
> 1. 벌금의 범위를 초과하거나 신청 기간이 지난 사람이 신청을 한 경우
> 2. 사회봉사를 신청할 수 없는 사람이 신청을 한 경우
> 3. 정당한 사유 없이 제3항에 따른 법원의 출석 요구나 자료제출 요구를 거부한 경우
> 4. 신청인이 일정한 수입원이나 재산이 있어 벌금을 낼 수 있다고 판단되는 경우
> 5. 질병이나 그 밖의 사유로 사회봉사를 이행하기에 부적당하다고 판단되는 경우

④ **자료제출 요구** : 법원은 사회봉사 허가 여부를 결정하기 위하여 필요한 경우 신청인에게 출석 또는 자료의 제출을 요구하거나 신청인의 동의를 받아 공공기관, 민간단체 등에 벌금 납입 능력 확인에 필요한 자료의 제출을 요구할 수 있다(제3항).

⑤ **1시간 미만 미집행** : 법원은 사회봉사를 허가하는 경우 벌금 미납액에 의하여 계산된 노역장 유치 기간에 상응하는 사회봉사시간을 산정하여야 한다. 다만, 산정된 사회봉사시간 중 1시간 미만은 집행하지 아니한다(제4항). [2018. 5급 승진] 총 3회 기출

⑥ **불허시 15일 이내 납부** : 사회봉사를 허가받지 못한 벌금 미납자는 그 결정을 고지받은 날부터 15일 이내에 벌금을 내야 하며, 위의 기간 내에 벌금을 내지 아니할 경우 노역장에 유치한다. 다만, 사회봉사 불허가에 관한 통지를 받은 날부터 15일이 지나도록 벌금을 내지 아니한 사람 중 벌금 납입기간(판결확정일로부터 30일내)이 지나지 아니한 사람의 경우에는 그 납입기간이 지난 후 노역장에 유치한다(제5항).

(6) 사회봉사 허가 여부에 대한 통지(제7조)

① 법원은 사회봉사 허가 여부의 결정을 검사와 신청인에게 서면으로 알려야 한다(제1항).

② 법원은 사회봉사를 허가하는 경우 그 확정일부터 3일 이내에 사회봉사대상자의 주거지를 관할하는 보호관찰소(보호관찰지소를 포함)의 장에게 사회봉사 허가서, 판결문 등본, 약식명령 등본 등 사회봉사 집행에 필요한 서류를 송부하여야 한다(제2항).

(7) 사회봉사의 신고(제8조)

① 사회봉사대상자는 법원으로부터 사회봉사 허가의 고지를 받은 날부터 10일 이내에 사회봉사대 상자의 주거지를 관할하는 보호관찰소의 장에게 주거, 직업, 그 밖에 대통령령으로 정하는 사 항을 신고하여야 한다(제1항). [2019. 7급]

② 사회봉사대상자로부터 사회봉사의 신고를 받은 보호관찰소의 장은 사회봉사대상자에게 사회 봉사의 내용, 준수사항, 사회봉사 종료 및 취소 사유 등에 대하여 고지하여야 한다(제2항).

③ 사회봉사대상자의 신고를 받은 보호관찰소의 장은 보호관찰관에게 사회봉사 집행 장소 등 집 행 여건을 갖추어 지체 없이 사회봉사를 집행하게 하여야 한다. 다만, 사회봉사대상자의 생업, 학업, 질병 등을 고려하여 집행 개시 시기를 조정할 수 있다(시행령 제7조).

(8) 사회봉사의 집행담당자(제9조)

① 사회봉사는 보호관찰관이 집행한다. 다만, 보호관찰관은 그 집행의 전부 또는 일부를 국공립기관이나 그 밖의 단체 또는 시설의 협력을 받아 집행할 수 있다(제1항)(위탁집행 ✕)(비교·구분 : 사회봉사명령은 위탁집행할 수 있음). [2015. 5급 승진] 총 2회 기출

② 검사는 보호관찰관에게 사회봉사 집행실태에 대한 관련 자료의 제출을 요구할 수 있고, 집행방법 및 내용이 부적당하다고 인정하는 경우에는 이에 대한 변경을 요구할 수 있다(제2항). [2015. 5급 승진]

③ 보호관찰관은 검사로부터 변경 요구를 받으면 그에 따라 사회봉사의 집행방법 및 내용을 변경하여 집행하여야 한다(제3항).

(9) 사회봉사의 집행(제10조)

① 보호관찰관은 사회봉사대상자의 성격, 사회경력, 범죄의 원인 및 개인적 특성 등을 고려하여 사회봉사의 집행분야를 정하여야 한다(제1항). [2018. 5급 승진] 총 2회 기출

② 보호관찰관은 사회봉사 집행의 분야 및 장소 등을 고려하여 적절한 사회봉사 집행 대상 인원을 결정하여야 한다(시행령 제9조).

③ 사회봉사는 평일 주간에 집행하는 것을 원칙으로 한다. 다만, 사회봉사대상자의 동의 또는 신청을 받아 사회봉사대상자의 생업, 학업, 질병 등을 고려하여 야간 또는 공휴일에 집행할 수 있다(시행령 제8조 제1항).

④ 사회봉사는 1일 9시간을 넘겨 집행할 수 없다. 다만, 사회봉사의 내용상 연속집행의 필요성이 있어 보호관찰관이 승낙하고 사회봉사대상자가 분명히 동의한 경우에만 연장하여 집행할 수 있다(제2항). [2019. 7급] 총 3회 기출

⑤ 연속집행의 필요성에 따라 1일 9시간을 넘겨 사회봉사를 집행하는 경우에도 1일 총 13시간을 초과할 수 없다(시행령 제8조 제2항).

⑥ 사회봉사의 집행시간은 사회봉사 기간 동안의 집행시간을 합산하여 시간 단위로 인정한다. 다만, 집행시간을 합산한 결과 1시간 미만이면 1시간으로 인정한다(제3항). [2015. 5급 승진]

⑦ 집행 개시 시기와 그 밖의 사회봉사 집행기준에 관한 사항은 대통령령으로 정하되, 구체적인 절차 및 서식에 적을 내용 등은 법무부령으로 정한다(제4항).

(10) 사회봉사의 집행기간

① 사회봉사의 집행은 사회봉사가 허가된 날부터 6개월 이내에 마쳐야 한다. 다만, 보호관찰관은 특별한 사정이 있으면 검사의 허가를 받아 6개월의 범위에서 한 번 그 기간을 연장하여 집행할 수 있다(제11조). [2019. 7급] 총 2회 기출

② **집행기간의 연장**(시행령 제10조)

㉠ 보호관찰관은 사회봉사의 집행기간을 연장하려는 경우에는 그 집행기간이 끝나기 10일 전까지 관할 지방검찰청의 검사에게 서면으로 사회봉사 집행기간의 연장허가를 신청하여야 한다.

㉡ 검사는 신청을 받은 날부터 7일 이내에 사회봉사 집행기간의 연장 여부를 결정하여야 한다.

(11) **사회봉사대상자의 벌금 납입**(제12조)

① 사회봉사대상자는 사회봉사의 이행을 마치기 전에 벌금의 전부 또는 일부를 낼 수 있다(제1항).
[2015. 9급]

② 사회봉사 집행 중에 벌금을 내려는 사회봉사대상자는 보호관찰소의 장으로부터 사회봉사집행
확인서를 발급받아 주거지를 관할하는 지방검찰청의 검사에게 제출하여야 한다(제2항). [2020. 5급
승진]

③ 사회봉사집행확인서를 제출받은 검사는 미납한 벌금에서 이미 집행한 사회봉사시간에 상응하
는 금액을 공제하는 방법으로 남은 벌금을 산정하여 사회봉사대상자에게 고지한다(제3항).

④ 검사가 사회봉사시간에 상응하는 벌금액을 산정하는 경우에는 법원이 해당 사회봉사를 허가할
때에 적용한 벌금액의 비율에 따르며, 산정된 남은 벌금액 중 1천원 미만은 집행하지 아니한다
(시행령 제11조).

⑤ 검사는 사회봉사대상자가 벌금을 전부 또는 일부 낸 경우 그 사실을 지체 없이 사회봉사를 집
행 중인 보호관찰소의 장에게 통보하여야 한다(제4항).

⑥ 사회봉사대상자가 미납벌금의 일부를 낸 경우 검사는 법원이 결정한 사회봉사시간에서 이미
납입한 벌금에 상응하는 사회봉사시간을 공제하는 방법으로 남은 사회봉사시간을 다시 산정하
여 사회봉사대상자와 사회봉사를 집행 중인 보호관찰소의 장에게 통보하여야 한다(제5항).

⑦ 검사가 납부한 벌금액에 상응하는 사회봉사시간을 산정하는 경우에는 법원이 해당 사회봉사를
허가할 때에 적용한 사회봉사시간의 비율에 따르며, 산정된 남은 사회봉사시간 중 1시간 미만
은 집행하지 아니한다(시행령 제11조).

(12) **사회봉사 이행의 효과**(제13조)

이 법에 따른 사회봉사를 전부 또는 일부 이행한 경우에는 집행한 사회봉사시간에 상응하는 벌금
액을 낸 것으로 본다. [2014. 7급]

(13) **사회봉사 허가의 취소**(제14조)

① 사회봉사대상자가 다음의 어느 하나에 해당하는 경우 보호관찰소 관할 지방검찰청의 검사는
보호관찰소의 장의 신청에 의하여 사회봉사 허가의 취소를 법원에 청구한다(제1항).

[사회봉사 허가 취소청구 사유]
1. 정당한 사유 없이 사회봉사의 신고를 하지 아니하는 경우
2. 사회봉사의 기간 내에 사회봉사를 마치지 아니한 경우
3. 정당한 사유 없이 「보호관찰 등에 관한 법률」 제62조 제2항의 준수사항(사회봉사・수강명령 대상자
의 준수사항)을 위반하거나 구금 등의 사유로 사회봉사를 계속 집행하기에 적당하지 아니하다고
판단되는 경우

② 취소신청이 있는 경우 보호관찰관은 사회봉사의 집행을 중지하여야 한다. 다만, 취소신청에 따
라 사회봉사의 집행이 중지된 기간은 사회봉사의 집행기간(제11조)에 포함하지 아니한다(제2항).

③ 청구를 받은 법원은 사회봉사대상자의 의견을 듣거나 필요한 자료의 제출을 요구할 수 있다(제3항).

④ 법원은 청구가 있는 날부터 14일 이내에 사회봉사 취소 여부를 결정한다. 다만, 사회봉사대상자의 의견을 듣거나 필요한 자료의 제출 요구 등에 걸리는 기간은 위 기간에 포함하지 아니한다(제4항).

⑤ 신청인과 검사는 사회봉사 허가의 취소 여부 결정에 대하여는 즉시항고 할 수 있다(제16조).

⑥ 법원은 사회봉사 취소 여부의 결정을 검사와 사회봉사대상자에게 서면으로 알려야 한다(제5항).

⑦ 고지를 받은 검사는 보호관찰소의 장에게 지체 없이 서면으로 알려야 한다(제6항).

⑧ 사회봉사 허가가 취소된 사회봉사대상자는 취소통지를 받은 날부터 7일 이내에 남은 사회봉사시간에 해당하는 미납벌금을 내야 하며, 그 기간 내에 미납벌금을 내지 아니하면 노역장에 유치한다(제7항).

⑨ 사회봉사의 취소를 구하는 보호관찰소의 장의 신청 또는 검사의 취소청구가 받아들여지지 아니하는 경우 보호관찰관은 지체 없이 사회봉사를 집행하여야 한다(제8항).

(14) **사회봉사의 종료**(제15조)

① 사회봉사는 다음의 어느 하나에 해당하는 경우에 종료한다.

> **[사회봉사의 종료 사유]**
> 1. 사회봉사의 집행을 마친 경우
> 2. 사회봉사대상자가 벌금을 완납한 경우
> 3. 사회봉사 허가가 취소된 경우
> 4. 사회봉사대상자가 사망한 경우

② 보호관찰소의 장은 사회봉사대상자가 1. 또는 2.에 해당되면 사회봉사대상자의 주거지를 관할하는 지방검찰청의 검사에게 지체 없이 통보하여야 한다.

04 몰수와 추징

(1) **몰수**(부가형적 성격)

① 범죄의 반복을 막거나 범죄로부터 이득을 얻지 못하게 할 목적으로 범행과 관련된 재산을 박탈하여 이를 국고에 귀속시키는 재산형이다.

② **임의적 몰수원칙** : 법관의 자유재량에 속하는 임의적 몰수가 원칙이지만(형법 제48조 제1항), 수뢰죄의 경우에 '범인 또는 사정을 아는 제3자가 받은 뇌물 또는 뇌물로 제공하려고 한 금품'에 대해서는 필요적 몰수를 인정한다(형법 제134조).

③ 몰수는 다른 형벌에 부가하여 과하는 것을 원칙으로 하지만, 예외적으로 행위자에게 유죄의 재판을 아니할 때에도 몰수의 요건이 있는 때에는 몰수만을 선고할 수 있다(형법 제49조).

④ **대물적 보안처분 성격** : 몰수는 실정법(형법)상 또는 형식상 형벌이지만, 실질적으로는 범죄반복의 위험성을 예방하고 범인이 범죄로부터 부당한 이득을 취하지 못하도록 하는 것을 목적으로 하는 대물적 보안처분의 성질을 갖는다는 것이 다수설의 입장이다.

⑤ 범인 외의 자의 소유에 속하지 아니하거나 범죄 후 범인 외의 자가 사정을 알면서 취득한 다음 의 물건은 전부 또는 일부를 몰수할 수 있다(형법 제48조 제1항).

> **[몰수의 대상]**
> 1. 범죄행위에 제공하였거나 제공하려고 한 물건
> 2. 범죄행위로 인하여 생겼거나 취득한 물건
> 3. 제1호 또는 제2호의 대가로 취득한 물건

(2) 추징(몰수에 갈음)

① 몰수할 대상물의 전부 또는 일부를 몰수하기 불가능한 때에는 몰수에 갈음하여 그 가액의 납부 를 명하는 사법처분의 일종이다.

② 형법상의 형벌이 아니며, 몰수의 취지를 관철하기 위한 일종의 사법처분이나 실질적으로는 부 가형으로서의 성질을 가진다.

③ 형법 제48조 제1항의 물건을 몰수할 수 없을 때에는 그 가액을 추징한다(형법 제48조 제2항).

최신 기출로 확인하기

1. 벌금형 제도에 대한 설명으로 옳지 않은 것은? (다툼이 있는 경우 판례에 의함) `2021. 보호 7급`

① 벌금형의 집행을 위한 검사의 명령은 집행력 있는 채무명의와 동일한 효력이 있다.

② 500만 원 이하 벌금형을 선고할 경우 피고인의 사정을 고려하여 100만원만 집행하고 400만원은 집행을 유예할 수 있다.

③ 벌금을 납입하지 아니한 자는 1일 이상 3년 이하의 기간 노역장에 유치하여 작업에 복무하게 한다.

④ 벌금형에 따르는 노역장 유치는 실질적으로 자유형과 동일하므로, 그 집행에 대하여는 자유형의 집행에 관한 규정이 준용된다.

2. 벌금형에 관하여 현행법상 허용되는 것은? (다툼이 있는 경우 판례에 의함) `2024. 보호 9급`

① 벌금형에 대한 선고유예

② 1000만 원의 벌금형에 대한 집행유예

③ 범죄자의 경제력을 반영한 재산비례벌금제(일수벌금제)

④ 500만 원의 벌금형을 선고하면서 300만 원에 대해서만 집행유예

3. 「형법」상 형의 집행에 대한 설명으로 옳지 않은 것은? `2024. 교정 9급`

① 징역은 교정시설에 수용하여 집행하며, 정해진 노역(勞役)에 복무하게 한다.

② 유기징역 또는 유기금고에 자격정지를 병과한 때에는 징역 또는 금고의 집행을 종료하거나 면제된 날로부 터 정지기간을 기산한다.

③ 벌금과 과료는 판결확정일로부터 30일 내에 납입하여야 한다. 다만, 벌금을 선고할 때에는 동시에 그 금액 을 완납할 때까지 노역장에 유치할 것을 명하여야 한다.

④ 벌금이나 과료의 선고를 받은 사람이 그 금액의 일부를 납입한 경우에는 벌금 또는 과료액과 노역장 유치 기간의 일수(日數)에 비례하여 납입금액에 해당하는 일수를 노역장 유치일수에서 뺀다.

4. 「벌금 미납자의 사회봉사 집행에 관한 특례법」에 대한 설명으로 옳지 않은 것은? 2019. 7급

① 대통령령으로 정한 금액 범위 내의 벌금형이 확정된 벌금 미납자는 검사의 납부명령일부터 30일 이내에 주거지를 관할하는 지방검찰청(지방검찰청지청을 포함한다)의 검사에게 사회봉사를 신청할 수 있다. 다만, 검사로부터 벌금의 일부납부 또는 납부연기를 허가받은 자는 그 허가기한 내에 사회봉사를 신청할 수 있다.

② 사회봉사대상자는 법원으로부터 사회봉사 허가의 고지를 받은 날부터 7일 이내에 사회봉사대상자의 주거지를 관할하는 보호관찰소의 장에게 주거, 직업, 그 밖에 대통령령으로 정하는 사항을 신고하여야 한다.

③ 사회봉사는 1일 9시간을 넘겨 집행할 수 없다. 다만, 사회봉사의 내용상 연속집행의 필요성이 있어 보호관찰관이 승낙하고 사회봉사대상자가 분명히 동의한 경우에만 연장하여 집행할 수 있다.

④ 사회봉사의 집행은 사회봉사가 허가된 날부터 6개월 이내에 마쳐야 한다. 다만, 보호관찰관은 특별한 사정이 있으면 검사의 허가를 받아 6개월의 범위에서 한 번 그 기간을 연장하여 집행할 수 있다.

5. 현행법상 노역장 유치에 대한 설명으로 옳지 않은 것은? (다툼이 있는 경우 판례에 의함) 2019. 5급 승진

① 노역장 유치는 그 실질이 신체의 자유를 박탈하는 것으로서 징역형과 유사한 형벌적 성격을 가지므로 형벌 불소급원칙의 적용대상이 된다.

② 벌금이나 과료를 선고할 때에는 이를 납입하지 아니하는 경우의 노역장 유치기간을 정하여 동시에 선고하여야 한다.

③ 과료를 납입하지 아니한 자는 1일 이상 30일 미만, 벌금을 납입하지 아니한 자는 1개월 이상 3년 이하의 기간 노역장에 유치하여 작업에 복무하게 한다.

④ 벌금을 선고하는 경우 벌금액이 50억 원인 때에는 1천일 이상의 노역장 유치기간을 정하여야 한다.

⑤ 징역 또는 금고와 동시에 벌금을 선고받은 사람은 노역장 유치를 대신하기 위한 사회봉사를 신청할 수 없다.

🔍 정답 1. ② 2. ① 3. ③ 4. ② 5. ③

제4절 명예형제도

핵심정리 명예형제도 정리

자격상실 또는 자격정지 내용	자격정지(당연정지)	자격상실 및 선고정지
1. 공무원이 되는 자격	[1~3] 유기징역, 유기금고시 당연정지	[1~4] • 사형, 무기징역, 무기금고시 상실 • 선고정지 : 1년 이상 15년 이하기간
2. 공법상의 선거권과 피선거권		
3. 법률로 요건을 정한 공법상의 업무에 관한 자격		
4. 법인의 이사, 감사 또는 지배인 기타 법인의 업무에 관한 검사역이나 재산관리인이 되는 자격	—	

01 자격상실

사형, 무기징역 또는 무기금고의 판결을 받은 자는 다음의 자격을 상실한다(형법 제43조 제1항).

[사형, 무기징역 또는 무기금고자의 자격상실]
1. 공무원이 되는 자격
2. 공법상의 선거권과 피선거권
3. 법률로 요건을 정한 공법상의 업무에 관한 자격
4. 법인의 이사, 감사 또는 지배인 기타 법인의 업무에 관한 검사역이나 재산관리인이 되는 자격

02 자격정지

일정 기간 동안 일정한 자격의 전부 또는 일부를 정지시키는 것을 말한다. 형법은 자격정지를 선택형 또는 병과형으로 규정하고 있으며, 일정한 형의 판결을 받은 자에게 당연히 정지되는 당연정지와 판결의 선고로 정지되는 선고정지가 있다.

(1) 당연정지

① 유기징역 또는 유기금고의 판결을 받은 자는 그 형의 집행이 종료하거나 면제될 때까지 다음의 자격이 정지된다. 다만, 다른 법률에 특별한 규정이 있는 경우에는 그 법률에 따른다(형법 제43조 제2항).

[유기징역 또는 유기금고형 받은 자의 자격의 당연정지]
1. 공무원이 되는 자격
2. 공법상의 선거권과 피선거권
3. 법률로 요건을 정한 공법상의 업무에 관한 자격

② 유기징역 또는 유기금고의 판결을 받아 그 형의 집행유예기간 중인 자의 '공법상의 선거권'에 관한 부분은 헌법에 위반되고(단순위헌), 유기징역 또는 유기금고의 판결을 받아 그 형의 집행이 종료되지 아니한 자의 '공법상의 선거권'에 관한 부분은 헌법에 합치되지 아니한다(헌재 2014. 1.28. 2012헌마409).

⊘ 이 판례로 인해 공직선거법 제18조 제1항 제2호(2015.8.13.) 및 형법 제43조 제2항이 개정(2016.1.6.)되었다.

> 🏛 **선거권이 없는 자**(공직선거법 제18조)
> ① 선거일 현재 다음의 어느 하나에 해당하는 사람은 선거권이 없다.
>   2. 1년 이상의 징역 또는 금고의 형의 선고를 받고 그 집행이 종료되지 아니하거나 그 집행을 받지 아니하기로 확정되지 아니한 사람. 다만, 그 형의 집행유예를 선고받고 유예기간 중에 있는 사람은 제외한다.

(2) 선고정지(병과와 선택형) [2024. 교정 9급] 총 3회 기출

① 판결의 선고에 의하여 다음에 기재된 자격의 전부 또는 일부가 정지되는 것을 말한다.

> **[선고에 의한 자격정지]**
> 1. 공무원이 되는 자격
> 2. 공법상의 선거권과 피선거권
> 3. 법률로 요건을 정한 공법상의 업무에 관한 자격
> 4. 법인의 이사, 감사 또는 지배인 기타 법인의 업무에 관한 검사역이나 재산관리인이 되는 자격

② **자격정지 기간**: 자격정지기간은 1년 이상 15년 이하로 한다(형법 제44조 제1항).
③ **병과시**: 그 기간은 유기징역 또는 유기금고에 자격정지를 병과한 때에는 징역 또는 금고의 집행을 종료하거나 면제된 날로부터 기산한다(형법 제44조 제2항).
④ **선택형인 때**: 자격정지가 선택형인 때에는 판결이 확정된 날로부터 기산한다.

제5절 각종 유예제도

핵심정리 선고유예와 집행유예(전환정책)

전환처우 (diversion)		재판절차		집행절차
		선고유예(형법 제59조-61조)	집행유예(형법 제62조-65조)	가석방(형법 제72조-76조)
요 건	①	1년 이하 징역·금고, 자격정지, 벌금 선고시	• 3년 이하 징역·금고 • 500만원 이하 벌금 선고시	징역·금고 집행중
	②	뉘우치는 정상 뚜렷(§51참작)	정상참작사유(§51참작)	• 뉘우침 뚜렷 • 행상양호
	③	자격정지 이상 전과 ×	금고 이상 선고받아 집행종료·면제 후 3년 경과	• 무기 : 20년, 유기 : 형기 1/3 경과 • 병과 벌금·과료완납
기 간		2년	1-5년	• 무기 : 10년 • 유기 : 잔형기(10년초과 ×)
효 과		면소 간주	형선고 효력상실	형집행종료 간주
보안 처분	내 용	• 보호관찰 —	• 보호관찰(임의적) • 사회봉사·수강명령	• 보호관찰(필요적) —
	기 간	1년	집유기간(감축가능)	가석방기간(면제가능)
실 효	필 요	• 자격이상 판결확정 • 자격이상 전과발견	금고이상 확정(고의범)	금고이상 확정(과실범 ×)
	임 의	준수사항위반, 정도重	—	—
취 소	필 요	—	선고 후 ③결여 발각	—
	임 의	—	준수사항위반, 정도重 —	• 준수사항위반, 정도重 • 감시규칙위반
재판전 전환		• 경찰 : 훈방, 통고처분 • 검찰 : 기소유예		

PART 04

01 기소유예제도

(1) 의 의

공소를 제기하기에 충분한 범죄의 혐의가 있고 소송조건도 구비되었으나 범인의 연령·성행·지능과 환경, 범행의 동기·수단과 결과, 피해자에 대한 관계, 범행 후의 정황 등(형법 제51조) 양형인자를 참작하여 검사의 재량에 의하여 공소를 제기하지 않는 처분을 말한다.

(2) 장 점

① 구체적 정의의 실현과 실질적 공평의 추구에 필요한 탄력성을 제공한다.
② 피의자에게 전과의 낙인 없이 기소 전 단계에서 형사정책적 고려를 통하여 사회복귀를 가능하게 하고, 단기자유형의 폐해를 방지할 수 있다. [2017. 7급] 총 3회 기출
③ 합리적 공소제기로 일반의 신뢰 및 공소제기 자체의 일반예방적 효과와 특별예방적 효과를 증대시킨다.
④ 법원 및 교정기관의 부담을 경감시킨다. [2017. 7급] 총 2회 기출

(3) 단 점

① 범죄인의 유무죄판단을 검찰의 행정적 처분에 맡기는 것은 옳지 않다.
② 정치적 개입이나 부당한 불기소처분의 가능성 등 검사의 지나친 자의적 재량의 여지가 있다. [2014. 7급]
③ 기소유예기간 동안 피의자는 불안한 법적 지위를 가져야 하기 때문에 법적 안정성을 침해할 수 있다. 그러나 이러한 피의자의 불이익 때문에 기소유예제도는 오히려 형벌적 기능을 담당할 수 있다고 한다. [2017. 7급]
④ 광범위한 기소유예가 인정되면 불기소처분이 가능한 사안을 오히려 기소유예로 안이하게 처리하는 경우도 배제할 수 없다.

(4) 현행법상 부당한 불기소처분 또는 기소유예의 억제조치

① **재정신청** : 고소·고발 사건에 대해 검사가 불기소처분 시 관할지방법원의 심판에 부하는 제도
② 고소·고발인의 검찰항고·재항고제도(검찰청법 제10조)
③ 헌법소원(헌법재판소법 제68조 제1항)
   ✓ 피의자도 헌소제기 가능
④ 불기소처분 통지제도, 불기소처분 이유고지제도 등

02 선고유예제도

(1) 의 의

① 범정이 비교적 경미한 범죄인에 대해 일정기간 형의 선고를 유예하고 그 유예기간(2년)을 실효됨이 없이 경과하면 면소된 것으로 간주하는 제도로 이는 처벌의 오점을 남기지 않음으로써 장차 피고인의 사회복귀를 용이하게 하는 특별예방적 목적을 달성하기 위한 제도라는 점에서 특별예방을 위해 책임주의를 양보한 것이라 할 수 있다.

② 선고유예는 형의 선고 자체를 유예한다는 점에서 형을 선고하되 그 집행만을 유예하는 집행유예와는 다르며, 유죄판결이지만 형을 선고하지 않고 일정기간 유예한다는 점에서 형법상의 제재 중 가장 가벼운 제재라고 할 수 있다.

(2) 요 건

① 1년 이하의 징역이나 금고, 자격정지 또는 벌금의 형을 선고할 경우에 제51조(양형의 조건)의 사항을 고려하여 뉘우치는 정상이 뚜렷할 때에는 그 형의 선고를 유예할 수 있다. 다만, 자격정지 이상의 형을 받은 전과가 있는 사람에 대해서는 예외로 한다(형법 제59조 제1항).

② 형을 병과할 경우에도 형의 전부 또는 일부에 대하여 선고를 유예할 수 있다(형법 제59조 제2항).

　　✅ 비교 : 형을 병과할 경우에는 그 형의 일부에 대하여 집행을 유예할 수 있다(형법 제62조 제2항).

③ 구류나 과료의 형을 선고할 경우에는 선고를 유예할 수 없다.

(3) 보호관찰

① 형의 선고를 유예하는 경우에 재범방지를 위하여 지도 및 원호가 필요한 때에는 보호관찰을 받을 것을 명할 수 있다(형법 제59조의2 제1항). [2023. 보호 7급]총 7회 기출

② 보호관찰의 기간은 1년으로 한다(형법 제59조의2 제2항). [2023. 보호 7급]총 7회 기출

③ 형의 선고를 유예하는 경우에는 사회봉사나 수강을 명할 수 없다. [2018. 7급]

(4) 효 과

형의 선고유예를 받은 날로부터 2년을 경과한 때에는 면소된 것으로 간주한다(형법 제60조). [2020. 7급]총 4회 기출

(5) 실 효

① 형의 선고유예를 받은 자가 유예기간 중 자격정지 이상의 형에 처한 판결이 확정되거나 자격정지 이상의 형에 처한 전과가 발견된 때에는 유예한 형을 선고한다(형법 제61조 제1항).

② 보호관찰을 명한 선고유예를 받은 자가 보호관찰기간 중에 준수사항을 위반하고 그 정도가 무거운 때에는 유예한 형을 선고할 수 있다(형법 제61조 제2항). [2016. 7급]총 2회 기출

03 집행유예제도

(1) 의 의

① 형의 선고 후 범정이 가볍고 형의 현실적 집행의 필요가 없다고 인정되는 경우에 일정기간 형의 집행을 유예하고 그 기간을 특정한 사고 없이 경과한 때에는 형의 선고가 효력을 상실하여 형의 선고가 없었던 것과 동일한 효과를 발생하게 하는 제도(조건부 유죄판결제도)이다.

② 단기자유형의 집행으로 인한 폐해를 방지하고 피고인의 자발적·능동적인 사회복귀를 도모한다는 점에서 특별예방의 목적을 달성할 수 있는 제도이다. 개정형법(1995)에서 집행유예에 보호관찰·사회봉사명령·수강명령제도를 신설하였다.

(2) 요 건

① 3년 이하의 징역이나 금고 또는 500만원 이하의 벌금의 형을 선고할 경우에 제51조의 사항을 참작하여 그 정상에 참작할 만한 사유가 있는 때에는 1년 이상 5년 이하의 기간 형의 집행을 유예할 수 있다. 다만, 금고 이상의 형을 선고한 판결이 확정된 때부터 그 집행을 종료하거나 면제된 후 3년까지의 기간에 범한 죄에 대하여 형을 선고하는 경우에는 그러하지 아니하다(형법 제62조 제1항). [2020. 5급 승진] 총 2회 기출

② 형을 병과할 경우에는 그 형의 일부에 대하여 집행을 유예할 수 있다(형법 제62조 제2항). [2020. 7급] 총 3회 기출

❖ 500만원을 초과하는 벌금, 자격정지, 구류, 과료의 형을 선고할 경우에는 집행유예를 할 수 없다.

(3) 보호관찰 및 사회봉사명령과 수강명령

① 형의 집행을 유예하는 경우에는 보호관찰을 받을 것을 명하거나 사회봉사 또는 수강을 명할 수 있다(형법 제62조의2 제1항). [2016. 7급] 총 9회 기출

② 보호관찰의 기간은 집행을 유예한 기간으로 한다. 다만, 법원은 유예기간의 범위 내에서 보호관찰기간을 정할 수 있다(형법 제62조의2 제2항). [2020. 7급] 총 7회 기출

③ 사회봉사명령 또는 수강명령은 집행유예기간 내에 이를 집행한다(형법 제62조의2 제3항). [2020. 7급] 총 4회 기출

❖ 보호관찰은 형벌이 아니라 보안처분의 성격을 갖는 것이다(대법원 1997.6.13. 97도703).

> **PLUS⁺ 사회봉사명령과 수강명령**
>
> 1. 사회봉사명령과 수강명령은 선고유예나 가석방에는 할 수 없고 집행유예를 하는 경우에만 할 수 있다. [2016. 7급]
> 2. 사회봉사명령은 500시간, 수강명령은 200시간의 범위 내에서 법원이 그 기간을 정해야 한다(보호관찰 등에 관한 법률 제59조). [2020. 9급] 총 7회 기출

(4) 실효와 취소 및 효과

① **집행유예의 실효** : 집행유예의 선고를 받은 자가 유예기간 중 고의로 범한 죄로 금고 이상의 실형을 선고받아 그 판결이 확정된 때에는 집행유예의 선고는 효력을 잃는다(형법 제63조).

② **집행유예의 취소**

　㉠ 집행유예의 선고를 받은 후 제62조 단행의 사유(금고 이상의 형을 선고한 판결이 확정된 때부터 그 집행을 종료하거나 면제된 후 3년까지의 기간에 범한 죄에 대하여 형을 선고하는 경우)가 발각된 때에는 집행유예의 선고를 취소한다(형법 제64조 제1항).

　㉡ 보호관찰이나 사회봉사 또는 수강을 명한 집행유예를 받은 자가 준수사항이나 명령을 위반하고 그 정도가 무거운 때에는 집행유예의 선고를 취소할 수 있다(형법 제64조 제2항).

③ **집행유예의 효과** : 집행유예의 선고를 받은 후 그 선고의 실효 또는 취소됨이 없이 유예기간을 경과한 때에는 형의 선고는 효력을 잃는다(형법 제65조).

최신 기출로 확인하기

1. 선고유예 및 가석방에 대한 설명으로 옳지 않은 것은? (다툼이 있는 경우 판례에 의함)　　2021. 보호 7급

① 선고유예 판결에서도 그 판결 이유에서는 선고형을 정해 놓아야 하고, 그 형이 벌금형일 경우에는 벌금액뿐만 아니라 환형유치처분까지 해 두어야 한다.

② 형의 집행유예의 선고가 실효 또는 취소됨이 없이 정해진 유예기간을 경과하여 형의 선고가 효력을 잃게 되었더라도, 이는 선고유예 결격사유인 자격정지 이상의 형을 받은 전과가 있는 경우에 해당한다.

③ 형기에 산입된 판결선고 전 구금일수는 가석방을 하는 경우 집행한 기간에 산입한다.

④ 사형을 무기징역으로 특별감형한 경우, 사형집행 대기기간을 처음부터 무기징역을 받은 경우와 동일하게 가석방요건 중의 하나인 형의 집행기간에 산입할 수 있다.

2. 형의 유예에 대한 설명으로 옳은 것은?　　2020. 보호 7급

① 형의 선고유예를 받은 날로부터 2년을 경과한 때에는 기소유예된 것으로 간주한다.

② 형의 선고를 유예하거나 형의 집행을 유예하는 경우 보호관찰의 기간은 1년으로 한다.

③ 형의 집행유예 시 부과되는 수강명령은 집행유예기간이 완료된 이후에 이를 집행한다.

④ 형을 병과할 경우에는 그 형의 일부에 대하여 집행을 유예할 수 있다.

🔍 정답 1. ④　2. ④

제6절　형의 실효 [2024. 교정 9급] 총 5회 기출

구 분	형법상 실효(징역, 금고)(형법 제81조)	형실효법상 실효(징역, 금고, 벌금)(제7조 제1항) (형집행법상 범죄횟수와 동일)
요 건	징역 또는 금고의 집행종료 또는 면제된 자가 1. 피해자의 손해를 보상하고 2. 자격정지 이상의 형을 받음이 없이 3. 7년을 경과한 때	자격정지 이상 형을 받지 않고, 형 종료·면제된 날부터 다음 기간 경과 시 실효된다. 1. 3년 초과 징역·금고 : 10년 2. 3년 이하 징역·금고 : 5년 3. 벌금 : 2년 ◈ 구류, 과료 : 형집행종료나 면제된 때 실효된다.
절 차	본인 또는 검사의 신청에 의하여 법원은 재판의 실효를 선고할 수 있다.	① 기간경과시 실효 ② 하나의 판결로 여러개 형이 선고된 경우 : 각 형의 집행종료나 면제된 날부터 가장 무거운 형에 대한 위 기간이 경과한 때 형의 선고는 효력을 잃는다. 다만, 징역과 금고는 같은 종류의 형으로 보고 각 형기를 합산한다(제7조 제2항).

제7절　사면제도(사면법) [2023. 보호 7급]

구 분	일반사면	특별사면	감 형	복 권
대상 (제3조)	죄를 범한 자	형을 선고받은 자	형을 선고받은 자	형의 선고로 인하여 법령에 따른 자격이 상실되거나 정지된 자
효과 (제5조 제1항)	형 선고의 효력 상실, 형을 선고받지 아니한 자에 대하여는 공소권이 상실, 다만, 특별한 규정이 있는 경우 예외로 한다.	형의 집행이 면제된다. 다만, 특별한 사정이 있을 때에는 이후 형 선고의 효력을 상실하게 할 수 있다.	① 일반감형 : 특별한 규정이 없는 경우에는 형을 변경한다. ② 특정한 자 감형 : 형의 집행을 경감한다. 다만, 특별한 사정이 있는 경우 형을 변경할 수 있다.	형 선고의 효력으로 인하여 상실되거나 정지된 자격을 회복한다.
	형의 선고에 따른 기성의 효과는 사면, 감형 및 복권으로 인하여 변경되지 아니한다(제5조 제2항).			

① 형의 집행유예를 선고받은 자에 대하여는 형 선고의 효력을 상실하게 하는 특별사면 또는 형을 변경하는 감형을 하거나 그 유예기간을 단축할 수 있다(제7조).
② 일반사면, 죄 또는 형의 종류를 정하여 하는 감형 및 일반에 대한 복권은 대통령령으로 한다. 이 경우 일반사면은 죄의 종류를 정하여야 한다(제8조).
③ 특별사면, 특정한 자에 대한 감형 및 복권은 대통령이 한다(제9조).

최신 기출로 확인하기

1. 미결구금에 대한 설명으로 옳지 않은 것은? (다툼이 있는 경우 판례에 의함) 2022. 보호 7급

① 미결구금의 폐해를 줄이기 위한 정책으로는 구속영장실질심사제, 신속한 재판의 원칙, 범죄피해자보상제도, 미결구금 전용수용시설의 확대 등이 있다.

② 미결구금된 사람을 위하여 변호인이 되려는 자의 접견교통권은 변호인의 조력을 받을 권리의 실질적 확보를 위해서 헌법상 기본권으로서 보장되어야 한다.

③ 판결선고 전 미결구금일수는 그 전부가 법률상 당연히 본형에 산입되므로 판결에서 별도로 미결구금일수 산입에 관한 사항을 판단할 필요가 없다.

④ 재심재판에서 무죄가 확정된 피고인이 미결구금을 당하였을 때에는 국가에 대하여 그 구금에 대한 보상을 청구할 수 있다.

2. 「형법」상 형벌제도에 대한 설명으로 옳지 않은 것은? 2022. 보호 7급

① 유기징역 또는 유기금고는 1개월 이상 25년 이하로 하되, 형을 가중하는 때에는 50년까지로 한다.

② 유기징역 또는 유기금고에 자격정지를 병과한 때에는 징역 또는 금고의 집행을 종료하거나 면제된 날로부터 정지기간을 기산한다.

③ 벌금을 납입하지 아니한 자는 1일 이상 3년 이하, 과료를 납입하지 아니한 자는 1일 이상 30일 미만의 기간 노역장에 유치하여 작업에 복무하게 한다.

④ 벌금에 대한 노역장 유치기간을 정하는 경우, 선고하는 벌금이 1억 원 이상 5억 원 미만인 경우에는 300일 이상, 5억 원 이상 50억 원 미만인 경우에는 500일 이상, 50억 원 이상인 경우에는 1천일 이상의 유치기간을 정하여야 한다.

3. 「사면법」상 사면에 대한 설명으로 옳지 않은 것은? 2023. 보호 7급

① 특별사면은 형을 선고받은 자를 대상으로 한다.

② 일반사면이 있으면 특별한 규정이 없는 한 형을 선고받지 아니한 자에 대하여는 공소권이 상실된다.

③ 형의 집행유예를 선고받은 자에 대하여는 형 선고의 효력을 상실하게 하는 특별사면을 할 수 없다.

④ 일반사면은 죄의 종류를 정하여 대통령령으로 한다.

4. 형의 실효와 복권에 대한 설명으로 옳지 않은 것은? 2024. 교정 9급

① 벌금형을 받은 사람이 자격정지 이상의 형을 받지 아니하고 그 형의 집행을 종료한 날부터 2년이 경과한 때에 그 형은 실효된다.

② 자격정지의 선고를 받은 자가 피해자의 손해를 보상하고 자격정지 이상의 형을 받음이 없이 정지기간의 2분의 1을 경과한 때에는 본인 또는 검사의 신청에 의하여 법원은 자격의 회복을 선고할 수 있다.

③ 징역 5년 형의 집행을 종료한 사람이 형의 실효를 받기 위해서는 피해자의 손해를 보상하고 자격정지 이상의 형을 받음이 없이 7년을 경과한 후 해당 사건에 관한 기록이 보관되어 있는 검찰청에 형의 실효를 신청하여야 한다.

④ 「형법」 제81조(형의 실효)에 따라 형이 실효되었을 때에는 수형인명부의 해당란을 삭제하고 수형인명표를 폐기한다.

🔍 정답 1. ① 2. ① 3. ③ 4. ③

Chapter 19 확인학습

빈칸채우기

01 (   )은 지나친 사회방위는 오히려 개인의 인권이 무시될 위험이 있다고 보고 사회의 보호와 범죄인의 재사회화를 동시에 고려하는 신사회방위론을 주장하였다.

02 유일점 형벌이론, 폭의 이론, 위가이론 중 책임과 일치하는 정확한 형벌을 결정할 수는 없으며, 형벌은 그 히한과 상한에 있어서 책임에 적합한 범위가 있으므로 이 범위에서 특별예방과 일반예방을 고려하여 형을 양정해야 한다는 이론은 (   )이다.

03 특정강력범죄를 범한 당시 18세 미만인 소년을 사형 또는 무기형에 처하여야 할 때에는 소년법 제59조에도 불구하고 그 형을 (   )년의 유기징역으로 한다.

04 사형집행의 명령은 판결이 확정된 날로부터 (   )월 이내에 하여야 한다.

05 징역 또는 금고는 무기 또는 유기로 하고 유기는 (   )개월 이상 30년 이하로 한다. 단, 유기징역 또는 유기금고에 대하여 형을 가중하는 때에는 (   )년까지로 한다.

06 벌금을 납입하지 아니한 자는 1일 이상 (   )년 이하, 과료를 납입하지 아니한 자는 1일 이상 (   )일 미만의 기간 노역장에 유치하여 작업에 복무하게 한다.

07 선고하는 벌금이 1억원 이상 5억원 미만인 경우에는 300일 이상, 5억원 이상 50억원 미만인 경우에는 500일 이상, 50억원 이상인 경우에는 (   )일 이상의 노역장 유치기간을 정하여야 한다.

08 사회봉사는 1일 9시간을 넘겨 집행할 수 없으며, 연속집행의 필요성에 따라 1일 9시간을 넘겨 사회봉사를 집행하는 경우에도 1일 총 (   )시간을 초과할 수 없다.

09 과료형의 시효는 형을 선고하는 재판이 확정된 후 그 집행을 받지 아니하고 (   )년의 기간이 지나면 완성되며, 시효가 완성되면 그 집행이 면제된다.

10 형의 선고유예를 받은 날로부터 (   )년을 경과한 때 면소된 것으로 간주한다.

11 사회봉사명령은 500시간, 수강명령은 (   )시간의 범위 내에서 법원이 그 기간을 정해야 한다.

OX체크

01 형벌은 책임 및 범죄인의 위험성을 기초로 한 제재이다.

02 판결 전 조사제도는 양형의 합리화와 관련된다.

03 판결 전 조사제도는 유무죄인부절차와 양형절차를 분리하는 소송절차 이분을 전제로 한다.

04 단기자유형은 범죄인의 교화를 위한 교정주의에 부합한다.

05 단기자유형의 폐해에도 불구하고 교통범죄나 소년초범의 경우에 유용성을 갖기도 한다.

06 책임주의에 부합하지 않는다는 것은 부정기형제도의 찬성논거이다.

07 형벌의 종류가 다양할수록 책임에 따른 형벌의 개별화를 실현할 수 있다는 논거는 자유형 단일화의 반대논거이다.

08 일수벌금제도는 1910년 스웨덴의 타이렌(Thyren) 교수에 의해서 주장되어 스웨덴에서 처음 실시되었다.

09 형을 병과할 경우에도 형의 전부 또는 일부에 대하여 선고를 유예를 할 수 있으나, 구류나 과료의 형을 선고할 경우에는 선고를 유예하는 제도는 없다.

10 보호관찰을 명한 선고유예를 받은 자가 보호관찰기간 중에 준수사항을 위반하고 그 정도가 무거운 때에는 선고를 유예한 형을 선고하여야 한다.

PART 04

Answer

빈칸채우기 01 앙셀 02 폭의 이론 03 20 04 6 05 1, 50 06 3, 30 07 1천 08 13 09 1 10 2 11 200

OX체크 01 ×, 위험성 × 02 ○ 03 ○ 04 ×, 악풍감염에는 충분하나 교화개선을 위해서는 너무 짧다. 05 ○ 06 ×, 반대논거 07 ○ 08 ×, 포르투갈 09 ○ 10 ×, 선고할 수 있다.

단원MAP

형사정책 기초개념			범죄의 원인과 현상론								
1. 학문발전	2. 국제성	3. 연구방법	4. 고전주의	5. 초기실증	6. 생물학	7. 심리학	8. 거시사회	9. 미시사회	10. 갈등론적	11. 발달범죄	12. 범죄현상
피해자론		비범죄	예방과 예측		형벌론		보안처분론				판 례
13. 피해자학	14. 피해보호	15. 비범죄화	16. 범죄예방	17. 범죄예측	18. 형벌론	19. 형벌종류	20. 보안처분	21. 주요5법	22. 소년사법	23. 소년2법	24. 판례

제1절 의의와 연혁

01 의 의

(1) 보안처분과 형벌

① 보안처분이란 형벌로는 행위자의 사회복귀와 범죄로부터 사회방위가 불가능하거나 부적당한 경우에 범죄행위자 또는 장래 범죄의 위험성이 있는 자에 대하여 과해지는 형벌 이외의 범죄예방처분을 말한다.

② 이는 형벌의 책임주의에 따른 사회방위수단으로서의 한계를 보충하기 위한 수단으로, 현행 헌법은 보안처분 법정주의를 선언하고 있다(헌법 제12조 제1항). [2012. 9급]

(2) 형벌과 보안처분의 구별 [2020. 7급] 총 2회 기출

형 벌	보안처분
1. 책임주의 : 책임을 전제로 하고 책임주의의 범위 내에서 과하여진다. 2. 과거 : 과거 침해행위를 대상으로 하는 형사제재이다.	1. 위험성 : 행위자의 사회적 위험성을 전제로 하여 특별예방의 관점에서 과하여진다. 2. 미래 : 장래에 대한 예방적 성격을 가진 형사제재이다.

02 연 혁

(1) 근대 이전의 보안처분

시대 구분	내 용
고대국가	정치범의 국외추방·주류 판매 금지
중세국가	걸인에 대한 사형, 신체 상해형, 부정기 보안구금, 교정구금, 노역장유치
근세 초기 경찰국가	혐의형, 보안감치, 개선구금
최초의 이론정립	독일의 클라인(Klein) : 특별예방을 위한 보안처분사상을 형법이론에 도입하면서, 이원주의의 이론적 기초제공
19세기 법치국가	죄형법정주의 및 완고한 응보형 사상의 영향으로 클라인의 보안처분론 좌절

(2) 근대적 보안처분의 발달

① **페리(Ferri)의 형벌대용물사상** : 형벌 이외의 형벌 대용제도를 강조하여 자유형을 대체할 제도를 '페리초안'에서 주장하고 형벌 대신 '제재'라는 말을 사용하여 형벌과 보안처분의 구별을 없애고 상대적 또는 절대적 부정기형을 내용으로 하는 제재로 통일하자는 주장이다.

② **리스트(Liszt)의 목적형주의** : '형법에 있어서 목적사상'이라는 강연에서 종래의 응보형을 행위자에 대한 특별예방에 목적을 두는 목적형으로, 진압형을 방위형으로 전환할 것을 역설하고 형벌만으로 특별예방의 효과를 거둘 수 없는 경우 개선·보안을 위한 형사처분을 주장(형벌과 보안처분을 일원화)하였다.

③ **슈토스(Carl Stoss)** : 리스트의 주장을 구체화하여 보안처분제도를 처음 형법전에 도입(1893년 슈토스 예비초안)하고 신·구 양파의 학설을 절충하여 형벌 이외에 보안처분을 규정(이원주의)하였다. 이는 응보형론에 기반을 두면서도 형벌과는 분리된 보안처분제도를 인정한 예이다.

④ **그 외의 학자** : 마이어(Mayer), 비르크메이어(Birkmeyer), 베링(Beling)

03 보안처분의 종류

(1) 대인적 보안처분

① **자유박탈적 보안처분** : 자유를 박탈하여 범죄적 위험성을 제거·치료하기 위한 목적의 보안처분을 말한다.

구 분	자유박탈의 대인적 보안처분	근거법률
치료감호처분	치료감호대상자에 대한 치료시설수용처분	치료감호 등에 관한 법률
교정처분	알코올, 마약중독자 등에 대한 시설수용처분	
보호감호처분	상습범 등에 대한 보안감호시설수용처분	구 사회보호법
노동시설수용처분	노동개선처분, 노작처분	
사회치료처분	환경요법, 행동요법 등 전문사회치료시설에 수용처분	

② **자유제한적 보안처분** : 대상자의 자유제한으로 범죄예방효과를 목표로 하는 보안처분을 말한다.

구 분	자유제한의 대인적 보안처분
보호관찰	일정조건 하에서 범죄인을 사회 내에서 처우하는 처분
선행보증	보증금 몰수라는 심리적 압박을 통한 선행유도처분
직업금지	작업 또는 직업이나 영업을 일정기간 금지시키는 처분
거주제한	일정한 범죄인에게 거주를 제한하는 보안처분
기 타	국외추방, 음주점 출입금지, 운전면허박탈, 단종·거세

(2) 대물적 보안처분

범죄와 법익침해의 위험을 방지하기 위해 범죄와 관련된 물건에 과해지는 보안처분이다.

구 분	대물적 보안처분
물건의 몰수	형벌과 보안처분의 양면적 성격을 갖는 보안처분
영업소의 폐쇄	범죄에 이용되는 영업소의 일시 또는 영구적 폐쇄처분
법인의 해산	범죄관련 법인조직의 해산처분

04 보안처분의 정당성(비례의 원칙)

(1) 의 의

① 보안처분의 정당성은 비례의 원칙에 기인하며, 이는 보안처분에 의한 개인의 자유에 대한 침해는 사회방위와 균형을 이루어야 함을 말한다. [2012. 9급] 총 2회 기출
② **독일 형법** : "개선·보안처분이 행위자가 저지른 범행과 그에게 기대되는 범죄의 의미 및 그 자로부터 나타나는 위험의 정도와 비례되지 아니하는 경우에 그것을 명해서는 아니 된다."라고 명시하고 있다.

(2) 비례의 원칙 내용

① **적합성의 원칙** : 개인의 자유박탈 내지 제한은 사회보호 및 피처분자의 사회복귀의 실현에 적합·유용한 것이어야 하고 과도한 수단이어서는 아니 된다.
② **필요성의 원칙** : 수단과 개인의 자유권은 서로 교량되어야 하며, 수단의 선택은 최소한의 침해에 그친 필요불가결한 수단이어야 한다.
③ **협의의 비례성의 원칙**(균형성) : 비록 적합·필요하다 하더라도 침해의 중요성과 얻을 수 있는 결과 사이에 불균형을 초래해서는 아니 된다.

(3) 비례성의 판단 기준

① **행위자가 행한 범죄** : 범죄의 경중, 종류, 빈도, 장래의 행위와의 관련성 등
② **행위자에 대하여 기대되는 범행** : 법익침해의 종류와 경중
③ **행위자로부터 나오는 위험의 정도** : 새로운 행위에 대한 개연성의 정도와 시간적 근접성
　　◆ 보안처분에서 가장 강조되는 원칙은 비례의 원칙이다.

제2절 보안처분(보호관찰)의 발달

01 보호관찰제도

(1) 의 의

① **협의**: 범죄인을 교정시설에 수용하는 대신 일정기간 동안 판결의 선고 또는 집행을 유예하고 일정한 조건을 붙인 후에 일상의 사회생활을 하면서 재범에 빠지지 않도록 보호관찰관의 지도 및 감독, 원호를 받게 하는 사회 내 처우제도이다.

협 의	법관의 보호관찰 결정 이후 보호관찰관의 지도·감독·원호의 과정만을 의미
광 의	보호관찰부 선고유예·집행유예·가석방·임시퇴원·사회봉사명령·수강명령 등 모두를 의미

② **광의**: 일반적으로 보호관찰제도라 할 때에는 협의의 보호관찰과 사회봉사명령, 수강명령 등을 포함한 광의의 의미로 사용된다.

(2) 연 혁

① **최초의 보호관찰**

ㄱ **오거스터스**(John Augustus): 1841년 미국의 매사추세츠주 보스턴시에서 제화점을 경영하면서 금주협회 회원으로 활동하던 민간독지가인 존 오거스터스가 한 알코올중독자의 재판에서 법관에게 청원하여 형의 선고유예를 얻어 내고 그를 근면한 시민으로 갱생시키는 데 성공한 데서 비롯되었다.

ㄴ 최초로 프로베이션(Probation)이라는 용어를 사용하고 케이스웍(Case work)의 방법을 첨가하여 보호관찰제도의 원형을 완성하였다.

> **PLUS➕ 보호관찰 실시 방법**
>
> 1. 케이스 워크제도
>   ① 보호관찰관 1인이 대상자를 1대1로 접촉하여 요구사항이나 문제점을 분석하여 그를 갱생시키기에 적합한 처우방법을 찾는 방식이다.
>   ② 케이스 워크 방법이 그룹상담과 같은 기법을 배제하는 것은 아니다.
>
> 2. 집중접근제도(집단지도방식)
>   ① 보호관찰관 1인이 대상자의 모든 사항을 점검하고 원호·보호하는 케이스 워크의 문제점을 극복하기 위한 방법으로 등장했다.
>   ② 보호관찰관들을 각 분야의 전문가들로 구성하여 자신의 전문지식이나 기술을 전제로 하여 자신의 책임영역 안에서 대상자를 원호·보호하고 적절한 처우방법을 찾는 방식이다.

② **현대적 의미의 Probation**: 1878년 매사추세츠주에서 국가가 채용한 보호관찰관이 시행하는 강제적(공식적) 보호관찰제도가 최초로 입법화(여기에 처음으로 Probation이라는 용어가 규정됨)되면서 보호관찰제도의 권리장전으로 불리었다.

◆ **보호관찰제도**: 처음 시작은 민간인(John Augustus)에 의해 도입 → 국가 중심으로 운영

(3) 영미와 대륙의 보호관찰 차이

① **영미법상** : 유죄의 인정 후에 형을 유예하고 보호관찰에 부하는 제도로 보호관찰의 기원이 되었다.

② **대륙법상** : 형의 선고유예, 집행유예 등과 별도로 또는 이와 관련된 별개의 처우수단, 즉 조건부판결 또는 조건부특사의 형태로 이루어졌다.

(4) 보호관찰제도의 유형

① **Probation** : 영미법계에서 발전된 보호관찰제도의 유형으로 유죄가 인정되는 범죄인에 대하여 그 형의 선고를 유예하거나 형의 집행을 유예하면서 그 유예기간 중 재범방지 및 재사회화를 달성하기 위해서 보호관찰을 행하는 것을 말한다.

② **Parole** : 대륙법계에서 발전된 보호관찰제도의 유형으로 교정성적이 양호한 자를 가석방 또는 임시퇴원 시키면서 그 목적을 달성하기 위하여 그 기간 중 필요적으로 보호관찰을 행하는 것을 말한다.

(5) 보호관찰의 기능과 법적 성격

① **기능** : 처벌기능, 재활기능, 범죄통제기능, 억제기능, 지역사회통합기능을 가진다.

② **보호관찰의 법적 성격**

구 분	내 용
보안처분설 (통설과 판례입장)	범죄의 특별예방을 목적으로 하는 보안처분이다. 다만 보안처분이 시설 내 처우를 원칙으로 한 책임무능력자에 대한 사회방위처분인 데 반하여, 보호관찰제도는 사회 내 처우를 원칙으로 한 범죄인의 갱생보호를 목적으로 한다는 점에서 양자는 구별된다.
변형된 형벌집행설	범죄가 발생한 것을 전제로 하여 준수사항을 부여하고 이를 위반하면 재구금하는 등 시설 내 수용처분과 자유로운 상태와의 중간형태로 파악할 수 있기 때문에 자유형의 변형이라고 본다.
독립된 제재수단설	형벌도 보안처분도 아닌 제3의 형법적 제재방법이라고 보는 설로 단기자유형의 폐단을 예방하면서 범죄자의 장래 범행의 위험으로부터 보호함으로써 재사회화를 실현하는 데에 현실적으로 최상의 방법이기 때문에 제3의 제재수단이라는 것이다.

(6) 보호관찰의 종류 및 방법

① **집중감독 보호관찰**(Intensive Probation Supervision : IPS) : 갱(gang) 집단이나 약물중독자에 대하여 주 5회 이상의 집중적인 접촉관찰과 병행하여 대상자의 신체에 전자추적장치를 부착하여 제한구역을 이탈하면 즉시 감응장치가 작동되도록 하는 추적관찰을 실시하는 프로그램이다.

② **충격 보호관찰**(Shock Probation) : 형의 유예처분을 받은 초범자에 대해 3~4개월(90~120일)간 병영식캠프(Boot Camp)라는 수용시설에 수감하여 군대식 극기훈련 및 준법교육을 실시한 후에 일반 보호관찰로 전환하는 것이다.

02 보호관찰관의 유형

◪ 올린(L. E. Ohlin)과 스미크라(Smykla)의 보호관찰관 유형 설명모형

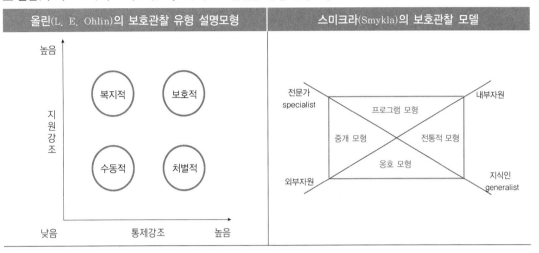

올린(L. E. Ohlin)의 보호관찰 유형 설명모형	스미크라(Smykla)의 보호관찰 모델

(1) 올린(L. E. Ohlin)의 보호관찰관 유형 [2021. 7급] 총 2회 기출

보호관찰관 유형	내 용
처벌적 (Punitive)	1. 위협과 처벌을 수단으로 범죄자를 사회에 동조하도록 강요한다. 2. 사회의 보호, 범죄자의 통제, 범죄자에 대한 체계적 의심 등을 중요시한다.
보호적 (Protective)	1. 지역사회보호와 범죄자의 보호 양자 사이를 망설이는 유형으로 주로 직접적인 지원이나 강연 또는 칭찬과 꾸중의 방법을 이용한다. 2. 지역사회와 범죄자의 입장을 번갈아 편들기 때문에 어정쩡한 입장에 처하기 쉽다.
복지적 (Welfare)	1. 자신의 목표를 범죄자에 대한 복지의 향상에 두고 범죄자의 능력과 한계를 고려하여 적응할 수 있도록 도와주려고 한다. 2. 범죄자의 개인적 적응없이는 사회의 보호도 있을 수 없다고 믿고 있다.
수동적 (Passive)	1. 통제나 지원 모두에 소극적이다. 2. 자신의 임무는 최소한의 개입이라고 믿는 유형이다.

⑵ **스미크라**(Smykla)**의 보호관찰 모델** : 보호관찰관의 기능과 자원의 활용 측면 [2021. 7급] 총 2회 기출

① 스미크라는 보호관찰관의 기능과 자원의 활용이라는 측면에서 보호관찰을 모형화하였다.

② **기능적 측면** : 보호관찰관은 다양한 기능을 책임지는 지식인(generalist)이 될 수도 있고, 반면에 특수한 지식과 능력에 따라 각자의 책임영역을 제한하는 전문가(specialist)가 될 수도 있다.

③ **자원의 활용측면** : 보호관찰의 목적을 수행하기 위해 외부자원을 적극적으로 활용하느냐, 아니면 전적으로 내부자원에 의존하느냐의 문제로서, 외부자원을 강조하는 입장에서는 관찰대상자의 원호와 변화에 중심을 두지만, 내부자원에 의존하는 보호관찰관은 주로 대상자에 대한 통제를 강조한다.

보호관찰 모형	의 미
전통적 모형 (traditional model)	1. 보호관찰관이 지식인으로서 내부자원을 이용한다. 2. 지역적으로 균등배분된 대상자에 대해서 지도·감독에서 보도·원호에 이르기까지 다양한 기능을 수행하나 통제를 중시한다.
프로그램 모형 (program model)	1. 보호관찰관은 전문가를 지향하지만 목적수행을 위한 자원은 내부적으로 해결하려고 한다. 2. 보호관찰관이 전문가의 기능을 지향하기 때문에 대상자를 전문성에 따라 배정하게 된다. 3. 문제점 : 범죄자의 상당수는 특정한 한 가지 문제만으로 범죄자가 된 것은 아니며, 한 가지의 처우만을 필요로 하는 것도 아니라는 것이다.
옹호 모형 (advocacy model)	1. 보호관찰관은 지식인으로서 외부자원을 적극 활용한다. 2. 무작위로 배정된 대상자들을 다양하고 전문적인 사회적 서비스를 제공받을 수 있도록 사회기관에 위탁하는 것을 주된 임무로 한다.
중개 모형 (brokerage Model)	1. 보호관찰관은 전문가로서 외부자원을 적극 활용한다. 2. 자신의 전문성에 맞게 배정된 대상자에 대하여 사회자원의 개발과 중개의 방법으로 전문적인 보호관찰을 한다.

제3절 형벌과 보안처분의 관계

⚖️핵심정리 보안처분의 법적 성격 정리

구 분	이원주의		일원주의	대체주의(제한적 이원론)
의 의	응보형주의 : 형벌과 보안처분은 법적 성격이 다름 형벌 ≠ 보안처분		교육형주의 : 형벌과 보안처분은 정도와 분량의 차이일 뿐 동일	• 선고단계 : 형벌과 보안처분 별도 선고(이원론) • 집행단계 : 보안처분으로 대체되거나 선 집행(일원론)
주장 학자	마이어, 비르크메이어, 베링 등 응보형론자		리스트, 페리 등의 목적형·교육형론자	슈토스 초안(스위스)
논 거	**형 벌**	**보안처분**	• 형벌 및 보안처분은 모두 사회방위 처분 • 형벌의 본질도 범죄인의 개선교화 • 형벌을 해악의 부과로만 보는 응보형론은 부당하며, 형벌도 수형자의 사회복귀에 중점	• 요건이나 선고는 별개이지만, 범죄인의 사회복귀라는 목적을 추구하고 있으므로 집행은 대체가 가능 • 집행의 순서는 보안처분이 개인적 처벌의 필요성이 적합하므로 먼저 집행하는 것이 합목적적 • 보안처분이 집행된 경우 그 기간을 형기에 산입하거나 형벌집행을 않는 기능적 대체를 인정 • 현실적응성이 있고 형사정책적 고려의 이론
	책 임	사회적 책임성		
	범죄의 진압	범죄의 예방		
	회고적	전망적		
	응 보	사회방위 교정교육		
	형사처분	행정처분		
대체성	형벌과의 대체성은 부정하지만 병과는 인정		대체성으로 어느 하나만을 선고·집행해야 함	요건과 선고는 별개이지만, 집행은 대체가 가능
선고 기관	행정처분이므로 행정청에서		형사처분이므로 법원에서	특별법이나 형소법에 특별규정을 두는 것이 바람직
문제점	• 이중처벌의 위험성 • 벨젤(Welzel)은 상표사기, 콜라우슈(Kohlrausch)는 명칭사기라 비판		• 책임주의에 반할 위험성 • 형사정책적인 문제	• 책임주의와 불일치 • 양자의 적용범위가 불분명 • 정의의 관념에 반하는 부당한 결과를 초래

01 이원론

(1) 의 의

① 형벌의 본질이 응보에 있다고 보는 입장에서 형벌과 보안처분은 각기 그 성격을 달리한다고 보는 관점이다.

② 형벌의 본질이 책임을 전제로 한 과거 행위에 대한 응보이고, 보안처분은 장래에 예상되는 위험성에 대한 사회방위처분이라는 점에서 양자의 차이를 인정한다. [2020. 7급] 총 2회 기출

③ 형벌이 범죄라는 과거의 사실에 중점을 두는 반면, 보안처분은 장래에 예상되는 범죄의 예방에 중점을 둔다.

④ 관련학자로는 18C 말 독일의 클라인(Klein), 마이어(Mayer), 비르크메이어(Birkmeyer), 베링(Beling) 등이 있다.

⑤ 슈토스(Stoss)는 제한적 이원주의적 입장에서 형벌 이외의 보안처분을 규정한 1893년 스위스 형법의 예비초안자이다.

(2) 현행법령 및 문제점

① 구(舊) 사회보호법상 보호감호의 경우 형벌을 선 집행하고, 보안처분을 후 집행하여 이원론적 입장을 취하고 있다.

② 문제점 : 사실상 이중처벌의 결과를 초래하여 양자가 중복적으로 집행될 경우 행위자는 가혹한 처벌을 받는다는 생각을 갖게 되어 형사정책적 효과를 거둘 수 없다는 비판이 있다. [2010. 9급]

02 일원론

(1) 의 의

① 교육형주의 관점에서 형벌이나 보안처분 가운데 어느 하나만을 선고·집행해야 한다는 주장으로, 관련학자로는 록신(Roxin), 리스트(Liszt), 페리(Ferri) 등이 있다.

② 형벌과 보안처분의 목적을 모두 사회방위와 범죄인의 교육·개선으로 본다. [2020. 7급] 총 2회 기출

(2) 문제점

행위자의 개별 책임뿐만 아니라 행위자의 반사회적 위험성까지 척도로 하여 일정한 제재를 가하게 되면 형벌의 대원칙인 책임주의에 반할 위험성이 있다.

03 대체주의

(1) 의 의

① 형벌은 책임의 정도에 따라 선고하되 그 집행단계에서 보안처분에 의해 대체하거나 보안처분의 집행이 종료된 후에 집행하는 주의를 말한다.

② 형벌과 보안처분이 선고되어 보안처분이 집행된 경우 그 기간을 형기에 산입하여야 한다.

③ 일원론자들은 형벌과 보안처분 양자의 대체성을 인정하고, 이원론자들은 부정한다.

(2) 근 거

① 형사정책상 형벌과 보안처분에는 별 차이가 없다.

② 이중적 처벌의 폐단이 있는 이원주의를 배제할 수 있다.

(3) 현행법과 문제점

① **현행법**: 치료감호 등에 관한 법률상 치료감호는 대체주의(제한적 이원론)에 근거한다.

② **문제점**: 형벌과 보안처분의 교환이 책임형법에 합치되지 아니하며, 형벌과 보안처분의 한계가 불명확하다. 또한 보안처분을 받은 자가 형벌만을 선고받은 자보다 유리하게 되어 정의관념에 반한다.

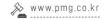

최신 기출로 확인하기

1. 형벌과 보안처분에 대한 설명으로 옳지 않은 것은? (다툼이 있는 경우 판례에 의함)　　2020. 보호 7급

① 형벌은 행위자가 저지른 과거의 불법에 대한 책임을 전제로 부과되는 제재이다.
② 보안처분은 행위자의 재범의 위험성에 근거한 것으로 책임능력이 있어야 부과되는 제재이다.
③ 이원주의에 따르면 형벌은 책임을, 보안처분은 재범의 위험성을 전제로 부과되는 것으로 양자는 그 기능이 다르다고 본다.
④ 일원주의에 따르면 형벌과 보안처분이 모두 사회방위와 범죄인의 교육 및 개선을 목적으로 하므로 본질적 차이가 없다고 본다.

2. 형벌과 보안처분의 관계에 관한 설명 중 옳지 않은 것은?　　2011. 사시

① 이원주의는 형벌의 본질이 책임을 전제로 한 응보이고, 보안처분은 장래의 위험성에 대한 사회방위처분이라는 점에서 양자의 차이를 인정한다.
② 대체주의는 형벌과 보안처분이 선고되어 보안처분이 집행된 경우 그 기간을 형기에 산입하여야 한다고 한다.
③ 일원주의는 형벌과 보안처분의 목적을 모두 사회방위와 범죄인의 교육·개선으로 보고, 양자 중 어느 하나만을 적용하자고 한다.
④ 이원주의는 형벌이 범죄라는 과거의 사실에 중점을 두는 반면, 보안처분은 장래에 예상되는 범죄의 예방에 중점을 둔다고 한다.
⑤ 일원주의는 행위자의 반사회적 위험성을 척도로 하여 일정한 제재를 부과하는 것이 행위책임원칙에 적합하다고 한다.

3. 형벌과 보안처분의 관계에 대한 설명으로 옳지 않은 것은?　　2012. 교정 9급

① 치료감호와 형이 병과된 경우에는 치료감호를 먼저 집행한다.
② 현행 헌법에서 보안처분 법정주의를 선언하고 있다.
③ 보안처분은 일반예방보다는 범죄자의 개선과 사회방위 등 특별예방을 중시한다.
④ 보안처분은 행위자의 책임에 의해 제한되는 한도 내에서만 정당성을 갖는다.

🔍 정답 1. ② 2. ⑤ 3. ④

제4절 보안처분과 관련법령

01 사법처분으로서의 보안처분

처분 근거	보호관찰	사회봉사 · 수강명령
1. 선고유예(형법)	1년	
2. 집행유예(형법)	그 유예기간 다만, 법원이 보호관찰 기간을 따로 정한 경우에는 그 기간	수강명령 200시간 사회봉사명령 500시간
3. 가석방자(형법) 가석방자(소년법)	무기형에 있어서는 10년, 유기형에 있어서는 남은 형기 가석방 전에 집행을 받은 기간과 같은 기간	
4. 임시퇴원자(소년법)	퇴원일부터 6개월 이상 2년 이하의 범위에서 심사위원회가 정한 기간	
5. 보호처분(소년법)	단기 보호관찰 : 1년, 장기 보호관찰 : 2년. 1년의 범위에서 1회 연장 가능	사회봉사명령(14세 이상) 200시간 이내 수강명령(12세 이상) 100시간 이내
6. 치료감호법	가종료, 치료위탁시 보호관찰 3년 선고유예, 집행유예시 치료명령 치료기간 보호관찰	치료기간 정하여 치료명령
7. 전자부착법	보호관찰명령시 2년 이상 5년 이하 보호관찰	
8. 약물치료법상 치료명령	법원판결(범죄자) 치료받는 기간 보호관찰	15년 범위내 치료기간 정하여 치료명령
	법원결정(수형자) 치료받는 기간 보호관찰	15년 초과할 수 없다.
	치감위결정 가종료, 가출소자 보호관찰	보호관찰기간내 치료명령
9. 스토킹처벌법	유죄판결(신고유예 제외)을 선고하거나 약식명령고지시	200시간 범위 수강명령 또는 이수명령
10. 가정폭력처벌법 보호처분(결정)	6개월을 초과할 수 없다. 종전의 처분기간 합산 1년을 초과할 수 없다.	사,수 200시간을 각각 초과할 수 없음 종전처분 합산 각각 400시간 초과×
11. 성매매알선법 보호처분(결정)	6개월을 초과할 수 없다. 종전의 처분 합산 1년을 초과할 수 없다.	사,수 100시간을 각각 초과할 수 없음 종전처분 합산 각각 200시간 초과×

12. 성폭력처벌법, 아동 · 청소년성보호법상 성범죄자

- 성 범죄를 범한 19세 미만 소년은 선고유예시 반드시 보호관찰(필요적)
- 성 범죄자 유죄판결이나 약식명령 고지시(선고유예 제외) 500시간의 범위에서 재범예방에 필요한 수강명령 또는 성폭력 치료프로그램의 이수명령을 병과하여야 한다(제21조 제2항).

구 분	수강명령 · 보호관찰 · 사회봉사명령	이수명령
병 과	• 집행유예시, 집행유예기간 내 수강명령을 병과하고 (필요적) • 집행유예시, 수강명령 외 집행유예기간 내 보호관찰 또는 사회봉사 중 하나 이상의 처분을 병과할 수 있다(제4항).	• 벌금 이상의 형을 선고하거나 약식명령을 고지할 경우 이수명령을 병과하고(필요적)(제3항) • 다만, 전자부착법 준수사항 중 성폭력치료프로그램 이수명령부과를 받은 경우 병과하지 아니한다.
집 행	보호관찰소장 집행(제5항 · 제6항)	• 벌금선고시 형 확정일부터 6개월 이내(보호관찰소장 집행) • 징역 이상 실형 선고시 형기 내(교정시설의 장 집행)
	※ 아청법 : 신상공개명령 및 고지명령	

02 행정처분으로서의 보안처분

근거법률	처우내용
「국가보안법」상	공소보류를 받은 자에 대한 감시·보도처분
「보안관찰법」상	국가보안사범에 대한 보안관찰처분
「마약류 관리에 관한 법률」상	치료보호처분

03 보안관찰법(국가의 안전과 사회안녕 유지목적)

🏛 보안관찰법(2020.8.5.)

보안관찰 해당범죄(제2조)

내란목적살인(미수)죄와 동 예비·음모·선동·선전죄, 외환죄, 여적죄, 간첩죄, 모병·시설제공·시설관리·물건제공이적죄와 동 미수범 및 예비·음모·선동·선전죄 등 [2012. 7급]

보안관찰처분 대상자(제3조)

보안관찰해당범죄 또는 이와 경합된 범죄로 금고 이상의 형의 선고를 받고 그 형기합계가 3년 이상인 자로서 형의 전부 또는 일부의 집행을 받은 사실이 있는 자를 말한다.

보안관찰처분(제4조)

① 제3조에 해당하는 자 중 보안관찰해당범죄를 다시 범할 위험성이 있다고 인정할 충분한 이유가 있어 재범의 방지를 위한 관찰이 필요한 자에 대하여는 보안관찰처분을 한다.
② 보안관찰처분을 받은 자는 소정의 사항을 주거지 관할경찰서장에게 신고하고, 재범방지에 필요한 범위안에서 그 지시에 따라 보안관찰을 받아야 한다.

보안관찰처분의 기간(제5조) [2014. 9급] 총 2회 기출

① 보안관찰처분의 기간은 2년으로 한다.
② 법무부장관은 검사의 청구가 있는 때에는 보안관찰처분심의위원회의 의결을 거쳐 그 기간을 갱신할 수 있다.

보안관찰처분대상자의 신고(제6조)

보안관찰처분 대상자는 대통령령이 정하는 바에 따라 그 형의 집행을 받고 있는 교도소, 소년교도소, 구치소, 유치장 또는 군교도소(교도소 등)에서 출소 전에 거주예정지 기타 대통령령으로 정하는 사항을 교도소 등의 장을 경유하여 거주예정지 관할경찰서장에게 신고하고, 출소 후 7일 이내에 그 거주예정지 관할경찰서장에게 출소사실을 신고하여야 한다(제1항).

보안관찰처분의 청구(제7조)

보안관찰처분청구는 검사가 행한다. [2014. 9급]

보안관찰처분심의위원회(제12조)

① 보안관찰처분에 관한 사안을 심의·의결하기 위하여 법무부에 보안관찰처분심의위원회를 둔다.
② 위원회는 위원장 1인과 6인의 위원으로 구성한다.
③ 위원장은 법무부차관이 되고, 위원은 학식과 덕망이 있는 자로 하되, 그 과반수는 변호사의 자격이 있는 자이어야 한다.
④ 위원은 법무부장관의 제청으로 대통령이 임명 또는 위촉한다.
⑤ 위촉된 위원의 임기는 2년으로 한다. 다만, 공무원인 위원은 그 직을 면한 때에는 위원의 자격을 상실한다.

결정(제14조)
① 보안관찰처분에 관한 결정은 보안관찰처분심의위원회의 의결을 거쳐 법무부장관이 행한다. [2014. 9급]
② 법무부장관은 위원회의 의결과 다른 결정을 할 수 없다. 다만, 보안관찰처분대상자에 대하여 위원회의 의결보다 유리한 결정을 하는 때에는 그러하지 아니하다.

결정의 취소 등(제16조)
① 검사는 법무부장관에게 보안관찰처분의 취소 또는 기간의 갱신을 청구할 수 있다.
② 법무부장관은 청구를 받은 때에는 위원회의 의결을 거쳐 이를 심사·결정하여야 한다.

보안관찰처분의 집행(제17조)
① 보안관찰처분의 집행은 검사가 지휘한다.
② 지휘는 결정서등본을 첨부한 서면으로 하여야 한다.
③ 검사는 피보안관찰자가 도주하거나 1월 이상 그 소재가 불명한 때에는 보안관찰처분의 집행중지결정을 할 수 있다. 그 사유가 소멸된 때에는 지체 없이 그 결정을 취소하여야 한다.

최신 기출로 확인하기

1. 「보호관찰 등에 관한 법률」상 보호관찰 기간에 대한 설명으로 옳지 않은 것은? 　　2024. 보호 9급
① 보호관찰을 조건으로 형의 선고유예를 받은 사람의 경우, 보호관찰 기간은 1년이다.
② 보호관찰을 조건으로 형의 집행유예를 선고받은 사람의 경우, 집행유예 기간이 보호관찰 기간이 되지만, 법원이 보호관찰 기간을 따로 정한 때에는 그 기간이 보호관찰 기간이 된다.
③ 소년 가석방자의 경우, 6개월 이상 2년 이하의 범위에서 가석방심사위원회가 정한 기간이 보호관찰 기간이 된다.
④ 소년원 임시퇴원자의 경우, 퇴원일로부터 6개월 이상 2년 이하의 범위에서 보호관찰 심사위원회가 정한 기간이 보호관찰 기간이 된다.

2. ㉠~㉣의 보호관찰 기간을 모두 더하면? 　　2021. 보호 7급

㉠ 「형법」상 선고유예를 받은 자의 보호관찰 기간
㉡ 「형법」상 실형 5년을 선고받고 3년을 복역한 후 가석방된 자의 보호관찰 기간(허가행정관청이 필요가 없다고 인정한 경우 제외)
㉢ 「소년법」상 단기 보호관찰을 받은 소년의 보호관찰 기간
㉣ 「치료감호 등에 관한 법률」상 피치료감호자에 대한 치료감호가 가종료된 자의 보호관찰 기간

① 6년　　　　　　　　　　　　　② 7년
③ 8년　　　　　　　　　　　　　④ 9년

🔍 정답 1. ③　2. ②

단원MAP

형사정책 기초개념			범죄의 원인과 현상론								
1. 학문발전	2. 국제성	3. 연구방법	4. 고전주의	5. 초기실증	6. 생물학	7. 심리학	8. 거시사회	9. 미시사회	10. 갈등론적	11. 발달범죄	12. 범죄현상
피해자론		비범죄	예방과 예측		형벌론		보안처분론				판례
13. 피해자학	14. 피해보호	15. 비범죄화	16. 범죄예방	17. 범죄예측	18. 형벌론	19. 형벌종류	20. 보안처분	21. 주요5법	22. 소년사법	23. 소년2법	24. 판례

핵심정리 보호관찰절차

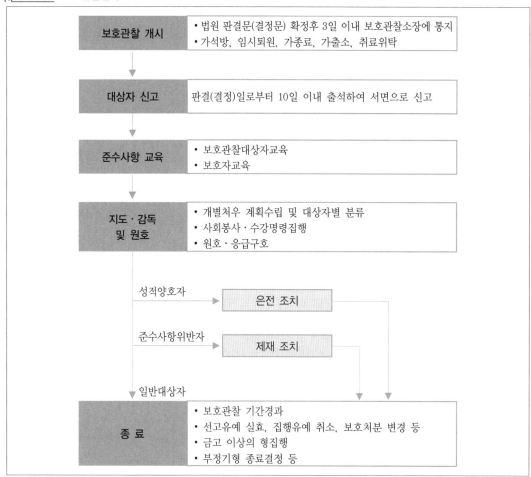

제1절 보호관찰 등에 관한 법률

01 총 칙

(1) 목 적

이 법은 죄를 지은 사람으로서 재범 방지를 위하여 보호관찰, 사회봉사, 수강 및 갱생보호 등 체계적인 사회 내 처우가 필요하다고 인정되는 사람을 지도하고 보살피며 도움으로써 건전한 사회복귀를 촉진하고, 효율적인 범죄예방 활동을 전개함으로써 개인 및 공공의 복지를 증진함과 아울러 사회를 보호함을 목적으로 한다(제1조).

(2) 보호관찰 및 사회봉사 또는 수강명령 대상자 [2016. 7급] 총 2회 기출

① 보호관찰을 받을 사람은 다음과 같다(제3조 제1항).

> **[보호관찰대상자]**
> 1. 「형법」 제59조의2에 따라 보호관찰을 조건으로 형의 선고유예를 받은 사람
> 2. 「형법」 제62조의2에 따라 보호관찰을 조건으로 형의 집행유예를 선고받은 사람
> 3. 「형법」 제73조의2 또는 이 법 제25조에 따라 보호관찰을 조건으로 가석방되거나 임시퇴원된 사람
> 4. 「소년법」 제32조 제1항 제4호(단기 보호관찰) 및 제5호(장기 보호관찰)의 보호처분을 받은 사람
> 5. 다른 법률에서 이 법에 따른 보호관찰을 받도록 규정된 사람

② 사회봉사 또는 수강을 하여야 할 사람은 다음과 같다(제3조 제2항).

> **[사회봉사·수강명령 대상자]**
> 1. 「형법」 제62조의2에 따라 사회봉사 또는 수강을 조건으로 형의 집행유예를 선고받은 사람
> 2. 「소년법」 제32조에 따라 사회봉사명령 또는 수강명령을 받은 사람
> 3. 다른 법률에서 이 법에 따른 사회봉사 또는 수강을 받도록 규정된 사람

02 보호관찰 조직: 보호관찰소

(1) 보호관찰소

① **설치**(제14조)
  ㉠ 보호관찰, 사회봉사, 수강 및 갱생보호에 관한 사무를 관장하기 위하여 법무부장관 소속으로 보호관찰소를 둔다(제1항).
  ㉡ 보호관찰소의 사무 일부를 처리하게 하기 위하여 그 관할 구역에 보호관찰지소를 둘 수 있다(제2항).

② **보호관찰소의 관장 사무**(제15조)

> **[보호관찰소의 관장 사무]**
> 1. 보호관찰, 사회봉사명령 및 수강명령의 집행
> 2. 갱생보호
> 3. 검사가 보호관찰관이 선도함을 조건으로 공소제기를 유예[선도조건부 기소유예(성인·소년)]하고 위탁한 선도 업무
> 4. 범죄예방 자원봉사위원에 대한 교육훈련 및 업무지도
> 5. 범죄예방활동
> 6. 이 법 또는 다른 법령에서 보호관찰소의 관장 사무로 규정된 사항

⊘ 갱생보호업무 − 보호관찰소, 갱생보호사업 − 한국법무보호복지공단

③ **보호관찰관**(제16조)
  ⊙ 보호관찰소에는 보호관찰소의 관장 사무를 처리하기 위하여 보호관찰관을 둔다(제1항).
  ⓛ 보호관찰관은 형사정책학, 행형학, 범죄학, 사회사업학, 교육학, 심리학, 그 밖에 보호관찰에 필요한 전문적 지식을 갖춘 사람이어야 한다(제2항).

④ **범죄예방 자원봉사위원**(제18조)
  ⊙ 범죄예방활동을 하고, 보호관찰활동과 갱생보호사업을 지원하기 위하여 범죄예방 자원봉사위원(범죄예방위원)을 둘 수 있다(제1항).
  ⓛ 법무부장관은 법무부령으로 정하는 바에 따라 범죄예방위원을 위촉한다(제2항).
  ⓒ 범죄예방위원의 명예와 이 법에 따른 활동은 존중되어야 한다(제3항).
  ② 범죄예방위원은 명예직으로 하되, 예산의 범위에서 직무수행에 필요한 비용의 전부 또는 일부를 지급할 수 있다(제4항).
  ⑫ 범죄예방위원의 위촉 및 해촉, 정원, 직무의 구체적 내용, 조직, 비용의 지급, 그 밖에 필요한 사항은 법무부령으로 정한다(제5항).

(2) 보호관찰소의 조사

① **판결 전 조사**(제19조) − 성인·소년 형사사건
  ⊙ 법원은 피고인에 대하여 형법 제59조의2(선고유예시 보호관찰) 및 제62조의2(집행유예시 보호관찰, 사회봉사·수강명령)에 따른 보호관찰, 사회봉사 또는 수강을 명하기 위하여 필요하다고 인정하면 그 법원의 소재지 또는 피고인의 주거지를 관할하는 보호관찰소의 장에게 범행 동기, 직업, 생활환경, 교우관계, 가족상황, 피해회복 여부 등 피고인에 관한 사항의 조사를 요구할 수 있다(제1항). [2023. 교정 9급] 총 4회 기출
  ⓛ 요구를 받은 보호관찰소의 장은 지체 없이 이를 조사하여 서면으로 해당 법원에 알려야 한다. 이 경우 필요하다고 인정하면 피고인이나 그 밖의 관계인을 소환하여 심문하거나 소속 보호관찰관에게 필요한 사항을 조사하게 할 수 있다(제2항). [2023. 9급] 총 2회 기출
  ⓒ 법원은 요구를 받은 보호관찰소의 장에게 조사진행상황에 관한 보고를 요구할 수 있다(제3항). [2023. 교정 9급]

② **결정 전 조사**(제19조의2) - 소년 보호사건

　㉠ 법원은 소년법 제12조(전문가의 진단)에 따라 소년 보호사건에 대한 조사 또는 심리를 위하여 필요하다고 인정하면 그 법원의 소재지 또는 소년의 주거지를 관할하는 보호관찰소의 장에게 소년의 품행, 경력, 가정상황, 그 밖의 환경 등 필요한 사항에 관한 조사를 의뢰할 수 있다(제1항). [2023. 교정 9급] 총 2회 기출

　㉡ 의뢰를 받은 보호관찰소의 장은 지체 없이 조사하여 서면으로 법원에 통보하여야 하며, 조사를 위하여 필요한 경우에는 소년 또는 관계인을 소환하여 심문하거나 소속 보호관찰관으로 하여금 필요한 사항을 조사하게 할 수 있다(제2항).

(3) **법원의 판결 통지**(제20조)

① 법원은 형법 제59조의2(형의 선고유예) 또는 제62조의2(형의 집행유예)에 따라 보호관찰을 명하는 판결이 확정된 때부터 3일 이내에 판결문 등본 및 준수사항을 적은 서면을 피고인의 주거지를 관할하는 보호관찰소의 장에게 보내야 한다(제1항).

② ①의 경우 법원은 그 의견이나 그 밖에 보호관찰에 참고가 될 수 있는 자료를 첨부할 수 있다(제2항).

③ 법원은 ①의 통지를 받은 보호관찰소의 장에게 보호관찰 상황에 관한 보고를 요구할 수 있다(제3항).

03　보호관찰 조직 : 보호관찰심사위원회

(1) **설치**(제5조)

① 보호관찰에 관한 사항을 심사·결정하기 위하여 법무부장관 소속으로 보호관찰심사위원회를 둔다.

② 심사위원회는 고등검찰청 소재지 등 대통령령으로 정하는 지역에 설치한다.

(2) **관장사무**(제6조)

[보호관찰심사위원회 관장사무](제6조) [2020. 9급] 총 3회 기출
1. (소년수형자에 대한)가석방과 (보호관찰을 받는 성인·소년 가석방 대상자의)그 취소에 관한 사항
2. 임시퇴원, 임시퇴원의 취소 및 보호소년의 퇴원에 관한 사항
3. 보호관찰의 임시해제와 그 취소에 관한 사항
4. 보호관찰의 정지와 그 취소에 관한 사항
5. 가석방 중인 사람의 부정기형의 종료에 관한 사항
6. 이 법 또는 다른 법령에서 심사위원회의 관장사무로 규정된 사항
7. 1부터 6까지의 사항과 관련된 사항으로서 위원장이 회의에 부치는 사항

(3) 위원회의 구성

① 심사위원회는 위원장을 포함하여 5명 이상 9명 이하의 위원으로 구성한다(제7조 제1항). [2020. 5급 승진] 총 2회 기출

② 심사위원회의 위원장은 고등검찰청 검사장 또는 고등검찰청 소속 검사 중에서 법무부장관이 임명한다(제7조 제2항).

③ **위원장의 직무** : 위원장은 심사위원회의 회무를 통할하고, 심사위원회를 대표하며, 심사위원회의 회의를 소집하고 그 의장이 된다(시행령 제2조 제1항).

④ **직무대행** : 위원장이 부득이한 사유로 직무를 수행할 수 없는 때에는 위원장이 미리 지정한 위원이 그 직무를 대행한다(시행령 제2조 제2항).

⑤ 심사위원회의 위원은 판사, 검사, 변호사, 보호관찰소장, 지방교정청장, 교도소장, 소년원장 및 보호관찰에 관한 지식과 경험이 풍부한 사람 중에서 법무부상관이 임명하거나 위촉한다(제7조 제3항).

⑥ **벌칙 적용에서 공무원 의제** : 심사위원회의 위원 중 공무원이 아닌 사람은 형법 제127조(공무상 비밀의 누설) 및 제129조부터 제132조(수뢰 · 사전수뢰, 제3자 뇌물제공, 수뢰후 부정처사 · 사후수뢰, 알선수뢰)까지의 규정을 적용할 때에는 공무원으로 본다(제12조의2).

⑦ 심사위원회의 위원 중 3명 이내의 상임위원을 둔다(제7조 제4항).

⑧ **위원의 임기** : 위원의 임기는 2년으로 하되, 연임할 수 있다. 다만, 공무원인 비상임위원의 임기는 그 직위에 있는 기간으로 한다(제8조).

(4) 위원의 신분(제10조) [2013. 9급]

① 상임위원은 고위공무원단에 속하는 일반직공무원 또는 4급 공무원으로서 임기제공무원으로 한다.

② 상임위원이 아닌 위원은 명예직으로 한다. 다만, 예산의 범위에서 법무부령으로 정하는 바에 따라 여비나 그 밖의 수당을 지급할 수 있다.

(5) 심 사

① 심사위원회는 심사에 필요하다고 인정하면 보호관찰대상자와 그 밖의 관계인을 소환하여 심문하거나 상임위원 또는 보호관찰관에게 필요한 사항을 조사하게 할 수 있다(제11조 제2항). [2013. 9급]

② 심사위원회는 심사에 필요하다고 인정하면 국공립기관이나 그 밖의 단체에 사실을 알아보거나 관계 자료의 제출을 요청할 수 있다(제11조 제3항). [2013. 9급]

(6) 의결 및 결정(제12조)

① 심사위원회의 회의는 재적위원 과반수의 출석으로 개의하고, 출석위원 과반수의 찬성으로 의결한다.

② ①에도 불구하고 회의를 개최할 시간적 여유가 없는 등 부득이한 경우로서 대통령령으로 정하는 경우에는 서면으로 의결할 수 있다. 이 경우 재적위원 과반수의 찬성으로 의결한다.

③ 심사위원회의 회의는 비공개로 한다.

④ 결정은 이유를 붙이고 심사한 위원이 서명 또는 기명날인한 문서로 한다.

⑺ 공무원 의제

심사위원회의 위원 중 공무원이 아닌 사람은 「형법」 제127조(공무상 비밀의 누설) 및 제129조부터 제132조(수뢰·사전수뢰, 제3자 뇌물제공, 수뢰후 부정처사·사후수뢰, 알선수뢰)까지의 규정을 적용할 때에는 공무원으로 본다(제12조의2).

04　가석방 및 임시퇴원

⑴ 교도소장 등의 통보의무(제21조)

① 교도소·구치소·소년교도소의 장은 징역 또는 금고의 형을 선고받은 소년(소년수형자)이 소년법 제65조의 기간(무기형의 경우에는 5년, 15년 유기형의 경우에는 3년, 부정기형의 경우에는 단기의 3분의 1)이 지나면 그 교도소·구치소·소년교도소의 소재지를 관할하는 보호관찰심사위원회에 그 사실을 통보하여야 한다(제1항). [2024. 보호 9급]

② 소년원장은 보호소년이 수용된 후 6개월이 지나면 그 소년원의 소재지를 관할하는 심사위원회에 그 사실을 통보하여야 한다(제2항).

⑵ 소년의 가석방·퇴원 및 임시퇴원의 신청, 심사와 결정

① 교도소·구치소·소년교도소 및 소년원(수용기관)의 장은 소년법 제65조의 기간이 지난 소년수형자 또는 수용 중인 보호소년에 대하여 법무부령으로 정하는 바에 따라 관할 보호관찰심사위원회에 가석방, 퇴원 또는 임시퇴원 심사를 신청할 수 있다(제22조 제1항).

② 심사위원회는 가석방·퇴원 및 임시퇴원의 신청을 받으면 소년수형자에 대한 가석방 또는 보호소년에 대한 퇴원·임시퇴원이 적절한지를 심사하여 결정한다(제23조 제1항). [2020. 7급] 총 2회 기출

③ 심사위원회는 제21조에 따른 통보를 받은 사람에 대하여는 가석방·퇴원 및 임시퇴원의 신청이 없는 경우에도 직권으로 가석방·퇴원 및 임시퇴원이 적절한지를 심사하여 결정할 수 있다(제23조 제2항).

④ 심사위원회는 소년수형자의 가석방이 적절한지를 심사할 때에는 보호관찰의 필요성을 심사하여 결정한다(제23조 제3항).

⑶ 보호관찰의 심사와 결정(제24조)

① 보호관찰심사위원회는 형집행법에 따라 가석방되는 사람에 대하여 보호관찰의 필요성을 심사하여 결정한다(제1항).

② 심사위원회는 보호관찰심사를 할 때에는 보호관찰 사안조사 결과를 고려하여야 한다(제2항).

(4) 법무부장관의 허가(제25조)

① 보호관찰심사위원회는 가석방·퇴원 및 임시퇴원의 심사 결과 가석방, 퇴원 또는 임시퇴원이
적절하다고 결정한 경우 및 성인수형자에 대한 보호관찰의 심사 결과 보호관찰이 필요없다고
결정한 경우에는 결정서에 관계 서류를 첨부하여 법무부장관에게 이에 대한 허가를 신청하여
야 한다.

② 법무부장관은 심사위원회의 결정이 정당하다고 인정하면 이를 허가할 수 있다.

05　환경조사 및 환경개선활동

(1) 환경조사(제26조) - 소년수형자·보호소년

① 수용기관·병원·요양소·의료재활소년원의 장은 소년수형자 및 소년법 제32조 제1항 제7호
(병원, 요양소 또는 의료재활소년원에 위탁)·제9호(단기 소년원 송치)·제10호(장기 소년원 송치)의 보호처분
중 어느 하나에 해당하는 처분을 받은 사람(수용자)을 수용한 경우에는 지체 없이 거주예정지를
관할하는 보호관찰소의 장에게 신상조사서를 보내 환경조사를 의뢰하여야 한다(제1항). [2016. 7급]

② 환경조사를 의뢰받은 보호관찰소의 장은 수용자의 범죄 또는 비행의 동기, 수용 전의 직업, 생
활환경, 교우관계, 가족상황, 피해회복 여부, 생계대책 등을 조사하여 수용기관의 장에게 알려
야 한다. 이 경우 필요하다고 인정하면 수용자를 면담하거나 관계인을 소환하여 심문하거나
소속 보호관찰관에게 필요한 사항을 조사하게 할 수 있다(제2항).

③ 환경조사는 다음의 사항에 대하여 실시하여야 한다(시행령 제12조 제2항).

> **[환경조사]**
> 1. 인수인·가족관계 및 주변의 상황
> 2. 범죄 또는 비행에 관한 사회의 감정
> 3. 피해변상여부 및 피해자의 감정
> 4. 수용전의 직업·생활환경 및 교우관계
> 5. 석방 후 취업계획 또는 생계의 전망
> 6. 범죄 또는 비행의 동기
> 7. 기타 참고사항

(2) 성인수형자에 대한 보호관찰 사안조사(제28조)

① 교도소·구치소·소년교도소의 장은 징역 또는 금고 이상의 형을 선고받은 성인(성인수형자)에
대하여 가석방심사위원회에 가석방 적격심사신청을 할 때에는 신청과 동시에 가석방 적격심사
신청 대상자의 명단과 신상조사서를 해당 교도소·구치소·소년교도소의 소재지를 관할하는
심사위원회에 보내야 한다(제1항).

② 심사위원회는 교도소·구치소·소년교도소의 장으로부터 가석방 적격심사신청 대상자의 명단과 신상조사서를 받으면 해당 성인수형자를 면담하여 직접 제26조 제2항 전단에 규정된 사항, 석방 후의 재범 위험성 및 사회생활에 대한 적응 가능성 등에 관한 조사(보호관찰 사안조사)를 하거나 교도소·구치소·소년교도소의 소재지 또는 해당 성인수형자의 거주예정지를 관할하는 보호관찰소의 장에게 그 자료를 보내 보호관찰 사안조사를 의뢰할 수 있다(제2항).

③ 보호관찰 사안조사를 의뢰받은 보호관찰소의 장은 지체 없이 보호관찰 사안조사를 하고 그 결과를 심사위원회에 통보하여야 한다(제3항).

④ 교도소·구치소·소년교도소의 장은 심사위원회 또는 보호관찰소의 장으로부터 보호관찰 사안조사를 위하여 성인수형자의 면담 등 필요한 협조 요청을 받으면 이에 협조하여야 한다(제4항).

06 보호관찰

(I) 보호관찰의 개시 및 신고(제29조)

① 보호관찰은 법원의 판결이나 결정이 확정된 때 또는 가석방·임시퇴원된 때부터 시작된다(제1항).
[2024. 보호 9급] 총 3회 기출

② 보호관찰대상자는 대통령령으로 정하는 바에 따라 주거, 직업, 생활계획, 그 밖에 필요한 사항을 관할 보호관찰소의 장에게 신고하여야 한다(제2항).

③ 보호관찰대상자는 다음의 어느 하나에 해당하는 때에는 10일 이내에 주거지를 관할하는 보호관찰소에 출석하여 서면으로 신고를 하여야 한다(시행령 제16조).

[보호관찰대상자의 신고의무]
1. 형법 제59조의2(선고유예) 또는 제62조의2(집행유예)의 규정에 의한 판결이 확정된 때
2. 형법 제73조의2(가석방) 또는 보호관찰법 제25조(법무부장관의 허가)에 따라 가석방 또는 임시퇴원된 때
3. 소년법 제32조 제1항 제4호(단기 보호관찰) 또는 제5호(장기 보호관찰)의 보호처분이 확정된 때
4. 다른 법률에 의하여 이 법에 의한 보호관찰을 받도록 명하는 판결 또는 결정이 확정된 때

PLUS⁺ 신고방법의 차이비교

1. **보호관찰법 시행령**(제16조) : 10일 이내에 주거지를 관할하는 보호관찰소에 출석하여 서면으로 신고를 하여야 한다.
2. **전자부착법**(제14조) : 피부착자는 특정범죄사건에 대한 형의 집행이 종료되거나 면제·가석방되는 날부터 10일 이내에 주거지를 관할하는 보호관찰소에 출석하여 대통령령으로 정하는 신상정보 등을 서면으로 신고하여야 한다.
3. **치료감호법**(제34조) : 피보호관찰자나 법정대리인 등은 대통령령으로 정하는 바에 따라 출소 후의 거주 예정지나 그 밖에 필요한 사항을 미리 치료감호시설의 장에게 신고하여야 한다(제1항). 피보호관찰자나 법정대리인 등은 출소 후 10일 이내에 주거, 직업, 치료를 받는 병원, 피보호관찰자가 등록한 정신건강복지센터, 그 밖에 필요한 사항을 보호관찰관에게 서면으로 신고하여야 한다(제2항).

(2) 보호관찰의 기간(제30조) [2024. 보호 9급] 총 7회 기출

보호관찰	기 간
1. 보호관찰을 조건, 형의 선고유예를 받은 사람	1년
2. 보호관찰을 조건, 형의 집행유예를 선고받은 사람	그 유예기간 다만, 법원이 보호관찰 기간을 따로 정한 경우에는 그 기간 [2015. 9급] 총 3회 기출
3. 형법(제73조의2)에 의한 가석방자 소년법(제66조)에 의한 가석방자	무기형에 있어서는 10년, 유기형에 있어서는 남은 형기 가석방 전에 집행을 받은 기간과 같은 기간 [2024. 보호 9급]
4. 임시퇴원자	퇴원일부터 6개월 이상 2년 이하의 범위에서 심사위원회가 정한 기간 [2016. 5급 승진]
5. 소년법(제32조 제1항 제4호) 단기보호관찰 처분 소년법(제32조 제1항 제5호) 장기보호관찰 처분	단기 보호관찰 : 1년 장기 보호관찰 : 2년, 1년의 범위에서 1회 연장 가능 [2024. 보호 9급]
6. 다른 법률에 따라 이 법에서 정한 보호관찰을 받은 사람	그 법률에서 정한 기간

(3) 보호관찰 담당자 및 대상자 준수사항

① 보호관찰은 보호관찰대상자의 주거지를 관할하는 보호관찰소 소속 보호관찰관이 담당한다(제31조). [2016. 5급 승진]

② **보호관찰대상자의 준수사항**(제32조 제2항)

> **[보호관찰대상자의 일반준수사항]** [2023. 교정 9급] 총 3회 기출
> 1. 주거지에 상주하고 생업에 종사할 것
> 2. 범죄로 이어지기 쉬운 나쁜 습관을 버리고 선행을 하며 범죄를 저지를 염려가 있는 사람들과 교제하거나 어울리지 말 것
> 3. 보호관찰관의 지도·감독에 따르고 방문하면 응대할 것
> 4. 주거를 이전하거나 1개월 이상 국내외 여행을 할 때에는 미리 보호관찰관에게 신고할 것
>
> ✔ **비교** : 전자장치부착자, 약물치료명령을 받은 자는 주거이전, 7일 이상 국내여행, 출국시 보호관찰관의 허가를 받을 것

③ 보호관찰대상자가 다른 보호관찰소의 관할구역 안으로 주거를 이전한 때에는 10일 이내에 신 주거지를 관할하는 보호관찰소에 출석하여 서면으로 주거이전의 사실을 신고하여야 한다(시행령 제18조 제2항).

④ 법원 및 심사위원회는 판결의 선고 또는 결정의 고지를 할 때에는 일반준수사항 외에 범죄의 내용과 종류 및 본인의 특성 등을 고려하여 필요하면 보호관찰 기간의 범위에서 기간을 정하여 다음의 사항을 특별히 지켜야 할 사항으로 따로 과할 수 있다(제32조 제3항). [2023. 교정 7급] 총 4회 기출

[보호관찰대상자의 특별준수사항]

1. 야간 등 재범의 기회나 충동을 줄 수 있는 특정 시간대의 외출 제한
2. 재범의 기회나 충동을 줄 수 있는 특정 지역·장소의 출입 금지
3. 피해자 등 재범의 대상이 될 우려가 있는 특정인에 대한 접근 금지
4. 범죄행위로 인한 손해를 회복하기 위하여 노력할 것
5. 일정한 주거가 없는 자에 대한 거주장소 제한
6. 사행행위에 빠지지 아니할 것
7. 일정량 이상의 음주를 하지 말 것
8. 마약 등 중독성 있는 물질을 사용하지 아니할 것
9. 「마약류관리에 관한 법률」상의 마약류 투약, 흡연, 섭취 여부에 관한 검사에 따를 것
10. 그 밖에 보호관찰대상자의 재범 방지를 위하여 필요하다고 인정되어 대통령령으로 정하는 사항

[보호관찰대상자의 특별준수사항](시행령 제19조) [2013. 7급]

1. 운전면허를 취득할 때까지 자동차(원동기장치자전거를 포함) 운전을 하지 않을 것
2. 직업훈련, 검정고시 등 학과교육 또는 성행(성품과 행실)개선을 위한 교육, 치료 및 처우 프로그램에 관한 보호관찰관의 지시에 따를 것
3. 범죄와 관련이 있는 특정 업무에 관여하지 않을 것
4. 성실하게 학교수업에 참석할 것
5. 정당한 수입원에 의하여 생활하고 있음을 입증할 수 있는 자료를 정기적으로 보호관찰관에게 제출할 것
6. 흉기나 그 밖의 위험한 물건을 소지 또는 보관하거나 사용하지 아니할 것
7. 가족의 부양 등 가정생활에 있어서 책임을 성실히 이행할 것
8. 그 밖에 보호관찰대상자의 생활상태, 심신의 상태, 범죄 또는 비행의 동기, 거주지의 환경 등으로 보아 보호관찰대상자가 준수할 수 있고 자유를 부당하게 제한하지 아니하는 범위에서 개선·자립에 도움이 된다고 인정되는 구체적인 사항

⑤ 보호관찰대상자가 일반준수사항 또는 특별준수사항을 위반하거나 사정변경의 상당한 이유가 있는 경우

법원은 보호관찰소의 장의 신청 또는 검사의 청구에 따라	각각 준수사항의 전부 또는 일부를 추가,
심사위원회는 보호관찰소의 장의 신청에 따라	변경하거나 삭제할 수 있다(제32조 제4항).

⑥ 준수사항은 서면으로 고지하여야 한다(제32조 제5항).

⑷ **지도·감독 및 분류처우**

① 보호관찰관은 보호관찰대상자의 재범을 방지하고 건전한 사회 복귀를 촉진하기 위하여 필요한 지도·감독을 한다(제33조 제1항).

② 지도·감독 방법은 다음과 같다(제33조 제2항).

> **[지도·감독 방법]**
> 1. 보호관찰대상자와 긴밀한 접촉을 가지고 항상 그 행동 및 환경 등을 관찰하는 것
> 2. 보호관찰대상자에게 준수사항을 이행하기에 적절한 지시를 하는 것
> 3. 보호관찰대상자의 건전한 사회 복귀를 위하여 필요한 조치를 하는 것

③ 보호관찰소의 장은 범행 내용, 재범위험성 등 보호관찰대상자의 개별적 특성을 고려하여 그에 알맞은 지도·감독의 방법과 수준에 따라 분류처우를 하여야 한다(제33조의2 제1항). [2016. 7급]

④ 분류처우에 관하여 필요한 사항은 대통령령으로 정한다(제33조의2 제2항).

⑸ **원호 및 응급구호**(제34조)

① 보호관찰관은 보호관찰대상자가 자조의 노력을 할 때에는 그의 개선과 자립을 위하여 필요하다고 인정되는 적절한 원호를 한다(제1항).

② 원호의 방법은 다음과 같다(제2항).

보호관찰관의 원호의 방법	갱생보호의 방법(법 제65조 제1항) [2015. 7급]
1. 숙소 및 취업의 알선 2. 직업훈련 기회의 제공 3. 환경의 개선 4. 보호관찰대상자의 건전한 사회 복귀에 필요한 원조의 제공	1. 숙식 제공 2. 주거 지원 3. 창업 지원 4. 직업훈련 및 취업 지원 5. 출소예정자사전상담 6. 갱생보호 대상자의 가족에 대한 지원 7. 심리상담 및 심리치료 8. 사후관리 9. 그 밖에 갱생보호 대상자에 대한 자립 지원

③ 보호관찰소의 장은 보호관찰대상자에게 부상, 질병, 그 밖의 긴급한 사유가 발생한 경우에는 대통령령으로 정하는 바에 따라 필요한 구호를 할 수 있다(제35조).

⑹ **원호협의회**(보호관찰 등에 관한 법률 시행규칙 제25조의2)

① 보호관찰소의 장은 원호활동을 종합적이고 체계적으로 전개하기 위하여 원호협의회를 설치할 수 있다. [2014. 9급]

② 원호협의회는 5명 이상의 위원으로 구성하되, 보호관찰소의 장은 당연직 위원으로서 위원장이 되고, 위원은 위원장이 위촉한다. [2014. 9급]

③ 위원의 임기는 2년으로 한다. [2014. 9급]

④ 위원장은 위원의 활동이 부진하거나 품위손상 등 사유로 직무수행이 곤란하다고 인정되는 경우에는 그 위원을 해촉할 수 있다.

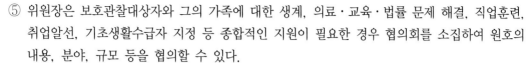

⑤ 위원장은 보호관찰대상자와 그의 가족에 대한 생계, 의료·교육·법률 문제 해결, 직업훈련, 취업알선, 기초생활수급자 지정 등 종합적인 지원이 필요한 경우 협의회를 소집하여 원호의 내용, 분야, 규모 등을 협의할 수 있다.

⑥ 위원장은 보호관찰대상자와 그의 가족에 대한 특정 분야의 원호활동을 각 위원에게 개별적으로 의뢰할 수 있다. [2014. 9급]

07 보호관찰대상자에 대한 제재

핵심정리 구인과 유치 정리

구 인	보호관찰소장(신청) ⇨ 검사(청구) ⇨ 판사(구인장 발부) ⇨ 보호관찰관(검사 지휘-집행)
긴급구인	보호관찰소장(긴급구인) ⇨ 긴급구인서 작성(12시간 이내 신청) ⇨ 검사(승인) ⇨ 승인 못받으면 즉시 석방
유치청구	보호관찰소장(신청) ⇨ 검사(청구 : 구인 때부터 48시간 이내) ⇨ 판사(허가)
선·집청구	보호관찰소장(신청 : 24시간 이내) ⇨ 검사(청구 : 48시간 이내) ⇨ 법원(결정 : 선고유예 실효, 집행유예 취소)

(1) 조사와 경고

① **조사와 협조요청**(제37조)

㉠ 조사 : 보호관찰소의 장은 보호관찰을 위하여 필요하다고 인정하면 보호관찰대상자나 그 밖의 관계인을 소환하여 심문하거나 소속 보호관찰관에게 필요한 사항을 조사하게 할 수 있다(제1항).

㉡ 협조요청 : 보호관찰소의 장은 보호관찰을 위하여 필요하다고 인정하면 국공립기관이나 그 밖의 단체에 사실을 알아보거나 관련 자료의 열람 등 협조를 요청할 수 있다(제2항).

② **경고** : 보호관찰소의 장은 보호관찰대상자가 준수사항을 위반하거나 위반할 위험성이 있다고 인정할 상당한 이유가 있는 경우에는 준수사항의 이행을 촉구하고 형의 집행 등 불리한 처분을 받을 수 있음을 경고할 수 있다(제38조). [2016. 5급 승진]

(2) 구인과 긴급구인

핵심정리 구인과 긴급구인

구 분	구 인	긴급구인
조 건	1. 준수사항 위반이나 2. 위반하였다는 의심할만한 상당한 이유가 있고 다음 어느 하나에 해당하는 사유	1. 준수사항 위반하여 구인사유가 있는 경우로 2. 긴급(우연발견)하여 구인장 발부받을 수 없는 경우, 사유 알리고 구인장 없이 구인
사 유	1. 일정한 주거가 없는 경우 2. 조사에 따른 소환에 따르지 아니한 경우(소환 불응) 3. 도주한 경우 또는 도주할 염려가 있는 경우	

① **구인**(제39조)

　㉠ 보호관찰소의 장은 보호관찰대상자가 준수사항을 위반하였거나 위반하였다고 의심할 상당한 이유가 있고, 다음의 어느 하나에 해당하는 사유가 있는 경우에는 관할 지방검찰청의 검사에게 신청하여 검사의 청구로 관할 지방법원 판사의 구인장을 발부받아 보호관찰대상자를 구인할 수 있다(제1항). [2024. 보호 9급] 총 3회 기출

구인사유(*주소도 없어 구인)	유치사유
1. 일정한 주거가 없는 경우 2. 조사에 따른 소환에 따르지 아니한 경우(소환 불응) 3. 도주한 경우 또는 도주할 염려가 있는 경우	1. 보호관찰을 조건으로 한 형(벌금형을 제외한다)의 선고유예의 실효 및 집행유예의 취소 청구의 신청 2. 가석방 및 임시퇴원의 취소 신청 3. 보호처분의 변경 신청 [2016. 5급 승진]

　　❷ **비교 · 구분**: 형사소송법상 구속사유는 일정한 주거가 없는 때, 증거를 인멸할 염려가 있는 때, 도망하거나 도망할 염려가 있는 때이다.

　㉡ 구인장은 검사의 지휘에 따라 보호관찰관이 집행한다. 다만, 보호관찰관이 집행하기 곤란한 경우에는 사법경찰관리에게 집행하게 할 수 있다(제2항).

　㉢ 보호관찰관은 사법경찰관리에게 구인장의 집행을 의뢰하는 때에는 그 사유를 기재한 서면으로 하되, 검사의 지휘를 받아야 한다(시행령 제25조).

② **긴급구인**(제40조)

　㉠ 보호관찰소의 장은 준수사항을 위반한 보호관찰대상자가 구인사유가 있는 경우로서 긴급하여 구인장을 발부받을 수 없는 경우에는 그 사유를 알리고 구인장 없이 그 보호관찰대상자를 구인할 수 있다. 이 경우 긴급하다 함은 해당 보호관찰대상자를 우연히 발견한 경우 등과 같이 구인장을 발부받을 시간적 여유가 없는 경우를 말한다(제1항). [2014. 7급]

　㉡ 보호관찰소의 장은 보호관찰대상자를 긴급구인한 경우에는 긴급구인서를 작성하여 즉시 관할 지방검찰청 검사의 승인을 받아야 한다(제2항). [2019. 5급 승진] 총 2회 기출

　㉢ 긴급구인승인신청은 보호관찰대상자를 구인한 때부터 12시간 이내에 하여야 한다(시행령 제26조 제1항).

　㉣ 보호관찰소의 장은 검사의 승인을 받지 못하면 즉시 보호관찰대상자를 석방하여야 한다(제3항). [2014. 7급]

③ 보호관찰소의 장은 보호관찰대상자를 구인 또는 긴급구인하였을 때에는 유치 허가를 청구한 경우를 제외하고는 구인한 때부터 48시간 이내에 석방하여야 한다. 다만, 유치 허가를 받지 못하면 즉시 보호관찰대상자를 석방하여야 한다(제41조). [2019. 5급 승진]

(3) **유치**(제42조)

① **유치 사유** : 보호관찰소의 장은 다음의 신청이 필요하다고 인정되면 구인 또는 긴급구인한 보호관찰대상자를 수용기관 또는 소년분류심사원에 유치할 수 있다(제1항).

> **[유치 사유]**(제42조 제1항) [2019. 7급] 총 3회 기출
> 1. 보호관찰을 조건으로 한 형(벌금형을 제외한다)의 선고유예의 실효 및 집행유예의 취소 청구의 신청
> 2. 가석방 및 임시퇴원의 취소 신청
> 3. 보호처분의 변경 신청

② **유치절차**

㉠ 유치를 하려는 경우에는 보호관찰소의 장이 검사에게 신청하여 검사의 청구로 관할 지방법원 판사의 허가를 받아야 한다. 이 경우 검사는 보호관찰대상자가 구인된 때부터 48시간 이내에 유치 허가를 청구하여야 한다(제2항). [2024. 보호 9급] 총 2회 기출

㉡ 보호관찰소의 장은 유치 허가를 받은 때부터 24시간 이내에 유치사유에 따른 신청을 하여야 한다(제3항). [2019. 5급 승진]

㉢ 검사는 보호관찰소의 장으로부터 보호관찰을 조건으로 한 형(벌금형 제외)의 선고유예의 실효 및 집행유예의 취소 청구의 신청(제42조 제1항 제1호)을 받고 그 이유가 타당하다고 인정되면 48시간 이내에 관할 지방법원에 보호관찰을 조건으로 한 형의 선고유예의 실효 또는 집행유예의 취소를 청구하여야 한다(제4항). [2024. 보호 9급]

③ **유치기간**(제43조)

㉠ 유치의 기간은 구인 또는 긴급구인한 날부터 20일로 한다(제1항).

㉡ 법원과 보호관찰소장의 기간 연장(제2항, 제3항) [2019. 7급] 총 2회 기출

법 원	보호관찰을 조건으로 한 형의 선고유예의 실효 및 집행유예의 취소 청구의 신청 또는 보호처분의 변경 신청이 있는 경우에 심리를 위하여 필요하다고 인정되면	심급마다 20일의 범위에서 한 차례만 유치기간을 연장할 수 있다.
보호관찰소의 장	가석방 및 임시퇴원의 취소 신청이 있는 경우에 보호관찰심사위원회의 심사에 필요하면 검사에게 신청하여 검사의 청구로 지방법원 판사의 허가를 받아	10일의 범위에서 한 차례만 유치기간을 연장할 수 있다.

④ **유치기간의 형기 산입** : 유치된 사람에 대하여 보호관찰을 조건으로 한 형의 선고유예가 실효되거나 집행유예가 취소된 경우 또는 가석방이 취소된 경우에는 그 유치기간을 형기에 산입한다(제45조). [2024. 보호 9급] 총 3회 기출

08 보호장구

(1) 보호장구의 사용(제46조의2)

① 보호관찰소 소속 공무원은 보호관찰대상자가 다음의 어느 하나에 해당하고, 정당한 직무집행
과정에서 필요하다고 인정되는 상당한 이유가 있으면 보호장구를 사용할 수 있다(제1항).

> **[보호장구의 사용요건]**(제46조의2) [2017. 7급] 총 2회 기출
> 1. 구인 또는 긴급구인한 보호관찰대상자를 보호관찰소에 인치하거나 수용기관 등에 유치하기 위해
>   호송하는 때
> 2. 구인 또는 긴급구인한 보호관찰대상자가 도주하거나 도주할 우려가 있는 때
> 3. 위력으로 보호관찰소 소속 공무원의 정당한 직무집행을 방해하는 때
> 4. 자살·자해 또는 다른 사람에 대한 위해의 우려가 큰 때
> 5. 보호관찰소 시설의 설비·기구 등을 손괴하거나 그 밖에 시설의 안전 또는 질서를 해칠 우려가
>   큰 때

② 보호장구를 사용하는 경우에는 보호관찰대상자의 나이, 신체적·정신적 건강상태 및 보호관찰
집행 상황 등을 고려하여야 한다(제2항).

③ 그 밖에 보호장구의 사용절차 및 방법 등에 관하여 필요한 사항은 법무부령으로 정한다(제3항).

(2) 보호장구의 종류 및 사용요건(제46조의3)

종 류	사용요건
수갑·포승· 보호대	1. 구인 또는 긴급구인한 보호관찰대상자를 보호관찰소에 인치하거나 수용기관 등에 유치하기 위해 호송하는 때 2. 구인 또는 긴급구인한 보호관찰대상자가 도주하거나 도주할 우려가 있는 때 3. 위력으로 보호관찰소 소속 공무원의 정당한 직무집행을 방해하는 때 4. 자살·자해 또는 다른 사람에 대한 위해의 우려가 큰 때 5. 보호관찰소 시설의 설비·기구 등을 손괴하거나 그 밖에 시설의 안전 또는 질서를 해칠 우려가 큰 때
가스총	위 1.을 제외한 2.~5.의 사유가 있을 때 사용 가능
전자충격기	위 1.을 제외한 2.~5.의 어느 하나에 해당하는 경우로서 상황이 긴급하여 다른 보호장구만으로는 그 목적을 달성할 수 없는 때

(3) 보호장구 사용의 고지(제46조의4)

① **수갑, 포승, 보호대** : 보호관찰대상자에게 그 사유를 알려주어야 한다. 다만, 상황이 급박하여
시간적인 여유가 없을 때에는 보호장구 사용 직후 지체 없이 알려주어야 한다(제1항).

② **가스총, 전자충격기** : 사전에 상대방에게 이를 경고하여야 한다. 다만, 상황이 급박하여 경고
할 시간적인 여유가 없는 때에는 그러하지 아니하다(제2항).

③ **보호장구 남용 금지** : 보호장구는 필요한 최소한의 범위에서 사용하여야 하며, 보호장구를 사
용할 필요가 없게 되면 지체 없이 사용을 중지하여야 한다(제46조의5).

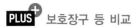

PLUS⁺ 보호장구 등 비교

구 분	종 류
보호관찰소	[보호장구] 포승, 수갑, 보호대, 가스총, 전자충격기
소년원	[보호장비] 포승, 수갑, 보호대, 머리보호대, 가스총, 전자충격기
교도소	[보호장비] 포승, 수갑, 보호대, 머리보호대, 발목보호대, 보호의자, 보호침대, 보호복 [보안장비] 가스총, 전자충격기, 가스분사기, 전기교도봉, 최루탄, 교도봉 [무기] 소총, 권총, 기관총

09 보호관찰의 종료

핵심정리 보호관찰의 종료

선고유예실효, 집행유예취소	보호관찰소장 신청-검사청구	법원의 결정
보호처분 변경	보호관찰소장 신청	법원의 결정
가석방·임시퇴원 취소	보호관찰소장 신청이나 심사위 직권	심사위 결정-장관 허가
부정기형 종료(가석방중 단기경과자)	보호관찰소장의 신청이나 심사위 직권	심사위 형 집행종료 결정

(1) 보호관찰 종료사유의 발생

① **보호관찰 조건, 선고유예의 실효 및 집행유예의 취소** : 검사가 보호관찰소의 장의 신청을 받아 법원에 청구한다(제47조 제1항).

② **가석방 및 임시퇴원의 취소**(제48조)

ㄱ 보호관찰심사위원회는 가석방 또는 임시퇴원된 사람이 보호관찰기간 중 준수사항을 위반하고 위반 정도가 무거워 보호관찰을 계속하기가 적절하지 아니하다고 판단되는 경우에는 보호관찰소의 장의 신청을 받거나 직권으로 가석방 및 임시퇴원의 취소를 심사하여 결정할 수 있다(제1항). [2013. 9급] 총 2회 기출

ㄴ 심사위원회는 심사 결과 가석방 또는 임시퇴원을 취소하는 것이 적절하다고 결정한 경우에는 결정서에 관계 서류를 첨부하여 법무부장관에게 이에 대한 허가를 신청하여야 하며, 법무부장관은 심사위원회의 결정이 정당하다고 인정되면 이를 허가할 수 있다(제2항).

ㄷ 수용기관의 장은 가석방 또는 임시퇴원이 취소된 보호관찰대상자를 지체 없이 수용기관에 재수용하여야 한다(시행령 제34조 제1항).

ㄹ 재수용을 위하여 필요한 때에는 수용기관 소재지를 관할하는 지방검찰청 또는 지청의 검사에게 구인을 의뢰할 수 있다(시행령 제34조 제2항).

③ **보호처분의 변경**(제49조)

　　㉠ 보호관찰소의 장은 소년법 제32조 제1항 제4호(단기 보호관찰) 또는 제5호(장기 보호관찰)의 보호
　　　처분에 따라 보호관찰을 받고 있는 사람이 보호관찰 기간 중 준수사항을 위반하고 그 정도가
　　　무거워 보호관찰을 계속하기 적절하지 아니하다고 판단되면 보호관찰소 소재지를 관할하는
　　　법원에 보호처분의 변경을 신청할 수 있다(제1항).

　　㉡ 보호처분의 변경을 할 경우 신청대상자가 19세 이상인 경우에도 보호사건 규정을 적용한다(제2항).

④ **부정기형의 종료**(제50조)

　　㉠ 소년법에 따라 부정기형을 선고받은 후 가석방된 사람이 그 형의 단기가 지나고 보호관찰의
　　　목적을 달성하였다고 인정되면 소년법 제66조에서 정한 기간(가석방 전에 집행을 받은 기간과 같은
　　　기간의 경과) 전이라도 심사위원회는 보호관찰소의 장의 신청을 받거나 직권으로 형의 집행을
　　　종료한 것으로 결정할 수 있다(제1항).

　　㉡ 임시퇴원자가 임시퇴원이 취소되지 아니하고 보호관찰 기간을 지난 경우에는 퇴원된 것으로
　　　본다(제2항).

(2) 보호관찰의 종료 · 임시해제 · 정지

① **보호관찰의 종료** : 보호관찰은 보호관찰대상자가 다음의 어느 하나에 해당하는 때에 종료한다
(제51조 제1항).

> **[보호관찰의 종료]** [2023. 보호 7급] 총 2회 기출
> 1. 보호관찰 기간이 지난 때
> 2. 보호관찰을 조건으로 한 형의 선고유예가 실효되거나 보호관찰을 조건으로 한 집행유예가 실효
> 　　되거나 취소된 때
> 3. 가석방 또는 임시퇴원이 실효되거나 취소된 때
> 4. 보호처분이 변경된 때
> 5. 부정기형 종료 결정이 있는 때
> 6. 보호관찰이 정지된 임시퇴원자가 22세가 된 때
> 7. 다른 법률에 따라 보호관찰이 변경되거나 취소 · 종료된 때

② **보호관찰의 계속진행** : 보호관찰대상자가 보호관찰 기간 중 금고 이상의 형의 집행을 받게 된
때에는 해당 형의 집행기간 동안 보호관찰대상자에 대한 보호관찰 기간은 계속 진행되고, 해
당 형의 집행이 종료 · 면제되거나 보호관찰대상자가 가석방된 경우 보호관찰 기간이 남아있는
때에는 그 잔여기간 동안 보호관찰을 집행한다(제2항).

> **PLUS⁺ 비교조문**(치료감호법 제32조 제4항)
>
> 피보호관찰자가 보호관찰기간 중 새로운 범죄로 금고 이상의 형의 집행을 받게 된 때에는 보호관찰은
> 종료되지 아니하며, 해당 형의 집행기간 동안 피보호관찰에 대한 보호관찰기간은 계속 진행된다(제4항).
> 피보호관찰자에 대하여 제4항에 따른 금고 이상의 형의 집행이 종료 · 면제되는 때 또는 피보호관찰자가
> 가석방된 때에 보호관찰기간이 아직 남아있으면 그 잔여기간 동안 보호관찰을 집행한다(제5항).

③ **보호관찰의 임시해제**(제52조)

  ㉠ 보호관찰심사위원회는 보호관찰대상자의 성적이 양호할 때에는 보호관찰소의 장의 신청을 받거나 직권으로 보호관찰을 임시해제할 수 있다(제1항).

  ㉡ 임시해제 중에는 보호관찰을 하지 아니한다. 다만, 보호관찰대상자는 준수사항을 계속하여 지켜야 한다(제2항). [2023. 보호 7급]

  ㉢ 심사위원회는 임시해제 결정을 받은 사람에 대하여 다시 보호관찰을 하는 것이 적절하다고 인정되면 보호관찰소의 장의 신청을 받거나 직권으로 임시해제 결정을 취소할 수 있다(제3항).

  ㉣ 임시해제 결정이 취소된 경우에는 그 임시해제 기간을 보호관찰 기간에 포함한다(제4항).
  [2023. 보호 7급] 총 2회 기출

④ **보호관찰의 정지 결정**(제53조)

  ㉠ 보호관찰심사위원회는 가석방 또는 임시퇴원된 사람이 있는 곳을 알 수 없어 보호관찰을 계속할 수 없을 때에는 보호관찰소의 장의 신청을 받거나 직권으로 보호관찰을 정지하는 결정을 할 수 있다(제1항).

  ㉡ 심사위원회는 보호관찰을 정지한 사람이 있는 곳을 알게 되면 즉시 그 정지를 해제하는 결정을 하여야 한다(제2항).

  ㉢ 보호관찰 정지 중인 사람이 구인된 경우에는 구인된 날에 정지해제결정을 한 것으로 본다(제3항).

  ㉣ 형기 또는 보호관찰 기간은 정지결정을 한 날부터 그 진행이 정지되고, 정지해제결정을 한 날부터 다시 진행된다(제4항).

  ㉤ 심사위원회는 정지결정을 한 후 소재 불명이 천재지변이나 그 밖의 부득이한 사정 등 보호관찰대상자에게 책임이 있는 사유로 인한 것이 아닌 것으로 밝혀진 경우에는 그 정지결정을 취소하여야 한다. 이 경우 정지결정은 없었던 것으로 본다(제5항).

10 사회봉사 및 수강

(1) 법원의 명령과 장소지정(제59조)

  ① 법원은 사회봉사를 명할 때에는 500시간, 수강을 명할 때에는 200시간의 범위에서 그 기간을 정하여야 한다. 다만, 다른 법률에 특별한 규정이 있는 경우에는 그 법률에서 정하는 바에 따른다(제1항). [2020. 9급] 총 7회 기출

  ② 법원은 사회봉사·수강명령 대상자가 사회봉사를 하거나 수강할 분야와 장소 등을 지정할 수 있다(제2항). [2016. 9급]

(2) 3일 이내 판결의 통지(제60조)

  ① 법원은 사회봉사 또는 수강을 명하는 판결이 확정된 때부터 3일 이내에 판결문 등본 및 준수사항을 적은 서면을 피고인의 주거지를 관할하는 보호관찰소의 장에게 보내야 한다(제1항). [2020. 9급]

  ② 법원 또는 법원의 장은 통지를 받은 보호관찰소의 장에게 사회봉사명령 또는 수강명령의 집행상황에 관한 보고를 요구할 수 있다(제3항).

(3) 사회봉사 · 수강명령 집행 담당자(제61조)

① 사회봉사명령 또는 수강명령은 보호관찰관이 집행한다. 다만, 보호관찰관은 국공립기관이나 그 밖의 단체에 그 집행의 전부 또는 일부를 위탁할 수 있다(제1항). [2016. 9급] 총 4회 기출

② 보호관찰관은 사회봉사명령 또는 수강명령의 집행을 국공립기관이나 그 밖의 단체에 위탁한 때에는 이를 법원 또는 법원의 장에게 통보하여야 한다(제2항).

③ 법원은 법원 소속 공무원으로 하여금 사회봉사 또는 수강할 시설 또는 강의가 사회봉사 · 수강 명령 대상자의 교화 · 개선에 적당한지 여부와 그 운영 실태를 조사 · 보고하도록 하고, 부적당하다고 인정하면 그 집행의 위탁을 취소할 수 있다(제3항).

④ 보호관찰관은 사회봉사명령 또는 수강명령의 집행을 위하여 필요하다고 인정하면 국공립기관이나 그 밖의 단체에 협조를 요청할 수 있다(제4항).

(4) 사회봉사 · 수강명령 대상자의 준수사항(제62조)

① 사회봉사 · 수강명령 대상자는 대통령령으로 정하는 바에 따라 주거, 직업, 그 밖에 필요한 사항을 관할 보호관찰소의 장에게 신고하여야 한다(제1항).

② 사회봉사 · 수강명령 대상자는 다음의 사항을 준수하여야 한다(제2항).

> **[사회봉사 · 수강명령 대상자의 일반준수사항]** [2020. 9급] 총 3회 기출
> 1. 보호관찰관의 집행에 관한 지시에 따를 것
> 2. 주거를 이전하거나 1개월 이상 국내외 여행을 할 때에는 미리 보호관찰관에게 신고할 것

③ 법원은 판결의 선고를 할 때 ②의 준수사항 외에 대통령령으로 정하는 범위에서 본인의 특성 등을 고려하여 특별히 지켜야 할 사항을 따로 과할 수 있다(제3항).

④ 사회봉사 · 수강명령 대상자의 특별준수사항은 대통령령으로 정하는 보호관찰대상자의 특별준수사항(시행령 제19조)을 준용한다(시행령 제39조 제1항).

⑤ 준수사항은 서면으로 고지하여야 한다(제4항). [2015. 5급 승진]

(5) 사회봉사 · 수강의 종료(제63조)

① 사회봉사 · 수강은 사회봉사 · 수강명령 대상자가 다음의 어느 하나에 해당하는 때에 종료한다(제1항).

> **[사회봉사 · 수강명령 대상자의 종료]** [2016. 5급 승진] 총 3회 기출
> 1. 사회봉사명령 또는 수강명령의 집행을 완료한 때
> 2. 형의 집행유예 기간이 지난 때
> 3. 사회봉사 · 수강명령을 조건으로 한 집행유예의 선고가 실효되거나 취소된 때
> 4. 다른 법률에 따라 사회봉사 · 수강명령이 변경되거나 취소 · 종료된 때

② 사회봉사 · 수강명령 대상자가 사회봉사 · 수강명령 집행 중 금고 이상의 형의 집행을 받게 된 때에는 해당 형의 집행이 종료 · 면제되거나 사회봉사 · 수강명령 대상자가 가석방된 경우 잔여 사회봉사 · 수강명령을 집행한다(제2항). [2024. 보호 9급] 총 2회 기출

최신 기출로 확인하기

1. 「보호관찰 등에 관한 법률」상 사회봉사명령에 대한 설명으로 옳지 않은 것은? 2022. 교정 7급

① 사회봉사명령 대상자가 그 집행 중 금고 이상의 형의 집행을 받게 된 때에는 해당 형의 집행이 종료·면제 되거나 가석방된 경우 잔여 사회봉사명령을 집행하지 않는다.

② 보호관찰관은 사회봉사명령 집행의 전부 또는 일부를 국공립기관이나 그 밖의 단체에 위탁할 수 있다.

③ 법원은 형의 집행을 유예하는 경우, 500시간의 범위에서 기간을 정하여 사회봉사를 명할 수 있다.

④ 형의 집행유예 기간이 지난 때에는 사회봉사는 잔여 집행기간에도 불구하고 종료한다.

2. 보호관찰소의 조사제도에 대한 설명으로 옳지 않은 것은? 2020. 보호 7급

① 「보호관찰 등에 관한 법률」 제19조에 따른 판결 전 조사는 법원이 「형법」 제59조의2 및 제62조의2에 따른 보호관찰, 사회봉사 또는 수강을 명하기 위하여 필요하다고 인정되는 경우에 조사를 요구할 수 있는 것을 말한다.

② 「보호관찰 등에 관한 법률」 제19조의2에 따른 결정 전 조사는 법원이 「소년법」 제12조에 따라 소년 보호사 건뿐만 아니라 소년 형사사건에 대한 조사 또는 심리를 위하여 필요하다고 인정되는 경우에 조사를 의뢰하 는 것을 말한다.

③ 「소년법」 제49조의2에 따른 검사의 결정 전 조사는 검사가 소년 피의사건에 대하여 소년부 송치, 공소제기, 기소유예 등의 처분을 결정하기 위하여 필요하다고 인정되는 경우에 조사를 요구할 수 있는 것을 말한다.

④ 「전자장치 부착 등에 관한 법률」 제6조에 따른 청구 전 조사는 검사가 전자장치 부착명령을 청구하기 위하 여 필요하다고 인정하는 경우에 조사를 요청할 수 있는 것을 말한다.

3. 「보호관찰 등에 관한 법률」상 보호관찰 대상자의 구인 및 유치에 대한 설명으로 옳은 것은? 2024. 보호 9급

① 보호관찰관은, 보호관찰 대상자가 준수사항을 위반하였다고 의심할 상당한 이유가 있고 조사에 따른 소환 에 불응하는 경우, 관할 지방검찰청의 검사에게 구인장을 신청할 수 있다.

② 유치된 보호관찰 대상자에 대하여 보호관찰을 조건으로 한 형의 선고유예가 실효된 경우에 그 유치기간은 형기에 산입되지 않는다.

③ 구인한 대상자를 유치하기 위한 신청이 있는 경우, 검사는 보호관찰 대상자가 구인된 때부터 48시간 이내 에 관할 지방법원 판사에게 유치 허가를 청구하여야 한다.

④ 보호관찰부 집행유예의 취소 청구를 하려는 경우, 보호관찰소의 장은 유치 허가를 받은 때부터 48시간 이 내에 관할 지방검찰청의 검사에게 그 신청을 하여야 한다.

4. 「보호관찰 등에 관한 법률」상 조사제도에 대한 설명으로 옳지 않은 것은? 2023. 교정 9급

① 법원은 판결 전 조사 요구를 받은 보호관찰소의 장에게 조사진행상황에 관한 보고를 요구할 수 있다.

② 판결 전 조사 요구를 받은 보호관찰소의 장은 지체 없이 이를 조사하여 서면 또는 구두로 해당 법원에 알려 야 한다.

③ 법원은 피고인에 대하여 「형법」 제59조의2 및 제62조의2에 따른 보호관찰을 명하기 위하여 필요하다고 인정하면 그 법원의 소재지 또는 피고인의 주거지를 관할하는 보호관찰소의 장에게 피고인에 관한 사항의 조사를 요구할 수 있다.

④ 법원은 「소년법」 제12조에 따라 소년 보호사건에 대한 조사 또는 심리를 위하여 필요하다고 인정하면 그 법원의 소재지 또는 소년의 주거지를 관할하는 보호관찰소의 장에게 소년의 품행, 경력, 가정상황, 그 밖의 환경 등 필요한 사항에 관한 조사를 의뢰할 수 있다.

5. **구인**(제39조 또는 제40조)**한 보호관찰대상자의 유치에 대한 설명으로 옳지 않은 것은?** 2019. 교정 7급

① 보호관찰소의 장은 가석방 및 임시퇴원의 취소 신청이 필요하다고 인정되면 보호관찰대상자를 수용기관 또는 소년분류심사원에 유치할 수 있다.

② 보호관찰대상자를 유치하려는 경우에는 보호관찰소의 장이 검사에게 신청하여 검사의 청구로 관할 지방법원 판사의 허가를 받아야 하며, 이 경우 검사는 보호관찰대상자가 구인된 때부터 48시간 이내에 유치 허가를 청구하여야 한다.

③ 유치된 사람에 대하여 보호관찰을 조건으로 한 형의 선고유예가 실효되거나 집행유예가 취소된 경우 또는 가석방이 취소된 경우에는 그 유치기간을 형기에 산입한다.

④ 유치의 기간은 구인한 날부터 20일로 한다. 다만, 보호처분의 변경 신청을 위한 유치에 있어서는 심사위원회의 심사에 필요하면 10일의 범위에서 한 차례만 유치기간을 연장할 수 있다.

6. **보호관찰, 사회봉사, 수강**(受講)**에 대한 설명으로 옳지 않은 것은?** 2024. 보호 9급

① 「보호관찰 등에 관한 법률」상 보호관찰은 법원의 판결이나 결정이 확정된 때 또는 가석방 · 임시퇴원된 때부터 시작된다.

② 사회봉사명령 대상자가 사회봉사명령 집행 중 금고 이상의 형의 집행을 받게 된 때에는 해당 형의 집행이 종료 · 면제되거나 사회봉사명령 대상자가 가석방된 경우 잔여 사회봉사명령을 집행한다.

③ 판례에 따르면, 형의 집행을 유예하는 경우에 명해지는 보호관찰은 장래의 위험성으로부터 행위자를 보호하고 사회를 방위하기 위한 조치이다.

④ 판례에 따르면, 「보호관찰 등에 관한 법률」 제32조 제3항이 보호관찰 대상자에게 과할 수 있는 특별준수사항으로 정한 '범죄행위로 인한 손해를 회복하기 위하여 노력할 것(제4호)'은 수강명령대상자에 대해서도 부과할 수 있다.

7. **사회봉사명령과 수강명령에 대한 설명으로 옳지 않은 것은?** 2020. 교정 9급

① 법원은 「형법」 제62조의2에 따른 사회봉사를 명할 때에는 500시간, 수강을 명할 때에는 200시간의 범위에서 그 기간을 정하여야 한다. 다만, 다른 법률에 특별한 규정이 있는 경우에는 그 법률에서 정하는 바에 따른다.

② 법원은 「형법」 제62조의2에 따른 사회봉사 또는 수강을 명하는 판결이 확정된 때부터 3일 이내에 판결문 등본 및 준수사항을 적은 서면을 피고인의 주거지를 관할하는 보호관찰소의 장에게 보내야 한다.

③ 사회봉사 · 수강명령 대상자는 주거를 이전하거나 10일 이상의 국외여행을 할 때에는 미리 보호관찰관에게 신고하여야 한다.

④ 사회봉사 · 수강명령 대상자가 사회봉사 · 수강명령 집행 중 금고 이상의 형의 집행을 받게 된 때에는 해당 형의 집행이 종료 · 면제되거나 사회봉사 · 수강명령 대상자가 가석방된 경우 잔여 사회봉사 · 수강명령을 집행한다.

8. 사회봉사명령에 대한 설명으로 옳지 않은 것은? (다툼이 있는 경우 판례에 의함) 2021. 보호 7급

① 법원이 형의 집행을 유예하는 경우 명할 수 있는 사회봉사는 500시간 내에서 시간 단위로 부과될 수 있는 일 또는 근로활동을 의미하는 것으로 해석된다.

② 보호관찰관은 사회봉사명령의 집행을 국공립기관이나 그 밖의 단체에 위탁한 때에는 이를 법원 또는 법원의 장에게 통보하여야 한다.

③ 사회봉사의 도움을 필요로 하는 일반 국민들에게 직접 지원 분야를 신청 받아 관할 보호관찰소에서 적절성을 심사한 후, 사회봉사명령대상자를 투입하여 무상으로 사회봉사명령을 집행할 수 있다.

④ 500만 원 이하의 벌금형이 확정된 벌금 미납자는 검사의 납부명령일로부터 30일 이내에 주거지를 관할하는 보호관찰관에게 사회봉사를 신청할 수 있다.

🔍 정답 1. ① 2. ② 3. ③ 4. ② 5. ④ 6. ④ 7. ③ 8. ④

제2절 치료감호 등에 관한 법률

01 총칙

(1) 목적

이 법은 심신장애 상태, 마약류·알코올이나 그 밖의 약물중독 상태, 정신성적 장애가 있는 상태 등에서 범죄행위를 한 자로서 재범의 위험성이 있고 특수한 교육·개선 및 치료가 필요하다고 인정되는 자에 대하여 적절한 보호와 치료를 함으로써 재범을 방지하고 사회복귀를 촉진하는 것을 목적으로 한다(제1조). [2014. 7급]

(2) 적용범위 및 관할

① **치료감호대상자** : 치료감호대상자란 다음의 어느 하나에 해당하는 자로서 치료감호시설에서 치료를 받을 필요가 있고 재범의 위험성이 있는 자를 말한다(제2조 제1항).

> **[치료감호대상자]**(제2조 제1항). [2021. 9급] 총 7회 기출
> 1. 「형법」 제10조 제1항(심신상실자)에 따라 벌하지 아니하거나 제2항(심신미약자)에 따라 형을 감경할 수 있는 심신장애인으로서 금고 이상의 형에 해당하는 죄를 지은 자
> 2. 마약·향정신성의약품·대마, 그 밖에 남용되거나 해독을 끼칠 우려가 있는 물질이나 알코올을 식음·섭취·흡입·흡연 또는 주입받는 습벽이 있거나 그에 중독된 자로서 금고 이상의 형에 해당하는 죄를 지은 자
> 3. 소아성기호증, 성적가학증 등 성적 성벽이 있는 정신성적 장애인으로서 금고 이상의 형에 해당하는 성폭력범죄를 지은 자 [2016. 9급] 총 2회 기출
>
> > **[치료감호 대상 성폭력범죄]** 법 제2조 제1항 제3호의 성폭력범죄(제2조의2). [2015. 9급]
> > 1. 「형법」 제297조(강간)·제297조의2(유사강간)·제298조(강제추행)·제299조(준강간, 준강제추행)·제300조(미수범)·제301조(강간 등 상해·치상)·제301조의2(강간 등 살인·치사)·제302조(미성년자 등에 대한 간음)·제303조(업무상위력 등에 의한 간음)·제305조(미성년자에 대한 간음, 추행)·제305조의2(상습범)·제339조(강도강간)·제340조(해상강도) 제3항(사람을 강간한 죄만을 말한다) 및 제342조(미수범)의 죄(제339조 및 제340조 제3항 중 사람을 강간한 죄의 미수범만을 말한다)
> > 2. 「성폭력범죄의 처벌 등에 관한 특례법」 제3조(특수강도강간 등), 제4조(특수강간 등), 제5조(친족관계에 의한 강간 등), 제6조(장애인에 대한 강간·강제추행 등), 제7조(13세 미만의 미성년자에 대한 강간, 강제추행 등), 제8조(강간 등 상해·치상), 제9조(강간 등 살인·치사), 제10조(업무상 위력 등에 의한 추행) 및 제15조(미수범. 제3조부터 제9조까지의 미수범으로 한정한다)의 죄
> > 3. 「아동·청소년의 성보호에 관한 법률」 제7조(아동·청소년에 대한 강간·강제추행 등)·제9조(강간 등 상해·치상)·제10조(강간 등 살인·치사)의 죄
> > 4. 제1호부터 제3호까지의 죄로서 다른 법률에 따라 가중 처벌되는 죄

② **치료명령대상자** : 치료명령대상자란 다음의 어느 하나에 해당하는 자로서 통원치료를 받을 필요가 있고 재범의 위험성이 있는 자를 말한다(제2조의3).

[치료명령대상자]

1. 「형법」 제10조 제2항(심신미약자)에 따라 형을 감경할 수 있는 심신장애인으로서 금고 이상의 형에 해당하는 죄를 지은 자
2. 알코올을 식음하는 습벽이 있거나 그에 중독된 자로서 금고 이상의 형에 해당하는 죄를 지은 자
3. 마약·향정신성의약품·대마, 그 밖에 대통령령으로 정하는 남용되거나 해독을 끼칠 우려가 있는 물질을 식음·섭취·흡입·흡연 또는 주입받는 습벽이 있거나 그에 중독된 자로서 금고 이상의 형에 해당하는 죄를 지은 자

③ **관할** : 지방법원합의부(제3조)

　　㉠ 치료감호사건의 토지관할은 치료감호사건과 동시에 심리하거나 심리할 수 있었던 사건의 관할에 따른다(제1항).

　　㉡ 치료감호사건의 제1심 재판관할은 지방법원합의부 및 지방법원지원 합의부로 한다. 이 경우 치료감호가 청구된 치료감호대상자에 대한 치료감호사건과 피고사건의 관할이 다른 때에는 치료감호사건의 관할에 따른다(제2항).

02 　치료감호의 청구

핵심정리 치료감호 청구 대상

대 상	검사의 청구
1. 심신장애인으로 금고 이상의 형에 해당하는 죄를 지은 자	정신건강의학과 등 전문의 진단이나 감정을 참고하여야 한다.
2. 마약 등 남용되거나 해독을 끼칠 우려가 있는 물질이나 알코올 습벽이 있거나 중독된 자로 금고 이상의 형에 해당하는 죄를 지은 자	
3. 소아성기호증, 성적가학증 등 성적 성벽이 있는 정신성적 장애인으로 금고 이상의 형에 해당하는 성폭력범죄를 지은 자	정신건강의학과 등의 전문의 진단이나 감정을 받은 후 치료감호를 청구하여야 한다.

(1) 검사의 치료감호 청구(제4조)

① 검사는 치료감호대상자가 치료감호를 받을 필요가 있는 경우 관할 법원에 치료감호를 청구할 수 있다(제1항).

② **검사의 치료감호 청구시 청구 요건**(제2항)

진단이나 감정의 참고	치료감호대상자 치료감호 청구시 정신건강의학과 등의 전문의의 진단이나 감정을 참고하여야 한다.
필요적 진단이나 감정	다만, 소아성기호증, 성적가학증 등 성적 성벽이 있는 정신성적 장애인으로서 금고 이상의 형에 해당하는 성폭력범죄를 지은 자에 대하여는 정신건강의학과 등의 전문의의 진단이나 감정을 받은 후 치료감호를 청구하여야 한다.

③ 치료감호를 청구할 때에는 검사가 치료감호청구서를 관할 법원에 제출하여야 한다. 치료감호청구서에는 피치료감호청구인 수만큼의 부본을 첨부하여야 한다(제3항).

④ 치료감호청구서에는 다음의 사항을 적어야 한다(제4항).

> [치료감호청구서 기재사항]
> 1. 피치료감호청구인의 성명과 그 밖에 피치료감호청구인을 특정할 수 있는 사항
> 2. 청구의 원인이 되는 사실
> 3. 적용 법 조문
> 4. 그 밖에 대통령령으로 정하는 사항

⑤ 검사는 공소제기한 사건의 항소심 변론종결 시까지 치료감호를 청구할 수 있다(제5항).

⑥ 법원은 치료감호 청구를 받으면 지체 없이 치료감호청구서의 부본을 피치료감호청구인이나 그 변호인에게 송달하여야 한다. 다만, 공소제기와 동시에 치료감호 청구를 받았을 때에는 제1회 공판기일 전 5일까지, 피고사건 심리 중에 치료감호 청구를 받았을 때에는 다음 공판기일 전 5일까지 송달하여야 한다(제6항).

⑦ 법원은 공소제기된 사건의 심리결과 치료감호를 할 필요가 있다고 인정할 때에는 검사에게 치료감호 청구를 요구할 수 있다(제7항). [2018. 5급 승진] 총 3회 기출

⑧ **조사** : 검사는 범죄를 수사할 때 범죄경력이나 심신장애 등을 고려하여 치료감호를 청구함이 상당하다고 인정되는 자에 대하여는 치료감호 청구에 필요한 자료를 조사하여야 한다(제5조 제1항).

(2) 치료감호영장 청구 사유와 절차(제6조)

검 사	사법경찰관
치료감호를 할 필요가 있다고 인정되고 다음의 어느 하나에 해당하는 사유가 있을 때에는 검사는 관할 지방법원 판사에게 청구하여 치료감호영장을 발부받아 치료감호대상자를 보호구속(보호구금과 보호구인을 포함)할 수 있다(제1항).	사법경찰관은 1의 요건(일정한 주거가 없을 때)에 해당하는 치료감호대상자에 대하여 검사에게 신청하여 검사의 청구로 관할 지방법원 판사의 치료감호영장을 발부받아 보호구속할 수 있다(제2항).

[감호영장청구 사유]
1. 일정한 주거가 없을 때
2. 증거를 인멸할 염려가 있을 때
3. 도망하거나 도망할 염려가 있을 때

(3) 치료감호의 청구와 구속영장의 효력

① **치료감호의 독립청구** : 검사는 다음의 어느 하나에 해당하는 경우에는 공소를 제기하지 아니하고 치료감호만을 청구할 수 있다(제7조).

> [공소를 제기하지 아니하고 치료감호만을 청구할 수 있는 경우](제7조) [2020. 7급] 총 7회 기출
> 1. 피의자가 「형법」 제10조 제1항(심신상실자)에 해당하여 벌할 수 없는 경우
> 2. 고소·고발이 있어야 논할 수 있는 죄에서 그 고소·고발이 없거나 취소된 경우 또는 피해자의 명시적인 의사에 반하여 논할 수 없는 죄에서 피해자가 처벌을 원하지 아니한다는 의사표시를 하거나 처벌을 원한다는 의사표시를 철회한 경우
> 3. 피의자에 대하여 「형사소송법」 제247조(기소유예)에 따라 공소를 제기하지 아니하는 결정을 한 경우

② **치료감호청구와 구속영장의 효력** : 구속영장에 의하여 구속된 피의자에 대하여 검사가 공소를 제기하지 아니하는 결정을 하고 치료감호 청구만을 하는 때에는 구속영장은 치료감호영장으로 보며 그 효력을 잃지 아니한다(제8조). [2020. 9급] 총 3회 기출

03 공판절차

(1) 불출석과 공판절차로의 이행

① **피치료감호청구인의 불출석** : 법원은 피치료감호청구인이 「형법」 제10조 제1항(심신상실자)에 따른 심신장애로 공판기일에의 출석이 불가능한 경우에는 피치료감호청구인의 출석 없이 개정할 수 있다(제9조).

② **공판절차로의 이행**(제10조)

    ㉠ 제7조 제1호(피의자가 심신상실자에 해당하여 벌할 수 없는 경우)에 따른 치료감호청구사건(공소를 제기하지 아니하고 치료감호만을 청구한 사건)의 공판을 시작한 후 피치료감호청구인이 형법 제10조 제1항(심신상실자)에 따른 심신장애에 해당되지 아니한다는 명백한 증거가 발견되고 검사의 청구가 있을 때에는 법원은 「형사소송법」에 따른 공판절차로 이행하여야 한다(제1항).

    ㉡ 공판절차로 이행한 경우에는 치료감호를 청구하였던 때에 공소를 제기한 것으로 본다. 이 경우 치료감호청구서는 공소장과 같은 효력을 가지며, 공판절차로 이행하기 전의 심리는 공판절차에 따른 심리로 본다. 공소장에 적어야 할 사항은 「형사소송법」 제298조(공소장의 변경)의 절차에 따라 변경할 수 있다(제2항).

    ㉢ 약식명령이 청구된 후 치료감호가 청구되었을 때에는 약식명령청구는 그 치료감호가 청구되었을 때부터 공판절차에 따라 심판하여야 한다(제3항).

> 🏛 **약식명령**(형사소송법 제448조~제450조)
>
> **제448조**
> ① 지방법원은 그 관할에 속한 사건에 대하여 검사의 청구가 있는 때에는 공판절차없이 약식명령으로 피고인을 벌금, 과료 또는 몰수에 처할 수 있다.
> ② 전항의 경우에는 추징 기타 부수의 처분을 할 수 있다.
>
> **제449조**(약식명령의 청구)
> 약식명령의 청구는 공소의 제기와 동시에 서면으로 하여야 한다.
>
> **제450조**(보통의 심판)
> 약식명령의 청구가 있는 경우에 그 사건이 약식명령으로 할 수 없거나 약식명령으로 하는 것이 적당하지 아니하다고 인정한 때에는 공판절차에 의하여 심판하여야 한다.

(2) **치료감호의 판결**(제12조)

① **법원의 판결**(제1항) [2019. 9급]

치료감호 판결	청구가 이유있다고 인정할 때에는 판결로써 치료감호를 선고하여야 한다.
청구기각 판결	이유 없다고 인정할 때 또는 피고사건에 대하여 심신상실 외의 사유로 무죄를 선고하거나 사형을 선고할 때에는 판결로써 청구기각을 선고하여야 한다.

② 치료감호사건의 판결은 피고사건의 판결과 동시에 선고하여야 한다. 다만, 공소를 제기하지 아니하고 치료감호만을 청구한 경우에는 그러하지 아니하다(제2항).

③ 치료감호선고의 판결이유에는 요건으로 되는 사실, 증거의 요지와 적용 법 조문을 구체적으로 밝혀야 한다(제3항).

04 치료감호의 내용 및 치료감호시설

(1) **치료감호의 내용**(제16조)

① 치료감호를 선고받은 자(피치료감호자)에 대하여는 치료감호시설에 수용하여 치료를 위한 조치를 한다(제1항).

② 피치료감호자를 치료감호시설에 수용하는 기간(치료감호기간)은 다음의 구분에 따른 기간을 초과할 수 없다(제2항). [2021. 9급] 총 4회 기출

• 「형법」 제10조 제1항(심신상실자)에 따라 벌하지 아니하거나 제2항(심신미약자)에 따라 형을 감경할 수 있는 심신장애인으로서 금고 이상의 형에 해당하는 죄를 지은 자 • 소아성기호증, 성적가학증 등 성적 성벽이 있는 정신성적 장애인으로서 금고 이상의 형에 해당하는 성폭력범죄를 지은 자	15년
마약·향정신성의약품·대마, 그 밖에 남용되거나 해독을 끼칠 우려가 있는 물질이나 알코올을 식음·섭취·흡입·흡연 또는 주입받는 습벽이 있거나 그에 중독된 자로서 금고 이상의 형에 해당하는 죄를 지은 자	2년

(2) **감호기간의 연장**

대 상	절 차
살인범죄자로 다시 범할 위험성이 있고, 계속 치료가 필요하다고 인정되는 경우	치료감호시설의 장의 신청 ⇨ 검사의 청구 ⇨ 법원의 결정으로 3회까지 매회 2년의 범위에서 연장 가능

① 「전자장치 부착 등에 관한 법률」 제2조 제3호의2에 따른 살인범죄를 저질러 치료감호를 선고받은 피치료감호자가 살인범죄를 다시 범할 위험성이 있고 계속 치료가 필요하다고 인정되는 경우에는 법원은 치료감호시설의 장의 신청에 따른 검사의 청구로 3회까지 매회 2년의 범위에서 피치료감호자를 치료감호시설에 수용하는 기간을 연장하는 결정을 할 수 있다(제3항).

② **전문의의 진단이나 감정**: 치료감호시설의 장은 정신건강의학과 등 전문의의 진단이나 감정을 받은 후 치료감호시설에 수용하는 기간을 연장하는 신청을 하여야 한다(제4항).

③ **종료 6개월 전 청구** : 치료감호시설에 수용하는 기간을 연장하는 검사의 청구는 피치료감호자를 치료감호시설에 수용하는 기간(제2항) 또는 살인범죄 피치료감호자의 연장된 수용 기간(제3항)이 종료하기 6개월 전까지 하여야 한다(제5항). [2019. 9급]

④ **종료 3개월 전 결정** : 치료감호시설에 수용하는 기간을 연장하는 법원의 결정은 피치료감호자를 치료감호시설에 수용하는 기간(제2항) 또는 살인범죄 피치료감호자의 연장된 수용 기간(제3항)이 종료하기 3개월 전까지 하여야 한다(제6항).

⑤ 치료감호시설에서의 치료와 그 밖에 필요한 사항은 대통령령으로 정한다(제8항).

(3) 치료감호시설(제16조의2)

① 치료감호시설은 다음의 시설을 말한다(제1항).

> **[치료감호시설]**
> 1. 국립법무병원
> 2. 국가가 설립·운영하는 국립정신의료기관 중 법무부장관이 지정하는 기관(지정법무병원)

② 지정법무병원은 피치료감호자를 다른 환자와 구분하여 수용한다(제2항).

③ 국가는 지정법무병원에 대하여 예산의 범위에서 시설의 설치 및 운영에 필요한 경비를 보조하여야 한다(제3항).

④ 지정법무병원의 지정절차, 운영, 치료, 경비보조, 그 밖에 필요한 사항은 대통령령으로 정한다(제4항).

(4) 치료감호의 집행

① **집행 지휘** : 치료감호의 집행은 검사가 지휘한다(제17조 제1항).

② **집행 순서 및 방법** : 치료감호와 형이 병과된 경우에는 치료감호를 먼저 집행한다. 이 경우 치료감호의 집행기간은 형 집행기간에 포함한다(제18조). [2020. 9급] 총 14회 기출

③ **구분 수용** : 피치료감호자는 특별한 사정이 없으면 제2조 제1항의 구분에 따라 구분하여 수용하여야 한다(제19조).

(5) 치료감호 내용 등의 공개

① **공개** : 치료감호의 내용과 실태는 대통령령으로 정하는 바에 따라 공개하여야 한다. 이 경우 피치료감호자나 그의 보호자가 동의한 경우 외에는 피치료감호자의 개인신상에 관한 것은 공개하지 아니한다(제20조). [2018. 5급 승진] 총 2회 기출

② **판사와 검사의 시찰** : 판사와 검사는 치료감호시설을 수시로 시찰할 수 있다(시행령 제6조 제1항).

③ **참관** : 판사나 검사가 아닌 사람이 치료감호시설을 참관하려면 치료감호시설의 장의 허가를 받아야 한다(시행령 제6조 제2항).

④ **참관허가 요건** : 치료감호시설의 장은 치료감호시설을 참관하려는 사람에 대하여 그 성명·직업·주소 및 참관의 목적을 명백히 한 후 정당한 이유가 있을 때에는 참관을 허가하여야 한다(시행령 제6조 제3항).

⑤ **외국인 참관시 법무부장관 승인** : 치료감호시설의 장은 외국인이 치료감호시설을 참관하려는 경우에는 법무부장관의 승인을 받아 참관을 허가하여야 한다(시행령 제6조 제4항).

⑥ 치료감호시설의 장은 참관을 허가받은 사람에게 참관할 때의 주의사항을 고지하여야 한다(시행령 제6조 제5항).

(6) 치료감호심의위원회

① 설치 및 구성

㉠ 치료감호 및 보호관찰의 관리와 집행에 관한 사항을 심사 · 결정하기 위하여 법무부에 치료감호심의위원회를 둔다(제37조 제1항).

㉡ 위원회는 판사, 검사, 법무부의 고위공무원단에 속하는 일반직공무원 또는 변호사의 자격이 있는 6명 이내의 위원과 정신건강의학과 등 전문의의 자격이 있는 3명 이내의 위원으로 구성하고, 위원장은 법무부차관으로 한다(제37조 제2항).

㉢ 위원회의 위원 중 공무원이 아닌 위원은 형법과 그 밖의 법률에 따른 벌칙을 적용할 때에는 공무원으로 본다(제37조 제5항).

② 심사 · 결정사항(제37조 제3항)

> **[치료감호심의위원회 심사 · 결정사항]**(제37조 제3항)
> 1. 피치료감호자에 대한 치료감호시설 간 이송에 관한 사항
> 2. 피치료감호자에 대한 치료의 위탁 · 가종료 및 그 취소와 치료감호 종료 여부에 관한 사항
> 3. 피보호관찰자에 대한 준수사항의 부과 및 준수사항 전부 또는 일부의 추가 · 변경 또는 삭제에 관한 사항
> 4. 피치료감호자에 대한 치료감호기간 만료 시 보호관찰 개시에 관한 사항
> 5. 그 밖에 1부터 4까지에 관련된 사항

③ 자문위원

㉠ 위원회에는 전문적 학식과 덕망이 있는 자 중에서 위원장의 제청으로 법무부장관이 위촉하는 자문위원을 둘 수 있다(제37조 제4항).

㉡ 자문위원은 10명 이내로 하며, 자문위원은 위원회의 심사 · 결정에 필요한 자문에 응한다(시행령 제14조 제5항).

④ 위원회의 구성 · 운영 · 서무 및 자문위원의 위촉과 그 밖에 필요한 사항은 대통령령으로 정한다(제37조 제6항).

⑤ 위원회의 구성(시행령 제14조)

㉠ 위원회의 위원은 위원장의 제청으로 법무부장관이 임명하거나 위촉한다.

㉡ 공무원이 아닌 위원의 임기는 3년으로 한다.

㉢ 위원장의 직무 : 위원장은 위원회를 대표하고 위원회의 업무를 총괄하며, 위원회의 회의를 소집하고 그 의장이 된다.

㉣ 직무대행 : 위원장이 부득이한 사유로 직무를 수행할 수 없을 때에는 위원장이 미리 지명한 위원이 그 직무를 대행한다.

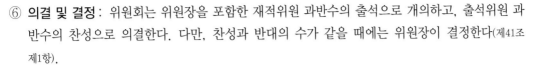

⑥ **의결 및 결정** : 위원회는 위원장을 포함한 재적위원 과반수의 출석으로 개의하고, 출석위원 과반수의 찬성으로 의결한다. 다만, 찬성과 반대의 수가 같을 때에는 위원장이 결정한다(제41조 제1항).

⑦ **위원의 기피**(제42조)

   ㉠ 피보호자와 그 법정대리인 등은 위원회의 위원에게 공정한 심사 · 의결을 기대하기 어려운 사정이 있으면 위원장에게 기피신청을 할 수 있다.

   ㉡ 위원장은 기피신청에 대하여 위원회의 의결을 거치지 아니하고 신청이 타당한지를 결정한다. 다만, 위원장이 결정하기에 적절하지 아니한 경우에는 위원회의 의결로 결정할 수 있다.

   ㉢ 기피신청을 받은 위원은 의결에 참여하지 못한다.

05 소환, 이송 등

(1) 소환 및 치료감호 집행(제21조)

① 검사는 보호구금되어 있지 아니한 피치료감호자에 대한 치료감호를 집행하기 위하여 피치료감호자를 소환할 수 있다(제1항).

② 피치료감호자가 소환에 응하지 아니하면 검사는 치료감호집행장을 발부하여 보호구인할 수 있다(제2항).

③ 피치료감호자가 도망하거나 도망할 염려가 있을 때 또는 피치료감호자의 현재지를 알 수 없을 때에는 소환 절차를 생략하고 치료감호집행장을 발부하여 보호구인할 수 있다(제3항).

④ 치료감호집행장은 치료감호영장과 같은 효력이 있다(제4항).

(2) 치료감호시설 간 이송(제21조의2)

① **6개월마다 이송심사** : 치료감호심의위원회는 피치료감호자에 대하여 치료감호 집행을 시작한 후 6개월마다 국립법무병원에서 지정법무병원으로 이송할 것인지를 심사 · 결정한다(제1항).

② 지정법무병원으로 이송된 피치료감호자가 수용질서를 해치거나 증상이 악화되는 등의 사유로 지정법무병원에서 계속 치료하기 곤란할 경우 치료감호심의위원회는 지정법무병원의 피치료감호자를 국립법무병원으로 재이송하는 결정을 할 수 있다(제2항).

③ 치료감호심의위원회는 결정을 위하여 치료감호시설의 장 또는 소속 정신건강의학과 의사의 의견을 청취할 수 있다(제3항).

(3) 가종료 등의 심사 · 결정(제22조) [2016. 9급]

① **6개월마다 종료 또는 가종료 심사 · 결정** : 치료감호심의위원회는 피치료감호자에 대하여 치료감호 집행을 시작한 후 매 6개월마다 치료감호의 종료 또는 가종료 여부를 심사 · 결정하고,

② **6개월마다 가종료 또는 치료위탁자 종료 심사 · 결정** : 가종료 또는 치료위탁된 피치료감호자에 대하여는 가종료 또는 치료위탁 후 매 6개월마다 종료 여부를 심사 · 결정한다.

(4) 치료의 위탁(제23조)

① **치료감호만 선고받은 피치료감호자 1년 경과 시 치료위탁** : 치료감호심의위원회는 치료감호만을 선고받은 피치료감호자에 대한 집행이 시작된 후 1년이 지났을 때에는 상당한 기간을 정하여 그의 법정대리인, 배우자, 직계친족, 형제자매(법정대리인 등)에게 치료감호시설 외에서의 치료를 위탁할 수 있다(제1항). [2019. 9급]

② **형병과자 형기에 상당한 치료감호 집행받은 자 치료위탁** : 치료감호심의위원회는 치료감호와 형이 병과되어 형기에 상당하는 치료감호를 집행받은 자에 대하여는 상당한 기간을 정하여 그 법정대리인 등에게 치료감호시설 외에서의 치료를 위탁할 수 있다(제2항).

③ 치료위탁을 결정하는 경우 치료감호심의위원회는 법정대리인 등으로부터 치료감호시설 외에서의 입원·치료를 보증하는 내용의 서약서를 받아야 한다(제3항).

(5) 치료감호의 집행정지

피치료감호자에 대하여 형사소송법 제471조 제1항(자유형의 집행정지)의 어느 하나에 해당하는 사유가 있을 때에는 같은 조에 따라 검사는 치료감호의 집행을 정지할 수 있다. 이 경우 치료감호의 집행이 정지된 자에 대한 관찰은 형집행정지자에 대한 관찰의 예에 따른다(제24조). [2018. 5급 승진] 총 2회 기출

> **PLUS⁺ 자유형의 집행정지**(형사소송법 제471조 제1항)
>
> ① 징역, 금고 또는 구류의 선고를 받은 자에 대하여 다음 각 호의 1에 해당한 사유가 있는 때에는 형을 선고한 법원에 대응한 검찰청검사 또는 형의 선고를 받은 자의 현재지를 관할하는 검찰청검사의 지휘에 의하여 형의 집행을 정지할 수 있다.
>   1. 형의 집행으로 인하여 현저히 건강을 해하거나 생명을 보전할 수 없을 염려가 있는 때
>   2. 연령 70세 이상인 때
>   3. 잉태 후 6월 이상인 때
>   4. 출산 후 60일을 경과하지 아니한 때
>   5. 직계존속이 연령 70세 이상 또는 중병이나 장애인으로 보호할 다른 친족이 없는 때
>   6. 직계비속이 유년으로 보호할 다른 친족이 없는 때
>   7. 기타 중대한 사유가 있는 때
> ② 검사가 전항의 지휘를 함에는 소속 고등검찰청검사장 또는 지방검찰청검사장의 허가를 얻어야 한다.

06 피치료감호자 및 피치료감호청구인 등의 처우와 권리

(1) 피치료감호자(치료감호를 선고받은 자)**의 처우**(제25조)

① 치료감호시설의 장은 피치료감호자의 건강한 생활이 보장될 수 있도록 쾌적하고 위생적인 시설을 갖추고 의류, 침구, 그 밖에 처우에 필요한 물품을 제공하여야 한다(제1항).

② 피치료감호자에 대한 의료적 처우는 정신병원에 준하여 의사의 조치에 따르도록 한다(제2항).

③ 치료감호시설의 장은 피치료감호자의 사회복귀에 도움이 될 수 있도록 치료와 개선 정도에 따라 점진적으로 개방적이고 완화된 처우를 하여야 한다(제3항).

⑵ **피치료감호청구인의 처우**(제25조의2)

① **피치료감호청구인** : 검사로부터 치료감호청구를 받은 사람. 즉 검사의 청구로 법원에서 치료 감호여부를 심리 중인 사람이다.

② **구분수용** : 피치료감호청구인은 피치료감호자와 구분하여 수용한다. 다만, 다음의 어느 하나에 해 당하는 경우에는 피치료감호청구인을 피치료감호자와 같은 치료감호시설에 수용할 수 있다(제1항).

> **[피치료감호청구인과 피치료감호자 같은 시설 수용요건]**
> 1. 치료감호시설이 부족한 경우
> 2. 범죄의 증거인멸을 방지하기 위하여 필요하거나 그 밖에 특별한 사정이 있는 경우

③ **분리수용** : ②의 단서에 따라 같은 치료감호시설에 수용된 피치료감호자와 피치료감호청구인 은 분리하여 수용한다(제2항).

④ 치료감호시설의 장은 피치료감호청구인이 치료감호시설에 수용된 경우에는 그 특성을 고려하 여 적합한 처우를 하여야 한다(제3항).

⑶ **격리 등 제한의 금지**(제25조의3)

① 치료감호시설의 장은 피치료감호자 및 피치료감호청구인(피치료감호자 등)이 다음의 어느 하나에 해당하는 경우가 아니면 피치료감호자 등에 대하여 격리 또는 묶는 등의 신체적 제한을 할 수 없다. 다만, 피치료감호자 등의 신체를 묶는 등으로 직접적으로 제한하는 것은 1.의 경우에 한 정한다(제1항).

격리가 가능한 행위	묶는 행위가 가능한 행위 (보호복 또는 억제대 이용)
1. 자신이나 다른 사람을 위험에 이르게 할 가능성 이 뚜렷하게 높고 신체적 제한 외의 방법으로 그 위험을 회피하는 것이 뚜렷하게 곤란하다고 판단되는 경우 2. 중대한 범법행위 또는 규율위반 행위를 한 경우 3. 그 밖에 수용질서를 문란케 하는 중대한 행위 를 한 경우 * 2,3은 격리만 가능	1. 자신이나 다른 사람을 위험에 이르게 할 가능성 이 뚜렷하게 높고 신체적 제한 외의 방법으로 그 위험을 회피하는 것이 뚜렷하게 곤란하다고 판단되는 경우(시행령 제7조의3)
• 정신건강의학과 전문의 지시 필요 • 담당의사의 지시도 가능	정신건강의학과 전문의 지시 필요
15일 이내, 1회에 7일 이내 연장가능, 계속하여 30일 초과할 수 없다.	24시간 이내, 정신건강의학과 전문의 의견으로 계속 필요시 24시간 이내에서 한차례만 연장할 수 있다.

② 치료감호시설의 장은 피치료감호자 등에 대하여 격리 또는 묶는 등의 신체적 제한을 하려는 경 우 정신건강의학과 전문의의 지시에 따라야 한다. 다만, 중대한 범법행위 또는 규율위반 행위 를 한 경우(제1항 제2호) 또는 그 밖에 수용질서를 문란케 하는 중대한 행위를 한 경우(제1항 제3호) 에는 담당 의사의 지시에 따를 수 있다(제2항).

③ 피치료감호자 등을 격리하는 경우에는 해당 치료감호시설 안에서 하여야 한다(제3항).

(4) 피치료감호자 및 피치료감호청구인 등의 권리

① **면회, 편지, 전화통화 보장** : 치료감호시설의 장은 수용질서 유지나 치료를 위하여 필요한 경우 외에는 피치료감호자 등의 면회, 편지의 수신·발신, 전화통화 등을 보장하여야 한다(제26조).

② **텔레비전시청 등 자유보장** : 피치료감호자 등의 텔레비전 시청, 라디오 청취, 신문·도서의 열람은 일과시간이나 취침시간 등을 제외하고는 자유롭게 보장된다(제27조). [2020. 9급] 총 3회 기출

③ **외부의료기관 치료가능** : 치료감호시설의 장은 피치료감호자 등이 치료감호시설에서 치료하기 곤란한 질병에 걸렸을 때에는 외부의료기관에서 치료를 받게 할 수 있다(제28조 제1항).

④ **자비치료 허가가능** : 치료감호시설의 장은 피치료감호자 등이 치료감호시설에서 치료하기 곤란한 질병에 걸렸을 경우 본인이나 보호자 등이 직접 비용을 부담하여 치료 받기를 원하면 이를 허가할 수 있다(제28조 제2항).

⑤ **근로보상금 필요적 지급** : 근로에 종사하는 피치료감호자에게는 근로의욕을 북돋우고 석방 후 사회정착에 도움이 될 수 있도록 법무부장관이 정하는 바에 따라 근로보상금을 지급하여야 한다(제29조). [2016. 5급 승진] [2019. 9급]

⑥ **법무부장관에 청원권** : 피치료감호자 등이나 법정대리인 등은 법무부장관에게 피치료감호자 등의 처우개선에 관한 청원을 할 수 있다(제30조 제1항).

⑦ **연 2회 이상 점검** : 법무부장관은 연 2회 이상 치료감호시설의 운영실태 및 피치료감호자 등에 대한 처우상태를 점검하여야 한다(제31조).

> **PLUS⁺ 처우개선의 청원**(시행령 제8조)
>
> ① 피치료감호자 등이나 법정대리인 등이 피치료감호자 등의 처우개선에 관하여 청원할 경우에는 법무부장관에게 문서로 하여야 한다.
>
> | 형집행법 | 수용자는 그 처우에 관한 불복하는 경우 법무부장관·순회점검공무원 또는 관할 지방교정청장에게 청원할 수 있다(법 제117조 제1항). |
> |---|---|
> | 보호소년법 | 보호소년 등은 그 처우에 대하여 불복할 때에는 법무부장관에게 문서로 청원할 수 있다(법 제11조). |
>
> ② 청원하려는 사람은 청원서를 작성하여 봉한 후 치료감호시설의 장에게 제출하여야 한다.
> ③ 치료감호시설의 장은 청원서를 개봉하여서는 아니 되며, 지체 없이 법무부장관에게 송부하여야 한다.
> ④ 치료감호시설의 장은 피치료감호자 등 또는 법정대리인 등이 청원을 하지 못하게 하거나 청원을 하였다는 이유로 피치료감호자 등에게 불이익을 주어서는 아니 된다.
> ⑤ 법무부장관은 청원의 처리 결과를 치료감호시설의 장에게 문서로 통보하고, 치료감호시설의 장은 지체 없이 청원인에게 전달하여야 한다.

07 　피치료감호자의 보호관찰

(1) 보호관찰(제32조)

① 피치료감호자가 다음의 어느 하나에 해당하게 되면 「보호관찰 등에 관한 법률」에 따른 보호관찰이 시작된다(제1항).

> **[피치료감호자의 보호관찰의 시작 사유]**(제1항) [2018. 9급] 총 7회 기출
> 1. 피치료감호자에 대한 치료감호가 가종료되었을 때
> 2. 피치료감호자가 치료감호시설 외에서 치료받도록 법정대리인 등에게 위탁되었을 때
> 3. 치료감호기간(치료감호시설 수용기간 또는 살인범죄 피치료감호자의 연장된 수용 기간)이 만료되는 피치료감호자에 대하여 치료감호심의위원회가 심사하여 보호관찰이 필요하다고 결정한 경우에는 치료감호기간이 만료되었을 때

② 보호관찰의 기간은 3년으로 한다(제2항). [2021. 9급] 총 6회 기출

③ 보호관찰을 받기 시작한 자(피보호관찰자)가 다음의 어느 하나에 해당하게 되면 보호관찰이 종료된다(제3항).

> **[보호관찰의 종료 사유]**(제3항) [2018. 9급] 총 3회 기출
> 1. 보호관찰기간이 끝났을 때
> 2. 보호관찰기간이 끝나기 전이라도 치료감호심의위원회의 치료감호의 종료결정이 있을 때
> 3. 보호관찰기간이 끝나기 전이라도 피보호관찰자가 다시 치료감호 집행을 받게 되어 재수용되었을 때

④ 피보호관찰자가 보호관찰기간 중 새로운 범죄로 금고 이상의 형의 집행을 받게 된 때에는 보호관찰은 종료되지 아니하며, 해당 형의 집행기간 동안 피보호관찰자에 대한 보호관찰기간은 계속 진행된다(제4항).

⑤ 피보호관찰자에 대하여 ④에 따른 금고 이상의 형의 집행이 종료·면제되는 때 또는 피보호관찰자가 가석방되는 때에 보호관찰기간이 아직 남아있으면 그 잔여기간 동안 보호관찰을 집행한다(제5항).

(2) 피보호관찰자의 준수사항(제33조)

① 피보호관찰자는 「보호관찰 등에 관한 법률」에 따른 일반준수사항(제32조 제2항)을 성실히 이행하여야 한다(제1항).

> **[보호관찰대상자의 일반준수사항]**(보호관찰 등에 관한 법률 제32조 제2항)
> 1. 주거지에 상주(常住)하고 생업에 종사할 것
> 2. 범죄로 이어지기 쉬운 나쁜 습관을 버리고 선행(善行)을 하며 범죄를 저지를 염려가 있는 사람들과 교제하거나 어울리지 말 것
> 3. 보호관찰관의 지도·감독에 따르고 방문하면 응대할 것
> 4. 주거를 이전(移轉)하거나 1개월 이상 국내외 여행을 할 때에는 미리 보호관찰관에게 신고할 것

② 치료감호심의위원회는 피보호관찰자의 치료경과 및 특성 등에 비추어 필요하다고 판단되면 일반준수사항 외에 다음의 사항 중 전부 또는 일부를 따로 보호관찰기간 동안 특별히 지켜야 할 준수사항으로 부과할 수 있다(제2항).

> **[피보호관찰자의 특별준수사항]**
> 1. 주기적인 외래치료 및 처방받은 약물의 복용 여부에 관한 검사
> 2. 야간 등 재범의 기회나 충동을 줄 수 있는 특정 시간대의 외출 제한
> 3. 재범의 기회나 충동을 줄 수 있는 특정지역·장소에 출입 금지
> 4. 피해자 등 재범의 대상이 될 우려가 있는 특정인에게 접근 금지
> 5. 일정한 주거가 없는 경우 거주 장소 제한
> 6. 일정량 이상의 음주 금지
> 7. 마약 등 중독성 있는 물질 사용 금지
> 8. 「마약류 관리에 관한 법률」에 따른 마약류 투약, 흡연, 섭취 여부에 관한 검사
> 9. 그 밖에 피보호관찰자의 생활상태, 심신상태나 거주지의 환경 등으로 보아 피보호관찰자가 준수할 수 있고 그 자유를 부당하게 제한하지 아니하는 범위에서 피보호관찰자의 재범 방지 또는 치료감호의 원인이 된 질병·습벽의 재발 방지를 위하여 필요하다고 인정되는 사항

③ **준수사항 변경**: 치료감호심의위원회는 피보호관찰자가 일반준수사항 또는 특별준수사항을 위반하거나 상당한 사정변경이 있는 경우에는 직권 또는 보호관찰소의 장의 신청에 따라 준수사항 전부 또는 일부의 추가·변경 또는 삭제에 관하여 심사하고 결정할 수 있다(제3항).

④ **준수사항 서면고지**: 준수사항은 서면으로 고지하여야 한다(제4항).

⑤ **준수사항 위반에 대한 경고**: 보호관찰소의 장은 피보호관찰자가 준수사항을 위반하거나 위반할 위험성이 있다고 인정할 상당한 이유가 있는 경우에는 준수사항의 이행을 촉구하고 가종료 또는 치료의 위탁(가종료 등)의 취소 등 불리한 처분을 받을 수 있음을 경고할 수 있다(제5항).

(3) 유치 및 유치기간(제33조의2)

① **구인**: 보호관찰소의 장은 준수사항을 위반한 피보호관찰자를 구인할 수 있다(제1항).

② **유치 사유**: 보호관찰소의 장은 다음의 어느 하나에 해당하는 신청을 검사에게 요청할 필요가 있다고 인정하는 경우에는 구인한 피보호관찰자를 교도소, 구치소 또는 치료감호시설에 유치할 수 있다(제2항).

> **[피보호관찰자의 유치 사유]**
> 1. 가종료의 취소 신청
> 2. 치료 위탁의 취소 신청

③ **48시간 이내 유치허가 청구**: 보호관찰소의 장은 피보호관찰자를 유치하려는 경우에는 검사에게 신청하여 검사의 청구로 관할 지방법원 판사의 허가를 받아야 한다. 이 경우 검사는 피보호관찰자가 구인된 때부터 48시간 이내에 유치허가를 청구하여야 한다(제3항).

④ **24시간 이내 가종료 등 취소신청**: 보호관찰소의 장은 유치허가를 받은 때부터 24시간 이내에 검사에게 가종료 등의 취소 신청을 요청하여야 한다(제4항).

⑤ **48시간 이내 검사의 취소신청** : 검사는 보호관찰소의 장으로부터 가종료 등의 취소 신청을 받았을 경우에 그 이유가 타당하다고 인정되면 48시간 이내에 치료감호심의위원회에 가종료 등의 취소를 신청하여야 한다(제5항).

⑥ **유치기간 30일** : 보호관찰소의 장이 피보호관찰자를 유치할 수 있는 기간은 구인한 날부터 30일로 한다.

⑦ **20일 범위 유치기간 연장** : 다만, 보호관찰소의 장은 검사의 치료감호심의위원회에 가종료 등의 취소를 신청이 있는 경우에 치료감호심의위원회의 심사에 필요하면 검사에게 신청하여 검사의 청구로 관할 지방법원 판사의 허가를 받아 20일의 범위에서 한 차례만 유치기간을 연장할 수 있다(제6항).

⑧ **기각시 즉시석방** : 보호관찰소의 장은 다음의 어느 하나에 해당하는 경우에는 유치를 해제하고 피보호관찰자를 즉시 석방하여야 한다(제7항).

> **[피보호관찰자의 유치 해제 사유]**
> 1. 치료감호심의위원회가 검사의 가종료 등의 취소 신청을 기각한 경우
> 2. 검사가 보호관찰소의 장의 가종료 등의 취소 신청에 대한 요청을 기각한 경우

⑨ **유치기간 감호기간 산입** : 유치된 피보호관찰자에 대하여 가종료 등이 취소된 경우에는 그 유치기간을 치료감호기간에 산입한다(제8항).

(4) 피보호관찰자 등의 신고 의무(제34조)

① **치료감호시설장에 미리 신고** : 피보호관찰자나 법정대리인 등은 대통령령으로 정하는 바에 따라 출소 후의 거주 예정지나 그 밖에 필요한 사항을 미리 치료감호시설의 장에게 신고하여야 한다(제1항).

② **10일 이내 서면신고** : 피보호관찰자나 법정대리인 등은 출소 후 10일 이내에 주거, 직업, 치료를 받는 병원, 피보호관찰자가 등록한 정신건강복지센터, 그 밖에 필요한 사항을 보호관찰관에게 서면으로 신고하여야 한다(제2항).

(5) 치료감호의 종료(제35조)

① **가종료 또는 치료위탁 보호관찰 종료 시** : 피치료감호자에 대한 치료감호가 가종료되었을 때(제32조 제1항 제1호) 또는 피치료감호자가 치료감호시설 외에서 치료받도록 법정대리인 등에게 위탁되었을 때(제32조 제1항 제2호)에는 보호관찰기간이 끝나면 피보호관찰자에 대한 치료감호가 끝난다(제1항). [2021. 9급]

② **보호관찰 기간 전 치료감호심의위원회의 결정** : 치료감호심의위원회는 피보호관찰자의 관찰 성적 및 치료경과가 양호하면 보호관찰기간이 끝나기 전에 보호관찰의 종료를 결정할 수 있다(제2항).

(6) 기타 관련규정

① **치료감호 재집행**: 치료감호심의위원회는 피보호관찰자(치료감호기간 만료 후 피보호관찰자가 된 사람
은 제외한다)가 다음의 어느 하나에 해당할 때에는 결정으로 가종료 등을 취소하고 다시 치료감
호를 집행할 수 있다(제36조).

> **[가종료 취소와 치료감호의 재집행 사유]**
> 1. 금고 이상의 형에 해당하는 죄를 지은 때. 다만, 과실범은 제외한다.
> 2. 준수사항이나 그 밖에 보호관찰에 관한 지시·감독을 위반하였을 때
> 3. 피치료감호자에 대한 치료감호가 가종료되어 피보호관찰자가 된 사람이 증상이 악화되어 치료감
>   호가 필요하다고 인정될 때

② 치료감호가 종료 또는 가종료되거나 집행정지된 사람(치료감호시설 출소자)은 정신건강복지센터
에 등록하여 상담, 진료, 사회복귀훈련 등 정신건강복지센터의 정신보건서비스를 받을 수 있다
(제36조의2).

③ 치료감호시설 출소자가 치료감호시설에서의 외래진료를 신청한 경우에 치료감호시설의 장은
검사, 투약 등 적절한 진료 및 치료를 실시할 수 있다(제36조의3 제1항).

08 치료감호심의위원회에 심사신청

(1) 검사의 심사신청(제43조)

① 피보호자의 주거지를 관할하는 지방검찰청 또는 지청의 검사는 치료감호심의위원회의 심사·
결정 사항(제37조 제3항)에 관하여 치료감호심의위원회에 그 심사·결정을 신청할 수 있다(제1항).

> **[치료감호심의위원회 심사·결정사항]**(제37조 제3항)
> 1. 피치료감호자에 대한 치료감호시설 간 이송에 관한 사항
> 2. 피치료감호자에 대한 치료의 위탁·가종료 및 그 취소와 치료감호 종료 여부에 관한 사항
> 3. 피보호관찰자에 대한 준수사항의 부과 및 준수사항 전부 또는 일부의 추가·변경 또는 삭제에 관
>   한 사항
> 4. 피치료감호자에 대한 치료감호기간 만료 시 보호관찰 개시에 관한 사항
> 5. 그 밖에 1부터 4까지에 관련된 사항

② 신청할 때에는 심사신청서와 신청사항의 결정에 필요한 자료를 제출하여야 한다. 이 경우 치
료감호시설의 장이나 보호관찰소의 장의 의견을 들어야 한다(제2항).

③ 치료감호시설의 장이나 보호관찰소의 장은 검사에게 ①에 따른 신청을 요청할 수 있다(제3항).

(2) 피치료감호자 등의 치료감호 종료여부 심사신청(제44조)

① **종료여부 심사신청**: 피치료감호자와 그 법정대리인 등은 피치료감호자가 치료감호를 받을 필
요가 없을 정도로 치유되었음을 이유로 치료감호의 종료 여부를 심사·결정하여 줄 것을 치료
감호심의위원회에 신청할 수 있다(제1항).

② 신청할 때에는 심사신청서와 심사신청이유에 대한 자료를 제출하여야 한다(제2항).

③ **6개월 지난 후 신청** : 종료여부 신청은 치료감호의 집행이 시작된 날부터 6개월이 지난 후에 하여야 한다. 신청이 기각된 경우에는 6개월이 지난 후에 다시 신청할 수 있다(제3항).

④ 치료감호심의위원회는 신청에 대한 심사를 마친 때에는 지체 없이 심사 기준과 그 결정 이유를 피치료감호자와 법정대리인 등에게 통보하여야 한다(제4항).

09 시효와 실효 등

(1) **치료감호 청구의 시효**(제45조) [2011. 9급] 총 2회 기출

① 치료감호 청구의 시효는 치료감호가 청구된 사건과 동시에 심리하거나 심리할 수 있었던 죄에 대한 공소시효기간이 지나면 완성된다(제1항).

② 치료감호가 청구된 사건은 판결의 확정 없이 치료감호가 청구되었을 때부터 15년이 지나면 청구의 시효가 완성된 것으로 본다(제2항).

(2) **치료감호의 시효**(제46조)

① 피치료감호자는 그 판결이 확정된 후 집행을 받지 아니하고 다음의 구분에 따른 기간이 지나면 시효가 완성되어 집행이 면제된다(제1항).

• 「형법」 제10조 제1항(심신상실자)에 따라 벌하지 아니하거나 제2항(심신미약자)에 따라 형을 감경할 수 있는 심신장애인으로서 금고 이상의 형에 해당하는 죄를 지은 자 • 소아성기호증, 성적가학증 등 성적 성벽이 있는 정신성적 장애인으로서 금고 이상의 형에 해당하는 성폭력범죄를 지은 자	10년
마약·향정신성의약품·대마, 그 밖에 남용되거나 해독을 끼칠 우려가 있는 물질이나 알코올을 식음·섭취·흡입·흡연 또는 주입받는 습벽이 있거나 그에 중독된 자로서 금고 이상의 형에 해당하는 죄를 지은 자	7년

② 시효는 치료감호의 집행정지 기간 또는 가종료 기간이나 그 밖에 집행할 수 없는 기간에는 진행되지 아니한다(제2항).

③ 시효는 피치료감호자를 체포함으로써 중단된다(제3항).

(3) **치료감호의 실효**(제48조)

① **7년 경과시 신청** : 치료감호의 집행을 종료하거나 집행이 면제된 자가 피해자의 피해를 보상하고 자격정지 이상의 형이나 치료감호를 선고받지 아니하고 7년이 지났을 때에는 본인이나 검사의 신청에 의하여 그 재판의 실효를 선고할 수 있다(제1항)(재판상 실효).

② **10년 경과시 실효** : 치료감호의 집행을 종료하거나 집행이 면제된 자가 자격정지 이상의 형이나 치료감호를 선고받지 아니하고 10년이 지났을 때에는 그 재판이 실효된 것으로 본다(제2항)(당연실효).

(4) **기간의 계산**(제49조)

① 치료감호의 기간은 치료감호를 집행한 날부터 기산한다. 이 경우 치료감호 집행을 시작한 첫 날은 시간으로 계산하지 아니하고 1일로 산정한다(제1항).

② 치료감호의 집행을 위반한 기간은 그 치료감호의 집행기간에 포함하지 아니한다(제2항).

(5) **기부금품의 접수**(제50조의2)

① 치료감호시설의 장은 기관·단체 또는 개인이 피치료감호자에 대한 적절한 보호와 치료 등을 위하여 치료감호시설에 자발적으로 기탁하는 금품을 접수할 수 있다.

② 기부자에 대한 영수증 발급, 기부금품의 용도 지정, 장부의 열람, 그 밖에 필요한 사항은 대통령령으로 정한다.

PLUS⁺ 실효 등 정리

내 용	청구 시효	감호 기간	시 효	실 효
• 심신장애인으로서 금고 이상 죄를 지은 자 • 정신성적 장애인으로 금고 이상 성폭력범죄 지은 자	15년	15년	10년	• 7년 경과시 본인이나 검사의 신청 • 10년 경과시
• 마약 등으로 금고 이상 죄를 지은 자 • 알코올 중독 등으로 금고 이상 죄를 지은 자		2년	7년	

10 치료명령사건

(1) **치료명령대상자**

[치료명령대상자](제2조의3)
1. 「형법」 제10조 제2항(심신미약자)에 따라 형을 감경할 수 있는 심신장애인으로서 금고 이상의 형에 해당하는 죄를 지은 자
2. 알코올을 식음하는 습벽이 있거나 그에 중독된 자로서 금고 이상의 형에 해당하는 죄를 지은 자
3. 마약·향정신성의약품·대마, 그 밖에 대통령령으로 정하는 남용되거나 해독을 끼칠 우려가 있는 물질을 식음·섭취·흡입·흡연 또는 주입받는 습벽이 있거나 그에 중독된 자로서 금고 이상의 형에 해당하는 죄를 지은 자

◉ 정신성적 장애인에 대한 치료명령은 「성충동약물치료법」에 규정

(2) **선고유예·집행유예시 치료명령**(제44조의2) [2020. 7급]

① **선고 또는 집행유예시**: 법원은 치료명령대상자에 대하여 형의 선고 또는 집행을 유예하는 경우에는 치료기간을 정하여 치료를 받을 것을 명할 수 있다(제1항).

② **보호관찰 병과**: 치료를 명하는 경우 보호관찰을 병과하여야 한다(제2항).

③ 보호관찰기간은 선고유예의 경우에는 1년, 집행유예의 경우에는 그 유예기간으로 한다. 다만, 법원은 집행유예 기간의 범위에서 보호관찰기간을 정할 수 있다(제3항).

④ 치료기간은 ③에 따른 보호관찰기간을 초과할 수 없다(제4항).

(3) 판결 전 조사(제44조의3)

① **법원의 조사요구** : 법원은 치료를 명하기 위하여 필요하다고 인정하면 피고인의 주거지 또는 그 법원의 소재지를 관할하는 보호관찰소의 장에게 범죄의 동기, 피고인의 신체적·심리적 특성 및 상태, 가정환경, 직업, 생활환경, 병력, 치료비용 부담능력, 재범위험성 등 피고인에 관한 사항의 조사를 요구할 수 있다(제1항).

② 조사 요구를 받은 보호관찰소의 장은 지체 없이 이를 조사하여 서면으로 해당 법원에 알려야 한다. 이 경우 필요하다고 인정하면 피고인이나 그 밖의 관계인을 소환하여 심문하거나 소속 보호관찰관에게 필요한 사항을 조사하게 할 수 있다(제2항).

③ 보호관찰소의 장은 조사를 위하여 필요하다고 인정하면 국공립 기관이나 그 밖의 단체에 사실을 알아보거나 관련 자료의 열람 등 협조를 요청할 수 있다(제3항).

④ **전문가의 진단 등** : 법원은 치료를 명하기 위하여 필요하다고 인정하는 때에는 정신건강의학과 전문의에게 피고인의 정신적 상태, 알코올 의존도 등에 대한 진단을 요구할 수 있다(제44조의4).

(4) 준수사항(제44조의5)

치료명령을 받은 사람은 다음의 사항을 준수하여야 한다.

> **[치료명령대상자의 준수사항]**
> 1. 보호관찰관의 지시에 따라 성실히 치료에 응할 것
> 2. 보호관찰관의 지시에 따라 인지행동 치료 등 심리치료 프로그램을 성실히 이수할 것

(5) 치료명령의 집행(제44조의6)

① 치료명령은 검사의 지휘를 받아 보호관찰관이 집행한다(제1항).

② 치료명령은 정신건강의학과 전문의의 진단과 약물 투여, 상담 등 치료 및 정신건강전문요원 등 전문가에 의한 인지행동 치료 등 심리치료 프로그램의 실시 등의 방법으로 집행한다(제2항).

③ 보호관찰관은 치료명령을 받은 사람에게 치료명령을 집행하기 전에 치료기관, 치료의 방법·내용 등에 관하여 충분히 설명하여야 한다(제3항).

④ 그 밖에 치료명령의 집행에 관하여 필요한 사항은 대통령령으로 정한다(제4항).

(6) 치료기관의 지정 등(제44조의7)

① 법무부장관은 치료명령을 받은 사람의 치료를 위하여 치료기관을 지정할 수 있다(제1항).

② 치료기관의 지정기준 등 필요한 사항은 법무부령으로 정한다(제2항).

⑺ **선고유예의 실효·집행유예의 취소**(제44조의8)

① **선고유예의 실효** : 법원은 치료를 명한 선고유예를 받은 사람이 정당한 사유 없이 치료기간 중에 준수사항을 위반하고 그 정도가 무거운 때에는 유예한 형을 선고할 수 있다(제1항).

② **집행유예의 취소** : 법원은 치료를 명한 집행유예를 받은 사람이 정당한 사유 없이 치료기간 중에 준수사항을 위반하고 그 정도가 무거운 때에는 집행유예의 선고를 취소할 수 있다(제2항).

③ 치료명령대상자에 대한 경고·구인·긴급구인·유치·선고유예의 실효 및 집행유예의 취소 등에 대하여는 「보호관찰 등에 관한 법률」을 준용한다(제3항).

⑻ **비용부담**(제44조의9)

① **자비부담** : 치료명령을 받은 사람은 치료기간 동안 치료비용을 부담하여야 한다. 다만, 치료비용을 부담할 경제력이 없는 사람의 경우에는 국가가 비용을 부담할 수 있다(제1항).

② 비용부담에 관하여 필요한 사항은 대통령령으로 정한다(제2항).

최신 기출로 확인하기

1. 「**치료감호 등에 관한 법률**」**상 피치료감호자의 보호관찰에 대한 설명으로 옳지 않은 것은?** 2022. 교정 7급

① 피치료감호자에 대한 치료감호가 가종료되면 보호관찰이 시작된다.

② 피치료감호자가 치료감호시설 외에서 치료받도록 법정대리인 등에게 위탁되었을 때 보호관찰이 시작된다.

③ 보호관찰의 기간은 3년으로 한다.

④ 피보호관찰자가 새로운 범죄로 금고 이상의 형의 집행을 받게 되었을지라도 보호관찰은 종료되지 아니하고 해당 형의 집행기간 동안 보호관찰기간은 정지된다.

2. 치료감호의 내용에 대한 설명으로 옳은 것은? 2021. 교정 9급

① 치료감호 대상자는 의사무능력이나 심신미약으로 인하여 형이 감경되는 심신장애인으로서 징역형 이상의 형에 해당하는 죄를 지은 자이다.

② 피치료감호자를 치료감호시설에 수용하는 기간은 치료감호대상자에 해당하는 심신장애인과 정신성적 장애인의 경우 15년을 초과할 수 없다.

③ 피치료감호자의 치료감호가 가종료되었을 때 시작되는 보호관찰의 기간은 2년으로 한다.

④ 보호관찰 기간이 끝나더라도 재범의 위험성이 없다고 판단될 때까지 치료감호가 종료되지 않는다.

3. 「치료감호 등에 관한 법률」상 옳은 것은?   2020. 교정 9급

① 마약·향정신성의약품·대마, 그 밖에 남용되거나 해독을 끼칠 우려가 있는 물질이나 알코올을 식음·섭취·흡입·흡연 또는 주입받는 습벽이 있거나 그에 중독된 자가 금고 이상의 형에 해당하는 죄를 범하여 치료감호의 선고를 받은 경우 치료감호시설 수용 기간은 1년을 초과할 수 없다.

② 구속영장에 의하여 구속된 피의자에 대하여 검사가 공소를 제기하지 아니하는 결정을 하고 치료감호 청구만을 하는 때에는 그 구속영장의 효력이 당연히 소멸하므로 검사는 법원으로부터 치료감호영장을 새로이 발부받아야 한다.

③ 치료감호와 형이 병과된 경우에는 치료감호를 먼저 집행하며, 이 경우 치료감호의 집행기간은 형 집행기간에 포함되지 않는다.

④ 피치료감호자의 텔레비전 시청, 라디오 청취, 신문·도서의 열람은 일과시간이나 취침시간 등을 제외하고는 자유롭게 보장된다.

4. 치료감호와 치료명령에 대한 설명으로 옳은 것은?   2020. 보호 7급

① 치료감호와 형이 병과된 경우 형 집행 완료 후 치료감호를 집행한다.

② 피의자가 심신장애로 의사결정능력이 없기 때문에 벌할 수 없는 경우 검사는 공소제기 없이 치료감호만을 청구할 수 있다.

③ 소아성기호증 등 성적 성벽이 있는 장애인으로서 금고 이상의 형에 해당하는 성폭력범죄를 지은 자에 대한 치료감호의 기간은 2년을 초과할 수 없다.

④ 법원은 치료명령대상자에 대하여 형의 선고를 유예하는 경우 치료기간을 정하여 치료를 받을 것을 명할 수 있으며, 이때 보호관찰을 병과할 수 있다.

5. 「치료감호 등에 관한 법률」상 치료감호에 대한 설명으로 옳지 않은 것은?   2021. 보호 7급

① 검사는 심신장애인으로 금고 이상의 형에 해당하는 죄를 지은 자에 대하여 정신건강의학과 등의 전문의의 진단이나 감정을 받은 후, 치료감호를 청구하여야 한다.

② 구속영장에 의하여 구속된 피의자에 대하여 검사가 공소를 제기하지 아니하는 결정을 하고 치료감호 청구만을 하는 때에는 구속영장은 치료감호영장으로 보며 그 효력을 잃지 아니한다.

③ 약식명령이 청구된 후 치료감호가 청구되었을 때에는 약식명령청구는 그 치료감호가 청구되었을 때부터 공판절차에 따라 심판하여야 한다.

④ 피치료감호자 등의 텔레비전 시청, 라디오 청취, 신문·도서의 열람은 일과시간이나 취침시간 등을 제외하고는 자유롭게 보장된다.

🔍 정답 1. ④ 2. ② 3. ④ 4. ② 5. ①

제3절 전자장치 부착 등에 관한 법률

01 총 칙

(1) 목적과 정의

① **목적** : 수사ㆍ재판ㆍ집행 등 형사사법 절차에서 전자장치를 효율적으로 활용하여 불구속재판을 확대하고, 범죄인의 사회복귀를 촉진하며, 범죄로부터 국민을 보호함을 목적으로 한다(제1조).

② **특정범죄** : 특정범죄란 성폭력범죄, 미성년자 대상 유괴범죄, 살인범죄, 강도범죄 및 스토킹범죄를 말한다(제2조 제1호). [2020. 7급] 총 4회 기출

(2) 국가의 책무와 적용범위

① **국가의 책무** : 국가는 「전자장치 부착 등에 관한 법률」의 집행과정에서 국민의 인권이 부당하게 침해되지 아니하도록 주의하여야 한다(제3조).

② **적용범위** : 만 19세 미만의 자에 대하여 부착명령을 선고한 때에는 19세에 이르기까지 「전자장치 부착 등에 관한 법률」에 따른 전자장치를 부착할 수 없다(제4조). [2020. 7급] 총 5회 기출

 주의

> 19세 미만의 자라도 부착명령을 선고할 수 있다. [2019. 9급] 총 3회 기출

02 형 집행 종료 후의 전자장치 부착

(1) 검사의 전자장치 청구 대상(제5조)

① **성폭력범죄자**(제1항)(임의적 청구)

다음의 어느 하나에 해당하고, 성폭력범죄를 다시 범할 위험성이 있다고 인정되는 사람에 대하여 전자장치를 부착하도록 하는 명령(부착명령)을 법원에 청구할 수 있다. [2024. 보호 9급] 총 6회 기출

> **[성폭력범죄자 전자장치부착명령 청구사유]**(1,2,3은 재범, 4,5는 초범)
> 1. 성폭력범죄로 징역형의 실형을 선고받은 사람이 그 집행을 종료한 후 또는 집행이 면제된 후 10년 이내에 성폭력범죄를 저지른 때
> 2. 성폭력범죄로 이 법에 따른 전자장치를 부착받은 전력이 있는 사람이 다시 성폭력범죄를 저지른 때
> 3. 성폭력범죄를 2회 이상 범하여(유죄의 확정판결을 받은 경우를 포함한다) 그 습벽이 인정된 때
> 4. 19세 미만의 사람에 대하여 성폭력범죄를 저지른 때
> 5. 신체적 또는 정신적 장애가 있는 사람에 대하여 성폭력범죄를 저지른 때

② **미성년자 대상 유괴범죄자**(제2항) [2024. 보호 9급] 총 4회 기출

임의적 청구(초범＋재범 위험성)	필요적 청구(재범)
미성년자 대상 유괴범죄를 저지른 사람으로서 미성년자 대상 유괴범죄를 다시 범할 위험성이 있다고 인정되는 사람에 대하여 부착명령을 법원에 청구할 수 있다.	유괴범죄로 징역형의 실형 이상의 형을 선고받아 그 집행이 종료 또는 면제된 후 다시 유괴범죄를 저지른 경우에는 부착명령을 청구하여야 한다.

③ **살인범죄자**(제3항) [2023. 교정 7급]

임의적 청구(초범＋재범 위험성)	필요적 청구(재범)
살인범죄를 저지른 사람으로서 살인범죄를 다시 범할 위험성이 있다고 인정되는 사람에 대하여 부착명령을 법원에 청구할 수 있다.	살인범죄로 징역형의 실형 이상의 형을 선고받아 그 집행이 종료 또는 면제된 후 다시 살인범죄를 저지른 경우에는 부착명령을 청구하여야 한다.

④ **강도범죄자**(제4항)(임의적 청구) [2024. 보호 9급] 총 3회 기출

다음의 어느 하나에 해당하고 강도범죄를 다시 범할 위험성이 있다고 인정되는 사람에 대하여 부착명령을 법원에 청구할 수 있다.

> **[강도범죄자 전자장치부착명령 청구사유]**(재범)
> 1. 강도범죄로 징역형의 실형을 선고받은 사람이 그 집행을 종료한 후 또는 집행이 면제된 후 10년 이내에 다시 강도범죄를 저지른 때
> 2. 강도범죄로 이 법에 따른 전자장치를 부착하였던 전력이 있는 사람이 다시 강도범죄를 저지른 때
> 3. 강도범죄를 2회 이상 범하여(유죄의 확정판결을 받은 경우를 포함한다) 그 습벽이 인정된 때

⑤ **스토킹범죄자**(제5항)(임의적 청구) [2024. 보호 9급]

다음 어느 하나에 해당하고 스토킹범죄를 다시 범할 위험성이 있다고 인정되는 사람에 대하여 부착명령을 법원에 청구할 수 있다.

> 1. 스토킹범죄로 징역형의 실형을 선고받은 사람이 그 집행을 종료한 후 또는 집행이 면제된 후 10년 이내에 다시 스토킹범죄를 저지른 때
> 2. 스토킹범죄로 이 법에 따른 전자장치를 부착하였던 전력이 있는 사람이 다시 스토킹범죄를 저지른 때
> 3. 스토킹범죄를 2회 이상 범하여(유죄의 확정판결을 받은 경우를 포함한다) 그 습벽이 인정된 때 [2024. 보호 9급]

(2) 청구의 관할과 청구시기 [2020. 7급] 총 4회 기출

① **토지관할** : 부착명령 청구사건의 관할은 부착명령 청구사건과 동시에 심리하는 특정범죄사건의 관할에 따른다(제7조 제1항).

② **사물관할** : 부착명령 청구사건의 제1심 재판은 지방법원 합의부(지방법원지원 합의부를 포함)의 관할로 한다(제7조 제2항).

③ **청구시기**(항소심 변론종결 시까지) : 부착명령의 청구는 공소가 제기된 특정범죄사건의 항소심 변론종결 시까지 하여야 한다(제5조 제6항).

(3) 청구를 위한 검사의 조사요청(제6조) [2020. 7급] 총 2회 기출

① **보호관찰소의 장에게 조사요청** : 검사는 부착명령을 청구하기 위하여 필요하다고 인정하는 때에는 피의자의 주거지 또는 소속 검찰청(지청을 포함) 소재지를 관할하는 보호관찰소(지소를 포함)의 장에게 범죄의 동기, 피해자와의 관계, 심리상태, 재범의 위험성 등 피의자에 관하여 필요한 사항의 조사를 요청할 수 있다(제1항).

② 요청을 받은 보호관찰소의 장은 조사할 보호관찰관을 지명하여야 한다(제2항).

③ **조사보고서 제출** : 지명된 보호관찰관은 지체 없이 필요한 사항을 조사한 후 검사에게 조사보고서를 제출하여야 한다(제3항).

④ 검사는 ①의 요청을 받은 보호관찰소의 장에게 조사진행상황의 보고를 요구할 수 있다(제4항).

⑤ **전문가의 진단결과 참고** : 검사는 부착명령을 청구함에 있어서 필요한 경우에는 피의자에 대한 정신감정이나 그 밖에 전문가의 진단 등의 결과를 참고하여야 한다(제5항).

⑥ **법원의 청구 요구** : 법원은 공소가 제기된 특정범죄사건을 심리한 결과 부착명령을 선고할 필요가 있다고 인정하는 때에는 검사에게 부착명령의 청구를 요구할 수 있다(제5조 제7항). [2014. 7급]

⑦ **청구시효 15년** : 특정범죄사건에 대하여 판결의 확정 없이 공소가 제기된 때부터 15년이 경과한 경우에는 부착명령을 청구할 수 없다(제5조 제8항).

(4) **부착명령 청구서의 부본 송부**(제8조 제2항) [2013. 9급]

① **청구서 부본 송부** : 법원은 부착명령 청구가 있는 때에는 지체 없이 부착명령 청구서의 부본을 피부착명령청구자 또는 그의 변호인에게 송부하여야 한다(전단).

② **공판기일 5일 전까지 송부** : 이 경우 특정범죄사건에 대한 공소제기와 동시에 부착명령 청구가 있는 때에는 제1회 공판기일 5일 전까지, 특정범죄사건의 심리 중에 부착명령 청구가 있는 때에는 다음 공판기일 5일 전까지 송부하여야 한다(후단).

(5) **부착명령 청구사건에 관한 형사소송법 준용**(필요적 변호와 국선변호인제)

① **필요적 변호** : 제33조 제1항 각 호의 어느 하나에 해당하는 사건 및 같은 조 제2항·제3항의 규정에 따라 변호인이 선정된 사건에 관하여는 변호인 없이 개정하지 못한다. 단, 판결만을 선고할 경우에는 예외로 한다(형소법 제282조).

② **국선변호인** : 제282조 본문의 경우 변호인이 출석하지 아니한 때에는 법원은 직권으로 변호인을 선정하여야 한다(형소법 제283조).

> 🏛 **형사소송법 제33조**(국선변호인)
>
> **제33조**(국선변호인)
> ① 다음 각 호의 어느 하나에 해당하는 경우에 변호인이 없는 때에는 법원은 직권으로 변호인을 선정하여야 한다.
>   1. 피고인이 구속된 때
>   2. 피고인이 미성년자인 때
>   3. 피고인이 70세 이상인 때
>   4. 피고인이 듣거나 말하는 데 모두 장애가 있는 사람인 때
>   5. 피고인이 심신장애가 있는 것으로 의심되는 때
>   6. 피고인이 사형, 무기 또는 단기 3년 이상의 징역이나 금고에 해당하는 사건으로 기소된 때
> ② 법원은 피고인이 빈곤이나 그 밖의 사유로 변호인을 선임할 수 없는 경우에 피고인이 청구하면 변호인을 선정하여야 한다.
> ③ 법원은 피고인의 나이·지능 및 교육 정도 등을 참작하여 권리보호를 위하여 필요하다고 인정하면 피고인의 명시적 의사에 반하지 아니하는 범위에서 변호인을 선정하여야 한다.

(6) 부착명령의 판결(제9조)

① **부착기간을 정하여 판결** : 법원은 부착명령 청구가 이유 있다고 인정하는 때에는 다음에 따른 기간의 범위 내에서 부착기간을 정하여 판결로 부착명령을 선고하여야 한다(제1항 본문).

② **부착기간 하한의 2배** : 다만, 19세 미만의 사람에 대하여 특정범죄를 저지른 경우에는 부착기간 하한을 다음에 따른 부착기간 하한의 2배로 한다(제1항 단서). [2023. 교정 7급] 총 2회 기출

1. 법정형의 상한이 사형 또는 무기징역인 특정범죄	10년 이상 30년 이하 (20년)
2. 법정형 중 징역형의 하한이 3년 이상의 유기징역인 특정범죄 (제1호에 해당하는 특정범죄는 제외한다)	3년 이상 20년 이하 (6년)
3. 법정형 중 징역형의 하한이 3년 미만의 유기징역인 특정범죄 (제1호 또는 제2호에 해당하는 특정범죄는 제외한다)	1년 이상 10년 이하 (2년)

◎ **치료감호의 판결** : 기간의 상한(심신장애 15년, 마약·알코올 2년)만 있고, 치료감호기간은 이를 초과할 수 없다.

(7) 부착기간의 가중과 집행(제9조)

① **부착기간의 가중** : 여러 개의 특정범죄에 대하여 동시에 부착명령을 선고할 때에는 법정형이 가장 중한 죄의 부착기간 상한의 2분의 1까지 가중하되, 각 죄의 부착기간의 상한을 합산한 기간을 초과할 수 없다(제2항 본문).

② 다만, 하나의 행위가 여러 특정범죄에 해당하는 경우에는 가장 중한 죄의 부착기간을 부착기간으로 한다(제2항 단서). [2016. 7급]

③ **보호관찰 집행** : 부착명령을 선고받은 사람은 부착기간 동안 「보호관찰 등에 관한 법률」에 따른 보호관찰을 받는다(제3항).

(8) 부착명령청구 기각 사유(제9조 제4항)

[부착명령청구 기각 사유]
1. 부착명령 청구가 이유 없다고 인정하는 때
2. 특정범죄사건에 대하여 무죄(심신상실을 이유로 치료감호가 선고된 경우는 제외)·면소·공소기각의 판결 또는 결정을 선고하는 때
3. 특정범죄사건에 대하여 벌금형을 선고하는 때
4. 특정범죄사건에 대하여 선고유예 또는 집행유예를 선고하는 때(특정범죄를 범한 자에 대하여 형의 집행을 유예하면서 보호관찰을 받을 것을 명할 때에는 보호관찰기간의 범위 내에서 기간을 정하여 준수사항의 이행여부 확인 등을 위하여 전자장치를 부착할 것을 명할 때를 제외한다)

[부착명령 청구 기각한 자에 대한 보호관찰 명령선고](제21조의3 제2항)
1호(부착명령 청구가 이유없다고 인정하는 때)에 해당하여 부착명령을 기각하는 경우에도 특정범죄를 다시 범할 위험성이 있다고 인정되는 경우에 해당되어 보호관찰명령을 선고할 필요가 있다고 인정하는 때에는 직권으로 2년 이상 5년 이하의 범위에서 보호관찰 명령을 선고할 수 있다.

(9) 사건판결과 동시 선고 등(제9조) [2014. 9급]

① 부착명령 청구사건의 판결은 특정범죄사건의 판결과 동시에 선고하여야 한다(제5항).

② 부착명령 선고의 판결이유에는 요건으로 되는 사실, 증거의 요지 및 적용 법조를 명시하여야 한다(제6항).

③ 부착명령의 선고는 특정범죄사건의 양형에 유리하게 참작되어서는 아니 된다(제7항).

(10) 부착명령자 준수사항(제9조의2)

① 법원은 부착명령을 선고하는 경우 부착기간의 범위에서 준수기간을 정하여 다음의 준수사항 중 하나 이상을 부과할 수 있다. 다만, 제4호의 준수사항(특정범죄 치료 프로그램의 이수)에 대한 준수사항은 500시간의 범위에서 그 기간을 정하여야 한다(제1항).

> **[전자부착자 준수사항]**(제1항 본문)
> 1. 야간, 아동·청소년의 통학시간 등 특정 시간대의 외출제한(19세 미만에 대한 성폭력범죄자 필요적)
> 2. 어린이 보호구역 등 특정지역·장소에의 출입금지 및 접근금지
> 2의2. 주거지역의 제한
> 3. 피해자 등 특정인에의 접근금지(19세 미만에 대한 성폭력범죄자 필요적)
> 4. 특정범죄 치료 프로그램의 이수(500시간의 범위 내)
> 5. 마약 등 중독성 있는 물질의 사용금지
> 6. 그 밖에 부착명령을 선고받는 사람의 재범방지와 성행교정을 위하여 필요한 사항

② 제1항에도 불구하고 법원은 성폭력범죄를 저지른 사람(19세 미만의 사람을 대상으로 성폭력범죄를 저지른 사람으로 한정) 또는 스토킹범죄를 저지른 사람에 대해서 제9조 제1항에 따라 부착명령을 선고하는 경우에는 다음 각 호의 구분에 따라 제1항의 준수사항을 부과하여야 한다(제2항). [2021. 9급]

1. 19세 미만의 사람에 대해서 성폭력범죄를 저지른 사람	제1항 제1호(야간, 아동·청소년의 통학시간 등 특정 시간대의 외출제한) 및 제3호(피해자 등 특정인에의 접근금지) 준수사항을 포함할 것. 다만, 제1항 제1호의 준수사항을 부과하여서는 아니 될 특별한 사정이 있다고 판단되는 경우에는 해당 준수사항을 포함하지 아니할 수 있다.
2. 스토킹범죄를 저지른 사람	제1항 제3호(피해자 등 특정인에의 접근금지)의 준수사항을 포함할 것

(11) 부착명령 관계기관 송부 및 통보(제10조)

① **3일 이내 보호관찰소장 송부** : 법원은 부착명령을 선고한 때에는 그 판결이 확정된 날부터 3일 이내에 부착명령을 선고받은 자(피부착명령자)의 주거지를 관할하는 보호관찰소의 장에게 판결문의 등본을 송부하여야 한다(제1항).

② **석방전 5일 전 보호관찰소장 통보** : 교도소, 소년교도소, 구치소, 치료감호소 및 군교도소의 장(교도소장 등)은 피부착명령자가 석방되기 5일 전까지 피부착명령자의 주거지를 관할하는 보호관찰소의 장에게 그 사실을 통보하여야 한다(제2항).

(12) 부착명령의 집행지휘(제12조)

① 부착명령은 검사의 지휘를 받아 보호관찰관이 집행한다(제1항). [2011. 7급]

② 집행지휘는 판결문 등본을 첨부한 서면으로 한다(제2항).

(13) 부착명령의 집행(제13조) [2018. 5급 승진]

① **형의 종료 등, 치료감호 종료 등 석방 직전** : 부착명령은 특정범죄사건에 대한 형의 집행이 종료되거나 면제·가석방되는 날 또는 치료감호의 집행이 종료·가종료되는 날 석방 직전에 피부착명령자의 신체에 전자장치를 부착함으로써 집행한다. 다만, 다음의 경우에는 각 호의 구분에 따라 집행한다(제1항).

> 1. 다른 형이나 치료감호 계속될 경우 그 사유종료되는 날 : 부착명령의 원인이 된 특정범죄사건이 아닌 다른 범죄사건으로 형이나 치료감호의 집행이 계속될 경우에는 부착명령의 원인이 된 특정범죄사건이 아닌 다른 범죄사건에 대한 형의 집행이 종료되거나 면제·가석방 되는 날 또는 치료감호의 집행이 종료·가종료되는 날부터 집행한다(제1항 제1호).
> 2. 석방상태이고 이미 집행종료인 경우 판결확정일 : 피부착명령자가 부착명령 판결 확정 시 석방된 상태이고 미결구금일수 산입 등의 사유로 이미 형의 집행이 종료된 경우에는 부착명령 판결 확정일부터 부착명령을 집행한다(제1항 제2호).

② **소환과 구인에 의한 집행** : 보호관찰소의 장은 피부착명령자를 소환할 수 있으며, 피부착명령자가 소환에 따르지 아니하는 때에는 관할 지방검찰청의 검사에게 신청하여 부착명령 집행장을 발부받아 구인할 수 있다(제2항).

③ **집행 후 즉시 석방** : 보호관찰소의 장은 피부착명령자를 구인한 경우에는 부착명령의 집행을 마친 즉시 석방하여야 한다(제3항).

④ **신체의 완전성 유지** : 부착명령의 집행은 신체의 완전성을 해하지 아니하는 범위 내에서 이루어져야 한다(제4항). [2018. 5급 승진]

⑤ **확정된 순서** : 부착명령이 여러 개인 경우 확정된 순서에 따라 집행한다(제5항). [2018. 5급 승진]

(14) 부착명령 집행의 정지 등 [2020. 7급] 총 2회 기출

① 다음의 어느 하나에 해당하는 때에는 부착명령의 집행이 정지된다(제6항).

부착명령 집행의 정지사유(제6항)	집행이 정지된 부착명령의 잔여기간 집행(제8항)
1. 부착명령의 집행 중 다른 죄를 범하여 구속영장의 집행을 받아 구금된 때	그 구금이 해제되거나 금고 이상의 형의 집행을 받지 아니하게 확정된 때부터 그 잔여기간을 집행한다.
2. 부착명령의 집행 중 다른 죄를 범하여 금고 이상의 형의 집행을 받게 된 때	그 형의 집행이 종료되거나 면제된 후 또는 가석방된 때부터 그 잔여기간을 집행한다.
3. 가석방 또는 가종료된 자에 대하여 전자장치 부착기간 동안 가석방 또는 가종료가 취소되거나 실효된 때	그 형이나 치료감호의 집행이 종료되거나 면제된 후 그 잔여기간을 집행한다.

② **부착명령이 집행된 것으로 보는 경우** : 부착명령의 집행 중 다른 죄를 범하여 구속영장의 집행을 받아 구금된(제6항 제1호) 후에 다음의 어느 하나에 해당하는 사유로 구금이 종료되는 경우 그 구금기간 동안에는 부착명령이 집행된 것으로 본다. 다만, 1. 및 2.의 경우 법원의 판결에 따라 유죄로 확정된 경우는 제외한다(제7항).

> **[다른 죄로 구금되어 집행이 정지되었으나 부착명령이 집행된 경우로 보는 경우]** [2018. 5급 승진]
> 1. 사법경찰관이 불송치결정을 한 경우
> 2. 검사가 혐의없음, 죄가안됨, 공소권없음 또는 각하의 불기소처분을 한 경우
> 3. 법원의 무죄, 면소, 공소기각 판결 또는 공소기각 결정이 확정된 경우
> * 다만, 1 및 2의 경우 법원의 판결에 따라 유죄로 확정된 경우는 제외한다.

(15) 피부착자의 의무(제14조)

① 전자장치가 부착된 자(피부착자)는 전자장치의 부착기간 중 전자장치를 신체에서 임의로 분리·손상, 전파 방해 또는 수신자료의 변조, 그 밖의 방법으로 그 효용을 해하여서는 아니 된다(제1항). [2016. 5급 승진]

② **10일 이내 출석, 서면신고** : 피부착자는 특정범죄사건에 대한 형의 집행이 종료되거나 면제·가석방되는 날부터 10일 이내에 주거지를 관할하는 보호관찰소에 출석하여 대통령령으로 정하는 신상정보 등을 서면으로 신고하여야 한다(제2항). [2018. 5급 승진] 총 2회 기출

③ **주거이전, 7일 이상 국내여행, 출국시 허가** : 피부착자는 주거를 이전하거나 7일 이상의 국내여행을 하거나 출국할 때에는 미리 보호관찰관의 허가를 받아야 한다(제3항). [2023. 교정 7급] 총 5회 기출

(16) 보호관찰관의 의무(제15조)

① **지도와 원호** : 보호관찰관은 피부착자의 재범방지와 건전한 사회복귀를 위하여 필요한 지도와 원호를 한다(제1항).

② **부착기간 중 필요한 조치** : 보호관찰관은 전자장치 부착기간 중 피부착자의 소재지 인근 의료기관에서의 치료, 상담시설에서의 상담치료 등 피부착자의 재범방지 및 수치심으로 인한 과도한 고통의 방지를 위하여 필요한 조치를 할 수 있다(제2항).

③ **집행개시 전 면접** : 보호관찰관은 필요한 경우 부착명령의 집행을 개시하기 전에 교도소장 등에게 요청하여 교육, 교화프로그램 및 징벌에 관한 자료 등 피부착자의 형 또는 치료감호 집행 중의 생활실태를 확인할 수 있는 자료를 확보하고, 형 또는 치료감호의 집행을 받고 있는 피부착자를 면접할 수 있다. 이 경우 교도소장 등은 보호관찰관에게 협조하여야 한다(제3항).

(17) 부착기간의 연장(제14조의2)

① **1년 범위에서 법원의 연장결정** : 피부착자가 다음의 어느 하나에 해당하는 경우에는 법원은 보호관찰소의 장의 신청에 따른 검사의 청구로 1년의 범위에서 부착기간을 연장하거나 준수사항을 추가 또는 변경하는 결정을 할 수 있다(제1항).

[부착기간 연장 등의 결정사유]

1. 정당한 사유 없이 「보호관찰 등에 관한 법률」 제32조에 따른 준수사항을 위반한 경우
2. 정당한 사유 없이 제14조 제2항을 위반하여 신고하지 아니한 경우
3. 정당한 사유 없이 제14조 제3항을 위반하여 허가를 받지 아니하고 주거 이전·국내여행 또는 출국을 하거나, 거짓으로 허가를 받은 경우
4. 정당한 사유 없이 제14조 제3항에 따른 출국허가 기간까지 입국하지 아니한 경우

② **법원의 준수사항 추가, 변경, 삭제결정**: ①에 규정된 사항 외의 사정변경이 있는 경우에도 법원은 상당한 이유가 있다고 인정되면 보호관찰소의 장의 신청에 따른 검사의 청구로 준수사항을 추가, 변경 또는 삭제하는 결정을 할 수 있다(제2항).

⒅ **수신자료의 보존·사용·폐기**(제16조)

① 보호관찰소의 장은 피부착자의 전자장치로부터 발신되는 전자파를 수신하여 그 자료(수신자료)를 보존하여야 한다(제1항).

② 수신자료는 다음의 경우 외에는 열람·조회·제공 또는 공개할 수 없다(제2항).

[수신자료의 열람·조회·제공 또는 공개의 사용이 가능한 경우](제2항)

1. 피부착자의 특정범죄 혐의에 대한 수사 또는 재판자료로 사용하는 경우
2. 보호관찰관이 지도·원호를 목적으로 사용하는 경우
3. 보호관찰심사위원회의 부착명령 임시해제와 그 취소에 관한 심사를 위하여 사용하는 경우
4. 보호관찰소의 장이 피부착자의 제38조(전자장치를 신체에서 임의로 분리·손상 등) 또는 제39조(준수사항 위반)에 해당하는 범죄 혐의에 대한 수사를 의뢰하기 위하여 사용하는 경우

③ **수사 또는 재판자료 사용시 법원의 허가**: 검사 또는 사법경찰관은 피부착자의 특정범죄 혐의에 대한 수사 또는 재판자료로 사용하기 위해(②의 1.) 수신자료를 열람 또는 조회하는 경우 관할 지방법원 또는 지원의 허가를 받아야 한다. 다만, 관할 지방법원 또는 지원의 허가를 받을 수 없는 긴급한 사유가 있는 때에는 수신자료 열람 또는 조회를 요청한 후 지체 없이 그 허가를 받아 보호관찰소의 장에게 송부하여야 한다(제4항).

④ **법원 불허시 수신자료 폐기**: 검사 또는 사법경찰관은 ③의 단서에 따라 긴급한 사유로 수신자료를 열람 또는 조회하였으나 지방법원 또는 지원의 허가를 받지 못한 경우에는 지체 없이 열람 또는 조회한 수신자료를 폐기하고, 그 사실을 보호관찰소의 장에게 통지하여야 한다(제5항).

⑤ 보호관찰소의 장은 다음의 어느 하나에 해당하는 때에는 수신자료를 폐기하여야 한다(제6항).

[수신자료의 폐기 사유](제6항)

1. 부착명령과 함께 선고된 형이 「형법」 제81조에 따라 실효된 때
2. 부착명령과 함께 선고된 형이 사면으로 인하여 그 효력을 상실한 때
3. 전자장치 부착이 종료된 자가 자격정지 이상의 형 또는 이 법에 따른 전자장치 부착을 받음이 없이 전자장치 부착을 종료한 날부터 5년이 경과한 때

(19) 수사기관과 보호관찰소장의 피부착자 신상정보 제공(제16조의2)

① **보호관찰소의 장과 수사기관의 자료제공**(임의적)

보호관찰소의 장	범죄예방 및 수사에 필요하다고 판단하는 경우 피부착자가 신고한 신상정보 및 피부착자에 대한 지도·감독 중 알게 된 사실 등의 자료를 피부착자의 주거지를 관할하는 경찰관서의 장 등 수사기관에 제공할 수 있다(제1항).
수사기관	범죄예방 및 수사활동 중 인지한 사실이 피부착자 지도·감독에 활용할 만한 자료라고 판단할 경우 이를 보호관찰소의 장에게 제공할 수 있다(제2항).

② **보호관찰소의 장과 수사기관의 통보의무**(필요적) [2016. 5급 승진] 총 2회 기출

보호관찰소의 장	피부착자가 범죄를 저질렀거나 저질렀다고 의심할만한 상당한 이유가 있을 때에는 이를 수사기관에 통보하여야 한다(제3항).
수사기관	체포 또는 구속한 사람이 피부착자임을 알게 된 경우에는 피부착자의 주거지를 관할하는 보호관찰소의 장에게 그 사실을 통보하여야 한다(제4항).

(20) 부착명령의 임시해제 신청(제17조) [2019. 9급]

① **임시해제 신청** : 보호관찰소의 장 또는 피부착자 및 그 법정대리인은 해당 보호관찰소를 관할하는 심사위원회에 부착명령의 임시해제를 신청할 수 있다(제1항).

② **부착명령 개시 후 3개월 경과** : 부착명령의 임시해제 신청은 부착명령의 집행이 개시된 날부터 3개월이 경과한 후에 하여야 한다. 신청이 기각된 경우에는 기각된 날부터 3개월이 경과한 후에 다시 신청할 수 있다(제2항).

③ 임시해제의 신청을 할 때에는 신청서에 임시해제의 심사에 참고가 될 자료를 첨부하여 제출하여야 한다(제3항).

신청내용	기 간	신청권자	위원회
전자부착 임시해제 (전자부착법 제17조 제2항)	3개월 경과 후	보호관찰소장·피부착자·법정대리인	보호관찰심사
치료명령 임시해제 (성충동약물치료법 제17조 제2항)	6개월 경과 후	보호관찰소장·치료명령을 받은 사람·법정대리인	보호관찰심사
치료감호 종료 여부 (치료감호법 제44조 제3항)	6개월 경과 후	피치료감호자·법정대리인 등	치료감호심의

(21) 부착명령 임시해제의 심사 및 결정(제18조)

① **전문가 의견 고려** : 보호관찰심사위원회는 임시해제를 심사할 때에는 피부착자의 인격, 생활태도, 부착명령 이행상황 및 재범의 위험성에 대하여 보호관찰관 등 전문가의 의견을 고려하여야 한다(제1항).

② **조사요구나 직접 소환·심문 또는 조사** : 심사위원회는 임시해제의 심사를 위하여 필요한 때에는 보호관찰소의 장으로 하여금 필요한 사항을 조사하게 하거나 피부착자나 그 밖의 관계인을 직접 소환·심문 또는 조사할 수 있다(제2항).

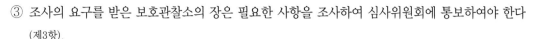

③ 조사의 요구를 받은 보호관찰소의 장은 필요한 사항을 조사하여 심사위원회에 통보하여야 한다(제3항).

④ **임시해제 결정** : 심사위원회는 피부착자가 부착명령이 계속 집행될 필요가 없을 정도로 개선되어 재범의 위험성이 없다고 인정하는 때에는 부착명령의 임시해제를 결정할 수 있다. 이 경우 피부착자로 하여금 주거이전 상황 등을 보호관찰소의 장에게 정기적으로 보고하도록 할 수 있다(제4항).

⑤ 심사위원회는 부착명령의 임시해제를 하지 아니하기로 결정한 때에는 결정서에 그 이유를 명시하여야 한다(제5항).

⑥ 부착명령이 임시해제된 경우에는 보호관찰(제9조 제3항)과 준수사항(제9조의2) 및 「아동·청소년의 성보호에 관한 법률」에 따른 보호관찰이 임시해제된 것으로 본다. 다만, 보호관찰심사위원회에서 보호관찰 또는 준수사항 부과가 필요하다고 결정한 경우에는 그러하지 아니하다(제6항).

⑦ **보호관찰 임시해제 경우 전자부착 임시해제 의제** : 보호관찰이 임시해제된 경우에는 전자장치 부착이 임시해제된 것으로 본다(제33조).

(22) **부착명령 임시해제의 취소**(제19조)

① **임시해제 취소신청** : 보호관찰소의 장은 부착명령이 임시해제된 자가 특정범죄를 저지르거나 주거이전 상황 등의 보고에 불응하는 등 재범의 위험성이 있다고 판단되는 때에는 보호관찰심사위원회에 임시해제의 취소를 신청할 수 있다. 이 경우 심사위원회는 임시해제된 자의 재범의 위험성이 현저하다고 인정될 때에는 임시해제를 취소하여야 한다(제1항).

② **임시해제기간 부착기간 불산입** : 임시해제가 취소된 자는 잔여 부착명령기간 동안 전자장치를 부착하여야 하고, 부착명령할 때 개시된 보호관찰을 받아야 하며, 부과된 준수사항(준수기간이 종료되지 않은 경우에 한정한다)을 준수하여야 한다. 이 경우 임시해제기간은 부착명령기간에 산입하지 아니한다(제2항).

(23) **부착명령 집행의 종료**

부착명령은 다음의 어느 하나에 해당하는 때에 그 집행이 종료된다(제20조).

> **[부착명령 집행의 종료]**
> 1. 부착명령기간이 경과한 때
> 2. 부착명령과 함께 선고한 형이 사면되어 그 선고의 효력을 상실하게 된 때
> 3. 부착명령이 임시해제된 자가 그 임시해제가 취소됨이 없이 잔여 부착명령기간을 경과한 때

(24) **부착명령의 시효**(제21조)

① **형의 시효완성과 집행 면제** : 피부착명령자는 그 판결이 확정된 후 집행을 받지 아니하고 함께 선고된 특정범죄사건의 형의 시효가 완성되면 그 집행이 면제된다(제1항).

② **체포에 의한 시효중단** : 부착명령의 시효는 피부착명령자를 체포함으로써 중단된다(제2항).

03 형 집행 종료 후의 보호관찰

(1) 보호관찰명령의 청구와 판결

① 검사는 다음의 어느 하나에 해당하는 사람에 대하여 형의 집행이 종료된 때부터 「보호관찰 등에 관한 법률」에 따른 보호관찰을 받도록 하는 명령(보호관찰명령)을 법원에 청구할 수 있다(제21조의2).

> **[보호관찰명령의 청구]**(제21조의2)
> 1. 성폭력범죄를 저지른 사람으로서 성폭력범죄를 다시 범할 위험성이 있다고 인정되는 사람
> 2. 미성년자 대상 유괴범죄를 저지른 사람으로서 미성년자 대상 유괴범죄를 다시 범할 위험성이 있다고 인정되는 사람
> 3. 살인범죄를 저지른 사람으로서 살인범죄를 다시 범할 위험성이 있다고 인정되는 사람
> 4. 강도범죄를 저지른 사람으로서 강도범죄를 다시 범할 위험성이 있다고 인정되는 사람
> 5. 스토킹범죄를 저지른 사람으로서 스토킹범죄를 다시 범할 위험성이 있다고 인정되는 사람

② **2년 이상 5년 이하의 보호관찰명령**: 법원은 ①의 어느 하나에 해당하는 사람이 금고 이상의 선고형에 해당하고 보호관찰명령의 청구가 이유 있다고 인정하는 때에는 2년 이상 5년 이하의 범위에서 기간을 정하여 보호관찰명령을 선고하여야 한다(제21조의3 제1항). [2015. 9급]

③ **직권에 의한 보호관찰명령 선고**: 법원은 ②에도 불구하고 부착명령 청구가 이유 없다고 인정하여(제9조 제4항 제1호) 부착명령 청구를 기각하는 경우로서 ①의 어느 하나에 해당하여 보호관찰명령을 선고할 필요가 있다고 인정하는 때에는 직권으로 2년 이상 5년 이하의 범위에서 기간을 정하여 보호관찰명령을 선고할 수 있다(제2항).

> **PLUS+** 법원의 직권에 의한 보호관찰명령
>
> **문)** 법원은 부착명령이 청구된 사건에 대하여 부착명령보다 보호관찰명령을 선고할 필요가 있다고 인정하는 때에는 검사에게 보호관찰명령의 청구를 요청할 수 있다. (×)
> **해설)** 개정 前 제21조의2 제2항의 내용인데, 2017. 12. 12.에 개정되면서 제21조의2 제2항이 삭제되고 제21조의3 제2항이 신설되었다.

(2) 준수사항(제21조의4)

① 법원은 보호관찰명령을 선고하는 경우 준수사항(제9조의2 제1항) 중 하나 이상을 부과할 수 있다. 다만, 특정범죄 치료 프로그램의 이수에 대한 준수사항은 300시간의 범위에서 그 기간을 정하여야 한다(제1항).

② 제1항 본문에도 불구하고 법원은 성폭력범죄를 저지른 사람(19세 미만의 사람을 대상으로 성폭력범죄를 저지른 사람으로 한정한다) 또는 스토킹범죄를 저지른 사람에 대해서는 제21조의3에 따라 보호관찰명령을 선고하는 경우 제9조의2 제1항 제3호(피해자 등 특정인에의 접근금지)를 포함하여 준수사항을 부과하여야 한다(제2항).

[준수사항](제9조의2 제1항)

1. 야간, 아동·청소년의 통학시간 등 특정 시간대의 외출제한
2. 어린이 보호구역 등 특정지역·장소에의 출입금지 및 접근금지

2의2. 주거지역의 제한

3. 피해자 등 특정인에의 접근금지(19세 미만의 사람에 대한 성폭력범죄자, 스토킹범죄자 필요적)
4. 특정범죄 치료 프로그램의 이수(300시간의 범위 내)
5. 마약 등 중독성 있는 물질의 사용금지
6. 그 밖에 부착명령을 선고받는 사람의 재범방지와 성행교정을 위하여 필요한 사항

PLUS⁺ 부착시와 보호관찰명령시 준수사항 비교

준수사항(제9조의2 제1항)(임의적)	부착명령 선고시	보호관찰명령 선고시
1. 야간, 아동·청소년의 통학시간 등 특정 시간대의 외출제한	19세 미만의 사람에 대한 성폭력범죄자(필요적)	
2. 어린이 보호구역 등 특정지역·장소에의 출입금지 및 접근금지		
2의2. 주거지역의 제한		
3. 피해자 등 특정인에의 접근금지	19세 미만의 사람에 대한 성폭력범죄자(필요적) 스토킹범죄를 저지른 사람(필요적)	
4. 특정범죄 치료 프로그램의 이수	500시간의 범위내(필요적)	300시간의 범위내(필요적)
5. 마약 등 중독성 있는 물질의 사용금지		
6. 그 밖에 부착명령을 선고받는 사람의 재범방지와 성행교정을 위하여 필요한 사항		

⑶ **보호관찰명령의 집행**(제21조의5)

① **형집행 종료된 날 등** : 보호관찰명령은 특정범죄사건에 대한 형의 집행이 종료되거나 면제·가석방되는 날 또는 치료감호 집행이 종료·가종료되는 날부터 집행한다.

② **다른 형 집행종료된 날** : 다만, 보호관찰명령의 원인이 된 특정범죄사건이 아닌 다른 범죄사건으로 형이나 치료감호의 집행이 계속될 경우에는 보호관찰명령의 원인이 된 특정범죄사건이 아닌 다른 범죄사건에 대한 형의 집행이 종료되거나 면제·가석방되는 날 또는 치료감호의 집행이 종료·가종료되는 날부터 집행한다.

⑷ **보호관찰대상자의 의무**(제21조의6)

① **10일 이내 출석, 서면신고** : 보호관찰대상자는 특정범죄사건에 대한 형의 집행이 종료되거나 면제·가석방되는 날부터 10일 이내에 주거지를 관할하는 보호관찰소에 출석하여 서면으로 신고하여야 한다(제1항).

② **주거이전, 7일 이상 국내여행, 출국시 허가** : 보호관찰대상자는 주거를 이전하거나 7일 이상의 국내여행을 하거나 출국할 때에는 미리 보호관찰관의 허가를 받아야 한다(제2항).

⑸ 보호관찰 기간의 연장 및 준수사항의 추가·변경·삭제(제21조의7)

① 보호관찰대상자가 정당한 사유 없이 준수사항을 위반하거나 의무를 위반한 때에는 법원은 보호관찰소의 장의 신청에 따른 검사의 청구로 다음의 결정을 할 수 있다(제1항).

> **[법원의 결정]**
> 1. 1년의 범위에서 보호관찰 기간의 연장
> 2. 제21조의4에 따른 준수사항의 추가 또는 변경

② ①의 처분은 병과할 수 있다(제2항).

③ ①에 규정된 사항 외의 사정변경이 있는 경우에도 법원은 상당한 이유가 있다고 인정하면 보호관찰소의 장의 신청에 따른 검사의 청구로 준수사항을 추가, 변경 또는 삭제하는 결정을 할 수 있다(제3항).

04 가석방 및 가종료 등과 전자장치 부착 결정과 집행

보호관찰심사위원회(제22조)	치료감호심의위원회(임의)(제23조)
① 부착명령 판결을 선고받지 아니한 특정범죄자로 가석방으로 보호관찰을 받게 되는 자는 준수사항 이행 여부 확인 등을 위하여 가석방기간 동안 전자장치를 부착하여야 한다(예외가능)(제1항). ② 특정범 이외 범죄로 가석방되어 보호관찰을 받는 사람의 준수사항 이행 여부 확인 등을 위하여 가석방예정자의 범죄내용, 개별적 특성 등을 고려하여 가석방 기간의 전부 또는 일부 기간을 정하여 전자장치를 부착하게 할 수 있다(제2항).	부착명령 판결을 선고받지 아니한 특정 범죄자로서 치료감호의 집행 중 가종료 또는 치료위탁되는 피치료감호자나 보호감호의 집행중 가출소되는 피보호감호자(가종료자 등)에 대하여 치료감호법 또는 사회보호법에 따른 준수사항 이행 여부 확인 등을 위하여 보호관찰 기간의 범위에서 기간을 정하여 전자장치를 부착하게 할 수 있다(제1항).

① 위원회는 결정 즉시, 수용시설장(교도소·치료감호소·보호감호소장)은 석방 5일 전 : 주거지 관할 보호관찰소장에게 통보하여야 한다(제22조 제4항, 제23조 제2항).

② 집행 : 보호관찰관이 가석방·가종료·치료위탁·가출소 되는 날 석방 직전에 부착한다(제24조).

③ 가석방자 부착집행 정지 : 보호관찰 준수사항 위반으로 유치허가장의 집행을 받아 유치된 때에는 부착집행이 정지된다. 이 경우 심사위원회가 보호관찰소장의 가석방 취소신청을 기각한 날 또는 법무부장관이 심사위원회의 허가신청을 불허한 날부터 그 잔여기간을 집행한다(제24조 제3항).

④ 부착집행의 종료 : 1. 가석방 기간경과, 실효·취소 2. 가종료자 등 기간경과, 보호관찰 종료 3. 가석방된 형이 사면되어 형선고의 효력을 상실하게 된 때(제25조)

05 | 형의 집행유예와 보석결정에 따른 부착명령

집행유예와 부착명령(제28조) [2015. 9급] 총 2회 기출	보석과 전자장치부착(제31조의2)
① 법원은 특정범죄를 범한 자에 대하여 형의 집행을 유예하면서 보호관찰을 받을 것을 명할 때에는 보호관찰기간의 범위 내에서 기간을 정하여 준수사항의 이행여부 확인 등을 위하여 전자장치를 부착할 것을 명할 수 있다(제1항). ② 법원은 부착명령기간 중 소재지 인근 의료기관에서의 치료, 지정 상담시설에서의 상담치료 등 대상자의 재범방지를 위하여 필요한 조치들을 과할 수 있다(제2항). ③ 법원은 전자장치 부착을 명하기 위하여 필요하다고 인정하는 때에는 피고인의 주거지 또는 그 법원의 소재지를 관할하는 보호관찰소의 장에게 범죄의 동기, 피해자와의 관계, 심리상태, 재범의 위험성 등 피고인에 관하여 필요한 사항의 조사를 요청할 수 있다(제3항).	① 법원은 「형사소송법」 제98조 제9호(피고인의 출석을 보증하기 위하여 법원이 정하는 적당한 조건을 이행할 것)에 따른 보석조건으로 피고인에게 전자장치 부착을 명할 수 있다(제1항). ② 필요시 법원의 소재지 또는 피고인의 주거지를 관할하는 보호관찰소의 장에게 피고인의 직업, 경제력, 가족상황, 주거상태, 생활환경 및 피해회복 여부 등 피고인에 관한 사항의 조사를 의뢰할 수 있다(제2항). ③ 조사의 의뢰를 받은 보호관찰소의 장은 지체 없이 조사하여 서면으로 법원에 통보하여야 하며, 조사를 위하여 필요한 경우에는 피고인이나 그 밖의 관계인을 소환하여 심문하거나 소속 보호관찰관에게 필요한 사항을 조사하게 할 수 있다(제3항). ④ 보호관찰소의 장은 조사를 위하여 필요하다고 인정하면 국공립 기관이나 그 밖의 단체에 사실을 알아보거나 관련 자료의 열람 등 협조를 요청할 수 있다(제4항).
부착명령의 집행(제29조)	**부착명령의 집행(제31조의3)**
① 부착명령은 전자장치 부착을 명하는 법원의 판결이 확정된 때부터 집행한다(제1항). ② 부착명령의 집행 중 보호관찰 준수사항 위반으로 유치허가장의 집행을 받아 유치된 때에는 부착명령 집행이 정지된다. 이 경우 검사가 보호관찰소의 장의 집행유예 취소신청을 기각한 날 또는 법원이 검사의 집행유예취소청구를 기각한 날부터 그 잔여기간을 집행한다(제2항).	① 법원은 전자장치 부착을 명한 경우 지체 없이 그 결정문의 등본을 피고인의 주거지를 관할하는 보호관찰소의 장에게 송부하여야 한다(제1항). ② 전자장치 부착명령을 받고 석방된 피고인(전자장치 보석피고인)은 법원이 지정한 일시까지 주거지를 관할하는 보호관찰소에 출석하여 신고한 후 보호관찰관의 지시에 따라 전자장치를 부착하여야 한다(제2항). ③ 보호관찰소의 장은 피고인의 보석조건 이행 여부 확인을 위하여 적절한 조치를 하여야 한다(제3항).
집행의 종료(제30조)	**부착의 종료(제31조의5)**
① 부착명령기간이 경과한 때 ② 집행유예가 실효 또는 취소된 때 ③ 집행유예된 형이 사면되어 형의 선고의 효력을 상실하게 된 때	① 구속영장의 효력이 소멸한 경우 ② 보석이 취소된 경우 ③ 「형사소송법」 제102조에 따라 보석조건이 변경되어 전자장치를 부착할 필요가 없게 되는 경우

06 스토킹행위자에 대한 전자장치 부착

(1) 전자장치 부착의 집행(제31조의6)

① 법원은 「스토킹범죄 처벌법」 제9조 제1항 제3호의2(「전자장치 부착법」 제2조 제4호의 위치추적 전자장치의 부착)에 따른 잠정조치로 전자장치의 부착을 결정한 경우 그 결정문의 등본을 스토킹행위자의 사건 수사를 관할하는 경찰관서의 장과 스토킹행위자의 주거지를 관할하는 보호관찰소의 장에게 지체 없이 송부하여야 한다(제1항).

② 잠정조치 결정을 받은 스토킹행위자는 법원이 지정한 일시까지 보호관찰소에 출석하여 대통령령으로 정하는 신상정보 등을 서면으로 신고한 후 보호관찰관의 지시에 따라 전자장치를 부착하여야 한다(제2항).

③ 보호관찰소의 장은 스토킹행위자가 제2항에 따라 전자장치를 부착하면 관할경찰관서의 장에게 이를 즉시 통지하여야 하고, 관할경찰관서의 장은 「스토킹범죄의 처벌 등에 관한 법률」 제9조 제1항 제2호 및 제3호의2에 따른 스토킹행위자의 잠정조치 이행 여부를 확인하기 위하여 피해자에 대한 다음 각 호의 사항을 보호관찰소의 장에게 즉시 통지하여야 한다(제3항).

> 1. 성명, 2. 주민등록번호, 3. 주소 및 실제 거주지, 4. 직장 소재지, 5. 전화번호,
> 6. 그 밖에 대통령령으로 정하는 피해자의 보호를 위하여 필요한 사항

④ 보호관찰소의 장은 스토킹행위자가 다음 각 호의 어느 하나에 해당하는 경우 그 사실을 관할경찰관서의 장에게 즉시 통지하여야 한다(제4항).

> **[보호관찰소장의 경찰관서장에게 즉시통지 사항]**
> 1. 정당한 사유 없이 제2항에 따라 법원이 지정한 일시까지 보호관찰소에 출석하여 신고하지 아니하거나 전자장치 부착을 거부하는 경우
> 2. 잠정조치 기간 중 「스토킹범죄 처벌법」 제9조 제1항 제2호(피해자 또는 그의 동거인, 가족이나 그 주거 등으로부터 100미터 이내의 접근 금지)를 위반하였거나 위반할 우려가 있는 경우
> 3. 잠정조치 기간 중 「스토킹범죄 처벌법」 제9조 제4항(전자장치 효용을 해치는 행위)을 위반하였거나 위반하였다고 의심할 상당한 이유가 있는 경우
> 4. 그 밖에 잠정조치의 이행 및 피해자의 보호를 위하여 적절한 조치가 필요한 경우로서 대통령령으로 정하는 사유가 있는 경우

⑤ 관할경찰관서의 장은 제4항에 따른 통지가 있는 경우 즉시 스토킹행위자가 소재한 현장에 출동하는 등의 방법으로 그 사유를 확인하고, 「스토킹범죄의 처벌 등에 관한 법률」 제9조 제1항 제4호에 따른 유치 신청 등 피해자 보호에 필요한 적절한 조치를 하여야 한다(제5항).

⑥ 관할경찰관서의 장은 「스토킹범죄의 처벌 등에 관한 법률」 제11조 제5항에 따라 잠정조치 결정이 효력을 상실하는 때에는 보호관찰소의 장에게 이를 지체 없이 통지하여야 한다(제6항).

⑦ 법원은 잠정조치의 연장·변경·취소 결정을 하는 경우 관할경찰관서의 장과 보호관찰소의 장에게 이를 지체 없이 통지하여야 한다(제7항).

⑧ 제1항부터 제7항까지에 따른 전자장치 부착의 집행 등에 필요한 사항은 대통령령으로 정한다(제8항).

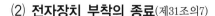

(2) 전자장치 부착의 종료(제31조의7)

제31조의6에 따른 전자장치 부착은 다음 각 호의 어느 하나에 해당하는 때에 그 집행이 종료된다.

> **[전자장치 부착의 종료]**
> 1. 잠정조치의 기간이 경과한 때
> 2. 잠정조치가 변경 또는 취소된 때
> 3. 잠정조치가 효력을 상실한 때

(3) 스토킹행위자 수신자료의 보존·사용·폐기 등(제31조의8)

① 보호관찰소의 장은 제31조의6 제2항에 따라 전자장치를 부착한 스토킹행위자의 전자장치로부터 발신되는 전자파를 수신하여 그 자료(스토킹행위자 수신자료)를 보존하여야 한다(제1항).

② 스토킹행위자 수신자료는 다음 각 호의 경우 외에는 열람·조회·제공 또는 공개할 수 없다(제2항).

> **[스토킹행위자 수신자료 열람·조회·제공 또는 공개 가능사유]**
> 1. 「스토킹범죄 처벌법」 제2조 제2호에 따른 스토킹범죄 혐의에 대한 수사 또는 재판자료로 사용하는 경우
> 2. 「스토킹범죄 처벌법」 제9조 제1항 제2호(피해자 또는 그의 동거인, 가족이나 그 주거 등으로부터 100미터 이내의 접근 금지) 및 제3호의2(「전자장치부착법」 제2조 제4호의 위치추적 전자장치의 부착)에 따른 잠정조치 이행 여부를 확인하기 위하여 사용하는 경우
> 3. 「스토킹범죄 처벌법」 제11조에 따른 잠정조치의 연장·변경·취소의 청구 또는 그 신청을 위하여 사용하는 경우
> 4. 「스토킹범죄 처벌법」 제20조 제1항 제1호(전자장치의 효용을 해치는 행위를 한 사람) 및 같은 조 제2항[제9조 제1항 제2호(피해자 또는 그의 동거인, 가족이나 그 주거 등으로부터 100미터 이내의 접근 금지) 또는 제3호(피해자 또는 그의 동거인, 가족에 대한 「전기통신기본법」 제2조 제1호의 전기통신을 이용한 접근 금지)의 잠정조치를 이행하지 아니한 사람]에 해당하는 범죄 혐의에 대한 수사를 위하여 사용하는 경우

③ 검사 또는 사법경찰관이 제2항 제1호에 해당하는 사유로 스토킹행위자 수신자료를 열람 또는 조회하는 경우 그 절차에 관하여는 제16조 제4항 및 제5항을 준용한다(제3항).

④ 보호관찰소의 장은 다음 각 호의 어느 하나에 해당하는 때에는 스토킹행위자 수신자료를 폐기하여야 한다(제4항).

> **[스토킹행위자 수신자료 폐기 사유]**
> 1. 잠정조치가 효력을 상실한 때
> 2. 잠정조치의 원인이 되는 스토킹범죄사건에 대해 법원의 무죄, 면소, 공소기각 판결 또는 공소기각 결정이 확정된 때
> 3. 잠정조치 집행을 종료한 날부터 5년이 경과한 때

07 기간의 계산과 전담직원 지정 등

(I) 전자장치 부착기간의 계산(제32조)

① 전자장치 부착기간은 이를 집행한 날부터 기산하되, 초일은 시간을 계산함이 없이 1일로 산정한다(제1항). [2020. 7급]

② 다음의 어느 하나에 해당하는 기간은 전자장치 부착기간에 산입하지 아니한다. 다만, 보호관찰이 부과된 사람의 전자장치 부착기간은 보호관찰 기간을 초과할 수 없다(제2항).

> **[부착기간 불산입 사유]**
> 1. 피부착자가 전자장치를 신체로부터 분리하거나 손상하는 등 그 효용을 해한 기간
> 2. 피부착자의 치료, 출국 또는 그 밖의 적법한 사유로 전자장치가 신체로부터 일시적으로 분리된 후 해당 분리사유가 해소된 날부터 정당한 사유 없이 전자장치를 부착하지 아니한 기간

(2) 부착명령 등 집행전담 보호관찰관의 지정(제32조의2)

① 보호관찰소의 장은 소속 보호관찰관 중에서 다음의 사항을 전담하는 보호관찰관을 지정하여야 한다.

> **[전담보호관찰관 지정]**
> 1. 부착명령 및 보호관찰명령을 청구하기 위하여 필요한 피의자에 대한 조사
> 2. 부착명령 및 보호관찰명령의 집행
> 3. 피부착자 및 보호관찰대상자의 재범방지와 건전한 사회복귀를 위한 치료 등 필요한 조치의 부과
> 4. 그 밖에 피부착자 및 보호관찰대상자의 「보호관찰 등에 관한 법률」 등에 따른 준수사항 이행 여부 확인 등 피부착자 및 보호관찰대상자에 대한 지도·감독 및 원호

② 다만, 보호관찰소의 장은 19세 미만의 사람에 대해서 성폭력범죄를 저지른 피부착자 중 재범의 위험성이 현저히 높은 사람에 대해서는 일정기간 그 피부착자 1명만을 전담하는 보호관찰관을 지정하여야 한다.

(3) 범죄경력자료 등의 조회 요청(제33조의2)

① 법무부장관은 이 법에 따른 부착명령 또는 보호관찰명령의 집행이 종료된 사람의 재범 여부를 조사하고 부착명령 또는 보호관찰명령의 효과를 평가하기 위하여 필요한 경우에는 그 집행이 종료된 때부터 5년 동안 관계 기관에 그 사람에 관한 범죄경력자료와 수사경력자료에 대한 조회를 요청할 수 있다(제1항).

② 조회의 요청을 받은 관계 기관의 장은 정당한 사유 없이 이를 거부하여서는 아니 된다(제2항).

최신 기출로 확인하기

1. 「전자장치 부착 등에 관한 법률」상 검사가 성폭력범죄를 다시 범할 위험성이 있다고 인정되는 사람에 대하여 전자장치 부착명령을 청구할 수 있는 사유로 명시되지 않은 것은? 2022. 교정 7급

① 성폭력범죄로 징역형의 실형을 선고받은 사람이 그 집행을 종료한 후 또는 집행이 면제된 후 10년 이내에 성폭력범죄를 저지른 때
② 성폭력범죄를 2회 이상 범하여(유죄의 확정판결을 받은 경우를 포함한다) 그 습벽이 인정된 때
③ 신체적 또는 정신적 장애가 있는 사람이 성폭력범죄를 저지른 때
④ 19세 미만의 사람에 대하여 성폭력범죄를 저지른 때

2. 검사가 위치추적 전자장치 부착명령을 법원에 반드시 청구하여야 하는 경우는? 2020. 교정 9급

① 미성년자 대상 유괴범죄로 징역형의 실형 이상의 형을 선고받아 그 집행이 종료 또는 면제된 후 다시 미성년자 대상 유괴범죄를 저지른 경우
② 강도범죄를 2회 이상 범하여 그 습벽이 인정된 경우
③ 성폭력범죄로 징역형의 실형을 선고받은 사람이 그 집행을 종료한 후 또는 집행이 면제된 후 10년 이내에 성폭력범죄를 저지른 경우
④ 신체적 또는 정신적 장애가 있는 사람에 대하여 성폭력범죄를 저지른 경우

3. 「전자장치 부착 등에 관한 법률」에 대한 설명으로 옳은 것은? 2020. 교정 7급

① 만 18세 미만의 자에 대하여 부착명령을 선고한 때에는 18세에 이르기까지 이 법에 따른 전자장치를 부착할 수 없다.
② 전자장치 부착기간은 이를 집행한 날부터 기산하되, 초일은 산입하지 아니한다.
③ 전자장치 부착명령의 청구는 공소제기와 동시에 하여야 한다.
④ 법원이 특정범죄를 범한 자에 대하여 형의 집행을 유예하고 보호관찰을 받을 것을 명하면서 전자장치를 부착할 것을 명한 경우 이 부착명령은 집행유예가 실효되면 그 집행이 종료된다.

4. 전자장치 부착명령에 대한 설명으로 옳은 것은? 2020. 보호 7급

① 19세 미만의 자에 대하여 전자장치 부착명령을 선고한 때에는 19세에 이르기 전이라도 전자장치를 부착할 수 있다.
② 전자장치가 부착된 자는 주거를 이전하거나 7일 이상의 국내여행을 하거나 출국할 때에는 미리 보호관찰관의 허가를 받아야 한다.
③ 성폭력범죄, 미성년자 대상 유괴범죄, 살인범죄, 강도·절도범죄 및 방화범죄가 전자장치 부착 대상범죄이다.
④ 전자장치 부착명령의 집행 중 다른 죄를 범하여 벌금 이상의 형이 확정된 때에는 전자장치 부착명령의 집행이 정지된다.

5. 법원이 19세 미만의 사람에 대해서 성폭력범죄를 저지른 사람에 대해서 전자장치 부착명령을 선고하는 경우, 반드시 포함하여 부과해야 하는 준수사항으로 옳은 것은?　　2021. 교정 9급
① 어린이 보호구역 등 특정지역 · 장소에의 출입금지
② 주거지역의 제한
③ 피해자 등 특정인에의 접근금지
④ 특정범죄 치료 프로그램의 이수

6. 「전자장치 부착 등에 관한 법률」상 형기종료 후 보호관찰명령의 대상자가 아닌 것은?　　2022. 보호 7급
① 성폭력범죄를 저지른 사람으로서 성폭력범죄를 다시 범할 위험성이 있다고 인정되는 사람
② 미성년자 대상 유괴범죄를 저지른 사람으로서 미성년자 대상 유괴범죄를 다시 범할 위험성이 있다고 인정되는 사람
③ 살인범죄를 저지른 사람으로서 살인범죄를 다시 범할 위험성이 있다고 인정되는 사람
④ 스토킹범죄를 저지른 사람으로서 스토킹범죄를 다시 범할 위험성이 있다고 인정되는 사람

7. 「전자장치 부착 등에 관한 법률」상 전자장치 부착명령에 대한 설명으로 옳지 않은 것은?　　2021. 보호 7급
① 만 19세 미만의 자에 대하여 부착명령을 선고한 때에는 19세에 이르기까지 전자장치를 부착할 수 없다.
② 검사는 미성년자 대상 모든 유괴범죄자에 대하여 전자장치 부착명령을 법원에 청구하여야 한다.
③ 전자장치 부착명령은 검사의 지휘를 받아 보호관찰관이 집행한다.
④ 전자장치 부착명령의 임시해제 신청은 부착명령의 집행이 개시된 날로부터 3개월이 경과한 후에 하여야 한다.

🔍 정답 1. ③　2. ①　3. ④　4. ②　5. ③　6. ④　7. ②

제4절 | 성폭력범죄자의 성충동 약물치료에 관한 법률

01 총 칙

(1) 목 적

사람에 대하여 성폭력범죄를 저지른 성도착증 환자로서 성폭력범죄를 다시 범할 위험성이 있다고 인정되는 사람에 대하여 성충동 약물치료를 실시하여 성폭력범죄의 재범을 방지하고 사회복귀를 촉진하는 것을 목적으로 한다(제1조).

(2) 용어의 정의(제2조)

PART 04

성도착증 환자	「치료감호 등에 관한 법률」 제2조 제1항 제3호(소아성기호증, 성적가학증 등 성적 성벽이 있는 정신성적 장애인으로서 금고 이상의 형에 해당하는 성폭력범죄를 지은 자)에 해당하는 사람 및 정신건강의학과 전문의의 감정에 의하여 성적 이상 습벽으로 인하여 자신의 행위를 스스로 통제할 수 없다고 판명된 사람을 말한다.
성폭력범죄	가. 「아동·청소년의 성보호에 관한 법률」 제7조(아동·청소년에 대한 강간·강제추행 등), 제8조(장애인인 아동·청소년에 대한 간음 등), 제9조(강간 등 상해·치상), 제10조(강간 등 살인·치사)의 죄 나. 「성폭력범죄의 처벌 등에 관한 특례법」 제3조(특수강도강간 등), 제4조(특수강간 등), 제5조(친족관계에 의한 강간 등), 제6조(장애인에 대한 강간·강제추행 등), 제7조(13세 미만의 미성년자에 대한 강간, 강제추행 등), 제8조(강간 등 상해·치상), 제9조(강간 등 살인·치사), 제10조(업무상 위력 등에 의한 추행), 제11조(공중 밀집 장소에서의 추행), 제12조(성적 목적을 위한 다중이용장소 침입행위), 제13조(통신매체를 이용한 음란행위)의 죄 및 제15조(미수범)의 죄(제3조부터 제9조까지의 미수범만을 말한다) 다. 「형법」 제297조(강간)·제297조의2(유사강간)·제298조(강제추행)·제299조(준강간, 준강제추행)·제300조(미수범)·제301조(강간 등 상해·치상)·제301조의2(강간 등 살인·치사)·제302조(미성년자 등에 대한 간음)·제303조(업무상 위력 등에 의한 간음)·제305조(미성년자에 대한 간음, 추행)·제339조(강도강간), 제340조(해상강도) 제3항(사람을 강간한 죄만을 말한다) 및 제342조(미수범)의 죄(제339조 및 제340조 제3항 중 사람을 강간한 죄의 미수범만을 말한다) 라. 가목부터 다목까지의 죄로서 다른 법률에 따라 가중 처벌되는 죄
성충동 약물치료	비정상적인 성적 충동이나 욕구를 억제하기 위한 조치로서 성도착증 환자에게 약물 투여 및 심리치료 등의 방법으로 도착적인 성기능을 일정기간 동안 약화 또는 정상화하는 치료를 말한다. [2013. 9급]

(3) 약물치료의 요건

약물치료는 다음의 요건을 모두 갖추어야 한다(제3조).

> **[약물치료의 요건]**(제3조)
> 1. 비정상적 성적 충동이나 욕구를 억제하거나 완화하기 위한 것으로서 의학적으로 알려진 것일 것
> 2. 과도한 신체적 부작용을 초래하지 아니할 것
> 3. 의학적으로 알려진 방법대로 시행될 것

02 약물치료명령의 청구 및 판결

(1) 검사의 치료명령 청구(제4조)

① **19세 이상 성도착증 환자** : 검사는 사람에 대하여 성폭력범죄를 저지른 성도착증 환자로서 성폭력범죄를 다시 범할 위험성이 있다고 인정되는 19세 이상의 사람에 대하여 약물치료명령(치료명령)을 법원에 청구할 수 있다(제1항). [2018. 5급 승진] 총 2회 기출 → 합헌(헌재 2015.12.23. 2013헌가9)

② **전문의 진단이나 감정** : 검사는 치료명령 청구대상자(치료명령 피청구자)에 대하여 정신건강의학과 전문의의 진단이나 감정을 받은 후 치료명령을 청구하여야 한다(제2항). [2013. 9급]

③ **항소심 변론종결 시** : 검사의 치료명령의 청구는 공소가 제기되거나 치료감호가 독립청구된 성폭력범죄사건(피고사건)의 항소심 변론종결 시까지 하여야 한다(제3항).

④ **법원의 청구요구** : 법원은 피고사건의 심리결과 치료명령을 할 필요가 있다고 인정하는 때에는 검사에게 치료명령의 청구를 요구할 수 있다(제4항).

⑤ **청구시효 15년** : 피고사건에 대하여 판결의 확정 없이 공소가 제기되거나 치료감호가 독립청구된 때부터 15년이 지나면 치료명령을 청구할 수 없다(제5항).

⑥ **위임규정** : 정신건강의학과 전문의의 진단이나 감정에 필요한 사항은 대통령령으로 정한다(제6항).

(2) 조사(제5조)

① **검사의 조사요청** : 검사는 치료명령을 청구하기 위하여 필요하다고 인정하는 때에는 치료명령 피청구자의 주거지 또는 소속 검찰청(지청을 포함) 소재지를 관할하는 보호관찰소(지소를 포함)의 장에게 범죄의 동기, 피해자와의 관계, 심리상태, 재범의 위험성 등 치료명령 피청구자에 관하여 필요한 사항의 조사를 요청할 수 있다(제1항).

② **보호관찰관 지명** : 조사 요청을 받은 보호관찰소의 장은 조사할 보호관찰관을 지명하여야 한다(제2항).

③ **검사의 지휘에 의한 조사** : 조사를 위해 지명된 보호관찰관은 검사의 지휘를 받아 지체 없이 필요한 사항을 조사한 후 검사에게 조사보고서를 제출하여야 한다(제3항).

(3) 치료명령 청구사건의 관할(제6조)

① **피고사건 관할** : 치료명령 청구사건의 관할은 치료명령 청구사건과 동시에 심리하는 피고사건의 관할에 따른다(제1항).

② **합의부 관할** : 치료명령 청구사건의 제1심 재판은 지방법원 합의부(지방법원지원 합의부를 포함)의 관할로 한다(제2항).

(4) 청구서 부본의 송달(제7조)

① 법원은 치료명령 청구를 받으면 지체 없이 치료명령 청구서의 부본을 치료명령 피청구자 또는 그 변호인에게 송달하여야 한다(제2항 전단).

② 이 경우 공소제기 또는 치료감호의 독립청구와 동시에 치료명령 청구가 있는 때에는 제1회 공판기일 5일 전까지, 피고사건 심리 중에 치료명령 청구가 있는 때에는 다음 공판기일 5일 전까지 송달하여야 한다(제2항 후단).

(5) 치료명령의 판결(제8조)

① **15년 범위의 치료명령** : 법원은 치료명령 청구가 이유 있다고 인정하는 때에는 15년의 범위에서 치료기간을 정하여 판결로 치료명령을 선고하여야 한다(제1항). → 헌법불합치 결정(헌재 2015. 12.23. 2013헌가9)

② **필요적 보호관찰** : 치료명령을 선고받은 사람(치료명령을 받은 사람)은 치료기간 동안 「보호관찰 등에 관한 법률」에 따른 보호관찰을 받는다(제2항). [2014. 7급]

③ 법원은 다음의 어느 하나에 해당하는 때에는 판결로 치료명령 청구를 기각하여야 한다(제3항).

> **[치료명령 청구의 기각 사유]**(제3항)
> 1. 치료명령 청구가 이유 없다고 인정하는 때
> 2. 피고사건에 대하여 무죄(심신상실을 이유로 치료감호가 선고된 경우는 제외)·면소·공소기각의 판결 또는 결정을 선고하는 때
> 3. 피고사건에 대하여 벌금형을 선고하는 때
> 4. 피고사건에 대하여 선고를 유예하거나 집행유예를 선고하는 때

④ **피고사건과 동시 선고** : 치료명령 청구사건의 판결은 피고사건의 판결과 동시에 선고하여야 한다(제4항).

⑤ 치료명령 선고의 판결 이유에는 요건으로 되는 사실, 증거의 요지 및 적용 법조를 명시하여야 한다(제5항).

⑥ 치료명령의 선고는 피고사건의 양형에 유리하게 참작되어서는 아니 된다(제6항).

PLUS⁺ 비교·구분

참작 ×	• 치료명령의 선고는 피고사건의 양형에 유리하게 참작되어서는 아니 된다(성충동약물치료법 제8조 제6항). • 부착명령의 선고는 특정범죄사건의 양형에 유리하게 참작되어서는 아니 된다(전자장치부착법 제9조 제7항). • 보호관찰명령의 선고는 특정범죄사건의 양형에 유리하게 참작되어서는 아니 된다(전자장치부착법 제21조의8 준용규정).
고려 ○	• 가석방심사위원회는 성폭력 수형자의 가석방 적격심사를 할 때에는 치료명령이 결정된 사실을 고려하여야 한다(성충동약물치료법 제23조 제2항). • 소년부 판사는 소년이 화해의 권고에 따라 피해자와 화해하였을 경우에는 보호처분을 결정할 때 이를 고려할 수 있다(소년법 제25조의3 제3항).

⑦ **법원의 재진단 또는 감정 명령** : 법원은 정신건강의학과 전문의의 진단 또는 감정의견만으로 치료명령 피청구자의 성도착증 여부를 판단하기 어려울 때에는 다른 정신건강의학과 전문의에게 다시 진단 또는 감정을 명할 수 있다(제9조). [2014. 7급]

(6) 준수사항(제10조)

① 치료명령을 받은 사람은 치료기간 동안「보호관찰 등에 관한 법률」제32조 제2항 각 호(제4호는 제외)의 준수사항과 다음의 준수사항을 이행하여야 한다(제1항).

> **[보호관찰대상자의 일반준수사항]**(보호관찰법 제32조 제2항)(제4호는 제외)
> 1. 주거지에 상주하고 생업에 종사할 것
> 2. 범죄로 이어지기 쉬운 나쁜 습관을 버리고 선행을 하며 범죄를 저지를 염려가 있는 사람들과 교제하거나 어울리지 말 것
> 3. 보호관찰관의 지도·감독에 따르고 방문하면 응대할 것

> **[치료명령을 받은 사람의 준수사항]**(제10조)
> 1. 보호관찰관의 지시에 따라 성실히 약물치료에 응할 것
> 2. 보호관찰관의 지시에 따라 정기적으로 호르몬 수치 검사를 받을 것
> 3. 보호관찰관의 지시에 따라 인지행동 치료 등 심리치료 프로그램을 성실히 이수할 것

② **특별준수사항 임의부과** : 법원은 치료명령을 선고하는 경우「보호관찰 등에 관한 법률」상의 특별준수사항을 부과할 수 있다(제2항). → 특별준수사항의 임의적 부과

③ **준수사항 서면교부** : 법원은 치료명령을 선고할 때에 치료명령을 받은 사람에게 치료명령의 취지를 설명하고 준수사항을 적은 서면을 교부하여야 한다(제3항).

④ 인지행동 치료 등 심리치료 프로그램에 관하여 필요한 사항은 대통령령으로 정한다(제4항).

> **[인지행동 치료 등 심리치료 프로그램]**(시행령 제5조)
> ① 법 제10조 제1항 제3호에 따른 인지행동 치료 등 심리치료 프로그램(이하 "심리치료프로그램"이라 한다)은 다음 각 호의 내용을 포함하여야 한다.
> 　1. 인지 왜곡과 일탈적 성적 기호(嗜好)의 수정
> 　2. 치료 동기의 향상
> 　3. 피해자에 대한 공감 능력 증진
> 　4. 사회적응 능력 배양
> 　5. 일탈적 성행동의 재발 방지
> 　6. 그 밖에 성폭력범죄의 재범 방지를 위하여 필요한 사항
> ② 심리치료프로그램은 성충동 약물치료(이하 "약물치료"라 한다) 기간 동안 월 1회 이상 실시되어야 한다.
> ③ 법무부장관은 심리치료프로그램의 개발과 전문 집행 인력의 양성을 위하여 노력하여야 한다.

(7) 치료명령 판결 등의 통지(제11조)

① **법원 판결문 등 3일 이내 보호관찰소장 서면송부**: 법원은 치료명령을 선고한 때에는 그 판결이 확정된 날부터 3일 이내에 치료명령을 받은 사람의 주거지를 관할하는 보호관찰소의 장에게 판결문의 등본과 준수사항을 적은 서면을 송부하여야 한다(제1항).

② **교도소장 등 석방 3개월 전 보호관찰소장 통보**: 교도소, 소년교도소, 구치소 및 치료감호시설의 장은 치료명령을 받은 사람이 석방되기 3개월 전까지 치료명령을 받은 사람의 주거지를 관할하는 보호관찰소의 장에게 그 사실을 통보하여야 한다(제2항).

03　법원의 치료명령 집행 면제

(1) 치료명령의 집행 면제 신청(제8조의2)

① **징역형 병과자 집행 면제 신청**: 징역형과 함께 치료명령을 받은 사람 및 그 법정대리인은 주거지 또는 현재지를 관할하는 지방법원(지원을 포함)에 치료명령이 집행될 필요가 없을 정도로 개선되어 성폭력범죄를 다시 범할 위험성이 없음을 이유로 치료명령의 집행 면제를 신청할 수 있다(제1항 본문).

② **치료감호중인 자 제외**: 다만, 징역형과 함께 치료명령을 받은 사람이 치료감호의 집행 중인 경우에는 치료명령의 집행 면제를 신청할 수 없다(제1항 단서).

(2) 신청기간

① **징역형 집행종료 전 12개월부터 9개월까지**: 치료명령의 집행 면제 신청은 치료명령의 원인이 된 범죄에 대한 징역형의 집행이 종료되기 전 12개월부터 9개월까지의 기간에 하여야 한다. 다만, 치료명령의 원인이 된 범죄가 아닌 다른 범죄를 범하여 징역형의 집행이 종료되지 아니한 경우에는 그 징역형의 집행이 종료되기 전 12개월부터 9개월까지의 기간에 하여야 한다(제2항).

② **참고자료 첨부**: 징역형과 함께 치료명령을 받은 사람이 치료명령의 집행 면제를 신청할 때에는 신청서에 치료명령의 집행 면제의 심사에 참고가 될 자료를 첨부하여 제출하여야 한다(제3항).

③ **징역형 집행종료 3개월 전까지 법원결정**: 법원은 치료명령의 집행 면제 신청을 받은 경우 징역형의 집행이 종료되기 3개월 전까지 치료명령의 집행 면제 여부를 결정하여야 한다(제4항).

(3) 법원의 결정과 항고

① **보호관찰소장 조사요청**: 법원은 치료명령의 집행 면제 여부 결정을 하기 위하여 필요한 경우에는 그 법원의 소재지를 관할하는 보호관찰소의 장에게 치료명령을 받은 사람의 교정성적, 심리상태, 재범의 위험성 등 필요한 사항의 조사를 요청할 수 있다(제5항).

② **전문의 진단이나 감정**: 법원은 치료명령의 집행 면제 여부 결정을 하기 위하여 필요한 때에는 치료명령을 받은 사람에 대하여 정신건강의학과 전문의의 진단이나 감정을 받게 할 수 있다(제6항).

③ **합의부 관할**: 치료명령 집행 면제 신청사건의 제1심 재판은 지방법원 합의부(지방법원지원 합의부를 포함)의 관할로 한다(제7항).

④ **결정에 대한 항고**: 징역형과 함께 치료명령을 받은 사람 및 그 법정대리인은 치료명령의 집행 면제 여부 결정에 대하여 항고를 할 수 있다(제8항).

04 치료감호심의위원회의 치료명령 집행 면제

(1) 대상자(제8조의3)

① **치료감호의 종료ㆍ가종료 또는 치료위탁 결정을 하는 경우**: 치료감호심의위원회는 피치료감호자 중 치료명령을 받은 사람에 대하여 치료감호의 종료ㆍ가종료 또는 치료위탁 결정을 하는 경우에 치료명령의 집행이 필요하지 아니하다고 인정되면 치료명령의 집행을 면제하는 결정을 하여야 한다(제1항).

② **징역형 병과의 경우 형기가 남아있지 않거나 9개월 미만자**: 피치료감호자 중 징역형과 함께 치료명령을 받은 사람의 경우 형기가 남아 있지 아니하거나 9개월 미만의 기간이 남아 있는 사람에 한정한다.

③ **필요시 전문의 진단이나 감정**: 치료감호심의위원회는 치료명령의 집행을 면제하는 결정을 하기 위하여 필요한 경우에는 치료명령을 받은 사람에 대하여 정신건강의학과 전문의의 진단이나 감정을 받게 할 수 있다(제2항).

(2) 법원 또는 치료감호심의위원회 지체없이 결정문 등본 송부(제8조의4)

법원 또는 치료감호심의위원회는 치료명령의 집행 면제에 관한 결정을 한 때에는 지체 없이 신청인 또는 피치료감호자, 신청인 또는 피치료감호자의 주거지를 관할하는 보호관찰소의 장, 교도소ㆍ구치소 또는 치료감호시설의 장에게 결정문 등본을 송부하여야 한다.

05 치료명령의 집행

(1) 검사의 지휘를 받아 보호관찰관 집행(제13조)

① 치료명령은 검사의 지휘를 받아 보호관찰관이 집행한다(제1항). [2024. 보호 9급] 총 2회 기출

② 검사의 지휘는 판결문 등본을 첨부한 서면으로 한다(제2항).

(2) 치료명령의 집행(제14조)

① **약물투여 또는 심리치료 프로그램** : 치료명령은 「의료법」에 따른 의사의 진단과 처방에 의한 약물 투여, 「정신건강증진 및 정신질환자 복지서비스 지원에 관한 법률」에 따른 정신보건전문요원 등 전문가에 의한 인지행동 치료 등 심리치료 프로그램의 실시 등의 방법으로 집행한다(제1항).

② **보호관찰관의 충분한 설명** : 보호관찰관은 치료명령을 받은 사람에게 치료명령을 집행하기 전에 약물치료의 효과, 부작용 및 약물치료의 방법·주기·절차 등에 관하여 충분히 설명하여야 한다(제2항).

③ **석방 전 2개월 이내 집행** : 치료명령을 받은 사람이 형의 집행이 종료되거나 면제·가석방 또는 치료감호의 집행이 종료·가종료 또는 치료위탁으로 석방되는 경우 보호관찰관은 석방되기 전 2개월 이내에 치료명령을 받은 사람에게 치료명령을 집행하여야 한다(제3항). [2024. 보호 9급]

> **수용시설 수용자의 이송 등**(시행령 제10조)
> ① 치료명령을 받은 사람을 수용하고 있는 수용시설의 장은 치료명령을 받은 사람이 형의 집행이 종료되거나 면제·가석방 등의 사유로 석방되기 3개월 전부터 2개월 전까지 사이에 「형의 집행 및 수용자의 처우에 관한 법률」 제37조 제2항에 따라 치료명령을 받은 사람을 치료감호시설로 이송하여야 한다.
> ② 치료감호시설의 장은 제1항에 따라 치료명령을 받은 사람을 이송받은 경우에는 지체 없이 그 사실을 그 사람의 주거지를 관할하는 보호관찰소의 장에게 통보하여야 한다.
> ③ 치료감호시설의 장은 치료명령을 받은 사람이 형 또는 치료감호의 집행이 종료되거나 면제·가석방, 가종료 등의 사유로 석방되기 5일 전까지 석방 예정 사실을 그 사람의 주거지를 관할하는 보호관찰소의 장에게 통보하여야 한다.

④ **치료명령의 집행 정지 사유**(제4항)

> **[치료명령의 집행 정지 사유]**(제4항) [2021. 9급]
> 1. 치료명령의 집행 중 구속영장의 집행을 받아 구금된 때
> 2. 치료명령의 집행 중 금고 이상의 형의 집행을 받게 된 때
> 3. 가석방 또는 가종료·가출소된 자에 대하여 치료기간 동안 가석방 또는 가종료·가출소가 취소되거나 실효된 때

⑤ 집행이 정지된 치료명령의 잔여기간에 대한 재집행(제5항)

> **[집행이 정지된 치료명령의 잔여기간에 대한 재집행]**(제5항) [2024. 보호 9급]
> 1. 치료명령의 집행 중 구속영장의 집행을 받아 구금된 때의 경우에는 구금이 해제되거나 금고 이상의 형의 집행을 받지 아니하는 것으로 확정된 때부터 그 잔여기간을 집행한다.
> 2. 치료명령의 집행 중 금고 이상의 형의 집행을 받게 된 때의 경우에는 그 형의 집행이 종료되거나 면제된 후 또는 가석방된 때부터 그 잔여기간을 집행한다.
> 3. 가석방 또는 가종료·가출소된 자에 대하여 치료기간 동안 가석방 또는 가종료·가출소가 취소되거나 실효된 때의 경우에는 그 형이나 치료감호 또는 보호감호의 집행이 종료되거나 면제된 후 그 잔여기간을 집행한다.

⑥ 그 밖에 치료명령의 집행 및 정지에 관하여 필요한 사항은 대통령령으로 정한다(제6항).

(3) 치료명령을 받은 사람의 의무(제15조)

① **상쇄약물투여 금지** : 치료명령을 받은 사람은 치료기간 중 상쇄약물의 투약 등의 방법으로 치료의 효과를 해하여서는 아니 된다(제1항). [2014. 7급]

② **10일 이내 출석, 서면신고** : 치료명령을 받은 사람은 형의 집행이 종료되거나 면제·가석방 또는 치료감호의 집행이 종료·가종료 또는 치료위탁되는 날부터 10일 이내에 주거지를 관할하는 보호관찰소에 출석하여 서면으로 신고하여야 한다(제2항). [2021. 9급]

③ **주거이전, 7일 이상 국내여행, 출국시 허가** : 치료명령을 받은 사람은 주거 이전 또는 7일 이상의 국내여행을 하거나 출국할 때에는 미리 보호관찰관의 허가를 받아야 한다(제3항). [2024. 보호 9급] 총 3회 기출

(4) 치료기간의 연장(제16조) [2021. 9급]

① **법원의 치료기간 연장 결정** : 치료 경과 등에 비추어 치료명령을 받은 사람에 대한 약물치료를 계속 하여야 할 상당한 이유가 있거나 다음의 어느 하나에 해당하는 사유가 있으면 법원은 보호관찰소의 장의 신청에 따른 검사의 청구로 치료기간을 결정으로 연장할 수 있다(제1항 본문).

② **치료기간의 15년 제한** : 다만, 종전의 치료기간을 합산하여 15년을 초과할 수 없다(제1항 단서).

> **[치료기간의 연장 사유]**
> 1. 정당한 사유 없이 「보호관찰 등에 관한 법률」 제32조 제2항(일반준수사항)(제4호 제외: 주거를 이전하거나 1개월 이상 국내외 여행을 할 때에는 미리 보호관찰관에게 신고할 것) 또는 제3항(특별준수사항)에 따른 준수사항을 위반한 경우
> 2. 정당한 사유 없이 제15조 제2항(서면신고의무)을 위반하여 신고하지 아니한 경우
> 3. 거짓으로 제15조 제3항(여행 시 허가조건)의 허가를 받거나, 정당한 사유 없이 제15조 제3항을 위반하여 허가를 받지 아니하고 주거 이전, 국내여행 또는 출국을 하거나 허가기간 내에 귀국하지 아니한 경우

③ **연장 사유시 법원의 준수사항 추가 또는 변경 결정** : 법원은 치료명령을 받은 사람이 ②의 어느 하나에 해당하는 경우에는 보호관찰소의 장의 신청에 따른 검사의 청구로 준수사항을 추가 또는 변경하는 결정을 할 수 있다(제2항).

④ **사정변경시 특별준수사항 추가, 변경, 삭제 결정** : 연장사항 외의 사정변경이 있는 경우에도 법원은 상당한 이유가 있다고 인정되면 보호관찰소의 장의 신청에 따른 검사의 청구로 특별준수사항을 추가, 변경 또는 삭제하는 결정을 할 수 있다(제3항).

06 치료명령의 임시해제

(1) 치료명령의 임시해제 신청(제17조)

① **보호관찰심사위원회에 신청** : 보호관찰소의 장 또는 치료명령을 받은 사람 및 그 법정대리인은 해당 보호관찰소를 관할하는 보호관찰심사위원회에 치료명령의 임시해제를 신청할 수 있다(제1항).

② **집행 개시 6개월 지난 후 신청** : 임시해제 신청은 치료명령의 집행이 개시된 날부터 6개월이 지난 후에 하여야 한다. 신청이 기각된 경우에는 기각된 날부터 6개월이 지난 후에 다시 신청할 수 있다(제2항). [2014. 9급]

③ **참고자료 제출** : 임시해제의 신청을 할 때에는 신청서에 임시해제의 심사에 참고가 될 자료를 첨부하여 제출하여야 한다(제3항).

(2) 치료명령의 임시해제 심사 및 결정(제18조)

① **전문가 의견 등 고려** : 심사위원회는 임시해제를 심사할 때에는 치료명령을 받은 사람의 인격, 생활태도, 치료명령 이행상황 및 재범의 위험성에 대한 전문가의 의견 등을 고려하여야 한다(제1항).

② **필요사항 조사 등** : 심사위원회는 임시해제의 심사를 위하여 필요한 때에는 보호관찰소의 장으로 하여금 필요한 사항을 조사하게 하거나 치료명령을 받은 사람이나 그 밖의 관계인을 직접 소환·심문 또는 조사할 수 있다(제2항).

③ 조사 요구를 받은 보호관찰소의 장은 필요한 사항을 조사하여 심사위원회에 통보하여야 한다(제3항).

④ **임시해제 결정** : 심사위원회는 치료명령을 받은 사람이 치료명령이 계속 집행될 필요가 없을 정도로 개선되어 죄를 다시 범할 위험성이 없다고 인정하는 때에는 치료명령의 임시해제를 결정할 수 있다(제4항).

⑤ 심사위원회는 치료명령의 임시해제를 하지 아니하기로 결정한 때에는 결정서에 그 이유를 명시하여야 한다(제5항).

⑥ 치료명령이 임시해제된 경우에는 준수사항이 임시해제된 것으로 본다(제6항).

(3) 임시해제의 취소(제19조)

① **보호관찰소장의 신청**: 보호관찰소의 장은 치료명령이 임시해제된 사람이 성폭력범죄를 저지르거나 주거 이전 상황 등의 보고에 불응하는 등 재범의 위험성이 있다고 판단되는 때에는 심사위원회에 임시해제의 취소를 신청할 수 있다. 이 경우 심사위원회는 임시해제된 사람의 재범의 위험성이 현저하다고 인정될 때에는 임시해제를 취소하여야 한다(제1항).

② **잔여기간 약물치료**: 임시해제가 취소된 사람은 잔여 치료기간 동안 약물치료를 받아야 한다. 이 경우 임시해제기간은 치료기간에 산입하지 아니한다(제2항).

07 치료명령 집행의 종료와 시효

(1) 치료명령 집행의 종료 사유(제20조)

> **[치료명령 집행의 종료 사유]**(제20조)
> 1. 치료기간이 지난 때
> 2. 치료명령과 함께 선고한 형이 사면되어 그 선고의 효력을 상실하게 된 때
> 3. 치료명령이 임시해제된 사람이 그 임시해제가 취소됨이 없이 잔여 치료기간을 지난 때

(2) 치료명령의 시효(제21조)

① **시효완성에 의한 집행면제**: 치료명령을 받은 사람은 그 판결이 확정된 후 집행을 받지 아니하고 함께 선고된 피고사건의 형의 시효 또는 치료감호의 시효가 완성되면 그 집행이 면제된다 (제1항).

② **체포에 의한 시효중단**: 치료명령의 시효는 치료명령을 받은 사람을 체포함으로써 중단된다(제2항). [2014. 9급]

08 성폭력 수형자에 대한 법원의 치료명령 결정

(1) 성폭력 수형자에 대한 치료명령 청구(제22조)

① **치료명령 동의 수형자에 대한 검사의 청구**: 검사는 사람에 대하여 성폭력범죄를 저질러 징역형 이상의 형이 확정되었으나 치료명령이 선고되지 아니한 수형자(성폭력 수형자) 중 성도착증환자로서 성폭력범죄를 다시 범할 위험성이 있다고 인정되고 약물치료를 받는 것을 동의하는 사람에 대하여 그의 주거지 또는 현재지를 관할하는 지방법원에 치료명령을 청구할 수 있다(제1항). [2015. 5급 승진]

② **수형자에 대한 치료명령의 절차**(제2항)

> **PLUS⁺** 수형자에 대한 치료명령의 절차
>
> 1. **교도소장 등의 확인** : 교도소 · 구치소(수용시설)의 장은 가석방 요건을 갖춘 성폭력 수형자에 대하여 약물치료의 내용, 방법, 절차, 효과, 부작용, 비용부담 등에 관하여 충분히 설명하고 동의 여부를 확인하여야 한다.
> 2. **동의자에 대한 통보** : 성폭력 수형자가 약물치료에 동의한 경우 수용시설의 장은 지체 없이 수용시설의 소재지를 관할하는 지방검찰청의 검사에게 인적사항과 교정성적 등 필요한 사항을 통보하여야 한다.
> 3. **검사의 보호관찰소장 조사요청** : 검사는 소속 검찰청 소재지 또는 성폭력 수형자의 주소를 관할하는 보호관찰소의 장에게 성폭력 수형자에 대하여 조사를 요청할 수 있다.
> 4. **2개월 이내 조사보고서 제출** : 보호관찰소의 장은 검사의 요청을 접수한 날부터 2개월 이내에 제5조 제3항의 조사보고서를 제출하여야 한다.
> 5. **검사의 동의확인, 전문의 진단이나 감정을 받아 법원청구** : 검사는 성폭력 수형자에 대하여 약물치료의 내용, 방법, 절차, 효과, 부작용, 비용부담 등에 관하여 설명하고 동의를 확인한 후 정신건강의학과 전문의의 진단이나 감정을 받아 법원에 치료명령을 청구할 수 있다. 이때 검사는 치료명령 청구서에 제7조 제1항 각 호의 사항 외에 치료명령 피청구자의 동의사실을 기재하여야 한다.
> 6. **법원의 결정** : 법원은 치료명령 청구가 이유 있다고 인정하는 때에는 결정으로 치료명령을 고지하고 치료명령을 받은 사람에게 준수사항 기재서면을 송부하여야 한다.

③ **치료기간 15년 제한** : 결정에 따른 치료기간은 15년을 초과할 수 없다(제3항). [2018. 7급] 총 2회 기출

④ 검사는 정신건강의학과 전문의의 진단이나 감정을 위하여 필요한 경우 수용시설의 장에게 성폭력수형자를 치료감호시설 등에 이송하도록 할 수 있다(제4항).

⑵ **치료명령에 대한 항고 · 재항고**

① **7일 이내 고등법원 항고** : 치료명령의 결정(제2항 제6호)이 다음의 어느 하나에 해당하면 결정을 고지받은 날부터 7일 이내에 검사, 성폭력 수형자 본인 또는 그 법정대리인은 고등법원에 항고할 수 있다(제5항).

> **[항고 사유]**
> 1. 해당 결정에 영향을 미칠 법령위반이 있거나 중대한 사실오인이 있는 경우
> 2. 처분이 현저히 부당한 경우

② **원심법원 3일 이내 항고법원 송부** : 항고를 할 때에는 항고장을 원심법원에 제출하여야 하며, 항고장을 제출받은 법원은 3일 이내에 의견서를 첨부하여 기록을 항고법원에 송부하여야 한다(제6항).

③ **항고기각 결정** : 항고법원은 항고 절차가 법률에 위반되거나 항고가 이유 없다고 인정한 경우에는 결정으로써 항고를 기각하여야 한다(제7항).

④ **원결정 파기 또는 이송** : 항고법원은 항고가 이유 있다고 인정한 경우에는 원결정을 파기하고 스스로 결정을 하거나 다른 관할 법원에 이송하여야 한다(제8항).

⑤ **법령위반시 대법원 재항고** : 항고법원의 결정에 대하여는 그 결정이 법령에 위반된 때에만 대법원에 재항고를 할 수 있다(제9항).

⑥ **재항고기간 7일** : 재항고의 제기기간은 항고기각 결정을 고지받은 날부터 7일로 한다(제10항).

⑦ **집행부정지 원칙** : 항고와 재항고는 결정의 집행을 정지하는 효력이 없다(제11항).

(3) 치료명령 결정 수형자의 가석방(제23조)

① **가석방 적격심사 신청** : 수용시설의 장은 치료명령 결정이 확정된 성폭력 수형자에 대하여 법무부령으로 정하는 바(시행규칙 제26조 : 치료명령 결정 사실을 통보받은 수용시설의 장은 통보받은 날부터 1개월 이내에 가석방 적격심사를 신청하여야 한다.)에 따라 가석방심사위원회에 가석방 적격심사를 신청하여야 한다(제1항).

② **필요적 고려** : 가석방심사위원회는 성폭력 수형자의 가석방 적격심사를 할 때에는 치료명령이 결정된 사실을 고려하여야 한다(제2항). [2018. 7급] 총 3회 기출

(4) 치료비용의 자비부담(제24조)

① 치료명령의 결정을 받은 사람은 치료기간 동안 치료비용을 부담하여야 한다. 다만, 치료비용을 부담할 경제력이 없는 사람의 경우에는 국가가 비용을 부담할 수 있다(제1항). [2018. 7급] 총 2회 기출

② 비용부담에 관하여 필요한 사항은 대통령령으로 정한다(제2항).

(5) 석방 전 통보 및 시효의 완성

① **석방 5일 전 통보** : 수용시설의 장은 성폭력 수형자가 석방되기 5일 전까지 그의 주소를 관할하는 보호관찰소의 장에게 그 사실을 통보하여야 한다(제12항). [2015. 5급 승진]

② **사면에 따른 집행의 종료** : 고지된 치료명령은 성폭력 수형자에게 선고된 징역형 이상의 형이 사면되어 그 선고의 효력을 상실하게 된 때에 그 집행이 종료된다(제13항).

③ **10년 경과 시 집행면제** : 치료명령을 받은 사람은 치료명령 결정이 확정된 후 집행을 받지 아니하고 10년이 경과하면 시효가 완성되어 집행이 면제된다(제14항). [2018. 7급]

09 가종료자 등에 대한 치료감호심의위원회의 치료명령 결정

(1) 가종료 등과 치료명령(제25조)

① **치료감호심의위원회의 부과결정** : 치료감호심의위원회는 성폭력범죄자 중 성도착증 환자로서 치료감호의 집행 중 가종료 또는 치료위탁되는 피치료감호자나 보호감호의 집행 중 가출소되는 피보호감호자(가종료자 등)에 대하여 보호관찰 기간의 범위에서 치료명령을 부과할 수 있다(제1항).

② **6개월 이내 진단 또는 감정결과 참작** : 치료감호심의위원회는 치료명령을 부과하는 결정을 할 경우에는 결정일 전 6개월 이내에 실시한 정신건강의학과 전문의의 진단 또는 감정 결과를 반드시 참작하여야 한다(제2항).

③ **결정시 관할 보호관찰소장 통보** : 치료감호심의위원회는 치료명령을 부과하는 결정을 한 경우에는 즉시 가종료자 등의 주거지를 관할하는 보호관찰소의 장에게 통보하여야 한다(제3항).

④ **특별 준수사항의 부과** : 치료감호심의위원회는 치료명령을 부과하는 경우 치료기간의 범위에서 준수기간을 정하여 「보호관찰 등에 관한 법률」 제32조 제3항(특별준수사항) 각 호의 준수사항 중 하나 이상을 부과할 수 있다(제26조).

(2) 치료명령의 집행 등

① **2개월 이내 치료명령 집행** : 보호관찰관은 가종료자 등이 가종료·치료위탁 또는 가출소 되기 전 2개월 이내에 치료명령을 집행하여야 한다. 다만, 치료감호와 형이 병과된 가종료자의 경우 집행할 잔여 형기가 있는 때에는 그 형의 집행이 종료되거나 면제되어 석방되기 전 2개월 이내에 치료명령을 집행하여야 한다(제27조).

② **피치료감호자·피보호감호자**(가종료자 등)**의 치료명령 집행의 종료**(제28조)

> **[치료명령 집행의 종료]**(제28조)
> 1. 치료기간이 지난 때
> 2. 가출소·가종료·치료위탁으로 인한 보호관찰 기간이 경과
> 3. 보호관찰이 종료된 때

(3) 보 칙

① **치료기간의 초일 산입계산** : 치료기간은 최초로 성 호르몬 조절약물을 투여한 날 또는 심리치료 프로그램의 실시를 시작한 날부터 기산하되, 초일은 시간을 계산함이 없이 1일로 산정한다(제30조). [2018. 5급 승진]

② **집행전담 보호관찰관의 지정** : 보호관찰소의 장은 소속 보호관찰관 중에서 다음의 사항을 전담하는 보호관찰관을 지정하여야 한다(제31조).

> **[치료명령 전담보호관찰관 지정]**
> 1. 치료명령을 청구하기 위하여 필요한 치료명령 피청구자에 대한 조사
> 2. 치료명령의 집행
> 3. 치료명령을 받은 사람의 재범방지와 건전한 사회복귀를 위한 치료 등 필요한 조치의 부과
> 4. 그 밖에 치료명령을 받은 사람의 「보호관찰 등에 관한 법률」 등에 따른 준수사항 이행 여부 확인 등 치료명령을 받은 사람에 대한 지도·감독 및 원호

③ **수용시설의 장 등의 협조** : 보호관찰관의 치료명령 집행에 수용시설의 장, 치료감호시설의 장, 보호감호시설의 장은 약물의 제공, 의사·간호사 등 의료인력 지원 등의 협조를 하여야 한다(제32조). [2018. 5급 승진]

■ 비교 · 구분

구 분	치료감호법	전자장치부착법	성충동약물치료법
토지관할	치료감호사건과 동시에 심리하거나 심리할 수 있었던 사건의 관할	부착명령 청구사건과 동시에 심리하는 특정범죄사건의 관할	치료명령 청구사건과 동시에 심리하는 피고사건의 관할
사물관할	지방법원(지원) 합의부	지방법원(지원) 합의부	지방법원(지원) 합의부
청구시기	공소제기한 사건의 항소심 변론종결 시까지	특정범죄사건의 항소심 변론종결 시까지	피고사건의 항소심 변론종결 시까지
전문가 진단	치료감호대상자에 대한 치료감호를 청구할 때에는 정신건강의학과 등의 전문의의 진단이나 감정을 참고하여야 한다. 다만, 정성성고의 경우 정신건강의학과 등의 전문의의 진단이나 감정을 받은 후 치료감호를 청구하여야 한다.	검사는 부착명령을 청구함에 있어서 필요한 경우에는 피의자에 대한 정신감정이나 그 밖에 전문가의 진단 등의 결과를 참고하여야 한다.	검사는 치료명령 청구대상자에 대하여 정신건강의학과 전문의의 진단이나 감정을 받은 후 치료명령을 청구하여야 한다.
법원의 청구 요구	법원은 공소제기된 사건의 심리결과 치료감호를 할 필요가 있다고 인정할 때에는 검사에게 치료감호 청구를 요구할 수 있다.	법원은 공소가 제기된 특정범죄사건을 심리한 결과 부착명령을 선고할 필요가 있다고 인정하는 때에는 검사에게 부착명령의 청구를 요구할 수 있다.	법원은 피고사건의 심리결과 치료명령을 할 필요가 있다고 인정하는 때에는 검사에게 치료명령의 청구를 요구할 수 있다.
청구 시효	① 치료감호 청구의 시효는 치료감호가 청구된 사건과 동시에 심리하거나 심리할 수 있었던 죄에 대한 공소시효기간이 지나면 완성된다. ② 치료감호가 청구된 사건은 판결의 확정 없이 치료감호가 청구되었을 때부터 15년이 지나면 청구의 시효가 완성된 것으로 본다.	특정범죄사건에 대하여 판결의 확정 없이 공소가 제기된 때부터 15년이 경과한 경우에는 부착명령을 청구할 수 없다.	피고사건에 대하여 판결의 확정 없이 공소가 제기되거나 치료감호가 독립청구된 때부터 15년이 지나면 치료명령을 청구할 수 없다.
시 효	피치료감호자는 그 판결이 확정된 후 집행을 받지 아니하고 10년(제2조 제1항 제1호 및 제3호에 해당하는 자), 7년(제2조 제1항 제2호에 해당하는 자)이 지나면 시효가 완성되어 집행이 면제된다.	피부착명령자는 그 판결이 확정된 후 집행을 받지 아니하고 함께 선고된 특정범죄사건의 형의 시효가 완성되면 그 집행이 면제된다.	피부착명령자는 그 판결이 확정된 후 집행을 받지 아니하고 함께 선고된 특정범죄사건의 형의 시효가 완성되면 그 집행이 면제된다.
판 결	피고사건의 판결과 동시 선고	특정범죄사건의 판결과 동시 선고	피고사건의 판결과 동시 선고
임시해제 (가종료)	[치료감호심의위원회] 치료감호 집행을 시작한 후 매 6개월마다 치료감호의 종료 또는 가종료 여부를 심사 · 결정하고, 가종료 또는 치료위탁된 피치료감호자에 대하여는 가종료 또는 치료위탁 후 매 6개월마다 종료 여부를 심사 · 결정한다.	[보호관찰심사위원회] 임시해제 신청은 부착명령의 집행이 개시된 날부터 3개월이 경과한 후에 하여야 한다. 신청이 기각된 경우에는 기각된 날부터 3개월이 경과한 후에 다시 신청할 수 있다.	[보호관찰심사위원회] 임시해제 신청은 치료명령의 집행이 개시된 날부터 6개월이 지난 후에 하여야 한다. 신청이 기각된 경우에는 기각된 날부터 6개월이 지난 후에 다시 신청할 수 있다.

최신 기출로 확인하기

1. 「성폭력범죄자의 성충동 약물치료에 관한 법률」상 성폭력 수형자의 치료명령 청구 및 가석방에 대한 설명으로 옳지 않은 것은?
2022. 7급

① 교도소·구치소의 장은 가석방 요건을 갖춘 성폭력 수형자에 대하여 약물치료의 내용, 방법, 절차, 효과, 부작용, 비용부담 등에 관하여 충분히 설명하고 동의 여부를 확인하여야 한다.

② 가석방 요건을 갖춘 성폭력 수형자가 약물치료에 동의한 경우 수용시설의 장은 지체 없이 수용시설의 소재지를 관할하는 지방검찰청의 검사에게 인적사항과 교정성적 등 필요한 사항을 통보하여야 한다.

③ 수용시설의 장은 법원의 치료명령 결정이 확정된 성폭력 수형자에 대하여 가석방심사위원회에 가석방 적격심사를 신청하여야 한다.

④ 검사는 성폭력 수형자의 주거지 또는 소속 검찰청 소재지를 관할하는 교도소·구치소의 장에게 범죄의 동기 등 성폭력 수형자에 관하여 필요한 사항의 조사를 요청할 수 있다.

2. 성충동약물치료법에 대한 내용으로 옳지 않은 것은?
2021. 9급

① 치료명령은 검사의 지휘를 받아 보호관찰관이 집행한다.

② 치료명령을 받은 사람은 형의 집행이 종료되거나 면제·가석방 또는 치료감호의 집행이 종료·가종료 또는 치료위탁되는 날부터 7일 이내에 주거지를 관할하는 보호관찰소에 출석하여 서면으로 신고하여야 한다.

③ 치료명령의 집행 중 구속영장의 집행을 받아 구금된 때에는 치료명령의 집행이 정지된다.

④ 치료기간은 연장될 수 있지만, 종전의 치료기간을 합산하여 15년을 초과할 수 없다.

3. 「성폭력범죄자의 성충동 약물치료에 관한 법률」상 치료명령의 집행에 대한 설명으로 옳지 않은 것은?
2024. 보호 9급

① 치료명령은 범죄예방정책국장의 지휘를 받아 보호관찰관이 집행한다.

② 치료명령을 받은 사람은 주거 이전 또는 7일 이상 국내여행을 하거나 출국할 때에는 미리 보호관찰관의 허가를 받아야 한다.

③ 치료명령을 받은 사람이 형의 집행이 종료되거나 면제·가석방 또는 치료감호의 집행이 종료·가종료 또는 치료위탁으로 석방되는 경우, 보호관찰관은 석방되기 전 2개월 이내에 치료명령을 받은 사람에게 치료명령을 집행하여야 한다.

④ 치료명령의 집행 중 구속영장의 집행을 받아 구금된 때에는 치료명령의 집행이 정지되며, 이 경우 구금이 해제되거나 금고 이상의 형의 집행을 받지 아니하는 것으로 확정된 때부터 그 잔여기간을 집행한다.

4. 「성폭력범죄자의 성충동 약물치료에 관한 법률」상 성충동 약물치료에 대한 설명으로 옳지 않은 것은?

2022. 보호 7급

① 법원은 성충동 약물치료명령 청구가 이유 있다고 인정하는 때에는 15년의 범위에서 치료기간을 정하여 판결로 치료명령을 선고하여야 한다.
② 성충동 약물치료명령의 대상은 사람에 대하여 성폭력범죄를 저지른 성도착증 환자로서, 성폭력범죄를 다시 범할 위험성이 있다고 인정되는 19세 이상의 사람이다.
③ 성충동 약물치료명령 청구는 검사가 하며, 성충동 약물치료명령 청구대상자에 대하여 정신건강의학과 전문의의 진단이나 감정을 받은 후 치료명령을 청구하여야 한다.
④ 징역형과 함께 성충동 약물치료명령을 받은 사람이 치료감호의 집행 중인 경우, 치료명령 대상자 및 그 법정대리인은 치료명령이 집행될 필요가 없을 정도로 개선되어 성폭력범죄를 다시 범할 위험성이 없음을 이유로, 주거지 또는 현재지를 관할하는 지방법원에 치료명령의 집행 면제를 신청할 수 있다.

🔍 정답 1. ④ 2. ② 3. ① 4. ④

제5절 스토킹범죄의 처벌 등에 관한 법률

01 스토킹 행위 등 정의

(1) 스토킹 행위 [2023. 보호 7급]

상대방의 의사에 반(反)하여 정당한 이유 없이 다음의 어느 하나에 해당하는 행위를 하여 상대방에게 불안감 또는 공포심을 일으키는 것을 말한다(제2조 제1호).

[스토킹 행위]
1. 상대방 또는 그의 동거인, 가족(상대방 등)에게 접근하거나 따라다니거나 진로를 막아서는 행위
2. 상대방 등의 주거, 직장, 학교, 그 밖에 일상적으로 생활하는 장소(주거 등) 또는 그 부근에서 기다리거나 지켜보는 행위
3. 상대방 등에게 우편·전화·팩스 또는 「정보통신망법」 제2조 제1항 제1호의 정보통신망을 이용하여 물건이나 글·말·부호·음향·그림·영상·화상(물건 등)을 도달하게 하거나 정보통신망을 이용하는 프로그램 또는 전화의 기능에 의하여 글·말·부호·음향·그림·영상·화상이 상대방 등에게 나타나게 하는 행위
4. 상대방 등에게 직접 또는 제3자를 통하여 물건 등을 도달하게 하거나 주거 등 또는 그 부근에 물건 등을 두는 행위
5. 상대방 등의 주거 등 또는 그 부근에 놓여져 있는 물건 등을 훼손하는 행위
6. 다음의 어느 하나에 해당하는 상대방 등의 정보를 정보통신망을 이용하여 제3자에게 제공, 배포 또는 게시행위

   1. 「개인정보 보호법」 제2조 제1호의 개인정보
   2. 「위치정보보호법」 제2조 제2호의 개인위치정보
   3. 1 또는 2의 정보를 편집·합성 또는 가공한 정보(해당 정보주체를 식별할 수 있는 경우로 한정)

7. 정보통신망을 통하여 상대방 등의 이름, 명칭, 사진, 영상 또는 신분에 관한 정보를 이용하여 자신이 상대방 등인 것처럼 가장하는 행위

(2) 스토킹 범죄

지속적 또는 반복적으로 스토킹행위를 하는 것을 말한다(제2조 제2호).

(3) 피해자

스토킹범죄로 직접적인 피해를 입은 사람을 말한다(제2조 제3호).

(4) 피해자 등

피해자 및 스토킹행위의 상대방을 말한다(제2조 제4호).

02 스토킹행위 신고 등에 대한 현장응급조치와 긴급응급조치

(1) 사법경찰관리의 현장응급조치(제3조) [2024. 보호 9급]

사법경찰관리는 진행 중인 스토킹행위에 대하여 신고를 받은 경우 즉시 현장에 나가 다음 각 호의 조치를 하여야 한다.

> 1. 스토킹행위의 제지, 향후 스토킹행위의 중단 통보 및 스토킹행위를 지속적 또는 반복적으로 할 경우 처벌 서면경고
> 2. 스토킹행위자와 피해자 등의 분리 및 범죄수사
> 3. 피해자 등에 대한 긴급응급조치 및 잠정조치 요청의 절차 등 안내
> 4. 스토킹 피해 관련 상담소 또는 보호시설로의 피해자 등 인도(피해자 등이 동의한 경우)

(2) 사법경찰관의 긴급응급조치(제4조 − 제6조) : 사법경찰관(긴급응급조치결정서 작성 사후승인 청구신청)
⇨ 검사(48시간 이내 사후승인 청구) ⇨ 지방법원판사(승인)

① 사법경찰관은 신고와 관련, 스토킹행위가 지속적 또는 반복적으로 행하여질 우려가 있고 스토킹범죄의 예방을 위하여 긴급을 요하는 경우 스토킹행위자에게 직권 또는 스토킹행위의 상대방이나 그 법정대리인 또는 스토킹행위를 신고한 사람의 요청에 의하여 다음 각 호의 조치를 할 수 있다(제4조 제1항). [2024. 보호 9급]

> 1. 스토킹행위의 상대방 등(상대방, 동거인, 가족)이나 그 주거 등으로부터 100미터 이내의 접근 금지
> 2. 스토킹행위의 상대방 등에 대한 「전기통신기본법」 제2조 제1호의 전기통신을 이용한 접근 금지

② 긴급응급조치결정서(스토킹행위의 요지, 긴급응급조치가 필요한 사유, 긴급응급조치의 내용 등 포함)를 즉시 작성하여야 한다(제4조 제2항).

③ 사법경찰관은 긴급응급조치를 하였을 때에는 지체 없이 검사에게 해당 긴급응급조치에 대한 사후승인을 지방법원 판사에게 청구하여 줄 것을 신청하여야 한다(제5조 제1항).

④ 제1항의 신청을 받은 검사는 긴급응급조치가 있었던 때부터 48시간 이내에 지방법원 판사에게 해당 긴급응급조치에 대한 사후승인을 청구한다. 이 경우 제4조 제2항에 따라 작성된 긴급응급조치결정서를 첨부하여야 한다(제5조 제2항).

⑤ 지방법원 판사는 스토킹행위가 지속적 또는 반복적으로 행하여지는 것을 예방하기 위하여 필요하다고 인정하는 경우에는 제2항에 따라 청구된 긴급응급조치를 승인할 수 있다(제5조 제3항).

⑥ 사법경찰관은 검사가 제2항에 따라 긴급응급조치에 대한 사후승인을 청구하지 아니하거나 지방법원 판사가 제2항의 청구에 대하여 사후승인을 하지 아니한 때에는 즉시 그 긴급응급조치를 취소하여야 한다(제5조 제4항).

⑦ 긴급응급조치기간은 1개월을 초과할 수 없다(제5조 제5항).

⑧ 사법경찰관은 긴급응급조치를 하는 경우에는 스토킹행위의 상대방 등이나 그 법정대리인에게 통지하여야 하고, 긴급응급조치대상자에게 조치의 내용 및 불복방법 등을 고지하여야 한다(제6조 제1항, 제2항).

(3) 응급조치의 변경 등(제7조)

① 긴급응급조치대상자나 그 법정대리인은 긴급응급조치의 취소 또는 그 종류의 변경을 사법경찰관에게 신청할 수 있다(제1항).

② 스토킹행위의 상대방 등이나 그 법정대리인은 제4조 제1항 제1호의 긴급응급조치가 있은 후 스토킹행위의 상대방 등이 주거 등을 옮긴 경우에는 사법경찰관에게 긴급응급조치의 변경을 신청할 수 있다(제2항).

③ 스토킹행위의 상대방이나 그 법정대리인은 긴급응급조치가 필요하지 아니한 경우에는 사법경찰관에게 해당 긴급응급조치의 취소를 신청할 수 있다(제3항).

④ 사법경찰관은 정당한 이유가 있다고 인정하는 경우에는 직권으로 또는 제1항부터 제3항까지의 규정에 따른 신청에 의하여 해당 긴급응급조치를 취소할 수 있고, 지방법원 판사의 승인을 받아 긴급응급조치의 종류를 변경할 수 있다(제4항).

⑤ 사법경찰관은 제4항에 따라 긴급응급조치를 취소하거나 그 종류를 변경하였을 때에는 스토킹행위의 상대방 등 및 긴급응급조치대상자 등에게 다음 각 호의 구분에 따라 통지 또는 고지하여야 한다(제5항).

1. 스토킹행위의 상대방 등이나 그 법정대리인 : 취소 또는 변경의 취지 통지
2. 긴급응급조치대상자 : 취소 또는 변경된 조치의 내용 및 불복방법 등 고지

⑥ 긴급응급조치(제4항에 따라 그 종류를 변경한 경우 포함)는 다음 각 호의 어느 하나에 해당하는 때에 그 효력을 상실한다(제6항).

[긴급응급조치 효력 상실]

1. 긴급응급조치에서 정한 기간이 지난 때
2. 법원이 긴급응급조치대상자에게 다음 각 목의 결정을 한 때(스토킹행위의 상대방과 같은 사람을 피해자로 하는 경우로 한정한다)

　가. 제4조 제1항 제1호의 긴급응급조치(100m 이내 접근금지)에 따른 스토킹행위의 상대방 등과 같은 사람을 피해자 또는 그의 동거인, 가족으로 하는 제9조 제1항 제2호에 따른 조치(100m 이내 접근금지)의 결정

　나. 제4조 제1항 제1호의 긴급응급조치(100m 이내 접근금지)에 따른 주거 등과 같은 장소를 피해자 또는 그의 동거인, 가족의 주거 등으로 하는 제9조 제1항 제2호에 따른 조치(100m 이내 접근금지)의 결정

　다. 제4조 제1항 제2호의 긴급응급조치(전기통신을 이용한 접근금지)에 따른 스토킹행위의 상대방 등과 같은 사람을 피해자 또는 그의 동거인, 가족으로 하는 제9조 제1항 제3호(전기통신을 이용한 접근금지)에 따른 조치의 결정

03　검사의 잠정조치 청구(제8조)

검사(직권 또는 사법경찰관 신청에 따라 잠정조치 청구/피해자 또는 그 법정대리인 검사 또는 사경에 잠정조치 청구 또는 신청을 요청하거나 의견진술 가능) ⇨ 법원(잠정조치 결정)

① 검사는 스토킹범죄가 재발될 우려가 있다고 인정하면 직권 또는 사법경찰관의 신청에 따라 법원에 제9조 제1항 각 호의 조치를 청구할 수 있다(제1항).

② 피해자 또는 그 법정대리인은 검사 또는 사법경찰관에게 제1항에 따른 조치의 청구 또는 그 신청을 요청하거나, 이에 관하여 의견을 진술할 수 있다(제2항).

③ 사법경찰관은 제2항에 따른 신청 요청을 받고도 제1항에 따른 신청을 하지 아니하는 경우에는 검사에게 그 사유를 보고하여야 하고, 피해자 또는 그 법정대리인에게 그 사실을 지체 없이 알려야 한다(제3항).

④ 검사는 제2항에 따른 청구 요청을 받고도 제1항에 따른 청구를 하지 아니하는 경우에는 피해자 또는 그 법정대리인에게 그 사실을 지체 없이 알려야 한다(제4항).

04　법원의 스토킹행위자에 대한 잠정조치

(1) 잠정조치(제9조)

① 법원은 스토킹범죄의 원활한 조사·심리 또는 피해자 보호를 위하여 필요하다고 인정하는 경우에는 결정으로 스토킹행위자에게 다음 각 호의 어느 하나에 해당하는 조치(잠정조치)를 할 수 있다(제1항). [2024. 보호 9급]

② 제1항 각 호의 잠정조치는 병과(倂科)할 수 있다(제2항).

1. 피해자에 대한 스토킹범죄 중단에 관한 서면 경고	
2. 피해자 또는 그의 동거인, 가족이나 그 주거 등으로부터 100미터 이내의 접근 금지	• 3개월 초과 × • 2차례에 한정하여 각 3개월 범위에서 연장가능
3. 피해자 또는 그의 동거인, 가족에 대한 「전기통신기본법」 제2조 제1호의 전기통신을 이용한 접근 금지	
3의2. 「전자장치 부착법」 제2조 제4호의 위치추적 전자장치의 부착 　　(효용해치는 행위 금지)	
4. 국가경찰관서의 유치장 또는 구치소에의 유치	• 변호인 선임, 항고 고지 • 1개월 초과 ×

③ 법원은 제1항 제3호의2 또는 제4호의 조치에 관한 결정을 하기 전 잠정조치의 사유를 판단하기 위하여 필요하다고 인정하는 때에는 검사, 스토킹행위자, 피해자, 기타 참고인으로부터 의견을 들을 수 있다(제3항).

④ 제1항 제3호의2에 따라 전자장치가 부착된 사람은 잠정조치기간 중 전자장치의 효용을 해치는 행위를 하여서는 아니된다(전자장치 임의분리나 손상, 전파방해나 수신자료변조, 전자장치 효용을 해치는 행위)(제4항).

⑤ 법원은 잠정조치를 결정한 경우에는 검사와 피해자 또는 그의 동거인, 가족, 그 법정대리인에게 통지하여야 한다(제5항).

⑥ 법원은 제1항 제4호에 따른 잠정조치를 한 경우에는 스토킹행위자에게 변호인을 선임할 수 있다는 것과 제12조에 따라 항고할 수 있다는 것을 고지하고, 다음 각 호의 구분에 따른 사람에게 해당 잠정조치를 한 사실을 통지하여야 한다(제6항).

1. 스토킹행위자에게 변호인이 있는 경우 : 변호인
2. 스토킹행위자에게 변호인이 없는 경우 : 법정대리인 또는 스토킹행위자가 지정하는 사람

⑦ 제1항 제2호·제3호 및 제3호의2에 따른 잠정조치기간은 3개월, 제4호에 따른 잠정조치기간은 1개월을 초과할 수 없다. 다만, 법원은 피해자의 보호를 위하여 그 기간을 연장할 필요가 있다고 인정하는 경우에는 결정으로 제1항 제2호·제3호 및 제3호의2에 따른 잠정조치에 대하여 두 차례에 한정하여 각 3개월의 범위에서 연장할 수 있다(제7항).

(2) 잠정조치의 집행 등(제10조)

① 법원은 잠정조치 결정을 한 경우에는 법원공무원, 사법경찰관리, 구치소 소속 교정직공무원 또는 보호관찰관으로 하여금 집행하게 할 수 있다(제1항).

② 제1항에 따라 잠정조치 결정을 집행하는 사람은 스토킹행위자에게 잠정조치의 내용, 불복방법 등을 고지하여야 한다(제2항).

③ 피해자 또는 그의 동거인, 가족, 그 법정대리인은 제9조 제1항 제2호(100m 이내 접근금지)의 잠정조치 결정이 있은 후 피해자 또는 그의 동거인, 가족이 주거 등을 옮긴 경우에는 법원에 잠정조치 결정의 변경을 신청할 수 있다(제3항).

④ 제3항의 신청에 따른 변경 결정의 스토킹행위자에 대한 고지에 관하여는 제2항을 준용한다(제4항).

⑤ 제1항부터 제4항까지에서 규정한 사항 외에 제9조 제1항 제3호의2(전자부착)에 따른 잠정조치 결정의 집행 등에 관하여는 「전자장치 부착 등에 관한 법률」 제5장의2에 따른다(제5항).

(3) 잠정조치의 변경과 효력의 상실(제11조)

스토킹행위자나 그 법정대리인의 신청	결정의 취소 또는 종류의 변경신청
검사직권 또는 사법경찰관 신청에 의한 검사의 청구	기간연장, 종류변경, 취소청구가능

① 스토킹행위자나 그 법정대리인은 잠정조치 결정의 취소 또는 그 종류의 변경을 법원에 신청할 수 있다(제1항).

② 검사는 수사 또는 공판과정에서 잠정조치가 계속 필요하다고 인정하는 경우에는 직권이나 사법경찰관의 신청에 따라 법원에 해당 잠정조치기간의 연장 또는 그 종류의 변경을 청구할 수 있고, 잠정조치가 필요하지 아니하다고 인정하는 경우에는 직권이나 사법경찰관의 신청에 따라 법원에 해당 잠정조치의 취소를 청구할 수 있다(제2항).

③ 법원은 정당한 이유가 있다고 인정하는 경우에는 직권 또는 제1항의 신청이나 제2항의 청구에 의하여 결정으로 해당 잠정조치의 취소, 기간의 연장 또는 그 종류의 변경을 할 수 있다(제3항).

④ 법원은 제3항에 따라 잠정조치의 취소, 기간의 연장 또는 그 종류의 변경을 하였을 때에는 검사와 피해자 및 스토킹행위자 등에게 다음 각 호의 구분에 따라 통지 또는 고지하여야 한다(제4항).

> 1. 검사, 피해자 또는 그의 동거인, 가족, 그 법정대리인 : 취소, 연장 또는 변경의 취지 통지
> 2. 스토킹행위자 : 취소, 연장 또는 변경된 조치의 내용 및 불복방법 등 고지
> 3. 제9조 제6항 각 호의 구분에 따른 사람 : 제9조 제1항 제4호에 따른 잠정조치를 한 사실

⑤ 잠정조치 결정(제3항에 따라 잠정조치기간을 연장하거나 그 종류를 변경하는 결정 포함, 이하 제12조 및 제14조에서 같다)은 스토킹행위자에 대해 검사가 불기소처분을 한 때 또는 사법경찰관이 불송치결정을 한 때에 그 효력을 상실한다(제5항).

05 항고와 재항고

(1) 항고(제12조 – 제14조)

① 검사, 스토킹행위자 또는 그 법정대리인은 긴급응급조치 또는 잠정조치에 대한 결정이 다음 각 호의 어느 하나에 해당하는 경우에는 항고할 수 있다(제12조 제1항).

> 1. 해당 결정에 영향을 미친 법령의 위반이 있거나 중대한 사실의 오인이 있는 경우
> 2. 해당 결정이 현저히 부당한 경우

② 제1항에 따른 항고는 그 결정을 고지받은 날부터 7일 이내에 하여야 한다(제12조 제2항).

③ 항고를 할 때에는 원심법원에 항고장을 제출하여야 한다(제13조 제1항).

④ 항고장을 받은 법원은 3일 이내에 의견서를 첨부하여 기록을 항고법원에 보내야 한다(제13조 제2항).

⑤ 항고법원은 항고의 절차가 법률에 위반되거나 항고가 이유 없다고 인정하는 경우에는 결정으로 항고를 기각(棄却)하여야 한다(제14조 제1항).

⑥ 항고법원은 항고가 이유 있다고 인정하는 경우에는 원결정(原決定)을 취소하고 사건을 원심법원에 환송하거나 다른 관할법원에 이송하여야 한다. 다만, 환송 또는 이송하기에 급박하거나 그 밖에 필요하다고 인정할 때에는 원결정을 파기하고 스스로 적절한 잠정조치 결정을 할 수 있다(제14조 제2항).

(2) 재항고(제15조)

① 항고의 기각 결정에 대해서는 그 결정이 법령에 위반된 경우에만 대법원에 재항고를 할 수 있다(제1항).

② 제1항에 따른 재항고의 기간, 재항고장의 제출 및 재항고의 재판에 관하여는 제12조 제2항(7일 이내), 제13조(원심법원 제출) 및 제14조(대법원 결정)를 준용한다(제2항).

(3) 집행 부정지원칙(제16조)

항고와 재항고는 결정의 집행을 정지하는 효력이 없다.

06 형벌과 벌칙

(1) 형벌 : 스토킹 범죄를 저지른 사람(제18조)

스토킹범죄를 저지른 사람	3년 이하 징역 또는 3천만원 이하 벌금
흉기 또는 그 밖의 위험한 물건을 휴대하거나 이용하여 스토킹범죄를 저지른 사람	5년 이하 징역 또는 5천만원 이하 벌금

(2) 형벌과 수강명령·이수명령 병과(제19조)

① 법원은 스토킹범죄를 저지른 사람에 대하여 유죄판결(선고유예는 제외)을 선고하거나 약식명령을 고지하는 경우에는 200시간의 범위에서 다음 구분에 따라 재범 예방에 필요한 수강명령(「보호관찰 등에 관한 법률」에 따른 수강명령) 또는 스토킹 치료프로그램의 이수명령(이수명령)을 병과할 수 있다(제1항). [2023. 보호 7급]

② 법원은 스토킹범죄를 저지른 사람에 대하여 형의 집행을 유예하는 경우에는 제1항에 따른 수강명령 외에 그 집행유예기간 내에서 보호관찰 또는 사회봉사 중 하나 이상의 처분을 병과할 수 있다(제2항).

📁 스토킹처벌법상 수강명령과 이수명령

구 분	수강명령	이수명령
대 상	형의 집행을 유예할 경우에 그 집행유예기간 내에서 병과	벌금형 또는 징역형의 실형을 선고하거나 약식명령을 고지할 경우에 병과
내 용	1. 스토킹 행동의 진단·상담 2. 건전한 사회질서와 인권에 관한 교육 3. 그 밖에 스토킹범죄를 저지른 사람의 재범 예방을 위하여 필요한 사항	
집행 기간	1. 형의 집행을 유예할 경우 : 그 집행유예기간 내 2. 벌금형을 선고하거나 약식명령을 고지할 경우 : 형 확정일부터 6개월 이내 [2023. 보호 7급] 3. 징역형의 실형을 선고할 경우 : 형기 내	
집행 기관	수강명령 또는 이수명령이 벌금형 또는 형의 집행유예와 병과된 경우	보호관찰소장이 집행
	징역형의 실형과 병과된 경우	교정시설의 장이 집행
	다만, 징역형의 실형과 병과된 이수명령을 모두 이행하기 전에 석방 또는 가석방되거나 미결구금일수 산입 등의 사유로 형을 집행할 수 없게 된 경우에는 보호관찰소의 장이 남은 이수명령을 집행한다.	
준 용	이 법 외의 내용은 보호관찰법 준용	

(3) 기타벌칙(제20조)

1. 제9조 제4항을 위반하여 전자장치의 효용을 해치는 행위를 한 사람 2. 제17조의3 제1항을 위반하여 피해자 등을 특정하여 파악할 수 있게 하는 정보 또는 피해자 등의 사생활에 관한 비밀을 공개·누설한 사람 3. 제17조의3 제2항을 위반하여 피해자 등을 특정하여 파악할 수 있게 하는 정보를 신문 등 인쇄물에 싣거나 「방송법」 제2조 제1호에 따른 방송 또는 정보통신망을 통하여 공개한 사람	3년 이하의 징역 또는 3천만원 이하의 벌금에 처한다.
제9조 제1항 제2호 또는 제3호의 잠정조치를 이행하지 아니한 사람	2년 이하의 징역 또는 2천만원 이하의 벌금에 처한다.
③ 긴급응급조치(검사가 제5조 제2항에 따른 긴급응급조치에 대한 사후승인을 청구하지 아니하거나 지방법원 판사가 같은 조 제3항에 따른 승인을 하지 아니한 경우는 제외)를 이행하지 아니한 사람	1년 이하의 징역 또는 1천만원 이하의 벌금에 처한다.
④ 제19조 제1항에 따라 이수명령을 부과받은 후 정당한 사유 없이 보호관찰소의 장 또는 교정시설의 장의 이수명령 이행에 관한 지시에 따르지 아니하여 「보호관찰 등에 관한 법률」 또는 「형의 집행 및 수용자의 처우에 관한 법률」에 따른 경고를 받은 후 다시 정당한 사유 없이 이수명령 이행에 관한 지시를 따르지 아니한 경우	1. 벌금형과 병과된 경우에는 500만원 이하의 벌금에 처한다. 2. 징역형의 실형과 병과된 경우에는 1년 이하의 징역 또는 1천만원 이하의 벌금에 처한다.

(4) 기타규정

① 스토킹피해자 전담조사관제(제17조)

② 피해자 등 스토킹범죄를 신고한 사람에 대한 신변안전조치(제17조의2)

③ 피해자 등의 신원과 사생활 비밀 누설 금지(제17조의3)

④ **피해자에 대한 변호사 선임의 특례** : 피해자 및 그 법정대리인은 변호사를 선임할 수 있고, 변호사는 조사에 참여하여 의견진술 가능, 조사 도중에는 검사 또는 사경의 승인을 받아 의견진술 가능(제17조의4)

스토킹 범죄 이론

1. 스토킹의 유형

(1) 가해자−피해자 관계의 유형학

① 가장 대표적인 스토킹 유형학은 조나(Zona), 팔라레아(Palarea), 레인(Lane)에 의해 제시된 가해자−피해자 관계의 유형학(The Offender−Victim Typology)이다.

② 이 분류법은 미국의 전국범죄피해자센터(The National Center for Victims of Crime)에서 사용하고 있는데, 스토킹의 4가지 유형은 단순 집착형(Simple obessional type), 애정 집착형(Love obessional type), 연애 망상형(Erotomanic type), 허위 피해 망상형(False victimational syndrome)이 있다. [2024. 경간부 범죄학]

유 형	내 용
단순 집착형	㉠ 전남편, 전처, 전 애인 등 주로 피해자와 스토커가 서로 잘 알고 있는 관계에서 많이 발생되며, 가장 흔한 유형이면서도 가장 위험하고 치명적인 사건들도 이러한 유형에서 나타난다. [2024. 경간부 범죄학] ㉡ 이러한 유형의 스토킹은 '가정 내 폭력'의 연장선장에서 이루어진다. ㉢ 대부분 피해자가 관계를 끊으려 할 때 발생하며 스토커의 과도한 집착으로 인해 기물을 파손하거나 최후에 신체적 위해를 가하기도 한다. ㉣ 스토커는 자신의 애인, 아내나 파트너를 지배하고 위협함으로써 자신의 낮은 자긍심을 보상하려는 특징을 보인다. ㉤ 행위 동기는 관계를 회복하기 위한 것 또는 복수를 위해 단순히 괴롭히고자 하는 데 있다. ㉥ 단순히 안면관계로 직장에서도 종종 발생된다. 대표적인 형태는 호감 있는 직장동료에게 친밀한 관계를 만들려는 시도가 좌절되었을 때 발생한다.
애정 집착형	㉠ 피해자와 스토커 사이에 기존에 특별한 교류가 없어 서로 잘 모르는 관계에서 발생하는 유형이다. [2024. 경간부 범죄학] ㉡ 주된 피해자들은 대중매체 등에 노출된 사회저명인사·공인·스타들로, 스토커는 대중매체를 통해서 피해자를 인지한다. ㉢ 스토커들은 대부분 정신분열증과 양극성장애를 겪고 있기 때문에 정상적인 사회생활을 할 수 없는 경우가 많다. ㉣ 스토킹의 개시형태는 주로 전화를 걸어 데이트를 신청하며, 거절이 되면 점차 화를 내거나 위협적인 언행을 행사하지만, 대부분 단순 집착형에 비해서 피해자에 대한 직접적인 피해는 적은 편이다. [2024. 경간부 범죄학]
연애 망상형	㉠ 자신이 피해자에 의해 사랑을 받고 있다는 환상을 가지고 있다는 점에서 애정 집착형과 구별된다. ㉡ 타인의 성적인 매력보다는 타인과 자신 사이에 낭만적 사랑과 영적 결합이 있다고 망상하는 데서 주로 발생한다. ㉢ 스토커들은 주로 정신분열증과 편집증을 가지고 있으며, 통상의 방법으로 타인과 관계를 맺지 못하여 타인과 환상적 관계를 상상하여 그 속에서 살아간다. ㉣ 중요한 특징은 스토커의 대부분이 여성이라는 사실로, 높은 사회적 지위를 지닌 중년 남성을 주요 대상으로 삼는다는 점이다. 그런 이유로 해결책을 구하기가 더욱 어렵다. ㉤ 스토커들은 피해자와 관계를 맺기 위해서 매우 폭력적 성향을 띠지만, 실제 신체적 위해를 가하는 경우는 적은 편이다.
허위 피해 망상형	㉠ 실제 스토커가 존재하지 않음에도 불구하고, 피해자 스스로 자신이 스토킹 피해를 당하고 있다는 허위상황을 설정하여 발전시키는 유형이다. [2024. 경간부 범죄학] ㉡ 이러한 허위 피해망상을 갖는 피해자들은 주로 히스테릭한 인지부조화 상태에 있는 경우가 많고, 대부분 여성들이며, 이전의 관계를 회복하고자 하는 바람에서 그 동기를 찾을 수 있다.

PART 04

(2) 스토킹 동기에 따른 유형 분류(스토킹이 무엇을 목표로 하는가에 따른 분류)

유 형	내 용
연애형 또는 복수형 스토킹	① 가장 많이 발생하는 스토킹 유형이다. ② 연애관계가 동반되거나, 직장 또는 학교에서의 왕따, 부조리한 해고, 증오 등에 의하여 발생한 '긴장상태'를 발단으로 하여 그 보복 또는 복수의 수단으로 쓸데없는 전화, 주거 오손, 파괴 등을 행한다. ③ 매우 질서적이고, 계획성이 있으며 행위에 가감이 보인다. 따라서 차근히 생각해보면 반드시 스토커가 누구인지 알 수 있다. ④ 스토커에게 정신적 혹은 기질적인 문제(증상)는 거의 보이지 않는다. 따라서 제3자에 의한 적극적인 가해자 접촉이 가능하다. ⑤ 원인이 되는 사상이 판별되더라도 피해자 자신은 자신의 책임을 완강히 부정하는 경향이 매우 강하므로 피해자와 스토커의 직접적 접촉은 바람직하지 않다. ⑥ 쌍방 모두 감정적인 주장으로 가득 차 있으므로 중도적 입장에 있는 제3자를 개재시켜 차분한 화해교섭을 통해서만 해결이 가능하다. 어느 한 쪽을 두둔하는 조정자는 곤란하다. ⑦ 만일 이 유형의 스토커가 형사사건으로 입건될 경우 법정에서는 주변인물이나 검찰관조차 알지 못한 피해자의 중과실이 폭로되어 피해의 손해가 크게 확대될 가능성이 있으므로 공권력 이용은 신중을 기하여야 한다.
망상형 스토킹	① 흔히 가장 대표적인 유형이면서도 가장 발생빈도가 적은 스토킹 유형이다. ② 가해자에게는 인지장애, 기질적 편차, 뇌파 이상 등이 의사에 의한 검사단계에서 확인된다. ③ 연령적 경향은 정신의학에 의하면 남녀를 불문하고 30세경부터 망상분열에 기인하는 스토킹이 산발적으로 발견된다고 한다. ④ 이 유형은 2~3개월에 걸쳐 서서히 증가하다가 갑자기 스토킹 행위 자체가 소멸된다. ⑤ 행위가 무질서하고 가감이 없으며, 변덕이 심해 3일 이상의 정지기간이 들어 있다. ⑥ 스토커는 정상적인 정신상태가 아니므로 문외한에 의한 문제해결은 곤란하다. 경찰에 신고함과 동시에 변호사와 상담하여야 한다. ⑦ 연애형 또는 복수형 스토킹과 달리 투약치료에 의하여 완치할 가능성이 높아 한번 지정병원에 입원하면 퇴원 후의 보복가능성은 대개 낮아진다. ⑧ 연애형 또는 복수형 스토킹은 지적인 정당성을 갖고 있기 때문에 망상형 스토킹과 혼동하여 처리해서는 안 된다. 이 경우 치명적인 피해의 확대로 직결될 가능성이 있기 때문이다. 즉 연애형 또는 복수형 스토킹의 가해자를 병원에 입원시키는 등에 의하여 일종의 심신미약을 이유로 한 살인특권을 부여할 수도 있는 것이다.
탤런트 스토킹	① 망상형 스토킹과 혼동하기 쉬운 스토킹 유형이지만, '유동적인 망상'과 '확신적 희망'이 명확히 분리되어 있는 점에서 양자는 다르다. ② 탤런트 스토킹이라면 유명 연예인만을 피해자로 생각하기 쉬우나, 여기서 탤런트의 의미는 '희소적 존재'로 해석해야 한다. 따라서 직장이나 동호회 등 폐쇄적 환경에서 두드러지게 눈에 띄는 사람도 타겟이 될 수 있다. 또한 남녀비율이 현저히 편중된 직장이나 학교에서도 마찬가지이다. ③ 스토커의 근저심리에는 피해자에의 접근의욕에 대한 강력한 '희망달성정신'이 뿌리박혀 있고, 철학적으로 그 희망, 목적에의 이미지를 반복함으로써 보다 더 희망달성에의 욕구와 확신에 가까워진다. ④ 이 시기의 범인은 정신의학적으로 편집기질이 표면화된 경우가 많다. 이 유형은 거의 모든 스토커는 개시단계부터 자신을 밝힌다. 바꾸어 말하면, 스토커가 명확히 특정되어 있는 경우에는 이 탤런트 스토킹 유형으로 보아도 좋다. ⑤ 스토커의 요구가 단도직입적이고, 명확하여 범죄요건을 구성할 수 없는 경우가 많다. 이 단계에서의 범인의 행위는 '생활스타일에의 간섭'이나 '논리적인 말참견', '패션에 대한 요구' 등 마치 범인이 피해자를 독점한 것과 같은 언동이 현저하다.

	⑥ 후에 연애형 또는 복수형 스토킹으로 변질될 가능성이 있는 유형이기는 하지만, 초기단계에서 단호하게 간섭하지 말라는 의사를 범인에게 전하면 중단되는 경우가 많다. ⑦ 이 유형은 범인의 이름이 알려져 있으므로 안이하게 범인에게 강력력을 갖는 사람에게 요청하거나 경찰에 신고하기 쉬운데 이는 수리되기 어려울 뿐더러 그렇게 하면 연애형 또는 복수형 스토킹으로 변질되기 쉬우므로 상당히 조심하여야 한다.
직업형 스토킹	① 소위 '파파라치'라고 불리는 특종기사추적집단이 이에 해당한다. 또 고리대금업자의 돈을 받아오는 사람의 경우도 직업형 스토킹으로 보아야 한다. ② 메시지와 목적이 명확한 직업이므로, 스토킹 당하는 측에도 동등한 요인이 존재한다. ③ 이 유형은 피해자 자신이 이유를 가장 잘 이해하고 있으며, 스토킹의 결과가 피해자 자신 및 사회적으로 반영된다. ④ 연예인의 경우 보안회사에 의뢰하여 대책을 세우는 것이 좋은 방법이지만 보안회사의 도움을 받지 않고 있다가 스토킹을 경험한 후에야 비로소 울며 매달리는 프로덕션과 매니저가 많다고 한다. ⑤ 사전 예방조치가 가장 중요하며 주위에서도 이에 관하여 적극적으로 주의를 환기시키는 자세가 중요하다.

2. 스토킹 행위자의 유형
① 스토킹 행위자(stalker)는 일반적으로 지배하기 위한 의도로 피해자의 공포심을 이용하는 방법을 사용한다.
② 스토킹 행위자는 전형적으로 교활하고 그리고 심리적 테러의 기술을 익힌 자들이다. 그래서 스토킹 행위는 처음에는 폭력이나 육체적인 접촉(physical contact)의 형태로 나타나지 않는다.
③ 조나(Zona) 등 가해자-피해자 관계에 따른 스토킹 행위자 유형은 연애망상자 또는 이상성욕자(Erotomania), 애정집착자(Love Obessional), 단순집착자(Simple Obessional) 등의 3가지 유형이다.

유 형	내 용
연애망상자	㉠ 피해자가 스토커(Stalker)를 사랑하고 있다는 망상적인 믿음을 가지고 있는 것이 특징이다. ㉡ 스토커가 그 피해자를 알지 못하고 있음에도 불구하고, 이상성욕자는 일반적으로 피해자가 어떤 외부적인 장애 때문에 자신에 대한 사랑의 감정을 표현하는데 방해를 받고 있다고 믿는다.
애정집착자	㉠ 피해자가 사랑이나 애정의 감정을 보일 것이라는 믿음을 가지고 있지 않다는 점에서 연애망상자와 구별된다. ㉡ 스토커는 피해자가 자신을 알 수 있는 기회가 있다면, 자신의 감정에 보답할 것이라고 종종 생각한다. 이러한 마음은 애정집착자가 어떠한 방법으로든 피해자에게 끊임없이 접촉을 시도함으로써 피해자에게 자신을 알리기 위해 노력하도록 만든다. ㉢ 애정집착자는 연애망상자 만큼 피해자를 위협하지는 않지만, 피해자에 대해서 사랑과 증오의 감정 사이를 전전하는 경향이 있다.
단순집착자	㉠ 연애망상자나 애정집착자와는 달리 피해자와 이미 관계를 가지고 있다. ㉡ 이러한 관계는 예를 들면 고객과 상인의 관계와 같이 일상적인 것일 수도 있고, 낭만적인 관계일 수도 있다. ㉢ 단순집착자는 친밀한 관계가 끝났거나, 혹은 스토커가 어떠한 방법으로든 피해자로부터 나쁜 감정을 느낄 때 피해자에 대한 스토킹을 시작한다. 그러한 스토킹 행위는 일반적으로 사랑을 되찾거나 복수를 하기 위한 시도이다. ㉣ 단순집착자는 대부분 위협을 한다. 위협을 하는 단순집착자 중 30%는 위험한 내용을 실제로 실행하는 것으로 나타난다.

④ 멀렌(Mullen) 교수는 "스토킹은 범죄이고 피해자는 피해의식 때문에 대인기피 증세를 보이게 된다. 따라서 스토킹은 사회적·법적 문제로서만이 아니라 건강 문제로도 다뤄야 한다."고 강조한다. 그는 스토커의 유형으로 친밀형 스토커(Intimacy Seeker), 거부형 스토커(Rejected Seeker), 무능형 스토커(Incompetent Seeker), 분노형 스토커(Resentful Seeker), 약탈형 스토커(Predatory Seeker) 등 5가지 유형을 제시하였다.

유형	내용
친밀형	㉠ 자신과 아무 관계가 없고 개인적으로도 알지 못하는 사람과 영적(靈的) 결합이 있다고 망상을 갖는 부류다. ㉡ 유명인이나 길에서 우연히 마주친 사람 등이 피해자가 되는 경우가 많다.
거부형	㉠ 애인·친구·직장동료 등과의 관계가 끝난 뒤 화해와 복수라는 이중적 감정을 갖고 쫓아다니는 유형이다. ㉡ 대부분 사회부적응, 편집증적 질투 등의 인격장애를 갖고 있으며 피해자는 이전의 배우자나 애인이 대부분이다. ㉢ 헤어진 옛 애인에게 분풀이 스토킹을 하는 거부형은 폭력에 의존하는 경향이 두드러진다.
무능형	㉠ 자신의 지적·사회적 능력이 부족하지만 현실적으로 관계를 맺기 어려운 상대방과 사귀고 싶어 하는 유형이다. ㉡ 대체로 관계를 풀어갈 능력이 없는 경우로, 친밀형 스토커와는 달리 피해자에게 매력은 느끼지만, 이것을 진정한 사랑이라 믿으며 열중하지는 않는다.
분노형	㉠ 피해자를 놀라게 하고 괴롭히는 것을 목적으로 삼는 경우를 말한다. ㉡ 평소 불만을 갖고 있거나 혐오하는 사람에게 하려고 한다. 그러면서도 자기가 정당하며 스스로가 희생자라고 생각한다.
약탈형	㉠ 타인에 대한 스토킹을 통해 자신의 힘과 통제력을 확인하면서 기쁨을 느끼는 부류이다. ㉡ 이들 대부분은 성적 변태인 경우가 많으며, 성범죄의 전과를 가지고 있다. 이들은 성적인 공격을 하기에 앞서 피해자가 전혀 눈치채지 못하도록 조심한다.

최신 기출로 확인하기

1. 「스토킹범죄의 처벌 등에 관한 법률」의 내용에 대한 설명으로 옳지 않은 것은?   2023. 보호 7급

① 스토킹행위가 지속적 또는 반복적으로 이루어진 경우가 아니라면 스토킹범죄에 해당하지 않는다.

② 법원이 스토킹범죄를 저지른 사람에 대하여 형의 선고를 유예하는 경우에는 200시간의 범위에서 재범 예방에 필요한 수강명령을 병과할 수 있다.

③ 상대방의 의사에 반하여 정당한 이유 없이 상대방 또는 그의 동거인, 가족을 따라다님으로써 상대방에게 불안감을 일으켰다면 스토킹행위에 해당한다.

④ 법원이 스토킹범죄를 저지른 사람에 대하여 벌금형의 선고와 함께 120시간의 스토킹 치료프로그램의 이수를 명한 경우 그 이수명령은 형 확정일부터 6개월 이내에 집행한다.

2. 「스토킹범죄의 처벌 등에 관한 법률」상 조치에 대한 설명으로 옳지 않은 것은?   2024. 보호 9급

① 사법경찰관리는 진행 중인 스토킹행위에 대하여 신고를 받은 경우, 즉시 현장에 나가 '스토킹행위자와 스토킹행위의 상대방의 분리 및 범죄수사' 조치를 하여야 한다.

② 사법경찰관은, 스토킹행위 신고와 관련하여 스토킹행위가 지속적 또는 반복적으로 행하여질 우려가 있고 스토킹범죄의 예방을 위하여 긴급을 요하는 경우, 직권으로 스토킹행위자에게 '스토킹행위의 상대방으로부터 100미터 이내의 접근 금지' 조치를 할 수 있다.

③ 법원은 스토킹범죄의 피해자 보호를 위하여 필요하다고 인정하는 경우, 결정으로 스토킹행위자에게 '피해자의 주거로부터 100미터 이내의 접근 금지' 조치를 할 수 있다.

④ 사법경찰관은 스토킹범죄의 원활한 조사·심리를 위하여 필요하다고 인정하는 경우, 직권으로 스토킹행위자에게 '국가경찰관서의 유치장 또는 구치소에의 유치' 조치를 할 수 있다.

🔍 정답 1.② 2.④

빈칸채우기

01 이원주의는 형벌의 본질이 책임을 전제로 한 응보이고, 보안처분은 장래의 (　　)에 대한 사회방위처분이라는 점에서 양자의 차이를 인정한다.

02 보안관찰처분의 기간은 (　　)년이다.

03 보호관찰을 조건으로 형의 선고유예를 받은 사람의 보호관찰기간은 (　　)년이다.

04 보호관찰대상자는 판결이 확정된 때, 가석방 또는 임시퇴원이 허가된 때, 보호처분이 확정된 때로부터 (　　)일 이내에 주거지를 관할하는 보호관찰소에 출석하여 서면으로 신고하여야 한다.

05 유치를 하려는 경우에는 보호관찰소의 장이 검사에게 신청하여 검사의 청구로 관할 지방법원 판사의 허가를 받아야 한다. 이 경우 검사는 보호관찰대상자가 구인된 때부터 (　　)시간 이내에 유치 허가를 청구하여야 한다.

06 수강명령대상자가 수강명령 집행 중 (　　) 이상의 형의 집행을 받게 된 때에는 해당 형의 집행이 종료·면제되거나 수강명령 대상자가 가석방된 경우 잔여 수강명령을 집행한다.

07 성적 성벽이 있는 정신성적 장애인으로서 금고 이상의 형에 해당하는 성폭력범죄를 지은 자를 치료감호시설에 수용하는 때에는 (　　)년을 초과할 수 없다.

08 치료감호가 청구된 치료감호대상자에 대한 치료감호사건과 피고사건의 관할이 다른 때에는 (　　)의 관할에 따른다.

09 치료감호가 청구된 사건은 판결의 확정 없이 치료감호가 청구되었을 때부터 (　　)년이 지나면 청구의 시효가 완성된 것으로 본다.

10 법원은 부착명령을 선고한 때에는 그 판결이 확정된 날부터 (　　)일 이내에 부착명령을 선고받은 자의 주거지를 관할하는 보호관찰소의 장에게 판결문의 등본을 송부하여야 한다.

11 부착명령이 여러 개인 경우 (　　)에 따라 집행한다.

12 피부착자는 주거를 이전하거나 (　　)일 이상의 국내여행을 하거나 출국할 때에는 미리 보호관찰관의 허가를 받아야 한다.

13 보호관찰소의 장 또는 피부착자 및 그 법정대리인은 해당 보호관찰소를 관할하는 보호관찰심사위원회에 부착명령의 임시해제를 신청할 수 있으며 신청은 부착명령의 집행이 개시된 날부터 (　　)개월이 경과한 후에 하여야 한다.

14 치료명령의 청구는 공소가 제기되거나 치료감호가 독립청구된 성폭력범죄사건의 (　　)까지 하여야 한다.

15 성폭력범죄자의 성충동 약물치료에 관한 법률상 치료명령을 받은 사람이 형의 집행이 종료되거나 면제·가석방 또는 치료감호의 집행이 종료·가종료 또는 치료위탁으로 석방되는 경우 보호관찰관은 석방되기 전 (   )개월 이내에 치료명령을 받은 사람에게 치료명령을 집행하여야 한다.

16 검사는 사람에 대하여 성폭력범죄를 저질러 (   )형 이상의 형이 확정되었으나 치료명령이 선고되지 아니한 수형자 중 성도착증 환자로서 성폭력범죄를 다시 범할 위험성이 있다고 인정되고 약물치료를 받는 것을 동의하는 사람에 대하여 그의 주거지 또는 현재지를 관할하는 지방법원에 치료명령을 청구할 수 있다.

17 치료명령을 받은 사람은 치료명령 결정이 확정된 후 집행을 받지 아니하고 (   )년이 경과하면 시효가 완성되어 집행이 면제된다.

OX체크

01 보안처분이란 이미 범죄를 범하였거나 범할 우려가 있는 위험자에 대하여 그의 범죄위험성에 대응한 사전예방조치로서 형벌에 대신하여 과해지는 비강제적 범죄예방처분을 말한다.

02 보안처분을 부과하기 위해서는 책임능력이 존재하여야 한다.

03 형벌은 보안처분과 정도와 분량의 차이일 뿐 동일한 것으로 보는 보안처분론은 이원주의 입장이다.

04 보안처분은 형법상의 효과이므로 그 근본목적은 범죄의 일반예방에 있다.

05 보호관찰은 자유박탈을 수반하지 않는 보안처분이다.

06 검사는 공소제기한 사건의 항소심 변론종결 시까지 치료감호를 청구할 수 있다.

07 피치료감호자에 대한 치료감호가 가종료되었을 때에는 보호관찰기간이 끝나면 피보호관찰자에 대한 치료감호가 끝난다.

08 치료감호의 청구시효는 치료감호가 청구된 사건과 동시에 심리하거나 심리할 수 있었던 죄에 대한 공소시효기간이 지나면 완성된다.

09 치료감호의 집행을 종료한 자가 금고 이상의 형이나 치료감호를 선고받지 아니하고 10년이 지났을 때에는 그 재판이 실효된 것으로 본다.

10 보호관찰의 임시해제와 그 취소에 관한 사항은 보호관찰심사위원회의 관장사무이다.

11 보호관찰소의 장은 보호관찰대상자를 구인하였을 때에는 유치 허가를 청구한 경우를 제외하고는 구인한 때부터 24시간 이내에 석방하여야 한다.

12 직업훈련 및 취업 지원, 출소예정자 사전상담, 갱생보호 대상자의 가족에 대한 지원, 심리상담 및 심리치료 등은 원호의 방법 중 하나이다.

13 사회봉사명령 또는 수강명령은 보호관찰관이 집행한다. 다만, 보호관찰관은 국공립기관이나 그 밖의 단체에 그 집행의 전부 또는 일부를 위탁할 수 있다.

14 만 19세 미만의 자에 대하여는 부착명령을 선고할 수 없다.

15 부착명령 청구사건의 제1심 재판은 지방법원 단독판사의 관할로 한다.

16 법원은 특정범죄를 범한 자에 대하여 형의 선고를 유예하면서 보호관찰을 받을 것을 명할 때에는 보호관찰기간의 범위 내에서 기간을 정하여 준수사항의 이행여부 확인 등을 위하여 전자장치를 부착할 것을 명할 수 있다.

17 검사는 16세 미만의 사람에 대하여 성폭력범죄를 저지른 성도착증 환자로서 성폭력범죄를 다시 범할 위험성이 있다고 인정되는 19세 이상의 사람에 대하여 약물치료명령을 법원에 청구할 수 있다.

18 치료명령은 법원의 판결에 의한 치료명령, 법원의 결정에 의한 치료명령, 치료감호심의위원회의 결정에 의한 치료명령이 있다.

19 치료명령은 보호관찰소장의 지휘를 받아 보호관찰관이 집행한다.

20 치료감호 등에 관한 법률상 피치료감호청구인은 피치료감호자와 구분하여 수용하여야 하나, 범죄의 증거인멸을 방지하기 위하여 필요하거나 그 밖에 특별한 사정이 있는 경우에는 피치료감호청구인을 피치료감호자와 같은 치료감호시설에 수용할 수 있다.

21 치료감호 등에 관한 법률상 치료감호시설의 장은 피치료감호자 등이 중대한 범법행위 또는 규율위반 행위를 한 경우에는 피치료감호자 등의 신체를 묶는 등으로 직접적으로 제한할 수 있다.

22 치료감호 등에 관한 법률상 피보호관찰자가 보호관찰기간 중 새로운 범죄로 금고 이상의 형의 집행을 받게 된 때에는 보호관찰은 종료되지 아니하며, 해당 형의 집행기간 동안 피보호관찰자에 대한 보호관찰기간은 계속 진행된다.

23 치료감호 등에 관한 법률상 보호관찰소의 장은 준수사항을 위반한 피보호관찰자를 구인할 수 있으며, 가종료의 취소 신청을 검사에게 요청할 필요가 있다고 인정하는 경우에는 구인한 피보호관찰자를 교도소, 구치소 또는 치료감호시설에 유치할 수 있다.

24 성폭력범죄자의 성충동 약물치료에 관한 법률상 징역형과 함께 치료명령을 받은 사람 및 그 법정대리인은 치료감호심의위원회에 치료명령이 집행될 필요가 없을 정도로 개선되어 성폭력범죄를 다시 범할 위험성이 없음을 이유로 치료명령의 집행 면제를 신청할 수 있다.

Answer

빈칸채우기 01 위험성 02 2 03 1 04 10 05 48 06 금고 07 15 08 치료감호사건 09 15 10 3
11 확정된 순서 12 7 13 3 14 항소심 변론종결 시 15 2 16 징역 17 10

OX체크 01 ×, 강제적 02 ×, 위험성에 근거 03 ×, 일원주의 04 × 05 ○ 06 ○ 07 ○ 08 ○
09 ×, 자격정지 이상의 형 10 ○ 11 ×, 48시간 12 ×, 갱생보호의 방법 13 ○ 14 ×,
선고는 가능하나 부착할 수 없다. 15 ×, 합의부 16 ×, 집행을 유예 17 ×, 사람에 대하
여 18 ○ 19 ×, 검사의 지휘 20 ○ 21 × 22 ○ 23 ○ 24 ×, 지방법원

아담 형사정책

소년사법
정책론

단원MAP

형사정책 기초개념			범죄의 원인과 현상론								
1. 학문발전	2. 국제성	3. 연구방법	4. 고전주의	5. 초기실증	6. 생물학	7. 심리학	8. 거시사회	9. 미시사회	10. 갈등론적	11. 발달범죄	12. 범죄현상
피해자론		비범죄	예방과 예측		형벌론		보안처분론				판례
13. 피해자학	14. 피해보호	15. 비범죄화	16. 범죄예방	17. 범죄예측	18. 형벌론	19. 형벌종류	20. 보안처분	21. 주요5법	22. 소년사법	23. 소년2법	24. 판례

제1절 개 관

01 의 의

소년은 아직 인격이 미완성 상태에 있기 때문에 범죄나 일탈에 쉽게 빠지기 쉬운 특성을 가지고 있는 반면, 개선 가능성 또한 크기 때문에 소년에 대해서는 일반범죄자의 처리과정과는 다른 특별한 보호를 요하는 보호주의의 특징을 가지고 있다.

02 소년사법의 발전배경

(1) **영미법계 : 국친사상에 기초한 형평법**(Equity)**이론**

① 소년사법의 대상이 범죄소년에 국한하지 않고 널리 보호를 요하는 아동까지 포함하며, 대상 소년을 형사정책의 대상이라기보다는 국가나 법원이 소년을 부모된 입장에서 보호와 후견의 대상으로 보는 입장이다.

② 미국의 소년법원운동은 로마법에서 유래한 가부장적 사상에 기원을 둔 국친사상에 바탕을 둔 형평법이론을 기초로 발전했다. 이는 일찍이 발달한 영국의 보통법(Common Law)에 대한 보충 내지 추가를 의미하는 것이다.

(2) **대륙법계 : 교육형사상에 기초한 형사정책이론**

① 교육형주의라는 형사정책적 사상에 입각하여 소년의 개선·교화에 중점을 두고 소년심판의 사법적 기능을 중시하면서 소년사법 대상을 점차 넓혀 복지이념과 후견사상을 도입하였다.

② 이는 보호관점을 강조한 것으로 일반예방이나 사회방위 및 처우개념을 강조한 것은 아니다.

03 소년법 제정의 연혁

(1) 미 국

분리재판	1870년 메사추세츠주에서 최초로 성인범과 분리하여 재판 시작
소년법원	• 1899년 일리노이주 최초 소년법원법(→ 소년만을 위한 형사소송법) 제정, 시카고 소년법원(→ 소년만을 위한 전담 법원) 개설 • 형벌이 아닌 보호와 지도 및 개별처우계획 수립을 기본원리로 함
덴버(Denver)방식	1903년 린제이(Lindsey)판사에 의해 비행소년 뿐만 아니라 유기된 소년과 소년문제에 책임있는 성인에 대해서도 소년법원이 관할권을 갖는 방식(가정식)으로 발전
재량권의 제한	1980년대 소년사법절차에 있어 광범위한 재량권 행사의 제한에 집중

(2) 소년보호를 위한 입법 [2014. 7급]

법 규	명 칭	적용범위	목 적
형 법	형사미성년자	14세 미만	형사책임 무능력자
	아 동	16세 미만	아동혹사죄의 객체
소년법	소 년	19세 미만	반사회성이 있는 소년의 환경 조정과 품행 교정을 위한 보호처분 등의 필요한 조치, 소년보호를 위한 기본법
아동·청소년의 성보호에 관한 법률	아동·청소년	19세 미만	성범죄에서의 아동·청소년의 성 보호
청소년보호법	청소년	19세 미만	청소년에 대한 보호
청소년기본법	청소년	9세 이상 24세 이하	청소년의 권리 및 책임과 청소년정책에 관한 기본적인 사항을 규정
아동복지법	아 동	18세 미만	요보호 아동의 보호육성

04 소년법원

(1) 개 요

① 국친사상을 기초로 대상소년에 대한 처벌보다 보호와 육성을 목적으로 한다.

② 초기의 소년법원은 비행소년뿐 아니라 방치되거나 혼자 살 수 없는 소년의 경우까지를 대상으로 하였다.

📖 형사법원과 소년법원

형사법원	소년법원
재 판	심 판
판 결	결 정
처벌 또는 형벌	처 분
공 개	비공개
범죄사실의 유무죄	아동에 최선의 이익

(2) **소년법원이 일반법원과 다른 특성** [2021. 9급]

① **소년법원의 철학** : 소년법원은 처음부터 처벌과 억제지향에 반대되는 교화개선과 재활의 철학을 지향하고 있다.

② **관할대상** : 범죄소년만을 대상으로 하지 않는다. 소년법원은 그 관할 대상을 비행소년은 물론, 지위비행자와 방치된 소년 뿐만 아니라 다양한 유형의 가정문제까지도 대상으로 하고 있다. 특히 우범소년을 소년범죄의 대상으로 삼고 있는 우리 소년법이 이를 잘 대변해 주고 있다.

③ **절차의 비공식성과 융통성** : 소년법원 절차는 일반법원에 비해 훨씬 비공식적이고 융통성이 있다. 반면, 적법절차에 대한 관심은 적다는 사실이다. 이는 법정에서의 용어부터 차이를 보이는데서 알 수 있다.

④ **감별 또는 분류심사기능의 발달** : 일반법원에 비해 소년법원은 감별 또는 분류심사 기능과 절차 및 과정이 비교적 잘 조직되어 있다. 이는 소년분류심사원이나 법원의 소년 조사관제도에서 엿볼 수 있다.

⑤ **처분의 종류의 다양성** : 일반법원이 선택할 수 있는 형의 종류에 비해 소년법원에서 결정할 수 있는 처분의 종류가 더 다양하다.

⑥ **아동의 보호** : 비행소년을 형사법원에서 재판할 때 생기는 부작용인 부정적 낙인으로부터 아동을 보호하기 위한 것이다.

(3) **소년법원의 변화방안**(미국변호사협회)

① **처분의 명확성** : 청소년의 필요에 대한 법원의 견해가 아니라 비행의 경중에 기초한 상응한 처분이 애매하고 주관적인 범주를 대체해야 한다. 즉 가능한 처분의 특성과 기간이 명시되고 비행의 경중과 전과경력에 기초해야 한다.

② **부정기형의 폐지** : 처분이 결정형이어야 한다. 청소년을 임의적으로 구금하고 석방할 수 있도록 교정당국에 허용하였던 부정기형제도는 폐지되어야 한다.

③ **최소제한적 대안** : 청소년이나 그 가족의 생활에 개입하기 위한 의사결정권자의 선택은 최소제한적 대안이어야 한다.

④ **사적범죄의 제외** : 지위비행과 같은 비범죄적 행위와 피해자 없는 범죄와 같은 사적범죄는 소년법원의 대상에서 제외되어야 한다.

⑤ **재량권 남용의 억제** : 의사결정의 책임성과 가시성이 보장되어 폐쇄적 절차와 무제한적 재량권의 남용이 없어져야 한다.

⑥ **적법절차 강조** : 소년사법절차상 모든 단계에서 변호인의 조력을 받을 권리 등 가능한 적법절차권리가 보호되어야 한다.

⑦ **형사법정 이송에 대한 기준** : 소년범죄자의 일반형사범으로서의 형사법정 이송을 규제하기 위한 엄격한 기준이 마련되어야 한다.

05 소년범죄의 특징과 경향

(1) 소년범죄의 특징 [2012. 7급]

① **비계획적** : 범죄동기가 자기중심적이고 행동이 충동적이어서 범죄수단이 비계획적이다.

② **조포범**(粗暴犯) : 범행은 주로 조포범(때려 부수는 범죄)이 많고 재산범 특히 절도범이 많으며 일반적으로 단독범보다는 공범의 형태가 현저한 집단적 범죄에 주로 가담한다.

③ **지위비행** : 가출, 음주, 흡연, 무단결석, 거짓말, 도박, 음란물 관람 등 청소년이라는 신분에 의한 신분범죄(지위비행)가 많다.

(2) 소년범죄의 경향

① 청소년 범죄의 격증, 약물범죄의 증가, 성범죄의 증가, 집단비행의 증가

② 저연령화, 이유 없는 비행의 증가, 스피드·스릴 등을 추구하는 자동차 절도 증가, 학생범죄의 증가

제2절 소년사법의 현대적 동향과 처우모델

01 소년법제의 새로운 경향

(1) 범죄통제모델의 등장

1960년대 재사회모델에 대한 비판이 제기되면서 1970년대에는 소년도 응보로써 처우해야 한다는 청소년범죄의 성인 사법화 경향이 대두되었다.

(2) 비범죄화와 전환(Diversion)

형법의 탈도덕화 경향과 낙인이론의 영향을 받아 비행소년을 형사절차에 개입시키지 않으려는 정책으로 낙인화, 상습범화, 높은 재범률을 회피하기 위한 목적에서 논의된다.

3D이론	비범죄화(Decriminalization), 비형벌화(Depenalization), 비시설수용화(Deinstitutionalization)
4D이론	비범죄화, 비형벌화, 비시설수용화, 전환(Diversion)
5D이론	비범죄화, 비형벌화, 비시설수용화, 전환, 적법절차(Due process)

◆ **선도조건부 기소유예** : 검찰단계의 전환의 주요한 예에 해당한다.

(3) 청년사건의 형사사건화 및 처벌의 이원화 경향

① 청년사건의 형사사건화는 18~20세는 소년이 아닌 성인으로 보고 일반형사사건으로 처리하여 범죄에 강력히 대응하자는 경향이다. 소년은 단순한 보호의 대상이 아니라 책임과 권리의 주체로서 자기의 범죄에 대하여 책임을 져야 한다는데 기초한 것이다.

② 처벌의 이원화는 중한 범죄자에게는 실형 등 형사처분을, 경한 범죄자에 대해서는 전환이나 보호처분을 선택하는 경향을 말한다.

(4) 적법절차의 보장

① 소년법제의 복지적 · 후견적 기능을 반성 · 수정하는 경향으로 사법적 기능과의 조화를 모색하여 적법절차를 강조하고 있으며, 소년법 제10조의 진술거부권은 이러한 취지의 반영이다.

② **갈트 판결** : 국친사상에 의한 소년보호절차도 적법절차에 의한 제한을 받는다.

> **PLUS⁺ 갈트**(Gault) **판결**(1967)
>
> 1. **사건개요** : 15세의 갈트 소년은 이웃에 음란전화를 했다는 이유로 체포되어 비행소년의 평결을 받고 불량소년수용기관인 주립직업보도학교에 성인이 될 때까지 수용되는 처분을 받았다.
> 2. **경과** : 이 사건을 다룬 소년법원은 심리절차를 비공개로 하였고, 갈트와 그 보호자는 변호인선임권을 통보받지 못했으며, 갈트에게 진술거부권이 고지되지 않았고, 범죄사실을 고발한 이웃에 대한 반대신문 기회가 제공되지 않는 등 당사자주의 소송구조의 적법절차원리가 상당부분 훼손되는 결과를 초래하였다.
> 3. **갈트 판결** : 이에 대한 반성으로 소년법원 절차에서도 인권을 보장하기 위해 적법절차의 원칙을 최대한 보장해야 한다고 선언한 것이 갈트판결이다. 소년으로 하여금 심리를 준비할 여유를 주기 위하여 미리 비행사실을 고지할 것, 변호인 선임권을 보장할 것, 진술거부권을 인정하고 사전에 고지할 것, 증인에 대한 대질 및 반대신문권을 보장하고 전문증거의 채택을 제한할 것, 심리절차를 기록하며 사실인정의 결론과 처분결정의 이유를 명시할 것 등이다.
> 4. 갈트 판결을 계기로 보호사건에 있어서도 적법절차를 강조하게 되었다.
>
> ✅ 형사사건의 적법절차 강조는 미란다 판결이다.

02 소년사법모델의 변천

(1) 교정주의 모델(Correctionalism) **: 치료와 처우에 초점**(실증주의적 시각)

① 19세기와 20세기 초 형사사법정책을 주도하는 기본이념으로 실증주의적 주요범죄학은 통제면에서 교정주의와 연결되어 발전하였다.

② 대표적 정책모델로 보호관찰, 사회봉사명령 등 사회 내 처우, 소년법원, 부정기형제도를 들 수 있다.

(2) 사회반응이론모델(Social reaction theory) **: 낙인이론**

① 1960년대 범죄를 통제하는 규범 자체 또는 통제작용에서 범죄의 원인을 찾고자 하였다.

② 낙인이론이 대표적인 것으로 불개입주의, 반교정주의로 나타난다.

(3) 정의모델(Justice Model) **: 강경책**(고전주의 시각)

① 1980년대에 미국을 중심으로 범죄에 대한 강력한 대응을 요구하는 모델로 형벌균형주의에 입각한 응보사상을 내세운다.

② 고전학파의 응보적 일반예방주의와는 개념범위에서 약간의 차이가 있지만 형벌의 목적을 응분의 대가로 보는 점은 같은 입장이다.

③ 국가의 강력한 사법통제에 의한 범죄문제의 해결을 주장하여 교정주의의 쇠퇴현상을 보인다.

03　바툴라스와 밀러(Bartollas & Miller)의 소년교정모형 [2019. 9급] 총 2회 기출

(1) 의료모형(medical model)

① 국친사상의 철학 및 실증주의 범죄학과 결정론을 결합시킨 것이다.

② 교정은 질병치료라고 보고, 소년원에 있어 교정교육기법의 기저가 되었다.

③ 비행소년은 자신이 통제할 수 없는 요인에 의해서 범죄자로 결정되었으며, 이들은 사회적으로 약탈된 사회적 병질자이기 때문에 처벌의 대상이 아니라 치료의 대상이다.

(2) 적응(개선, 조정)모형(adjustment model) [2017. 9급]

① 실증주의와 국친사상 등 의료모형의 가정과 재통합의 철학을 결합시킨 것이다.

② 비행소년은 치료의 대상으로 과학적 전문가의 치료를 필요로 하지만, 환자가 아닌 스스로 책임 있는 선택과 합리적 결정을 할 수 있다.

③ 처우기법으로는 현실요법, 환경요법, 집단지도 상호작용, 교류분석, 긍정적 동료문화 등이 있으며, 이를 통해 범죄소년의 사회재통합을 강조한다.

(3) 범죄통제모형(crime control model)

① 청소년 범죄자에 대한 강경대응정책 모형으로, 범죄에 상응한 처벌이 범죄행동을 통제할 것이라고 보았다.

② 청소년도 자신의 행동에 대해서 책임을 져야 하므로, 청소년 범죄자에 대한 처벌을 강화하는 것만이 청소년범죄를 줄일 수 있다.

③ 폭력범죄자에 대해서는 범죄통제모형이 적용되고 있다.

(4) 최소제한(제약)모형(least restrictive model)

① 청소년 범죄자에 대한 개입을 최소화하자는 것이다.

② 낙인이론에 근거하여 시설수용의 폐단을 지적하며 처벌 및 처우개념을 모두 부정한다.

③ 비행소년에 대해서 소년사법이 개입하게 되면, 이들 청소년들이 지속적으로 법을 위반할 가능성이 증대될 것이다.

④ 지위나 신분비행자에 대해서는 비시설수용을 중심으로 하는 최소제한모형이 적용되고 있다.

04　스트리트의 조직과 행정모형 [2016. 7급]

(1) 의 의

① 스트리트(David Street) 등은 「처우조직」(1966)에서 처우-구금-처우의 연속선상에서 처우 조직을 복종/동조, 재교육/발전, 그리고 처우의 세 가지 유형으로 분류하였다.

② 각 조직의 구조는 각 조직의 목표와 연관된다.

(2) 처우조직의 모형

구금적 시설 (복종/동조 모형)	1. 대규모 보안직원과 적은 수의 처우요원을 고용하고, 규율이 엄격하다. 2. 수형자는 강제된 동조성을 강요당하는 준군대식 형태로 조직되었다. 3. 습관, 동조성훈련, 권위에 대한 복종, 조절(conditioning)이 강조된다. 4. 청소년은 외부통제에 즉각적으로 동조하도록 요구받는다. 5. 구금을 강조하는 대부분의 소년교정시설을 대표한다.
재교육과 개선을 강조하는 시설 (재교육/발전 모형)	1. 엄격한 규율과 제재가 적용되었으나 복종보다는 교육을 강조한다. 2. 직원들은 대부분 교사로서 기술습득과 가족과 같은 분위기 창출에 관심이 크다. 3. 훈련을 통한 청소년의 변화를 강조한다. 4. 복종/동조 모형에 비해 청소년과 직원의 밀접한 관계를 강조한다. 5. 청소년의 태도와 행동의 변화, 기술의 습득, 개인적 자원의 개발에 중점을 둔다.
처우를 중시하는 조직 (처우 모형)	1. 가능한 많은 처우요원을 고용하고 있어서 조직구조가 가장 복잡하다. 2. 처우요원과 보안요원의 협조와 청소년 각자의 이해를 강조한다. 3. 처우모형은 청소년의 인성변화, 심리적 재편에 초점을 강조한다. 4. 처벌은 자주 이용되지 않으며 엄하지 않게 집행된다. 5. 다양한 활동과 성취감, 자기 존중심의 개발과 자기 성찰을 강조한다. 6. 개인적 통제와 사회적 통제를 동시에 강조하기 때문에 청소년의 개인적 문제해결에 도움을 주며 지역사회생활에의 준비도 강조된다.

05 소년의 분류와 처우

(1) 미국의 웨스트 버지니아 케네디 센터

① **목적**: 웨스트 버지니아 케네디 센터(West virginia, Kennedy Center)는 수용생활의 모든 것이 차별적 또는 개별적 처우의 목적을 지향하고 있다.

② **소년원생 비행행위에 따른 4가지 유형 분류**

미성숙 소년원생 (inadequate immature)	1. 게으름, 편견적, 부주의, 산만, 무책임, 어린아이같이 활동하는 소년 2. 성장을 위한 안전한 환경과 분위기 조성 노력
신경과민적-갈등적 원생 (neurotic-conflicted)	1. 불안, 죄책감, 열등감, 우울감의 특성이 있는 소년 2. 자신의 한계, 강점, 잠재력에 대한 이해증진 노력
비사회화된 공격적 또는 정신병적 원생 (unsicialized aggressive or psychopathic)	1. 공격적이고 믿을 수 없는 소년 2. 타인을 이용하고 권위를 부정하며 흥분을 갈구하는 문제아들 3. 이들에게는 직선적이고 강인한 매우 통제된 환경에서 규율에 따르고 자신의 행동에 대한 책임을 감수하며 타인과 의미있는 관계를 발전시킬 수 있도록 학습필요
사회화된 또는 부문화적 비행소년 (socialized or subcultural delinquents)	1. 동료집단에 가담하여 집착하는 소년들 2. 시설 내 적당치 적응하지만 당국과 갈등이나 마찰시 일탈집단 지지 3. 사회적 수용방법으로 자신의 지위를 찾을 수 있도록 지도

(2) 워렌(warren)의 대인성숙도(I-Level) 단계유형

① 워렌은 비행소년을 6가지 유형으로 대별하고, 각 유형별 비행소년의 특성을 기술하고, 유형별 비행의 원인과 적정한 처우기법을 소개하고 있다. [2019. 5급 승진] 총 2회 기출

② 비행소년 분류

<table>
<tr><td colspan="5">2~4단계 낮은 단계 비행소년 90%, 미성숙, 공격적, 수동적, 신경질적</td></tr>
<tr>
<td rowspan="3">I(2)</td>
<td rowspan="3">비사회적</td>
<td>비사회적 공격형
(asocial
aggressive)</td>
<td>타인에 적극적 요구,
좌절시 공격적</td>
<td rowspan="3">• 원인 : 극단적 감정적 박탈, 부모의 거부,
신체적 잔인성이나 방치
• 특징 : 자신을 비행소년으로 보지 않고
비합리적·적대적이며 혼란스러운 세계
의 피해자로 간주
• 처우 : 환자부모대체(양육가정), 사회를 향
한 지지적 선회, 전통적 심리요법보다 교
육을 통한 거부감 해소</td>
</tr>
<tr>
<td rowspan="2">비사회적 수동형
(asocial passive)</td>
<td rowspan="2">좌절할 때마다
위축되고 불평</td>
</tr>
<tr></tr>
<tr>
<td rowspan="3">I(3)</td>
<td rowspan="2">동조형</td>
<td>미성숙 동조형
(immature
conformist)</td>
<td>권력자는 누구라도
추종</td>
<td rowspan="3">• 원인 : 가족무력감이나 무관심, 비일관된
구조와 훈육, 적정한 성인모형 부재, 수퍼
에고 비내면화
• 특징 : 권력지향, 자기존중심 저하, 비신
뢰, 극단적 적개심
• 처우 : 사회적 인식도·응집력 증대를 위
한 집단처우, 비비행을 지향한 동료집단
압력, 생활기술교육, 합법적 기회증대와
기술개발, 장기적 개별처우를 통한 아동
기 문제해소, 약취욕구 해소</td>
</tr>
<tr>
<td>문화적 동조형
(cultural
conformist)</td>
<td>동료집단의 권위에
추종</td>
</tr>
<tr>
<td>반사회적
약취</td>
<td>조정자(의사행동형)
(manipulator)</td>
<td>세력 있는 대상자
조정시도</td>
</tr>
<tr>
<td rowspan="4">I(4)</td>
<td rowspan="2">신경증</td>
<td>신경증적 행동형
(neurotic
acting-out type)</td>
<td>불편한 감정 직접
행동으로 표현</td>
<td rowspan="2">• 원인 : 부모불안, 신경증적 갈등의 피해자
• 특징 : 위협적, 혼란, 과도한 억제, 불안,
우울
• 처우 : 가족집단요법, 소년에 대한 개인
적·집단적 심리요법으로 내적 갈등해소</td>
</tr>
<tr>
<td>신경증적 불안형
(neurotic anxious
induvidual)</td>
<td>불안한 감정 행동
아닌 말로 표현</td>
</tr>
<tr>
<td colspan="2">상황적·감정적 반응형
(situational-emotional
reactor)</td>
<td>위기상황에 대한
반응으로 비행적
행위</td>
<td>• 원인 : 사고적 또는 특정한 상황
• 특징 : 정신신경증이나 정신착란
• 처우 : ―</td>
</tr>
<tr>
<td colspan="2">(부)문화적 동일화 유형
(cultural identifier)</td>
<td>일탈적 가치체계
동화</td>
<td>• 원인 : 내재화된 일탈하위문화
• 특징 : 강한 동료집단 지향, 권위 비신뢰,
비행자낙인에 만족, 자기만족적, 내면보
다 외적
• 처우 : 억제통한 비행중지, 친사회적 동
일시 모형과의 관계개발, 집단 내 자기개
념 확대</td>
</tr>
</table>

06 ■ 비행소년의 사회 내 처우

(1) 비행소년의 사회 내 처우

① **협력주의** : 청소년범죄의 대책을 마련하기 위해서는 정부와 사회단체, 국민의 협력이 필요하다.

② **리야드 지침** : 청소년비행예방은 사회에서의 범죄예방의 본질적인 부분이므로, 청소년의 인격을 존중하고 조화롭게 성장할 수 있도록 사회 모두가 노력해야 한다. 청소년은 단순한 사회화나 통제의 대상이 아닌 능동적 역할과 함께 사회의 동반자가 되어야 한다.

(2) 사회 내 처우의 형태

① **청소년 봉사국** : 사법절차로부터 청소년을 전환시키기 위해 설치된 비강제적·독립적 공공기관

② **대리가정** : 비행소년을 대리 또는 양육가정에 보내어 보호와 훈련을 받도록 하는 프로그램

③ **집단가정** : 가족 같은 분위기에서 가정과 같은 생활을 강조하는 비보안적 거주프로그램

④ **주간처우** : 주간에는 교육을 행하고 야간에는 가정으로 돌려보내는 처우

⑤ **야외실습** : 황야의 생존프로그램과 같은 실험적 학습환경을 제공

최신 기출로 확인하기

1. 소년사법에 있어서 4D(비범죄화, 비시설수용, 적법절차, 전환)에 대한 설명으로 옳지 않은 것은? 2022. 교정 9급

① 비범죄화(decriminalization)는 경미한 일탈에 대해서는 비범죄화하여 공식적으로 개입하지 않음으로써 낙인을 최소화하자는 것이다.

② 비시설수용(deinstitutionalization)은 구금으로 인한 폐해를 막고자 성인교도소가 아닌 소년 전담시설에 별도로 수용하는 것을 의미한다.

③ 적법절차(due process)는 소년사법절차에서 절차적 권리를 철저하고 공정하게 보장하여야 한다는 것을 의미한다.

④ 전환(diversion)은 비행소년을 공식적인 소년사법절차 대신에 비사법적인 절차에 의해 처우하자는 것이다.

2. 소년사법의 대표적 제도인 소년법원의 특성으로 옳지 않은 것은? 2021. 교정 9급

① 소년법원은 반사회성이 있는 소년의 형사처벌을 지양하며 건전한 성장을 도모하기 위한 교화개선과 재활 철학을 이념으로 한다.

② 소년법원은 범죄소년은 물론이고 촉법소년, 우범소년 등 다양한 유형의 문제에 개입하여 비행의 조기발견 및 조기처우를 하고 있다.

③ 소년법원의 절차는 일반법원에 비해 비공식적이고 융통성이 있다.

④ 소년법원은 감별 또는 분류심사 기능과 절차 및 과정이 잘 조직되어 있지 못한 한계가 있다.

3. 바톨라스의 소년교정모형에 대한 설명이다. 〈보기 1〉에 제시된 설명과 〈보기 2〉에서 제시된 교정모형을 옳게 짝지은 것은? 2019. 교정 9급

보기1

㉠ 비행소년은 통제할 수 없는 요인에 의해서 범죄자로 결정되었으며, 이들은 사회적 병질자이기 때문에 처벌의 대상이 아니라 치료의 대상이다.

㉡ 범죄소년은 치료의 대상이지만 합리적이고 책임 있는 결정을 할 수 있다고 하면서, 현실요법·집단지도 상호작용·교류분석 등의 처우를 통한 범죄소년의 사회 재통합을 강조한다.

㉢ 비행소년에 대해서 소년사법이 개입하게 되면 낙인의 부정적 영향 등으로 인해 지속적으로 법을 어길 가능성이 증대되므로, 청소년을 범죄소년으로 만들지 않는 길은 시설에 수용하지 않는 것이다.

㉣ 지금까지 소년범죄자에 대하여 시도해 온 다양한 처우 모형들이 거의 실패했기 때문에 유일한 대안은 강력한 조치로서 소년범죄자에 대한 훈육과 처벌뿐이다.

보기2

| A. 의료모형 | B. 적응(조정)모형 |
| C. 범죄통제모형 | D. 최소제한(제약)모형 |

	㉠	㉡	㉢	㉣			㉠	㉡	㉢	㉣
①	A	B	C	D		②	A	B	D	C
③	A	C	D	B		④	B	A	D	C

정답 1.② 2.④ 3.②

OX체크

01 영미법계에서는 국친사상에 기초한 형평법이론을 바탕으로 소년사법이 발전하였다.

02 대륙법계에서는 교육형주의라는 형사정책적 사상에 입각하여 발전하였다.

03 소년범죄는 비계획적이고 조포범이 많은 반면 지위(신분)비행은 적다.

04 소년법과 아동복지법상 적용범위는 모두 19세 미만의 자이다.

05 갈트판결은 소년보호절차도 적법절차에 의한 제한을 받아야 한다는 상징적 판결이다.

06 미란다판결은 형사사건, 갈트판결은 보호사건의 적법절차를 강조한 것이다.

07 실증주의적 주요 범죄학은 통제면에서 교정주의와 연결되어 발전하였다.

08 낙인이론은 범죄를 통제하는 규범 자체 또는 통제작용에서 범죄의 원인을 찾는다.

09 정의모델은 소년의 실질적 정의를 위해 합법성보다는 합목적적 처우에 중점을 둔 처우모델이다.

10 소년의 사회 내 처우 형태로 청소년 봉사국, 대리가정, 집단가정 등을 들 수 있다.

11 워렌에 따르면 비행소년 분류상 신경증적 비행소년에 대한 처우로는 가족집단요법과 개별심리 요법이 적절하다고 한다.

12 워렌이 제시한 비행소년 유형분류 중 상황적 유형은 동료 일탈집단에 대한 강력한 지향과 비행 자로서의 낙인에 대한 만족을 특징으로 한다.

Answer   **OX체크** 01 ○   02 ○   03 ×, 소년이라는 지위비행이 많다.   04 ×, 소년법은 19세 미만, 아동복지법은 18세 미만   05 ○   06 ○   07 ○   08 ○   09 ×, 응보적 처벌로 형식적 정의, 합법성 강조현상을 말한다.   10 ○   11 ○   12 ×, 부문화 동일시자

소년사법 관계법령

제1절 **소년법 개요**

01 **소년법의 특징**

(1) 보호사건과 형사특칙으로 구성

보호처분(일반법적 성격)	형사처분(특별법적 성격)
소년보호처분에 대한 일반법적 성격	14세 이상 19세 미만의 소년에게 부과하는 형사처분 절차상·심판상·행형상의 특칙

(2) 보호와 형벌

① 보호처분과 일반형사처분의 비교

구 분	보호처분	일반형사처분
연 령	10세 이상 19세 미만	14세 이상
심리대상	요보호성·범죄행위	범죄행위
법적 제재	보호처분	형벌
제1심법원	가정법원·지방법원 소년부	형사지방법원
심리구조	직권주의 / 결정	당사자주의 / 판결
검사의 재판관여	없음	관여
재판공개	비공개	공개
적용법률	소년법	형법, 형사소송법, 소년법
진술거부권	인정	인정

② 소년원과 소년교도소의 비교

구 분	소년원(보호)	소년교도소(형벌)
처분청	가정법원·지방법원 소년부	형사법원
적용법률	보호소년 등의 처우에 관한 법률	형집행법
처분의 종류	보호처분(8·9·10호처분)	형벌(징역, 금고)
시 설	소년원	소년교도소
수용대상	범죄소년, 촉법소년, 우범소년	범죄소년
수용기간	교육훈련기간(부정기, 22세까지)	선고에 의한 자유형의 집행기간
사회복귀	퇴원	만기석방
	임시퇴원	가석방

(3) 소년보호의 대상

범죄소년	죄를 범한 14세 이상 19세 미만의 소년(보호처분이나 형사처분 모두 가능)
촉법소년	형벌법령에 저촉된 행위를 한 10세 이상 14세 미만의 소년(보호처분만 가능)
우범소년	장래 형법 저촉 행위의 우려가 있는 10세 이상의 소년(보호처분만 가능)

(4) 법원선의주의와 검사선의주의

① **의의** : 소년사법에 있어서 보호처분으로 할 것인가 혹은 형사처분으로 할 것인가에 대하여 누가 선결권을 갖는 것이 적절한가에 대한 논의이다. 일반적으로 보호처분우선주의에서는 법원 선의주의가, 형사처분우선주의에서는 검사선의주의가 지배하고 있다. 우리나라는 검사선의주의를 채택하고 있다.

② **검사선의주의** : 검사가 우선적으로 선의권을 갖는 경우

장 점	비 판
1. 형사정책적 필요에 따라 형벌과 보호처분을 효과적으로 조화시킬 수 있다. 2. 전국적으로 일관된 기준을 정립하는 데 있어서 법원보다 용이하다. 3. 검사가 절차의 초기단계에서 사법처리여부, 처리절차의 종류 등을 결정하는 것이 소년비행 당사자의 불안감을 완화하고 법원의 업무부담을 경감할 수 있다. 4. 검사가 행정부 소속이라는 점을 살려 소년복지를 위한 다른 행정적 조치를 강구하기에 유리하다.	1. 검사의 처벌우선 경향으로 소년보호이념에 적합한 선의권 행사를 기대하기 어렵다. 2. 검사가 선의권을 행사한다 하더라도 이에 대해 사법권인 법원이 통제를 할 수밖에 없어 사실상 절차중복이나 처리지연이라는 문제가 발생한다. 3. 형사법원에서 소년법원에 송치하는 경우에는 미결구금의 연장을 초래하는 경우로 이어진다.

PLUS+ 소년법상 검사선의권 행사의 예외

1. 경찰 송치사건(우범, 촉법)
2. 보호자 등 통고사건(범죄, 우범, 촉법)
3. 검사가 소년부로 보낸 사건을 소년부판사가 역송한 경우(법 제49조) : 검사의 보호처분 회부 제한
4. 검사가 기소한 사건을 법원이 소년부로 보내는 경우(법 제50조) : 부당한 선의권 행사 제한
5. 경찰의 독자적 훈방, 선도, 즉결심판

③ **개선 논의** : 검사는 기소유예만 허용하고 나머지는 법원에서 선의권을 행사하도록 하자는 것과 검사의 불기소 외에 약식명령 청구 사건까지는 법원의 선의권에서 제외하는 방안이 거론되고 있다.

02 소년법의 실체법과 절차법적 성격(소년보호이념)

(1) 실체법적 성격

보호주의 규범주의 목적주의	1. 소년법은 보호적·복지적 측면과 형사법적 측면이 결합하여 조화를 이룬다. 2. 소년법 제1조 "반사회성이 있는 소년의 환경 조정과 품행 교정을 위한 보호처분 등의 필요한 조치를 하고, 형사처분에 관한 특별조치를 함으로써 소년이 건전하게 성장하도록 돕는 것을 목적으로 한다."고 명시하여 이러한 이념을 반영하고 있다. [2013. 7급] 총 2회 기출
교육주의	소년범죄자의 대응수단으로 처벌이 주가 되어서는 안된다는 것이다.
인격주의	1. 소년을 보호하기 위해서는 개별소년의 행위·태도에서 나타난 개성과 환경을 중시해야 한다. [2024. 보호 9급] 총 2회 기출 2. 소년보호절차는 교육기능 및 사법기능을 동시에 수행하기 때문에 객관적 비행사실과 함께 소년의 인격과 관련된 개인적 특성도 함께 고려되어야 한다. 3. 소년법 제1조 "반사회성이 있는 소년의 … 품행 교정을 위한 보호처분 등의 필요한 조치를 하고 … 건전하게 성장하도록 돕는 것을 목적으로 한다."는 규정과 소년에 대한 사법의 개별화를 선언하고 있는 소년법 제9조는 인격주의를 표현한 것이다.
예방주의	1. 범행한 소년의 처벌이 목적이 아니라, 범죄소년의 재범방지와 장래 죄를 범할 우려가 있는 우범소년이 범죄에 빠지지 않도록 범죄예방에 비중을 두는 것이다. [2018. 7급] 2. 소년법 제4조 제1항 제3호(집단적으로 몰려다니며 주위 사람들에게 불안감을 조성하는 성벽이 있는 것, 정당한 이유 없이 가출하는 것, 술을 마시고 소란을 피우거나 유해환경에 접하는 성벽이 있는 것)의 우범소년에 관한 규정은 예방주의를 표현한 것이다. [2013. 7급] 총 3회 기출

PART 05

(2) 절차법적 성격

개별주의	1. 소년사법절차에서는 언제나 소년 개인을 단위로 한 독자적 사건으로 취급해야 한다. [2024. 보호 9급] 총 2회 기출 2. 처우의 개별화 원리에 따라 개성을 중시한 구체적인 인격에 대한 처우를 강구한다. 3. 법 제9조 "조사는 의학·심리학·교육학·사회학이나 그 밖의 전문적인 지식을 활용하여 소년과 보호자 또는 참고인의 품행, 경력, 가정 상황, 그 밖의 환경 등을 밝히도록 노력하여야 한다."는 규정은 개별주의를 표현한 것이다. [2013. 7급] 총 2회 기출 예 분리수용, 심리절차 및 집행의 분리 등 [2024. 보호 9급]
직권주의 심문주의	1. 심리가 쟁송의 성격이 아닌 소년의 후견적 입장에서 적극적·지도적으로 이루어져야 한다. 2. 소년은 심판의 대상이 아닌 심리의 객체로서 대립되는 당사자 소송방식보다는 심문의 방식을 취하여야 한다.
과학주의	1. 소년사법이 예방주의와 개별주의를 추구하기 위해서는 개인성향과 범죄환경에 대한 실증연구, 소년에게 어떤 종류의 형벌을 어느 정도 부과하는 것이 적당한가에 대한 과학적 분석과 검토가 필요하다는 것이다. [2024. 보호 9급] 2. 법 제12조 "소년부는 조사 또는 심리를 할 때에 정신건강의학과 의사·심리학자·사회사업가·교육자나 그 밖의 전문가의 진단, 소년 분류심사원의 분류심사 결과와 의견, 보호관찰소의 조사결과와 의견 등을 고려하여야 한다."는 규정은 과학주의를 표현한 것이다. [2024. 보호 9급] 총 2회 기출
협력주의	1. 효율적 소년보호를 위해 국가는 물론이고 소년의 보호자를 비롯한 민간단체 등이 서로 협력해야 한다는 것을 말한다. [2024. 보호 9급] 총 3회 기출 2. 소년보호를 위해 행정기관·학교·병원 기타 공사단체에 필요한 협력 요구, 조사관의 조사 시 공무소나 공사단체에 조회나 서류송부의 요청 등 소년보호에 관계되는 사회자원의 총동원을 의미한다.
밀행주의 (비밀주의)	1. 보호소년을 개선하여 사회생활에 적응시키고 건전하게 육성하기 위해서는 문제소년을 가급적이면 노출시키지 않아야 한다는 것을 의미한다. [2018. 7급] 총 2회 기출 2. 법 제68조 제1항에서 "이 법에 따라 조사 또는 심리 중에 있는 보호사건이나 형사사건에 대하여는 성명·연령·직업·용모 등으로 비추어 볼 때 그 자가 당해 사건의 당사자라고 미루어 짐작할 수 있는 정도의 사실이나 사진을 신문이나 그 밖의 출판물에 싣거나 방송할 수 없다."고 규정하고 있는 것은 밀행주의의 표현이라고 할 수 있다. 예 ㉠ 비공개 재판─보호사건, ㉡ 보도금지─형사사건, 보호사건, ㉢ 조회응답금지─보호사건
통고주의	1. 공중소추(민간소추)적 성격으로 보호자 또는 학교와 사회복지시설의 장도 범죄소년을 관할 소년부에 통고할 수 있는 주의이다. 2. 법 제4조 제3항에서 "범죄소년, 촉법소년, 우범소년에 해당하는 소년을 발견한 보호자 또는 학교와 사회복리시설의 장 및 보호관찰소의 장은 이를 관할소년부에 통고할 수 있다."고 규정하고 있는 것은 통고주의의 표현이다.

1. 소년보호의 원칙에 대한 설명으로 옳지 않은 것은?

① 개별주의 : 소년보호조치를 취할 때 소년사건을 형사사건과 병합하여 1개의 사건으로 취급한다.

② 인격주의 : 소년보호사건에서는 소년의 행위에서 나타난 개성과 환경을 중시한다.

③ 과학주의 : 소년범죄인의 처우를 법률가의 규범적 판단에만 맡기지 않고 여러 전문가의 조언·협조를 받아 그 과학적 진단과 의견을 바탕으로 행한다.

④ 협력주의 : 소년사법에서는 국가가 전담하는 사법뿐만 아니라 보호자와 관계기관은 물론 사회 전반의 상호 부조와 연대의식이 뒷받침되어야 한다.

🔍 정답 1. ①

제2절 **소년법**

핵심정리 소년사건 처리도(소년법)

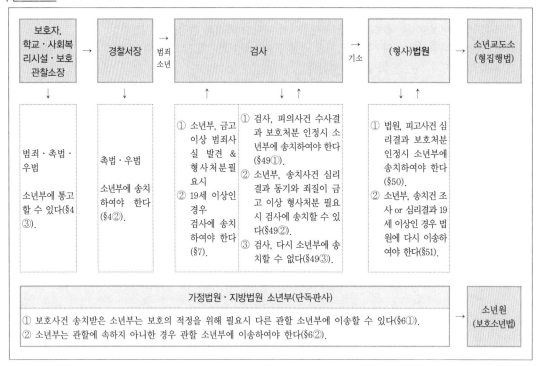

01 총 칙

(1) 목 적

이 법은 반사회성이 있는 소년의 환경 조정과 품행 교정을 위한 보호처분 등의 필요한 조치를 하고, 형사처분에 관한 특별조치를 함으로써 소년이 건전하게 성장하도록 돕는 것을 목적으로 한다(제1조).

(2) 정 의

이 법에서 소년이란 19세 미만인 자를 말하며, 보호자란 법률상 감호교육을 할 의무가 있는 자 또는 현재 감호하는 자를 말한다(제2조).

02 보호사건

(1) 관할(제3조) [2017. 5급 승진] 총 5회 기출

① **행위지 · 거주지 · 현재지** : 소년 보호사건의 관할은 소년의 행위지, 거주지 또는 현재지로 한다(제1항).

② **소년부** : 소년 보호사건은 가정법원 소년부 또는 지방법원 소년부에 속한다(제2항). [2016. 7급]

③ **단독판사** : 소년 보호사건의 심리와 처분 결정은 소년부 단독판사가 한다(제3항).

(2) 대상(제4조 제1항) [2013. 9급] 총 3회 기출

구 분	보호사건의 대상	대상 나이
범죄소년	죄를 범한 소년	14세 이상 19세 미만인 소년
촉법소년	형벌 법령에 저촉되는 행위를 한 소년	10세 이상 14세 미만인 소년
우범소년	다음에 해당하는 사유가 있고 그의 성격이나 환경에 비추어 앞으로 형벌 법령에 저촉되는 행위를 할 우려가 있는 소년(예방주의) 1. 집단적으로 몰려다니며 주위 사람들에게 불안감을 조성하는 성벽이 있는 것 2. 정당한 이유 없이 가출하는 것 3. 술을 마시고 소란을 피우거나 유해환경에 접하는 성벽이 있는 것	10세 이상 19세 미만인 소년

(3) 보호사건의 송치 · 통고 · 이송 등

① 촉법 · 우범소년이 있을 때에는 경찰서장은 직접 관할 소년부에 송치하여야 한다(제4조 제2항)(의무규정). [2023. 보호 7급] 총 5회 기출

② 범죄 · 촉법 · 우범소년을 발견한 보호자 또는 학교 · 사회복리시설 · 보호관찰소(보호관찰지소를 포함)의 장은 이를 관할 소년부에 통고할 수 있다(제4조 제3항)(재량규정)(통고주의). [2023. 보호 7급] 총 4회 기출

③ **이송**(제6조)

㉠ 보호사건을 송치받은 소년부는 보호의 적정을 기하기 위하여 필요하다고 인정하면 결정으로써 사건을 다른 관할 소년부에 이송할 수 있다(제1항). [2021. 9급]

㉡ 소년부는 사건이 그 관할에 속하지 아니한다고 인정하면 결정으로써 그 사건을 관할 소년부에 이송하여야 한다(제2항). [2023. 보호 7급] 총 2회 기출

④ **형사처분 등을 위한 관할 검찰청으로의 송치**(제7조)

㉠ 소년부는 조사 또는 심리한 결과 금고 이상의 형에 해당하는 범죄 사실이 발견된 경우 그 동기와 죄질이 형사처분을 할 필요가 있다고 인정하면 결정으로써 사건을 관할 지방법원에 대응한 검찰청 검사에게 송치하여야 한다(제1항). [2018. 5급 승진] 총 4회 기출

ⓛ 소년부는 조사 또는 심리한 결과 사건의 본인이 19세 이상인 것으로 밝혀진 경우에는 결정으로써 사건을 관할 지방법원에 대응하는 검찰청 검사에게 송치하여야 한다. 다만, 제51조에 따라 법원에 이송하여야 할 경우(법원에서 송치되어 왔으나 19세 이상인 자)에는 그러하지 아니하다(제2항).

(4) 조사방법 및 절차

① **조사방침** : 조사는 의학·심리학·교육학·사회학이나 그 밖의 전문적인 지식을 활용하여 소년과 보호자 또는 참고인의 품행, 경력, 가정 상황, 그 밖의 환경 등을 밝히도록 노력하여야 한다(제9조)(개별주의).

> **[소년에 대한 조사제도]** [2016. 7급]
> 1. 조사명령(제11조)과 결정 전 조사(보호관찰 등에 관한 법률 제19조의2) : 소년보호사건
> 2. 조사의 위촉(제56조)과 판결 전 조사(보호관찰 등에 관한 법률 제19조) : 소년형사사건
> 3. 환경조사(보호관찰 등에 관한 법률 제26조) : 소년수형자, 보호소년

② **진술거부권의 고지** : 소년부 또는 조사관이 범죄 사실에 관하여 소년을 조사할 때에는 미리 소년에게 불리한 진술을 거부할 수 있음을 알려야 한다(제10조). [2023. 교정 7급] 총 4회 기출

③ **조사명령**(제11조)

ⓞ 소년부 판사는 조사관에게 사건 본인, 보호자 또는 참고인의 심문이나 그 밖에 필요한 사항을 조사하도록 명할 수 있다(제1항). [2023. 교정 9급] 총 2회 기출

ⓛ 소년부는 보호자 또는 학교·사회복지시설·보호관찰소의 장이 통고한 소년을 심리할 필요가 있다고 인정하면 그 사건을 조사하여야 한다(제2항).

④ **전문가의 진단, 의견고려** : 소년부는 조사 또는 심리를 할 때에 정신건강의학과 의사·심리학자·사회사업가·교육자나 그 밖의 전문가의 진단, 소년 분류심사원의 분류심사 결과와 의견, 보호관찰소의 조사결과와 의견 등을 고려하여야 한다(제12조)(과학주의). [2023. 교정 9급] 총 2회 기출

(5) 소환 및 동행 [2023. 교정 9급] 총 14회 기출

① **조사·심리 필요시 본인, 보호자, 참고인 소환** : 소년부 판사는 사건의 조사 또는 심리에 필요하다고 인정하면 기일을 지정하여 사건 본인이나 보호자 또는 참고인을 소환할 수 있다(제13조 제1항).

② **소환불응시 본인이나 보호자 동행영장 발부** : 사건 본인이나 보호자가 정당한 이유 없이 소환에 응하지 아니하면 소년부 판사는 동행영장을 발부할 수 있다(제13조 제2항). [2023. 교정 7급]
 ◉ 참고인은 소환 대상이나(제13조 제1항), 소환에 불응 시 동행영장을 발부할 수는 없다(제13조 제2항).

③ **본인 보호위해 긴급 시 소환 없는 동행영장 발부** : 소년부 판사는 사건 본인을 보호하기 위하여 긴급조치가 필요하다고 인정하면 소환 없이 동행영장을 발부할 수 있다(제14조).

④ **동행영장의 방식** : 동행영장에는 소년이나 보호자의 성명, 나이, 주거, 행위의 개요, 인치하거나 수용할 장소, 유효기간 및 그 기간이 지나면 집행에 착수하지 못하며 영장을 반환하여야 한다는 취지와 발부연월일을 적고 소년부 판사가 서명날인하여야 한다(제15조).

⑤ **동행영장의 집행**(제16조)

　㉠ 조사관 집행 : 동행영장은 조사관이 집행한다(제1항).

　㉡ 소년부 판사는 소년부 법원서기관·법원사무관·법원주사·법원주사보나 보호관찰관 또는 사법경찰관리에게 동행영장을 집행하게 할 수 있다(제2항). [2023. 교정 9급]

　㉢ 동행영장을 집행하면 지체 없이 보호자나 보조인에게 알려야 한다(제3항).

> **PLUS+ 법원 조사관 제도**
>
> 법관의 명을 받아 심판에 필요한 자료를 수집, 조사하고 필요한 업무담당. 4·5급 법원공무원, 임기제, 파견공무원 등

⑹ 보조인

① **보조인 선임**(제17조)

　㉠ 보조인 허가 : 사건 본인이나 보호자는 소년부 판사의 허가를 받아 보조인을 선임할 수 있다(제1항). [2018. 7급]

　㉡ 보호자나 변호사를 보조인으로 선임하는 경우에는 소년부 판사의 허가를 받지 아니하여도 된다(제2항). [2020. 7급] 총 3회 기출

　㉢ 보조인을 선임함에 있어서는 보조인과 연명날인한 서면을 제출하여야 한다. 이 경우 변호사가 아닌 사람을 보조인으로 선임할 경우에는 위 서면에 소년과 보조인과의 관계를 기재하여야 한다(제3항).

　㉣ 소년부 판사는 보조인이 심리절차를 고의로 지연시키는 등 심리진행을 방해하거나 소년의 이익에 반하는 행위를 할 우려가 있다고 판단하는 경우에는 보조인 선임의 허가를 취소할 수 있다(제4항). [2024. 교정 9급]

　㉤ 보조인의 선임은 심급마다 하여야 한다(제5항).

　㉥ 「형사소송법」 중 변호인의 권리의무에 관한 규정은 소년 보호사건의 성질에 위배되지 아니하는 한 보조인에 대하여 준용한다(제6항).

② **국선보조인**(제17조의2) [2024. 교정 9급] 총 10회 기출

　㉠ 소년이 소년분류심사원에 위탁된 경우 보조인이 없을 때에는 법원은 변호사 등 적정한 자를 보조인으로 선정하여야 한다(제1항).

　㉡ 소년이 소년분류심사원에 위탁되지 아니하였을 때에도 다음의 경우 법원은 직권에 의하거나 소년 또는 보호자의 신청에 따라 보조인을 선정할 수 있다(제2항).

> **[분류심사원 불위탁자의 법원 직권이나 보호자 신청에 의한 보조인 선정사유]**
> 1. 소년에게 신체적·정신적 장애가 의심되는 경우
> 2. 빈곤이나 그 밖의 사유로 보조인을 선임할 수 없는 경우
> 3. 그 밖에 소년부 판사가 보조인이 필요하다고 인정하는 경우

　㉢ 선정된 보조인에게 지급하는 비용에 대하여는 「형사소송비용 등에 관한 법률」을 준용한다(제3항).

(7) **임시조치**(제18조)(보호사건의 미결구금 기능)

① 소년부 판사는 사건을 조사 또는 심리하는 데에 필요하다고 인정하면 소년의 감호에 관하여 결정으로써 다음의 어느 하나에 해당하는 조치를 할 수 있다(제1항). [2023. 교정 7급] 총 9회 기출

> **[소년부 판사의 임시조치]**
> 1. 보호자, 소년을 보호할 수 있는 적당한 자 또는 시설에 위탁 : 3개월
> 2. 병원이나 그 밖의 요양소에 위탁 : 3개월
> 3. 소년분류심사원에 위탁 : 1개월
>
> > **[위탁기간의 연장]**
> > 1. 및 2.의 위탁기간은 3개월을, 3.의 위탁기간은 1개월을 초과하지 못한다. 다만, 특별히 계속 조치할 필요가 있을 때에는 한 번에 한하여 결정으로써 연장할 수 있다(제3항).

② **24시간 이내 임시조치** : 동행된 소년 또는 제52조 제1항(소년부 송치 시의 신병 처리)에 따라 인도된 소년에 대하여는 도착한 때로부터 24시간 이내에 소년부 판사는 임시조치를 하여야 한다(제2항).

③ 1. 및 2.의 조치를 할 때에는 보호자 또는 위탁받은 자에게 소년의 감호에 관한 필요 사항을 지시할 수 있다(제4항).

④ 소년부 판사는 임시조치를 결정을 하였을 때에는 소년부 법원서기관·법원사무관·법원주사·법원주사보, 소년분류심사원 소속 공무원, 교도소 또는 구치소 소속 공무원, 보호관찰관 또는 사법경찰관리에게 그 결정을 집행하게 할 수 있다(제5항).

⑤ 임시조치는 언제든지 결정으로써 취소하거나 변경할 수 있다(제6항). [2013. 7급] 총 2회 기출

(8) **보호사건의 심리**

① **심리 불개시의 결정**(제19조)

㉠ 소년부 판사는 송치서와 조사관의 조사보고에 따라 사건의 심리를 개시할 수 없거나 개시할 필요가 없다고 인정하면 심리를 개시하지 아니한다는 결정을 하여야 한다. 이 결정은 사건 본인과 보호자에게 알려야 한다(제1항). [2016. 7급] 총 2회 기출

㉡ 소년부 판사는 사안이 가볍다는 이유로 심리를 개시하지 아니한다는 결정을 할 때에는 소년에게 훈계하거나 보호자에게 소년을 엄격히 관리하거나 교육하도록 고지할 수 있다(제2항).
[2024. 교정 9급] 총 3회 기출

㉢ 심리 불개시의 결정이 있을 때에는 임시조치는 취소된 것으로 본다(제3항).

㉣ 소년부 판사는 소재가 분명하지 아니하다는 이유로 심리를 개시하지 아니한다는 결정을 받은 소년의 소재가 밝혀진 경우에는 그 결정을 취소하여야 한다(제4항).

② **심리 개시의 결정**(제20조)

㉠ 소년부 판사는 송치서와 조사관의 조사보고에 따라 사건을 심리할 필요가 있다고 인정하면 심리 개시 결정을 하여야 한다(제1항).

㉡ 심리 개시의 결정은 사건 본인과 보호자에게 알려야 한다. 이 경우 심리 개시 사유의 요지와 보조인을 선임할 수 있다는 취지를 아울러 알려야 한다(제2항).

③ **심리 기일**

    ㉠ 본인과 보호자 소환 : 소년부 판사는 심리 기일을 지정하고 본인과 보호자를 소환하여야 한다. 다만, 필요가 없다고 인정한 경우에는 보호자는 소환하지 아니할 수 있다(제21조 제1항). [2024. 교정 9급]

    ㉡ 보조인이 선정된 경우에는 보조인에게 심리 기일을 알려야 한다(제21조 제2항).

    ㉢ 소년부 판사는 직권에 의하거나 사건 본인, 보호자 또는 보조인의 청구에 의하여 심리 기일을 변경할 수 있다. 기일을 변경한 경우에는 이를 사건 본인, 보호자 또는 보조인에게 알려야 한다(제22조).

    ㉣ 심리 기일에는 소년부 판사와 서기가 참석하여야 하며 조사관, 보호자 및 보조인은 심리 기일에 출석할 수 있다(제23조).

    ㉤ 친절하고 온화 : 심리는 친절하고 온화하게 하여야 한다(제24조 제1항). [2011. 7급] 총 3회 기출

    ㉥ 심리비공개 : 심리는 공개하지 아니한다. 다만, 소년부 판사는 적당하다고 인정하는 자에게 참석을 허가할 수 있다(제24조 제2항). [2017. 5급 승진] 총 2회 기출

④ **의견의 진술 및 화해권고**

    ㉠ 의견진술, 퇴장명령 : 조사관, 보호자 및 보조인은 심리에 관하여 의견을 진술할 수 있으며 소년부 판사는 필요하다고 인정하면 사건 본인의 퇴장을 명할 수 있다(제25조).

    ㉡ 소년부 판사는 피해자 또는 그 법정대리인·변호인·배우자·직계친족·형제자매(대리인 등)가 의견진술을 신청할 때에는 피해자나 그 대리인 등에게 심리 기일에 의견을 진술할 기회를 주어야 한다. 다만, 다음의 어느 하나에 해당하는 경우에는 그러하지 아니하다(제25조의2). [2015. 9급] 총 2회 기출

> **[피해자 등 의견진술 제한]**(제25조의2)
> 1. 신청인이 이미 심리절차에서 충분히 진술하여 다시 진술할 필요가 없다고 인정되는 경우
> 2. 신청인의 진술로 심리절차가 현저히 지연될 우려가 있는 경우

    ㉢ 화해권고 : 소년부 판사는 소년의 품행을 교정하고 피해자를 보호하기 위하여 필요하다고 인정하면 소년에게 피해 변상 등 피해자와의 화해를 권고할 수 있다(제25조의3 제1항). [2014. 7급] 총 5회 기출

    ㉣ 화해를 위한 소환 : 소년부 판사는 화해를 위하여 필요하다고 인정하면 기일을 지정하여 소년, 보호자 또는 참고인을 소환할 수 있다(제25조의3 제2항).

    ㉤ 화해의 효력 : 소년부 판사는 소년이 권고에 따라 피해자와 화해하였을 경우에는 보호처분을 결정할 때 이를 고려할 수 있다(제25조의3 제3항).

⑤ **불처분 결정** : 소년부 판사는 심리 결과 보호처분을 할 수 없거나 할 필요가 없다고 인정하면 그 취지의 결정을 하고, 이를 사건 본인과 보호자에게 알려야 한다(제29조 제1항). [2021. 9급] 총 2회 기출

⑥ **기록의 열람·등사의 판사 허가** : 소년 보호사건의 기록과 증거물은 소년부 판사의 허가를 받은 경우에만 열람하거나 등사할 수 있다. 다만, 보조인이 심리 개시 결정 후에 소년 보호사건의 기록과 증거물을 열람하는 경우에는 소년부 판사의 허가를 받지 아니하여도 된다(제30조의2).

(9) 보호처분의 결정(제32조) [2018. 7급] 총 12회 기출

♣핵심정리 보호처분 정리

10호 : 장기 소년원(12세 이상)	2년 초과 ×	[병합가능]
9호 : 단기 소년원	6개월 초과 ×	1, 2, 3, 4
8호 : 1개월 이내 소년원	1개월 이내	1, 2, 3, 5
7호 : 병원, 요양소, 의료재활 소년원 등 위탁	6개월+6개월	4, 6 5, 6 5, 8
6호 : 아동복지시설, 소년보호 시설 감호 위탁	6개월+6개월	※ 7,9,10 (친구집)병합불가
5호 : 장기 보호관찰	2년+1년 이내	1. 3개월 이내, 보호소년법에 따른 대안교육 등 명령 가능
4호 : 단기 보호관찰	1년(연장 ×)	2. 1년 이내, 야간 등 특정시간대 외출제한 명령 가능 3. 보호자 소년보호 특별교육명령 가능
3호 : 사회봉사명령(14세 이상)	200시간 이내	
2호 : 수강명령(12세 이상)	100시간 이내	
1호 : 보호자 등 감호위탁	6개월+6개월	

① 소년부 판사는 심리 결과 보호처분을 할 필요가 있다고 인정하면 결정으로써 다음의 어느 하나에 해당하는 처분을 하여야 한다(제1항).

> **[보호처분의 종류]**
> 1. 보호자 또는 보호자를 대신하여 소년을 보호할 수 있는 자에게 감호 위탁
> 2. 수강명령(12세 이상)
> 3. 사회봉사명령(14세 이상)
> 4. 보호관찰관의 단기 보호관찰
> 5. 보호관찰관의 장기 보호관찰
> 6. 「아동복지법」에 따른 아동복지시설이나 그 밖의 소년보호시설에 감호 위탁
> 7. 병원, 요양소 또는 「보호소년 등의 처우에 관한 법률」에 따른 의료재활소년원에 위탁
> 8. 1개월 이내의 소년원 송치
> 9. 단기 소년원 송치
> 10. 장기 소년원 송치(12세 이상)

② 다음 각 호 안의 처분 상호 간에는 그 전부 또는 일부를 병합할 수 있다(제2항). [2024. 보호 9급] 총 9회 기출

> 1. 제1항 제1호·제2호·제3호·제4호 처분
> 2. 제1항 제1호·제2호·제3호·제5호 처분
> 3. 제1항 제4호·제6호 처분
> 4. 제1항 제5호·제6호 처분
> 5. 제1항 제5호·제8호 처분

③ 사회봉사명령 처분은 14세 이상의 소년에게만 할 수 있다(제3항). [2021. 9급] 총 14회 기출

④ 수강명령 및 장기 소년원 송치 처분은 12세 이상의 소년에게만 할 수 있다(제4항). [2023. 보호 7급] 총 16회 기출

⑤ 처분을 한 경우 소년부는 소년을 인도하면서 소년의 교정에 필요한 참고자료를 위탁받는 자나 처분을 집행하는 자에게 넘겨야 한다(제5항).

⑥ 소년의 보호처분은 그 소년의 장래 신상에 어떠한 영향도 미치지 아니한다(제6항). [2012. 7급] 총 2회 기출

(10) 보호관찰처분에 따른 부가처분(제32조의2)

① **3개월 이내 대안교육 등** : 보호관찰관의 단기 보호관찰 또는 장기 보호관찰의 처분을 할 때에 3개월 이내의 기간을 정하여 「보호소년 등의 처우에 관한 법률」에 따른 대안교육 또는 소년의 상담·선도·교화와 관련된 단체나 시설에서의 상담·교육을 받을 것을 동시에 명할 수 있다(제1항). [2023. 보호 7급] 총 3회 기출

② **1년 이내 야간 등 특정시간대 외출제한** : 보호관찰관의 단기 보호관찰 또는 장기 보호관찰의 처분을 할 때에 1년 이내의 기간을 정하여(해당 보호관찰기간 동안 ×) 야간 등 특정 시간대의 외출을 제한하는 명령을 보호관찰대상자의 준수 사항으로 부과할 수 있다(제2항). [2024. 보호 9급] 총 7회 기출

③ **보호자 특별교육 명령** : 소년부 판사는 가정상황 등을 고려하여 필요하다고 판단되면 보호자에게 소년원·소년분류심사원 또는 보호관찰소 등에서 실시하는 소년의 보호를 위한 특별교육을 받을 것을 명할 수 있다(제3항). [2020. 7급] 총 6회 기출

(11) 보호처분의 기간(제33조)

① 보호자 등에게 감호 위탁, 아동복지시설이나 그 밖의 소년보호시설에 감호 위탁, 병원·요양소 또는 의료재활소년원에 위탁기간은 6개월로 하되, 소년부 판사는 결정으로써 6개월의 범위에서 한 번에 한하여 그 기간을 연장할 수 있다. 다만, 소년부 판사는 필요한 경우에는 언제든지 결정으로써 그 위탁을 종료시킬 수 있다(제1항). [2020. 9급] 총 8회 기출

② 단기 보호관찰기간은 1년으로 한다(제2항). [2024. 보호 9급] 총 8회 기출

③ 장기 보호관찰기간은 2년으로 한다. 다만, 소년부 판사는 보호관찰관의 신청에 따라 결정으로써 1년의 범위에서 한 번에 한하여 그 기간을 연장할 수 있다(제3항). [2024. 보호 9급] 총 12회 기출

④ 수강명령은 100시간을, 사회봉사명령은 200시간을 초과할 수 없으며, 보호관찰관이 그 명령을 집행할 때에는 사건 본인의 정상적인 생활을 방해하지 아니하도록 하여야 한다(제4항). [2021. 9급] 총 12회 기출

⑤ 단기로 소년원에 송치된 소년의 보호기간은 6개월을 초과하지 못한다(제5항). [2020. 9급] 총 5회 기출

⑥ 장기로 소년원에 송치된 소년의 보호기간은 2년을 초과하지 못한다(제6항). [2020. 9급] 총 5회 기출

⑦ 아동복지시설이나 그 밖의 소년보호시설에 감호 위탁(제6호), 병원·요양소 또는 의료재활소년원에 위탁(제7호), 1개월 이내의 소년원 송치(제8호), 단기 소년원 송치(제9호), 장기 소년원 송치(제10호) 중 어느 하나에 해당하는 처분을 받은 소년이 시설위탁이나 수용 이후 그 시설을 이탈하였을 때에는 보호처분기간은 진행이 정지되고, 재위탁 또는 재수용된 때로부터 다시 진행한다(제7항).

⑿ **몰수의 대상**(제34조)

① 소년부 판사는 범죄소년·촉법소년에 대하여 보호처분을 하는 경우에는 결정으로써 다음의 물건을 몰수할 수 있다(제1항).

> **[몰수 대상 물건]**
> 1. 범죄 또는 형벌 법령에 저촉되는 행위에 제공하거나 제공하려 한 물건
> 2. 범죄 또는 형벌 법령에 저촉되는 행위로 인하여 생기거나 이로 인하여 취득한 물건
> 3. 1.과 2.의 대가로 취득한 물건

② 몰수는 그 물건이 사건 본인 이외의 자의 소유에 속하지 아니하는 경우에만 할 수 있다. 다만, 사건 본인의 행위가 있은 후 그 정을 알고도 취득한 자가 소유한 경우에는 그러하지 아니하다(제2항).

⒀ **보호처분의 변경·취소·경합 등**

① **보호처분의 변경**(제37조)

㉠ 신청에 의한 변경 : 소년부 판사는 위탁받은 자나 보호처분을 집행하는 자의 신청에 따라 결정으로써 보호처분과 부가처분을 변경할 수 있다(제1항 본문).

㉡ 직권 변경 : 다만, 보호자 등에게 감호 위탁(제1호), 아동복지시설이나 그 밖의 소년보호시설에 감호 위탁(제6호), 병원·요양소 또는 의료재활소년원에 위탁의 보호처분(제7호)과 보호관찰 처분 시 대안교육 또는 상담·교육 처분(제32조의2 제1항)은 직권으로 변경할 수 있다(제1항 단서). [2023. 보호 7급] 총 2회 기출

㉢ 보호처분과 부가처분의 변경 결정은 지체 없이 사건 본인과 보호자에게 알리고 그 취지를 위탁받은 자나 보호처분을 집행하는 자에게 알려야 한다(제3항).

② **보호처분의 취소**(제38조)

㉠ 19세 이상인 자 보호처분 취소 : 보호처분이 계속 중일 때에 사건 본인이 처분 당시 19세 이상인 것으로 밝혀진 경우에는 소년부 판사는 결정으로써 그 보호처분을 취소하고 다음의 구분에 따라 처리하여야 한다(제1항).

> **[보호처분 취소 후의 처리]**(제1항) [2024. 보호 9급] 총 3회 기출
> 1. 검사·경찰서장의 송치 또는 보호자, 학교·사회복리시설·보호관찰소의 장의 통고(제4조 제3항)에 의한 사건인 경우에는 관할 지방법원에 대응하는 검찰청 검사에게 송치한다.
> 2. 제50조(법원의 송치)에 따라 법원이 송치한 사건인 경우에는 송치한 법원에 이송한다.

㉡ 행위 당시 10세 미만의 범죄·촉법소년 보호처분 취소 : 범죄·촉법소년에 대한 보호처분이 계속 중일 때에 사건 본인이 행위 당시 10세 미만으로 밝혀진 경우 소년부 판사는 결정으로써 그 보호처분을 취소하여야 한다(제2항 전반부).

㉢ 처분 당시 10세 미만의 우범소년 보호처분 취소 : 우범소년에 대한 보호처분이 계속 중일 때에 사건 본인이 처분 당시 10세 미만으로 밝혀진 경우에는 소년부 판사는 결정으로써 그 보호처분을 취소하여야 한다(제2항 후반부).

③ **보호처분 계속 중 유죄판결 확정 시 보호처분 취소가능** : 보호처분이 계속 중일 때에 사건 본인에 대하여 유죄판결이 확정된 경우에 보호처분을 한 소년부 판사는 그 처분을 존속할 필요가 없다고 인정하면 결정으로써 보호처분을 취소할 수 있다(제39조). [2024. 보호 9급]총 5회 기출

④ **보호처분 계속 중 새로운 보호처분 시 어느 하나의 보호처분 취소** : 보호처분이 계속 중일 때에 사건 본인에 대하여 새로운 보호처분이 있었을 때에는 그 처분을 한 소년부 판사는 이전의 보호처분을 한 소년부에 조회하여 어느 하나의 보호처분을 취소하여야 한다(제40조). [2024. 보호 9급]총 8회 기출

⑴4 보호처분에 대한 항고 · 재항고

① **합의부에 항고** : 보호처분의 결정 및 부가처분 등의 결정 또는 보호처분 · 부가처분 변경 결정이 다음의 어느 하나에 해당하면 사건 본인 · 보호자 · 보조인 또는 그 법정대리인은 관할 가정법원 또는 지방법원 본원 합의부에 항고할 수 있다(제43조 제1항).

> **[항고사유]** [2020. 7급]총 6회 기출
> 1. 해당 결정에 영향을 미칠 법령 위반이 있거나 중대한 사실 오인이 있는 경우
> 2. 처분이 현저히 부당한 경우

② 항고를 제기할 수 있는 기간은 7일로 한다(제43조 제2항). [2020. 7급]총 3회 기출

③ 항고를 할 때에는 항고장을 원심 소년부에 제출하여야 하며 항고장을 받은 소년부는 3일 이내에 의견서를 첨부하여 항고법원에 송부하여야 한다(제44조). [2018. 7급]총 2회 기출

④ **항고의 재판**(제45조)
  ㉠ 항고법원은 항고 절차가 법률에 위반되거나 항고가 이유 없다고 인정한 경우에는 결정으로써 항고를 기각하여야 한다(제1항). [2015. 5급 승진]
  ㉡ 항고법원은 항고가 이유가 있다고 인정한 경우에는 원결정을 취소하고 사건을 원소년부에 환송하거나 다른 소년부에 이송하여야 한다. 다만, 환송 또는 이송할 여유가 없이 급하거나 그 밖에 필요하다고 인정한 경우에는 원결정을 파기하고 불처분 또는 보호처분의 결정을 할 수 있다(제2항). [2020. 7급]총 2회 기출
  ㉢ 항고가 이유가 있다고 인정되어 보호처분의 결정을 다시 하는 경우에는 원결정에 따른 보호처분의 집행 기간은 그 전부를 항고에 따른 보호처분의 집행 기간에 산입[제32조 제1항 제8호(1개월 이내의 소년원 송치) · 제9호(단기 소년원 송치) · 제10호(장기 소년원 송치) 처분 상호 간에만 해당한다]한다(제3항). → 즉 제3항은 소년원 송치처분 상호 간에만 적용됨

⑤ 항고는 결정의 집행을 정지시키는 효력이 없다(제46조). [2018. 7급]총 2회 기출

⑥ **재항고**(제47조)
  ㉠ 항고를 기각하는 결정에 대하여는 그 결정이 법령에 위반되는 경우에만 대법원에 재항고를 할 수 있다(제1항). [2020. 7급]총 2회 기출
  ㉡ 재항고에 관하여는 제43조 제2항(항고를 제기할 수 있는 기간 : 7일) 및 제45조 제3항(집행 기간의 산입)을 준용한다(제2항). [2015. 5급 승진]

03 형사사건

(1) 준거법례(제48조)

소년에 대한 형사사건에 관하여는 이 법에 특별한 규정이 없으면 일반 형사사건의 예에 따른다.

(2) 검사의 송치 등

① **검사의 송치**(제49조)

㉠ 검사는 소년에 대한 피의사건을 수사한 결과 보호처분에 해당하는 사유가 있다고 인정한 경우에는 사건을 관할 소년부에 송치하여야 한다(제1항). [2018. 5급 승진] 총 7회 기출

㉡ 소년부는 송치된 사건을 조사 또는 심리한 결과 그 동기와 죄질이 금고 이상의 형사처분을 할 필요가 있다고 인정할 때에는 결정으로써 해당 검찰청 검사에게 송치할 수 있다(제2항). [2018. 5급 승진] 총 5회 기출

㉢ ㉡에 따라 송치한 사건은 다시 소년부에 송치할 수 없다(제3항). [2015. 5급 승진] 총 3회 기출

② **검사의 결정 전 조사**(제49조의2)

㉠ 검사는 소년 피의사건에 대하여 소년부 송치, 공소제기, 기소유예 등의 처분을 결정하기 위하여 필요하다고 인정하면 피의자의 주거지 또는 검찰청 소재지를 관할하는 보호관찰소의 장, 소년분류심사원장 또는 소년원장(보호관찰소장 등)에게 피의자의 품행, 경력, 생활환경이나 그 밖에 필요한 사항에 관한 조사를 요구할 수 있다(제1항). [2020. 7급] 총 6회 기출

㉡ 요구를 받은 보호관찰소장 등은 지체 없이 이를 조사하여 서면으로 해당 검사에게 통보하여야 하며, 조사를 위하여 필요한 경우에는 소속 보호관찰관·분류심사관 등에게 피의자 또는 관계인을 출석하게 하여 진술요구를 하는 등의 방법으로 필요한 사항을 조사하게 할 수 있다(제2항).

㉢ 조사를 할 때에는 미리 피의자 또는 관계인에게 조사의 취지를 설명하여야 하고, 피의자 또는 관계인의 인권을 존중하며, 직무상 비밀을 엄수하여야 한다(제3항).

㉣ 검사는 보호관찰소장 등으로부터 통보받은 조사 결과를 참고하여 소년피의자를 교화·개선하는 데에 가장 적합한 처분을 결정하여야 한다(제4항). [2015. 5급 승진]

③ **소년과 법정대리인의 동의에 의한 선도조건부 기소유예** : 검사는 피의자에 대하여 다음에 해당하는 선도 등을 받게 하고, 피의사건에 대한 공소를 제기하지 아니할 수 있다. 이 경우 소년과 소년의 친권자·후견인 등 법정대리인의 동의를 받아야 한다(제49조의3). [2018. 7급] 총 10회 기출

1. 범죄예방자원봉사위원의 선도
2. 소년의 선도·교육과 관련된 단체·시설에서의 상담·교육·활동 등

[소년법상의 기소유예와 보호관찰법상의 기소유예 차이]
소년과 법정대리인의 동의에 의한 선도조건부 기소유예제도는 소년법에 기초하고 있으나, 보호관찰 등에 관한 법률 제15조(보호관찰소의 관장 사무) 제3호(검사가 보호관찰관이 선도함을 조건으로 공소제기를 유예하고 위탁한 선도업무)는 대상과 절차가 다르다.

(3) 법원의 송치 등

① **법원의 소년부 송치** : 법원은 소년에 대한 피고사건을 심리한 결과 보호처분에 해당할 사유가 있다고 인정하면 결정으로써 사건을 관할 소년부에 송치하여야 한다(제50조). [2018. 5급 승진] 총 4회 기출

② **19세 이상인 자 법원 재이송** : 소년부는 법원으로부터 송치받은 사건을 조사 또는 심리한 결과 사건의 본인이 19세 이상인 것으로 밝혀지면 결정으로써 송치한 법원에 사건을 다시 이송하여야 한다(제51조). [2023. 보호 7급] 총 5회 기출

③ **소년부 송치 시의 신병 처리**(제52조)

　㉠ 24시간 또는 48시간 이내 인도 : 제49조 제1항(검사의 소년부 송치)이나 제50조(법원의 소년부 송치)에 따른 소년부 송치결정이 있는 경우에는 소년을 구금하고 있는 시설의 장은 검사의 이송 지휘를 받은 때로부터 법원 소년부가 있는 시·군에서는 24시간 이내에, 그 밖의 시·군에서는 48시간 이내에 소년을 소년부에 인도하여야 한다. 이 경우 구속영장의 효력은 소년부 판사가 제18조 제1항에 따른 소년의 감호에 관한 결정을 한 때에 상실한다(제1항). [2019. 9급]

　㉡ 인도와 결정은 구속영장의 효력기간 내에 이루어져야 한다(제2항).

PLUS⁺ 이송, 송치의 비교·구분

이송(제6조)

① 보호사건을 송치받은 **소년부**는 **보호의 적정**을 기하기 위하여 필요하다고 인정하면 결정으로써 사건을 다른 관할 **소년부**에 이송할 수 있다. [소년부의 다른 소년부 이송]

② **소년부**는 사건이 그 **관할에 속하지 아니한다**고 인정하면 결정으로써 그 사건을 관할 **소년부**에 이송하여야 한다. [소년부의 관할 소년부 이송]

형사처분 등을 위한 관할 검찰청으로의 송치(제7조)

① **소년부**는 조사 또는 심리한 결과 **금고 이상**의 형에 해당하는 범죄 사실이 발견된 경우 그 동기와 죄질이 형사처분을 할 필요가 있다고 인정하면 결정으로써 사건을 관할 지방법원에 대응한 검찰청 **검사**에게 송치하여야 한다. [소년부의 검사 송치]

② **소년부**는 조사 또는 심리한 결과 사건의 본인이 **19세 이상**인 것으로 밝혀진 경우에는 결정으로써 사건을 관할 지방법원에 대응하는 검찰청 **검사**에게 송치하여야 한다. 다만, 제51조에 따라 **법원에 이송**하여야 할 경우에는 그러하지 아니하다. [소년부의 검사 송치][소년부의 법원 이송]

보호처분의 취소(제38조)

① 보호처분이 계속 중일 때에 사건 본인이 **처분 당시 19세 이상**인 것으로 밝혀진 경우에는 소년부 판사는 결정으로써 그 보호처분을 취소하고, **검사·경찰서장의 송치** 또는 **보호자, 학교·사회복리시설·보호관찰소의 장의 통고**(제4조 제3항)에 의한 사건인 경우에는 관할 지방법원에 대응하는 검찰청 **검사에게 송치**한다(제1항 제1호). [보호처분 취소 후 소년부의 검사 송치]

② 보호처분이 계속 중일 때에 사건 본인이 **처분 당시 19세 이상**인 것으로 밝혀진 경우에는 소년부 판사는 결정으로써 그 보호처분을 취소하고, **법원이 송치한** 사건(제50조)인 경우에는 송치한 **법원에 이송**한다(제1항 제2호). [보호처분 취소 후 소년부의 법원 이송]

검사의 송치(제49조)

① **검사**는 소년에 대한 피의사건을 수사한 결과 **보호처분**에 해당하는 사유가 있다고 인정한 경우에는 사건을 관할 **소년부**에 송치하여야 한다. [검사의 소년부 송치]

② **소년부**는 송치된 사건을 조사 또는 심리한 결과 그 동기와 죄질이 **금고 이상의 형사처분**을 할 필요가 있다고 인정할 때에는 결정으로써 해당 검찰청 **검사**에게 송치**할 수 있다**. [소년부의 검사 송치]

③ ②에 따라 송치한 사건은 다시 **소년부**에 송치할 수 없다.

> **법원의 송치**(제50조)
> **법원**은 소년에 대한 피고사건을 심리한 결과 **보호처분**에 해당할 사유가 있다고 인정하면 결정으로써 사건을 관할 **소년부**에 송치하여야 한다. [법원의 소년부 송치]
>
> **이송**(제51조)
> **소년부**는 법원으로부터 송치받은 사건(제50조)을 조사 또는 심리한 결과 사건의 본인이 **19세 이상**인 것으로 밝혀지면 결정으로써 송치한 **법원**에 사건을 다시 이송하여야 한다. [소년부의 법원 이송]

(4) 보호처분과 형사사건과의 관계

① **보호처분의 효력**

㉠ 공소제기 금지와 예외 : 보호처분을 받은 소년에 대하여는 그 심리가 결정된 사건은 다시 공소를 제기하거나 소년부에 송치할 수 없다. 다만, 보호처분이 계속 중일 때에 사건 본인이 처분 당시 19세 이상인 것으로 밝혀져 소년부 판사가 결정으로써 그 보호처분을 취소하고 검찰청 검사에게 송치한 경우에는 공소를 제기할 수 있다(제53조).

㉡ 동일사건 공소제기 시 공소기각 판결 : 소년법 제32조의 보호처분을 받은 사건과 동일한 사건에 대하여 다시 공소제기가 되었다면 동조의 보호처분은 확정판결이 아니고 따라서 기판력도 없으므로 이에 대하여 면소판결을 할 것이 아니라 공소제기절차가 소년법 제53조(다시 공소를 제기할 수 없다)의 규정에 위배하여 무효인 때에 해당한 경우이므로 공소기각의 판결을 하여야 한다(대법원 1985.5.28. 85도21). [2018. 5급 승진] 총 2회 기출

② **공소시효의 정지** : 소년부 판사가 사건을 심리할 필요가 있다고 인정하여 심리 개시 결정을 한 경우에는 (소년 보호사건에 대한)심리 개시 결정이 있었던 때로부터 그 사건에 대한 보호처분의 결정이 확정될 때까지 공소시효는 그 진행이 정지된다(제54조).

③ **구속영장의 제한**(제55조) [2018. 9급] 총 4회 기출

㉠ 소년에 대한 구속영장은 부득이한 경우가 아니면 발부하지 못한다(제1항).

㉡ 소년을 구속하는 경우에는 특별한 사정이 없으면 다른 피의자나 피고인과 분리하여 수용하여야 한다(제2항).

(5) 소년범의 형사사건에 있어서의 특칙

① **조사 · 심리**

㉠ 조사의 위촉 : 법원은 소년에 대한 형사사건에 관하여 필요한 사항을 조사하도록 조사관에게 위촉할 수 있다(제56조).

ⓥ 형사사건 – 조사의 위촉, 보호사건 – 조사명령(제11조)

㉡ 심리의 분리 : 소년에 대한 형사사건의 심리는 다른 피의사건과 관련된 경우에도 심리에 지장이 없으면 그 절차를 분리하여야 한다(제57조). [2018. 9급] 총 4회 기출

㉢ 친절하고 온화한 심리 : 소년에 대한 형사사건의 심리는 친절하고 온화하게 하여야 하며 심리에는 소년의 심신상태, 품행, 경력, 가정상황, 그 밖의 환경 등에 대하여 정확한 사실을 밝힐 수 있도록 특별히 유의하여야 한다(제58조).

㉣ 필요적 변호 : 소년형사사건은 필요적 변호사건으로 한다(형사소송법 제33조 제1항).

② **사형 및 무기형의 완화**

　㉠ 18세 미만 사형, 무기 시 15년 유기징역 : 죄를 범할 당시(행위시·범죄시) 18세 미만인 소년에
　　　대하여 사형 또는 무기형으로 처할 경우(처단형 ○, 법정형 ×)에는 15년의 유기징역으로 한다(제
　　　59조). [2024. 보호 9급] 총 13회 기출

　㉡ 18세 미만 특강범 사형, 무기 시 20년 유기징역 : 특정강력범죄(살인, 존속살해, 미성년약취유
　　　인, 2일 이상 합동강간, 강도 등)를 범한 당시 18세 미만인 소년을 사형 또는 무기형에 처하여야
　　　할 때에는 소년법 제59조에도 불구하고 그 형을 20년의 유기징역으로 한다(특정강력범죄의 처
　　　벌에 관한 특례법 제4조 제1항). [2024. 보호 9급] 총 2회 기출

　㉢ 처단형 기준 : 소년법 제59조 소정의 "사형 또는 무기형으로 처할 것인 때에는 15년의 유기징
　　　역으로 한다."라는 규정은 소년에 대한 처단형이 사형 또는 무기형일 때에 15년의 유기징역
　　　으로 한다는 것이지 법정형이 사형 또는 무기형인 경우를 의미하는 것은 아니다(대법원
　　　1986.12.23. 86도2314).

③ **부정기형**(제60조)

　㉠ 부정기형 : 소년이 법정형으로 장기 2년 이상의 유기형에 해당하는 죄를 범한 경우에는 그
　　　형의 범위에서 장기와 단기를 정하여 선고한다. 다만, 장기는 10년, 단기는 5년을 초과하지
　　　못한다(제1항). [2024. 보호 9급] 총 9회 기출

　㉡ 특강범 부정기형 : 특정강력범죄를 범한 소년에 대하여 부정기형을 선고할 때에는 소년법
　　　제60조 제1항 단서에도 불구하고 장기는 15년, 단기는 7년을 초과하지 못한다(특정강력범죄의
　　　처벌에 관한 특례법 제4조 제2항).

　㉢ 소년의 특성에 비추어 상당하다고 인정되는 때에는 그 형을 감경할 수 있다(제2항). [2016. 5급
　　　승진]

　㉣ 형의 집행유예나 선고유예를 선고할 때에는 부정기형을 선고하지 못한다(제3항). [2018. 9급] 총 4회
　　　기출

　㉤ 단기 경과자 검사지휘로 형집행종료 : 소년에 대한 부정기형을 집행하는 기관의 장은 형의
　　　단기가 지난 소년범의 행형 성적이 양호하고 교정의 목적을 달성하였다고 인정되는 경우에는
　　　관할 검찰청 검사의 지휘에 따라 그 형의 집행을 종료시킬 수 있다(제4항). [2023. 교정 7급] 총 2회
　　　기출

　㉥ 부정기형의 사실심 기준 : 부정기형의 기준은 재판시, 즉 사실심 판결선고시이다. 그러므로
　　　범죄시에 소년이었다고 하더라도 사실심(제1심·제2심) 판결선고시에 성년이 되었다면 법원은
　　　부정기형을 선고할 수 없고 정기형를 선고하여야 한다.

④ **소년분류심사원 위탁기간 미결구금일수 산입** : 소년보호사건에 대한 임시조치로서 소년분류
　　심사원에 위탁되었을 때에는 그 위탁기간은 판결선고 전 구금일수로 본다(제61조). [2012. 7급] 총 2회 기출

⑤ **18세 미만자 환형처분의 금지** : (처분시) 18세 미만인 소년에게는 형법 제70조에 따른 노역장유
　　치 선고(환형유치선고)를 하지 못한다. 다만, 판결선고 전 구속되었거나 소년분류심사원에 위탁
　　되었을 때에는 그 구속 또는 위탁의 기간에 해당하는 기간은 노역장에 유치된 것으로 보아 판
　　결선고 전 구금일수에 산입할 수 있다(제62조). [2020. 7급] 총 9회 기출

⑥ **형 집행**

　㉠ 징역·금고의 집행 : 징역 또는 금고를 선고받은 소년에 대하여는 특별히 설치된 교도소 또는 일반 교도소 안에 특별히 분리된 장소에서 그 형을 집행한다. 다만, 소년이 형의 집행 중에 23세가 되면 일반 교도소에서 집행할 수 있다(제63조). [2023. 보호 7급] 총 9회 기출

　㉡ 형 먼저 집행 : 보호처분이 계속 중일 때에 징역, 금고 또는 구류를 선고받은 소년에 대하여는 먼저 그 형을 집행한다(제64조). [2016. 5급 승진] 총 12회 기출

⑦ **가석방 조건의 완화** [2023. 교정 7급] 총 16회 기출

　㉠ 가석방의 완화 : 징역 또는 금고를 선고받은 소년에 대하여는 다음의 기간이 지나면 가석방을 허가할 수 있다(제65조).

> **[소년의 가석방 요건]**
> 1. 무기형의 경우에는 5년
> 2. 15년 유기형의 경우에는 3년
> 3. 부정기형의 경우에는 단기의 3분의 1

　㉡ 가석방 전 집행기간과 같은 기간 경과 시 형집행종료 : 징역 또는 금고를 선고받은 소년이 가석방된 후 그 처분이 취소되지 아니하고 가석방 전에 집행을 받은 기간과 같은 기간이 지난 경우에는 형의 집행을 종료한 것으로 한다(제66조 본문).

　㉢ 15년 또는 장기 지난 경우 형집행 종료 : 다만, 제59조의 형기(죄를 범할 당시 18세 미만인 소년에 대하여 사형 또는 무기형으로 처할 경우에는 15년의 유기징역) 또는 제60조 제1항에 따른 장기(소년이 장기 2년 이상의 유기형에 해당하는 죄를 범한 경우에 선고된 부정기형의 장기)의 기간이 먼저 지난 경우에는 그 때에 형의 집행을 종료한 것으로 한다(제66조 단서).

⑧ **자격에 관한 법령의 적용**(제67조) [2015. 5급 승진] 총 3회 기출

　㉠ 소년이었을 때 범한 죄에 의하여 형의 선고 등을 받은 자에 대하여 다음의 경우 자격에 관한 법령을 적용할 때 장래에 향하여 형의 선고를 받지 아니한 것으로 본다(제1항).

> **[자격에 관한 법령 적용 시 장래에 향하여 형의 선고를 받지 아니한 것으로 보는 경우]**
> 1. 형을 선고받은 자가 그 집행을 종료하거나 면제받은 경우
> 2. 형의 선고유예나 집행유예를 선고받은 경우

　㉡ ㉠에도 불구하고 형의 선고유예가 실효되거나 집행유예가 실효·취소된 때에는 그 때에 형을 선고받은 것으로 본다(제2항).

　◉ **비교·구분** : 소년의 보호처분은 그 소년의 장래 신상에 어떠한 영향도 미치지 아니한다(소년법 제32조 제6항).

04 | 비행 예방 및 벌칙

(1) 비행 예방

법무부장관은 범죄·촉법·우범소년(비행소년)이 건전하게 성장하도록 돕기 위하여 다음의 사항에 대한 필요한 조치를 취하여야 한다(제67조의2).

1. 비행소년이 건전하게 성장하도록 돕기 위한 조사·연구·교육·홍보 및 관련 정책의 수립·시행
2. 비행소년의 선도·교육과 관련된 중앙행정기관·공공기관 및 사회단체와의 협조체계의 구축 및 운영

(2) 벌 칙

① **보도금지**(제68조)(밀행주의)

  ㉠ 소년법에 따라 조사 또는 심리 중에 있는 보호사건이나 형사사건에 대하여는 성명·연령·직업·용모 등으로 비추어 볼 때 그 자가 당해 사건의 당사자라고 미루어 짐작할 수 있는 정도의 사실이나 사진을 신문이나 그 밖의 출판물에 싣거나 방송할 수 없다(제1항).

  ㉡ ㉠을 위반한 다음의 자는 1년 이하의 징역 또는 1천만원 이하의 벌금에 처한다(제2항).

   [보도금지 위반에 대한 처벌 대상자](1년 이하의 징역 또는 1천만원 이하 벌금)
   1. 신문 : 편집인 및 발행인
   2. 그 밖의 출판물 : 저작자 및 발행자
   3. 방송 : 방송편집인 및 방송인

② **나이의 거짓 진술 1년 이하 징역** : 성인이 고의로 나이를 거짓으로 진술하여 보호처분이나 소년 형사처분을 받은 경우에는 1년 이하의 징역에 처한다(제69조).

③ **조회 응답 시 1년 이하의 징역 또는 1천만원 이하 벌금** : 소년 보호사건과 관계있는 기관은 그 사건 내용에 관하여 재판, 수사 또는 군사상 필요한 경우 외의 어떠한 조회에도 응하여서는 아니 되며 이를 위반한 자는 1년 이하의 징역 또는 1천만원 이하의 벌금에 처한다(제70조).

④ **소환의 불응 및 보호자 특별교육명령 불응 시 300만원 이하 과태료** : 다음의 어느 하나에 해당하는 자에게는 300만원 이하의 과태료를 부과한다(제71조).

   1. 제13조 제1항에 따른 소환에 정당한 이유 없이 응하지 아니한 자
   2. 제32조의2 제3항의 특별교육명령에 정당한 이유 없이 응하지 아니한 자

최신 기출로 확인하기

1. 소년부 판사가 결정으로 그 기간을 연장할 수 있는 보호처분만을 모두 고르면?   2021. 교정 7급

> ㉠ 보호관찰관의 단기 보호관찰
> ㉡ 병원, 요양소 또는 「보호소년 등의 처우에 관한 법률」에 따른 의료재활소년원에 위탁
> ㉢ 장기 소년원 송치
> ㉣ 보호자 또는 보호자를 대신하여 소년을 보호할 수 있는 자에게 감호 위탁

① ㉠, ㉢   ② ㉡, ㉢
③ ㉡, ㉣   ④ ㉢, ㉣

2. 「소년법」상 보호사건의 심리와 조사에 대한 설명으로 옳지 않은 것은?   2024. 교정 9급

① 소년이 소년분류심사원에 위탁되지 아니하였을 때에도 소년에게 신체적·정신적 장애가 의심되는 경우 법원은 직권에 의하거나 소년 또는 보호자의 신청에 따라 보조인을 선정할 수 있다.
② 소년부 판사는 보조인이 심리절차를 고의로 지연시키는 등 심리진행을 방해하거나 소년의 이익에 반하는 행위를 할 우려가 있다고 판단하는 경우에는 보조인 선임의 허가를 취소하여야 한다.
③ 소년부 판사는 사안이 가볍다는 이유로 심리를 개시하지 아니한다는 결정을 할 때에는 소년에게 훈계하거나 보호자에게 소년을 엄격히 관리하거나 교육하도록 고지할 수 있다.
④ 소년부 판사는 심리 기일을 지정하고 본인과 보호자를 소환하여야 한다. 다만, 필요가 없다고 인정한 경우에는 보호자는 소환하지 아니할 수 있다.

3. 보호처분에 대한 내용으로 옳은 것만을 모두 고르면?   2020. 교정 9급

> ㉠ 보호관찰관의 단기 보호관찰기간은 1년으로 한다.
> ㉡ 보호관찰관의 장기 보호관찰기간은 2년으로 한다. 다만, 소년부 판사는 보호관찰관의 신청에 따라 결정으로 써 1년의 범위에서 한 번에 한하여 그 기간을 연장할 수 있다.
> ㉢ 보호자 또는 보호자를 대신하여 소년을 보호할 수 있는 자에게 감호 위탁하는 기간은 3개월로 하되, 소년부 판사는 결정으로써 3개월의 범위에서 한 번에 한하여 그 기간을 연장할 수 있다. 다만, 소년부 판사는 필요한 경우에는 언제든지 결정으로써 그 위탁을 종료시킬 수 있다.
> ㉣ 단기로 소년원에 송치된 소년의 보호기간은 3개월을 초과할 수 없다.
> ㉤ 장기로 소년원에 송치된 소년의 보호기간은 2년을 초과할 수 없다.

① ㉠, ㉡, ㉢   ② ㉠, ㉡, ㉣
③ ㉠, ㉡, ㉤   ④ ㉢, ㉣, ㉤

4. 「소년법」상 보호처분의 취소에 대한 설명으로 옳지 않은 것은? 2024. 보호 9급

① 보호처분이 계속 중일 때에 당해 보호사건 본인에 대하여 새로운 보호처분이 있었을 때에는 그 처분을 한 소년부 판사는 이전의 보호처분을 한 소년부에 조회하여 이전의 보호처분을 취소하여야 한다.

② 보호처분이 계속 중일 때에 당해 보호사건 본인이 처분 당시 19세 이상인 것으로 밝혀진 경우, 법원이 소년에 대한 피고사건을 심리한 결과 보호처분에 해당할 사유가 있다고 인정하여 결정으로써 관할 소년부에 송치한 사건에 대해서는 소년부 판사는 결정으로써 그 보호처분을 취소하고 송치한 법원에 이송한다.

③ 보호처분이 계속 중일 때에 당해 보호사건 본인에 대하여 유죄판결이 확정된 경우에 보호처분을 한 소년부 판사는 그 처분을 존속할 필요가 없다고 인정하면 결정으로써 보호처분을 취소할 수 있다.

④ 보호처분이 계속 중일 때에 당해 보호사건 본인이 처분 당시 19세 이상인 것으로 밝혀진 경우, 검사·경찰서장의 송치에 의한 사건에 대해서는 소년부 판사는 결정으로써 그 보호처분을 취소하고 관할 지방법원에 대응하는 검찰청 검사에게 송치한다.

5. 「소년법」상 보호관찰 처분에 대한 설명으로 옳은 것은? 2024. 보호 9급

① 1개월 이내의 소년원 송치 처분을 하는 경우 이 처분과 장기보호관찰을 병합할 수 없다.

② 단기보호관찰을 받은 보호관찰 대상자가 준수사항을 위반하는 경우, 1년의 범위에서 보호관찰 기간을 연장할 수 있다.

③ 장기보호관찰의 기간은 2년 이내로 한다.

④ 보호관찰 처분을 할 때는 1년 이내의 기간을 정하여 야간 등 특정 시간대의 외출을 제한하는 명령을 보호관찰 대상자의 준수사항으로 부과할 수 있다.

6. 소년범의 형사처분에 대한 설명 중 옳은 것만을 모두 고르면? 2020. 보호 7급

> ㉠ 존속살해죄를 범한 당시 16세인 소년 甲에 대하여 무기형에 처하여야 할 때에는 15년의 유기징역으로 한다.
> ㉡ 17세인 소년 乙에게 벌금형이 선고된 경우 노역장유치 선고로 환형처분할 수 없다.
> ㉢ 소년교도소에서 형 집행 중이던 소년 丙이 23세가 되면 일반 교도소에서 형을 집행할 수 있다.
> ㉣ 15년의 유기징역을 선고받은 소년 丁의 경우 성인범죄자의 경우와 같이 5년이 지나야 가석방을 허가할 수 있다.

① ㉠, ㉡ 　　　　　　　　　　② ㉠, ㉢

③ ㉡, ㉢ 　　　　　　　　　　④ ㉡, ㉣

7. 부정기형 제도에 대한 설명으로 옳지 않은 것은? 2024. 보호 9급

① 소년이 법정형으로 장기 2년 이상의 유기형에 해당하는 죄를 범한 경우에는 그 형의 범위에서 장기와 단기를 정하여 선고한다.

② 「특정강력범죄의 처벌에 관한 특례법」 소정의 특정강력범죄를 범한 소년에 대하여 부정기형을 선고할 때에는 장기는 15년, 단기는 7년을 초과하지 못한다.

③ 소년교도소의 장은 부정기형을 선고받은 소년이 단기의 3분의 1을 경과한 때에는 소년교도소의 소재지를 관할하는 보호관찰소의 장에게 그 사실을 통보하여야 한다.

④ 판례에 따르면, 상고심에서의 심판대상은 항소심 판결 당시를 기준으로 하여 그 당부를 심사하는 데에 있는 것이므로 항소심 판결 선고 당시 미성년이었던 피고인이 상고 이후에 성년이 되었다고 하여 항소심의 부정기형의 선고가 위법이 되는 것은 아니다.

8. 「소년법」상 형사사건의 심판에 대한 설명으로 옳지 않은 것은? 2022. 교정 7급

① 징역 또는 금고를 선고받은 소년에 대하여는 특별히 설치된 교도소 또는 일반 교도소 안에 특별히 분리된 장소에서 그 형을 집행한다. 다만, 소년이 형의 집행 중에 23세가 되면 일반 교도소에서 집행할 수 있다.

② 죄를 범할 당시 18세 미만인 소년에 대하여 사형 또는 무기형으로 처할 경우에는 15년의 유기징역으로 한다.

③ 징역 또는 금고를 선고받은 소년에 대하여는 무기형의 경우에는 5년, 15년 유기형의 경우에는 3년, 부정기형의 경우에는 단기의 3분의 1의 기간이 각각 지나면 가석방을 허가할 수 있다.

④ 소년에 대한 형사사건의 심리는 다른 피의사건과 관련된 경우 심리에 지장이 없으면 그 절차를 병합하여야 한다.

9. 「소년법」상 형사사건 처리 절차에 대한 설명으로 옳지 않은 것은? 2022. 교정 9급

① 소년에 대한 구속영장은 부득이한 경우가 아니면 발부하지 못한다.

② 부정기형을 선고받은 소년에 대하여는 단기의 3분의 1이 지나면 가석방을 허가할 수 있다.

③ 소년이 법정형으로 장기 2년 이상의 유기형에 해당하는 죄를 범한 경우에는 그 형의 범위에서 장기와 단기를 정하여 선고한다.

④ 검사가 소년부에 송치한 사건을 소년부는 다시 해당 검찰청 검사에게 송치할 수 없다.

10. 「소년법」상 보호사건의 조사와 심리에 대한 설명으로 옳지 않은 것은? 2023. 교정 9급

① 소년부 판사는 조사관에게 사건 본인, 보호자 또는 참고인의 심문이나 그 밖에 필요한 사항을 조사하도록 명할 수 있다.

② 소년이 소년분류심사원에 위탁된 경우 보조인이 없을 때에는 법원은 변호사 등 적정한 자를 보조인으로 선정하여야 한다.

③ 소년부 판사는 소년부 법원서기관·법원사무관·법원주사·법원주사보나 보호관찰관 또는 사법경찰관리에게 동행영장을 집행하게 할 수 있다.

④ 소년부는 조사 또는 심리를 할 때에 정신건강의학과 의사·심리학자·사회사업가·교육자나 그 밖의 전문가의 진단, 소년 분류심사원의 분류심사 결과와 의견, 소년교도소의 조사결과와 의견을 고려하여야 한다.

11. 다음 사례에서 甲에 대한 「소년법」상 처리절차로 옳지 않은 것은? 2022. 보호 7급

> 13세 甲은 정당한 이유 없이 가출한 후 집단적으로 몰려다니며 술을 마시고 소란을 피움으로써 주위 사람들에게 불안감을 조성하였고, 그의 성격이나 환경에 비추어 앞으로 형벌 법령에 저촉되는 행위를 할 우려가 있다.

① 경찰서장은 직접 관할 소년부에 송치하여야 하며, 송치서에 甲의 주거·성명·생년월일 및 행위의 개요와 가정 상황을 적고, 그 밖의 참고자료를 첨부하여야 한다.

② 보호자 또는 학교·사회복리시설·보호관찰소의 장은 甲을 관할 소년부에 통고할 수 있다.

③ 소년부 판사는 사건의 조사 또는 심리에 필요하다고 인정하면 기일을 지정하여 甲이나 그 보호자를 소환할 수 있으며, 정당한 이유 없이 소환에 응하지 아니하면 소년부 판사는 동행영장을 발부할 수 있다.

④ 소년부 판사는 심리 결과 보호처분의 필요성이 인정되더라도 甲에게 수강명령과 사회봉사명령은 부과할 수 없다.

🔍 정답 1.③ 2.② 3.③ 4.① 5.③ 6.③ 7.③ 8.④ 9.④ 10.④ 11.④

제3절 보호소년 등의 처우에 관한 법률

01 목 적

보호소년 등의 처우 및 교정교육과 소년원과 소년분류심사원의 조직, 기능 및 운영에 관하여 필요한 사항을 규정함을 목적으로 한다(제1조).

02 정 의

이 법에서 사용하는 용어의 뜻은 다음과 같다(제1조의2).

1. 보호소년	「소년법」 제32조 제1항 제7호(병원, 요양소 또는 의료재활소년원에 위탁), 제8호(1개월 이내의 소년원 송치), 제9호(단기 소년원 송치), 제10호(장기 소년원 송치)의 규정에 따라 가정법원소년부 또는 지방법원소년부(법원소년부)로부터 위탁되거나 송치된 소년을 말한다.
2. 위탁소년	「소년법」 제18조 제1항 제3호(임시조치-소년분류심사원에 위탁)에 따라 법원소년부로부터 위탁된 소년을 말한다.
3. 유치소년	「보호관찰 등에 관한 법률」 제42조(유치) 제1항에 따라 유치된 소년을 말한다.
4. 보호소년 등	보호소년, 위탁소년 또는 유치소년을 말한다.

03 조직별 임무

(1) 소년원

소년원은 보호소년을 수용하여 교정교육을 하는 것을 임무로 한다(제3조 제1항).

(2) 소년분류심사원

소년분류심사원은 다음의 임무를 수행한다(제3조 제2항). [2013. 7급]

[소년분류심사원의 임무]
1. 위탁소년의 수용과 분류심사
2. 유치소년의 수용과 분류심사
3. 「소년법」 제12조에 따른 전문가 진단의 일환으로 법원소년부가 상담조사를 의뢰한 소년의 상담과 조사
4. 「소년법」 제49조의2(검사의 결정 전 조사)에 따라 소년 피의사건에 대하여 검사가 조사를 의뢰한 소년의 품행 및 환경 등의 조사
5. 1.부터 4.까지의 규정에 해당되지 아니하는 소년으로서 소년원장이나 보호관찰소장이 의뢰한 소년의 분류심사

(3) 협조 요청(제50조)

① 원장은 교정교육, 분류심사 또는 조사에 특히 필요하다고 인정하면 행정기관, 학교, 병원, 그 밖의 단체에 대하여 필요한 협조를 요청할 수 있다(제1항).
② 협조 요청을 거절할 때에는 정당한 이유를 제시하여야 한다(제2항).

04 처우 · 조직 · 분류

(1) 처우의 기본원칙(제2조)

① 소년원장 또는 소년분류심사원장(이하 "원장")은 보호소년 등을 처우할 때에 인권보호를 우선적으로 고려하여야 하며, 그들의 심신 발달 과정에 알맞은 환경을 조성하고 안정되고 규율있는 생활 속에서 보호소년 등의 성장 가능성을 최대한으로 신장시킴으로써 사회적응력을 길러 건전한 청소년으로서 사회에 복귀할 수 있도록 하여야 한다(제1항).

② 보호소년에게는 품행의 개선과 진보의 정도에 따라 점차 향상된 처우를 하여야 하며(제2항), 소년원장은 교육활동에 지장을 주지 않는 범위에서 보호소년에게 다음에 해당하는 향상된 처우를 할 수 있다(시행령 제2조).

> **[보호소년의 처우]**
> 1. 특별히 마련한 거실·기구나 그 밖의 설비 사용
> 2. 사회·문화시설 견학·참관 등의 기회 부여

(2) 관장 및 조직(제4조)

① 소년원과 소년분류심사원은 법무부장관이 관장한다(제1항).

② 소년원과 소년분류심사원의 명칭, 위치, 직제, 그 밖에 필요한 사항은 대통령령으로 정한다(제2항).

(3) 소년원의 분류(제5조)

① 법무부장관은 보호소년의 처우상 필요하다고 인정하면 대통령령으로 정하는 바에 따라 소년원을 초·중등교육, 직업능력개발훈련, 의료재활 등 기능별로 분류하여 운영하게 할 수 있다(제1항).

② 법무부장관은 의료재활 기능을 전문적으로 수행하는 소년원을 의료재활소년원으로 운영한다(제2항).

③ 소년원의 기능별 분류·운영(시행령 제3조)

초·중등교육 소년원	「초·중등교육법」에 따른 초·중등교육이 필요한 소년을 수용·교육하는 소년원
직업능력개발훈련 소년원	「국민평생직업능력 개발법」에 따른 직업능력개발훈련이 필요한 소년을 수용·교육하는 소년원
의료·재활교육 소년원	약물 오·남용, 정신·지적발달 장애, 신체질환 등으로 집중치료나 특수교육이 필요한 소년을 수용·교육하는 소년원
인성교육 소년원	정서순화, 품행교정 등 인성교육이 집중적으로 필요한 소년을 수용·교육하는 소년원

(4) 소년원 등의 규모 등(제6조)

① **150명 이내** : 신설하는 소년원 및 소년분류심사원은 수용정원이 150명 이내의 규모가 되도록 하여야 한다. 다만, 소년원 및 소년분류심사원의 기능·위치나 그 밖의 사정을 고려하여 그 규모를 증대할 수 있다(제1항). [2021. 7급]

② 보호소년 등의 개별적 특성에 맞는 처우를 위하여 소년원 및 소년분류심사원에 두는 생활실은 대통령령으로 정하는 바에 따라 소규모로 구성하여야 한다(제2항).

③ **생활실 4명 이하** : 소년원 또는 소년분류심사원(소년원 등)에 두는 생활실의 수용정원은 4명 이하로 한다. 다만, 소년원 등의 기능·위치나 그 밖의 사정을 고려하여 수용인원을 증대할 수 있다(시행령 제5조의2).

④ 소년원 및 소년분류심사원의 생활실이나 그 밖의 수용생활을 위한 설비는 그 목적과 기능에 맞도록 설치되어야 한다(제3항).

⑤ 소년원 및 소년분류심사원의 생활실은 보호소년 등의 건강한 생활과 성장을 위하여 적정한 수준의 공간과 채광·통풍·난방을 위한 시설이 갖추어져야 한다(제4항).

(5) 방문 시 원장의 허가(제49조)

① 보호소년 등에 대한 지도, 학술연구, 그 밖의 사유로 소년원이나 소년분류심사원을 방문하려는 자는 그 대상 및 사유를 구체적으로 밝혀 원장의 허가를 받아야 한다(제1항).

② **외국인의 경우 장관의 승인** : 원장은 외국인의 방문을 허가하려면 법무부장관의 승인을 받아야 한다(시행령 제89조).

③ 소년원이나 소년분류심사원을 방문하지 아니하고 설문조사를 하려는 자는 미리 그 내용을 원장과 협의하여야 한다(제2항).

05 수용과 보호

(1) 수용 및 이송 등

① **수용절차**(제7조) [2020. 7급] 총 2회 기출

ㄱ 보호소년 등을 소년원이나 소년분류심사원에 수용할 때에는 법원소년부의 결정서, 법무부장관의 이송허가서 또는 지방법원 판사의 유치허가장에 의하여야 한다(제1항).

ㄴ 원장은 새로 수용된 보호소년 등에 대하여 지체 없이 건강진단과 위생에 필요한 조치를 하여야 한다(제2항).

ㄷ 원장은 새로 수용된 보호소년 등의 보호자나 보호소년 등이 지정하는 자(이하 "보호자 등")에게 지체 없이 수용 사실을 알려야 한다(제3항).

② **분류처우**(제8조)

ㄱ 원장은 보호소년 등의 정신적·신체적 상황 등 개별적 특성을 고려하여 생활실을 구분하는 등 적합한 처우를 하여야 한다(제1항).

ⓛ 소년원장은 분류처우를 할 때에는 분류심사 결과와 법원 소년부로부터 송부된 자료를 고려하여야 한다(시행령 제9조 제1항).

ⓒ 보호소년 등은 다음의 기준에 따라 분리 수용한다(제2항).

> **[보호소년 등의 분리 수용]** [2022. 9급]
> 1. 남성과 여성
> 2. 보호소년, 위탁소년 및 유치소년

ⓡ 원장은 보호소년 등을 분리수용하는 경우 비행, 공범관계, 처우과정 등을 고려하여 법무부령으로 정하는 바에 따라 생활실을 구분할 수 있다(시행령 제9조 제2항).

ⓜ 소년법 제32조 제1항 제7호(병원, 요양소 또는 의료재활소년원에 위탁)의 처분을 받은 보호소년은 의료재활소년원에 해당하는 소년원에 수용하여야 한다(제3항).

ⓗ 원장은 보호소년 등이 희망하거나 특별히 보호소년 등의 개별적 특성에 맞는 처우가 필요한 경우 보호소년 등을 혼자 생활하게 할 수 있다(제4항).

ⓢ 소년원장은 분류처우 대상 보호소년에 대하여 보호소년 등 처우·징계위원회의 심사를 거쳐 개별처우계획을 수립해야 한다(시행령 제10조 제1항).

③ **보호처분의 변경 등**(제9조)

ⓣ 소년원장은 보호소년이 다음의 어느 하나에 해당하는 경우에는 소년원 소재지를 관할하는 법원소년부에 보호처분의 변경을 신청할 수 있다(제1항).

> **[보호처분의 변경 신청 사유]**
> 1. 중환자로 판명되어 수용하기 위험하거나 장기간 치료가 필요하여 교정교육의 실효를 거두기가 어렵다고 판단되는 경우
> 2. 심신의 장애가 현저하거나 임신 또는 출산(유산·사산한 경우를 포함한다), 그 밖의 사유로 특별한 보호가 필요한 경우
> 3. 시설의 안전과 수용질서를 현저히 문란하게 하는 보호소년에 대한 교정교육을 위하여 보호기간을 연장할 필요가 있는 경우

ⓛ 보호처분의 변경을 할 경우 보호소년이 19세 이상인 경우에도 보호사건 규정을 적용한다(제5항).

ⓒ 소년분류심사원장의 의견 제시

ⓐ 소년분류심사원장은 위탁소년이 ⓣ의 어느 하나에 해당하는 경우에는 위탁 결정을 한 법원소년부에 임시조치의 취소, 변경 또는 연장에 관한 의견을 제시할 수 있다(제2항). [2021. 7급]

ⓑ 소년분류심사원장은 유치소년이 ⓣ의 1. 또는 2.에 해당하는 경우에는 유치 허가를 한 지방법원 판사 또는 소년분류심사원 소재지를 관할하는 법원소년부에 유치 허가의 취소에 관한 의견을 제시할 수 있다(제3항).

ⓒ ⓑ에 따른 의견 제시 후 지방법원 판사 또는 법원소년부 판사의 유치 허가 취소 결정이 있으면 소년분류심사원장은 그 유치소년을 관할하는 보호관찰소장에게 이를 즉시 통보하여야 한다(제4항).

④ **이송**(제12조)

    ㉠ 법무부장관의 허가 : 소년원장은 분류수용, 교정교육상의 필요, 그 밖의 이유로 보호소년을 다른 소년원으로 이송하는 것이 적당하다고 인정하면 법무부장관의 허가를 받아 이송할 수 있다(제1항). [2023. 보호 7급] 총 2회 기출

    ㉡ 「소년법」 제32조 제1항 제7호(병원, 요양소 또는 의료재활소년원에 위탁)의 처분을 받은 보호소년은 의료재활소년원에 해당하지 아니하는 소년원으로 이송할 수 없다(제2항).

    ㉢ 법무부장관은 분류수용이나 교육훈련을 위하여 수용인원을 조절할 필요가 있다고 인정되면 소년원장에게 보호소년을 다른 소년원으로 이송할 것을 지시할 수 있다(시행령 제14조).

    ㉣ 소년원장은 보호소년 또는 그 보호자 등이 다른 소년원으로 이송해 줄 것을 청원한 경우에는 법무부장관의 허가를 받아 보호소년을 그 소년원으로 이송할 수 있다(시행령 제15조).

    ㉤ 소년원장은 다음의 어느 하나에 해당하는 보호소년을 다른 소년원으로 이송해서는 안 된다(시행령 제16조 제2항).

> **[이송 제한 사유]**(시행령 제16조 제2항)
> 1. 외부 의료기관에 입원 또는 통원치료 중인 사람으로서 이송하는 것이 부적절하다고 판단되는 사람
> 2. 항고하여 재판에 계류 중인 사람. 다만, 재항고한 사람은 제외한다.
> 3. 징계를 받고 있는 사람

⑤ **비상사태 등의 대비**(제13조)

    ㉠ 원장은 천재지변이나 그 밖의 재난 또는 비상사태에 대비하여 계획을 수립하고 보호소년 등에게 대피훈련 등 필요한 훈련을 실시하여야 한다(제1항).

    ㉡ 원장은 천재지변이나 그 밖의 재난 또는 비상사태가 발생한 경우에 그 시설 내에서는 안전한 대피방법이 없다고 인정될 때에는 보호소년 등을 일시적으로 적당한 장소로 긴급 이송할 수 있다(제2항).

(2) **급여품 등**(제17조)

① 보호소년 등에게는 의류, 침구, 학용품, 그 밖에 처우에 필요한 물품을 주거나 대여한다(제1항).

② 보호소년 등에게는 주식, 부식, 음료, 그 밖의 영양물을 제공하되, 그 양은 보호소년 등이 건강을 유지하고 심신의 발육을 증진하는 데에 필요한 정도이어야 한다(제2항).

③ 급여품과 대여품의 종류와 수량의 기준은 법무부령으로 정한다(제3항).

④ 원장은 국경일이나 그 밖에 필요하다고 인정할 때에는 보호소년 등에게 특별급식을 할 수 있다(시행령 제32조).

⑤ 원장은 교정교육이나 위생에 해가 없다고 인정되는 경우에만 보호자나 그 밖의 관계인으로부터 음식물·의류·학용품 등을 반입하도록 허가할 수 있다(시행령 제33조 제1항).

⑥ 보호소년 등은 통학, 통근취업 등 원장이 특히 필요하다고 인정하여 허가하는 경우가 아니면 금전을 소지하거나 직접 사용할 수 없다(시행령 제34조).

(3) 금품의 보관 및 반환(제22조)

① 원장은 보호소년 등이 갖고 있던 금전, 의류, 그 밖의 물품을 보관하는 경우에는 이를 안전하게 관리하고 보호소년 등에게 수령증을 내주어야 한다(제1항).

② 원장은 보호소년 등의 퇴원, 임시퇴원, 사망, 이탈 등의 사유로 금품을 계속 보관할 필요가 없게 되었을 때에는 본인이나 보호자 등에게 반환하여야 한다(제2항).

③ 반환되지 아니한 금품은 퇴원, 임시퇴원, 사망, 이탈 등의 사유가 발생한 날부터 1년 이내에 본인이나 보호자 등이 반환 요청을 하지 아니하면 국고에 귀속하거나 폐기한다(제3항).

(4) 면회 · 편지 · 전화통화

① 면 회

㉠ 원장은 비행집단과 교제하고 있다고 의심할 만한 상당한 이유가 있는 경우 등 보호소년 등의 보호 및 교정교육에 지장이 있다고 인정되는 경우 외에는 보호소년 등의 면회를 허가하여야 한다. 다만, 제15조 제1항 제7호(20일 이내의 기간 동안 지정된 실 안에서 근신)의 징계를 받은 보호소년 등에 대한 면회는 그 상대방이 변호인이나 보조인(이하 "변호인 등") 또는 보호자인 경우에 한정하여 허가할 수 있다(법 제18조 제1항).

㉡ 1일 1회 40분 이내 : 보호소년 등의 면회는 평일[원장이 필요하다고 인정하는 경우에는 토요일(공휴일은 제외)을 포함]에 교육 등 일과 진행에 지장이 없는 범위에서 1일 1회 40분 이내로 한다. 다만, 특별한 사유가 있을 때에는 그렇지 않다(시행령 제36조 제1항).

㉢ 원장은 보호소년 등을 면회하려는 사람이 다음의 어느 하나에 해당한다고 인정되면 면회를 허가하지 않을 수 있다(시행령 제38조).

> **[면회 허가 제한 사유]**
> 1. 비행집단과 교제하고 있거나 특정 비행집단에 소속되어 있다고 의심할 만한 상당한 이유가 있는 경우
> 2. 보호소년 등과 소년원 등에서 함께 수용된 적이 있는 사람으로서 그와 교류하는 것이 보호소년 등의 교육에 지장을 줄 수 있다고 판단되는 경우
> 3. 보호소년 등의 보호자 등 없이 단독으로 면회하려는 경우. 다만, 학교 교사, 소년보호위원 또는 자원봉사자 등 교정교육에 도움이 된다고 인정되거나 보호소년 등과 사실혼 관계에 있다고 인정되는 경우는 제외한다.
> 4. 그 밖에 보호소년 등과의 관계가 불명확하거나 음주 · 폭언 · 폭행 등으로 보호소년 등의 교육에 해가 될 수 있다고 판단되는 경우

㉣ 보호소년 등이 면회를 할 때에는 소속 공무원이 참석하여 보호소년 등의 보호 및 교정교육에 지장이 없도록 지도할 수 있다. 이 경우 소속 공무원은 보호소년 등의 보호 및 교정교육에 지장이 있다고 인정되는 경우에는 면회를 중지할 수 있다(법 제18조 제2항). [2019. 5급 승진]

㉤ 면회에 참석하는 직원은 보호소년 등이 규율을 위반하거나 면회인이 보호소년 등에게 나쁜 영향을 준다고 인정되는 때에는 면회를 중지시킬 수 있다(시행령 제37조).

㉥ 보호소년 등이 변호인이나 보조인과 면회를 할 때에는 소속 공무원이 참석하지 아니한다. 다만, 보이는 거리에서 보호소년 등을 지켜볼 수 있다(법 제18조 제3항). [2019. 5급 승진] 총 2회 기출

② 편 지

㉠ 원장은 공동으로 비행을 저지른 관계에 있는 사람의 편지인 경우 등 보호소년 등의 보호 및 교정교육에 지장이 있다고 인정되는 경우에는 보호소년 등의 편지 왕래를 제한할 수 있으며, 편지의 내용을 검사할 수 있다(법 제18조 제4항). [2019. 9급] 총 2회 기출

㉡ 원장은 편지를 검사한 결과 다음의 어느 하나에 해당하는 경우에는 편지의 왕래를 제한할 수 있다(시행령 제39조 제1항).

[편지 왕래의 제한 사유]
1. 공동으로 비행을 저지른 관계에 있는 사람의 편지인 경우
2. 편지 내용이 보호소년 등의 교육에 해가 되거나 보호소년 등이 그 내용을 알아서는 아니 되는 사유가 있는 경우

㉢ 편지 왕래의 제한은 다음의 어느 하나에 해당하는 방법으로 한다(시행령 제39조 제2항).

[편지 왕래의 제한 방법]
1. 보호소년 등에게 그 사실을 알리고 반송할 것
2. 보호소년 등의 동의를 받아 폐기할 것
3. 보호소년 등의 동의를 받아 담당직원이 보관하였다가 출원할 때 내줄 것

㉣ 보호소년 등이 변호인 등과 주고받는 편지는 제한하거나 검사할 수 없다. 다만, 상대방이 변호인 등임을 확인할 수 없는 때에는 예외로 한다(법 제18조 제5항). [2019. 5급 승진]

③ 전화통화

㉠ 원장은 공범 등 교정교육에 해가 된다고 인정되는 사람과의 전화통화를 제한하는 등 보호소년 등의 보호 및 교정교육에 지장을 주지 아니하는 범위에서 가족 등과 전화통화를 허가할 수 있다(법 제18조 제6항). [2016. 9급]

㉡ 원장은 전화통화 허가를 신청한 보호소년 등에게 다음의 어느 하나에 해당하는 사유가 있는 경우에는 전화통화를 허가하지 않을 수 있다(시행령 제39조의2 제1항).

[전화통화 제한 사유]
1. 공동으로 비행을 저지르는 등 교정교육에 해가 된다고 인정되는 사람과 전화통화를 하려는 경우
2. 지속적인 규율 위반으로 교정성적이 현저하게 낮은 경우
3. 그 밖에 보호소년 등의 교정교육 또는 수용질서에 부정적 영향을 끼칠 우려가 있는 경우

㉢ 전화통화는 평일 근무시간에 한정한다. 다만, 원장은 특별히 필요하다고 인정하는 경우에는 야간 및 휴일에도 전화통화를 허가할 수 있다(시행규칙 제36조의2 제2항). [2019. 5급 승진]

㉣ 원장은 다음의 어느 하나에 해당하는 경우에는 보호소년 등의 전화통화를 중지시킬 수 있다(시행령 제39조의2 제2항).

[전화통화 중지 사유]
1. 허가받지 아니한 사람(가족은 제외)과 통화하는 경우
2. 전화통화 중 반복·지속적으로 욕설을 하거나 허용되지 아니한 물품의 반입을 요구하는 등 교정교육 또는 수용질서 유지에 바람직하지 아니하다고 판단되는 경우

    ⓜ 보호소년 등의 전화통화를 중지시키려면 미리 보호소년 등에게 경고하여야 하며, 전화통화를 중지시킬 경우 통화상대방에게도 그 사유를 알려야 한다(시행령 제39조의2 제3항).

    ⓑ 전화통화를 위하여 소년원 및 소년분류심사원에 설치하는 전화기의 운영에 필요한 사항은 법무부장관이 정한다(법 제18조 제8항).

④ 면회 허가의 제한과 면회 중지, 편지 왕래의 제한 및 전화통화의 제한 사유에 관한 구체적인 범위는 대통령령으로 정한다(법 제18조 제7항).

(5) 외 출 [2016. 9급]

① 소년원장은 보호소년에게 다음의 어느 하나에 해당하는 사유가 있을 때에는 본인이나 보호자 등의 신청에 따라 또는 직권으로 외출을 허가할 수 있다(제19조).

> **[외출 사유]**
> 1. 직계존속이 위독하거나 사망하였을 때
> 2. 직계존속의 회갑 또는 형제자매의 혼례가 있을 때
> 3. 천재지변이나 그 밖의 사유로 가정에 인명 또는 재산상의 중대한 피해가 발생하였을 때
> 4. 병역, 학업, 질병 등의 사유로 외출이 필요할 때
> 5. 그 밖에 교정교육상 특히 필요하다고 인정할 때

② 외출 기간은 7일(공휴일과 토요일을 포함한다) 이내로 한다. 다만, 특별한 사유가 있을 때에는 그 기간을 연장할 수 있다(시행령 제40조).

③ 소년원장은 외출허가를 받은 보호소년에게 지켜야 할 사항을 부과하여야 하며 보호소년이 준수사항을 위반하면 지체 없이 외출허가를 취소하고 복귀에 필요한 조치를 하여야 한다(시행령 제41조).

(6) 의 료

① 환자의 치료(제20조)

    ㉠ 원장은 보호소년 등이 질병에 걸리면 지체 없이 적정한 치료를 받도록 하여야 한다(제1항).

    ㉡ 원장은 소년원이나 소년분류심사원에서 치료를 하는 것이 곤란하다고 인정되면 외부 의료기관에서 치료를 받게 할 수 있다(제2항).

    ㉢ 원장은 보호소년 등을 외부 의료기관에 입원시킨 경우에는 지체 없이 법무부장관에게 보고하여야 한다(시행령 제43조 제2항).

    ㉣ 원장은 보호소년 등이나 그 보호자 등이 자비로 치료받기를 원할 때에는 이를 허가할 수 있다(제3항).

    ㉤ 소년원 및 소년분류심사원에 근무하는 간호사는 「의료법」 제27조에도 불구하고 야간 또는 공휴일 등 의사가 진료할 수 없는 경우 대통령령으로 정하는 경미한 의료행위를 할 수 있다.

ⓗ 대통령령으로 정하는 경미한 의료행위란 다음의 의료행위를 말한다.

> **[대통령령으로 정하는 간호사의 경미한 의료행위]**
> 1. 자주 발생하는 가벼운 상처의 치료
> 2. 응급처치가 필요한 보호소년 등에 대한 처치
> 3. 부상·질병의 악화를 방지하기 위한 처치
> 4. 환자의 요양 지도 및 관리
> 5. 제1호부터 제4호까지의 의료행위에 따르는 의약품의 투여

② **진료기록부 등의 관리**(제20조의2)
　㉠ 소년원 및 소년분류심사원에 근무하는 의사와 간호사는 보호소년 등에 대한 진료기록부, 간호기록부, 그 밖의 진료에 관한 기록(이하 "진료기록부 등")을 소년원과 소년분류심사원의 정보를 통합적으로 관리하기 위하여 법무부장관이 운영하는 정보시스템에 입력하여야 한다(제1항).
　㉡ 법무부장관은 진료기록부 등을 법무부령으로 정하는 바에 따라 보존하여야 한다(제2항).

③ **출원생의 외래진료**(제20조의3)
　㉠ 의료재활소년원장은 의료재활소년원 출원생이 외래진료를 신청하는 경우 의료재활소년원에서 검사, 투약 등 적절한 진료 및 치료를 받도록 할 수 있다(제1항).
　㉡ 법무부장관은 의료재활소년원 출원생이 신청하는 경우 법무부장관이 지정하는 기관에서 외래진료를 받도록 할 수 있다. 이 경우 법무부장관은 예산의 범위에서 진료비용을 지원할 수 있다(제2항).
　㉢ 외래진료의 기간과 방법 및 진료비용 지원 등에 필요한 사항은 법무부령으로 정한다(제3항).

④ **감염병의 예방과 응급조치**(제21조)
　㉠ 원장은 소년원이나 소년분류심사원에서 감염병이 발생하거나 발생할 우려가 있을 때에는 이에 대한 상당한 조치를 하여야 한다(제1항).
　㉡ 원장은 보호소년 등이 감염병에 걸렸을 때에는 지체 없이 격리 수용하고 필요한 응급조치를 하여야 한다(제2항).
　㉢ 원장은 보호소년 등에 대한 예방접종과 방역소독 등 감염병 예방에 필요한 조치를 하여야 한다(시행령 제45조 제1항).
　㉣ 원장은 감염병이 유행하고 있을 때에는 감염병 유행지역 거주자의 면회, 음식물·피복이나 그 밖의 물품의 반입을 금지할 수 있다(시행령 제45조 제2항).
　㉤ 원장은 보호소년 등이 감염병에 감염되었다고 의심되는 경우에는 감염병의 증상 또는 전염력이 없어질 때까지 격리수용하고, 소지품에 대한 소독 등 필요한 조치를 하여야 한다(시행령 제45조 제3항).
　㉥ 원장은 소년원 등에서 감염병이 발생하면 지체 없이 그 발생 상황을 법무부장관에게 보고하고, 그 소년원 등이 있는 지역의 보건소장에게 즉시 신고해야 한다(시행령 제46조).

06 안전과 질서

(1) 사고 방지 등(제14조)

① 원장은 보호소년 등이 이탈, 난동, 폭행, 자해, 그 밖의 사고를 일으킬 우려가 있을 때에는 이를 방지하는 데에 필요한 조치를 하여야 한다(제1항).

② 보호소년 등이 소년원이나 소년분류심사원을 이탈하였을 때에는 그 소속 공무원이 재수용할 수 있다(제2항). [2014. 9급]

③ 원장은 보호소년 등의 사망, 이탈, 난동, 그 밖의 중대한 사고가 발생하면 지체 없이 법무부장관에게 보고하여야 한다(시행령 제20조 제1항).

④ 원장은 조사·심리를 받고 있는 위탁소년 또는 항고 중의 보호소년이 사망하거나 이탈한 경우 또는 이탈한 보호소년 등을 재수용한 경우에는 지체 없이 그 사실을 사건이 계류되어 있는 법원에 통지하여야 한다(시행령 제20조 제2항).

⑤ 원장은 보호소년 등이 사망한 경우에는 지체 없이 검사의 지휘에 따라 사체의 검사 등 필요한 조치를 하여야 한다(시행령 제21조).

⑥ 원장은 보호소년 등이 사망하면 지체 없이 병명, 사망 원인 및 사망 일시를 보호자 등에게 알리고, 검사의 지휘에 따라 사체를 인도하여야 한다(시행령 제22조).

(2) 소지금지물품

보호소년 등은 다음의 물품을 소지해서는 아니 된다(시행령 제17조의2).

> [소지금지물품]
> 1. 흉기, 화기, 폭발물, 독극물, 그 밖에 시설의 안전 또는 질서를 해칠 우려가 있는 물품
> 2. 주류·담배·현금·수표·음란물, 사행행위에 사용되는 물품, 그 밖에 보호소년 등의 교정교육 또는 건전한 사회복귀를 해칠 우려가 있는 물품

(3) 신체 검사 등(시행령 제17조의3)

① 원장은 시설의 안전과 질서 유지를 위하여 필요하다고 인정하는 경우에는 보호소년 등의 신체·의류·휴대품·생활실 등을 검사할 수 있다(제1항).

② 원장은 ①에 따라 검사한 결과 소지금지물품(이하 "금지물품")이 발견되면 이를 보호소년 등에게 알린 후 폐기한다(제4항).

③ ②에도 불구하고 폐기하는 것이 적당하지 아니한 물품은 소년원 등에 보관하거나 보호자 등에게 전달할 수 있다. 이 경우 보관 물품의 처리는 법 제22조에 따른다(제5항).

④ 원장은 보호소년 등의 신체를 검사하는 경우에는 해당 보호소년 등이 불필요한 고통이나 수치심을 느끼지 않도록 유의해야 하며, 특히 신체를 면밀히 검사할 필요가 있으면 다른 보호소년 등이 볼 수 없는 차단된 장소에서 해야 한다(제2항).

⑤ 원장은 여성인 보호소년 등의 신체·의류 및 휴대품을 검사하는 경우에는 소속 여성 공무원이 하게 하여야 한다(제3항).

(4) **외부인의 출입통제**(시행령 제18조)

① 원장은 소년원 등에 출입하는 외부인의 출입 목적과 신원을 확인하고, 시설의 안전과 질서 유지를 위하여 필요하다고 인정하면 출입자의 의류와 휴대품을 검사할 수 있다(제1항).

② 원장은 검사 결과 출입자가 금지물품을 소지하고 있으면 소년원 등에 맡기게 하여야 하며, 이에 따르지 아니하면 출입을 금지할 수 있다(제2항).

③ 원장은 여성 출입자의 의류 및 휴대품을 검사하는 경우에는 소속 여성 공무원이 하게 하여야 한다(제3항).

(5) **심신안정실 수용**(시행령 제19조)

① 원장은 보호소년 등이 수용사유에 해당할 때에는 의사의 의견을 고려하여 심신안정실(자살 및 자해 방지 등의 설비를 갖춘 생활실을 말한다)에 수용할 수 있다(제1항).

② **수용 사유 및 수용기간**

수용 사유	1. 자살 또는 자해의 우려가 있을 때 2. 신체적·정신적 질병 또는 임신·출산(유산·사산한 경우를 포함) 등으로 인하여 특별한 보호가 필요할 때	3. 설비 또는 기구 등을 손괴하거나 손괴하려 할 때 4. 담당 직원의 제지에도 불구하고 소란행위를 계속하여 다른 보호소년 등의 평온한 생활을 방해할 때
기간 및 연장	심신안정실의 수용기간은 15일 이내로 한다. 다만, 원장은 특별히 계속하여 수용할 필요가 있으면 의사의 의견을 고려하여 7일을 초과하지 아니하는 범위에서 한 차례만 그 기간을 연장할 수 있다(제2항).	심신안정실 수용기간은 24시간 이내로 한다. 다만, 원장은 특별히 계속하여 수용할 필요가 있으면 의사의 의견을 고려하여 12시간을 초과하지 아니하는 범위에서 한 차례만 그 기간을 연장할 수 있다(제3항).

③ 원장은 보호소년 등을 심신안정실에 수용하거나 그 수용기간을 연장하는 경우에는 그 사유를 본인에게 알려주어야 한다(제4항).

④ 원장은 의사 및 간호사로 하여금 심신안정실에 수용된 보호소년 등의 건강상태를 수시로 확인하게 하여야 한다(제5항).

⑤ 원장은 심신안정실에 수용할 사유가 소멸하면 심신안정실 수용을 즉시 중단하여야 한다(제6항).

(6) **보호장비의 사용**(제14조의2)

① 보호장비의 종류는 다음과 같다(제1항). [2021. 보호 7급] 총 4회 기출

> [보호장비의 종류]
> 1. 수갑
> 2. 포승
> 3. 가스총
> 4. 전자충격기
> 5. 머리보호장비
> 6. 보호대

② 원장은 다음의 어느 하나에 해당하는 경우에는 소속 공무원으로 하여금 보호소년 등에 대하여 수갑, 포승 또는 보호대를 사용하게 할 수 있다(제2항).

> **[수갑·포승·보호대 사용 요건]** [2023. 9급] 총 3회 기출
> 1. 이탈·난동·폭행·자해·자살을 방지하기 위하여 필요한 경우
> 2. 법원 또는 검찰의 조사·심리, 이송, 그 밖의 사유로 호송하는 경우
> 3. 그 밖에 소년원·소년분류심사원의 안전이나 질서를 해칠 우려가 현저한 경우

③ 원장은 다음의 어느 하나에 해당하는 경우에는 소속 공무원으로 하여금 보호소년 등에 대하여 수갑, 포승 또는 보호대 외에 가스총이나 전자충격기를 사용하게 할 수 있다(제3항).

> **[가스총·전자충격기 사용 요건]** [2020. 5급 승진] 총 3회 기출
> 1. 이탈, 자살, 자해하거나 이탈, 자살, 자해하려고 하는 때
> 2. 다른 사람에게 위해를 가하거나 가하려고 하는 때
> 3. 위력으로 소속 공무원의 정당한 직무집행을 방해하는 때
> 4. 소년원·소년분류심사원의 설비·기구 등을 손괴하거나 손괴하려고 하는 때
> 5. 그 밖에 시설의 안전 또는 질서를 크게 해치는 행위를 하거나 하려고 하는 때

④ 가스총이나 전자충격기를 사용하려면 사전에 상대방에게 이를 경고하여야 한다. 다만, 상황이 급박하여 경고할 시간적인 여유가 없는 때에는 그러하지 아니하다(제4항). [2023. 교정 9급]
⑤ 원장은 보호소년 등이 자해할 우려가 큰 경우에는 소속 공무원으로 하여금 보호소년 등에게 머리보호장비를 사용하게 할 수 있다(제5항). [2023. 9급]
⑥ 보호장비는 필요한 최소한의 범위에서 사용하여야 하며, 보호장비를 사용할 필요가 없게 되었을 때에는 지체 없이 사용을 중지하여야 한다(제6항). [2023. 9급]
⑦ 보호장비는 징벌의 수단으로 사용되어서는 아니 된다(제7항). [2020. 7급] 총 3회 기출
⑧ 보호장비의 사용방법 및 관리에 관하여 필요한 사항은 법무부령으로 정한다(제8항).

⑺ 전자장비의 설치·운영(제14조의3)

① 소년원 및 소년분류심사원에는 보호소년 등의 이탈·난동·폭행·자해·자살, 그 밖에 보호소년 등의 생명·신체를 해치거나 시설의 안전 또는 질서를 해치는 행위(이하 "자해 등")를 방지하기 위하여 필요한 최소한의 범위에서 전자장비를 설치하여 운영할 수 있다(제1항).
② 보호소년 등이 사용하는 목욕탕, 세면실 및 화장실에 전자영상장비를 설치하여 운영하는 것은 자해 등의 우려가 큰 때에만 할 수 있다. 이 경우 전자영상장비로 보호소년 등을 감호할 때에는 여성인 보호소년 등에 대해서는 여성인 소속 공무원만, 남성인 보호소년 등에 대해서는 남성인 소속 공무원만이 참여하여야 한다(제2항). [2020. 7급] 총 4회 기출
③ 전자장비를 설치·운영할 때에는 보호소년 등의 인권이 침해되지 아니하도록 하여야 한다(제3항).
④ 전자장비의 종류·설치장소·사용방법 및 녹화기록물의 관리 등에 필요한 사항은 법무부령으로 정한다(제4항).

⑻ **규율 위반 행위**

보호소년 등은 다음의 행위를 하여서는 아니 된다(제14조의4).

> **[규율 위반 행위]**
> 1. 「형법」,「폭력행위 등 처벌에 관한 법률」, 그 밖의 형사 법률에 저촉되는 행위
> 2. 생활의 편의 등 자신의 요구를 관철할 목적으로 자해하는 행위
> 3. 소년원·소년분류심사원의 안전 또는 질서를 해칠 목적으로 단체를 조직하거나 그 단체에 가입하거나 다중을 선동하는 행위
> 4. 금지물품을 반입하거나 이를 제작·소지·사용·수수·교환 또는 은닉하는 행위
> 5. 정당한 사유 없이 교육 등을 거부하거나 게을리하는 행위
> 6. 그 밖에 시설의 안전과 질서 유지를 위하여 법무부령으로 정하는 규율을 위반하는 행위

⑼ **징계와 징계대상행위의 조사**

① **징계**(제15조)

㉠ 원장은 보호소년 등이 규율 위반 행위(제14조의4)를 하면 보호소년 등 처우·징계위원회의 의결에 따라 다음의 어느 하나에 해당하는 징계를 할 수 있다(제1항).

> **[징계의 종류]**
> 1. 훈계
> 2. 원내 봉사활동
> 3. 서면 사과
> 4. 20일 이내의 텔레비전 시청 제한
> 5. 20일 이내의 단체 체육활동 정지
> 6. 20일 이내의 공동행사 참가 정지
> 7. 20일 이내의 기간 동안 지정된 실(室) 안에서 근신하게 하는 것

㉡ 3.부터 6.까지의 처분은 함께 부과할 수 있다(제2항).

㉢ 20일 이내의 근신 처분은 14세 미만의 보호소년 등에게는 부과하지 못한다(제3항). [2023. 보호 7급] 총 3회 기출

㉣ 원장은 20일 이내의 근신 처분을 받은 보호소년 등에게 개별적인 체육활동 시간을 보장하여야 한다. 이 경우 매주 1회 이상 실외운동을 할 수 있도록 하여야 한다(제4항).

㉤ 20일 이내의 근신 처분을 받은 보호소년 등에게는 그 기간 중 ㉠의 4.부터 6.까지의 처우 제한이 함께 부과된다. 다만, 원장은 보호소년 등의 교화 또는 건전한 사회복귀를 위하여 특히 필요하다고 인정하면 텔레비전 시청, 단체 체육활동 또는 공동행사 참가를 허가할 수 있다(제5항). [2022. 9급]

ⓗ 원장은 보호소년 등을 징계할 때에는 다음의 사항을 고려하여야 한다(시행령 제24조 제1항).

> **[징계 시 고려 사항]**
> 1. 행위자의 연령·지능·성격 및 건강상태
> 2. 행위의 동기·수단 및 결과
> 3. 교정성적 및 생활태도
> 4. 규율위반 행위가 타인에게 미치는 영향
> 5. 행위 후의 자수·반성·합의 여부

ⓢ 원장은 보호소년 등을 징계할 때에는 증거에 의하여 징계 정도를 공정하게 정하고 교육적 효과를 고려하여야 한다(시행령 제24조 제2항).

ⓞ 소년원장은 보호소년이 징계를 받은 경우에는 법무부령으로 정하는 기준에 따라 교정성적 점수를 빼야 한다(제6항).

ⓩ 징계는 당사자의 심신상황을 고려하여 교육적으로 하여야 한다(제7항).

ⓧ 원장은 보호소년 등에게 징계를 한 경우에는 지체 없이 그 사실을 보호자에게 통지하여야 하며(제8항), 징계를 받은 보호소년 등의 보호자와 상담을 할 수 있다(제9항).

ⓚ 원장은 징계 중인 보호소년 등을 매주 1회 이상 면접하고 개별지도를 하여야 하며(시행령 제27조 제2항), 징계 중인 보호소년 등의 처우를 제한하는 경우에는 그 사실을 그 보호소년 등의 가족이나 친지에게 알려야 한다(시행령 제27조 제3항).

ⓣ 원장은 징계 중인 보호소년 등에 대하여는 의사 및 간호사에게 수시로 건강진단을 하도록 하여야 한다(시행령 제27조 제4항).

ⓟ 원장은 징계처분을 받은 보호소년 등에 대하여 징계기간 중 교육활동의 일부를 제한할 수 있다(시행령 제29조).

ⓗ 징계집행의 유예·정지·면제 : 원장은 정상을 특별히 참작할 사유가 있거나 환자인 경우에는 징계 집행을 면제하거나 사유가 없어질 때까지 징계 집행을 유예하거나 정지할 수 있다(시행령 제30조).

② **징계대상행위의 조사**(시행령 제24조의2)

ㄱ 조사기간 : 보호소년 등의 징계대상행위에 대한 조사기간(조사를 시작한 날부터 조사를 완료하여 처우·징계위원회 개최 통보를 한 날까지를 말한다)은 7일 이내로 한다. 다만, 원장은 특별히 필요하다고 인정하는 경우에는 3일을 초과하지 아니하는 범위에서 한 차례만 그 기간을 연장할 수 있다(제1항).

ㄴ 분리수용 : 원장은 규율을 위반하여 징계가 필요하다고 의심할 만한 상당한 이유가 있는 보호소년 등이 다음의 어느 하나에 해당하면 조사기간 중 분리하여 수용할 수 있다(제2항).

> **[조사기간 중 분리수용 사유]**
> 1. 증거를 없앨 우려가 있을 때
> 2. 다른 보호소년 등에게 위해를 끼칠 우려가 있거나 다른 보호소년 등의 위해로부터 보호할 필요가 있을 때

ⓒ 분리수용기간은 징계기간에 포함한다(제3항).

ⓔ 원장은 조사대상자의 질병이나 그 밖의 특별한 사정으로 조사를 계속하기 어려운 경우에는 그 사유가 없어질 때까지 조사를 일시적으로 정지할 수 있다. 이 경우 조사가 정지된 다음 날부터 정지사유가 소멸한 전날까지의 기간은 조사기간에 포함하지 아니한다(제4항).

ⓜ 징계대상행위 조사에 관한 세부 사항은 법무부령으로 정한다(제5항).

(10) 보호소년등 처우ㆍ징계위원회(제15조의2)

① 보호소년 등의 처우에 관하여 원장의 자문에 응하게 하거나 징계대상자에 대한 징계를 심의ㆍ의결하기 위하여 소년원 및 소년분류심사원에 보호소년등처우ㆍ징계위원회를 둔다.

② 제1항에 따른 보호소년등처우ㆍ징계위원회(이하 "위원회"라 한다)는 위원장을 포함한 5명 이상 11명 이하의 위원으로 구성하고, 민간위원은 1명 이상으로 한다.

③ 위원회가 징계대상자에 대한 징계를 심의ㆍ의결하는 경우에는 1명 이상의 민간위원이 해당 심의ㆍ의결에 참여하여야 한다.

④ 위원회는 소년보호에 관한 학식과 경험이 풍부한 외부인사로부터 의견을 들을 수 있다.

⑤ 제1항부터 제4항까지에서 규정한 사항 외에 위원회의 구성과 운영 등에 필요한 사항은 대통령령으로 정한다.

⑥ 위원회의 위원 중 공무원이 아닌 사람은 「형법」 제127조 및 제129조부터 제132조까지의 규정을 적용할 때에는 공무원으로 본다.

(11) 포상(제16조)

① 원장은 교정성적이 우수하거나 품행이 타인의 모범이 되는 보호소년 등에게 포상을 할 수 있다(제1항). [2023. 보호 7급]

② 원장은 포상을 받은 보호소년 등에게는 특별한 처우를 할 수 있다(제2항). [2023. 보호 7급]

(12) 권리구제 및 친권ㆍ후견

① 원장은 보호소년 등으로부터 처우나 일신상의 사정에 관한 의견을 듣기 위하여 수시로 보호소년 등과 면접을 하여야 한다(제10조).

② 보호소년 등은 그 처우에 대하여 불복할 때에는 법무부장관에게 문서로 청원할 수 있다(제11조). [2021. 7급] 총 2회 기출

③ 원장은 청원서를 접수하면 지체 없이 이를 법무부장관에게 보내야 하며, 청원을 할 수 있다는 안내문을 보기 쉬운 곳에 게시하는 등 청원의 편의를 제공하여야 한다(시행령 제13조 제1항, 제2항).

④ 원장은 보호소년 등이 청원을 못하게 하거나 청원을 하였다는 이유로 불이익한 처우를 하여서는 아니 된다(시행령 제13조 제3항).

⑤ 원장은 미성년자인 보호소년 등이 친권자나 후견인이 없거나 있어도 그 권리를 행사할 수 없을 때에는 법원의 허가를 받아 그 보호소년 등을 위하여 친권자나 후견인의 직무를 행사할 수 있다(제23조). [2023. 보호 7급] 총 2회 기출

07 분류심사

(1) 분류심사 및 분류심사관

① 분류심사는 소년의 신체, 성격, 소질, 환경, 학력 및 경력 등에 대한 조사를 통하여 비행 또는 범죄의 원인을 규명하여 심사대상인 소년의 처우에 관하여 최선의 지침을 제시함을 목적으로 한다(제24조 제1항).

② 소년분류심사원의 임무를 수행하기 위하여 소년분류심사원에 분류심사관을 둔다(제25조 제1항).

(2) 청소년심리검사 등

소년분류심사원장은 「청소년기본법」 제3조 제1호(청소년이란 9세 이상 24세 이하인 사람)에 따른 청소년이나 그 보호자가 적성검사 등 진로탐색을 위한 청소년심리검사 또는 상담을 의뢰하면 이를 할 수 있다. 이 경우에는 법무부장관이 정하는 바에 따라 실비를 받을 수 있다(제26조).

08 교정교육 등

(1) 교정교육의 원칙

① 소년원의 교정교육은 규율있는 생활 속에서 초·중등교육, 직업능력개발훈련, 인성교육, 심신의 보호·지도 등을 통하여 보호소년이 전인적인 성장·발달을 이루고 사회생활에 원만하게 적응할 수 있도록 하여야 한다(제28조).

② 교정교육은 보호소년이 소년원에 입원할 때부터 출원할 때까지의 전 과정을 신입자교육, 기본교육, 사회복귀교육의 3단계로 구분하여 순차적으로 실시해야 한다(시행령 제56조 제1항).

③ 보호소년의 교정성적은 교육성과 및 생활성적을 종합하여 평가한다(시행령 제57조 제1항).

(2) 학교의 설치·운영

① 법무부장관은 대통령령으로 정하는 바에 따라 소년원에 「초·중등교육법」 제2조 제1호부터 제4호(초등학교·공민학교, 중학교·고등공민학교, 고등학교·고등기술학교, 특수학교)까지의 학교(이하 "소년원학교")를 설치·운영할 수 있다(제29조).

② 소년원학교에는 「초·중등교육법」 제21조 제2항에 따른 자격을 갖춘 교원을 두되, 교원은 일반직공무원으로 임용할 수 있다(제30조 제1항).

③ 보호소년이 소년원학교에 입교하면 「초·중등교육법」에 따라 입학·전학 또는 편입학한 것으로 본다(제31조 제1항).

④ 소년원학교장은 보호소년이 입교하면 그 사실을 보호소년이 최종적으로 재학했던 학교(이하 "전적학교")의 장에게 통지하고 그 보호소년의 학적에 관한 자료를 보내줄 것을 요청할 수 있다(제31조 제3항).

⑤ 보호소년이 소년원학교에서 교육과정을 밟는 중에 소년원에서 퇴원하거나 임시퇴원하여 전적학교 등 다른 학교에 전학이나 편입학을 신청하는 경우 전적학교 등 다른 학교의 장은 정당한 사유를 제시하지 아니하는 한 이를 허가하여야 한다(제32조).

⑥ 소년원장은 교정성적이 양호한 보호소년의 원활한 학업 연계를 위하여 필요하다고 판단되면 보호소년을 전적학교 등 다른 학교로 통학하게 할 수 있다(제33조).

⑦ 소년원학교에서 교육과정을 마친 보호소년이 전적학교의 졸업장 취득을 희망하는 경우 소년원학교장은 전적학교의 장에게 학적사항을 통지하고 졸업장의 발급을 요청할 수 있다(제34조 제1항).

⑧ 졸업장의 발급 요청을 받은 전적학교의 장은 정당한 사유를 제시하지 아니하는 한 졸업장을 발급하여야 한다. 이 경우 그 보호소년에 관한 소년원학교의 학적사항은 전적학교의 학적사항으로 본다(제34조 제2항).

(3) 직업능력개발훈련 · 통근취업

① 소년원의 직업능력개발훈련은 「국민평생직업능력개발법」으로 정하는 바에 따른다(제35조 제1항).

② 소년원장은 법무부장관의 허가를 받아 산업체의 기술지원이나 지원금으로 직업능력개발훈련을 실시하거나 소년원 외의 시설에서 직업능력개발훈련을 실시할 수 있다(제35조 제2항).

③ 직업능력개발훈련을 실시하는 소년원에는 「국민평생직업능력개발법」으로 정한 자격을 갖춘 직업능력개발훈련교사를 둔다(제36조).

④ 소년원장은 보호소년이 직업능력개발훈련과정을 마쳤을 때에는 산업체에 통근취업하게 할 수 있다(제37조 제1항).

⑤ 소년원장은 보호소년이 취업을 하였을 때에는 해당 산업체로 하여금 「근로기준법」을 지키게 하고, 보호소년에게 지급되는 보수는 전부 본인에게 지급하여야 한다(제37조 제2항).

(4) 대안교육 및 비행예방 등

소년원 및 소년분류심사원은 청소년 등에게 비행예방 및 재범방지 또는 사회적응을 위한 체험과 인성 위주의 교육을 실시하기 위하여 다음의 교육과정(이하 "대안교육과정")을 운영한다(제42조의2 제1항).

[대안교육과정]
1. 법원소년부 판사가 명한 대안교육
2. 검사가 의뢰한 상담·교육·활동 등
3. 징계대상인 학생으로서 각급 학교의 장이 의뢰한 소년의 교육
4. 학교폭력 예방교육과 가해학생 및 보호자 특별교육

(5) 보호자교육

소년원과 소년분류심사원은 「소년법」 제32조의2 제3항에 따라 교육명령을 받은 보호자 또는 보호소년 등의 보호자를 대상으로 역할개선 중심의 보호자교육과정을 운영한다(제42조의3 제1항).

09 출 원

(1) 퇴원 · 임시퇴원

① 소년원장은 보호소년이 22세가 되면 퇴원시켜야 한다(제43조 제1항). [2020. 7급]

② 소년원장은 「소년법」 제32조 제1항 제8호(1개월 이내의 소년원 송치) 또는 제33조 제1항(보호자 또는 보호자를 대신하여 소년을 보호할 수 있는 자에게 감호 위탁, 아동복지시설이나 그 밖의 소년보호시설에 감호 위탁, 병원 · 요양소 또는 의료재활소년원에 위탁 : 6개월, 6개월 연장 가능) · 제5항(단기 소년원 송치 : 6개월) · 제6항(장기 소년원 송치 : 2년)에 따라 수용상한기간에 도달한 보호소년은 즉시 퇴원시켜야 한다(제43조 제2항).

③ 소년원장은 교정성적이 양호하며 교정의 목적을 이루었다고 인정되는 보호소년[「소년법」 제32조 제1항 제8호(1개월 이내의 소년원 송치)에 따라 송치된 보호소년은 제외한다]에 대하여는 보호관찰심사위원회에 퇴원을 신청하여야 한다(제43조 제3항). [2022. 보호 7급]

④ 위탁소년 또는 유치소년의 소년분류심사원 퇴원은 법원소년부의 결정서에 의하여야 한다(제43조 제4항). [2022. 보호 7급]

⑤ 소년원장은 교정성적이 양호한 자 중 보호관찰의 필요성이 있다고 인정되는 보호소년[「소년법」 제32조 제1항 제8호(1개월 이내의 소년원 송치)에 따라 송치된 보호소년은 제외한다]에 대하여는 보호관찰심사위원회에 임시퇴원을 신청하여야 한다(제44조).

(2) 보호소년의 출원

소년원장은 법무부장관의 퇴원 · 임시퇴원 허가를 통보받으면 해당 허가서에 기재되어 있는 출원예정일에 해당 보호소년을 출원시켜야 한다. 다만, 본인의 신청에 의하여 계속 수용하는 경우와 사회복지단체 등에 인도되기 전까지 계속 수용하는 경우에는 그러하지 아니하다(제44조의2).

(3) 퇴원자 또는 임시퇴원자의 계속 수용(제46조)

① 퇴원 또는 임시퇴원이 허가된 보호소년이 질병에 걸리거나 본인의 편익을 위하여 필요하면 본인의 신청에 의하여 계속 수용할 수 있다. [2016. 9급] 총 2회 기출

② 소년원장은 계속 수용의 사유가 소멸되면 지체 없이 보호소년을 보호자 등에게 인도하여야 한다.

③ 소년원장은 임시퇴원이 허가된 보호소년을 계속 수용할 때에는 그 사실을 보호관찰소장에게 통지하여야 한다.

(4) 보호소년의 인도(제45조)

① 소년원장은 보호소년의 퇴원 또는 임시퇴원이 허가되면 지체 없이 보호자 등에게 보호소년의 인도에 관하여 알려야 한다.

② 소년원장은 퇴원 또는 임시퇴원이 허가된 보호소년을 보호자 등에게 직접 인도하여야 한다. 다만, 보호소년의 보호자 등이 없거나 출원예정일부터 10일 이내에 보호자 등이 인수하지 아니하면 사회복지단체, 독지가, 그 밖의 적당한 자에게 인도할 수 있다.

③ 사회복지단체 등에 인도되기 전까지의 보호소년에 대해서는 계속 수용에 준하여 처우한다.

(5) 사회정착지원(제45조의2)

① 원장은 출원하는 보호소년 등의 성공적인 사회정착을 위하여 장학 · 원호 · 취업알선 등 필요한 지원을 할 수 있다.

② 사회정착지원의 기간은 6개월 이내로 하되, 6개월 이내의 범위에서 한 번에 한하여 그 기간을 연장할 수 있다. [2021. 7급] 총 2회 기출

③ 원장은 소년보호협회 및 소년보호위원에게 사회정착지원에 관한 협조를 요청할 수 있다.

④ 사회정착지원의 절차와 방법 등에 관하여 필요한 사항은 법무부령으로 정한다.

(6) 물품 또는 귀가여비의 지급(제47조)

소년원장은 보호소년이 퇴원허가 또는 임시퇴원허가를 받거나 처분변경 결정을 받았을 때에는 필요한 경우 물품 또는 귀가여비를 지급할 수 있다.

(7) 임시퇴원 취소자의 재수용(제48조)

① 소년원장은 임시퇴원이 취소된 자는 지체 없이 재수용하여야 한다.

② 재수용된 자의 수용기간은 수용상한기간 중 남은 기간으로 한다.

③ 재수용된 자는 새로 수용된 보호소년에 준하여 처우를 한다.

(8) 범죄경력자료 등의 조회 요청(제54조)

① 법무부장관은 소년원에서 퇴원한 보호소년의 재범 여부를 조사하고 소년원 교정교육의 효과를 평가하기 위하여 보호소년이 퇴원한 때부터 3년 동안 관계 기관에 그 소년에 관한 범죄경력자료와 수사경력자료에 대한 조회를 요청할 수 있다.

② 조회의 요청을 받은 관계 기관의 장은 정당한 사유 없이 이를 거부해서는 아니 된다.

10 기부금품

(1) 기부금품의 접수(제53조)

① 원장은 기관 · 단체 또는 개인이 보호소년 등에 대한 적절한 처우, 학업 지원 및 보호소년 등의 사회 정착 등을 위하여 소년원이나 소년분류심사원에 자발적으로 기탁하는 금품을 접수할 수 있다(제1항).

② 기부자에 대한 영수증 발급, 기부금품의 용도 지정, 장부의 열람, 그 밖에 필요한 사항은 대통령령으로 정한다(제2항).

(2) 영수증 발급 등(시행령 제102조)

① 원장은 기부금품을 접수하는 경우 기부자에게 영수증을 발급하여야 한다. 다만, 익명으로 기부하거나 기부자를 알 수 없는 경우에는 영수증을 발급하지 아니할 수 있다(제1항).

② 원장은 기부자가 다음의 어느 하나의 경우에 해당하는 사실을 알게 된 경우에는 기부금품을 접수해서는 아니 된다(제2항).

> **[기부금품을 접수해서는 안되는 경우]**
> 1. 기부자가 보호소년 등인 경우
> 2. 기부자가 보호소년 등과 친족이거나 친족이었던 경우
> 3. 그 밖에 기부자가 보호소년 등과 직접적인 이해관계가 있다고 인정되는 기관·단체 또는 사람인 경우

③ 원장은 기부자가 기부금품의 용도를 지정한 경우에는 그 용도로만 사용하여야 한다. 다만, 기부자가 지정한 용도로 사용하기 어려운 경우에는 특별한 사정이 없는 한 기부자의 동의를 받아 다른 용도로 사용할 수 있다(제3항).

④ 원장은 모든 기부금의 수입 및 지출을 기부금 전용계좌를 통하여 처리하여야 한다(제4항).

⑤ 원장은 기부금품의 접수현황 및 사용실적 등에 관한 장부를 갖추어 두고 기부자가 열람할 수 있도록 하여야 한다(제5항).

⑥ 원장은 매 반기별로 기부금품의 접수현황 및 사용실적 등에 관한 사항을 법무부장관에게 보고하여야 한다(제6항).

1. 「보호소년 등의 처우에 관한 법률」에 대한 설명으로 옳은 것은?　　　　2022. 교정 9급

① 보호소년 등은 남성과 여성, 보호소년과 위탁소년 및 유치소년, 16세 미만인 자와 16세 이상인 자 등의 기준에 따라 분리 수용한다.

② 보호소년 등이 규율 위반행위를 하여 20일 이내의 기간 동안 지정된 실(室) 안에서 근신하는 징계를 받은 경우에는 그 기간 중 원내 봉사활동, 텔레비전 시청 제한, 단체 체육활동 정지, 공동행사 참가 정지가 함께 부과된다.

③ 보호장비는 징벌의 수단으로 사용되어서는 아니 된다.

④ 소년원 또는 소년분류심사원에서 보호소년 등이 사용하는 목욕탕, 세면실 및 화장실에는 전자영상장비를 설치하여서는 아니 된다.

2. 「보호소년 등의 처우에 관한 법률」상 옳은 것만을 모두 고르면?　　　　2021. 교정 7급

㉠ 신설하는 소년원 및 소년분류심사원은 수용정원이 150명 이상의 규모가 되도록 하여야 한다. 다만, 소년원 및 소년분류심사원의 기능·위치나 그 밖의 사정을 고려하여 그 규모를 축소할 수 있다.

㉡ 소년분류심사원장은 유치소년이 시설의 안전과 수용질서를 현저히 문란하게 하는 보호소년에 대한 교정교육을 위하여 유치기간을 연장할 필요가 있는 경우에는 유치 허가를 한 지방법원 판사 또는 소년분류심사원 소재지를 관할하는 법원소년부에 유치 허가의 취소에 관한 의견을 제시할 수 있다.

㉢ 20일 이내의 기간 동안 지정된 실(室) 안에서 근신하게 하는 징계는 14세 미만의 보호소년 등에게는 부과하지 못한다.

㉣ 출원하는 보호소년 등에 대한 사회정착지원의 기간은 6개월 이내로 하되, 6개월 이내의 범위에서 한 번에 한하여 그 기간을 연장할 수 있다.

㉤ 원장은 법원 또는 검찰의 조사·심리, 이송, 그 밖의 사유로 보호소년 등을 호송하는 경우, 소속공무원으로 하여금 수갑, 포승이나 전자충격기를 사용하게 할 수 있다.

① ㉠, ㉡　　　　　　　　　　　　② ㉢, ㉣

③ ㉠, ㉢, ㉣　　　　　　　　　　④ ㉡, ㉣, ㉤

3. 「보호소년 등의 처우에 관한 법률」상 보호장비의 사용에 대한 설명으로 옳은 것만을 모두 고르면? 2023. 교정 9급

㉠ 보호장비는 필요한 최소한의 범위에서 사용하여야 하며, 보호장비를 사용할 필요가 없게 되었을 때에는 지체 없이 사용을 중지하여야 한다.

㉡ 원장은 보호소년 등이 위력으로 소속 공무원의 정당한 직무집행을 방해하는 경우에는 소속 공무원으로 하여금 가스총을 사용하게 할 수 있다. 이 경우 사전에 상대방에게 이를 경고하여야 하나, 상황이 급박하여 경고할 시간적인 여유가 없는 때에는 그러하지 아니하다.

㉢ 원장은 보호소년 등이 자해할 우려가 큰 경우에는 소속 공무원으로 하여금 보호소년 등에게 머리보호장비를 사용하게 할 수 있다.

㉣ 원장은 법원 또는 검찰의 조사·심리, 이송, 그 밖의 사유로 호송하는 경우에는 소속 공무원으로 하여금 보호소년 등에 대하여 수갑, 포승 또는 보호대 외에 가스총이나 전자충격기를 사용하게 할 수 있다.

① ㉠, ㉡　　　　　　　　　　　　② ㉡, ㉣

③ ㉠, ㉡, ㉢　　　　　　　　　　④ ㉠, ㉢, ㉣

4. 「보호소년 등의 처우에 관한 법률」에 대한 설명으로 옳은 것은?　　　2020. 보호 7급

① 소년원장은 보호소년이 19세가 되면 퇴원시켜야 한다.
② 소년원장이 필요하다고 판단하는 경우 수갑, 포승 등 보호장비를 징벌의 수단으로 사용할 수 있다.
③ 보호소년 등을 소년원이나 소년분류심사원에 수용할 때에는 검사의 수용지휘서에 의하여야 한다.
④ 20일 이내의 기간 동안 지정된 실 안에서 근신하게 하는 징계처분은 14세 미만의 보호소년 등에게는 부과하지 못한다.

5. 「보호소년 등의 처우에 관한 법률」상 퇴원 등에 대한 설명으로 옳지 않은 것은?　　　2022. 보호 7급

① 위탁소년 또는 유치소년의 소년분류심사원 퇴원은 법원소년부의 결정서에 의하여야 한다.
② 「소년법」 제32조 제1항 제8호의 보호처분을 받은 보호소년의 경우에 소년원장은 해당 보호소년이 교정성적이 양호하고 교정 목적을 이루었다고 인정되면 보호관찰심사위원회에 퇴원을 신청하여야 한다.
③ 퇴원 또는 임시퇴원이 허가된 보호소년이 질병에 걸리거나 본인의 편익을 위하여 필요하면 본인의 신청에 의하여 계속 수용할 수 있다.
④ 출원하는 보호소년에 대한 사회정착지원의 기간은 6개월 이내로 하되, 6개월 이내의 범위에서 한 번에 한하여 그 기간을 연장할 수 있다.

6. 「보호소년 등의 처우에 관한 법률」이 보호소년에 대하여 수갑, 포승 또는 보호대 외에 가스총이나 전자충격기를 사용할 수 있는 경우로 명시하지 않은 것은?　　　2022. 보호 7급

① 이탈·난동·폭행을 선동·선전하거나 하려고 하는 때
② 다른 사람에게 위해를 가하거나 가하려고 하는 때
③ 위력으로 소속 공무원의 정당한 직무집행을 방해하는 때
④ 소년원·소년분류심사원의 설비·기구 등을 손괴하거나 손괴하려고 하는 때

7. 「보호소년 등의 처우에 관한 법률」상 보호장비가 아닌 것은?　　　2021. 보호 7급

① 가스총　　　　　　　　　　　② 보호복
③ 머리보호장비　　　　　　　　④ 전자충격기

🔍 정답 1. ③　2. ②　3. ③　4. ④　5. ②　6. ①　7. ②

제4절 청소년 보호법

01 총 칙

(1) 목적 등

① 청소년에게 유해한 매체물과 약물 등이 청소년에게 유통되는 것과 청소년이 유해한 업소에 출입하는 것 등을 규제하고 청소년을 유해한 환경으로부터 보호·구제함으로써 청소년이 건전한 인격체로 성장할 수 있도록 함을 목적으로 한다(제1조).

② 청소년이란 만 19세 미만인 사람을 말한다. 다만, 만 19세가 되는 해의 1월 1일을 맞이한 사람은 제외한다(제2조 제1호). [2013. 7급]

> ◑ 아동·청소년 성보호에 관한 법률상 나이: 아동·청소년이란 만 19세 미만을 말한다.

(2) 국가와 지방자치단체의 책무(제5조)

① 국가는 청소년 보호를 위하여 청소년유해환경의 개선에 필요한 시책을 마련하고 시행하여야 하며, 지방자치단체는 해당 지역의 청소년유해환경으로부터 청소년을 보호하기 위하여 필요한 노력을 하여야 한다(제1항).

② 국가와 지방자치단체는 전자·통신기술 및 의약품 등의 발달에 따라 등장하는 새로운 형태의 매체물과 약물 등이 청소년의 정신적·신체적 건강을 해칠 우려가 있음을 인식하고, 이들 매체물과 약물 등으로부터 청소년을 보호하기 위하여 필요한 기술개발과 연구사업의 지원, 국가 간의 협력체제 구축 등 필요한 노력을 하여야 한다(제2항).

③ 국가와 지방자치단체는 청소년 관련 단체 등 민간의 자율적인 유해환경 감시·고발 활동을 장려하고 이에 필요한 지원을 할 수 있으며 민간의 건의사항을 관련 시책에 반영할 수 있다(제3항).

④ 국가와 지방자치단체는 청소년을 보호하기 위하여 청소년유해환경을 규제할 때 그 의무를 충실히 수행하여야 한다(제4항).

(3) 청소년의 인터넷게임 중독 예방

① 「게임산업진흥에 관한 법률」에 따른 게임물 중 「정보통신망 이용촉진 및 정보보호 등에 관한 법률」 제2조 제1항 제1호에 따른 정보통신망을 통하여 실시간으로 제공되는 게임물(인터넷게임)의 제공자는 회원으로 가입하려는 사람이 16세 미만의 청소년일 경우에는 친권자 등의 동의를 받아야 한다(제24조 제1항).

② 인터넷게임의 제공자는 16세 미만의 청소년 회원가입자의 친권자 등에게 해당 청소년에게 제공되는 게임의 특성·등급·유료화정책 등에 관한 기본적인 사항, 인터넷게임 이용 등에 따른 결제정보의 사항을 알려야 한다(제25조 제1항).

③ 여성가족부장관은 관계 중앙행정기관의 장과 협의하여 인터넷게임 중독·과몰입 등 매체물의 오용·남용을 예방하고 신체적·정신적·사회적 피해를 입은 청소년과 그 가족에 대하여 상담·교육 및 치료와 재활 등의 서비스를 지원할 수 있다(제27조 제1항).

02 청소년의 보호

(1) 청소년 고용 금지 및 출입 제한 등(제29조)

① 청소년유해업소의 업주는 청소년을 고용하여서는 아니 된다. 청소년유해업소의 업주가 종업원을 고용하려면 미리 나이를 확인하여야 한다(제1항).

② 청소년 출입·고용금지업소의 업주와 종사자는 출입자의 나이를 확인하여 청소년이 그 업소에 출입하지 못하게 하여야 한다(제2항).

③ 청소년유해업소의 업주와 종사자는 나이 확인을 위하여 필요한 경우 주민등록증이나 그 밖에 나이를 확인할 수 있는 증표의 제시를 요구할 수 있으며, 증표 제시를 요구받고도 정당한 사유 없이 증표를 제시하지 아니하는 사람에게는 그 업소의 출입을 제한할 수 있다(제4항).

④ 청소년이 친권자 등을 동반할 때에는 대통령령으로 정하는 바에 따라 출입하게 할 수 있다. 다만, 「식품위생법」에 따른 식품접객업 중 대통령령으로 정하는 업소의 경우에는 출입할 수 없다(제5항).

⑤ 청소년유해업소의 업주와 종사자는 그 업소에 대통령령으로 정하는 바에 따라 청소년의 출입과 고용을 제한하는 내용을 표시하여야 한다(제6항).

(2) 청소년 보호·재활센터의 설치·운영(제35조)

① 여성가족부장관은 청소년유해환경으로부터 청소년을 보호하고 피해 청소년의 치료와 재활을 지원하기 위하여 청소년 보호·재활센터를 설치·운영할 수 있다(제1항).

② 여성가족부장관은 청소년 보호·재활센터의 설치·운영을 청소년 보호를 목적으로 하는 법인 또는 단체에 위탁할 수 있다. 이 경우 청소년 보호·재활센터의 설치·운영에 필요한 경비의 전부 또는 일부를 지원할 수 있다(제2항).

③ 청소년 보호·재활센터의 설치·운영에 필요한 세부사항은 대통령령으로 정한다(제3항).

제5절) 아동 · 청소년의 성보호에 관한 법률

01 총 칙

(1) 목 적

아동 · 청소년대상 성범죄의 처벌과 절차에 관한 특례를 규정하고 피해아동 · 청소년을 위한 구제 및 지원 절차를 마련하며 아동 · 청소년대상 성범죄자를 체계적으로 관리함으로써 아동 · 청소년을 성범죄로부터 보호하고 아동 · 청소년이 건강한 사회구성원으로 성장할 수 있도록 함을 목적으로 한다(제1조).

(2) 용어의 정의(제2조)

1. 아동 · 청소년	19세 미만의 사람을 말한다.
2. 아동 · 청소년 대상 성범죄	가. 제7조, 제7조의2, 제8조, 제8조의2, 제9조부터 제15조까지 및 제15조의2의 죄 제7조(아동 · 청소년에 대한 강간 · 강제추행 등), 제7조의2(예비, 음모), 제8조(장애인인 아동 · 청소년에 대한 간음 등), 제8조의2(13세 이상 16세 미만 아동 · 청소년에 대한 간음 등), 제9조(강간 등 상해 · 치상), 제10조(강간 등 살인 · 치사), 제11조(아동 · 청소년이용음란물의 제작 · 배포 등), 제12조(아동 · 청소년 매매행위), 제13조(아동 · 청소년의 성을 사는 행위 등), 제14조(아동 · 청소년에 대한 강요행위 등), 제15조(알선영업행위 등), 제15조의2(아동 · 청소년에 대한 성착취 목적 대화 등) 나. 아동 · 청소년에 대한 「성폭력범죄의 처벌 등에 관한 특례법」 제3조부터 제15조까지의 죄 제3조(특수강도강간 등), 제4조(특수강간 등), 제5조(친족관계에 의한 강간 등), 제6조(장애인에 대한 강간 · 강제추행 등), 제7조(13세 미만의 미성년자에 대한 강간, 강제추행 등), 제8조(강간 등 상해 · 치상), 제9조(강간 등 살인 · 치사), 제10조(업무상 위력 등에 의한 추행), 제11조(공중 밀집 장소에서의 추행), 제12조(성적 목적을 위한 다중이용장소 침입행위), 제13조(통신매체를 이용한 음란행위), 제14조(카메라 등을 이용한 촬영), 제14조의2(허위영상물 등의 반포 등), 제14조의3(촬영물 등을 이용한 협박 · 강요), 제15조(미수범) 다. 아동 · 청소년에 대한 「형법」 제297조, 제297조의2 및 제298조부터 제301조까지, 제301조의2, 제302조, 제303조, 제305조, 제339조 및 제342조의 죄 제297조(강간), 제297조의2(유사강간), 제298조(강제추행), 제299조(준강간, 준강제추행), 제300조(미수범), 제301조(강간 등 상해 · 치상), 제301조의2(강간 등 살인 · 치사), 제302조(미성년자 등에 대한 간음), 제303조(업무상 위력 등에 의한 간음), 제305조(미성년자에 대한 간음, 추행), 제339조(강도강간), 제342조(미수범) 라. 아동 · 청소년에 대한 「아동복지법」 제17조 제2호의 죄 2. 아동에게 음란한 행위를 시키거나 이를 매개하는 행위 또는 아동에게 성적 수치심을 주는 성희롱 등의 성적 학대행위

3. 아동 · 청소년 대상 성폭력범죄	아동 · 청소년대상 성범죄에서 제11조부터 제15조까지 및 제15조의2의 죄를 제외한 죄를 말한다.
3의2. 성인대상 성범죄	「성폭력범죄의 처벌 등에 관한 특례법」 제2조에 따른 성폭력범죄를 말한다. 다만, 아동 · 청소년에 대한 「형법」 제302조(미성년자 등에 대한 간음) 및 제305조(미성년자 에 대한 간음, 추행)의 죄는 제외한다.
4. 아동 · 청소년의 성을 사는 행위	아동 · 청소년, 아동 · 청소년의 성을 사는 행위를 알선한 자 또는 아동 · 청소년을 실질적으로 보호 · 감독하는 자 등에게 금품이나 그 밖의 재산상 이익, 직무 · 편의 제공 등 대가를 제공하거나 약속하고 다음의 어느 하나에 해당하는 행위를 아동 · 청소년을 대상으로 하거나 아동 · 청소년으로 하여금 하게 하는 것을 말한다. 가. 성교 행위 나. 구강 · 항문 등 신체의 일부나 도구를 이용한 유사 성교 행위 다. 신체의 전부 또는 일부를 접촉 · 노출하는 행위로서 일반인의 성적 수치심 　이나 혐오감을 일으키는 행위 라. 자위 행위
5. 아동 · 청소년 성착취물	아동 · 청소년 또는 아동 · 청소년으로 명백하게 인식될 수 있는 사람이나 표현물이 등장하여 제4호 각 목의 어느 하나에 해당하는 행위를 하거나 그 밖의 성적 행위를 하는 내용을 표현하는 것으로서 필름 · 비디오물 · 게임물 또는 컴퓨터나 그 밖의 통신매체를 통한 화상 · 영상 등의 형태로 된 것을 말한다.
6. 피해아동 · 청소년	제2호 나목부터 라목까지, 제7조(아동 · 청소년에 대한 강간 · 강제추행 등), 제7조의2 (예비, 음모), 제8조(장애인인 아동 · 청소년에 대한 간음 등), 제8조의2(13세 이상 16세 미 만 아동 · 청소년에 대한 간음 등), 제9조(강간 등 상해 · 치상), 제10조(강간 등 살인 · 치 사), 제11조(아동 · 청소년성착취물의 제작 · 배포 등), 제12조(아동 · 청소년 매매행위), 제 13조(아동 · 청소년의 성을 사는 행위 등), 제14조(아동 · 청소년에 대한 강요행위 등), 제 15조(알선영업행위 등), 제15조의2(아동 · 청소년에 대한 성착취 목적 대화 등)의 피해자가 된 아동 · 청소년(제13조 제1항의 죄의 상대방이 된 아동 · 청소년을 포함한다)을 말한다.
6의2. 성매매 피해 아동 · 청소년	피해아동 · 청소년 중 제13조 제1항의 죄의 상대방 또는 제13조 제2항 · 제14조 · 제 15조의 죄의 피해자가 된 아동 · 청소년을 말한다.

02 　 아동 · 청소년대상 성범죄의 처벌과 절차에 관한 특례

(1) 「형법」상 감경규정의 적용배제(제19조)

음주 또는 약물로 인한 심신장애 상태에서 아동 · 청소년대상 성폭력범죄를 범한 때에는 「형법」
제10조 제1항(심신상실) · 제2항(심신미약) 및 제11조(청각 및 언어 장애인)를 적용하지 아니할 수 있다.

(2) 공소시효에 관한 특례(제20조)

① **공소시효** : 아동 · 청소년대상 성범죄의 공소시효는 해당 성범죄로 피해를 당한 아동 · 청소년
이 성년에 달한 날부터 진행한다(제1항).

② **공소시효의 10년 연장** : 아동 · 청소년에 대한 강간 · 강제추행 등의 죄는 디엔에이(DNA)증거 등 그 죄를 증명할 수 있는 과학적인 증거가 있는 때에는 공소시효가 10년 연장된다(제2항).

③ **공소시효의 배제** : 13세 미만의 사람 및 신체적인 또는 정신적인 장애가 있는 아동 · 청소년에 대하여 다음의 죄를 범한 경우에는 공소시효를 적용하지 아니한다(제3항).

> **[13세 미만 · 장애청소년 대상 범죄 공소시효 제외]**
> 1. 「형법」 제297조(강간), 제298조(강제추행), 제299조(준강간, 준강제추행), 제301조(강간 등 상해 · 치상), 제301조의2(강간 등 살인 · 치사)의 죄 또는 제305조(미성년자에 대한 간음, 추행)의 죄
> 2. 제9조(강간 등 상해 · 치상) 및 제10조(강간 등 살인 · 치사)의 죄
> 3. 「성폭력범죄의 처벌 등에 관한 특례법」 제6조 제2항(장애인에 대한 강제추행), 제7조 제2항(13세 미만의 미성년자에 대한 강제추행) · 제5항(위계 · 위력에 의한 13세 미만의 미성년자에 대한 강간, 강제추행), 제8조(강간 등 상해 · 치상), 제9조(강간 등 살인 · 치사)의 죄

④ 다음의 죄를 범한 경우에는 공소시효를 적용하지 아니한다(제4항).

> **[공소시효 제외]**
> 1. 「형법」 제301조의2(강간 등 살인 · 치사)의 죄(강간 등 살인에 한정, 즉 강간치사 제외)
> 2. 제10조 제1항(강간 등 살인) 및 제11조 제1항(아동 · 청소년성착취물의 제작 등)의 죄
> 3. 「성폭력범죄의 처벌 등에 관한 특례법」 제9조 제1항(강간 등 살인)의 죄

(3) 형벌과 수강명령 등의 병과(제21조)

핵심정리 형벌과 수강명령 등의 병과

대상별 처벌		
범죄소년	① 아 · 청대상 성범죄한 19세 미만 소년, 선고유예시 반드시 보호관찰	
아 · 청대상 성범죄자	② 유죄판결, 약식명령 고지 시 500시간 범위에서 수강 또는 이수명령을 병과한다.	
	수강명령	이수명령
	③ 집행유예시 그 기간 내에서 병과 ④ 집행유예기간 내 보호관찰 또는 사회봉사 중 하나 이상의 처분을 병과할 수 있다.	벌금 이상 or 약식명령 고지시 병과 ◎ 전자부착법상 치료프로그램 이수명령자 병과 ×
	⑤⑥ 집행유예시 : 집행유예기간 내 – 보호관찰소장 집행 ⑤⑥ 벌금형 선고시 : 형 확정일부터 6개월 이내 – 보호관찰소장 집행 ⑤⑥ 징역 이상 실형 선고시 : 형기 내 – 교정시설의 장 집행	
성을 사는 행위의 상대방이 된 아 · 청	처벌 ×	

① **아동 · 청소년대상 19세 미만 성범죄자 선고유예시 필요적 보호관찰** : 법원은 아동 · 청소년대상 성범죄를 범한 「소년법」 제2조의 소년(19세 미만인 자)에 대하여 형의 선고를 유예하는 경우에는 반드시 보호관찰을 명하여야 한다(제1항).

② **유죄판결이나 약식명령 고지** : 법원은 아동·청소년대상 성범죄를 범한 자에 대하여 유죄판결을 선고하거나 약식명령을 고지하는 경우에는 500시간의 범위에서 재범예방에 필요한 수강명령 또는 성폭력 치료프로그램의 이수명령을 병과하여야 한다. 다만, 수강명령 또는 이수명령을 부과할 수 없는 특별한 사정이 있는 경우에는 그러하지 아니하다(제2항).

③ **수강명령** : 아동·청소년대상 성범죄를 범한 자에 대하여 수강명령은 형의 집행을 유예할 경우에 그 집행유예기간 내에서 병과한다.

④ **이수명령** : 이수명령은 벌금 이상의 형을 선고하거나 약식명령을 고지할 경우에 병과한다. 다만, 이수명령은 아동·청소년대상 성범죄자가 「전자장치 부착 등에 관한 법률」에서 규정하고 있는 준수사항 중 성폭력 치료 프로그램의 이수명령을 부과받은 경우에는 병과하지 아니한다(제3항).

⑤ **집행유예 시 보호관찰 또는 사회봉사 중 하나 이상 병과** : 법원이 아동·청소년대상 성범죄를 범한 사람에 대하여 형의 집행을 유예하는 경우에는 수강명령 외에 그 집행유예기간 내에서 보호관찰 또는 사회봉사 중 하나 이상의 처분을 병과할 수 있다(제4항). [2016. 7급]

⑥ 수강명령 또는 이수명령은 형의 집행을 유예할 경우에는 그 집행유예기간 내에, 벌금형을 선고할 경우에는 형 확정일부터 6개월 이내에, 징역형 이상의 실형을 선고할 경우에는 형기 내에 각각 집행한다. 다만, 수강명령 또는 이수명령은 아동·청소년대상 성범죄를 범한 사람이 「성폭력범죄의 처벌 등에 관한 특례법」에 따른 수강명령 또는 이수명령을 부과받은 경우에는 병과하지 아니한다(제5항).

⑦ 수강명령 또는 이수명령이 형의 집행유예 또는 벌금형과 병과된 경우에는 보호관찰소의 장이 집행하고, 징역형 이상의 실형과 병과된 경우에는 교정시설의 장이 집행한다. 다만, 징역형 이상의 실형과 병과된 수강명령 또는 이수명령을 모두 이행하기 전에 석방 또는 가석방되거나 미결구금일수산입 등의 사유로 형을 집행할 수 없게 된 경우에는 보호관찰소의 장이 남은 수강명령 또는 이수명령을 집행한다(제6항).

⑧ 수강명령 또는 이수명령은 다음의 내용으로 한다(제7항).

> **[수강명령 또는 이수명령 내용]**
> 1. 일탈적 이상행동의 진단·상담
> 2. 성에 대한 건전한 이해를 위한 교육
> 3. 그 밖에 성범죄를 범한 사람의 재범예방을 위하여 필요한 사항

⑨ 보호관찰소의 장 또는 교정시설의 장은 수강명령 또는 이수명령 집행의 전부 또는 일부를 여성가족부장관에게 위탁할 수 있다(제8항).

⑩ 보호관찰, 사회봉사, 수강명령 및 이수명령에 관하여 이 법에 규정한 사항 외의 사항에 대하여는 「보호관찰 등에 관한 법률」을 준용한다(제9항).

03 아동 · 청소년의 선도보호와 보호처분 등

(1) 성매매 피해아동 · 청소년에 대한 조치(제38조)

① 아동 · 청소년의 성을 사는 행위(제13조 제1항)의 상대방이 된 아동 · 청소년에 대하여는 보호를 위하여 처벌하지 아니한다(제1항).

② 검사 또는 사법경찰관은 성매매 피해아동 · 청소년을 발견한 경우 신속하게 사건을 수사한 후 지체 없이 여성가족부장관 및 성매매 피해아동 · 청소년 지원센터를 관할하는 특별시장 · 광역시장 · 특별자치시장 · 도지사 · 특별자치도지사(이하 "시 · 도지사")에게 통지하여야 한다(제2항).

③ 여성가족부장관은 통지를 받은 경우 해당 성매매 피해아동 · 청소년에 대하여 다음의 어느 하나에 해당하는 조치를 하여야 한다(제3항).

> **[여성가족부장관의 조치]**
> 1. 보호시설 또는 상담시설과의 연계
> 2. 성매매 피해아동 · 청소년 지원센터에서 제공하는 교육 · 상담 및 지원 프로그램 등의 참여

(2) 피해아동 · 청소년 등에 대한 보호처분

① 피해아동 · 청소년 등을 위한 조치의 청구(제41조)

검사는 성범죄의 피해를 받은 아동 · 청소년을 위하여 지속적으로 위해의 배제와 보호가 필요하다고 인정하는 경우 법원에 1.의 보호관찰과 함께 2.부터 5.까지의 조치를 청구할 수 있다. 다만, 「전자장치 부착 등에 관한 법률」에 따라 가해자에게 특정지역 출입금지 등의 준수사항을 부과하는 경우에는 그러하지 아니하다.

> **[검사의 법원 청구 내용]**
> 1. 가해자에 대한 「보호관찰 등에 관한 법률」에 따른 보호관찰
> 2. 피해를 받은 아동 · 청소년의 주거 등으로부터 가해자를 분리하거나 퇴거하는 조치
> 3. 피해를 받은 아동 · 청소년의 주거, 학교, 유치원 등으로부터 100미터 이내에 가해자 또는 가해자의 대리인의 접근을 금지하는 조치
> 4. 「전기통신기본법」 제2조 제1호의 전기통신이나 우편물을 이용하여 가해자가 피해를 받은 아동 · 청소년 또는 그 보호자와 접촉을 하는 행위의 금지
> 5. 보호시설에 대한 보호위탁결정 등 피해를 받은 아동 · 청소년의 보호를 위하여 필요한 조치

② 피해아동 · 청소년 등에 대한 보호처분의 판결(제42조)

㉠ 법원은 ①에 따른 보호처분의 청구가 이유 있다고 인정할 때에는 6개월의 범위에서 기간을 정하여 판결로 보호처분을 선고하여야 한다(제1항).

㉡ ①의 보호처분은 병과할 수 있다(제2항).

㉢ 검사는 보호처분 기간의 연장이 필요하다고 인정하는 경우 법원에 그 기간의 연장을 청구할 수 있다. 이 경우 보호처분 기간의 연장 횟수는 3회 이내로 하고, 연장기간은 각각 6개월 이내로 한다(제3항).

　㉣ 보호처분 청구사건의 판결은 아동 · 청소년대상 성범죄 사건의 판결과 동시에 선고하여야 한다 (제4항).

　㉤ 피해자 또는 법정대리인은 ①의 1. 및 2.의 보호처분 후 주거 등을 옮긴 때에는 관할 법원에 보호처분 결정의 변경을 신청할 수 있다(제5항).

　㉥ 법원은 보호처분을 결정한 때에는 검사, 피해자, 가해자, 보호관찰관 및 보호처분을 위탁받아 행하는 보호시설의 장에게 각각 통지하여야 한다. 다만, 보호시설이 민간에 의하여 운영되는 기관인 경우에는 그 시설의 장으로부터 수탁에 대한 동의를 받아야 한다(제6항).

⑶ 가해아동 · 청소년의 처리(제44조)

　① 10세 이상 14세 미만의 아동 · 청소년이 제2조 제2호 나목 및 다목의 죄와 제7조(아동 · 청소년에 대한 강간 · 강제추행 등)의 죄를 범한 경우에 수사기관은 신속히 수사하고, 그 사건을 관할 법원 소년부에 송치하여야 한다(제1항).

　② 14세 이상 16세 미만의 아동 · 청소년이 ①의 죄를 범하여 그 사건이 관할 법원 소년부로 송치된 경우 송치받은 법원 소년부 판사는 그 아동 · 청소년에게 다음의 어느 하나에 해당하는 보호처분을 할 수 있다(제2항).

> **[소년부 판사의 보호처분]**
> 1. 「소년법」 제32조 제1항 각 호의 보호처분
> 2. 「청소년 보호법」 제35조의 청소년 보호 · 재활센터에 선도보호를 위탁하는 보호처분

　③ 사법경찰관은 가해아동 · 청소년을 발견한 경우 특별한 사정이 없으면 그 사실을 가해아동 · 청소년의 법정대리인 등에게 통지하여야 한다.

　④ 판사는 관할 법원 소년부에 송치된 가해아동 · 청소년에 대하여 「소년법」 제32조 제1항 제4호 (보호관찰관의 단기 보호관찰) 또는 제5호(보호관찰관의 장기 보호관찰)의 처분을 하는 경우 재범예방에 필요한 수강명령을 하여야 한다.

　⑤ 검사는 가해아동 · 청소년에 대하여 소년부 송치 여부를 검토한 결과 소년부 송치가 적절하지 아니한 경우 가해아동 · 청소년으로 하여금 재범예방에 필요한 교육과정이나 상담과정을 마치게 하여야 한다.

⑷ 성교육 전문기관 및 지원센터의 설치 · 운영

　① 국가와 지방자치단체는 아동 · 청소년의 건전한 성가치관 조성과 성범죄 예방을 위하여 아동 · 청소년대상 성교육 전문기관을 설치하거나 해당 업무를 전문단체에 위탁할 수 있다(제47조 제1항).

　② 여성가족부장관 또는 시 · 도지사 및 시장 · 군수 · 구청장은 성매매 피해아동 · 청소년의 보호를 위하여 성매매 피해아동 · 청소년 지원센터를 설치 · 운영할 수 있다(제47조의2 제1항).

04 성범죄로 유죄판결이 확정된 자의 신상정보 공개와 취업제한 등

(1) 등록정보의 공개(제49조)

① 법원은 다음의 어느 하나에 해당하는 자에 대하여 판결로 ④의 공개정보를 「성폭력범죄의 처벌 등에 관한 특례법」 제45조 제1항의 등록기간(법무부장관의 등록정보 10~30년간 보존·관리) 동안 정보통신망을 이용하여 공개하도록 하는 명령(이하 "공개명령")을 등록대상 사건의 판결과 동시에 선고하여야 한다. 다만, 피고인이 아동·청소년인 경우, 그 밖에 신상정보를 공개하여서는 아니 될 특별한 사정이 있다고 판단하는 경우에는 그러하지 아니하다(제1항).

> **[법원의 신상정보 공개 명령]**
> 1. 아동·청소년대상 성범죄를 저지른 자
> 2. 「성폭력범죄의 처벌 등에 관한 특례법」 제2조 제1항 제3호·제4호, 같은 조 제2항(제1항 제3호·제4호에 한정한다), 제3조부터 제15조까지의 범죄를 저지른 자
> 3. 제1호 또는 제2호의 죄를 범하였으나 「형법」 제10조 제1항에 따라 처벌할 수 없는 자로서 제1호 또는 제2호의 죄를 다시 범할 위험성이 있다고 인정되는 자

② 등록정보의 공개기간[「형의 실효 등에 관한 법률」 제7조에 따른 기간(3년 초과의 징역·금고는 10년, 3년 이하의 징역과 금고는 5년, 벌금은 2년)을 초과하지 못한다]은 판결이 확정된 때부터 기산한다(제2항).

③ 공개하도록 제공되는 등록정보(이하 "공개정보")는 다음과 같다(제4항).

> **[공개 등록 정보]**
> 1. 성명
> 2. 나이
> 3. 주소 및 실제거주지(도로명 및 건물번호까지로 한다)
> 4. 신체정보(키와 몸무게)
> 5. 사진
> 6. 등록대상 성범죄 요지(판결일자, 죄명, 선고형량을 포함한다)
> 7. 성폭력범죄 전과사실(죄명 및 횟수)
> 8. 전자장치 부착 여부

④ 공개정보를 정보통신망을 이용하여 열람하고자 하는 자는 실명인증 절차를 거쳐야 한다(제6항).

(2) 등록정보의 고지(제50조)

① 법원은 공개대상자 중 다음의 어느 하나에 해당하는 자에 대하여 판결로 제49조에 따른 공개명령 기간 동안 고지정보를 ④에 규정된 사람에 대하여 고지하도록 하는 명령(이하 "고지명령")을 등록대상 성범죄 사건의 판결과 동시에 선고하여야 한다. 다만, 피고인이 아동·청소년인 경우, 그 밖에 신상정보를 고지하여서는 아니 될 특별한 사정이 있다고 판단하는 경우에는 그러하지 아니하다(제1항).

② 고지명령을 선고받은 자(이하 "고지대상자")는 공개명령을 선고받은 자로 본다(제2항).

③ 고지명령은 다음의 기간 내에 하여야 한다(제3항).

> **[고지명령의 기간]**
> 1. 집행유예를 선고받은 고지대상자는 신상정보 최초 등록일부터 1개월 이내
> 2. 금고 이상의 실형을 선고받은 고지대상자는 출소 후 거주할 지역에 전입한 날부터 1개월 이내
> 3. 고지대상자가 다른 지역으로 전출하는 경우에는 변경정보 등록일부터 1개월 이내

④ 고지정보는 고지대상자가 거주하는 읍·면·동의 아동·청소년이 속한 세대주와 어린이집의 원장, 유치원의 장, 학교의 장, 읍·면사무소와 동 주민자치센터의 장 등에게 고지한다(제5항).

⑶ 고지명령의 집행(제51조)

① 고지명령의 집행은 여성가족부장관이 한다(제1항). [2024. 보호 9급] 총 2회 기출

② 법원은 고지명령의 판결이 확정되면 판결문 등본을 판결이 확정된 날부터 14일 이내에 법무부장관에게 송달하여야 하며, 법무부장관은 제50조 제3항에 따른 기간 내에 고지명령이 집행될 수 있도록 최초등록 및 변경등록 시 고지대상자, 고지기간 및 고지정보를 지체 없이 여성가족부장관에게 송부하여야 한다(제2항). [2017. 5급 승진]

③ 법무부장관은 고지대상자가 출소하는 경우 출소 1개월 전까지 고지대상자의 출소 예정일, 고지대상자의 출소 후 거주지 상세주소를 여성가족부장관에게 송부하여야 한다(제3항).

④ 여성가족부장관은 고지정보를 관할구역에 거주하는 아동·청소년이 속한 세대의 세대주와 어린이집의 원장, 유치원의 장, 학교의 장, 읍·면사무소와 동 주민센터의 장 등에게 우편·이동통신단말장치 등 여성가족부령으로 정하는 바에 따라 송부하고, 읍·면 사무소 또는 동 주민센터 게시판에 30일간 게시하는 방법으로 고지명령을 집행한다(제4항).

⑷ 공개명령의 집행(제52조)

① 공개명령은 여성가족부장관이 정보통신망을 이용하여 집행한다(제1항). [2024. 보호 9급] 총 2회 기출

② 법원은 공개명령의 판결이 확정되면 판결문 등본을 판결이 확정된 날부터 14일 이내에 법무부장관에게 송달하여야 하며, 법무부장관은 등록정보의 공개기간(제49조 제2항) 동안 공개명령이 집행될 수 있도록 최초등록 및 변경등록 시 공개대상자, 공개기간 및 공개정보를 지체 없이 여성가족부장관에게 송부하여야 한다(제2항).

⑸ 고지정보 및 공개정보의 정정 등(제52조의2)

① 누구든지 집행된 고지정보 또는 집행된 공개정보에 오류가 있음을 발견한 경우 여성가족부장관에게 그 정정을 요청할 수 있다(제1항).

② 여성가족부장관은 정정 요청을 받은 경우 법무부장관에게 그 사실을 통보하고, 법무부장관은 해당 정보의 진위와 변경 여부를 확인하기 위하여 고지대상자 또는 공개대상자의 주소지를 관할하는 경찰관서의 장에게 직접 대면 등의 방법으로 진위와 변경 여부를 확인하도록 요구할 수 있다(제2항).

⑹ 계도 및 범죄정보의 공표 등

① 여성가족부장관은 아동·청소년대상 성범죄의 발생추세와 동향, 그 밖에 계도에 필요한 사항을 연 2회 이상 공표하여야 한다(제53조 제1항).

② 여성가족부장관은 ①에 따른 성범죄 동향 분석 등을 위하여 성범죄로 유죄판결이 확정된 자에 대한 자료를 관계 행정기관에 요청할 수 있다(제53조 제2항).

③ **아동·청소년성착취물 관련 범죄 실태조사**: 여성가족부장관은 아동·청소년성착취물과 관련한 범죄 예방과 재발 방지 등을 위하여 정기적으로 아동·청소년성착취물 관련 범죄에 대한 실태조사를 하여야 한다(제53조의2 제1항).

⑺ 공개정보의 악용금지(제55조)

① 공개정보는 아동·청소년 등을 등록대상 성범죄로부터 보호하기 위하여 성범죄 우려가 있는 자를 확인할 목적으로만 사용되어야 한다(제1항).

② 공개정보를 확인한 자는 공개정보를 활용하여 신문·잡지 등 출판물, 방송 또는 정보통신망을 이용한 공개, 공개정보의 수정 또는 삭제를 하여서는 아니 된다(제2항).

③ 공개정보를 확인한 자는 공개정보를 등록대상 성범죄로부터 보호할 목적 외에 고용, 주택 또는 사회복지시설의 이용, 교육기관의 교육 및 직업훈련과 관련된 목적으로 사용하여 공개대상자를 차별하여서는 아니 된다(제3항).

⑻ 아동·청소년 관련기관 등에의 취업제한(제56조)

① 법원은 아동·청소년대상 성범죄 또는 성인대상 성범죄(이하 "성범죄")로 형 또는 치료감호를 선고하는 경우에는 판결(약식명령을 포함)로 그 형 또는 치료감호의 전부 또는 일부의 집행을 종료하거나 집행이 유예·면제된 날(벌금형을 선고받은 경우에는 그 형이 확정된 날)부터 일정기간(이하 "취업제한기간") 동안 아동·청소년 관련기관 등을 운영하거나 아동·청소년 관련기관 등에 취업 또는 사실상 노무를 제공할 수 없도록 하는 명령(이하 "취업제한 명령")을 성범죄 사건의 판결과 동시에 선고(약식명령의 경우에는 고지)하여야 한다. 다만, 재범의 위험성이 현저히 낮은 경우, 그 밖에 취업을 제한하여서는 아니 되는 특별한 사정이 있다고 판단하는 경우에는 그러하지 아니한다(제1항).

② 취업제한 기간은 10년을 초과하지 못한다(제2항).

③ 법원은 취업제한 명령을 선고하려는 경우에는 정신건강의학과 의사, 심리학자, 사회복지학자, 그 밖의 관련 전문가로부터 취업제한 명령 대상자의 재범 위험성 등에 관한 의견을 들을 수 있다(제3항).

🏛 신상정보의 등록 및 관리에 관한 사항(성폭력범죄의 처벌에 관한 특례법)

등록대상자의 신상정보 등록 등(제44조)

① 법무부장관은 제43조 제5항, 제6항 및 제43조의2 제3항에 따라 송달받은 정보와 다음 각 호의 등록 대상자 정보를 등록하여야 한다. [2024. 보호 9급]
  1. 등록대상 성범죄 경력정보
  2. 성범죄 전과사실(죄명, 횟수)
  3. 「전자장치 부착 등에 관한 법률」에 따른 전자장치 부착 여부

④ 법무부장관은 등록대상자가 기본신상정보 또는 변경정보를 정당한 사유 없이 제출하지 아니한 경우에는 신상정보의 등록에 필요한 사항을 관계 행정기관의 장에게 조회를 요청하여 등록할 수 있다. 이 경우 법무부장관은 등록일자를 밝혀 등록대상자에게 신상정보를 등록한 사실 및 등록한 신상정보의 내용을 통지하여야 한다.

등록정보의 관리(제45조)

① 법무부장관은 제44조 제1항 또는 제4항에 따라 기본신상정보를 최초로 등록한 날(이하 "최초등록일"이라 한다)부터 다음 각 호의 구분에 따른 기간(이하 "등록기간"이라 한다) 동안 등록정보를 보존·관리하여야 한다. 다만, 법원이 제4항에 따라 등록기간을 정한 경우에는 그 기간 동안 등록정보를 보존·관리하여야 한다.
  1. 신상정보 등록의 원인이 된 성범죄로 사형, 무기징역·무기금고형 또는 10년 초과의 징역·금고형을 선고받은 사람 : 30년
  2. 신상정보 등록의 원인이 된 성범죄로 3년 초과 10년 이하의 징역·금고형을 선고받은 사람 : 20년
  3. 신상정보 등록의 원인이 된 성범죄로 3년 이하의 징역·금고형을 선고받은 사람 또는 「아동·청소년의 성보호에 관한 법률」 제49조 제1항 제4호에 따라 공개명령이 확정된 사람 : 15년
  4. 신상정보 등록의 원인이 된 성범죄로 벌금형을 선고받은 사람 : 10년

신상정보 등록의 면제(제45조의2)

① 신상정보 등록의 원인이 된 성범죄로 형의 선고를 유예받은 사람이 선고유예를 받은 날부터 2년이 경과하여 「형법」 제60조에 따라 면소된 것으로 간주되면 신상정보 등록을 면제한다. [2024. 보호 9급]

② 등록대상자는 다음 각 호의 구분에 따른 기간(교정시설 또는 치료감호시설에 수용된 기간은 제외한다)이 경과한 경우에는 법무부령으로 정하는 신청서를 법무부장관에게 제출하여 신상정보 등록의 면제를 신청할 수 있다.
  1. 제45조 제1항에 따른 등록기간이 30년인 등록대상자 : 최초등록일부터 20년
  2. 제45조 제1항에 따른 등록기간이 20년인 등록대상자 : 최초등록일부터 15년
  3. 제45조 제1항에 따른 등록기간이 15년인 등록대상자 : 최초등록일부터 10년
  4. 제45조 제1항에 따른 등록기간이 10년인 등록대상자 : 최초등록일부터 7년

신상정보 등록의 종료(제45조의3)

① 신상정보의 등록은 다음 각 호의 어느 하나에 해당하는 때에 종료된다.
  1. 제45조 제1항의 등록기간이 지난 때
  2. 제45조의2에 따라 등록이 면제된 때

② 법무부장관은 제1항에 따라 등록이 종료된 신상정보를 즉시 폐기하여야 한다.

③ 법무부장관은 제2항에 따라 등록정보를 폐기하는 경우에는 등록대상자가 정보통신망을 이용하여 폐기된 사실을 열람할 수 있도록 하여야 한다. 다만, 등록대상자가 신청하는 경우에는 폐기된 사실을 통지하여야 한다.

④ 제3항에 따른 등록정보 폐기 사실의 열람, 통지 신청과 통지의 방법 및 절차 등에 필요한 사항은 대통령령으로 정한다.

등록정보의 활용 등(제46조)
① 법무부장관은 등록정보를 등록대상 성범죄와 관련한 범죄 예방 및 수사에 활용하게 하기 위하여 검사 또는 각급 경찰관서의 장에게 배포할 수 있다.
② 제1항에 따른 등록정보의 배포절차 및 관리 등에 관한 사항은 대통령령으로 정한다.

등록정보의 공개(제47조)
① 등록정보의 공개에 관하여는 「아동·청소년의 성보호에 관한 법률」 제49조, 제50조, 제52조, 제54조, 제55조 및 제65조를 적용한다.
② 등록정보의 공개는 여성가족부장관이 집행한다. [2024. 보호 9급]
③ 법무부장관은 등록정보의 공개에 필요한 정보를 여성가족부장관에게 송부하여야 한다.
④ 제3항에 따른 정보 송부에 관하여 필요한 사항은 대통령령으로 정한다.

05 보호관찰의 청구와 선고

(1) 보호관찰(제61조)

① 검사는 아동·청소년대상 성범죄를 범하고 재범의 위험성이 있다고 인정되는 사람에 대하여는 형의 집행이 종료한 때부터 「보호관찰 등에 관한 법률」에 따른 보호관찰을 받도록 하는 명령(이하 "보호관찰명령")을 법원에 청구하여야 한다. 다만, 검사가 「전자장치 부착 등에 관한 법률」 제21조의2에 따른 보호관찰명령을 청구한 경우에는 그러하지 아니하다(제1항).

② 법원은 공소가 제기된 아동·청소년대상 성범죄 사건을 심리한 결과 보호관찰명령을 선고할 필요가 있다고 인정하는 때에는 검사에게 보호관찰명령의 청구를 요청할 수 있다(제2항).

③ 법원은 아동·청소년대상 성범죄를 범한 사람이 금고 이상의 선고형에 해당하고 보호관찰명령 청구가 이유있다고 인정하는 때에는 2년 이상 5년 이하의 범위에서 기간을 정하여 보호관찰명령을 병과하여 선고하여야 한다(제3항).

④ 법원은 보호관찰을 명하기 위하여 필요한 때에는 피고인의 주거지 또는 소속 법원 소재지를 관할하는 보호관찰소의 장에게 범죄 동기, 피해자와의 관계, 심리상태, 재범의 위험성 등 피고인에 관하여 필요한 사항의 조사를 요청할 수 있다. 이 경우 보호관찰소의 장은 지체 없이 이를 조사하여 서면으로 해당 법원에 통보하여야 한다(제4항).

⑤ 보호관찰 기간은 보호관찰을 받을 자(이하 "보호관찰대상자")의 형의 집행이 종료한 날부터 기산하되, 보호관찰대상자가 가석방된 경우에는 가석방된 날부터 기산한다(제5항).

(2) 보호관찰대상자의 보호관찰 기간 연장

보호관찰대상자가 보호관찰 기간 중에 「보호관찰 등에 관한 법률」 제32조에 따른 준수사항을 위반하는 등 재범의 위험성이 증대한 경우에 법원은 보호관찰소의 장의 신청에 따른 검사의 청구로 제61조 제3항에 따른 5년을 초과하여 보호관찰의 기간을 연장할 수 있다(제62조 제1항).

(3) 보호관찰대상자의 신고 의무(제63조)

① 보호관찰대상자는 출소 후의 거주 예정지, 근무 예정지, 교우 관계, 그 밖에 보호관찰을 위하여 필요한 사항으로서 대통령령으로 정하는 사항을 출소 전에 미리 교도소·소년교도소·구치소·군교도소 또는 치료감호시설의 장에게 신고하여야 한다(제1항).

② 보호관찰대상자는 출소 후 10일 이내에 거주지, 직업 등 보호관찰을 위하여 필요한 사항으로서 대통령령으로 정하는 사항을 보호관찰관에게 서면으로 신고하여야 한다(제2항).

(4) 보호관찰의 종료(제64조)

보호관찰심사위원회는 보호관찰대상자의 관찰성적이 양호하여 재범의 위험성이 없다고 판단하는 경우 보호관찰 기간이 끝나기 전이라도 보호관찰의 종료를 결정할 수 있다.

최신 기출로 확인하기

1. 현행법상 청소년보호에 대한 설명으로 옳은 것은? (다툼이 있는 경우 판례에 의함)　　2013. 보호 7급

① 「청소년보호법」상 청소년은 「아동·청소년의 성보호에 관한 법률」상의 아동·청소년과 범위가 같다.

② 인터넷게임의 제공자는 만 18세 미만의 청소년에게 오전 0시부터 오전 7시까지 인터넷 게임을 제공하여서 는 안 된다.

③ 종래 「청소년 보호법」에는 청소년유해매체물임을 표시하지 아니하고 청소년에게 유해매체물을 제공한 업체의 이름·대표자명·위반행위의 내용 등을 공표할 수 있도록 규정하였으나, 이는 헌법이 보장하고 있는 프라이버시권을 침해한다는 이유로 헌법재판소에 의해 위헌 결정을 받았다.

④ 「아동·청소년의 성보호에 관한 법률」에 규정된 청소년 성매수자에 대한 신상공개는 이를 공개하는 과정에서 수치심 등이 발생하므로 기존의 형벌 외에 또 다른 형벌로서 수치형이나 명예형에 해당하여 이중처벌금지원칙에 위배된다.

2. 아동·청소년의 성보호를 위한 공개명령 및 고지명령 제도에 대한 설명으로 옳지 않은 것은? (다툼이 있는 경우 판례에 의함)　　2017. 5급 승진

① 공개명령 및 고지명령 제도는 일종의 보안처분이므로 범죄행위를 한 자에 대한 응보 등을 목적으로 그 책임을 추궁하는 사후적 처분인 형벌과 구분되어 그 본질을 달리한다.

② 집행유예를 선고받은 고지대상자에 대한 고지명령은 신상정보 최초 등록일부터 1개월 이내에 하여야 한다.

③ 아동·청소년대상 성범죄 사건에서 공개명령 등의 예외사유로 규정되어 있는 '피고인이 아동·청소년인 경우'에 해당하는지는 사실심 판결의 선고시를 기준으로 판단하여야 한다.

④ 공개명령은 여성가족부장관이 정보통신망을 이용하여 집행하며, 고지명령의 집행은 여성가족부장관이 한다.

⑤ 법원은 고지명령의 판결이 확정되면 판결문 등본을 판결이 확정된 날부터 14일 이내에 여성가족부장관에게 송달하여야 한다.

3. 성범죄자의 신상정보 등록·공개·고지에 대한 설명으로 옳지 않은 것은?　　2024. 보호 9급

① 신상정보 등록의 원인이 된 성범죄로 형의 선고를 유예받은 사람이 선고유예를 받은 날부터 2년이 경과하여 면소된 것으로 간주되면 신상정보 등록을 면제한다.

② 성범죄자의 신상정보 등록·공개·고지에 관한 제도는 성범죄자의 교화·개선에 중점을 두기보다는 성범죄자의 정보를 제공하여 지역사회의 안전을 강화하고자 하는 것이다.

③ 신상정보의 등록은 여성가족부장관이 집행하고, 신상정보의 공개·고지는 법무부장관이 집행한다.

④ 판례에 따르면, 공개명령 및 고지명령 제도는 범죄행위를 한 자에 대한 응보 등을 목적으로 그 책임을 추궁하는 사후적 처분인 형벌과 구별되어 그 본질을 달리한다.

🔍 정답 1. ①　2. ⑤　3. ③

Chapter 23 확인학습

빈칸채우기

01 촉법·우범소년이 있을 때에는 (   )은 직접 관할 소년부에 송치하여야 한다.

02 소년분류심사원에 위탁하는 경우에 위탁기간은 (   )개월을 초과하지 못한다.

03 사회봉사명령 처분은 (   )세 이상의 소년에게만 할 수 있고, 수강명령 및 장기 소년원 송치 처분은 (   )세 이상의 소년에게만 할 수 있다.

04 단기보호관찰 또는 장기보호관찰의 처분을 할 때에 (   )년 이내의 기간을 정하여 야간 등 특정 시간대의 외출을 제한하는 명령을 보호관찰대상자의 준수 사항으로 부과할 수 있다.

05 단기로 소년원에 송치된 소년의 보호기간은 (   )개월을 초과하지 못한다.

06 법원은 소년에 대한 피고사건을 심리한 결과 보호처분에 해당할 사유가 있다고 인정하면 결정 으로써 사건을 (   )에 송치하여야 한다.

07 소년이 법정형으로 장기 (   )년 이상의 유기형에 해당하는 죄를 범한 경우에는 그 형의 범위에 서 장기와 단기를 정하여 선고한다. 다만, 장기는 10년, 단기는 5년을 초과하지 못한다.

08 보호처분이 계속 중일 때에 징역, 금고 또는 구류를 선고받은 소년에 대하여는 먼저 그 (   )을 집행한다.

09 원장은 보호소년 등을 분리수용하는 경우 비행, 공범관계, 처우과정 등을 고려하여 법무부령으로 정하는 바에 따라 (   )을 구분할 수 있다.

10 소년원장은 분류수용, 교정교육상의 필요, 그 밖의 이유로 보호소년을 다른 소년원으로 이송하 는 것이 적당하다고 인정하면 (   )의 허가를 받아 이송할 수 있다.

11 보호소년의 외출기간은 (   )일 이내로 한다.

12 신설하는 소년원 및 소년분류심사원은 수용정원이 (   )명 이내의 규모가 되도록 하여야 한다.

13 원장은 보호소년이 설비 또는 기구 등을 손괴하거나 손괴하려 할 때에는 의사의 의견을 고려하 여 심신안정실에 수용할 수 있으며, 수용기간은 (   )시간 이내로 한다. 다만, 특별히 계속하 여 수용할 필요가 있으면 (   )시간을 초과하지 아니하는 범위에서 한 차례만 연장할 수 있다.

14 20일 이내의 기간 동안 지정된 실 안에서 근신하게 하는 처분은 (   )세 미만의 보호소년 등에 게는 부과하지 못한다.

15 보호소년 등의 징계대상행위에 대한 조사기간은 (   )일 이내로 한다.

16 소년원장은 교정성적이 양호한 자 중 보호관찰의 필요성이 있다고 인정되는 보호소년에 대하여 는 보호관찰심사위원회에 (   )을 신청하여야 한다.

17 퇴원 또는 임시퇴원이 허가된 보호소년이 질병에 걸리거나 (   )을 위하여 필요하면 본인의 신청에 의하여 계속 수용할 수 있다.

18 아동·청소년대상 성범죄를 범한 자에 대하여 수강명령은 형의 집행을 유예할 경우에 그 집행유예기간 내에서 병과하고, 이수명령은 (   ) 이상의 형을 선고하거나 약식명령을 고지할 경우에 병과한다.

19 수강명령 또는 이수명령이 형의 집행유예 또는 벌금형과 병과된 경우에는 (   )의 장이 집행하고, 징역형 이상의 실형과 병과된 경우에는 (   )의 장이 집행한다.

20 여성가족부장관은 아동·청소년대상 성범죄의 발생추세와 동향, 그 밖에 계도에 필요한 사항을 연 (   )회 이상 공표하여야 한다.

OX체크

01 소년법은 보호처분과 형사처분의 일반법적 성격을 띠고 있다.

02 죄를 범한 소년은 소년법상 보호처분의 대상이 아니다.

03 소년부 판사는 사건을 조사 또는 심리하는 데에 필요하다고 인정하면 소년의 감호에 관하여 판결로써 병원이나 그 밖의 요양소에 위탁하는 조치를 할 수 있다.

04 소년부 판사는 사건 본인을 보호하기 위하여 긴급조치가 필요하다고 인정하면 소환 없이 동행영장을 발부할 수 있다. 동행영장은 사법경찰관이 집행한다.

05 검사는 소년에 대한 피의사건을 수사한 결과 보호처분에 해당하는 사유가 있다고 인정한 경우에는 사건을 관할 소년부에 송치하여야 한다.

06 보호처분이 계속 중일 때에 사건 본인에 대하여 새로운 보호처분이 있었을 때에는 그 처분을 한 소년부 판사는 이전의 보호처분을 한 소년부에 조회하여 종전의 보호처분을 취소하여야 한다.

07 보호처분의 결정에 대한 항고는 결정의 집행을 정지시키는 효력이 없다.

08 성인이 고의로 나이를 거짓으로 진술하여 보호처분이나 소년 형사처분을 받은 경우에는 3년 이하의 징역에 처한다.

09 원장은 보호소년 등이 자해할 우려가 큰 경우에는 소속 공무원으로 하여금 보호소년 등에게 머리보호장비를 사용하게 할 수 있다.

10 원장은 교정성적이 우수하거나 품행이 타인의 모범이 되는 보호소년 등에게 포상을 할 수 있다.

11 보호소년 등이 변호인 등과 주고받는 편지는 제한하거나 검사할 수 없다. 다만, 상대방이 변호인 등임을 확인할 수 없는 때에는 예외로 한다.

12 소년원장은 보호소년이 직업능력개발훈련과정을 마쳤을 때에는 산업체에 통근취업하게 하여야 한다.

13 보호소년 등에 대한 지도, 학술연구, 그 밖의 사유로 소년원이나 소년분류심사원을 방문하려는 자는 그 대상 및 사유를 구체적으로 밝혀 법무부장관의 허가를 받아야 한다.

14 아동·청소년대상 성범죄의 공소시효는 해당 성범죄로 피해를 당한 아동·청소년이 성년에 달한 날부터 진행한다.

15 아동·청소년에 대한 강간·강제추행의 죄는 디엔에이(DNA)증거 등 그 죄를 증명할 수 있는 과학적인 증거가 있는 때에는 공소시효가 10년 연장된다.

16 법원은 아동·청소년대상 성범죄의 피해사람을 증인으로 신문하는 경우에 검사, 피해자 또는 법정대리인이 신청하는 경우에는 피해자 보호를 위해 반드시 피해자와 신뢰관계에 있는 사람을 동석하게 하여야 한다.

Answer

빈칸채우기 01 경찰서장 02 1 03 14, 12 04 1 05 6 06 관할 소년부 07 2 08 형 09 생활실 10 법무부장관 11 7 12 150 13 24, 12 14 7 15 7 16 임시퇴원 17 본인의 편익 18 벌금 19 보호관찰소, 교정시설 20 2

OX체크 01 ×, 보호처분의 일반법, 형사처분의 특별법적 성격 02 ×, 죄를 범한 소년은 보호처분 또는 형사처분의 대상이 된다. 03 ×, 결정(판결 ×) 04 ×, 조사관 05 ○ 06 ×, 어느 하나의 보호처분 취소 07 ○ 08 ×, 1년 이하의 징역 09 ○ 10 ○ 11 ○ 12 ×, 할 수 있다. 13 ×, 원장의 허가 14 ○ 15 ○ 16 ×, 재판에 지장을 줄 우려가 있는 등 부득이한 경우가 아니면

아담 형사정책

PART

06

판례

제24장 형사정책 관련 판례

Chapter 24 형사정책 관련 판례

제1절 헌법재판소 판례

성폭력 치료프로그램 이수명령조항, 행동자유권 침해 및 이중처벌금지원칙 위배 부인(2016.12.29. 2016헌바153)
이수명령조항은 교육, 훈련 및 상담 등을 통하여 카메라등이용촬영죄를 범한 성폭력범죄자의 재범을 방지하고 건전한 사회 복귀를 도모하며 사회 안전을 확보하기 위한 것으로서 그 입법목적의 정당성과 수단의 적절성이 인정된다. 성폭력 치료프로그램은 재범의 방지를 위한 근본적인 해결책 중 하나이다. 카메라등이용촬영죄도 왜곡된 성 의식과 피해자에 대한 공감능력의 부족, 성충동 조절의 실패 등에서 비롯되는 경우가 많으므로, 카메라등이용촬영죄를 범한 사람에 대하여 이수명령을 부과하도록 한 것이 불합리하다고 볼 수 없다. 선고유예의 경우나 특별한 사정이 있는 경우 이수명령을 병과하지 아니할 수 있고, 교육시간의 상한이 500시간으로 제한되어 있으며, 법원은 그 범위 내에서 범죄의 경중과 재범의 위험성 등을 고려하여 교육시간을 탄력적으로 결정할 수 있다. 이수명령 조항이 달성하고자 하는 공익의 중요성을 고려하면 일정 기간 동안 일정 장소에 참석하여 성폭력 치료프로그램을 이수하여야 하는 불이익은 그다지 큰 불이익이라고 볼 수 없다. 따라서 이수명령조항은 일반적 행동자유권을 침해한다고 볼 수 없다. 이중처벌 금지의 원칙에 위반된다고 할 수도 없다.

상소제기기간의 구금일수 본형 미산입, 신체의 자유침해 인정(2000.7.20. 99헌가7)
미결구금은 신체의 자유라는 중요한 기본권을 제한하는 것인데, 기본권의 제한은 부득이한 범위에 한하여야 하고, 원칙적으로 미결구금기간 전부는 재정통산 또는 법정통산의 방법으로 본형에 산입될 수 있도록 하고 있는 것에 비추어, 상소제기기간에 한하여 특별히 통산대상에서 제외할 이유가 없다. 오히려 형사소송 절차에서의 상소제도의 중요성이나 상소제기기간을 둔 본래의 취지에 비추어 그 기간동안은 아무런 불이익의 염려가 없이 상소에 대하여 숙고할 여유를 가질 수 있게 하여야 할 것이다. 특히, 피고인이 판결선고일에 상소를 포기하고, 검사가 상소를 포기하지 아니하고, 상소도 하지 아니하는 경우 검사도 즉시 상소를 포기한 경우와 비교하면 법원이 선고한 형의 집행기간이 7일이나 연장되게 된다. 이러한 결과는 소송의 한 당사자인 검사의 의사에 따라 실질적으로 법원이 선고한 형에 변경을 가져오게 되고, 피고인의 신체의 자유를 침해하게 된다.

소급입법에 의한 보호감호처분, 죄형법정주의 위반으로 위헌(1989.7.14. 88헌가5 등)

헌법이 제12조 제1항 후문에서 … 처벌과 보안처분을 나란히 열거하고 있는 점을 생각해보면, 상습범 등에 대한 보안처분의 하나로서 신체에 대한 자유의 박탈을 그 내용으로 하는 보호감호처분은 형벌과 같은 차원에서의 적법한 절차와 헌법 제13조 제1항에 정한 죄형법정주의의 원칙에 따라 비로소 과해질 수 있는 것이라 할 수 있고, 따라서 … 소급입법에 의한 보호감호처분은 허용될 수 없다고 할 것이다.

소급입법에 의한 사회봉사명령 부과, 위법(2008.7.24. 2008어4)

사회봉사명령은 … 형벌 그 자체가 아니라 보안처분의 성격을 가지는 것이 사실이다. 그러나 한편으로 이는 … 의무적 노동을 부과하고 여가시간을 박탈하여 실질적으로는 신체적 자유를 제한하게 되므로, 이에 대하여는 원칙적으로 형벌불소급의 원칙에 따라 행위시법을 적용함이 상당하다. … 가정폭력범죄의 처벌 등에 관한 특례법상 사회봉사명령을 부과하면서, 행위시법상 사회봉사명령 부과시간의 상한인 100시간을 초과하여 상한을 200시간으로 올린 신법을 적용한 것은 위법하다.

위치추적전자장치 부착명령, 소급효금지원칙 적용 부인(2012.12.27. 2010헌가82)

위치추적전자장치 부착명령은 범죄행위를 한 사람에 대한 응보를 주된 목적으로 그 책임을 추궁하는 사후적 처분인 형벌과 구별되는 비형벌적 보안처분으로서 소급효금지원칙이 적용되지 아니한다.

DNA신원확인정보의 수집·이용, 소급효금지원칙 적용 및 이중처벌 부인(2014.8.28. 2011헌마28 등)

DNA신원확인정보의 수집·이용이 범죄의 예방효과를 가지는 보안처분으로서의 성격을 일부 지닌다고 하더라도 이는 형벌과는 구별되는 비형벌적 보안처분으로서 소급입법금지원칙이 적용되지 아니한다. 헌법 제13조 제1항에서 말하는 '처벌'이라고 할 수 없다.

성범죄자 취업제한제도, 형벌불소급원칙 적용 부인(2016.3.31. 2013헌마585)

청소년성보호법이 정하는 취업제한제도로 인해 성범죄자에게 일정한 직종에 종사하지 못하는 제재가 부과되기는 하지만, 위 취업제한제도는 형법이 규정하고 있는 형벌에 해당하지 않으므로, 헌법 제13조 제1항 전단의 형벌불소급원칙이 적용되지 않는다.

성범죄자 신상정보공개·고지명령, 소급처벌금지원칙 및 이중처벌 금지원칙 위반 부인(2016.12.29. 2015헌바196)

성폭력범죄의 처벌 등에 관한 특례법의 신상정보 공개·고지명령은 형벌과는 구분되는 비형벌적 보안처분으로서 어떠한 형벌적 효과나 신체의 자유를 박탈하는 효과를 가져오지 아니하므로 소급처벌금지원칙이 적용되지 아니한다. 또한 이중처벌금지의 원칙에 위반된다고 할 수도 없다.

보안관찰처분 행정소송 시 전혀 집행정지를 할 수 없도록 한 규정, 적법절차원칙 위배로 위헌(2001.4.26. 98헌바79 등)

보안관찰처분을 다투는 행정소송에서는 다른 행정소송사건에서와는 달리 집행정지를 전혀 할 수 없도록 한 보안관찰법 제24조 단서의 심판대상조항의 입법목적은 충분한 심리가 이루어지지 않는 신청절차에서 부적절하게 보안관찰처분의 집행이 정지되지 않도록 하려는 것이지만, 이러한 목적은 집행정지 내지 가처분을 원천적, 일률적으로 봉쇄하는 방법으로만 달성된다고 하기 어렵다.

… 보안관찰처분의 적법여부에 대한 법원의 판단을 받을 수 있는 기회를 실질적으로 제한받고, 경우에 따라서는 박탈당하기도 한다. 이 법률조항은 피보안관찰자로 하여금 상당범위의 자유제한을 감내하도록 요구하는 보안관찰처분의 적법여부를 다투는 소송절차의 내용을 형성함에 있어서 피보안관찰자의 기본권보장이 합리적 이유 없이 축소되도록 하였다는 점에서 그 내용이 합리성과 정당성을 갖춘 것이라고 볼 수 없으므로 적법절차원칙에 위배된다.

사형제도 합헌(2010.2.25. 2008헌가23)

사형은 일반국민에 대한 심리적 위하를 통하여 범죄의 발생을 예방하며 극악한 범죄에 대한 정당한 응보를 통하여 정의를 실현하고, 당해 범죄인의 재범 가능성을 영구히 차단함으로써 사회를 방어하려는 것으로 그 입법목적은 정당하고, 가장 무거운 형벌인 사형은 입법목적의 달성을 위한 적합한 수단이다.

한편, 오판가능성은 사법제도의 숙명적 한계이지 사형이라는 형벌제도 자체의 문제로 볼 수 없으며 심급제도, 재심제도 등의 제도적 장치 및 그에 대한 개선을 통하여 해결할 문제이지, 오판가능성을 이유로 사형이라는 형벌의 부과 자체가 위헌이라고 할 수는 없다.

벌금미납자에 대한 노역장 유치, 형벌집행방법의 변경에 불과(2009.3.26. 2008헌바52)

노역장 유치는 이미 형벌을 받은 사건에 대해 또 다시 형을 부과하는 것이 아니라, 단순한 형벌집행방법의 변경에 불과하다.

노역장 유치, 형벌불소급원칙의 적용대상(2017.10.26. 2015헌바239) [2019. 5급 승진]

<u>노역장 유치는 그 실질이 신체의 자유를 박탈하는 것으로서 징역형과 유사한 형벌적 성격을 가지고 있으므로 형벌불소급원칙의 적용대상이 된다.</u>

형집행유예하면서 사회봉사명령 할 수 있도록 한 규정, 명확성원칙위배 부인(2012.3.29. 2010헌바100)

형의 집행을 유예하면서 사회봉사를 명할 수 있도록 한 형법 제62조의2 제1항 중 사회봉사명령에 관한 부분이 범죄자에게 부과하는 일 또는 근로활동이라고 해석할 수 있고, 사회봉사명령의 부과요건 및 부과대상자는 범죄사실이 유죄로 인정되어 3년 이하의 징역 또는 금고의 형을 선고받음과 동시에 그 형의 집행을 유예받는 피고인이며, 사회봉사명령의 집행방법은 보호관찰 등에 관한 법률에서 집행기관, 집행담당자, 집행절차 등을 규정하고 있으므로, <u>이 사건 법률조항은 명확성원칙에 위배되지 아니한다.</u>

형집행유예하면서 사회봉사명령, 자유권 침해 부인(2012.3.29. 2010헌바100)

형의 집행을 유예하면서 사회봉사를 명할 수 있도록 한 이 사건 법률조항은 범죄인에게 근로를 강제하여 형사제재적 기능을 함과 동시에 사회에 유용한 봉사활동을 통하여 사회와 통합하여 재범방지 및 사회복귀를 용이하게 하려는 것으로서, 이에 근거하여 부과되는 <u>사회봉사명령이 자유형 집행의 대체수단으로서 자유형의 집행으로 인한 범죄인의 자유의 제한을 완화하여 주기 위한 수단인 점, 기간이 500시간 이내로 제한되어 있는 점 등을 종합하여 보면 범죄인의 일반적 행동의 자유를 과도하게 제한한다고 볼 수 없어 과잉금지원칙에 위배되지 아니한다.</u>

법원의 불처분결정 수사자료삭제를 규정하지 않은 형실효법, 개인정보자기결정권 침해 인정(2021.6.24. 2018헌가2)

법원에서 불처분결정된 소년부송치 사건에 대한 수사경력자료의 보존기간 및 삭제에 관하여 규정하지 않은 형의실효등에 관한 법률 제8조의2 제1항 및 제2항은 과잉금지원칙을 위반하여 소년부송치 후 불처분결정을 받은 자의 개인정보자기결정권을 침해한다.

치료감호 가종료자에 대한 보호관찰, 이중처벌 부인(2012.12.27. 2011헌마285)

치료감호법상의 보호관찰은 치료감호소 밖에서의 사회 내 처우를 통해 치료감호의 목적을 달성하기 위한 보안처분으로 형벌과 그 본질 및 목적, 기능에 있어서 독자적인 의의를 가지는 것이므로, 치료감호 가종료 시 보호관찰이 개시되도록 하는 것을 두고 거듭처벌이라고 할 수 없다.

치료감호법상 보호관찰과 형법상 보호관찰 대상자, 본질적 동일집단 부정(2012.12.27. 2011헌마285)

치료감호법상의 보호관찰과 형법상의 보호관찰은 그 대상 및 성질, 기간만료 전의 종료 여부에 있어서 차이가 있으므로, 치료감호법상의 보호관찰대상자와 형법상의 보호관찰대상자를 본질적으로 동일한 집단으로 볼 수는 없다.

성폭력범죄 2회 이상 습벽인정된 자 전자장치부착명령과 부착기간 중 외출제한 등, 헌법 위반 부인(2012.12.27. 2011헌바89)

성폭력범죄를 2회 이상 범하여 그 습벽이 인정된 때에 해당하고 성폭력범죄를 다시 범할 위험성이 인정되는 자에 대해 검사의 청구와 법원의 판결로 3년 이상 20년 이하의 기간 동안 전자장치 부착을 명할 수 있도록 한 부분(제9조 제1항 제2호)과 법원이 부착기간 중 기간을 정하여 야간 외출제한 및 아동시설 출입금지 등의 준수사항을 명할 수 있도록 한 부분(제9조의2)은 헌법에 위반되지 아니한다.

전자장치부착명령 선고시 양형에 유리하게 참작하지 못하도록 한 전자부착법, 책임원칙 위반 부인(2010.9.30. 2009헌바116)

특정 성폭력 범죄자에 대하여 위치추적전자장치 부착명령을 선고하였다고 해서 이를 성폭력범죄사건의 양형에 유리하게 참작하지 못하도록 하는 전자장치부착법 제9조 제7항(양형제한조항)이 일사부재리원칙, 평등원칙, 책임원칙 등에 위반되는지 여부 : 입법자가 여러 가지 요소를 종합적으로 고려하여 법률로써 법관의 양형재량의 범위를 좁혀 놓았다고 하더라도 범죄와 형벌 간 비례의 원칙상 수긍할 수 있는 정도라면 위헌이라고 할 수는 없는 바, 양형에 관한 법관의 재량은 매우 광범위하고 포괄적이어서 이 사건 양형제한조항에도 불구하고 법관은 위치추적전자장치 부착명령이 동시에 선고되는 범죄자에 대하여도 그 책임에 상응하는 형벌을 부과하기에 충분한 정도의 양형재량을 가지고 있으므로 이 사건 양형제한조항은 책임원칙에 위반되지 아니한다.

소년법 제43조 제1항 중 '사건 본인, 보호자, 보조인 또는 그 법정대리인' 부분, 평등권 침해 부인(2012.7.26. 2011헌마232)

소년심판은 형사소송절차와는 달리 소년에 대한 후견적 입장에서 소년의 환경조정과 품행교정을 위한 보호처분을 하기 위한 심문절차이며, 보호처분을 함에 있어 범행의 내용도 참작하지만 주로 소년의 환경과 개인적 특성을 근거로 소년의 개선과 교화에 부합하는 처분을 부과하게 되므로 일반 형벌의 부과와는 차이가 있다. 그리고 소년심판은 심리의 객체로 취급되는 소년에 대한 후견적 입장에서 법원의 직권에 의해 진행되므로 검사의 관여가 반드시 필요한 것이 아니고 이에 따라 소년심판의 당사자가 아닌 검사가 상소 여부에 관여하는 것이 배제된 것이다. 위와 같은 소년심판절차의 특수성을 감안하면, 차별대우를 정당화하는 객관적이고 합리적인 이유가 존재한다고 할 것이어서 이 사건 법률조항은 청구인의 평등권을 침해하지 않는다.

아동·청소년으로 인식될 수 있는 사람이나 표현물…, 헌법 위반 부인(2015.6.25. 2013헌가17)

아동·청소년의 성보호에 관한 법률 제2조 제5호, 제11조 제2항 및 제3항 중 아동·청소년이용음란물 가운데 "아동·청소년으로 인식될 수 있는 사람이나 표현물이 등장하여 그 밖의 성적 행위를 하는 내용을 표현하는 것" 부분은 헌법에 위반되지 아니한다.

아동·청소년의 성보호에 관한 법률 제11조 제3항 중 '아동·청소년이 등장하는 아동·청소년성착취물을 배포한 자'에 관한 부분, 헌법 위반 부정(2022.11.24. 2021헌바144)

- ☑ 헌법재판소는 2019.12.27. 2018헌바46 결정에서 아동·청소년이용음란물을 '제작'한 자를 무기 또는 5년 이상의 징역에 처하는 '아동·청소년의 성보호에 관한 법률' 조항에 대하여 합헌결정을 하였는데, 이 사건에서는 아동·청소년이 등장하는 아동·청소년성착취물 '배포'행위를 처벌하는 조항에 관해 합헌결정을 하였다는 점에서 의의가 있다.

청소년 성매수자에 대한 신상공개 규정, 이중처벌금지원칙 위반 부인(2003.6.26. 2002헌가14) [2013. 9급]

이 제도가 당사자에게 일종의 수치심과 불명예를 줄 수 있다고 하여도, 이는 어디까지나 신상공개제도가 추구하는 입법목적에 부수적인 것이지 주된 것은 아니다. 또한, 공개되는 신상과 범죄사실은 이미 공개재판에서 확정된 유죄판결의 일부로서, 개인의 신상 내지 사생활에 관한 새로운 내용이 아니고, 공익목적을 위하여 이를 공개하는 과정에서 부수적으로 수치심 등이 발생된다고 하여 이것을 기존의 형벌 외에 또 다른 형벌로서 수치형이나 명예형에 해당한다고 볼 수는 없다. 그렇다면, 신상공개제도는 헌법 제13조의 이중처벌금지 원칙에 위배되지 않는다.

장기형 선고자에 대한 치료명령 규정, 신체의 자유 등 기본권침해 인정(2015.12.23. 2013헌가9)

성폭력범죄를 저지른 성도착증 환자로서 재범의 위험성이 인정되는 19세 이상의 사람에 대해 법원이 15년의 범위에서 치료명령을 선고할 수 있도록 한 성폭력범죄자의 성충동 약물치료에 관한 법률 제8조 제1항 : 장기형이 선고되는 경우 치료명령의 선고시점과 집행시점 사이에 상당한 시간적 간극이 있어 집행시점에서 발생할 수 있는 불필요한 치료와 관련한 부분에 대해서는 침해의 최소성과 법익균형성을 인정하기 어렵다. 따라서 제8조 제1항은 집행 시점에서 불필요한 치료를 막을 수 있는 절차가 마련되어 있지 않은 점으로 인하여 과잉금지원칙에 위배되어 치료명령 피청구인의 신체의 자유 등 기본권을 침해한다(헌법불합치 결정).

보호감호처분과 형벌 병과, 일사부재리원칙 위배 부인(1996.11.28. 95헌바20)

보호감호처분과 형벌은 신체의 자유를 박탈하는 수용처분이라는 점에서 유사하나, 보호감호처분은 재범의 위험성이 있고 특수한 교육 개선이 필요하다고 인정되는 자에 대하여 사회복귀를 촉진하고 사회를 보호하기 위한 보안처분으로서 헌법 제12조 제1항에 근거를 두고 있으며, 그 본질과 목적 및 기능에 있어서 형벌과는 다른 독자적 의의를 가진 사회보호적인 처분이므로, 형과 보호감호를 병과하여 선고한다고 해서 헌법 제13조 제1항 후단의 일사부재리의 원칙에 위배된다고 할 수 없다.

치료감호기간을 법정으로 정하지 않고 계속 수용치료, 신체의 자유침해 부정; 사회보호위원회에 의한 종료 여부 결정, 재판청구권 침해 부정(2005.2.3. 2003헌바1)

1. 치료감호의 기간을 미리 법정하지 않고 계속 수용하여 치료할 수 있도록 하는 것은 정신장애자의 개선 및 재활과 사회의 안전에 모두 도움이 되고 이로서 달성되는 사회적 공익은 상당히 크다고 할 수 있다. 한편, 피치료감호자는 계속적인 치료감호를 통하여 정신장애로부터의 회복을 기대할 수 있는 이익도 있을 뿐만 아니라, 가종료, 치료위탁 등 법적 절차를 통하여 장기수용의 폐단으로부터 벗어날 수도 있으므로, 이 사건 법률조항이 치료감호에 기간을 정하지 아니함으로 말미암아 초래될 수 있는 사익의 침해는 그로써 얻게 되는 공익에 비하여 크다고 볼 수 없다. 따라서 이 사건 법률조항은 과잉금지의 원칙에 위배되지 아니하므로 <u>청구인의 신체의 자유를 침해하는 것이라고 볼 수 없다.</u>

2. 이 사건 법률조항은 법관의 선고에 의하여 개시된 치료감호를 사회보호위원회가 그 종료 여부를 결정하도록 규정하고 있으나, 피치료감호자 등은 치료감호의 종료 여부를 심사·결정하여 줄 것을 사회보호위원회에 신청할 수 있고, 위원회가 신청을 기각하는 경우에 이들은 그 결정에 대하여 행정소송을 제기하여 법관에 의한 재판을 받을 수 있다고 해석되므로, <u>피치료감호자 등의 재판청구권이 침해된 것이 아니다.</u>

치료감호심의위원회에 의한 치료감호의 관리·집행, 적법절차 원칙 위배 부인(2009.3.26. 2007헌바50)

치료감호심의위원회의 심사대상은 이미 판결에 의하여 확정된 보호감호처분을 집행하는 것에 불과하므로 이를 법관에게 맡길 것인지, 아니면 제3의 기관에 맡길 것인지는 입법 재량의 범위 내에 있으며, 위원회의 결정에 대하여 불복이 있는 경우 행정소송 등 사법심사의 길이 열려 있으므로 법관에 의한 재판을 받을 권리를 침해한다고 할 수 없다. 나아가, 치료감호심의위원회의 구성, 심사절차 및 심사대상에 비추어 볼 때 위원회가 보호감호의 관리 및 집행에 관한 사항을 심사·결정하도록 한 것이 헌법상 <u>적법절차 원칙에 위배된다고 볼 수 없다.</u>

보안관찰심의위원회에 의한 보안관찰처분; 일사부재리원칙, 정당한 재판을 받을 권리침해 부정(1997.11.27. 92헌바28)

1. 이 법상의 보안관찰처분 역시 그 본질이 헌법 제12조 제1항에 근거한 보안처분인 이상, 형의 집행종료 후 별도로 이 법상의 보안관찰처분을 명할 수 있다고 하여 헌법 제13조 제1항이 규정한 일사부재리의 원칙에 위반하였다고 할 수 없다.

2. 그 법이 추구하는 입법목적의 정당성, 국민에게 부과되는 자유제한의 정도, 보안관찰처분심의위원회의 구성과 보안관찰처분의 개시 및 불복절차에 비추어 적법절차의 원칙이 요청하는 합리성, 정당성 및 절차적 공평성을 갖추고 있다고 할 것이므로 헌법 제12조 제1항 후문의 적법절차의 원칙 내지 법관에 의한 정당한 재판을 받을 권리를 보장하고 있는 헌법 제27조 제1항에 위배되지 아니한다.

판결확정자에 대한 폐지된 사회보호법의 적용, 적법절차원칙 위배 부인(2009.3.26. 2007헌바50; 2015.9.24. 2014헌바222)

입법자가 종전 사회보호법을 폐지하면서 적지 않은 수의 보호감호 대상자가 일시에 석방될 경우 초래될 사회적 혼란의 방지, 법원의 양형실무 및 확정판결에 대한 존중 등을 고려하여 법률 폐지 이전에 이미 보호감호 판결이 확정된 자에 대하여는 보호감호를 집행하도록 한 것이므로, 이중처벌에 해당하거나 비례원칙을 위반하여 신체의 자유를 과도하게 침해한다고 볼 수 없으며, 판결 미확정자와의 사이에 발생한 차별은 입법재량 범위 내로서 이를 정당화할 합리적 근거가 있으므로 헌법상 평등원칙에 반하지 아니하고, 치료감호심의위원회와 관련하여 그 심사대상은 이미 판결에 의하여 확정된 보호감호처분을 집행하는 것에 불과하므로 이를 법관에게 맡길 것인지, 아니면 제3의 기관에 맡길 것인지는 입법재량의 범위 내에 있으며, 위원회의 결정에 대하여 불복이 있는 경우 행정소송 등 사법심사의 길이 열려 있으므로 법관에 의한 재판을 받을 권리를 침해한다고 볼 수 없고, 치료감호심의위원회의 구성, 심사절차 및 심사대상에 비추어 볼 때 보호감호의 관리 및 집행에 관한 사항을 심사·결정하도록 한 것이 헌법상 적법절차원칙에 위배된다고 볼 수 없다고 판시하였다.

소년범 중 형의 집행이 종료되거나 면제된 자에 한하여 자격에 관한 법령의 적용에 있어 장래에 향하여 형의 선고를 받지 아니한 것으로 본다고 규정한 소년법 제67조가 평등원칙에 위반되는지 여부, 헌법불합치(헌재 2018.1.25. 2017헌가7) ⇨ 소년법 제67조가 개정(2018.9.18.)

집행유예를 선고받은 자의 자격제한을 완화하지 아니하여 집행유예 기간이 경과한 경우에도 그 후 일정 기간 자격제한을 받게 되었으므로, 명백히 자의적인 차별에 해당하여 평등원칙에 위반된다.

제2절 대법원 판례

판결선고 전 미결구금일수 형기산입, 별도의 판단 불필요(대법원 2009.12.10. 2009도11448) [2017. 9급] 총 2회 기출

형법 제57조 제1항 중 "또는 일부" 부분은 헌법재판소 2009.6.25. 2007헌바25 사건의 위헌결정으로 효력이 상실되었다. 그리하여 판결선고 전 미결구금일수는 그 전부가 법률상 당연히 본형에 산입하게 되었으므로, 판결에서 별도로 미결구금일수 산입에 관한 사항을 판단할 필요가 없다고 할 것이다.

추징에 관한 법원의 직권적용 인정(대법원 2007.1.25. 2006도8663)

추징은 일종의 형으로서 검사가 공소를 제기함에 있어 관련 추징규정의 적용을 빠뜨렸다 하더라도 법원은 직권으로 이를 적용하여야 한다.

징역형에 대한 특별사면시 추징의 선고효력 상실, 불인정(대법원 1996.5.14. 96모14)

추징은 부가형이지만 징역형의 집행유예와 추징의 선고를 받은 사람에 대하여 징역형의 선고의 효력을 상실케 하는 동시에 복권하는 특별사면이 있은 경우에 추징에 대하여도 형 선고의 효력이 상실된다고 볼 수는 없다.

준수사항위반과 동시에 범죄행위가 된 경우, 집행유예 취소의 요건심리는 검사의 청구에 의한 임의적절차 (대법원 1999.3.10. 99모33)

보호관찰이나 사회봉사 또는 수강을 명한 집행유예를 받은 자가 준수사항이나 명령을 위반한 경우에 그 위반사실이 동시에 범죄행위로 되더라도 그 기소나 재판의 확정여부 등 형사절차와는 별도로 법원이 보호관찰 등에 관한 법률에 의한 검사의 청구에 의하여 집행유예 취소의 요건에 해당하는가를 심리하여 준수사항이나 명령 위반사실이 인정되고 위반의 정도가 무거운 때에는 집행유예를 취소할 수 있다.

신법에 의한 보호관찰, 형벌불소급의 원칙 내지 죄형법정주의 위배 부인(대법원 1997.6.13. 97도703) [2024. 보호 9급]
보호관찰은 형벌이 아니라 보안처분의 성격을 갖는 것으로서, 과거의 불법에 대한 책임에 기초하고 있는 제재가 아니라 장래의 위험성으로부터 행위자를 보호하고 사회를 방위하기 위한 합목적적인 조치이므로, 그에 관하여 반드시 행위 이전에 규정되어 있어야 하는 것은 아니며, 재판시의 규정에 의하여 보호관찰을 받을 것을 명할 수 있다고 보아야 할 것이고, 이와 같은 해석이 형벌불소급의 원칙 내지 죄형법정주의에 위배되는 것이라고 볼 수 없다.

배상명령, 피해자 회복을 위한 제도(대법원 2019.1.17. 2018도17726) [2020. 7급]
배상명령은 피고사건의 범죄행위로 발생한 직접적인 물적 피해, 치료비 손해와 위자료에 대하여 피고인에게 배상을 명함으로써 간편하고 신속하게 피해자의 피해회복을 도모하고자 하는 제도이다.

배상책임의 유무 또는 범위가 명백하지 아니한 경우, 법원은 결정으로 신청각하(대법원 1996.6.11. 96도945)
배상명령은 피고인의 배상책임의 유무 또는 그 범위가 명백하지 아니한 때에는 배상명령을 하여서는 아니 되고, 그와 같은 경우에는 법원은 결정으로 배상명령 신청을 각하하여야 한다.

징역형과 벌금형 병과시 징역형에만 작량감경, 위법(대법원 2011.5.26. 2011도3161)
하나의 죄에 대하여 징역형과 벌금형을 병과하여야 할 경우에 특별한 규정이 없는 한 징역형에만 작량감경을 하고 벌금형에는 작량감경을 하지 않는 것은 위법하다.

무기형으로 감형된 사형확정자의 집행대기기간, 무기징역 집행기간 산입여부 부정(대법원 1991.3.4. 90모59)
사형집행을 위한 구금은 미결구금도 아니고 형의 집행기간도 아니며 특별감형은 형을 변경하는 효과만 있을 뿐이고 이로 인하여 형의 선고에 의한 기성의 효과는 변경되지 아니하므로 사형이 무기징역으로 특별감형된 경우 사형의 판결확정일에 소급하여 무기징역형이 확정된 것으로 보아 무기징역형의 형기 기산일을 사형의 판결 확정일로 인정할 수도 없고 사형집행대기기간이 미결구금이나 형의 집행기간으로 변경된다고 볼 여지도 없으며, 또한 특별감형은 수형 중의 행장의 하나인 사형집행대기기간까지를 참작하여 되었다고 볼 것이므로 사형집행대기기간을 처음부터 무기징역을 받은 경우와 동일하게 가석방 요건 중의 하나인 형의 집행기간에 다시 산입할 수는 없다.

벌금 미납자의 사회봉사 집행에 관한 특례법 제4조 제1항에서 정한 '납부명령일부터 30일 이내'가 벌금 미납자의 사회봉사 신청기간의 종기만을 규정한 것인지 여부(적극) **및 이때 '납부명령일'의 의미**(＝납부명령이 벌금 미납자에게 고지된 날)(대법원 2013.1.16. 2011모16)
시기를 특별히 제한하여 해석할 이유는 없으므로, 신청은 벌금형이 확정된 때부터 가능하다고 볼 것이다. 따라서 위 규정은 신청을 할 수 있는 종기만을 규정한 것으로 새기는 것이 타당하고, 그 종기는 검사의 납부 '명령일'이 아니라 납부명령이 벌금 미납자에게 '고지된 날'로부터 30일이 되는 날이라고 해석하는 것이 옳다.

몰수; 선고유예시 몰수·추징에 대해서도 선고유예가능, 선고유예 아니하면서 몰수·추징에 대해서만 선고유예 불가(대법원 1988.6.21. 88도551)
몰수는 선고유예의 대상으로 규정되어 있지 아니하고 다만 몰수 또는 이에 갈음하는 추징은 부가형적 성질을 띠고 있어 그 주형에 대하여 선고를 유예하는 경우에는 그 부가할 몰수·추징에 대하여도 선고를 유예할 수 있으나, 그 주형에 대하여 선고를 유예하지 아니하면서 이에 부가할 몰수·추징에 대하여서만 선고를 유예할 수는 없다.

공범자의 소유물 몰수 가능(대법원 2006.11.23. 2006도5586)
형법 제48조 제1항의 범인에는 공범자도 포함되므로 피고인의 소유물은 물론 공범자의 소유물도 그 공범자의 소추 여부를 불문하고 몰수할 수 있고, 여기에서의 공범자에는 공동정범, 교사범, 방조범에 해당하는 자는 물론 필요적 공범관계에 있는 자도 포함된다.

몰수물의 가액산정, 재판선고시의 가격 기준(대법원 1991.5.28. 91도352)

몰수의 취지가 범죄에 의한 이득의 박탈을 그 목적으로 하는 것이고 추징도 이러한 몰수의 취지를 관철하기 위한 것이라는 점을 고려하면 몰수하기 불능한 때에 추징하여야 할 가액은 범인이 그 물건을 보유하고 있다가 몰수의 선고를 받았더라면 잃었을 이득상당액을 의미한다고 보아야 할 것이므로 그 <u>가액산정은 재판선고시의 가격을 기준으로 하여야 할 것이다.</u>

자유형 중 일부에 대한 집행유예선고, 불가(대법원 2007.2.22. 2006도8555)

자유형 중 일부에 대해서는 실형을, 나머지에 대해서는 집행유예를 선고하는 것은 허용되지 않는다.

집행유예선고시 보호관찰과 사회봉사명령 동시선고, 가능(대법원 1998.4.24. 98도98)

형법 제62조에 의하여 집행유예를 선고할 경우에는 같은 법 제62조의2 제1항에 규정된 보호관찰과 사회봉사 또는 수강을 동시에 명할 수 있다고 해석함이 상당하다.

집행유예 경과시 '형선고의 효력을 잃는다'는 의미; 전과가 있는 자에 해당(대법원 2003.12.26. 2003도3768)

형의 집행유예를 선고받은 자는 형법 제65조에 의하여 그 선고가 실효 또는 취소됨이 없이 정해진 유예기간을 무사히 경과하여 형의 선고가 효력을 잃게 되었다고 하더라도 <u>형의 선고의 법률적 효과가 없어진다는 것일 뿐, 형의 선고가 있었다는 기왕의 사실 자체까지 없어지는 것은 아니므로,</u> 형법 제59조 제1항 단행에서 정한 <u>선고유예 결격사유인 '자격정지 이상의 형을 받은 전과가 있는 자'에 해당한다고 보아야 한다.</u>

집행유예 경과시 '형선고의 효력을 잃는다'는 의미; 그 전과 자체를 징역형을 받은 경우로 볼 수 없다(대법원 2014.9.4. 2014도7088)

집행유예의 효과에 관한 형법 제65조에서 '형의 선고가 효력을 잃는다'는 의미는 형의 실효 등에 관한 법률에 의한 형의 실효와 같이 형의 선고에 의한 법적 효과가 장래에 향하여 소멸한다는 취지이므로 위 규정에 따라 형의 선고가 효력을 잃는 경우 <u>그 전과 자체를 특정범죄 가중처벌 등에 관한 법률 제5조의4 제5항에서 정한 '징역형을 받은 경우'로 볼 수 없다.</u> 그리고 어느 전과의 징역형의 실효기간이 경과하기 전에 징역형의 집행유예 전과가 있었지만 그 집행유예가 실효 또는 취소되지 않고 그 유예기간이 경과하였고, 그 무렵 집행유예 이전의 징역형도 그 자체의 실효기간이 경과하였다면, 집행유예 이전의 징역형도 역시 실효되어 특가법 제5조의4 제5항에서 정한 '징역형을 받은 경우'에 해당하지 않는 것으로 보아야 한다.

❷ **집행유예 경과자에 대한 '형의 선고는 효력을 잃는다'는 의미** : 선고유예 결격사유(자격정지 이상의 형을 받은 전과가 있는 자)에 해당한다는 것이고, 특가법 제5조의4 제5항 적용에 있어서는 '징역형을 받은 경우'에 해당되지 않는다는 해석을 하고 있다. 결과적으로 '형의 선고는 효력을 잃는다'는 각각의 사례에서 구체적·개별적으로 검토해야 한다.

보안처분, 형벌의 죄형법정주의나 일사부재리 또는 법률불소급의 원칙, 보안처분에 그대로 적용 불가(대법원 1988.11.16. 88초60)

일반적으로 보안처분은 반사회적 위험성을 가진 자에 대하여 사회방위와 교화를 목적으로 격리수용하는 예방적 처분이라는 점에서 범죄행위를 한 자에 대하여 응보를 주된 목적으로 그 책임을 추궁하는 사후적 처분인 형벌과 구별되어 그 본질을 달리하는 것으로서 <u>형벌에 관한 죄형법정주의나 일사부재리 또는 법률불소급의 원칙은 보안처분에 그대로 적용되지 않는다.</u>

보호관찰 등에 관한 법률 제56조, 제64조 제1항의 해석상 군법 적용 대상자에게 보호관찰, 사회봉사, 수강명령을 명할 수 있는지 여부; 불가(대법원 2012.2.23. 2011도8124)

현역 군인 등 이른바 군법 적용 대상자에 대한 특례 조항을 두고 있는데, 위 특례 조항은 군법 적용 대상자에 대하여는 보호관찰법이 정하고 있는 보호관찰, 사회봉사, 수강명령의 실시 내지 집행에 관한 규정을 적용할 수 없음은 물론 보호관찰, 사회봉사, 수강명령 자체를 명할 수 없다는 의미로 해석된다.

보호관찰명령 없이 사회봉사 · 수강명령만 선고하는 경우, 보호관찰대상자에 대한 특별준수사항을 사회봉사 · 수강명령대상자에게 그대로 적용, 불가(대법원 2009.3.30. 2008모1116) [2020. 5급 승진] 총 3회 기출

보호관찰의 기간은 집행을 유예한 기간으로 하고 다만, 법원은 유예기간의 범위 내에서 보호관찰기간을 정할 수 있는 반면, 사회봉사명령 · 수강명령은 집행유예기간 내에 이를 집행하되 일정한 시간의 범위 내에서 그 기간을 정하여야 하는 점, 보호관찰명령이 보호관찰기간 동안 바른 생활을 영위할 것을 요구하는 추상적 조건의 부과이거나 악행을 하지 말 것을 요구하는 소극적인 부작위조건의 부과인 반면, 사회봉사명령 · 수강명령은 특정시간 동안의 적극적인 작위의무를 부과하는 데 그 특징이 있다는 점 등에 비추어 보면, 사회봉사 · 수강명령대상자에 대한 특별준수사항은 보호관찰대상자에 대한 것과 같을 수 없고, 따라서 보호관찰대상자에 대한 특별준수사항을 사회봉사 · 수강명령대상자에게 그대로 적용하는 것은 적합하지 않다.

사회봉사명령의 특별준수사항으로 "2017년 말까지 이 사건 개발제한행위 위반에 따른 건축물 등을 모두 원상복구할 것"을 부과, 불가(대법원 2020.11.5. 2017도18291) [2024. 보호 9급]

보호관찰법 제32조 제3항이 보호관찰대상자에게 과할 수 있는 특별준수사항으로 정한 "범죄행위로 인한 손해를 회복하기 위하여 노력할 것(제4호)" 등 같은 항 제1호부터 제9호까지의 사항은 보호관찰대상자에 한해 부과할 수 있을 뿐, 사회봉사명령 · 수강명령 대상자에 대해서는 부과할 수 없다. 한편 보호관찰법 제32조 제3항 제4호는 보호관찰대상자에게 과할 수 있는 특별준수사항으로 '범죄행위로 인한 손해를 회복하기 위해 노력할 것'을 정하고 있는데, 이 사건 특별준수사항은 범죄행위로 인한 손해를 회복하기 위하여 노력할 것을 넘어 일정 기간 내에 원상회복할 것을 명하는 것으로서 보호관찰법 제32조 제3항 제4호를 비롯하여 같은 항 제1호부터 제9호까지 정한 보호관찰의 특별준수사항으로도 허용될 수 없다.

일정한 금원의 출연을 내용으로 하는 사회봉사명령, 허용 불가(대법원 2008.4.11. 2007도8373)

형법과 보호관찰 등에 관한 법률의 관계 규정을 종합하면, 사회봉사는 형의 집행을 유예하면서 부가적으로 명하는 것이고 집행유예되는 형은 자유형에 한정되고 있는 점 등에 비추어, 법원이 형의 집행을 유예하는 경우 명할 수 있는 사회봉사는 자유형의 집행을 대체하기 위한 것으로서 500시간 내에서 시간 단위로 부과될 수 있는 일 또는 근로활동을 의미하는 것으로 해석되므로, 법원이 형법 제62조의2의 규정에 의한 사회봉사명령으로 피고인에게 일정한 금원을 출연하거나 이와 동일시할 수 있는 행위를 명하는 것은 허용될 수 없다.

피고인에게 자신의 범죄행위와 관련하여 어떤 말이나 글을 공개적으로 발표하도록 명하는 내용의 사회봉사명령, 허용 불가(대법원 2008.4.11. 2007도8373)

피고인으로 하여금 자신의 범죄행위와 관련하여 어떤 말이나 글을 공개적으로 발표하라는 사회봉사를 명하는 것은 경우에 따라 피고인의 명예나 인격에 대한 심각하고 중대한 침해를 초래할 수 있고, 그 말이나 글이 어떤 의미나 내용이어야 하는 것인지 쉽게 이해할 수 없어 집행 과정에서 그 의미나 내용에 관한 다툼이 발생할 가능성이 적지 않으며, 유죄로 인정된 범죄행위를 뉘우치거나 그 범죄행위를 공개하는 취지의 말이나 글을 발표하도록 하는 취지의 것으로도 해석될 가능성이 적지 않으므로 이러한 사회봉사명령은 위법하다.

보호관찰명령 없이 수강명령만 선고한 경우, 특별준수사항 위반을 이유로 집행유예를 취소하는 경우 법원의 판단 방법(대법원 2009.3.30. 2008모1116)

법원이 보호관찰대상자에게 특별히 부과할 수 있는 '재범의 기회나 충동을 줄 수 있는 장소에 출입하지 아니할 것'이라는 사항을 만연히 사회봉사 · 수강명령대상자에게 부과하고 사회봉사 · 수강명령대상자가 재범한 것을 집행유예 취소사유로 삼는 것은 신중하여야 한다.

형법 제64조 제2항에 규정된 집행유예취소의 요건, 평가 요소(대법원 2010.5.27. 2010모446) [2020. 5급 승진]

법원이 보호관찰 등에 관한 법률에 의한 검사의 청구에 의하여 형법 제64조 제2항에 규정된 집행유예취소의 요건에 해당하는가를 심리함에 있어, 보호관찰기간 중의 재범에 대하여 따로 처벌받는 것과는 별도로 보호관찰자 준수사항 위반 여부 및 그 정도를 평가하여야 하고, 보호관찰이나 사회봉사 또는 수강명령은 각각 병과되는 것이므로 사회봉사 또는 수강명령의 이행 여부는 보호관찰자 준수사항 위반 여부나 그 정도를 평가하는 결정적인 요소가 될 수 없다.

전자감시제도의 법적 성격, 보안처분의 일종(대법원 2011.7.28. 2011도5813)

전자장치부착법에 의한 성폭력범죄자에 대한 전자감시제도는 성폭력범죄자의 재범방지와 성행교정을 통한 재사회화를 위하여 그의 행적을 추적하여 위치를 확인할 수 있는 전자장치를 신체에 부착하게 하는 부가적인 조치를 취함으로써 성폭력범죄로부터 국민을 보호함을 목적으로 하는 일종의 보안처분이며, 전자감시제도는 범죄행위를 한 자에 대한 응보를 주된 목적으로 책임을 추궁하는 사후적 처분인 형벌과 구별되어 본질을 달리한다.

치료감호와 부착명령을 함께 선고할 경우, 부착명령 요건으로서 재범의 위험성 판단 방법(대법원 2012.5.10. 2012도2289)

법원이 치료감호와 부착명령을 함께 선고할 경우에는 치료감호의 요건으로서 재범의 위험성과는 별도로, 치료감호를 통한 치료 경과에도 불구하고 부착명령의 요건으로서 재범의 위험성이 인정되는지를 따져보아야 하고, 치료감호 원인이 된 심신장애 등의 종류와 정도 및 치료 가능성, 피부착명령청구자의 치료의지 및 주위 환경 등 치료감호 종료 후에 재범의 위험성을 달리 볼 특별한 사정이 있는 경우에는 치료감호를 위한 재범의 위험성이 인정된다 하여 부착명령을 위한 재범의 위험성도 인정된다고 섣불리 단정하여서는 안 된다.

전자장치 부착 등에 관한 법률 제5조 제1항 제3호에서 부착명령청구 요건으로 정한 '성폭력범죄를 2회 이상 범하여'에 '소년보호처분을 받은 전력'이 포함되는지 여부, 불인정(대법원 2012.3.22. 2011도15057)

'성폭력범죄를 2회 이상 범하여(유죄의 확정판결을 받은 경우를 포함한다) 그 습벽이 인정된 때'라고 규정하고 있는데, 이 규정 전단은 문언상 '유죄의 확정판결을 받은 전과사실을 포함하여 성폭력범죄를 2회 이상 범한 경우'를 의미한다고 해석된다. 따라서 피부착명령청구자가 소년법에 의한 보호처분(소년보호처분)을 받은 전력이 있다고 하더라도, 이는 유죄의 확정판결을 받은 경우에 해당하지 아니함이 명백하므로, 피부착명령청구자가 2회 이상 성폭력범죄를 범하였는지를 판단할 때 소년보호처분을 받은 전력을 고려할 것이 아니다.

- 보호처분을 받은 사실의 상습성 인정(대법원 1989.12.12. 89도2097), 과거 전과로서의 징역형에는 소년으로서 처벌받은 징역형도 포함(대법원 2010.4.29. 2010도973)

2회 이상의 성폭력범죄사실로 공소가 제기된 사건에서 일부 범죄사실에 대하여 면소 또는 공소기각의 판결 등이 선고되는 경우, 그 범죄사실이 위치추적전자장치 부착명령의 요건인 '2회 이상 범한 성폭력범죄'에 포함되는지 여부, 불인정(대법원 2009.10.29. 2009도7282)

2회 이상의 성폭력범죄사실로 공소가 제기된 성폭력범죄사건에서 일부 범죄사실에 대하여 면소 또는 공소기각의 재판이 선고되는 경우, 그러한 일부 범죄사실에 대하여는 부착명령청구사건에서 실체적 심리·판단이 허용되지 않는다고 보아야 한다. 따라서 그 일부 범죄사실은 전자장치부착법 제5조 제1항 제3호가 부착명령의 요건으로 규정한 "성폭력범죄를 2회 이상 범하여 그 습벽이 인정된 때"에서 말하는 2회 이상 범한 성폭력범죄에 포함된다고 볼 수 없다.

특정범죄를 범한 자에 대하여 형의 집행을 유예하는 경우, 보호관찰을 명하는 때에만 위치추적 전자장치 부착 가능(대법원 2012.2.23. 2011도8124) [2013. 7급]
전자장치부착법 제28조 제1항은 "법원은 특정범죄를 범한 자에 대하여 형의 집행을 유예하면서 보호관찰을 받을 것을 명할 때에는 보호관찰기간의 범위 내에서 기간을 정하여 준수사항의 이행 여부 확인 등을 위하여 전자장치를 부착할 것을 명할 수 있다."고 규정하고 있고, 제9조 제4항 제4호는 "법원은 특정범죄사건에 대하여 선고유예 또는 집행유예를 선고하는 때에는 판결로 부착명령 청구를 기각하여야 한다."고 규정하고 있으므로, 법원이 특정범죄를 범한 자에 대하여 형의 집행을 유예하는 경우에는 보호관찰을 받을 것을 명하는 때에만 전자장치를 부착할 것을 명할 수 있다.

위치추적 전자장치의 효용을 해한 행위를 처벌하는 전자장치 부착 등에 관한 법률 제38조에서 효용을 해하는 행위의 의미 및 부작위라도 고의적으로 그 효용이 정상적으로 발휘될 수 없도록 한 경우 처벌 대상이 되는지 여부(적극)(대법원 2017.3.15. 2016도17719)
효용을 해하는 행위는 전자장치를 부착하게 하여 위치를 추적하도록 한 전자장치의 실질적인 효용을 해하는 행위를 말하는 것으로서, 전자장치 자체의 기능을 직접적으로 해하는 행위뿐 아니라 전자장치의 효용이 정상적으로 발휘될 수 없도록 하는 행위도 포함하며, 부작위라고 하더라도 고의적으로 그 효용이 정상적으로 발휘될 수 없도록 한 경우에는 처벌의 대상이 된다.
피부착자가 재택 감독장치가 설치되어 있는 자신의 독립된 주거공간이나 가족 등과의 공동 주거공간을 떠나 타인의 생활공간 또는 타인이 공동으로 이용하는 공간을 출입하고자 하는 경우에는 휴대용 추적장치를 휴대하여야 한다. 따라서 피부착자가 이를 위반하여 휴대용 추적장치를 휴대하지 아니하고 위와 같은 장소에 출입함으로써 부착장치의 전자파를 추적하지 못하게 하는 경우에는 전자장치부착법 제38조의 기타의 방법으로 전자장치의 효용을 해한 경우에 해당한다.

전자장치부착법에 의한 전자감시제도, 소급입법 금지원칙 위배 부정(대법원 2010.12.23. 2010도11996)
전자장치부착법에 의한 전자감시제도는 성폭력범죄자의 재범방지와 성행교정을 통한 재사회화를 위하여 그의 행적을 추적하여 위치를 확인할 수 있는 전자장치를 신체에 부착하게 하는 부가적인 조치를 취함으로써 성폭력범죄로부터 국민을 보호함을 목적으로 하는 일종의 보안처분으로, 범죄행위를 한 자에 대한 응보를 주된 목적으로 그 책임을 추궁하는 사후적 처분인 형벌과 구별되어 그 본질을 달리하는 것으로서 형벌에 관한 소급입법금지의 원칙이 그대로 적용되지 않으므로, 위 법률이 개정되어 부착명령 기간을 연장하도록 규정하고 있더라도 그것이 소급입법금지의 원칙에 반한다고 볼 수 없다.

성충동약물치료 명령에 따른 준수사항 위반행위, 검사의 증명책임인정(대법원 2021.8.19. 2020도16111)
성충동약물치료 명령에 따른 준수사항 위반행위를 처벌하는 성폭력범죄자의 성충동약물치료에 관한 법률 제35조 제2항에서 정한 '정당한 사유'는 구성요건해당성을 조각하는 사유로, 정당한 사유가 없다는 사실을 검사가 증명하여야 하고, 이는 형법상 위법성조각사유인 정당행위나 책임조각사유인 기대불가능성과는 구별된다.

소년범에 대한 보호처분, 법원의 재량권 인정(대법원 1991.1.25. 90도2693) [2016. 5급 승진]
소년에 대한 피고사건을 심리한 법원이 그 결과에 따라 보호처분에 해당할 사유가 있는지의 여부를 인정하는 것은 법관의 자유재량에 의하여 판정될 사항이다.

소년 보호처분을 받은 사실의 상습성 인정자료로의 사용인정(대법원 1989.12.12. 89도2097) [2018. 5급 승진]
소년법 제1조나 제32조 제6항의 규정이 있다 하여 보호처분을 받은 사실을 상습성 인정의 자료로 삼을 수 없는 것은 아니다.

소년보호사건에서 항고제기기간 내에 항고이유를 제출하지 않은 항고인에게 항고법원이 별도로 항고이유 제출 기회를 주어야 하는지 여부, 부정(대법원 2008.8.12. 2007트13)

소년법 제43조 제2항은 '항고를 제기할 수 있는 기간은 7일로 한다'고 규정하고 있고, 같은 법 제31조는 '소년보호사건의 심리에 필요한 사항은 대법원규칙으로 정한다'고 규정하고 있으며, 이에 따라 제정된 소년심판규칙 제44조는 '항고장에는 항고의 이유를 간결하게 명시하여야 한다'고 규정하고 있는바, 따라서 소년보호사건의 경우 제1심의 보호처분에 대하여 항고를 제기함에 있어서는 그 항고장에 항고이유를 기재하거나, 적법한 항고제기기간 내에 항고이유를 기재한 서면을 제출하여야 하고, 이와 별도로 항고법원이 항고인에게 항고이유의 제출 기회를 부여하여야 하는 것은 아니다.

법정형 중 사형이나 무기형을 선택한 경우 소년에게 부정기형을 선고할 수 있는지의 여부, 부정

1. 소년에 대하여 사형, 무기형 또는 유기형의 법정형 중 사형이나 무기형을 선택한 경우에는 부정기형은 과할 수 없다(대법원 1970.5.12. 70도675).
2. 소년법 제54조(現. 제60조)는 소년이 법정형 장기 2년 이상의 유기형에 해당하는 죄를 범한 때에는 그 법정형기 범위 내에서 장기와 단기를 정하여 선고한다고 규정하고 있으므로 법정형이 사형, 무기징역, 유기징역이 있는 때에 그 법정형 중 사형이나 무기징역형을 선택하고 작량감경한 결과로 피고인에게 유기징역형을 선고할 경우에는 위 소년법 제54조는 그 적용이 없다(대법원 1985.6.25. 85도881).
3. 법정형 중에서 무기징역을 선택한 후 작량감경한 결과 유기징역을 선고하게 되었을 경우에는 피고인이 미성년자라 하더라도 부정기형을 선고할 수 없다(대법원 1991.4.9. 91도357).
4. 법정형이 사형이나 무기징역 뿐이면 소년법 제54조 제1항(現. 제60조 제1항)의 적용이 없으므로 설사 법정형을 감경하여 유기징역을 선고하는 경우도 정기형을 선고하는 것이 위법이 아니다(대법원 1969.7.29. 69도933).

항소심이 미성년자에 대하여 정기형을 선고하였음이 위법이라는 이유로 상고심이 항소심 판결을 파기자판하는 경우에 성년이 된 피고인에 대하여 선고할 형, 정기형(대법원 1981.12.8. 81도2414)

항소심이 미성년자에 대하여 정기형을 선고하였음이 위법이라는 이유로 상고심이 항소심판결을 파기하고 자판하는 경우에 동 피고인이 성년에 달하였다면 부정기형을 선고한 제1심 판결까지 파기하고 정기형을 선고하여야 한다.

◐ 이 판례는 상고심이 항소심 판결을 파기하고 자판하는 경우이다. 항소심 판결을 파기했으므로 이제는 기준이 상고심 자신의 판결시점이고 이때 피고인이 성년이 되었으므로 정기형을 선고해야 한다(대법원이 파기자판을 하는 것이므로 대법원 판결시를 기준으로 한 것).

1. 제1심에서 부정기형을 선고한 판결에 대한 항소심 계속중 개정 소년법이 시행되었고 항소심 판결선고시에는 이미 신법상 소년에 해당하지 않게 된 경우, 법원이 취하여야 할 조치(정기형)
2. 항소심판결 선고 당시 성년이 된 자에 대한 부정기형의 적부(소극) : 항소심판결 선고 당시 성년이 되었음에도 불구하고 정기형을 선고함이 없이 부정기형을 선고한 제1심판결을 인용하여 항소를 기각한 것은 위법하다(대법원 1990.4.24. 90도539).
3. 범행 당시 미성년자(연령이 만 20세 미만)이었다 하더라도 재판시에 성년자가 된 사실이 인정되면 정기형을 선고하여야 한다(대법원 1963.10.10. 63도219).

항소심에서 부정기형이 선고된 후 상고심 계속 중 성년이 된 경우 정기형으로 고칠 수 있는지의 여부(소극)

1. 상고심에서의 심판대상은 항소심 판결 당시를 기준으로 하여 그 당부를 심사하는 데에 있는 것이므로 항소심판결 선고 당시 미성년이었던 피고인이 상고 이후에 성년이 되었다고 하여 항소심의 부정기형의 선고가 위법이 되는 것은 아니다(대법원 1998.2.27. 97도3421).

2. 항소심 판결선고 당시 미성년자로서 부정기형을 선고받은 피고인이 상고심 계속 중에 성년이 되었다 하더라도 항소심의 부정기형선고를 정기형으로 고칠 수는 없다(대법원 1990.11.27. 90도2225).

3. 상고심의 심판대상은 원심판결 당시를 기준으로 하여 그 당부를 심사하는 것으로 원심판결 당시 미성년으로서 부정기형을 선고받은 자가 그 후 상고심계속 중 가까운 시일 안에 성년이 된다하여 원심의 부정기형 선고가 위법이 될 수 없고 위와 같은 사유는 적법한 상고이유가 되지 아니한다(대법원 1985.10.8. 85도1721).

단기형 합계가 징역 5년을 초과 시, 부정기형 가능(대법원 1983.10.25. 83도2323)

소년범에 대하여 형법 제37조 후단의 경합범에 해당한다 하여 2개의 형을 선고하는 경우에 그 단기형의 합계가 징역 5년을 초과하더라도 이는 소년법 제54조(現. 제60조) 제1항 단서의 규정(단기 5년, 장기 10년을 초과하지 못한다)에 저촉된다고 볼 수 없다.

상한과 하한의 폭이 6개월에 불과한 경우, 부정기형 적법(대법원 1983.2.8. 82도2889)

소년법 제54조(現. 제60조)에 의하여 부정기형을 선고할 때 그 장기와 단기의 폭에 관하여는 법정한 바 없으므로, 소년인 피고인에 대하여 선고한 형량의 장기가 3년, 단기가 2년 6월 이어서 그 폭이 6월에 불과하다 하여 소년법 제54조(現. 제60조)의 해석을 잘못한 위법이 있다고 할 수 없다.

작량감경 사유에 따른 부정기 상한 감경, 부정(대법원 1983.6.14. 83도993) [2018. 5급 승진]

형법 제53조에 의한 작량감경은 법정형을 감경하여 처단형을 정하는 과정이며 법원은 이 처단형의 범위 내에서 선고형을 양정하게 되는 것인바, 소년법 제60조 제1항 단서는 소년에 대한 부정기 선고형의 상한을 정한 것에 불과하고 법정형을 정한 것이 아니므로 피고인에게 형법 제53조에 의한 작량감경 사유가 있다고 하여 소년법 소정의 부정기 선고형의 상한도 아울러 감경되어야 하는 것은 아니다.

소년범 감경에 관한 소년법 제60조 제2항 등의 적용대상인 '소년'인지 여부를 판단하는 시기, 사실심판결 선고시(대법원 2009.5.28. 2009도2682) [2016. 5급 승진] 총 2회 기출

소년법이 적용되는 '소년'이란 심판시에 19세 미만인 사람을 말하므로, 소년법의 적용을 받으려면 심판시에 19세 미만이어야 한다. 따라서 소년법 제60조 제2항의 적용대상인 '소년'인지의 여부도 심판시, 즉 사실심판결 선고시를 기준으로 판단되어야 한다. 이러한 법리는 '소년'의 범위를 20세 미만에서 19세 미만으로 축소한 소년법 개정법률이 시행되기 전에 범행을 저지르고, 20세가 되기 전에 원심판결이 선고되었다고 해서 달라지지 아니한다.

소년법 제67조의 규정 취지 및 구 특정범죄 가중처벌 등에 관한 법률 제5조의4 제5항의 적용 요건인 과거 전과로서의 징역형에 '소년범'으로서 처벌받은 징역형도 포함되는지 여부(적극)(대법원 2010.4.29. 2010도973)

위 규정은 「사람의 자격」에 관한 법령의 적용에 있어 장래에 향하여 형의 선고를 받지 아니한 것으로 본다는 취지에 불과할 뿐 전과까지 소멸한다는 것은 아니다. 따라서 특정범죄 가중처벌 등에 관한 법률 제5조의4 제5항을 적용하기 위한 요건으로서 요구되는 과거 전과로서의 징역형에는 소년으로서 처벌받은 징역형도 포함된다고 보아야 한다.

출입자 연령확인 의무위반의 경우, 청소년보호법 위반죄의 미필적 고의 인정(대법원 2007.11.16. 2007도7770)

청소년출입금지업소의 업주 및 종사자가 부담하는 출입자 연령확인의무의 내용 및 연령확인조치를 취하지 아니함으로써 청소년이 당해 업소에 출입한 경우 업주 등에게 청소년보호법 위반죄의 미필적 고의가 인정된다.

민법상 법정대리인의 동의를 받았다 하더라도, 청소년 술판매 행위 위법(대법원 1999.7.13. 99도2151)

청소년보호법의 입법 취지와 목적 및 규정 내용 등에 비추어 볼 때, 18세 미만의 청소년에게 술을 판매함에 있어서 가사 그의 민법상 법정대리인의 동의를 받았다고 하더라도 그러한 사정만으로 위 행위가 정당화될 수는 없다.

일반음식점 영업허가로 주류판매라면, 청소년보호법상 청소년고용금지업소에 해당 인정(대법원 2004.2.12. 2003도6282)

일반음식점 영업허가를 받은 업소라고 하더라도 실제로는 음식류의 조리·판매보다는 주로 주류를 조리·판매하는 영업행위가 이루어지고 있는 경우에는 청소년보호법상의 청소년고용금지업소에 해당하며, 나아가 일반음식점의 실제의 영업형태 중에서는 주간에는 주로 음식류를 조리·판매하고 야간에는 주로 주류를 조리·판매하는 형태도 있을 수 있는데, 이러한 경우 음식류의 조리·판매보다는 주로 주류를 조리·판매하는 야간의 영업형태에 있어서의 그 업소는 위 청소년보호법의 입법취지에 비추어 볼 때 청소년보호법상의 청소년고용금지업소에 해당한다.

청소년보호법상 '불건전 전화서비스 등'에 관한 규정, 명확성원칙·죄형법정주의 위배 부정(대법원 2006.5.12. 2005도6525)

피고인의 광고 내용인 화상채팅 서비스가 청소년보호법 제8조 등에 의한 청소년보호위원회 고시에서 규정하는 '불건전 전화서비스 등'에 포함된다고 해석하는 것이 형벌법규의 명확성 원칙에 반하거나 죄형법정주의에 의하여 금지되는 확장해석 내지 유추해석에 해당하지 아니한다.

청소년보호위원회에 의한 청소년유해매체물의 결정, 합헌(대법원 2000.6.29. 99헌가16)

법관은 청소년보호위원회 등의 결정이 적법하게 이루어진 것인지에 관하여 독자적으로 판단하여 이를 기초로 재판할 수도 있으므로 청소년유해매체물의 결정권한을 청소년보호위원회 등에 부여하고 있다고 하여 법관에 의한 재판을 받을 권리를 침해하는 것이라고는 볼 수 없다.

아동·청소년의 성을 사는 행위를 한 사람, 행위의 상대방이 아동·청소년 인식필요 부정(대법원 2016.2.18. 2015도15664)

아동·청소년의 성을 사는 행위를 알선하는 행위를 업으로 하여 알선영업행위죄가 성립하기 위해서는 알선행위를 업으로 하는 사람이 아동·청소년을 알선의 대상으로 삼아 그 성을 사는 행위를 알선한다는 것을 인식하여야 하지만, 이에 더하여 알선행위로 아동·청소년의 성을 사는 행위를 한 사람이 행위의 상대방이 아동·청소년임을 인식하여야 한다고 볼 수는 없다.

아동·청소년의 성보호에 관한 법률에서 정한 공개명령 및 고지명령 제도의 법적 성격, 일종의 보안처분(대법원 2012.5.24. 2012도2763) [2024. 보호 9급] 총 2회 기출

아동·청소년의 성보호에 관한 법률이 정한 공개명령 및 고지명령 제도는 아동·청소년대상 성폭력범죄 등을 효과적으로 예방하고 그 범죄로부터 아동·청소년을 보호함을 목적으로 하는 일종의 보안처분으로서, 그 목적과 성격, 운영에 관한 법률의 규정 내용 및 취지 등을 종합해 보면, 공개명령 및 고지명령 제도는 범죄행위를 한 자에 대한 응보 등을 목적으로 그 책임을 추궁하는 사후적 처분인 형벌과 구별되어 그 본질을 달리한다.

아동·청소년의 성보호에 관한 법률 제49조 제1항 단서, 제50조 제1항 단서에서 공개명령 또는 고지명령 선고의 예외사유로 규정한 피고인이 아동·청소년인 경우의 판단 기준 시점, 사실심 판결 선고시(대법원 2012.5.24. 2012도2763), [2018. 5급 승진] 총 2회 기출

아동·청소년의 성보호에 관한 법률 제49조 제1항 단서, 제50조 제1항 단서는 피고인이 아동·청소년인 경우, 그 밖에 신상정보를 공개 또는 고지하여서는 아니 될 특별한 사정이 있다고 판단되는 경우를 공개명령 또는 고지명령 선고에 관한 예외사유로 규정하고 있는데, 공개명령 및 고지명령의 성격과 본질, 관련 법률의 내용과 취지 등에 비추어 공개명령 등의 예외사유로 규정되어 있는 위 피고인이 아동·청소년인 경우에 해당하는지는 사실심 판결의 선고시를 기준으로 판단하여야 한다.

스토킹범죄의 성립을 위해서 피해자가 현실적으로 불안감 내지 공포심을 일으킬 것을 요하는지 여부, 부정; 피고인의 스토킹 행위에 해당하는지 여부를 판단하는 방법(대법원 2023.9.27. 2023도6411, 2023.12.14. 2023도10313)

1. 스토킹범죄의 성립 요건 : 스토킹행위를 전제로 하는 스토킹범죄는 행위자의 어떠한 행위를 매개로 이를 인식한 상대방에게 불안감 또는 공포심을 일으킴으로써 그의 자유로운 의사결정의 자유 및 생활형성의 자유와 평온이 침해되는 것을 막고 이를 보호법익으로 하는 위험범이라고 볼 수 있으므로 구 스토킹처벌법 제2조 제1호 각 목의 행위가 객관적 · 일반적으로 볼 때 이를 인식한 상대방으로 하여금 불안감 또는 공포심을 일으키기에 충분한 정도라고 평가될 수 있다면 현실적으로 상대방이 불안감 또는 공포심을 갖게 되었는지 여부와 관계없이 '스토킹행위'에 해당하고, 나아가 그와 같은 일련의 스토킹행위가 지속되거나 반복되면 '스토킹범죄'가 성립한다.

2. 스토킹행위 여부 판단방법 : 이때 구 스토킹처벌법 제2조 제1호 각 목의 행위가 객관적 · 일반적으로 볼 때 상대방으로 하여금 불안감 또는 공포심을 일으키기에 충분한 정도인지는 행위자와 상대방의 관계 · 지위 · 성향, 행위에 이르게 된 경위, 행위 태양, 행위자와 상대방의 언동, 주변의 상황 등 행위 전후의 여러 사정을 종합하여 객관적으로 판단하여야 한다.

스토킹행위 판단, 지속 · 반복적인 행위로 불안감 내지 공포심 조성행위(대법원 2023.12.14. 2023도10313)

빌라 아래층에 살던 피고인이 불상의 도구로 여러 차례 벽 또는 천장을 두드려 '쿵쿵' 소리를 내어 이를 위층에 살던 피해자의 의사에 반하여 피해자에게 도달하게 하였다는 공소사실로 스토킹범죄의 처벌 등에 관한 법률 위반죄로 기소된 사안에서, 피고인의 위 행위는 층간소음의 원인 확인이나 해결방안 모색 등을 위한 사회통념상 합리적 범위 내의 정당한 이유 있는 행위라고 볼 수 없고, 객관적 · 일반적으로 상대방에게 불안감 내지 공포심을 일으키기에 충분하며, 위와 같은 일련의 행위가 지속 · 반복되었으므로 '스토킹범죄'를 구성한다.

1. **재심판결 확정에 따른 원판결이나 부수처분 법률적 효과 상실**(대법원 2023.11.30. 2023도10699)

   유죄의 확정판결에 대하여 재심개시결정이 확정되어 법원이 그 사건에 대하여 다시 심판을 한 후 재심판결을 선고하고 그 재심판결이 확정된 때에는 종전의 확정판결은 당연히 효력을 상실하므로, 재심판결이 확정됨에 따라 원판결이나 그 부수처분의 법률적 효과가 상실되고 형 선고가 있었다는 기왕의 사실 자체의 효과가 소멸한다.

2. **형의 실효 등에 관한 법률상의 실효 효과, 앞선 모든 형 실효**(대법원 2023.11.30. 2023도10699)

   형의 실효 등에 관한 법률 제7조 제1항은 '수형인이 자격정지 이상의 형을 받음이 없이 형의 집행을 종료하거나 그 집행이 면제된 날부터 같은 항 각호에서 정한 기간이 경과한 때에는 그 형은 실효된다.'고 정하고, 같은 항 제2호에서 3년 이하의 징역 · 금고형의 경우는 그 기간을 5년으로 정하고 있다. 위 규정에 따라 형이 실효된 경우에는 형의 선고에 의한 법적 효과가 장래에 향하여 소멸되므로, 그 전과를 특정범죄 가중처벌 등에 관한 법률 제5조의4 제5항에서 정한 "징역형을 받은 경우"로 볼 수 없다. 한편 형실효법의 입법 취지에 비추어 보면, 2번 이상의 징역형을 받은 자가 자격정지 이상의 형을 받음이 없이 마지막 형의 집행을 종료한 날부터 위 법에서 정한 기간을 경과한 때에는 그 마지막 형에 앞서는 형도 모두 실효되는 것으로 보아야 한다.

마약류사범이 아닌 매매만 한 사람에 대한 이수명령병과, 불법(대법원 2023.11.16. 2023도12478)

「마약류 관리에 관한 법률」은 '마약류사범'에 대하여 선고유예 외의 유죄판결을 선고하는 경우 재범예방에 필요한 교육의 수강명령이나 재활교육 프로그램의 이수명령을 병과하도록 규정하였다(제40조의2 제2항). 여기서 말하는 '마약류사범'이란 마약류를 투약, 흡연 또는 섭취한 사람을 가리킨다(마약류관리법 제40조의2 제1항). 그런데 피고인에 대한 공소사실은 마약류를 매매하였다는 것뿐이다. 피고인이 마약류의 투약, 흡연 또는 섭취한 행위로 기소되지 않은 이상 '마약류사범'이 아니므로 마약류관리법 제40조의2 제2항에 따른 이수명령을 할 수 없다. 피고인에게 유죄판결을 선고하면서 이수명령을 병과한 원심판결에는 '마약류사범'의 의미를 오해하여 판결에 영향을 미친 잘못이 있다.

1. **자신의 웹사이트에 아동·청소년성착취물에 바로 접할 수 있는 상태를 실제로 조성한 경우, 아동·청소년보호법상 배포 및 공연히 전시에 해당**(대법원 2023.10.12. 2023도5757)

   아동·청소년의 성보호에 관한 법률(제11조 제3항)상 링크의 게시를 포함한 일련의 행위가 불특정 또는 다수인에게 다른 웹사이트 등을 단순히 소개·연결하는 정도를 넘어 링크를 이용하여 별다른 제한 없이 아동·청소년성착취물에 바로 접할 수 있는 상태를 실제로 조성한다면, 이는 아동·청소년성착취물을 직접 '배포'하거나 '공연히 전시'한 것과 실질적으로 다를 바 없다고 평가할 수 있으므로, 위와 같은 행위는 전체적으로 보아 아동·청소년성착취물을 배포하거나 공연히 전시한다는 구성요건을 충족한다.

2. **자신이 지배하지 않는 서버에 저장된 성착취물을 다운로드 등 실제 지배할 수 있는 상태로 나아가지 않은 경우, 소지 불인정**(대법원 2023.10.12. 2023도5757)

   아동·청소년의 성보호에 관한 법률 제11조 제5항에서 정한 아동·청소년성착취물 '소지'의 의미 및 피고인이 자신이 지배하지 않는 서버 등에 저장된 아동·청소년성착취물에 접근하였으나 위 성착취물을 다운로드하는 등 실제로 지배할 수 있는 상태로 나아가지는 않은 경우, 특별한 사정이 없는 한 아동·청소년성착취물을 '소지'한 것으로 평가하기는 어렵다.

공범이 있는 소년 피고인에 대한 소년부 송치결정을 위한 판단기준, 자유재량이지만 소년보호이념에 따른 한계인정(대법원 2024.3.13. 2024모398)

1. 법원은 소년에 대한 피고사건을 심리한 결과 보호처분에 해당할 사유가 있다고 인정하면 결정으로써 사건을 관할 소년부에 송치하여야 한다(소년법 제50조). <u>소년에 대한 피고사건을 심리한 법원이 그 결과에 따라 보호처분에 해당할 사유가 있는지 여부를 인정하는 것은 법관의 자유재량에 의하여 판정될 사항이다.</u>

2. 한편 소년법은 반사회성이 있는 소년의 환경 조정과 품행 교정을 위한 보호처분 등의 필요한 조치를 하고, 형사처분에 관한 특별조치를 함으로써 소년이 건전하게 성장하도록 돕는 것을 목적으로 한다(소년법 제1조). 따라서 법원은 소년에 대한 형사사건을 심리할 때 소년이 건전하게 성장하도록 돕는다는 지도이념에 초점을 맞추어 소년의 심신상태, 품행, 경력, 가정상황, 그 밖의 환경 등에 대하여 정확한 사실을 밝힐 수 있도록 특별히 유의하여(소년법 제58조 제2항), 소년의 나이, 성행, 지능, 부모의 보호의 지 및 보호능력 등의 주변 환경, 피해자와의 관계 및 학교생활, 교우관계, 비행·보호처분경력, 범죄 정상의 경중, 범행 후의 정상, 과형에 의한 폐해·영향, 공범자의 처우와의 균형, 피해감정, 사회의 불안·처벌감정·정의관념 등을 종합하여 보호처분에 해당할 사유를 판단하여야 하고, 그러한 판단은 소년 한 사람 한 사람에게 개별적으로 이루어져야 한다.

3. 나아가 소년이 다른 소년 등과 공범인 사건에서는 다음과 같은 점을 특별히 살펴보아야 한다. 즉 소년과 공범들의 관계, 공범으로 가담한 동기와 경위, 가담 정도, 구체적인 가담 행위와 그 태양, 범행으로 얻은 이익의 분배 여부와 그 정도, 범행 후의 반성 태도, 공범들과 피해자와의 관계, 피해회복 노력 정도, 공범들의 각 나이와 성행, 지능, 공범 간 범죄전력 및 비행전력의 차이 여부, 공범들의 각 부모 등 보호자의 보호의지 및 보호능력 등의 주변 환경, 공범들 각자의 학교생활 및 교우관계 등에 대한 정확한 사실을 밝힐 수 있도록 충실하게 심리하고 이를 바탕으로 공범들과의 관계에서 해당소년에 대한 적합한 처우가 무엇인지 신중하게 정해야 한다.

   그렇지 않을 경우 공범들 사이의 형사처분 또는 보호처분의 처우에 있어 형평성과 균형에 현저히 반하는 결과를 초래할 수 있고, 그로 인해 소년이 공범과 비교하여 자신이 받은 처분이 자신의 잘못에 상응하는 처우라고 보기 어려운 처분으로 인식하게 되는 경우 아직 인격의 형성 도중에 있어 개선가능성이 풍부하고 심신의 발육에 따른 특수한 정신적 동요상태에 있는 소년의 시기에 건전한 사회인으로 성장하는 데 방해되는 경험으로 작용할 가능성이 있다.(중략) 특히 살인, 강도, 강간, 아동·청소년 대상 성폭력범죄, 마약 등 가중처벌조항이 적용되는 범죄 등과 같이 법정형이 높고 죄질이 나쁜 중범죄의 경우 소년과 공범들 사이의 형사처분 또는 보호처분의 처우에 있어 형평성과 균형에 현저히 반하는 결과를 초래하지 않도록 충실한 심리를 도모할 필요성이 더욱 크다.

PART **06**

4. 그러므로 '보호처분에 해당할 사유'에 대한 판단이 법관의 재량에 맡겨져 있다고 하더라도 거기에는 앞서 본 바와 같이 소년의 건전한 성장이라는 소년법의 지도이념과 보호처분의 목적에 따른 재량의 한계가 있고, 따라서 그 재량의 한계를 현저하게 벗어난 판단은 허용되지 아니한다고 할 것이다.

5. 공범들 사이의 형사처분 또는 보호처분의 처우에 있어 형평성과 균형에 현저히 반하지 않도록 함으로써 보호처분이 소년의 건전한 성장이라는 소년법의 지도이념을 달성하는 데 적합한 처우인지를 살펴 '보호처분에 해당할 사유'가 있는지를 판단하였어야 한다. 그럼에도 원심은 위와 같은 사정에 대해 충실하게 심리하지 아니한 채 피고사건에 대하여 1회 기일에 변론을 진행, 종결한 다음 약 1개월 뒤 그 판시와 같은 이유로 소년부송치결정을 하였다. 이러한 원심의 조치 및 판단은 재량의 한계를 현저하게 벗어난 판단으로서, 원심결정에는 '보호처분에 해당할 사유'를 인정하기 위한 소년에 대한 피고사건의 심리 및 판단기준에 관한 법리를 오해하여 소년법 제50조를 위반함으로써 재판에 영향을 미친 잘못이 있다.

최신 기출로 확인하기

1. 보안처분에 대한 설명으로 옳지 않은 것은? (다툼이 있는 경우 판례에 의함) 2022. 보호 7급

① 성범죄 전력만으로 재범의 위험성이 있다고 간주하고 일률적으로 장애인복지시설에 10년간 취업제한을 하는 것은 헌법에 위반된다.

② 구 「특정 성폭력범죄자에 대한 위치추적 전자장치 부착에 관한 법률」상 전자감시제도는 일종의 보안처분으로서, 범죄행위를 한 자에 대한 응보를 주된 목적으로 그 책임을 추궁하는 사후적 처분인 형벌과 구별되어 그 본질을 달리하는 것이다.

③ 취업제한명령은 범죄인에 대한 사회 내 처우의 한 유형으로 형벌 그 자체가 아니라 보안처분의 성격을 가지는 것이다.

④ 「성폭력범죄자의 성충동 약물치료에 관한 법률」상 약물치료명령은 헌법이 보장하고 있는 신체의 자유와 자기결정권에 대한 침익적인 처분에 해당하지 않는다.

2. 보안처분에 대한 설명으로 옳지 않은 것은? (다툼이 있는 경우 판례에 의함) 2014. 보호 7급

① 일반적으로 보안처분은 반사회적 위험성을 가진 자에 대하여 사회방위와 교화를 목적으로 하는 예방적 처분이라는 점에서 범죄자에 대하여 응보를 주된 목적으로 하는 사후적 처분인 형벌과 그 본질을 달리한다.

② 「아동·청소년의 성보호에 관한 법률」상 신상정보 공개·고지명령은 아동·청소년대상 성폭력범죄 등을 효과적으로 예방하고 그 범죄로부터 아동·청소년을 보호함을 목적으로 하는 일종의 보안처분이다.

③ 「전자장치 부착 등에 관한 법률」상 성폭력범죄자에 대한 전자감시는 성폭력범죄자의 재범방지와 성행교정을 통한 재사회화를 위하여 위치추적 전자장치를 신체에 부착함으로써 성폭력범죄로부터 국민을 보호함을 목적으로 하는 일종의 보안처분이다.

④ 「가정폭력범죄의 처벌 등에 관한 특례법」이 정한 사회봉사명령은 가정폭력범죄를 범한 자에 대하여 환경의 조정과 성행의 교정을 목적으로 하는 보안처분으로서, 원칙적으로 형벌불소급의 원칙이 적용되지 않는다.

🔍 정답 1. ④ 2. ④

참고문헌

이백철, 『교정학』, 교육과학사, 2020

이윤호, 『범죄학』, 박영사, 2021

이언담 외, 『교정상담과 사회복귀』, 2020

이언담 외, 『교정상담』, 2017

이언담 외, 『교정의 복지학』, 2017

박상기 외, 『형사정책』, 한국형사정책연구원, 2021

배종대, 『형사정책』, 홍문사, 2014

배종대 외, 『행형학』, 홍문사, 2002

법무연수원, 『범죄백서 2019』, 2020

교정본부, 『교정통계연보 2019』, 2020

래리시겔(Larry J. Siegel), 『범죄학』, 이민식 외 역, 2008

이윤호, 『교정학』, 박영사, 2021

대한범죄학회, 『범죄학개론』, 박영사, 2022

국가법령정보센터

사이버고시센터

법무부 및 교정본부(moj.go.kr)

이언담

강의 활동 현) 경기대학교 범죄교정심리 전공 초빙교수
현) 모두공 교정학, 형사정책 전임교수
가천대 경찰행정학과 겸임교수
법무연수원 교수 역임
사법연수원 형사정책 강의
경기대학교 교육대학원 겸임교수 역임
숭실사이버대 경찰교정학과 초빙교수 역임
동국대, 한세대 대학원 등 강의
서울남부행정고시학원 교정학 전임

주요 경력 화성직업훈련교도소장
서울남부교도소장
청주여자교도소장
청주교도소장
법무부 의료과장, 사회복귀과장
서울지방교정청 행정심판위원회 간사

자격증 청소년상담사 1급(여성가족부)
상담영역 수련감독(한국교류분석상담학회)
교정교육상담사 1급(한국교정교육상담포럼)
중독심리전문가/수련감독(한국심리학회)

대외 활동 한국교정교육상담포럼 부학회장
한국교류분석상담학회 부학회장
한국중독심리학회 상벌 및 윤리이사
한국교정학회 인권이사
교육부 독학사운영위원회 위원
국가공무원 7 · 9급 면접심사위원

저서 및 역서 아담 교정학 기본서(박문각)
아담 형사정책 기본서(박문각)
아담 교정학 단원별 기출문제(박문각)
아담 형사정책 단원별 기출문제(박문각)

이준

강의 경력 부산행정고시학원 강사 역임
대한공무원학원 강사 역임
박문각 종로고시학원 강사 역임
백석문화대학교 공무원학부 특강 강사 역임
박문각 공무원 교정학 대표 강사
박문각 에듀스파 전국모의고사 출제 위원

저서 마법 교정학 입문서(박문각)
마법 교정학 압축 암기장(박문각)
마법 교정학 옳은 지문 익힘장(박문각)
마법 교정학 · 형사정책 기출 지문 익힘장(박문각)

아담 형사정책

초판 인쇄 2024. 5. 10. | **초판 발행** 2024. 5. 16. | **공편저** 이언담 · 이준
발행인 박 용 | **발행처** (주)박문각출판 | **등록** 2015년 4월 29일 제2015–000104호
주소 06654 서울시 서초구 효령로 283 서경 B/D 4층 | **팩스** (02)584–2927
전화 교재 문의 (02)6466–7202

저자와의
협의하에
인지생략

정가 34,000원
ISBN 979–11–6987–980–4
      979–11–6987–978–1(세트)